早稻田大学日本史

第四卷 平安时代

[日] 池田晃渊 著
罗安 译

中国出版集团公司
华文出版社

图书在版编目（CIP）数据

早稻田大学日本史. 卷四，平安时代 /(日) 池田晃渊著；罗安译. -- 北京：华文出版社，2020.4
（华文全球史）
ISBN 978-7-5075-5282-9

Ⅰ.①早… Ⅱ.①池…②罗… Ⅲ.①日本—古代史 Ⅳ.①K313.2

中国版本图书馆CIP数据核字(2020)第047359号

早稻田大学日本史（卷四）：平安时代

作　　者：[日] 池田晃渊
译　　者：罗安
选题策划：华章盛世
插图供应：029—85504182
责任编辑：楼淑敏
出版发行：华文出版社
社　　址：北京市西城区广外大街305号8区2号楼
邮政编码：100055
网　　址：http://www.hwcbs.com.cn
电　　话：总编室010—58336239
　　　　　发行部010—58336212
经　　销：新华书店
印　　刷：三河市国英印务有限公司
开　　本：710×1000　1/16
印　　张：46.5
字　　数：680千字
版　　次：2020年4月第1版
印　　次：2020年4月第1次印刷
标准书号：ISBN 978-7-5075-5282-9
定　　价：178.00元

版权所有　侵权必究

出版前言

随着中国开放的大门越开越大，关注世界各国尤其是西方国家文明的源流、发展和未来已经成为当下世界史研究的一个热点，为了成系统地推出一套强调"史源性"且在现有世界史出版物中具有拾遗补阙价值的作品，我们经过认真论证，推出了"华文全球史"系列，首次出版约为一百个品种。

"华文全球史"系列从书目选择到人名地名的规范，从书稿中图片的采用到译者的确定，都有比较严格的遴选规定、编审要求和成稿检查，目的就是要奉献给读者一套具有学术性、权威性的高质量的世界史系列图书。

书目的选择。本系列图书重视世界史学科建设，视角宽阔，层级明晰，数量均衡，有所突出。计划出版的华文全球史中，既有通史，也有专题史，还有回忆录，基本上是世界历史著作中的上乘之作，填补了国内同类作品出版的空白。

人名地名规范。本系列图书中人名地名，译名规范，重视专业性。同时，在人名翻译方面，我们坚持"姓名皆全"的原则，加大考据力度，从而实现了有姓必有名，有名必有姓，方便了读者的使用。另外，在注释方面，书中既有原书注，完整地保留了原著中的注释；也有译者注，体现了译者的研究性成果。

书中的插图。本系列图书的一个重要特征是书中都有功能性插图，这些插图全方位、多层次、宽视角反映当时重大历史事件，或与事件的场景密切相关，涉及政治、军事、经济、社会、外交、人物、地理、民俗、生活等方面的绘画作品与摄影作品。功能性插图与文字结合，赋予文字视觉的艺术，增加了文字的内涵。

译者的确定。本系列图书的翻译主要凭借的是一个以大学教师为主的翻译团队，团队中不乏知名教授和相关领域的资深人士。他们治学严谨，译笔优美，为确保质量奉献良多。

"华文全球史"系列作为一套具有较高学术价值的优秀的世界历史丛书，对增加读者的知识，开阔读者的视野，具有积极的意义。同时要看到，一方面很多西方历史学家的观点符合事实，另一方面不少西方历史学家的观点是错误的，对于这些，我们希望读者不要不加分析地全盘接受或全盘否定，而是要批判地吸收外国文化中有益的东西。

华文出版社

2019年8月

序 言

凤凰堂

凤凰堂是山城国宇治郡平等院的正殿。这里最初是左大臣①源融的别院，继而成为后阳成、宇多、朱雀三位上皇②的离宫及左大臣源雅信的别墅。其后，藤原道长在此建造别墅，后来其子藤原赖通又在这里营建寺院，也就是这座凤凰堂。

《扶桑略记》永承七年（1052年）三月记载："二十八日癸酉，左大臣（藤原赖通）舍宇治别墅为寺，安置佛像，初修法华三昧，号平等院。"

永承八年（1053年）三月又记载："四日甲辰，关白③左大臣（藤原赖通），平等院内建立大堂，安置丈六弥陀佛像，喔百口高僧，设其供养，准御斋会。佛像庄严，古今无双。"

由此可知，平等院庄严华美，为当时所罕见。

而后星移物换，平等院虽然历经战国乱世，却幸免于兵乱之祸。其后经多次修缮，这座八百余年前藤原氏全盛时期的建筑得以留存至今，让后人可以目睹它的风姿，所以笔者在本书卷首首推此堂。

---

① 左大臣，朝廷最高行政机关太政官治下官职，仅次于太政大臣，唐名为"左府""左丞相""左相国""左仆射""太傅"，官位相当于正、从二位，与太政大臣、右大臣合称"三公"。由于太政大臣经常空缺，所以左大臣常常是实际上的最高行政负责人。——译者注（以下如无特殊说明，均为译者注）
② 上皇，退位后的天皇或皇帝的称号。"太上皇"或"太上天皇"的略称。
③ 关白，辅佐成年后天皇的官职。

笔者特地向东京帝国大学工科大学（现在的东京大学工学部）请求，拍摄了该大学所藏凤凰堂建筑图纸的照片，与凤凰堂实景一同登载于本书卷首。

另外，藤原赖通修建平等院的记事详见本书第七章第七节，读者可一同参看，品味其中雅趣。

（著者记）

《南圆堂铜灯之铭》

南圆堂是藤原冬嗣遵从父亲藤原内麻吕的遗命，于弘仁四年（813年）建于藤原氏氏寺兴福寺旁，以祈祷家运长久（详见本书第三章第二节）。这份铭文如其名所示，刻于铜灯之上，原有六面，由于年岁久远，其中两面业已失佚，所以撰者与笔者都已不可知，十分遗憾。这份铭文书写于弘仁七年（816年），由此可知，铜灯建造于南圆堂建成之后三年。本书登载的图片是东京帝室博物馆的拓本，是笔者得到该馆许可后所拍摄。现将铭文原文附于本页，以供读者参详。

> 弘仁七载，岁次景申，伊予权守①正四位下②藤原朝臣③（藤原冬嗣）公等，追遵先考之遗敬志，造铜灯台一所。心不乖丽，器期于朴，慧景传而不穷，慈光烛而无外。《遗教经》云：灯有明，明命也，灯延命。《譬喻经》云：为佛燃灯，后世得天眼，不生冥处。《普广经》云：燃灯供养，照诸幽冥，苦病众生，蒙此光明，

---

① 伊予权守，伊予，日本古国名，现爱媛县境内。权守，官职名，国守的副职。伊予守是正职，伊予权守是副职。
② 正四位下，日本的官阶，为四品，低于正四位上，高于从四位上。
③ 朝臣，原为684年（天武天皇十三年）制定的"八色姓"之一，居于第二位。平安时代成为五位以上官员通用的敬称。平安时代以后，三位以上公卿一般将姓（例：朝臣）置于氏（例：藤原）与名讳（例：冬嗣）之间，四位以下官员则将姓置于氏与名讳之后。例如，"藤原冬嗣"为氏+名讳的组合，"藤原朝臣冬嗣"为氏+姓+名讳的组合。

缘此福德，皆得休息。然则上天下地，匪日不明，向晦入冥，匪火不照，是故以斯功德，奉翊先灵，七觉如远，一念孔迩，庶几有心有色，并超于九横，无小无大，共蠲于八苦。昔光明菩萨，燃灯说呪，善乐如来，供油上佛，居今望古，岂不美哉。式标良因，贻厥来者云：大雄降化，应物开神，三乘分辙，六度成津，百非洗荡，万善唯新，更升忉利，示以崇亲，（其一）熏修福。

（略注）景申：丙申之异名
　　　　藤原朝臣：即藤原冬嗣
　　　　先考：即藤原内麻吕

（著者记）

《信西勘申文①》

信西②，从鸟羽天皇时起就深受天皇信任。无论国事政事，鸟羽天皇都会与信西商讨。后来侍奉后白河天皇，也以他非凡的才能，尽心辅佐。保元元年（1156年），信西平定"藤原赖长之乱"后，先是再兴记录所，后又重建大内宫殿，仅用了两年时间就全部完成（详见第八章第九节）。在修建宫殿之前九年，即久安四年（1148年），信西奉皇命调查了大唐明堂的建造情况，作为重修宫殿的参考——这份《勘申文》中就有这件事的相关记载。《愚管抄》中记载：此次营造，"终夜置算"。由此可知，这次宫殿重建准备周到，力求精制。

这份《勘申文》记载在题为《异朝明堂指图记（信西笔）》的卷轴末尾，是男山八幡宫宫司田中俊清先生的珍藏。卷轴中摘录了与明堂建造相关的

---

① 勘申文，向朝廷汇报先例、典礼、凶吉等相关调查结果的文书。
② 信西，即藤原通宪，后出家，法号信西。

中国古书片段，并且绘有标注殿舍位置的图画，《勘申文》附在卷末。文中有涂抹及标注，是信西手书。幸得田中先生厚意，让这份稀世珍藏得以登载在此，笔者深感荣幸。现将原文（及句读）附录于下，供读者参考。

今据件等文，六寝之中，路寝在前，是为正寝，其图如右。天下于路寝听政，于小寝释服以燕息。皇后又有六寝，然则以紫宸殿可准正寝，以仁寿殿清凉殿等可准小寝矣。我朝往昔之例，今上旬仪是也。谨案《日本后纪》弘仁九年（818年）四月有制，改殿阁及诸门之号，寝殿名仁寿殿，次南名紫宸殿云云。抑正堂正寝之义不可限大内，虽离宫可有之。如《周礼疏文》者，路寝制以听政，人君所居皆路云云，皆字非指一处矣。然者虽何皇居皆可有正寝矣。又郑玄《周礼注》并《礼记正义》等，以正寝至为正堂，然者土御门内里渐为数代之皇居，粗模大内之体制，同以南殿可谓正堂正寝也。自余殿舍非此限。又以仁寿为寝殿者，是小寝之义也，右依仰勘申如件。

久安四年（1148年）闰六月廿一日
沙弥信西

（著者记）

目 录

第 1 章 定都平安京 ·· 001
第 1 节 新京建造及其再迁 ·································· 001
第 2 节 藤原种继横死与"废太子之狱" ······················ 017
第 3 节 征服虾夷 ·· 028
第 4 节 官界的戒饬与民力的轸念 ···························· 046
第 5 节 僧侣的戒饬与新宗的兴起 ···························· 056
第 6 节 桓武天皇的外交及内政 ······························ 073

第 2 章 藤原氏本支的倾轧 ···································· 081
第 1 节 平城天皇践祚及立太弟 ······························ 081
第 2 节 政局的更新 ·· 090
第 3 节 平城天皇退位及"药子之乱" ························ 097

第 3 章 建设平安京 ·· 109
第 1 节 制度的厘正及《弘仁格式》 ·························· 109
第 2 节 嵯峨天皇笃爱文学 ··································· 116

- 第 3 节　东北地区的开拓及新罗人的投化 …………………………… 124
- 第 4 节　嵯峨天皇退位 …………………………………………………… 128
- 第 5 节　立太子及大尝会的俭素 ………………………………………… 133
- 第 6 节　新设施药院及亲王任国 ………………………………………… 135
- 第 7 节　灾疫与祥瑞 ……………………………………………………… 138

第 4 章　平安京的繁荣 ……………………………………………………… 141
- 第 1 节　仁明天皇践祚及文运的发展 …………………………………… 141
- 第 2 节　遣唐使与小野篁 ………………………………………………… 151
- 第 3 节　两上皇驾崩及废太子之变 ……………………………………… 159
- 第 4 节　新设御修法及奏瑞（附：《母子草》童谣）………………… 170
- 第 5 节　文德天皇践祚、立太子、藤原良房出任太政大臣 …………… 181

第 5 章　藤原政治 …………………………………………………………… 197
- 第 1 节　清和幼帝及人臣摄政之始 ……………………………………… 197
- 第 2 节　清和天皇的政绩概略 …………………………………………… 216
- 第 3 节　应天门之变 ……………………………………………………… 232
- 第 4 节　立太子、《贞观格式》、火烧大极殿 ………………………… 253
- 第 5 节　出羽的夷乱 ……………………………………………………… 266

第 6 章　藤原氏全盛期 ……………………………………………………… 275
- 第 1 节　藤原基经废立天皇及就任关白 ………………………………… 275
- 第 2 节　光孝天皇的俭德、立太子、"阿衡事件" …………………… 291
- 第 3 节　宇多天皇的政绩概略（附：启用菅原道真及《宽平遗训》）…… 306
- 第 4 节　藤原时平与菅原道真、菅原道真的左迁（附：天满宫）…… 320

第 5 节　《延喜格式》 340

第 6 节　三善清行的《意见封事》及《古今和歌集》的编撰 381

第 7 节　重置摄政与"将门、纯友之乱" 400

第 8 节　朱雀天皇禅让与藤原忠平父子、天历之治 425

第 7 章　平安京的衰兆 441

第 1 节　皇宫大火及冷泉天皇退位（附：源高明失势） 441

第 2 节　藤原兼通的急"除目"与花山院出家 458

第 3 节　藤原兼家父子的摄政与藤原伊周的贬谪 473

第 4 节　灾异、文学的昌隆、藤原道长的专横 489

第 5 节　藤原道长出家及无量寿院的建立 508

第 6 节　刀伊入寇、平忠常之乱与源平倾轧的起因、后一条院禅位与立太子、前九年之役 519

第 7 节　后冷泉院禅让、关白变更、设置记录所 538

第 8 章　院　政 551

第 1 节　后三条院的政绩及白河天皇 551

第 2 节　奇特的立后及白河上皇的奢靡 566

第 3 节　后三年之役及南都北岭的僧乱 571

第 4 节　堀河院事略、关白的任免、清和源氏的衰落 579

第 5 节　鸟羽院退位、崇德院与鸟羽上皇、藤原忠通与藤原赖长 590

第 6 节　崇德院禅位及平氏的崛起 602

第 7 节　内览及藤原氏长者的异例、诅咒事件 610

第 8 节　后白河院践祚及保元之乱 620

第 9 节　大政革新及后白河院让位、平治之乱 632

第 10 节　两宫近臣的倾轧及平氏的繁荣、藤平二氏的冲突 ·············· 653

第 11 节　攻击平氏、平重盛之死、后白河上皇与平清盛的冲突 ············ 667

第 12 节　高仓院退位与高仓宫亲王谋反 ································ 682

第 13 节　福原迁幸与源氏举兵 ·· 704

第 14 节　平氏西逃及源义仲入京 ······································ 717

第1章

定都平安京

第1节 新京建造及其再迁

一、迁都长冈京

平城京，始建于元明天皇在位的和铜二年（709年），历经元明、元正、圣武、孝谦、淳仁①（淡路废帝）、称德②（孝谦重祚）、光仁七朝，共计七十余年。桓武天皇（日本根子皇统弥照天皇）即位后，在权中纳言③藤原种继④的建议之下，决定迁都至山城国⑤长冈⑥。

---

① 淳仁天皇，第四十七代天皇，758年到764年在位，舍人亲王第七皇子。后来被废，幽禁在淡路岛，被称为"淡路废帝"。
② 称德天皇，第四十八代天皇，764年到770年在位，即四十六代孝谦天皇再次即位。
③ 中纳言，《大宝律令》制定后增设的官职之一，令外官的一种，统管朝廷的最高机关太政官（相当于内阁）治下的次官，能够参与政事商谈，唐名为"黄门"。权中纳言，中纳言的权官，权官是在规定人数已满的情况下增设的"暂设官员"的意思，正职与权官没有实质的区别。
④ 藤原种继（737—785），奈良时代末期公卿，深受桓武天皇信任，担任长冈京造宫使，后被迁都反对派大伴继人暗杀。
⑤ 山城国，古国名，又名山背国，现京都府南部。
⑥ 长冈，延历三年（784年）至延历十三年（794年）间日本都城，位于京都府向日市。在藤原种继的提议下，桓武天皇将都城从平城迁至长冈。然而，藤原种继被暗杀之后，政治事件频发，所以十年后再次迁都至平安京。

《续日本纪》①中记载：

（大意）延历三年（784年）五月，桓武天皇派中纳言藤原小黑麻吕、中纳言藤原种继、左大辨②佐伯今毛人、参议③近卫中将④纪船守、参议神祇伯⑤大中臣子老、右卫士督⑥坂上苅田麻吕、卫门督⑦佐伯久良麻吕、阴阳助⑧船田口等人，前往山背国⑨，查看乙训郡长冈之地的风水，为迁都做准备。

其后，派中纳言藤原种继、左大辨佐伯今毛人、参议近卫中将纪船守以及从四位下⑩石川垣守、右中辨⑪海上三狩、兵部大辅⑫大中臣诸鱼、造东大寺次官⑬文室忍坂麻吕、从五位下日下部雄造、大部（一说丈部）大麻吕、外从五位下丹治比真净等人为长冈宫建造使，另派六位官人八名随行。

后又派参议近卫中将纪船守赴贺茂大神社，告知迁都一事。并下令诸国，该年度调庸及宫殿营造材料物件等，均送往长冈。

---

① 《续日本纪》，文武元年（697年）至延历十年（791年）间的编年体正史，"六国史"之一，共四十卷。完成于延历十六年（797年）。
② 左大辨，辨官的最高级别，官阶为从四位上。辨官，统管朝廷的最高机关太政官（相当于内阁）治下的官职，唐名为"尚书"。
③ 参议，统管朝廷的最高机关太政官治下的官职，令外官的一种，次于纳言，唐名为"宰相""相公"等。
④ 近卫中将，令外官的一种，隶属于近卫府，唐名为"羽林将军"，负责带兵仗护卫禁中，或者列阵以示朝廷威仪。平安中期以后，逐渐成为名誉官职。
⑤ 神祇伯，日本律令制下负责朝廷祭祀的部门神祇官的长官。唐名为"太常寺卿"等。官阶为从四位下。
⑥ 右卫士督，卫门府治下右卫士府的长官。左右卫士府是直属于君主，负责护卫君主安全的兵团，又称"近卫府""御亲兵""禁卫府"等。
⑦ 卫门督，卫门府的长官。卫门府主要负责驻守宫城城门，唐名为"金吾"等。
⑧ 阴阳助，阴阳寮的次官。阴阳寮主要负责占卜、天文、历法编撰等。
⑨ 山背国，即山城国。
⑩ 从四位下，官阶名，低于从四位上，高于正五位上。
⑪ 右中辨，统管朝廷的最高机关太政官治下的官职，唐名为"尚书"，官阶为正五位上。
⑫ 兵部大辅，负责武官选拔、管理及武器管理的军事防卫部门兵部省治下官员，官阶为正五位下。
⑬ 造东大寺次官，负责东大寺营建部门造东大寺司的次官，官阶为五位。

为修建新都府宅，朝廷将诸国正税①六十八万束②分赐右大臣以下、参议以上，及内亲王、夫人、尚侍等。并在新都内划出五十七町，将各国正税四万三千余束赐还国主，供百姓修建私宅。

虽然当时各处宫殿尚未完工，但桓武天皇期盼能尽早移居新都。

（大意）延历三年（784年）十月，设装束使③及前后次第司④，负责将装束物件分赐随行亲王以下五位以上官员。又设左右镇京使，由从五位下石川公足、主计头⑤大伴永主担任，其下各设五位官员及六位官员各二人。

延历三年（784年）十一月，桓武天皇御驾移居长冈京。当时，皇后适逢其母丁忧期间，未能一同移驾，于是，桓武天皇派出云守⑥石川丰人、摄津大夫⑦和气清麻吕担任前后次第司，前往平城旧京迎接皇后。又派出参议近卫中将纪船守前往贺茂上社及下社，并派兵部大辅大中臣诸鱼前往松尾、乙训两神社，告知迁都之事，并赐封贺茂神社为从二位，松尾、乙训两神社为从五位下。

就这样，迁都之事匆匆完成。《续日本纪》延历四年（785年）七月记载，桓武天皇也说："造宫之务，事弗获已。所役之夫，宜给其功。"在这句话之后，《续日本纪》还记载："于是，和雇诸国百姓三十一万四千人"。可见迁都一事花费巨大。

---

① 正税，日本律令制规定的地方向国家缴纳的税收，税收的主要形式为稻谷等。
② 束，稻谷的度量单位。一斤稻为一把，十把为一束。
③ 装束使，天皇行幸或重大仪式、典礼时负责装饰、布置的官职。
④ 次第司，天皇行幸或重大仪式、典礼时负责道路、队列的官职。
⑤ 主计头，负责税收计算、监察的部门主计寮的长官，官阶为从五位上。
⑥ 出云守，出云国的长官。国司的四等官依次是守（长官）、介（次官）、掾（判官）、目（主典）。出云国，古国名，现岛根县东部。
⑦ 摄津大夫，摄津国国司治下官员，官阶在五位以上。摄津国，古国名，现大阪府中部及北部、兵库县东南部。

《续日本纪》延历四年（785年）九月"藤原种继横死"条记载：

迁都长冈，宫室草创，百官未就，匠手巧夫，日夜兼作。

《续日本纪》延历七年（788年）九月的诏书中记载：

建都长冈，而宫室未就，兴作稍多，征发之苦，颇在百姓。（中略）造宫役夫，短褐不完，类多羸弱。

可见役夫人数众多，且艰辛劳苦，好在朝廷抚恤也非常丰厚。现将相关记载摘录一二如下：

桓武天皇移驾至长冈京的第二个月，便封赏营造新都的有功之臣。

延历四年（785年）五月，皇后宫中出现赤雀祥瑞，桓武天皇在庆祝的序文中写道：

山背国者，皇都初建，既为辇下，庆赏所被，合殊常伦，今年田租，特宜全免。又长冈村百姓家，入大宫处者，一同京户之例。（前文中提到，延历四年即785年七月，桓武天皇再次下诏表彰役夫之功。）

延历五年（786年）五月，桓武天皇下诏："新迁京都，公私草创，百姓移居，多未丰赡。"于是，赐左右京及东西市的百姓以财物。

后来，桓武天皇又于延历六年（787年）十月下诏："朕以水陆之便，迁都兹邑，言念此民，岂无验。"免除了乙训郡延历三年（784年）之后尚未缴纳的"出举"[①]，并赐郡司、主账以上官员均加官一级。以上记录均可见于《续日本纪》。

[①] 出举，古代借贷方式的一种，有公私之分。公出举是指：春天，地方官将官稻借给百姓，秋天收获后，百姓按照三成到五成的利息进行偿还。出举原本是以劝农和救贫为目的，后来逐渐演变为强行借贷，成为一种变相的苛捐杂税。

根据以上记录可知，桓武天皇对于近侍的臣民赏赐十分丰厚，因为这些臣民身处天皇近侧，在迁都一事中或多或少都做出了贡献，所以能获得这样的封赏。至于承担工役的其他各国，《续日本纪》记载，桓武天皇在延历七年（788年）九月的诏书中写道：

> 朕以眇身，忝承鸿业，水陆有便，建都长冈。而宫室未就，兴作稍多，征发之苦，颇在百姓，是以优其功赁，欲无劳烦。今闻造宫役夫，短褐不完，类多羸弱，静言于此，深轸于怀。宜诸进役夫之国，今年出举，不论正税公廨①，一切减其息利，纵贷十束，其利五束，二束还民，三束入公，其敕前征纳者，亦宜还给焉。

可见桓武天皇深知民生疾苦。

二、迁都平安京

如前节所述，经过十年的苦心经营，长冈京基本全部完工。然而，到了延历十二年（793年），朝廷又开始讨论迁都宇太村之事。由于《日本后纪》②此处有缺佚，所以再次迁都的内情已经无从知晓。不过，大概是因为长冈京原为藤原种继提议修建，并由他担任造宫使，日夜监管工程的进展。然而，延历四年（785年），藤原种继横死，后来又发生了"废太子之狱"事件——这都是些"不祥"之事。虽然新都建造的工程依然在继续向前推进，但桓武天皇已经觉得不祥，所以，延历六年（787年）十一月，为了祭祀天神及皇灵，桓武天皇极其盛大地操办了新尝大典③——这是效仿神武天皇④定都橿

---

① 公廨，官署衙门。公廨田，即朝廷分给各官署的田，以所收地租充当办公经费。
② 《日本后纪》，《续日本纪》之后，桓武天皇至淳和天皇时期的编年体史书，"六国史"之一。共四十卷，现存十卷。弘仁十年（819年）开始编写，承和七年（840年）完成。编者有藤原冬嗣、藤原贞嗣、良岑安世等。
③ 新尝大典，即"新尝祭"，是宫中祭祀的一种。每年秋收之后，由天皇向天地神祇进献五谷，并亲自品尝，以示感恩。现在演变为"勤劳感谢日"，是日本国定假日的一种，在每年的11月23日。
④ 神武天皇，《日本书纪》记载的第一代天皇，在橿原宫即位。

原①的先例，带有攘妖驱邪的意味。《续日本纪》延历六年（787年）十一月条记载：

> 祀天神于交野，其祭文曰：维延历六年（787年），岁次丁卯，十一月庚戌朔，甲寅，嗣天子臣，谨遣从二位行大纳言②兼民部卿③造东大寺司长官④藤原朝臣继绳（即藤原继绳），敢昭告于昊天上帝：臣恭膺眷命，嗣守鸿基。幸赖穹苍降祚，覆焘腾徵，四海晏

藤原继绳

---

① 橿原，神武天皇所建都城，位于奈良县中部，现在是奈良县内仅次于奈良市的第二大城市。
② 大纳言，律令制规定的太政官治下官员，仅次于太政大臣及左大臣、右大臣，可以参政议政，以及在三公空缺时总揽政务。侍于天皇近侧，负责向天皇上奏以及替天皇宣旨等。
③ 民部卿，负责民政的民部省长官，官阶为正四位下。由于民部省负责地契及租税等，责任重大，所以民部卿一般由中纳言以上公卿兼任。
④ 长官，日本律令制下四等官制的第一等。四等官制，太政官、八省、寮、司等各部门的官员，都设定四个等级，从上到下依次是长官、次官、判官、主典。

然，百姓康乐。方今大明南至，长晷初升，敬采燔祀之义，祇修报德之典，谨以玉帛牺齐、粢盛庶品，备兹禋燎，祇荐洁诚，高绍天皇配神作主。尚飨。

又曰：维延历六年（787年），岁次丁卯，十一月庚戌朔，甲寅，孝子皇帝，谨遣从二位行大纳言兼民部卿造东大寺司长官藤原朝臣继绳（即藤原继绳），敢昭告于高绍天皇：臣以庸虚，忝承天序，上玄锡祉，率土宅心，方今履长伊始，肃事郊禋，用致燔祀于昊天上帝、高绍天皇，庆流长发，德冠思文，对越昭升，永言配命，谨以制币牺齐、粢盛庶品，式陈明荐，侑神作主。尚飨。

《日本纪略》①中记录此事为"缘宿祷也"，可见这件事事出有因，绝不是平常之举。

延历九年（790年）三月，桓武天皇的皇后去世，皇太子安殿亲王疾病频发（详见下一节），《日本纪略》延历十年（791年）十月条记载："先是，皇太子枕席不安，久不平复。"延历十一年（792年）六月条又有"皇太子病云云"的记载。如此不祥之事接二连三，根据日本自古以来"凡有凶灾，先迁居所"的习俗可以推测，当时应该已经有长冈京不吉利的议论了。

这也可以从《日本后纪》"和气清麻吕传"中"长冈新都，经十载，未成功，费不可胜计，（和气）清麻吕潜奏，令上托游猎相葛野地，更迁上都"的记载得知一二。

和气清麻吕在奏报中强调："长冈都花费巨大"——然而，比起再建新都，完成长冈京建设的花费应该要少得多，所以他的言论其实是很奇怪的。或许"花费巨大"，只是表面的托词，真正的原因应该在于地势或者不吉利的忌讳之类。

---

① 《日本纪略》，神代至后一条天皇长元九年（1036年）期间的汉文编年体史书，编者、成书年代不详。其中，神代的记录抄录自《日本书纪》，神武天皇至光孝天皇期间的记录抄录自"六国史"，之后则参照各种日记、记录等，是"六国史"的重要补充史料。

《日本纪略》延历十二年（793年）正月条中记载：

遣大纳言藤原小黑麻吕、左大辨纪古佐美、山城国葛野郡宇太村之地，为迁都也。（《续日本纪》中这一部分有缺佚）

此外，当时还有东大寺僧人贤憬前往相地之事。《元亨释书》①中记载：

释贤憬，世姓荒田氏，尾州人也，妙年出家，受唯识于兴福寺宣教。天平胜宝②七年（755年），东大寺戒坛成，鉴真行羯磨法，（贤）憬为受者，是本朝登坛受戒之始也。性耐苦励，勤修不倦，剥皮然指，兼有才识。延历十二年（793年），朝廷议迁都，敕（贤）憬见新都平安城地。是年十一月圆寂，寿八十九。

贤憬应该是因为才华学识出众，才得以收录入该书。

迁都之事终于定了下来，《日本纪略》记载：

（大意）延历十二年（793年）二月，朝廷派参议治部卿③壹志浓王④前往贺茂大神社告知迁都之事；延历十二年（793年）三月，朝廷派人前往伊势神宫告知迁都之事；同月，桓武天皇行幸葛野，巡视修建新京之地（在此之前，桓武天皇多次行幸葛野，《续日本纪》《日本纪略》均有记载，但未见占卜决定新京的相关记录）；命五位以上及诸司主典以上，进贡役夫以修建新京宫城；划四十四町为百姓居所，纳入新京以内，该地居民免租三年；派遣使者前往

---

① 《元亨释书》，镰仓时代末期的佛教史书，三十卷，虎关师炼著。成书于元亨二年（1322年），记录了从佛教传入日本到镰仓时代末期七百年间的佛教历史。
② 天平胜宝，奈良时期孝谦天皇的年号，749年到757年。
③ 治部卿，治部省的长官。治部省主要负责外事、户籍、礼仪、僧尼、佛事、皇陵等相关事宜。
④ 壹志浓王，奈良时代末期到平安时代初期的皇族，天智天皇皇孙汤原王第二子，官位为正三位大纳言。

山阶（天智天皇陵）、后田原（光仁天皇陵）、先田原（施基亲王陵）等皇陵告知迁都之事；延历十二年（793年）九月，命菅野真道、藤原葛野麻吕负责分发新京宅地；尔后，桓武天皇又多次行幸，视察工程进展。

《日本纪略》记载：延历十三年（794年）四月，"各国发役夫五千人打扫新都宫殿"；延历十三年（794年）七月，东西市移至新京；延历十三年（794年）十月二十二日，"车驾迁新京"。

《皇年代略记》中有"（延历）十三年（794年）甲戌十月廿一日辛酉，车驾自葛野京迁于新都"的记录。据《日本纪略》记载，当时的诏书中写道："葛野，大宫地也，山川秀丽，四方国之百姓往来便利云云。"延历十三年（794年）十一月诏书又写道："诏云云，山背实合前闻云云，此国山河襟带，自然成城，因斯形胜，可制新号，宜改山背国为山城国。又子来之民，讴歌之辈，异口同辞，号曰平安京。又近江国滋贺郡古津者，先帝之旧都，今接辇下，可追昔号该称大津云云。"

这份诏书在《日本后纪》中有缺失，除《日本纪略》之外，其余史书均无记载，因此无法得知详情。不过，对葛野之地"山川秀丽"的评价，倒是与现在京都的地形相符。"山背"一词，原本就是"山后"之意，因此葛野才会以"山河襟带，自然成城"的地形脱颖而出，后更名为"山城"也算妥当——所以，桓武天皇将此地命名为"平安京"，定为长久的帝都，并不是没有缘由的。

三、天下苦难之所在

虽然如前一小节所述，迁都平安京一事发生在延历十三年（794年）十月。不过，当时平安新都的建造尚未全部完成。《日本纪略》延历十四年（795年）正月条记载："废朝，以太极殿未成也。"延历十五年（796年）正月条记载："御大极殿受朝贺。"延历十五年（796年）三月条记载："巡览朝堂及诸院。"由此可知，迁都第三年，朝堂等宫殿才终于建造完成。

不过，《日本后纪》延历十八年（799年）正月条记载："丰乐院未成功，大极殿前龙尾道上，构作借殿，葺以彩帛，（桓武）天皇临御，蕃客仰望，以为壮丽。"当时，桓武天皇赐宴渤海国使，由于丰乐院尚未建成，所以在临时搭建的宫殿设宴。

《日本后纪》延历十六年（797年）三月条中，也有"令远江、骏河、信浓、出云等国，进雇夫二万四十人，以供造官之役"的记载，从中可以知晓：当时宫殿仍在建造之中，甚至需要远方进献劳工。这主要是因为宫殿建造期间，不时遭受天灾，不得不多次重建。其大致情况，《日本纪略》中有记载：

> 延历十四年（795年）闰七月乙巳（十一日），大风，官舍京中屋破损；延历十七年（798年）八月丙戌（九日），大风，坏京中百姓庐舍；延历十八年（799年）九月戊申（七日），暴风，京中屋舍倒坏；延历二十三年（804年）八月壬子（十日），暴雨大风，中院西楼倒，打死牛，又堕坏神苑左右阁，京中诸国多蒙其害；（桓武）天皇生年在丑，叹曰："朕不利欤"未几不豫，云云。

从文中桓武天皇"朕不利欤"的叹息可以推断，当时灾情应该十分严重。此外，延历十六年（797年）九月，桓武天皇下诏："非常之备不可暂缺，宜山城、河内两国，便处置烽燧。"延历十九年（800年）十月，山城、大和、河内、摄津、近江、丹波等国派出百姓一万人，修建葛野川堤坝。由此可见当时劳役之繁重。

延历二十四年（805年），桓武天皇身体抱恙期间，仍挂念新京营建耗费民力。《日本后纪》记载：

> 延历二十四年（805年）十二月壬寅（七日），公卿奏曰：伏奉纶旨，营造未已，黎民或弊，念彼勤劳，事须矜恤，加以时遭灾疫，破损农桑，今虽有年，未闻复业，宜量事优矜，令得存济者。

臣等商量，伏望所点加仕丁，一千二百八十一人，依数停却；又卫门府衙士四百人，减七十人；左右卫士各六百人，每减一百人；隼人男女各四十人，每减二十人；雅乐寮歌女五十人，减三十人；仕女一百十人，减二十八人；停卜部之委男女厮丁等粮，又诸家厨租，暂停舂米，交易轻货；又诸国贡调脚夫，或国役五日，或国役三日，役限不均，劳逸各殊，须共役二日，以同苦乐。中纳言近卫大将①从三位藤原朝臣内麻吕（即藤原内麻吕）侍殿上，有敕，令参议右卫士督从四位下藤原朝臣绪嗣（即藤原绪嗣），与参议左大辨正四位下菅野朝臣真道（即菅野真道），相论天下德政。于时（藤原）绪嗣议云：方今天下所苦，军事（当时有征讨虾夷的战事）与造作也，停此两事，百姓安之。（菅原）真道确执异议，不肯听焉。帝善（藤原）绪嗣议，即从停废。乙巳（十日）废造宫职。延历二十五年（806年）二月乙未朔丁酉（三日），停造宫职，并木工寮。

虽然此时宫殿营造尚未完全竣工，但已完成过半，所以停了造宫职，将其事务交由木工寮处理，宫殿修建一事算是告一段落了。

当时花费的民力数据，各书均无记载，三善清行的《意见封事》中写道：

> 桓武天皇迁都长冈，（中略）更营上都，再造大极殿，新构丰乐院，又其宫殿楼阁，百官曹厅，亲王公主之第宅，后妃嫔御之宫馆，皆究土木之巧，尽赋调庸之用，于是，天下之费，五分而三。

建造宫殿工程巨大，长达数年。桓武天皇也曾多次下诏，体恤民力。由此可见，三善清行的言论并非毫无根据。

---

① 近卫大将，令外官的一种，负责宫中警卫的近卫府的长官。

四、平安京的构成

关于平安京的规模,《拾芥抄》(《故实丛书》收录版本)的"宫城部"中记载:

延历十二年(793年)正月甲午,遣使于山背国葛野宇太村地,为迁都也,始造山背新宫。延历十二年(793年)六月,令诸国造新宫诸门:尾张、美浓二国造殷富门,伊福部氏也;越前国造美福门,壬生氏也;若狭、越中二国造安嘉门,海犬耳也;丹波国造伟鉴门,猪饲(另一版本为"猪使")氏也;但马国造藻壁门,佐伯氏也;播磨国造待贤门,山氏也;备前国造阳明门,若犬耳氏也;备中、备后二国造达智门,丹治比氏也;阿波国造谈天门,玉手氏也;伊予国造郁芳门,达部(另一版本为"的氏")氏也。

文中的某某氏,指的是负责工程的各国国司及当地名门豪族(即庄园的大地主)。

《拾芥抄》还记载:

宫城野,罗城门,二重阁七间。

阳明门,(中略)五间户三间,号近卫御门,北端;待贤门,(中略)号中御门;郁芳门,(中略)号大炊御门,南端;以上东面,东大宫大路也。

美福门,(中略)二阶,五间户三间,号壬生御门,东端;朱雀门,(中略)二阶,七间户五间,号朱雀御门,中二阶门也;皇嘉门,若犬耳氏造之,号雅乐寮御门,西端;以上南面,二条大路。

谈天门,(中略)五间户三间,号马寮御门,南端;藻壁门,(中略)西中御门;殷富门,(中略)西近卫御门,北端;以上西面,西大宫大路。

安嘉门，（中略）号兵库寮御门；伟鉴门，（中略）不开御门；达智门，（中略）；以上北面，一条大路。

（中略）上东门，阳明门北，东面号土御门；上西门，殷富门北，西面西土御门也。

（中略）建礼门，五间户三间，云青马阵，谓之南面僻仗中门；春花门，云左马阵，谓之左厢，僻仗门，建礼门东；修明门，云右马阵，谓之右厢，僻仗门，建礼门西。以上南面。

朔平门，三间，云缝殿阵，谓之宫北面僻仗中门；式乾门，谓之西厢，僻仗门，朔平西，此门东无僻仗门。以上北面。

建春门，东面，三间，号左卫门阵，一云外记门，谓之宫东僻仗中门。

宜秋门，西面，三间，云右卫门阵，谓之西面中门。

承明门，五间户三间，谓之东面内门，建礼内；长乐门，谓之左厢门，承明东；永安门，谓之右厢门，承明西。以上南面。

玄晖门，三间，谓之宫北面僻仗内门，朔平内；安嘉门，谓之东厢门，玄晖东；徽安门，谓之西厢门，玄晖西。巳上北面。

宣阳门，三间，云左兵卫阵，建春内；嘉阳门，谓左厢门，宣阳北；延政门，谓右厢门，宣阳南。以上东面。

阴明门，三间，云右兵卫阵，谓之宫西面内门，宜秋内；武德门，谓之右厢门，阴明南；游义门，谓之右厢门，阴明北。以上西面。

日华门，东，谓之南殿前大庭东向门，春兴、宣阳两殿间有此门，号左近阵。

月华门，西，谓之南殿西向门，安福、校书两殿间有此门，号右近阵。

左掖门，东，谓春兴殿南东向壁垣门。

右掖门，西，谓安福殿南西向壁垣门。

内衙门，阵座上东面。

恭礼门，不载弘仁定文欤，东面内衙门北。

崇明门，阵座南面。

宣仁门，西面，在宜阳殿。敷政门，东面，在宜阳殿，以上在东方。

明义门，南殿西面。仙华门，南殿乾，在明义门北。无名门。（中略）神仙门，殿上南西面，右青璅门内，以上在西方。

左青璅门，东，西面。右青璅门，西，东面。化德门，在东绫绮殿北。（中略）中和门。

（中略）殿舍事。

紫宸殿，俗云南殿，九间四面庇。（中略）仁寿殿，南殿北，九间四面。承香殿，仁寿殿北，九间四面。常宁殿，承香殿北。（中略）或九间四面。贞观殿，常宁殿北，俗云御匣殿，在此殿。以上五殿，起于南，行于北，皆卯酉建之。

春兴殿，日华门南，七间三面。宜阳殿，日华门北，九间四面。绫绮殿，九间三面，西南。温明殿，绫绮殿东，九间三面。丽景殿，七间四面。宣耀殿，丽景殿北，七间四面。以上六殿，起于东南，行于北东，皆子午建之也。

安福殿，月华门南，七间二面。校书殿，月华门北，七间二面。清凉殿，云中殿，又云御殿，七间四面。后凉殿，清凉殿西，七间或九间。弘徽殿，七间四面。登花殿，弘徽殿北，七间四面。以上六殿，起于西南，行于北西，皆子午建之。

昭阳舍，东一，梨壶，丽景殿东，南北舍各五间四面。飞香舍，西一，藤壶，弘徽殿西，或五间四面。凝花舍，西二，梅壶，飞香舍北，五间四面。袭芳舍，西三，雷鸣壶，凝花舍北，或五间四面。淑景舍，东二，桐壶，或南北舍各五间四面。同北舍（即淑景北舍）。以上六舍，起于南行于北，卯酉建之。

（中略）应天门，谓之八省朝堂院南面外门，三间阁，五间户三间。长乐门，应天门东，谓之左厢门，朝集堂东。永嘉门，应天门西，谓之右厢门，朝集堂北。以上南面。

含耀门，谓之章德门外东门。章义门，谓兴礼门外西门。会昌门，谓之南内门，二间阁，五间户三间。章德门，谓之左厢门，会昌东。兴礼门，谓之右厢门，会昌西。敬法门，谓之左厢门，章善南。章善门，五间户三间。显亲门，谓之右厢门，章善北。光范门，谓之寿成门，南方西面门，白虎楼北廊门西向。盛花门，谓之右厢门，宣政门南。宣政门，谓之东南北门，五间户三间。（以下还有三十一门，略）

关于朝堂，《拾芥抄》记载了包括大极殿、苍龙楼、白虎楼、栖凤楼、翔鸾楼、昌福堂在内的二十六楼。由此可知宫城规模之浩大。

至于平民居住的街市，则按一条到九条进行区划。《拾芥抄》记载：

（大意）一条之内有四坊，一坊之内有十六町，十六町内有四保，一町内有四行，一行内有八门，每户长十丈，宽八丈。

又五家为一比；五比为一间，二十五家；四间为一族，百家；五族为一党，五百家；五党为一州，二千五百家。

五家为邻；五邻为里，二十五家；四里为族，五族为鄙，五百家；五鄙为州，云云。

计算坊时，左京起于西面，东为下；右京起于东面，西为下。

计算町时，左京起于西北，南为下；右京起于东北，向南环绕。

计算行时，左京西为上，东为下；右京东为上，西为下。

计算门时，左京起于西北，南为下；右京起于东北，往下行。

由此可见，城区规模之宏大。

不过，此处关于族、党、州、邻等的制度，仅仅是区域规划的标记，并没有实际执行。因此，左右二京，也就是城区的东部和西部的人口分布并不均衡，最终使城区的名称也变成了上京和下京。上京与下京的人口密度差异显著，这是百姓因民情风俗、地理地势的便利状况自动聚集的结果。

《神皇正统记》中写道：

> 迁都至山背国长冈后，历经十年营建新都，其后又迁都至现在的平安城，并将山背国更名为山城国，以图长治久安。昔日圣德太子，曾登上峰冈（即太秦），远眺今日平安城所在之地，说：此乃四神相应之地，一百七十余年后，当迁都此地，以图长治久安。（中略）此地确实是龙脉所在的风水宝地。

圣德太子是否真的有过这样的预言已经无从查证，这只能当作古代的传说略做参考。

文中"四神"的说法源自中国，中国人将天上的二十八星宿分到东南西北四个方向。其中，东青龙（又叫苍龙），南朱雀（又叫朱鸟），西白虎，北玄武。（天皇即位时，将绘有"四神"图像的旗子立于前庭，有"天皇仁德，泽被四方"之意。）平安京东边有河流，南边是平原，西边和北边是山脉，所以被称为"四神相应"之地。

《宇治大纳言物语》中，还记载了这样一个故事：

> 从前，柏原帝（桓武天皇）时代，桓武天皇打算建造平安京，于是，经常从长冈京行幸至平安京，视察新京的修建。桓武天皇来到罗城门附近时，停下御辇，将工匠召来，说道："此门甚好，但还需削减一尺。因为门高之处，风速过快，恐有危险，若能削减一尺，更加安全。"桓武天皇说完之后，就回到长冈京去了。
>
> 平安京快要修好时，桓武天皇又来巡视，来到罗城门附近时，

桓武天皇停轿查看，发现城门顶上的瓦片都已经用白泥糊好，桓武天皇将之前的工匠召来，说道："我当初只让你削减一尺，看来当初应该让你削减一尺五寸。现在还是高了五寸啊！"

工匠回禀道："天皇当初命我削减一尺，但如果按天皇所说削减一尺，那城门的雄壮气势将会大减，所以我只削减了五寸。"（中略）

桓武天皇知道了事情原委后说道："迁都之期已近，现在再改，已经来不及了，那就这样吧！只是，如果遇上大风，此门恐怕会倒塌。"（中略）

后来迁都之后，罗城门果然被大风吹倒了三次。

故事的真伪笔者无意深究，仅抄录旧文以供读者参详。

第2节 藤原种继横死与"废太子之狱"

一、藤原种继暗杀事件及藤原氏与伴伯二氏

前一节中提到，延历四年（785年）九月，长冈京还在建造之时，担任营造使长官的中纳言藤原种继遭贼人突袭而横死，随后便引发了"废太子之狱"事件。当时，桓武天皇行幸平城京，不在长冈京内。因为皇女朝原内亲王作为斋宫①被送往伊势，所以桓武天皇移驾平城为皇女送行——凶案就发生在这个时候。

《续日本纪》记载：

（藤原）种继为贼射薨，车驾归自平城。捕获大伴继人、大伴竹良等党羽数十人，推鞫之，并皆承伏。依法推断，或斩，或流。

---

① 斋宫，天皇即位时，根据占卜选定未婚的皇女，作为天皇的代表，前往伊势神宫侍奉天神。

其（藤原）种继，参议式部卿太宰帅①（藤原）宇合之孙，（桓武）天皇甚委任之，中外之事皆取决焉。初首建议，迁都长冈，宫室草创，百官未就，匠手巧夫，日夜兼作。至（桓武天皇）行幸平城，太子（早良亲王②）及右大臣藤原是公、（藤原）种继等，并为留守。照炬催捡，烛下被伤，明日薨于第，年四十九。（桓武）天皇悼惜之，诏赠正一位左大臣。

《续日本纪》后文中还记载：大同四年（809年），平城天皇③下诏，追赠藤原种继为太政大臣。

《日本纪略》中，对于这件事的记载如下：

延历四年（785年）九月乙卯（廿三日），中纳言兼式部卿近江按察使④藤原种继，贼袭射，两箭贯身。

延历四年（785年）九月丙辰（廿四日），车驾至自平城云云，（藤原）种继已薨，乃诏有司，搜捕其贼云云，仍获（大伴）竹良并近卫伯耆桙麻吕、中卫牡鹿木积麻吕。敕右大辨石川名足等推勘之。

（伯耆）桙麻吕欵云：主税头大伴真麻吕、大和大掾⑤大伴夫子、春宫少进⑥佐伯高成，及（大伴）竹良等同谋。遣（伯耆）桙麻吕、（牡鹿）木积麻吕，害（藤原）种继云云。

---

① 太宰帅，太宰府的长官，唐名为"都督"。
② 早良亲王，光仁天皇第二皇子，桓武天皇皇弟。桓武天皇即位时被封为皇太子。延历四年（785年）因藤原种继暗杀事件被废，死于流放途中。桓武天皇皇子安殿亲王成为皇太子，其后京城病疫横行，被认为是早良亲王冤魂作祟，这也是迁都平安京的缘由之一。
③ 平城天皇，第五十一代天皇，806年到809年在位，即安殿亲王，桓武天皇第一皇子。
④ 近江按察使，近江，古国名，现滋贺县。按察使，令外官的一种，主要负责巡回视察地方施政及民情。
⑤ 大和大掾，大和，古国名，今奈良县。大掾，属国国府四个等级官员中的第三等，又叫"判官"或"丞"，官阶为正七位下。
⑥ 春宫少进，执掌皇太子家政相关事务的春宫坊治下官员，低于春宫大夫、春宫亮、春宫大进，官阶为从六位下。

（大伴）继人、（佐伯）高成等并欤云：故中纳言大伴家持相谋云，宜昌大伴、佐伯两氏，以除（藤原）种继，因启皇太子，遂行其事。

穷问自余党，皆承伏。于是，首恶左少辨大伴继人、（佐伯）高成、（大伴）真麻吕、（大伴）竹良、（大伴）凑麻吕、春宫主书首①多治比滨人，同诛斩。及射（藤原）种继者，（伯耆）梓麻吕、（牡鹿）木积麻吕二人，斩于山崎南河头。又右兵卫督五百枝王②、大藏卿③藤原雄依，同坐此事。五百枝王，降死流伊予国。（藤原）雄依及春宫亮④纪白麻吕、（大伴）家持息⑤右京亮⑥（大伴）永主，流隐岐。东宫学士⑦林稻麻吕，流伊豆。自余随罪亦流。

延历四年（785年）九月庚申（廿八日）诏曰云云：中纳言大伴家持、右兵卫督五百枝王、春宫亮纪白麻吕、左少辨大伴继人、主税头大伴真麻吕、右京亮同（大伴）永主、造东大寺次官林稻麻吕等，杀式部卿藤原朝臣（藤原种继），以谋倾覆朝廷，奉早良亲王为君。

（大意）延历四年（785年）九月二十三日夜亥时，因杀藤原朝臣（藤原种继）事，勘赐申：藤原朝臣（藤原种继）在则不安，为扫退此人，劝皇太子（早良亲王），皇太子（早良亲王）准许。于是，近卫伯耆梓麻吕、中卫牡鹿木积麻吕二人为杀。申云云。

---

① 春宫主书首，春宫坊治下主书署的长官，负责管理皇太子的笔、墨、纸、砚等，官阶为从六位下。
② 五百枝王，平安时代前期公卿，光仁天皇皇孙，因藤原种继暗杀事件被流放伊予国，后被赦免归京。
③ 大藏卿，大藏省的长官，官阶为正四位上。大藏省，朝廷的财务部门，负责国库的管理、出纳、度量衡和物价的规定等。
④ 春宫亮，春宫坊治下官员，仅次于春宫大夫，官阶为从五位下。
⑤ 息，儿子。
⑥ 右京亮，左右京职，京都的司法警察，负责京都市内一般庶务，包括司法、警卫、户籍、租税、商业、道路、桥梁、田地等。左右京亮是京职的次官，仅次于左右京大夫，官阶为从五位下。
⑦ 东宫学士，春宫坊治下官员，律令制规定的负责教授皇太子儒学的讲师。官阶为从五位下。

> 是日，皇太子（早良亲王）自内里归于东宫，即日戌时，出置乙训寺。是后太子（早良亲王）不自饮食，积十余日，遣宫内卿①石川恒守等，驾船移送淡路。比至高濑桥头，已绝。载尸至淡路云云。（中略）
>
> 又传，遣近卫伯耆梓麻吕等，就柩前，告其状，然后斩绝。
>
> 延历四年（785年）十月，庚午（八日），告山科（天智天皇）、田原（光仁天皇）、佐保山（圣武天皇）陵，以废太子之状。

《水镜》中也有关于这件事的记载：

> 延历四年（785年）八月，桓武天皇行幸奈良旧都，（中略）中纳言藤原种继留守长冈新都。皇太子桓武天皇御弟早良亲王派人暗杀了藤原种继。
>
> 事件的起因是：桓武天皇时常四处行幸，便将政事委托给皇太子早良亲王。天应二年，即延历元年（782年），早良亲王任命佐伯今毛人为宰相（即参议）。然而，桓武天皇巡幸归京后，藤原种继上奏道："佐伯今毛人担任参议之事不合旧例。"于是，桓武天皇撤销了佐伯今毛人参议的职位，并赐予了三位的官阶作为补偿。早良亲王为此深感遗憾，便对桓武天皇说："请把藤原种继交给我吧！"桓武天皇没有答应。从那以后，桓武天皇也不再将政务委托给早良亲王了。于是，早良亲王对藤原种继心怀怨恨，一直寻找时机，想要除掉此人。终于等到这次桓武天皇离京，早良亲王便找人暗杀了藤原种继。（中略）
>
> 事发之后，桓武天皇将早良亲王幽禁在乙训寺。延历四年（785年）十月十八日之前，早良亲王还没有去世。后来，桓武天皇将早良亲王流放至淡路国，早良亲王在流放途中死于山崎附近。

---

① 宫内卿，宫内省的长官，官阶为正四位上。宫内省，主要负责皇宫一般事务，包括皇室的日常开支、领地收入、木工等。

根据以上记载，皇太子早良亲王对藤原种继心怀怨恨的原因是"藤原种继阻挠早良亲王提拔佐伯今毛人担任参议"一事。早良亲王作为皇太子，自己对臣子的恩典，却因权臣的阻挠而被取消，算得上奇耻大辱了。不仅如此，桓武天皇此前曾将政务委托早良亲王处理，从那以后也不再有了。可见藤原种继的影响力非同一般。所以《续日本纪》用了"中外之事，皆取决焉"来形容藤原种继。藤原种继权势日盛，恐怕暗中也在筹谋废太子之事。

话说早在称德天皇晏驾之时，藤原种继的叔父藤原百川力排众议，迎立光仁天皇即位，也因拥立之功而数次升迁，最终官居参议中卫大将式部卿（掌管政事、近卫兵权以及朝堂礼式），权势盛极一时。在藤原百川的谋划之下，光仁天皇的皇后井上内亲王被废。废后一事的内情，虽然已经无从知晓，但基本可以确定的是，因为她不是出自藤原氏。然而，她所生的皇子早良亲王①，却被桓武天皇依照光仁天皇的命令册立为皇太子。藤原百川对此无可奈何，心知自己对井上内亲王的所作所为，如果有朝一日早良亲王即位，必然会祸及藤原家子孙，心中因而忧虑不已。（可参考《水镜》）

光仁天皇宝龟十年（779年）七月，藤原百川薨逝，但他的担忧却并没有因此而消除。藤原家的后人们也默默担心着这件事，心中暗暗盘算着伺机废掉早良亲王的太子之位。

既然双方心有嫌隙，那么遇到事情就更容易起冲突。早良亲王也担心自己重蹈井上内亲王的覆辙，遭受藤原家的算计，一刻也不敢放松警惕。特别是藤原氏得势专权，早良亲王有心压制，其间必然冲突不断。

而大伴、佐伯两家，自古以来就是担任朝廷内外守卫的重臣，却因藤原氏的崛起而失势。他们必然也希望能有一个机会，立下功勋，获得与藤原氏相同的地位。从史书中也能看出，每当国有战事，这两族之人必然挺身而出，为国效力，以振家威。

所以，无论是大伴一族看来，还是在大伴家持本人看来，藤原氏庶出的

---

① 现在史书中一般认为早良亲王是桓武天皇的同母弟，为高野新笠所生。也有学者对此提出质疑，认为早良亲王是井上内亲王所生。本书作者采信的是第二种说法。

藤原种继与自己同为中纳言，对方却有着执掌国中大事的权力，大伴家持心中愤懑不平，也是人之常情。

大伴家持身为春官大夫，自天应年间以来，一直侍奉于皇太子早良亲王身侧，情谊自然不浅。不管是出于君臣之谊，还是出于自己的家世地位，对于大伴家持来说，借鉴古例，筹谋未来，都是情理之中的事情。

而佐伯氏一方，将皇太子早良亲王与藤原氏之间的嫌隙看在眼中，自然也会主动迎合早良亲王的心意。就这样，大伴、佐伯二氏与早良亲王之间，不知不觉达成了某种默契。这一点，从早良亲王破格提升佐伯今毛人为参议一事就能看出端倪。

然而，藤原种继何其机敏，马上就看出大伴、佐伯二氏针对藤原氏，尤其是针对自己的意图，便向桓武天皇奏报了此事（此次奏报并非谗言，而是直言）。这样一来，不仅破坏了早良亲王的计划，更让早良亲王失去了掌管政事的权力（虽然藤原种继并没有上奏削夺早良亲王的权力）。

这件事表面上是藤原种继对早良亲王一党出手，但当时废立太子的形势已经初露端倪。早良亲王被废之后，继任太子便是桓武天皇第一皇子安殿亲王。安殿亲王的生母是皇后藤原乙牟漏——内大臣①藤原良继之女。藤原良继是藤原种继的伯父，安殿亲王妃又是藤原百川的女儿藤原带子，后来藤原种继的女儿藤原药子也得到安殿亲王的宠幸（后来引起"药子之乱"，详见第二章第三节），所以册立安殿亲王为皇太子，是完全符合藤原家族的期待的。

所以，迁都长冈，恐怕也有对废太子一事的考量。《续日本纪》载"首建议迁都长冈"——日本历代迁移皇居，必然事出有因，参看前朝史书及后来的"药子之乱"便可知晓。况且史书记载"日夜兼作云云，照炬催捡"——藤原种继既是迁都的建议者，也是建都的负责人，时至寒冬依然"日夜兼作"，尚且还能看作出自"希望早日竣工"的热忱，但"宫室未就"，就让桓武天皇移驾新都——事出突然，必有内情。恐怕是因为一旦竣工，就要宣布废立太子

---

① 内大臣，太政官治下令外官的一种，官位仅次于"三公"，当左右大臣因故缺席时，可以代行政务。唐名为"内府""内丞相""内相国""内仆射"，官阶为正、从二位。

之事，这在一部分人心中，已经是心知肚明的事情。恐怕连皇太子早良亲王都有所感知，更别说大伴、佐伯二氏了。这事在大伴、佐伯二氏眼中，仿佛已经是必成的事实一般，与其被废，不如先发制人，以清君侧。所谓走投无路，以命相搏，所以才会出现暗杀一事。

《续日本纪》《日本纪略》等书记载，大伴家持在事发前二十多天薨逝，去世二十多天还未下葬——可见当时情势之紧急。不过，曾得到早良亲王赏识的佐伯今毛人，当时却与藤原种继一起在长冈担任新都营造使，与暗杀之事毫无牵连，非常不可思议；曾经因藤原种继的一句话而失去参议之职，现在还能一同担任新都营造使，则更加不可思议。虽说官员的任免不管内情如何，表面上都是出自桓武天皇的圣裁，但这次任免或许是藤原种继担心自己迁都的主张受到非议，所以故意推荐了佐伯今毛人一同担任新宫营造使也未可知。这位佐伯今毛人，在延历三年（784年）十二月，被破格提升为参议，可见深受桓武天皇信任。

暗杀事件的执行者伯耆桴麻吕等，先在藤原种继灵前告罪后，才伏法受诛，可见桓武天皇对藤原种继哀悼之深。即便是藤原种继去世之后，无论是他在藤原氏一族之中的地位，还是桓武天皇对他的恩宠，依然余威犹存。《后日本纪》"和气清麻吕传"中记载：

> 长冈新都，经十载，未成功，费不可胜计。（和气）清麻吕潜奏，令上（桓武天皇）托游猎，相葛野地，更迁上都。

即便是和气清麻吕这样的当世名臣，在提到与藤原种继生前主张相关的事宜时，都要避人耳目，私下奏报，可见藤原种继余威犹存。

二、册立新皇储与废太子的"怨灵"

如前一小节所述，早良亲王被废，同年，即延历四年（785年）十一月二十五日，桓武天皇第一皇子安殿亲王被册立为皇太子，时年十二岁。延历七年（788年）正月十五日，皇太子（安殿亲王）加元服，由大纳言民部卿藤原继绳为他加冠，中纳言式部卿近卫大将纪船守为他理发。然而，不久之后，皇太子（安殿亲王）罹患脑病，数年未愈。《日本纪略》记载：

> 延历十年（791年）十月甲寅，二十七日，先是皇太子（安殿亲王）枕席不安，久不平复。是日，向伊势太神宫，缘宿祷也。
>
> 延历十一年（792年）六月戊子，五日，奉币于畿内名神，以皇太子（安殿亲王）病也。
>
> 延历十一年（792年）六月癸巳，十日，皇太子（安殿亲王）久病。卜之，崇道天皇（早良亲王）为祟。遣诸陵头调使王等于淡路国，奉谢其灵。
>
> 延历十一年（792年）六月庚子，十七日，敕去延历九年（790年），令淡路国，宛某亲王（崇道天皇）守冢一烟，兼随近郡司，专当其事。而不存警卫，致令有祟。自今以后，冢下置隍，勿使滥秽。

由此可见藤原氏一族对早良亲王冤魂的畏惧，以及当时的墓地制度。

不仅皇太子安殿亲王患病，延历十三年（794年）五月二十七日，太子妃藤原带子患急病，骤然逝世，当时人们也认为是早良亲王的冤魂作祟，因而对其越发崇敬。

《日本纪略》记载：

> 延历十六年（797年）五月甲辰，十九日，于禁中并东宫，转读《金刚般若经》，以有怪异也。
>
> 延历十六年（797年）五月乙巳，二十日，遣僧二人于淡路国，转读悔过，谢崇道天皇灵也。

早良亲王"冤魂作祟"的说法，最开始是"卜之"得到的，应该是出自阴阳道。到此处记载为"怪异"，可见此时已有僧人参与。《元亨释书》记载：

> 延历十六年（797年），（中略）初早良太子，与黄门侍郎① 藤原种继有隙。（中略）太子党人，射（藤原）种继于烛下毙。事觉，延历十六年（797年）十月，太子（早良亲王）废，将更弑。太子（早良亲王）使使诸寺，预修白业，诸寺恐而拒之，独善珠（东大寺）纳焉。谓使者曰："太子凤飒不尽，今受严遣，此度回债焉，又幸也，乞勿结怨矣。"委屈示谕，词旨激切。
>
> 使者复命，太子（早良亲王）喜曰："我闻师言，披忍辱衣，以故，不怕逆鳞之怒耳。"
>
> 太子（早良亲王）途死，其灵恼逼皇太子（安殿亲王），医巫不效。敕（善）珠持念，（善）珠语太子（安殿亲王）曰：昔闻贫道言，"日已披忍辱衣，今何有之乎？"乃广说法要，言未毕，太子（安殿亲王）病愈。

可见这位善珠就是最初参与传播早良亲王"冤魂作祟"的僧人。

延历十六年（797年）四月二十一日，善珠圆寂，年七十五。《日本纪略》等记载，因为皇太子（安殿亲王）的缘故，善珠的画像被供奉在秋筱寺中。不过，善珠奉皇命念经，应该是之前的事情。此外，前皇太子（早良亲王）笃信佛法，也可以从上文中得到印证。从此之后，早良亲王的冤魂更受敬畏了。

《日本纪略》记载：

> 延历十九年（800年）七月己未，二十三日，诏曰云云，宜故皇太子早良亲王，追称崇道天皇，故废皇后井上内亲王，追复称皇后，其墓并称山陵，令近卫少将大伴是成，率阴阳师众僧，镇谢在淡路国崇道天皇陵。

桓武天皇下旨为井上内亲王及早良亲王母子恢复了尊号。

---

① 黄门侍郎，即中纳言。

《日本后纪》《日本纪略》等记载，延历二十四年（805年），为了替桓武天皇祈祷病愈，正月十四日：

奉为崇道天皇，建寺于淡路国。

后又在延历二十四年（805年）四月五日，

令诸国，奉为崇道天皇，建小仓，纳正税三十束，并预国忌及奉币之列，谢怨灵也。

这完全是将早良亲王与历代先皇同等对待。

延历二十四年（805年）四月十一日，朝廷还设置了崇道天皇改葬司。

延历二十四年（805年）七月，遣唐大使藤原葛野麻吕等返回日本，向桓武天皇献上大唐的国书及赠礼。延历二十四年（805年）七月二十七日，桓武天皇将大唐的国书及赠礼供奉给山科（天智天皇）、后田原（光仁天皇）、崇道天皇（早良亲王）三座皇陵。

《日本后纪》等书还记载：

延历二十四年（805年）十月二十五日，奉为崇道天皇，写一切经，其书生随功叙位。云云。

可见朝廷对早良亲王的亡魂愈加崇敬。

延历二十五年，即大同元年（806年）三月，桓武天皇病重时下旨：

敕，缘延历四年（785年）事，配流之者，先已放还，今有所思，不论存亡，宜叙本位，奉为崇道天皇，令诸国国分寺僧，春秋二仲月别七日，读《金刚般若经》。

藤原葛野麻吕

就这样,朝廷对早良亲王的亡灵越来越尊崇,这也是藤原种继的反对者对他的非议之声逐渐占据上风的结果。虽然在现代人看来,"怨灵"之说纯属无稽之谈,因为惧怕而希望通过"祈祷"来"镇慰"怨灵则更是可笑,但在当时却不是这样。当时的人们笃信天灾人祸都是"怨灵作祟",也相信通过祈祷能够获得神佛的庇佑,朝廷上下,莫不如此。一旦流出"怨灵作祟"的传言,马上就风靡一时,其中必然有人借此博取世人关注,为死者鸣冤。同时不乏僧祝之辈，为了显示自己道法灵验，为"怨灵"之说推波助澜，不仅自己深信不疑，也不容他人置疑。

所以，在这样的世风之中，朝廷上下对早良亲王"怨灵"的敬惧也就不难理解了。后来，在延历四年（785年）藤原种继暗杀事件中受到牵连的人，都先后获得赦免，也是同样的原因。

第3节 征服虾夷[①]

一、征讨虾夷的准备

第一节中藤原绪嗣奏章中所说的"方今天下所苦，军事与造作也"中的"军事"，指的就是征讨虾夷之事。这件事在前一册书中有详细的说明：光仁天皇年间，便有出征虾夷的计划。然而，功业未就，光仁天皇就驾崩了。桓武天皇继承先帝遗志，即位之初便颁下诏书，《续日本纪》延历二年（783年）条记载：

> 延历二年（783年）四月，辛酉，敕曰：如闻："比年坂东八国[②]，运谷于镇所，而将吏等，以稻相换其谷，代者轻物送京，苟得无耻。又滥役镇兵，多营私田。因兹，镇兵疲敝，不任干戈。"
>
> 稽之宪典，深合罪罚，而会恩荡，且从宽免。自今以后，不得更然，如有违犯，以军法罪之。宜加捉搦，勿令侵渔之徒肆浊滥。

这份诏书中明确表示，此前征东之战，均无功而返，其原因就在于国司、郡司等滥用镇守士兵。所以，桓武天皇为了杜绝这种弊病，申斥了官员。

[①] 虾夷，古代日本大和朝廷管辖之外的异族，居住在当时的北陆、关东、陆奥等地区，也就是现在的北海道、关东和东北地区。

[②] 坂东八国，又称东国、关东地区等，包括相模、武藏、上总、下总、安房、常陆、上野、下野八个属国。

在这份诏书之后，还有一份诏书：

> 延历二年（783年）四月乙丑，敕坂东诸国，曰：蛮夷猾夏，自古有之，非资干戈，何除民害。是知，加徂征于有苗，奋薄伐于猃狁①。前王用兵，良有以也，自顷年，夷俘猖狂，边陲失守，事不获已，频动军旅。遂使坂东之境，恒疲调发，播殖之辈，久倦转输。念兹劳弊，朕甚愍之，今遣使存慰，开仓优给。

在这份诏书之中，桓武天皇陈述了"发兵之举，实属无奈"的情由，以及对天下苍生的体恤怜悯。希望民众可以知悉，此次发兵，原本就是为了治国安民。

当时奥羽地区②的情况，文献中没有记载，但《续日本纪》延历二年（783年）记载：

> 延历二年（783年）六月，丙午朔，出羽国言："宝龟十一年（780年），雄胜、平鹿二郡百姓，为贼所掠，各失本业，凋敝已甚。再建都府，招集散民，虽给口田，未得休息，因兹不堪备进调庸，望请蒙给优复，将息弊民。"敕，给复三年。

出羽国的雄胜、平鹿二郡，都是山地（与海边相对照而使用的说法），是虾夷最容易出没的地区，常年饱受其害。这份记录的时间是延历二年（783年），自宝龟十一年（780年）出兵讨伐虾夷之后，已经过了两年，从文中"未得休息"一词可知，战争的破坏并未得到恢复。于是，延历二年（783年），桓武天皇颁布了以下诏书，开始为出征做准备，《续日本纪》记载：

---

① 有苗，即中国南方的三苗部落。猃狁，即中国北方的犬戎族。此处应该是借代，泛指南征北战，平定蛮夷，而不是真的与有苗、猃狁发生过战争。
② 奥羽地区，陆奥国（奥州）与出羽国（羽州）的合称。陆奥国即现在的福岛县、宫城县、岩手县、青森县、秋田县的一部分。出羽国即现在的山形县与秋田县。

延历二年（783年）六月，辛亥，敕曰：夷虏乱常，为梗未已，追则如鸟散，舍则如蚁聚，事需练兵教卒，以备其寇掠。今闻："坂东诸国，属有军役，每多尪弱，全不堪战。即有杂色之辈，浮宕之类，或便弓马，或堪战阵，每有征发，未尝差点。"同日皇民，岂合如此？

宜仰坂东八国，简取所有散位子、郡司子弟及浮宕等类，身堪军士者，随国大小，一千以下，五百以上，专习用兵之道，并备身装。即入色之人，便考当国。白丁免徭，仍勒堪事国司一人，专知勾当。如有非常，便即押领奔赴。云云。

正如诏书所说，虾夷原本是野居的蛮民，"追则如鸟散"，但放任不管时，又会"如蚁聚"，团结一致。一旦稍有松懈，之前如鸟兽散的蛮民，又会如鸟兽一般袭来，大肆杀掠；也会如同蚂蚁一般，集结起来，相互呼应。他们的猖獗程度，由此可见一斑。

与此相对，历来从坂东征发的士兵，却是羸弱者居多，不堪一战。而那些能够骑马拉弓之辈，却不在征发之列，所以屡次出兵却无功而返。于是，桓武天皇颁发了这份诏书，命令散位及郡司等地方豪族的子弟加入征发之列，让这些强健善战的人去服兵役，以增强军队的实力。

延历三年（784年）二月，朝廷派兵出征虾夷。从三位大伴家持任持节征东将军，从五位上文室与企为副将军，外从五位下阿倍猨岛墨绳为军监。这位大伴家持，出身将门世家，父祖以上，数代都是征东大将军或者镇守将军，而阿倍猨岛墨绳则是入间宿祢①，这两人都非常了解东北地区的状况。

延历四年（785年），陆奥国小田郡大领②正六位上九子部胜麻吕，因为之前征战有功，被授予外从五位下，可见是对这次出征军功的褒奖。然而，大伴家持等人这次出征的具体状况，正史中没有记载。不过，他们抵达陆奥国之

---

① 入间，日本地名，在琦玉县入间市。宿祢，世家贵族的称号，御赐"八色之姓"的第三位。
② 大领，属国国司之下各郡司的长官。郡司的四等官分别是：大领、少领、主政、主账。

后,商议征讨策略的情况,可以从《续日本纪》延历四年(785年)的记载中了解一二:

> 延历四年(785年)夏,四月,乙丑朔辛未,中纳言从三位兼春宫大夫陆奥按察使镇守将军大伴宿祢家持(即大伴家持)等言:"名取以南一十四郡,僻在山海,去塞悬远。属有征发,不会机急。由是,权置多贺、阶上(现本吉)二郡,募集百姓,足人兵于国府,设防御于东西,诚是,备预不虞,推锋万里者也。但以徒有开设之名,未任统领之人。百姓顾望,无所系心。望请建为真郡,置备官员。然则民知统摄之归,贼绝窥窃之望。"许之。

然而,同年,即延历四年(785年),大伴家持薨逝。不久之后,因受"废太子之狱"(详见本章第二节)连坐,大伴家持的子嗣被流放,可见他这次出征可能没有立功。

而朝廷方面,由于当时正处在迁都的重要时期,再加上"废太子之狱"这一重大事件的影响,所以大伴家持去世后,朝廷并没有下旨任命继任者,只在延历五年(786年)八月,派佐伯葛城前往东海道,纪楫长前往东山道,分别配置判官[①]、主典[②]各一名,为出征虾夷检阅军队、验视兵器。

延历七年(788年)三月,朝廷命陆奥国将军粮三万五千余斛[③]运往多贺城,又下令东海、东山、北陆各国,延历七年(788年)七月之前将干粮二万三千余斛和盐一起运往陆奥国。同时,命东海、东山、坂东各国,于次年三月之前,将步兵骑兵五万二千八百余人送往陆奥国多贺城。

后来,桓武天皇又再次下诏,对征兵进行了详细指示:征兵时,首先征用以前从过军打过仗的,其次是常陆国的神贱[④](常陆国的鹿岛神社自古以来

---

① 判官,四等官制中的第三等。
② 主典,四等官制中的第四等。
③ 斛,古代的体积单位,一斛等于十斗(约一百八十升)。
④ 神贱,又叫神奴,在神社服劳役的贱民,不能与良民通婚,不能随意搬迁。

就是习武之地，所以神社领地内的百姓从小修习武艺。鹿岛神社供奉的神也因此被称为武神），最后便是以上两种人之外懂得骑马射箭的人。

二、纪古佐美战败

延历七年（788年）七月，参议纪古佐美任征东使。延历七年（788年）十二月，纪古佐美拜别桓武天皇，离京出征。《续日本纪》记载：

> 延历七年（788年）十二月，甲戌朔，庚辰，征东大将军纪朝臣古佐美（即纪古佐美）辞见。诏召升殿上（桓武天皇命其上殿），赐节刀，因赐敕书曰："夫择日拜将，良由纶言，推毂分阃，专任将军。如闻：承前别将等，不慎军令，匿阙犹多。寻其所由，方在轻法。宜副将军有犯死罪，禁身奏上，军监以下，依法斩决。坂东安危，在此一举，将军宜勉之。"因赐御被二领，彩帛三十匹，棉三百屯[①]。

从文中可以看出，桓武天皇对纪古佐美十分器重，这样优渥的恩宠，可算史上少有。这位纪古佐美是武内宿祢[②]第十三代孙，还曾于光仁天皇宝龟十一年（780年），作为征东使中纳言藤原继绳的副使，一同出征东北，因此，他对东北地区的战况及民情也十分熟悉。

延历八年（789年）三月，朝廷收到"各路大军会师多贺城，并兵分几路进入虾夷境内"的奏报，于是，朝廷特地派遣使者前往伊势神宫，告知征讨虾夷之事，并献上奉币[③]。这次出征的战况，可以参见《续日本纪》中的记载：

> 延历八年（789年）五月，壬寅朔癸丑，敕征东将军（纪古佐

---

① 屯，古代日本棉的重量单位，一屯等于一百五十克（也有观点认为是四百五十克）。
② 武内宿祢，日本历史上一位颇具传奇色彩的大臣。活跃于大和朝廷初期，传说是第八代孝元天皇的曾孙，侍奉过景行、成务、仲哀、应神、仁德五位天皇，并助神功皇后出兵新罗，立下战功，是葛城、巨势、平群、苏我、纪氏等豪族的祖先。
③ 奉币，奉天皇之命献给神明的贡品，包括布匹、衣服、纸、玉、器皿、食物等。

美）曰：审比来奏状，知官军不进，犹滞衣川。去延历八年（789年）四月六日奏报称（该奏章未见于正史）："延历八年（789年）三月二十八日，官军渡河，置营三处，其势如鼎足者。"自尔以还，经三十余日，未审缘何事故，致此留连。居而不进，未见其理。夫兵贵拙速，未闻巧迟。又六七八月者，计应极热，如今不入，恐失其时。已失其时，悔何所及？将军等，应机进退，更无间然。但久留一处，积日费粮。朕之所诧，唯在此耳。宜具滞留及海军消息，附驿奏来。

桓武天皇在诏书中责备军队停滞多日，不合兵法，要求大军尽快出兵开战。不过，桓武天皇似乎没有意识到，东北的气候与京都大不相同。敌寇的据点在陆奥国胆泽郡①，那一带当时（五月）依然是极寒之地，比现代更甚。京畿地区在阴历三月已经是暮春时节，但东奥山间人迹罕至的地方仍然是积雪遍地。到了四月，山间的积雪才开始慢慢消融，但各处河川也因此泛滥，人马难以通行——这应该就是军队滞留不前的原因。至于诏书中所说六七月极热之类，按照前文分析的东北地区的气候特征，六七月虽然热，但不会热到难以用兵的程度，所以不能因此断定纪古佐美仅仅是因畏惧而不敢出兵。

不过，或许是受到这份诏书的勉励，不久之后，大军开始攻打敌寇，却不幸战败而归。对于当时的战况，《续日本纪》记载：

延历八年（789年）六月壬申朔，甲戌，征东将军纪古佐美奏：副将外从五位下入间宿祢广成（即入间广成），左中军别将池田朝臣真枚（即池田真枚），前军别将外从五位下阿倍猿岛臣墨绳（即阿倍猿岛墨绳）等议："三军同谋并力，渡河讨贼。"约期已毕。由是，抽出中后军各二千人，同共凌渡。比至贼帅夷阿弖利为②之

---

① 胆泽郡，现岩手县奥州市。
② 阿弖利为（？—802），平安初期虾夷族长，掌管北上川流域一代。延历八年，大败征东将军纪古佐美。延历二十一年，被征夷大将军坂上田村麻吕打败，投降桓武天皇，被斩于河内国。

居，有贼徒三百许人。迎逢相战，官军势强，贼众引遁。官军且战且烧，至巢伏村，将与前军合势。而前军为贼被拒，不得进渡。于是，贼众八百许人，更来拒战。其力太强，官军稍退，贼徒直冲。更有贼四百人，出自东山，绝官军后。前后受敌，贼众奋击，官军被排，别将①丈部善理、进士②高田道成、会津壮麻吕、安宿户吉足、大伴五百继等并战死。总烧亡贼居十四村、宅八百余户、器械杂物如别。官军战死二十五人、中矢二百四十五人、投河溺死一千零三十六人、裸身游来者一千二百五十七人。别将出云诸上、道岛御楯等，引余众还来。

桓武天皇收到奏报后震怒，当即下旨责罚众将。圣旨内容如下：

于是，敕征东将军（纪古佐美）曰：审比来奏云，"胆泽之贼，总集河东，先征此地，后谋深入"者。然则军监以上率兵，张其形势，严其威容，前后相续，可以薄伐。而军少将卑，还致败绩。是则，其道副将等计策之所失也。至于（丈部）善理等战亡及士众溺死者，恻怛之情，有切于怀。

正如圣旨所言，官军完全没有战略战术，事先没有整顿军容，相互联络呼应，而是各行其是：军士之中勇敢之辈，眼见贼寇势弱，就轻进深入；而怯懦之徒则蜗居在后方，踌躇不前。结果前军一败，就全线崩溃。战败之后，全军上下也没有立刻重振士气，而是借口运输不便，不等桓武天皇的裁决下来，就已经休战退兵。《续日本纪》延历八年（789年）六月条记载：

延历八年（789年）六月庚辰，征东将军（纪古佐美）奏报：

---

① 别将，副将。
② 进士，学习历史、汉学的文人。

胆泽之地，贼奴奥区，方今大军征讨，剪除村邑，余党伏审，杀掠人物，又子波（现紫波）、和我（现和贺），僻在深奥，臣等远欲薄伐，粮运有难，其从玉造塞至衣川营四日，辎重受纳二日，然则往还十日。从衣川至子波地，行程假令六日（往昔也是如此），辎重往还十四日。总从玉造塞至子波地，往还二十四日程也。途中逢贼相战，及妨雨不进之日，不入程内。河陆两道，辎重一万二千四百四十人，一度所运糒六千二百十五斛，征军二万七千四百七十人，一日所食五百四十九斛，以此支度，一度所运，仅支十一日。臣等商量，指子波地，支度交阙，割征兵，加辎重，则征兵数少，不足征讨。加以军入以来，经涉春夏，征军辎重，并是疲敝，进之有危，持之无利，久屯贼地，运粮百里之外，非良策也。虽蠢尔小寇，且逭天诛，而水陆之田，不得耕种，既失农时，不灭何待？臣等所议，莫若解军遗粮，支拟非常，军士所食，日二千斛。若上奏听裁，恐更多糜费，故今月十日，以前解出之状，牒知诸军，臣等愚议，且奏且行。

于是，桓武天皇谴责官军怯惰，颁发了下面的圣旨。收录在上文之后：

敕报曰：今审先后奏状，曰贼集河东，抗拒官军，先征此地，后谋深入。然则不利深入，应以解军者，具奏上，然后解出，未之晚也。而曾不进入，一旦罢兵，将军等策，其理安在？的知将军等畏惮凶贼，逗留所为也。巧饰浮词，规避罪科，不忠之甚，莫先于斯。又（入间）广成、（阿倍猨岛）墨绳，久在贼地，兼经战场，故委以副将之任，伫其力战之效。而静处营中，坐见成败，若入神将，还致败绩。事君之道，何其如此？夫师出无功，良将所耻。今损军费粮，为国家大害。阃外①之寄，岂其然乎？

---

① 阃外，指京城或朝廷以外，亦指外任将吏驻守管辖的地域，与朝中、朝廷相对。

从圣旨中可以看到，桓武天皇对于这件事的痛斥。特别是，"巧饰浮词，规避罪科"一句，可以看出桓武天皇完全洞察了出征将领的心思，至于"不忠之甚，莫先于斯"及"事君之道，何其如此？"两句，桓武天皇认为，打了败仗的将领，本应该羞愧至死，但他们居然还敢花言巧语，可见他们的"巧饰浮词"并没有起到作用。《续日本纪》在前面这段文字之后，还有下面一则圣旨：

> 延历八年（789年）七月辛丑朔，丁巳，敕持节征东大将军纪古佐美等曰：得今月十日奏状，（该奏状未见）尔所谓胆泽者，水陆万顷，虾虏存生，大兵一举，忽为荒墟，余烬假息，危如朝露。至如军船解缆，舳舻百里，天兵所加，前无强敌，海浦窟宅，非复人烟。谷山巢穴，唯见鬼火，不胜庆快。飞驿上奏者，今捡先后奏状，斩获贼首八十九级，官军死亡千有余人，其被伤害者，殆将二千人。夫斩贼之首，未满百级，官军之损亡，及三千。以此言之，何足庆快？又大军还出之日，凶贼追侵，非唯一度，而云大兵一举，忽为荒墟。准量事势，欲似虚饰。又（池田）真枚、（阿倍猨岛）墨绳等，遣裨将于河东，则败军而逃还，溺死之军一千余人，而云一时凌渡，且战且焚，搜贼巢穴，还持本营。是溺死之军弃而不论。又（多治比）滨成等，扫贼略地，差胜他道，但至于天兵所加，前无强敌，山谷巢穴，唯见鬼火。此之浮词，良为过实，凡献凯表者，平贼立功，然后可奏。今不究其奥地，称其种落，驰驿称庆，不亦愧乎？

之后，桓武天皇将征东将军纪古佐美等人召回京城，同时，于延历八年（789年）八月下旨，免除陆奥国参战军士该年田租，并恩赐准许延期两年上缴之前所欠田租。同时，桓武天皇体恤牡鹿、小田（今远田郡内）、长冈、新田（今栗原郡内）、志太（今志田）、玉造、富田、色麻（富田、色麻在今加美郡内）、加美、黑川十郡与贼军领土相接，因战乱而导致田地荒芜，准许延期缴纳田租。

延历八年（789年）九月，纪古佐美等人回到京城，归还节刀①。延历八年（789年）九月十九日，桓武天皇下旨给大纳言藤原继绳、中纳言藤原小黑麻吕、从三位纪船守等，命他们在太政官的曹司审问征东将军纪古佐美、副将军入间广成、镇守副将军池田真枚、阿倍猨岛墨绳等，核实官军逗留及退兵等的状况。所有将领全都认罪，于是，桓武天皇颁布了如下处罚，《续日本纪》记载：

（大意）于是，诏曰：正四位下纪古佐美朝臣（即纪古佐美），受命出任大将军，前往陆奥国讨伐虾夷之乱，却不遵筹谋，未能究尽贼巢，败军费粮而归。本应依法问责赐罪，念其前功，赐免其罪。

又，镇守副将从五位下池田真枚、外从五位下阿倍猨岛墨绳等，愚顽畏拙，进退失度，阙怠军期，本应依法判处阿倍猨岛墨绳斩刑，并革除池田真枚官职，剥夺位阶。念在阿倍猨岛墨绳有长期驻守边地之功，特此赦免其死罪，改为革职并剥夺位阶。池田真枚有于日上川救助溺水士兵之功，所以改为只革职，保留位阶。

其余有小功之人，按其功劳大小，略行赏赐。无功有过之人，若情节轻微，便不予追究。

如以上诏书所示，此次出征，虽然损兵折将，浪费军粮，却毫无军功。但桓武天皇仁德，不仅赦免了原本应依法处斩的人，还封赏了立下小功的人，对于犯下小错的，也一并宽恕，不予追究。

三、再征准备

纪古佐美等征东失败以后，同年，即延历八年（789年）十月，桓武天皇任命从五位下巨势野足为陆奥镇守副将军。次年，即延历九年（790年）闰三月，为了再战虾夷，桓武天皇下令诸国造革甲两千件，并命令东海道骏河国

---

① 节刀，天皇赐给出征的将领或者遣唐使等使臣的大刀，代表任命和全权委任。

以东、东山道信浓国以东各国，按人数另行课税（具体人数未见于正史），为期三年。此外，还向东海道相模国以东、东山道上野国以东各国征收军粮十四万斛。同年，即延历九年（790年）十月，朝廷对之前征讨虾夷立功的士兵四千八百四十余人论功行赏。对于以上各种出征准备，当时的大臣曾提出一些建议。《续日本纪》延历九年（790年）十月条记载：

> 太政官奏言：虾夷干纪，久逋王诛，大军奋击，余孽未绝。当今坂东之国，久疲戎伤，强壮者以筋力供军，贫弱者以转饷赴役。而富饶之辈，颇免此苦。前后之战，未见其劳。又诸国百姓，元离军役，征发之时，一无所预。计其劳逸，不可同日。普天之下，同日皇民，至于举事，何无俱劳？请仰左右京、五畿内、七道①诸国司等，不论土人浪人及王臣佃使，检禄财堪造甲者，并其所蓄物数及乡里姓名，限今年②内，令以申讫。又应造之数，各令亲申，臣等职参枢要，（中略）奏下之。

当时坂东各国，因连年征讨虾夷，颇受征发之苦，疲于奔命。但富庶之家，却能免于战争之苦。虽说"朱门酒肉臭，路有冻死骨"这样的事情古今皆同，但在日本的王朝时期，这一弊习尤其严重，这也是"部民自治"③导致的结果。

正如这则奏章所述，各国有制造兵甲的任务。朝内官员也不例外。延历十年（791年）三月，右大臣以下、五位以上，都需要制造兵甲。特别是五位

---

① 五畿七道，指古代日本全土在律令制下的行政区域划分。五畿，指京畿区域内的山城、大和、河内、和泉、摄津五国。七道，指京畿区域之外的东海道、东山道、北陆道、山阳道、山阴道、南海道、西海道七道。虾夷地区被收服后，在明治时期更名为北海道，与前述"五畿七道"合称"五畿八道"。
② 延历九年（790年）。
③ 部民自治，部民制是大和朝廷时期以部民的生产力作为经济基础的一种政治制度。部民是指从属于皇室、豪族的官有民和私有民，这些部民直属于皇室和地方的豪族，不受朝廷管制，所以拥有部民的豪族成为特权阶级，拥有大量财富，能免于赋税、兵役等。

以上官员之中，家境富裕者，则需加倍。以二十件为限，之下是十件。同时，京畿、七道的国司、郡司也需要制造兵甲，不过，具体数量在《续日本纪》等史书中没有记录，只有"各有差"的记录，可见是根据官位级别，多寡不一。延历十年（791年）六月，朝廷将三千件旧铁甲分发至各国，命其将旧甲修理如新。延历十年（791年）十月，朝廷下令东海、东山两道各国，制造长箭三万四千五百余支。延历十年（791年）十一月，朝廷再次下令，命坂东各国准备干粮十二万余斛作为军粮。

当时正逢延历八年（789年）十二月皇太后（新笠[①]）驾崩，所以延历九年（790年）还在国丧期间，长冈新都也还在修建之中，宫中事务十分繁忙。但朝廷依然能如此周到详细地安排征东的准备，可见藤原绪嗣奏折中"（征东之事为）方今天下所苦"这一评价并不为过。

延历十年（791年）七月，从四位下大伴弟麻吕出任征东使，正五位上百济俊哲、从五位上多治比滨成、从五位下坂上田村麻吕[②]及巨势野足为副使——一干人等，都是精挑细选出来的。其中，坂上田村麻吕是坂上苅田麻吕[③]的儿子，各类书籍对他记载颇多，说他身高五尺八寸，胸厚一尺二寸，目如苍鹰，胡须与金丝一同编织，体重可以随意变化，出战之时可以重达二百斤，想轻的时候又可以降到六十四斤。怒目而视，鸟兽畏惧，平时谈笑起来，老人小孩都和他亲近，是一个不同凡响的大人物……他的父亲坂上苅田麻吕在宝龟元年（770年），因告发僧人道镜[④]的阴谋有功，被封为正四位下，后来又晋升到从三位，兼任左京大夫和右卫士督，担任宫廷的守卫。因为父亲的功绩，坂上田村麻吕一出仕就被任命为近卫将监，随侍在光仁天皇左右。他的才

[①] 新笠，指高野新笠（？—789），桓武天皇生母，光仁天皇夫人。父亲为和史乙继，母亲为土师宿祢真妹。据传，祖先为百济国武宁王。
[②] 坂上田村麻吕（758—811），平安时代初期武将，多次出征虾夷，因平定虾夷有功。后升任大纳言，死后追赠为从二位。
[③] 坂上苅田麻吕（728—786），奈良时代武臣，在藤原仲麻吕之乱中，因军功及告发道镜之功而受到重用。延历四年（785年）升为从三位，左京大夫。
[④] 道镜（？—772），奈良时代末期法相宗僧侣，因祈祷治好了孝谦上皇（后再次即位为称德天皇）的病而得到宠信，被任命为太政大臣禅师、法王等，位极人臣，骄奢跋扈。后来甚至有意图篡位，被和气清麻吕等阻止。称德天皇去世后失势，被贬到下野国（今枥木县）。

坂上田村麻吕

干得到光仁天皇的赏识，被升为少将，并被任命为征东副使。光仁天皇时期，坂上田村麻吕与大伴益立一同担任副将，跟随征东将军纪古佐美领军东征，却铩羽而归。

此次任命，以大伴弟麻吕为征东使，无非是因为他的出身门第。其余众人，多治比滨成是因为曾经担任纪古佐美的副将，立过一些战功；百济俊哲是因为曾经参加过征东的战事，比较了解东北的形势。可以说，全军的希望几乎全都寄托在坂上田村麻吕一人身上。

延历十一年（792年）十月，桓武天皇将两名陆奥俘虏封为外从五位下。《日本纪略》中记载"怀外虏也"，桓武天皇在严惩败军的同时，也施以恩泽，可谓"恩威并行"。不过，这两名俘虏被俘多年，只知道以前的事情，对于现在的军情一无所知。桓武天皇只是因为他们久居京畿地区，安顺守法，才给予特别奖赏，其实他们并没有履行相应的公务职责。

延历十二年（793年）二月，征东使更名为征夷使。当月，坂上田村麻吕从京都出发。

延历十三年（794年）正月，征夷大将军大伴弟麻吕接受桓武天皇御赐节刀，从京都出发。这是日本第一位征夷大将军。

不过，早在《日本纪略》延历十一年（792年）闰十一月中，就有大伴弟麻吕拜别桓武天皇，离京出征的记录。但直到延历十三年（794年），他才正式领节刀出征，想必是延历十一年（792年）发生了什么事，让他滞留京都。不过，副将坂上田村麻吕延历十二年（793年）才离京，大将比副将先离京，并不符合常理，所以这个"延历十一年"的记录可能有误。

延历十三年（794年）正月，朝廷向山阶、田原的皇陵奉告征夷之事，又派参议大中臣诸鱼为奉币使，前往伊势神宫祈愿征夷成功。

四、坂上田村麻吕的军功

延历十三年（794年）六月，坂上田村麻吕率军攻打虾夷，捷报频传。《日本纪略》记载：

> 延历十三年（794年）十月庚子朔，丁卯，二十八日，征夷将军大伴弟麻吕奏：斩首四百五十七级，捕虏一百五十人，获马八十五匹，烧落七十五处。

这只是战争初期的战况报告，其后的战况书中没有记载。

不过，延历十四年（795年）正月条中有"征夷大将军大伴弟麻吕朝见，进节刀"的记录。延历十四年（795年）二月七日条有"诏曰云云：征夷大将军以下，加爵级"的记载，然后就是"论功行赏"的叙述，可见征夷一事到此算是告一段落。

延历十四年（795年）五月，俘虏大伴部阿弖良等，连同妻儿族人共六十六人被发配到日向国。《日本纪略》中还记载，同为俘虏的外从五位下吉弥侯部真麻吕父子二人被处斩首。可见这场战争的俘虏因其情节轻重被处以不同程度的刑罚。从"大伴部"的姓氏和"外从五位下"的封号来看，这两人应该都是虾夷的豪族，将他们发配到西部边陲，就是为了完全切断他们与旧部的联系。

在这场战争中，朝廷的官兵中也有胆怯懒散之辈，《日本纪略》延历十四年（795年）十二月二十六日条记载："逃军诸国军士三百四十人，特宥死罪，配陆奥国，永为栅户。"由此可见，这场战争赢得并不轻松。"栅"，就是后来的寨关，栅户就是寨关的守卫，也就是后来的屯田兵。

《日本纪略》延历十五年（796年）十一月条记载，将相模、武藏、上总、常陆、上野、下野、出羽、越后等国国民九千人迁往陆奥国伊治城，同样作为守城士兵。

延历十六年（797年）十一月，坂上田村麻吕出任征夷大将军，可见他应该是在前面的战争中立下了战功。当时，还任命了副将等职，不过，史书中没有记载详细人名。当时，虾夷虽然战败，但依然野心不死，从《日本纪略》延历十八年（799年）十二月"陆奥国报：俘囚五人，野心未改，往返贼地，故而拘禁，发配土佐国"的记载中可以知晓。不过，当时已经攻下了所谓的"贼巢"——胆泽，所以，这里说的"贼地"应该是指更偏远的东北边陲，即现在的青森县附近。

被俘虏的虾夷族国司、郡司等依然没能真心臣服，《日本纪略》记载：

> 延历十九年（800年）十一月庚子，六日，遣征夷大将军近卫权中将陆奥出羽按察使从四位下兼行陆奥守镇守将军坂上大宿祢田村麻吕（即坂上田村麻吕）检校诸国夷俘。

次年，延历二十年（801年）二月，坂上田村麻吕拜领节刀，从京城出发，再次征讨虾夷。《日本纪略》延历二十年（801年）记载：

延历二十年（801年）九月丙戌，二十七日，征夷大将军坂上宿祢田村麻吕（即坂上田村麻吕）等言：臣闻云云，讨伏夷贼。

延历二十年（801年）十月，丁巳，二十八日，征夷大将军坂上田村麻吕，进节刀。

延历二十年（801年）十一月己未朔，乙丑，诏曰云云，陆奥国虾夷等，历代涉时，侵乱边境，杀掠百姓，是以遣从四位上坂上田村麻吕大宿祢等，伐平扫治，云云。授（坂上）田村麻吕从三位，已下授位。

《日本纪略》延历二十一年（802年）正月记载：

延历二十一年（802年）正月甲子，七日，陆奥国三神加阶，缘征夷将军（坂上田村麻吕）奏灵验也。

延历二十一年（802年）正月乙丑，八日，加征夷军监以下军士以上位勋，各有等级也。

可见此次征夷取得了成功。从坂上田村麻吕的位阶自"从四位下"越级晋升到"从三位"这一点来看，这次战争应该是大获全胜。《日本纪略》延历二十一年（802年）正月十一日圣旨中用了"官军薄伐，辟地瞻远"（圣旨全文见下一小节）这句话来形容他的功绩，可以看出，这次官军长途跋涉深入了以前从未涉足的地区。

当时的虾夷，和现在北海道鲁钝、近乎野人的阿依努人并不是同一族群，虾夷人身形魁梧，有一定的文明程度。其中豪族大家占据各地，与朝廷对抗，他们率领族人，劫掠侵扰当地百姓。相关记录可以参见《日本后纪》延历十八年（799年）二月条相关记载：陆奥国新田郡（今栗原郡）百姓弓削部虎麻吕，及其妻丈部小广刀自女等被流放到日向国，他们的罪名是：久居贼地，通晓虾夷语，多次言语煽动虾夷俘虏作乱。

前面记载中出现的"坂上田村麻吕奏请封赏的陆奥国三神社",(《日本纪略》延历二十一年(802年)正月记载:"甲子,七日,陆奥国三神加阶,缘征夷将军奏灵验也。")现在已不可考。不过,《清水寺观音缘起》中记载:

延历十四年(795年),桓武天皇欲命坂上田村麻吕征讨奥州反贼恶路王、高丸等,桓武天皇对延镇(清水寺开山之祖)说:"我将派兵出征东夷,望得高僧法力庇护。"

之后大军开赴奥州,当时高丸攻占了骏州清见关,听说了坂上田村麻吕出兵的消息后,就回到奥州,与坂上田村麻吕对战。两军相接,官军箭矢用尽,无箭可用。这时来了一个小和尚,将散落的箭都捡了回来。坂上田村麻吕用小和尚捡来的箭继续作战,终于获得了胜利,并在一个叫作乐冈的地方射杀了高丸,斩了恶路王。

后来,坂上田村麻吕回到京城,对延镇说了这件事。延镇说:我施了法让胜军地藏和胜敌毘沙门与你同行,应该是法术的作用。坂上田村麻吕听了之后,大为感慨,于是,在胆泽郡修建八幡宫,将小和尚拾来的弓箭供奉其中。还在高丸住过的一个叫作达谷窟[①]的地方修建了精舍,云云。(此段为概述,中间有省略)

这段文字中的灵验故事,可能就是从坂上田村麻吕的奏报中附会出来的。

此外,羽后古志王神社[②]中也供奉有坂上田村麻吕将军的箭头。《集古十种》(松平定信编纂)中还有箭头的绘图。不过,笔者亲见了实物之后,对其真实度表示怀疑。

延历十八年(799年),《日本后纪》中还有"停止向出羽国的山夷下发赏赐,今后不管山夷海夷,均需论功行赏"的记录。这里的"山夷"应该是指雄胜城等地的臣民。

---

① 达谷窟,坂上田村麻吕作为征夷的纪念而修建的供奉毘沙门天的岩窟,现存于岩手县平泉町。
② 又写作"古四王神社",位于现在的秋田县秋田市内,是供奉日本北门镇护神武甕槌命的古老神社,内有供奉坂上田村麻吕的田村神社。

五、胆泽及志波建城

前一节说到，为了平定虾夷之乱，更好地巩固北部边防，进一步控制北部区域，延历二十一年（802年）正月，朝廷派坂上田村麻吕前往陆奥，在敌方老巢胆泽建城。《日本纪略》记录当时的圣旨如下：

> 延历二十一年（802年）正月戊辰，十一日，敕：官军薄伐，辟地瞻远，宜发骏河、甲斐、相模、武藏、上总、下总、常陆、信浓、上野、下野等国浪人四千人，配陆奥国胆泽城。

> 延历二十一年（802年）正月庚午，十三日，越后米一万六百斛，佐渡国盐一百二十斛，每年运送出羽国雄胜城，为镇兵粮。

虾夷等为朝廷的气势所震慑，延历二十一年（802年）四月，虾夷首领大墓公阿弖利为、盘具公母礼等，率领五百族人前往胆泽城投降。延历二十一年（802年）七月，坂上田村麻吕将阿弖利为和母礼二人带回京城，百官上表祝贺虾夷平定。

关于俘夷的处置问题，《日本纪略》延历二十一年（802年）八月条记载：

> 延历二十一年（802年）八月丁酉，十三日，斩夷大墓公阿弖利为、盘具公母礼等。此二虏者，并奥地之贼首也。斩二虏时，将军（坂上田村麻吕）申云："此度任愿返入，招其贼类。"而公卿执论云："野性兽心，反复无定，傥依朝威，获此枭帅，纵依申请，放还奥地，所谓养虎遗患也。"即促两虏，斩于河内国植山。

这两名贼首的"某某公"的名号，是他们自己取的称号，可见他们应该是当地的豪族，绝不是鲁钝、原始的阿依努人。

如前文所述，为了平定虾夷，延历二十二年（803年），朝廷在陆奥国志波①筑城。延历二十二年（803年）二月，桓武天皇命越后国送去米三千斛、盐三十斛，供筑城士兵食用。延历二十二年（803年）三月，坂上田村麻吕前往督查修建事宜，向桓武天皇辞行时，得到桓武天皇赏赐彩帛五十匹、棉三百屯。

志波城完工之后，朝廷准许了出羽国的奏请，废秋田城，改设为郡，因为秋田城建成以来四十余年，土地贫瘠，无法耕种，且地处偏僻，如果碰到紧急情况，救助不便。

就这样，出羽国的雄胜城，与陆奥国的志波、胆泽两城一起，形成三足鼎立之势，共同镇守，防备虾夷的叛乱。

第4节 官界的戒饬②与民力的轸念③

一、军纪紊乱与国司贪污及勘解由使与交接仪式

无论是迁都还是征夷，都给百姓带来了繁重的劳役和赋税，这可以从三善清行、藤原绪嗣等人的奏章中看到。此外，当时官界风气污浊，京官怠慢、国司（地方官）贪腐，不知反省。这些社会状况，可以从桓武天皇频频颁发的告诫官员的圣旨中知晓。不过，圣旨是否得到了执行，这一点尚有存疑。

当时，上古时期"部民自治"的习俗尚未完全消亡，上级官员看待下级官员如同自己的奴仆，国郡司看待子民也是一样，对于他们的劳苦，毫无怜悯之心。有观点认为，在特定情况中，这种劳苦，是下级或下民刻意表现的对上级尽忠。

加上当时日本与隋唐建交，互有使臣往来，也有僧侣往来传道，这些使臣与僧侣将隋唐文化传到日本，功不可没。但凡事有利必有弊，好的东西进来了，必然也有坏的东西一起进来，近年来日本对欧美文化的吸收也是如此。不管隋朝也好，唐朝也罢，官场无不贪腐横行，史书中都有明确记载。日本的使臣见到这种状况之后，便将"官场便应如此"的观念带回了日本。于是，在从

---

① 陆奥国志波城遗址现存于岩手县盛冈市。
② 戒饬，是告诫的意思。
③ 轸念，悲痛的思念。

前的部民自治的余热之上，隋唐官场风气的流入，也成为当时日本官纪混乱的原因之一。

桓武天皇希望能肃清官场的不正之风，于是，屡下圣旨，《续日本纪》延历三年（784年）十月记载：

> 敕曰：如闻，比来京中盗贼稍多，掠物街路，放火人家，良由职司不能肃清，令彼凶徒生兹贼害。自今以后，宜作邻保检察非违，一如令条，其游食博戏之徒，不论荫贖，决杖一百；放火劫掠之类，不必拘法，惩以杀罚。勤加捉搦，遏绝奸宄①。

从中可以看到当时京城的民情。文中"游食博戏之徒"中，有的甚至出身于祖上有封荫的名门之家，由此也能看出当时世风之混乱。

《续日本纪》延历三年（784年）记载：

> 诏曰：民惟国本，本固国宁。民之所资，农桑是切。近来，诸国司等，厥政多僻，不愧抚道之乖方，惟恐侵渔之未巧，或广占林野，夺苍生之便要；或多营田园，妨黔黎之产业，百姓凋敝，职此之由，宜加禁制，惩革贪浊。自今以后，国司等，不得公廨田外更营水田，又不得私贪垦辟，侵百姓农桑地，如有违犯者，收获之实，垦辟之田，并皆没官，即解现任，科违敕之罪，云云。
>
> 延历三年（784年）十二月戊辰朔，庚辰，诏曰：山川薮泽之利，公私共之，具有令文。如闻：比来，或王臣家，及诸司、寺家，包并山林，独专其利。是而不禁，百姓何济？宜加禁制，公私共之，如有违犯者，科违敕之罪，所司阿纵，亦与同罪，云云。

从上述两则圣旨可以看出当时地方官在任上的作为。国司之类的官员，需要远离京城去偏远粗鄙的地方赴任，这是谁都不愿意的。所以他们要给自己

---

① 宄，坏人。奸宄：由内而起称奸，由外而起称宄。

找点慰藉，而他们能找到的慰藉，只有"货殖"（财物）这一点。于是，他们纷纷滥用民力，开垦私田，毫无顾忌；有的则把官田私有，用作"出举"，把"抚恤救助"放到第二位，一心收取高额利息，中饱私囊。前面圣旨中"惟恐侵渔之未巧"就是对这种风气的劝诫。

这些国司搜刮的"货殖"（财物），其实很难留给自己的子孙后代，多半在任满归京之时用来上下打点，贿赂京中上级官员，以求官运亨通。所谓的"私垦庄园"，多半是用在了这上面。

于是，地方成了所谓的财源地。了解了国司的所为并钦羡不已的，上至王臣诸司，下至出家僧侣。他们无不想尽办法，寻求机会，对于所辖地方的山林薮泽，但凡有利可图，便不择手段，据为己有，所以才有了之前那道圣旨。

不过，这些陋习并不是这个朝代才有的，而是古已有之，由来已久。而朝廷希望能肃清贪腐、正本清源，也不是一次两次了。但总是慢慢地就律法松弛、故态复萌，直到后来，也没有改善。

前文中说到的离京赴任的国司们，专注于一己私利，对于国家税收则疏于管理。《续日本纪》延历四年（785年）五月条记载：

> 贡进调庸，具著法式，（中略）凡顷年之间，诸国贡物，粗恶多不中用度。

不仅如此，《续日本纪》延历四年（785年）七月条中还有如下一份诏书：

> 夫正税者，国家之资，水旱之备也。而比年，国司苟贪利润，费用各众，官物减耗，仓廪不实。职此之由，宜自今以后，严加禁止，其国司，如有一人犯用，余官同坐，并解见任，永不叙用。赃物令共填纳，不在免死逢赦限，递相检察，勿为违犯。其郡司和许，亦同国司。

诏书中先是陈述了国郡司的罪行，然后令其矫正旧习弊病，其后是国司等任用及赏罚相关的制度。《续日本纪》延历五年（786年）还记载：

> 延历五年（786年）四月庚申朔，庚午，诏曰："诸国所贡，庸调支度等物，每有未纳，交阙国用，积习稍久，为弊已深，良由国宰郡司递相怠慢，遂使物漏民间，用乏官库。又其莅政治民，多乖朝委，廉平称职，百不闻一。侵渔润身，十室而九。悉曰官司，岂合如此？宜量其状迹，随事贬黜。其政绩有闻，执掌无废者，亦当甄录，擢以显荣。所司宜详沙汰，明作条例奏闻。"
>
> 于是，太政官商量，奏其条例："抚育有方，户口益增。劝课农桑，积实仓库。贡进杂物，依限送纳。肃清所部，盗贼不起。剖断合理，狱讼无冤。在职公平，立身清慎。且守且耕，军粮有储。边境清肃，城隍修理。若有国宰郡司，镇将边要等官，到任三年之内，政治灼然，当前二条以上者，五位以上者，量事进阶，六位以下者，擢以不次，授以五位。在官贪浊，处事不平。肆行奸猾，以求名誉。畋游无度，扰乱百姓。嗜酒沉湎，废阙公务。公节无闻，私斗日益。放任子弟，请托公行。逃失数多，克获数少。统摄失方，戍卒违命。若有同前群官，不务执掌，仍当前一条以上者，不限年之远近，解却现任。"云云。

诏书中"廉平称职，百不闻一。侵渔润身，十室而九"这一组对仗句，可以说完全描绘出了当时官场的实情。按照这份诏书，"太政官的议定"成为匡正时弊最关键的一点，但其人选是否得宜，却尚有存疑。延历五年（786年）六月又有诏书如下：

> 敕：抚育百姓，纠察部内，国郡官司同执掌也。然则国郡功过，共所预知。而顷年，有烧正仓，独罪郡司，不坐国司，事稍乖

> 理，岂合法意？自今以后，宜夺国司等公廨，总填烧失官物。其郡司者，不在会赦之限。

这份诏书将以前对国司宽释的地方修正为共担责罚。诏书中提到的正仓被烧一事，《续日本纪》延历五年（786年）也有记载：

> 延历五年（786年）八月丁巳朔，甲子，敕曰：正仓被烧，未必由神（神灾，即雷电引发的失火之类），何等谱第之徒，害傍人（应为"番人"）而相烧；监主之司，避虚纳（虚报的粮草）以放火。自今以后，不论神灾人火，宜令当时国郡司填备之。云云。

后来，这项规定又修正为"依法根据实情进行裁决"。"正仓"，指的是保存正税的地方，以前对此并没有明确的规定。但这一年，桓武天皇下令，每郡必须要造土屋一间，此后，为了防止火势蔓延，延历十年（791年）二月，桓武天皇再次下诏：

> 诸国仓库，不可相接，一仓失火，合院烧尽。于是敕：自今以后，新造仓库，各相去十丈以上随处宽窄，量宜置之。

同时，桓武天皇命"健儿"①看守。

当时，桓武天皇还向畿内、七道派出巡察使，视察政绩。视察结果，可以参见《日本后纪》延历十八年（799年）十一月诏书：

> 敕：先遣问民苦使，采访政绩，（中略）以严黜陟。今阅使状，（中略）去延历十四年（795年）简差使者，（中略）虑彼自新，（中略）而慢法不悛，纵欲无厌，此而可原，孰不可免。其延

---

① 健儿，即壮兵，延历十一年（792年），解除各国兵士，改设健儿。

历十五年（796年）以还，有犯国司以下，宜依法断，以惩将来。但犯佃田三町以下，及驱使兵士者特从宽宥。其（延历）十四年（795年）以往所犯，积习已久，卒难洗荡，宜事无轻重，一从原免。

从中可以看出，虽然桓武天皇多次下诏，但直到延历十四、十五年（795年到796年）之前，都没有得到很好的执行，正史中也没有相关的赏罚记载。不过，为了依照诏书匡正时弊，朝廷在延历十六年（797年）九月下达了勘解由使①的任命——命参议藤原内麻吕为长官，左大辨菅野真道为次官，式部大丞纪滨为判官（其下还有主典、使掌等，其人名已不可考。他们的工作内容在《职抄》《延喜式》里有记载。简单来说，就是会计审查地方的官员）。

"国解"就是辨别"解由状"合理与否的职位。"解由状"是指国司交接的时候，继任者签发的"税收、储藏等公物已全部收到，没有缺失"的证明。

之前，国司贪污成风，为了将公物据为己有，常常在职位交接时，不把现在所有的公物和从前任手里接收的公物如实交给继任者。根据规定，前任者就算任满离职，但如果不完成交接手续，就无法拿到"解由状"回京复命，而继任者虽然领职赴任，但若没有进行交接，也将无法开始执政——而这之间就会产生各种奸猾计策，前任者往往用"没有从前任手里收到过"，或者"水灾火灾损耗"等各种各样的名目填补漏洞，骗取"解由状"，让继任者苦不堪言。"解勘由使"这个职位始于何时并没有明确记载，可能就是从这时候开始的。后来，在延历二十二年（803年），朝廷制定了《交替式》，这是一份国司交接相关的法律条文。以上便是"国司戒饬"的概略。

不难想象，朝廷对于国司贪腐的遏制都做到了这个程度，那么对于大臣以下（也就是内官②）的训诫，必定会更加严格。不过，正史之中并没有相关记载，这也是有原因的。根据延历十年（791年）颁发的律令，以及当时朝中只有右大臣，左大臣之位空虚这两点来看，当时天皇亲政的程度应该是相当高的。

---

① 勘解由使，平安时代初期设置的令外官。在官员交接时，审查前任交给继任者的交接文件的官员。当勘解由使判定文件齐全无误时，由继任者交给前任者的文书叫作"解由状"。
② 内官，即京官。从属于中央各官厅的官员属于内官，在地方任职的官员属于外官。

二、桓武天皇勤政爱民

桓武天皇重视民生，每逢洪水、干旱、台风、火灾、病疫等，一定会大力赈灾（历代天皇都是如此），这就是"视民如伤"吧！

从延历六年（787年）开始，京畿之内久旱无雨，《续日本纪》记载，延历七年（788年）四月，桓武天皇不仅派钦差前往京畿之内有名的神社求雨，还颁发了以下命令：

> 五畿内，顷者亢旱累月，沟池乏水，百姓之间不得耕种。宜仰所司，不问王臣、家田，有水之处，恣任百姓，权令播种，勿失农时。

可算是特别的恩典了。

此外，《续日本纪》延历七年（788年）四月十六日条还记载：

> 灌溉已竭，公私望断，是日早朝，（桓武）天皇沐浴，出庭，亲祈焉。有顷，天暗云合，雨降滂沱，群臣莫不舞踏称万岁。

《日本后纪》延历十五年（796年）七月条记载：

> 诏曰：朕以眇身，忝承司牧，日旰①忘食，悯一物之向隅；昧爽求衣，惧五行之紊序。比来，太宰府言：肥后阿苏郡山上有沼，其名曰神灵池，水旱经年，未尝增减，而今无故涸减二十余丈，考之卜筮，事主旱疫。民之无辜，恐蒙其殃，方欲修德施惠、消妖拯民，其天下鳏寡孤独不能自存者，量加赈给，兼令每寺三日斋戒读经悔过。云云。

因为"旱疫之兆"而反省自身，在灾情出现之前，首先考虑赈济无辜百姓，桓武天皇可算是仁德之君了。

---

① 旰，天色晚。成语"旰食宵衣"指天晚才吃饭，天未亮就穿衣，多用来形容帝王勤于政事。

桓武天皇不仅体恤平民，还多次下旨对老年人发放生活补助。延历六年（787年）三月，桓武天皇下诏：

> （大意）畿内七道诸国，各国长官及乡邑，酌情赈济有需要的百姓：百岁以上老人各发谷二斛，九十岁以上一斛，八十岁以上五斗，鳏寡孤独及残障疾病之人，根据他们的年龄，各发三斗以下，一斗以上。

延历六年（787年）十月又下诏：

> 朕君临四海，于兹七载，未能使舍生之民共洽淳化，（中略）天下诸国今年丰稔，享此大赉，岂独在予？思与百姓，庆斯有年。

于是，赐百岁以上老人每人谷三斛，九十岁以上老人各二斛，八十岁以上老人各一斛，鳏寡孤独及残障疾病无法自力更生的人，由各国国司根据情况给予抚恤，以上都由各国次官及以上官员，以及各县乡邑长官亲自发放。

在众多抚民诏书之中，最能体现桓武天皇重视百姓资产的，是《续日本纪》延历十年（791年）的一份诏书：

> 诸国司等，校收常荒不用之田，以班百姓口分。徒受其名，不堪轮租，又王臣家、国郡司，及殷富百姓等，或以下田相易上田，或以便相换不便，如此之类，触处而在。于是，仰下所司，却据天平十四年①胜宝七载图籍，咸皆改正，为来年班田也。

从中可见桓武天皇尽心抚恤百姓。

延历十八年（799年），桓武天皇下诏：

---

① 天平，是圣武天皇时期的年号，729年到749年，这个时期是奈良时代最兴盛的时期。天平十四年，即742年。

> 出举私稻，先已禁制，如或违犯，即有严科。而去年（延历十八年，即798年）不稔，百姓乏食，（中略）宜宽前制，暂任民情，其收息利，率十收三。

当时，由于庄稼歉收，朝廷允许百姓借贷私稻，并规定利息必须和官方借贷保持一致（十分之三）。当时的利息有时会高达十分之五，但这份诏书规定了公私借贷都只能收十分之三。

关于纳贡，延历十八年（799年）有这样一份诏书：

> 纳贡之本，任于土宜，物非所出，民以为患。今备前本无锹铁，每至贡调，常买彼国，自今以后，宜停贡铁。

延历二十年（801年）诏书：

> 诸国调庸入贡，而或川无桥，或津乏舟，民忧不少。令路次诸国，贡调之时，津济之处，设舟楫浮桥等，长为恒例。

当时的田租为七成，其中三成任由国司处置。由于当时贪污之风盛行，延历年间，朝廷重新计算口分班田①的町段，田租为八成，农民自留两成。而上交的八分一般都收不齐，于是，地方官上报朝廷请求对策。后来就改成了上交七成，农民自留三成，慢慢地就作为制度固定下来了。

关于兴业的状况，延历十五年（796年），木工大允②上道广成在备前国开采银矿，朝廷为了褒奖他，授予他外从五位下。

---

① 口分班田，指的是大化改新后实行的班田制，根据人口分发田地。良民男子一人分两段（当时约合十一点九公亩），女子为男子的三分之二。
② 木工大允，木工寮是律令制下官内省的下属机构，主要负责宫中殿舍的建造、木材砍伐等工作。设有头（长官，从五位上）、助（次官，正六位下）、大允（判官，正七位下）各一人，其下还有官员、工人数名。

关于匡正风俗，延历十五年（796年），朝廷下令禁止京畿地区男女一同参加北辰祭①。

延历十六年（797年），《类聚三代格》②记载：

> 敕：男女有别，礼典攸崇，品类无差，名教已缺。如闻，黎庶黑暗，不识礼仪。所司宽容，曾无诲导。公私会集，男女混淆，败俗伤风，莫过于斯，宜加禁断。

延历十七年（798年），朝廷再次下令：禁止两京畿内的平民于夜祭时男女同饮，一同歌舞。

另外，为了方便百姓，延历八年（789年），朝廷下令废除伊势、美浓、越前等国的关隘，停止重复盘问摄津职③的公私使者等。

此外，桓武天皇的恩泽还惠及罪囚。延历十八年（799年），桓武天皇下诏：

> 朕祗纂丕业，抚临黎元，克己勤躬，不遑宁处，思欲辑熙四海，期之刑措，弘济百姓，致之寿域。而近巡京中，过堀川处，钳锁囚徒，暴体苦作，兴言于兹，愀然于怀。云云。

于是，除了八虐④、故意杀人、抢劫、放火、私铸钱币等罪犯，其余罪犯全都赦免。

从以上这些方面，能够看到桓武天皇对黎民百姓的体恤恩泽。

---

① 北辰祭，平安时代皇宫中流行的祭祀北辰（北极星）的庆典仪式。时间是每年的三月和九月，由天皇捧灯祭祀，所以又叫"御灯"。
② 《类聚三代格》，平安时代编纂的法令集，三十卷（现存十五卷）。该书将《弘仁格》十卷、《贞观格》十二卷、《延喜格》十二卷按照神社、国分寺、调庸等各事项进行分类整理，编纂而成。
③ 摄津职，摄津国的管理者，因为难波宫（圣武天皇营建的皇宫，相当于副都）在摄津国内，所以摄津国的政治地位比较特殊。
④ 八虐，日本律令中列举的八种重大犯罪类型，包括谋反、谋大逆、谋叛、恶逆、不道、大不敬、不孝、不义八项。

第5节 僧侣的戒饬与新宗的兴起

一、僧界的滥荡

当时,给百姓造成负担的,除了国司的贪腐,便是僧侣了。佛教最初传到日本时,僧侣都是真正的信徒。但任何事物都是一样,随着它越来越繁荣昌盛,自然也会滋生出一些弊病。

从道镜开始,僧侣渐渐变得嚣张跋扈,戒律也被抛在一边,剃度出家只不过是他们躲避徭役的手段,建造寺庙也只是为了搜刮民脂,逃避税收,谋求私利。

于是,心怀私利的人,不管是官吏还是平民,与这些僧侣相勾结,表面上是将土地山林中最好的地段施舍给寺庙,而暗地里是把这些土地变成"寺院所有",从而免于租调,将好处收入自己囊中,这样恶劣的风气在全国逐渐蔓延开来。

明明已经是殷富之家,却为何还要做出这样恶劣的行为呢?那些身为僧侣的人腐败起来,也并不逊色于俗世之人——这就是当时宗教界的真实状况。

桓武天皇洞悉了这恶劣的风气,一心想要整治。然而,积重难返,无法再回归清净。此时,新宗派应运而生,并得到桓武天皇的信赖。而之前的华严宗、法相宗、三论宗①等,则留存于平城旧京(奈良)——所以迁都平安京(京都)应该也有远离这些宗教和腐败僧侣的用意。

当时僧侣的状况,可以从《续日本纪》延历二年(783年)四月关于"得度"(剃度出家)的规定中知晓一二:

> 先是,去天平十三年(741年)二月敕:处分,每国造僧寺,必合有二十僧者,仍取精进练行,操履可称者度之。必须数岁之间,观彼志性始终无变,乃听入道。而国司等,不精试炼,每有死阙,

---

① 三论宗,大乘佛教的一个派系,起源于隋朝,奉《中论》《十二门论》《百论》为经典而立宗,所以叫三论宗。625年,吉藏的弟子高丽出身的慧灌将三论宗传到日本。三论宗在奈良时代曾兴盛一时,平安时代以后衰退。

妄令得度。至是敕，国分寺僧，死阙之替，宜以当土之僧，堪为法师者补之。自今以后，不得新度，仍先申阙状，待报施行。

对于国司之类的人来说，虽然没有经过严密修行是他们没能成为"精进练行，操履可称者"的一个原因，但事实上，他们很多只是为了私利，跟寺庙的僧侣勾结，让僧侣帮他们剃度。

《续日本纪》中还记载，同年，即延历二年（783年）六月，桓武天皇下诏：

> 延历二年（783年）六月丙午朔，乙卯，敕曰：京畿定额诸寺，其数有限。私自营作，先既立制，比来所司宽纵，曾不纠察。如经年代，无地不寺，宜严加禁断。自此以后，私立道场，及将田宅园地舍施并卖易与寺，主典以上，解却现任；自余不论荫赎，决杖八十。官司知而不禁者，亦与同罪。

连京畿之地，都有人违反国家规定，私自建寺，然后将田宅园地施入其中，更何况其他地区。而这些施舍的田宅园地，并不在京畿范围之内，多半在很远的地方。这些都是国司们私垦的土地，国司们为了避免土地被国家收租或没收，所以假装施舍给了寺庙。文中的"如经年代，无地不寺"，并不是由于国司们的宽纵，而正是他们一手造成的。所以朝廷才会下令，即使是有"荫赎"身份的人，也要"决杖八十"。

《续日本纪》延历二年（783年）十二月条还收录了以下诏书：

> 延历二年（783年）十二月戊申，先是，去天平胜宝三年（751年）九月，太政官符称："丰富百姓，出举钱财，贫乏之民，宅地为质，至于迫征，自偿其质。既失本业，逬散他国，自今以后，皆悉禁止。若有契约，虽至偿期，犹任住居，令渐酬偿。"

> 至是，敕："先有禁断，未曾惩革，而今京内诸寺，贪求利润，以宅充质，回利为本，非只纲维越法，抑亦官司阿容，何其为吏之道。辄违王宪，出尘之辈，更结俗网，宜其虽经多岁，勿过一倍。如有犯者，科违敕罪。"

之所以会导致"官司阿容"，显然是因国司默许平民将房屋抵押给寺庙而引起的。此外，还有国司、官员，将自己的钱财和稻谷委托给寺庙的僧侣，让他们拿出去"出举"（放贷盈利）（参见本章第四节"山川薮泽之诏"）。可见当时的僧侣，一边讲经念佛，一边却在追逐利益，徘徊俗世。

《续日本纪》延历四年（785年）记载了如下诏书：

> 延历四年（785年）五月乙未朔，乙未，敕曰：出家之人，本事行道，今见众僧，多乖法旨，或私定檀越，出入闾巷，或诬称佛验，诖误愚民。非惟比丘不慎教律，抑或是所司之不勤捉搦也。不加严禁，何整缁徒？至今以后，如有此类，摈出外国（指京畿地区以外），安置定额寺。

僧人原本应该安守寺内，修法行道，履行镇护国家的职责，专注修行。然而，随着寺门的兴盛，僧人们慢慢滋生了物欲，他们把在寺内专心清修看作迂腐愚昧，纷纷走街串巷，去俗世招揽信徒，谋求更加丰富的衣食。这份诏书虽然敦促国司勤加"捉搦"，但当时别说国司，连朝中大臣权贵都十分迷信佛教（可以参考藤原氏、橘氏等家族建造的氏寺），所以这份诏书到底有没有得到执行，也是一个疑问。其实不止这一份诏书，当时史书和律法书等记载的诏书都一样，尽管言辞明确，用语严肃，但多半都只是当时有效。从诏书中反复出现的"先既云云""于今不悛"等字句就能看出来，这就是当时的不良习气。

虽然当时也有僧侣因为这份诏书被罚出京畿地区，但这样反倒更方便他们兜售佛法，招揽信徒，牟取利益，简直是遂了他们的心愿。其他僧人对此羡慕不已，也纷纷效仿，离开京城，去往各地兜售佛法。《续日本纪》延历十八年（799年）记载了以下诏书：

延历十八年（799年）六月甲戌朔，乙酉，敕：沙门擅去本寺，隐住山林，受人嘱托，或行邪法，如斯之徒，往往而在，国宪内教，同所不许。宜诸国司，巡检部内所有山林、精舍，并居住比丘优婆塞，具录言上。

文中所说的"邪法"到底是什么，史书中并没有详细的记载。应该是模仿役小角①之类的吧。僧人原本应该在寺庙内清修，但他们却混迹于俗世之间，招揽信徒。朝廷下旨禁止，他们竟然擅自离开寺庙，隐居山林，做一些不法之事。由此也可以看出当时的僧界有多混乱。

不过，冰冻三尺非一日之寒，这样的混乱也是天长日久积累起来的。凡事有利有弊，这也是社会的常态。随着佛法的兴盛，各个教派为了推崇自己的主张，博取世人的信仰（牟取利益），夸赞自己、贬损他人的风气日益盛行。为了获得更多支持，僧人们极尽所能，慢慢地就形成了这样的风气。

在前一封诏书颁发之后，通过夸赞自己贬损他人宣传自家教义的行为依然存在，于是，延历二十一年（802年），桓武天皇再次下诏：

三论、法相二宗，相争各专一门，彼此长短，若偏被抑，恐有衰微。

然而，实际上收效甚微。于是，延历二十二年（803年）桓武天皇又下诏：

缁徒不学三论，专崇法相，三论之学，殆以将绝，顷年有敕，二宗并行，得度者未有法制。自今以后，三论法相，各度五人，立为恒例。

延历二十三年（804年），桓武天皇又下诏：

---

① 役小角，历史人物，相传生卒年为634年到701年，飞鸟时代的巫师。

> 敕：真如妙理，一味无二，然三论、法相，两宗菩萨，目击相诤，盖欲令后代学者，以竞此理，各深其业欤。如闻，诸寺学生，就三论者少，趣法相者多，遂使阿党凌夺，其道疏浅，宜年分度者，每年宗别五人为定。若当年无堪业者，缺而莫填。不得以此宗人补彼宗数。云云。（出自《日本后纪》等）

从中可以看出宗派间的竞争何其激烈。后来桓武天皇又下诏书：

> 敕：顷年诸国缁徒，多亏戒行，既污法教，先从摈出。然而，特降弘恕，厚优耆宿，其有改过者，听住本寺。又简智行可称，堪为人师者，擢任讲师，化导释侣。如闻：苟忝讲师，或事奸滥，诈称改过，未舍妻孥，此乃僧纲简择所失，国司阿容任意，违教慢法，莫过斯甚。宜有此类，一从摈却，其僧纲国司，犹不悛革，量情科贬。

从中也可以看出当时僧界的腐败。宗教这种东西，原本就有左右凡俗认知因果报应的能力，因此，国司在执法时，对待僧侣也比对待俗人更加宽宥。这样一来，法律无论规定得如何严明，都无法真正得到执行，这也是无可奈何的事情。

二、最澄与天台宗

如前一小节所述，当时的宗教界，不遵教义、不守法纪现象严重，所以难免受到世人的非议。于是，最澄和尚（传教大师）和空海和尚（弘法大师）之类的杰出人物出现了，他们开创新宗派，传播新教义。

《元亨释书》《大师传记》等记载，最澄俗姓三津首，近江滋贺郡人。他的祖先是东汉献帝的子孙。应神天皇[①]时，他的祖先仰慕日本文化，来到日

[①] 应神天皇，第十五代天皇，属于大和朝廷。当时大量拥有一技之长的人从朝鲜、中国来到日本，带来了很多典籍和生产技术，使当时的大和国得到了很大的发展。

本。日本朝廷体恤他的祖先，于是，在近江滋贺郡赐了封地。他的父亲三津首百枝，住在比叡山之麓。神护景云①元年（767年）八月十八日，最澄出生。最澄十二岁出家，拜在大安寺行表门下。最初学习"唯识"，然后广泛收集经书，得到了《华严经》《起信论》等的疏注。又在南都奈良抄写了天台宗的

最澄

---

① 神护景云，奈良时期称德天皇时期年号，767年到770年。

《法华玄义》《摩诃止观》《天台四教仪》《维摩经疏》等。这些都是大唐高僧鉴真和尚（居住在招提寺）带来的版本。

延历四年（785年）七月，最澄登上日枝山（比叡山），修建草庐，研读《法华经》《金光明经》等大乘佛经，当时他才十九岁。延历七年（788年），他在山顶修建寺庙，名号为"一乘止观院"，还造了一尊与他等身的药师佛，安放在寺中。

然而，天台宗的教义讲究"师授相乘"，所以最澄一心想着入唐求法。延历二十三年（804年）七月，最澄奉旨跟随遣唐使藤原葛野麻吕（《元亨释书》把菅原清公当作了大使，其实他是判官）入唐求法，但不能停留太长时间。最澄一行渡海来到了大唐的明州①，当时大唐是唐德宗②贞元二十年（804年）。

唐德宗

---

① 明州，今浙江宁波。
② 唐德宗，李适，唐代宗李豫长子，唐朝第九位皇帝。779年到805年在位。

贞元二十年（804年）九月，最澄奔赴台州，抵达天台山国清寺，谒见道邃法师。道邃法师是荆溪大师①的高徒，智者（名讳是智𫖮，字德安，谥号天台大师，智者是他的法号）七世的嫡孙。当时，道邃法师传授最澄"一心三观"的教旨，并授菩萨三聚大戒。最澄在天台山抄写天台宗的教文疏记，并谒见了佛陇寺行满座主②。行满座主说："昔智者大师告曰：'我灭后二百余岁，我之法将传东国。'祖识不虚，子乃其人。"于是，荆溪大师将诸籍密典倾囊相授，说："你将这些法文带回日本，去做海东传灯③始祖。"

贞元二十一年（805年），最澄来到越州，拜谒龙兴寺顺晓④阿阇梨，顺晓传授最澄三部灌顶、密教，以及《陀罗尼经》、印契、图样、灌顶器物等。

之后，最澄来到唐兴县，拜谒沙门翛然，得到翛然传授达摩一派牛头山法，习得禅学要义。

入夏，贞元二十一年（805年）五月，最澄随遣唐使一行返回日本，延历二十四年（805年）秋回到京都，向桓武天皇献上从大唐得到的天台、密教等经文。最澄向桓武天皇上表说：

> 沙门最澄言：最澄闻，六爻探赜，局于生灭之场；百物正名，未涉真如之境。岂若随他权教开三乘于机门，随自宝教示一乘于道场哉。然则，圆教难说，演其义者天台；妙法难传，畅其道者圣帝。伏惟陛下，纂灵出震，抚运登极，北蕃来朝请贺正于每年，东夷北首知归德于先年。于是，属想圆宗，缅怀一乘，绍宣妙法以为大训。由是，妙圆极教，应圣机而兴显；灌顶密法，感皇缘而圆满。最澄奉使求法去，远寻灵踪，往登台岭，躬写教迹，所获经并疏及记等，总二百三十部四百六十卷。且见进经一十卷，名曰《金

---

① 荆溪大师，佛教天台宗第九祖湛然（711—782），唐代高僧，常州荆溪人。
② 行满座主，唐中期天台宗高僧，荆溪大师湛然的弟子。
③ 传灯：佛教用语，传递教义的灯火，传授佛法的意思。
④ 顺晓，唐代高僧。曾跟随新罗之义林学习真言密法。住泰岳灵岩寺，后移住越州龙兴寺。世称为镇国道场大德阿阇梨。

字妙法莲华经》七卷、《金字金刚般若经》一卷、《金字菩萨戒经》一卷、《金字观无量寿经》一卷，及天台智者大师灵验图一张，天台大师禅镇一头，天台山香炉峰送径及柏木文释四枚，说法白角如意一柄。谨遣弟子藏经奉进，（中略）延历二十四年（805年）七月十五日沙门最澄上表。

《后日本纪》等记载，延历二十四年（805年）八月九日，入唐求法的僧人最澄上殿，为桓武天皇悔过读经（为桓武天皇消灾除病），并向桓武天皇进献大唐的佛像。最澄担任护持僧[1]，应该就是从这时候开始的。

随后，朝廷命七大寺抄写最澄从大唐带回来的各种经论，所用纸料都由官中提供，由大学头[2]和气弘世[3]监管。

延历二十四年（805年）九月，各寺德才兼备的僧人汇聚于清泷[4]高雄山佛寺中，接受灌顶三摩耶。这是日本秘密灌顶之始。从此，最澄开创了一个新的教派——天台法华宗。当时的佛教有华严宗、法相宗、三论宗、律宗这四宗，加上天台宗就变成了五宗。其余的成实、俱舍两派，当时已经衰微，只有少量信徒。最澄上奏桓武天皇：为行政化，广布教义，希望规定每年得度者十二人，五大宗派各两人，成实、俱舍各一人。桓武天皇准许。

嵯峨天皇[5]弘仁[6]五年（814年），最澄久居比叡山，潜心修佛。嵯峨天皇御赐近江国稻四百束，作为修行的费用。最澄德才精进，从两代天皇的笃信中就能看出。

弘仁七年（816年），最澄将《新集圣教序》三卷，及《天台灵应图》同《本传集》十卷、《涅槃狮子吼品》一卷进献给嵯峨天皇。这本《新集圣教序》

---

[1] 护持僧，为护卫天子特别设置的为天皇加持祈祷的僧人职位。最初由桓武天皇设置。
[2] 大学头，律令制下大学寮的长官，相当于从五位上。主要管理学生的考试与孔子祭祀等仪式。
[3] 和气弘世，和气清麻吕的长子。
[4] 清泷，京都市右京区嵯峨清泷地区。
[5] 嵯峨天皇，日本第五十二代天皇。桓武天皇第二皇子。809年到823年在位。
[6] 弘仁，嵯峨天皇、淳和天皇时期年号，810年到824年。

嵯峨天皇

是第一本传到日本的王羲之《圣教序》。嵯峨天皇长于书法，可能也是得到了这部王羲之《圣教序》的缘故吧。

弘仁十三年（822年）①，最澄向嵯峨天皇上表：请求朝廷准许，天台法华宗每年得道者两人，于同年三月先帝（桓武天皇）国忌之日，在比叡山按照《法华经》的规定受戒，然后十二年不出山，在山中继续修炼四种三昧，因此，请求朝廷为他们建造圆宗大乘戒坛。

朝廷将最澄的上表下发到南都（奈良）各大寺，询问他们的意见。沙

---

① 也有可能是弘仁十年（819年）。

门护命①上表抗议。东大寺景深著《迷方示正论》，指出了天台宗教义的"二十八失"，与最澄对抗。南都各寺也纷纷提出反对意见。

于是，最澄著《显戒论》及《显戒论缘起》，反驳"二十八失"。朝廷将最澄的文章下发给南都各大寺。南都各寺无言相对，但依然强烈反对建造戒坛。由于反对意见过于强烈，最终朝廷驳回了最澄的请求。这也成为后世南都北岭相争的源头。

弘仁十三年（822年），最澄圆寂，时年五十四岁（或者五十六岁），清和天皇②贞观③八年（866年），御赐谥号传教大师。《释家初例抄》记载：

清和天皇

---

① 护命（750—834），奈良时代末期至平安时代前期法相宗高僧。在最澄请求在比叡山建造大乘戒坛时，护命作为南都佛教的代表提出了反对意见。后来朝廷准许修建大乘戒坛，护命便请求辞职，没有得到许可，后短暂隐居在山田寺。
② 清和天皇，日本第五十六代天皇，在位时间为858年到876年。
③ 贞观，清和天皇时期年号，859年到877年。

贞观八年（866年）六月十二日乙酉，敕：天台大师最澄赐赠法印大和尚位，号传教大师，（中略）准大唐南岳、天台两大师例，赐谥号，本朝大师谥号初也。最澄者，入灭后今年四十五年。

关于戒坛一事，《元亨释书》等记载，最澄圆寂后十七日，嵯峨天皇下诏准许修建。而实际上奉旨建造戒坛，是在淳和天皇①天长②五年（828年），最澄的继承人义真时期。

淳和天皇

---

① 淳和天皇，日本第五十三代天皇，在位时间为823年到833年。
② 天长，淳和、仁明天皇时期年号，824年到834年。

日本国内原本只有奈良东大寺、筑前国观音寺、下野国药师寺三座戒坛，被称为"三戒坛"。根据规定，所有僧侣，如果没在这三座戒坛受戒，就不能列入僧籍。虽然东大寺依然反对，然而，随着比叡山戒坛的建立，"三戒坛"变成了"四戒坛"。而后，药师寺废弃，观音寺也逐渐衰微，最后只剩下"南都"①"北岭"②两坛并立。

至于延历寺的名号，大约是弘仁十四年（823年），嵯峨天皇按照该寺建寺之年的年号，将一方"延历寺"的匾额御赐给该寺，从此，延历寺就成为镇守皇城"鬼门"的镇国灵寺。《叡岳要记》记载：

> 延历寺，（中略）延历四年（785年），岁次乙巳，七月中旬，（中略）结草为庵。（中略）同七年③，岁次戊辰，奉为桓武天皇，创建根本一乘止观院。（中略）弘仁十四年（823年），岁次癸卯，二月二十六日，下诏敕，改易本名，号延历寺，厥后寺家立了。

所以，定名为"延历寺"，应该就是在弘仁十四年（823年）。

此外还据说，平安京中一条到九条的街市规划，就是源自最澄所用的"九条袈裟"。

关于传教大师（最澄）入唐，《神皇正统记》记载了这样一个故事：

> 传教大师（最澄）自入唐之前就在比叡山中修行，他在为现在的根本中堂开挖地基时，曾挖出一枚八齿的钥匙。传教大师（最澄）入唐时，也带上了这枚钥匙。传教大师（最澄）来到天台山拜谒智者大师（天台宗四祖，又名天台大师）的正统六代弟子道邃和尚，向他学习佛法。当时，天台山上有一个智者大师圆寂之后留下

---

① 南都，指南都奈良以东大寺、兴福寺为中心的佛教势力。
② 北岭，指平安京中的比叡山延历寺。
③ 延历七年（788年）。

的没有钥匙的秘藏，大家试着用传教大师（最澄）这枚钥匙去开，居然顺利地打开了。（中略）天台山僧侣无不敬服，于是，他们便将天台宗奥义毫无保留地全部传授给了传教大师（最澄）。

不过，比叡山的口传①中却没有收录这个故事，所以也不知真伪。

此外，《元亨释书》还记载，最澄远赴东国，行至信浓国，山高路险，百曲千折，一天只能走原来一半的行程，晚上也只能露宿在山中，没有旅馆可以投宿。最澄因此体察到行人的艰辛，便四处化缘，募集钱财在山中修建了一座寺庙，为往来行人休息提供便利。

这些故事流传后世，虽然已经真假难辨，但却是当时的人们对最澄的敬意的体现。

三、空海与真言宗

继最澄之后，再开新宗派的就是空海。《元亨释书》等记载，空海俗姓佐伯氏，赞岐国多度郡屏风浦人氏，出生于宝龟五年（774年），父亲是佐伯直田公，母亲是阿刀氏。空海十二岁时，跟随外舅从五位下阿刀大足学习，十八岁升入大学，修习儒学经典，但他却对佛教典籍产生了兴趣。一个偶然的机会，空海来到了泉州（即和泉国）槙尾寺，拜谒沙门勤操，便落发为僧，法号教海，后来又自己改名为如空。延历十四年（795年），如空进入东大寺，改名为空海。

空海曾在佛前许下誓愿，后来梦见有人对他说：有一份真经，名叫《大毗卢遮那成佛神变加持经》，其中有真奥义。空海醒来之后就向身边的人询问，却没人听说过这个经文。空海到处找寻，最后终于在和州（即大和国）高市郡久米寺找到了。空海打开经文仔细阅读，却发现很多地方都读不通，于是，空海立下了入唐求法的志向。

延历二十三年（804年）五月，空海跟随遣唐大使藤原葛野麻吕远渡重洋。延历二十三年（804年）八月，遣唐使一行抵达大唐的衡州。当时大唐是德宗贞元二十年（804年）。

---

① 口传，名词，指宗教、学问、技艺等领域，师父通过口述的方式传授给弟子的技艺和学问。

空海

贞元二十年（804年）十二月，空海抵达长安，他遍访城中诸寺，以求明师。空海拜访了青龙寺东塔院内供奉慧果阿阇梨。慧果大师是大广智不空三藏的高徒。慧果大师见到空海后非常高兴，他说：我早就知道你会来，我已恭候多时了。

于是，空海进入胎藏界大曼荼罗（坛场，能量中心），然后又进入金刚界大曼荼罗，之后又接受了传法阿阇梨的灌顶。慧果大师说：

> 瑜伽乃是秘藏，仪轨图器等奥秘，并不会写在经文之中。如果想要见到这些奥秘，必须借助"调造"。

于是，慧果大师命画工李真等绘制胎金诸曼荼罗图，然后命铸工杨忠信等按图打造佛具，并命写经生抄写《金刚顶》等秘传经文。慧果大师将这些全都交给空海，让他带回日本，嘱咐他在日本国内传播这些密传经文。

后来空海又拜谒罽宾的般若三藏，得到般若三藏传授他亲自翻译的《华严经》《六波罗蜜经》及《梵箧》等。

唐宪宗元和元年（806年）八月，空海离开大唐。《旧唐书·日本传》记载：

> 学生橘逸势、学问僧空海，元和元年（806年），日本国使判官高阶真人，上言，前件之学生，艺业稍成，愿归本国。

当时日本是平城天皇大同元年（806年），朝廷准许空海在日本传播从大唐习得的密乘佛法。当时最澄正在大力传播天台宗教义，风头正盛。南都诸大寺都不敢对新教派表示反对。

由于空海声名远播，弘仁四年（813年）三月，嵯峨天皇将空海召入宫中，让空海与各个宗派的大师汇聚一堂，论战各派的教义。

空海主张"即身成佛"，其余各派群起而攻之，但空海辩思敏捷，力压群僧。

弘仁十三年（822年），平城上皇接受了空海的密乘灌顶——这是第一位接受密乘灌顶的天皇。

次年（弘仁十四年，823年）正月，嵯峨天皇将京都的东寺赐给空海，作为灌顶院。东寺建于延历十五年（796年），由大纳言藤原伊势人担任造寺使。藤原伊势人在罗城门东西各建了一座寺庙，东寺占地为东西二町（东起大官大路，西至壬生大路）、南北二町（南起九条，北至辛桥），西寺占地为东西二町（东起皇嘉门大路，西至大官大路）、南北二町（南起九条，北至辛桥）。东寺号称金光明四天王护国寺，据说这里原本是外国使臣临时居住的驿馆，后来成了佛寺。

空海住在东寺之中，按照大唐青龙寺的习惯，每年春秋两次举行灌顶仪式，并将慧果传授的犍陀谷子袈裟等供奉其中，作为镇寺之宝。

淳和天皇即位之初，就曾命空海在皇后院做了三天三夜的息灾法事，然后，又命空海在清凉殿行大通方广之法。

天长二年（825年），空海在宫中讲《仁王般若经》时，被封为东宫讲师。

同年，即天长二年（825年），淳和天皇下诏，将高尾的神护寺更名为神护国祚真言寺，赐予空海作为长期修行的地方。

仁明天皇承和元年（834年），空海上奏：请求仿唐朝的内道场，在宫中设真言院。仁明天皇准许，将勘解由使厅设为宫中真言院。

当时，最澄创建的延历寺作为镇护国家的灵验大寺而广受尊崇，空海大概是为了凌驾其上，所以才提出了建内道场的建议。

于是，从此以后，每年正月，宫中都会举办后七日御修法，由东寺住持担任主持。也正因为如此，后来宫中每次举办法会，天台宗与真言宗都会因座次问题而相持不下。

仁明天皇

在那以后，空海继续游历各国，挑选灵地，最终选定了纪伊国高野山，并在高野山上建立金刚寺，作为镇护国家的灵寺。承和二年（835年）三月，空海在这里圆寂，时年六十一岁。延喜二十一年（921年），醍醐天皇御赐空海谥号为"弘法大师"。《神皇正统记》嵯峨天皇条记载：

> 真言、天台二宗，其祖师之志，皆在镇护国家。（中略）东寺，（中略）于弘仁之治世，赐予弘法大师（空海）为真言宗寺庙。（中略）此宗被称为"神通乘"，确为如来果上之法门，其佛法奥义，在诸教之上。我国自神代而起，源远流长，其中缘由，惟此宗之说最相符。（中略）弘法大师（空海）与（平城）天皇缔结了师徒之约，因而备受尊崇。

从中可以看出，真言宗是如何得到宫廷及公卿家族的信仰，直至后世。

关于神代的起源，也就是日本的缘起神话，文中说"惟此宗之说最相符"，这应该只是当时空海传教的手段而已。有人说，针对日本神社的"本地垂迹说"是空海所创，这其实是误传。这种说法，在空海之前就已经有了。不过，空海确实扩大了这种说法的影响。

总之，在平城时代佛教界的一片污浊之中，最澄、空海两位大师横空出世，开创了新的教派，功业卓然，影响深远。他们不仅创造了新的宗派，更开创了日本佛教界的新纪元。

第6节 桓武天皇的外交及内政

一、渤海的来贡

前文说到，桓武天皇锐意进取，勤政爱民，政绩斐然，接下来再讲一下他在外交方面的怀柔政策。

延历五年（786年），以渤海国使李元泰为首的六十五人，漂流至出羽国，遭虾夷劫掠，仅四十一人生还。出羽国司向桓武天皇禀报此事，桓武天皇下发恩恤并送其归还。

延历十三年（794年），同渤海国使者吕定琳等六十八人，再次漂到虾夷领地，桓武天皇同样下发恩恤并送其归还（由此可以推算出当时从渤海国到日本的航线）。

渤海国，就是以前高丽国所在的地方。日本和铜六年（713年），渤海得到大唐的册封，号渤海国。

延历十五年（796年），上野介①御长广岳、式部大录②桑原秋成奉桓武天皇之命，护送渤海国使者吕定琳等人返回渤海国，同时向渤海国王递送国书并赠送绢二十匹、绝二十匹、丝一百绚、绵二百屯。日方使臣从渤海国返回日本时，渤海国王嵩璘向日本献上国书，表达了对日本的敬慕之情。《日本后纪》记载：

> 嵩璘启：差使奔波，贵申情礼，伫承休眷，瞻望徒劳。天皇顿降敦私，贶之使命，佳问盈耳，珍贵溢目，俯仰自欣，伏增慰悦。其（吕）定琳等，不料边虏，被陷贼场，俯垂恤存，生还本国。（中略）嵩璘猥以寡德，幸属时来，宜承先爵，土统旧封，（中略）思欲修礼胜方，结交贵国，岁时朝觐。（中略）小船航海，不没即危，（中略）虽慕盛化，如难阻何。傥长寻旧好，幸许来往，则送使数，不过二十，以兹为限，式作永规。云云。

而后，日本群臣纷纷上表祝贺。例如：

> 臣闻大人驭时，以德为本；明王应世，怀远是崇。（中略）伏惟天皇陛下，仰天作宪，握地成规，窥日域而慕声。（中略）近

---

① 上野介，上野国，古国名，今群马县。介，属国国司四个等级官员中的第二等，仅次于国守。
② 式部大录，式部省治下官员，官阶为正七位上。

者，送渤海客使御长广岳等回来，伏见彼国所上启，辞义温恭，情礼可观，悔中间之谜图，复先祖之遗迹。（中略）克己改过，始请朝贡之年限。

表文中提到了渤海国对日本天皇的礼敬和服从，以及中间的反抗及改过。于是，日本为了回复渤海国书，于延历十七年（798年），派遣内藏宿祢贺万（即内藏贺万）等出使渤海国。渤海国也派出大昌泰等使臣，护送日本使臣回国，并朝拜日本桓武天皇。

次年，即延历十八年（799年）正月，桓武天皇在大极殿赐宴群臣及渤海国来使，并赐使者蓁揩衣①。使者十分高兴，和群臣一起踏歌朝贺。使者回国时，式部少录②滋野船白等人相送。当时的国书记载在《日本后纪》中：

（桓武）天皇敬问渤海国王：使（大）昌泰随贺万至，得启具之。王逖慕风化，重请聘期，占云之译交肩，骤水之贡继踵，每念美志，嘉尚无已。故遣专使，告以年期，而犹嫌其迟，更事复请。夫制以六载，本为路难，彼如此不辞，岂论迟促。宜其修聘之使，勿劳年限，今因（大）昌泰等还，差式部少录正六位上滋野宿祢船白（即滋野船白），充使领送，并附信物，色母如别，夏首正热，惟王平安，略此代怀，指不繁及。

从此以后，渤海国年年朝贡成了惯例。新罗国也一样，与日本时有使臣往来，散见于正史之中。

二、奖励文学

桓武天皇对文学的支持，史书中时有记载。延历十一年（792年），桓武天皇下诏：

---

① 蓁揩衣，天皇御赐的宫廷踏歌时穿着的礼服。
② 式部少录，式部省治下官员，官阶为正八位上。此处滋野船白应该是因为身负特别使命，所以被提升到正六位上。

（大意）明经学生发声诵读时，谬误颇多，所以务必要熟习汉音。

延历十三年（794年），桓武天皇又下诏：

古之先王，以教学为先，云云。去天平宝字元年（757年）所置大学寮田二十町，生徒稍众，不足以供。

于是，增加越前国水田一百零二町为勘学田。

延历二十四年（805年），朝廷设置纪传儒生等——这些都是桓武天皇崇文的体现。

由于前朝编撰的《续日本纪》中有不少疏漏，桓武天皇下令民部大辅①菅野真道、左大辨秋篠安人、大外记②中科巨都雄等进行增补修订，于延历十六年（797年）二月完成。当时的上表大意如下：

前朝诏故中纳言从三位石川朝臣名足（即石川名足）、刑部卿从四位下淡海真人三船（即淡海三船）、刑部大辅从五位上当麻真人永嗣（即当麻永嗣）等，分帙修撰，以继前纪。而因循旧案，（中略）臣等搜故实于司存，询前闻于旧老，缀叙残简，补辑缺文。

可见当时是奉旨进行增补修订。

延历十五年（796年），桓武天皇下诏：

诸国地图，事迹疏略，加以年序已久，文字阙逸，（中略）夫郡国乡邑，骑马远近，名山大川，形体广狭，具录无漏焉。

---

① 民部大辅，民部省的次官，官阶为正五位下。
② 大外记，太政官治下外记局所属官员，唐名为"外史""门下起居郎""门下令史"等，官阶为正六位上，主要负责校勘中务省内纪撰写的诏书及撰写太政官上呈天皇的奏文。

可见，地图编撰这种事情，在历朝历代中，也算得上少有的大事件了。

另外，桓武天皇御制的和歌，并没有大家想象中那么多，而且很多都已经散逸了，没有保存下来。现将正史中有记录的为数不多的御制和歌摘录一二如下。

延历十六年（797年）十月，桓武天皇赐宴群臣，酒酣之际，桓武天皇御制和歌一首：

菊英满地眠秋雨，犹有余香酬岁时。

延历十七年（798年）八月，桓武天皇巡猎于北野，留宿伊予亲王①的山庄，日暮时分，山中有鹿鸣，桓武天皇御制和歌一首，并命随行大臣作诗应和：

晨光熹微，山谷空幽。
暮霭沉沉，鹿鸣呦呦。

延历二十年（801年）正月，桓武天皇设御宴，天空飘雪，桓武天皇吟诗一首：

忽而天降雪，疑是梅花飘。

延历二十二年（803年）三月，桓武天皇在给遣唐使藤原葛野麻吕、副使石川道益践行时，赐诗一首：

莫道杯酒薄，愿君平安归。

---

① 伊予亲王，平安时代初期皇族，桓武天皇第三皇子，深受桓武天皇宠爱，官阶为三品中务卿。后因遭人构陷自杀身亡。

藤原葛野麻吕听到之后，泪如雨下，群臣无不垂泪。从这首诗中也能看出桓武天皇对于即将远行的臣子的关爱。

三、矫风、铸钱及殖产

随着当时的社会风气变得更加开明，"良贱通婚"不可避免地出现了，在这种情况之下，延历八年（789年），朝廷准许：

> 奴婢（即贱民）与良家子弟通婚，或者良家女子与奴仆（即贱男）通婚，所生子女，皆从良家。

由于这条规定，故必须厘清各家家谱。于是，延历十八年（799年）十二月，桓武天皇下诏：

> 天下臣民，氏族已众，或源同流别，或宗异姓同。欲据谱讲，多经改易。至检籍账，难辨本枝。宜布告天下，令进本系账，三韩诸藩亦同。但令载始祖及别祖等名，勿列支流并继嗣历名。若原出于贵族之别者，宜取宗中长者署申之。凡缺氏姓，率多假滥，宜再确实，勿容诈冒。（中略）凡庸之徒，总集为卷，冠盖之族，听别成轴焉。

正是因为有了这份诏书，才有后来弘仁四年（813年）那份《姓氏录》。

此外，桓武天皇虽笃信佛教，但对于妖僧、巫祝等邪法却是严加禁止。

延历十三年（794年），山城国乙训社的佛像被迁往大原寺。这件事的起因，是一个在西山砍柴的樵夫，在乙训社休息时，把木头刻成佛像玩。这个佛像据说非常灵验，引起庶众群集，所以被强制迁移。

延历十四年（795年），上毛野兄国的女儿，右京人氏，自称诸天[①]，妖言惑众，被处流放到土佐；延历十五年（796年），生江臣家道的女儿，越前足羽郡人氏，常常在街上游荡，妄言他人祸福，迷惑百姓，后被处流放；等等。

---

① 诸天，是佛教中的神。

这些事情都表明,当时已经有巫女装神弄鬼,迷惑世人。

在财政方面,桓武天皇也有整治。

朝廷历来禁止私铸钱币。延历十五年(796年),由于私铸钱币之事屡禁不止,朝廷下令:

> 顷者私炉滋起,奸铸纷然,施之交关,既为轻贱,宛之储蓄,不堪实用。

于是,朝廷重新铸造钱币,并刻上"隆平永宝"的字样,一枚值旧钱十枚。而且为了方便百姓,允许新钱旧钱通用。但以四年为期,从次年开始计算,四年后旧钱停止使用。

延历十八年(799年),曾有一条小船漂到三河国,船里有一个人,这人以布裹身,下着短裤,左肩上披一块深蓝色棉布,仿佛袈裟一般。这人看起来

隆平永宝

二十来岁，身高五尺有余，耳长三寸有余，言语不通，不知是哪里人，从大唐来的人说他是昆仑奴①。这个人会说汉语，自称是天竺人，经常弹着一把一弦琴，琴声哀怨。

众人检视他的行囊，发现里面有一些植物种子，这人说是棉种。大家遵照他的意愿，让他住进了川原寺，然后帮他把带来的东西卖掉，换了钱在西墩外的路边搭了房子，供他休息。一段时间后，他又去了近江的国分寺。

他把带来的棉种分给众人，让众人在各地栽种——这是日本第一次种植木棉，可惜这一次，木棉的种植没有成功传承下去。

同年，即延历十八年（799年），朝廷将东海道的妇女迁至陆奥国，鼓励她们养蚕——这是奥羽地区养蚕业的第一次尝试，只是后来又衰退了。

现在日本种植的木棉，是庆长②时期出征朝鲜的将士带回来的种子。至于奥羽地区桑蚕业的兴盛，则是天明③时期以后的事情了。

---

① 昆仑奴，三国时代以后，中国对东南亚地区黑人奴隶的称呼。
② 庆长，日本的年号之一，指1596年到1615年。
③ 天明，日本的年号之一，指1781年到1789年。

第 2 章

藤原氏本支的倾轧

第 1 节　平城天皇践祚①及立太弟

一、平城天皇践祚

《日本后纪》记载：

> 延历二十五年（806年）正月丙寅朔，废朝，圣躬不豫也。（中略）
>
> 延历二十五年（806年）二月丁巳，二十三日，先是，尚缝②五百井女王③，为令圣躬平善，造写药师佛像并《法华经》，至是功毕，因屈僧三十一人，设斋于前殿，百官供奉。（中略）
>
> 延历二十五年（806年）三月己卯，十五日，上病大渐弥留。（中略）
>
> 延历二十五年（806年）三月辛巳，十七日，（中略）有顷天皇崩于正寝，春秋七十。

---

① 践祚，即位，登基。
② 尚缝，官职名，后官十二司之缝司的长官（正职），主要负责缝纫与服装制作，官阶为正四位。
③ 五百井女王，光仁天皇皇女能登内亲王与市原王所生，桓武天皇的侄女。

延历二十五年（806年）四月七日，（桓武）天皇葬于山城国柏原陵，谥号桓武天皇。随后，皇太子（安殿亲王）登基。

在此之前，延历二十五年（806年）正月，先皇（桓武天皇）病重时，急召皇太子（安殿亲王）。皇太子（安殿亲王）迟迟不到，于是，桓武天皇又派了参议藤原绪嗣前往迎接。桓武天皇将皇太子（安殿亲王）召到榻前，训话良久。《日本后纪》记载，当时桓武天皇给皇太子（安殿亲王）留了遗诏，其中就有册立皇太弟相关事宜。

据记载，桓武天皇驾崩时，"皇太子（安殿亲王）哀嚎擗踊，迷而不起。参议近卫中将坂上田村麻吕、春宫大夫藤原葛野麻吕，固请扶下殿，而迁于东厢，以玺并剑柜①，近卫将监纪绳麻吕、从五位下多入鹿相副从之"。从中可以看出皇太子（安殿亲王）的孝心。

延历二十五年（806年）三月十九日，山城国葛野郡宇太野被定为先皇（桓武天皇）陵寝。

然而，延历二十五年（806年）三月二十三日，太阳颜色深红，却没有光芒。大井、比叡、小野、栗栖等灵山都发生火灾，烟灰漫天，京中一片昏暗。因为选定皇陵的位置比较靠近贺茂神社，所以有人觉得火灾是神灾。占卜之后，果然是这样。于是，皇陵位置被改到纪伊郡柏原陵。

延历二十五年（806年）五月十八日，新皇（平城天皇）在大极殿即位，改年号为大同。《日本后纪》等记载：

> 改元大同，非礼也。国君即位，逾年而后改元者，缘臣子之心不忍一年而有二君也。今未逾年而改元，分先帝之残年，成当身之嘉号，失慎终无改之义，违孝子之心也。稽之旧典，可谓失也。

可见，当时公卿之中也有不服之人。

---

① 玺是指日本"三种神器"中的八尺琼勾玉。剑是指日本"三种神器"中的天丛云剑，也就是草薙剑。

二、伊予亲王谋反事件

延历二十五年（806年）五月，弹正尹宫①被册封为皇太弟。弹正尹宫是平城天皇的同母弟。《水镜》②中记载了这样一件事情：

> （平城）天皇即位当天，立东宫（此处记载有误，平城天皇十八日即位，十九日立皇太弟），不久又欲废之。东宫傅（此处记载有误，不是东宫傅，而是春宫亮）藤原冬嗣③察觉，于是，密告

平城天皇

---

① 弹正尹宫，即神野亲王，后来的嵯峨天皇。
② 《水镜》，平安时代后期历史文学，传说作者为中山忠亲，不详。成书于1170年到1195年，讲述了神武天皇（第一代）至仁明天皇（第五十四代）年间的历史。
③ 藤原冬嗣，藤原内麻吕之子，藤原北家嫡流，平安初期能臣，高官。深受桓武天皇、嵯峨天皇信任，官至左大臣，奠定了藤原氏"摄关政治"的基础。编撰了《弘仁格式》，兴建了劝学院、兴福寺南圆堂。

东宫（弹正尹宫）。东宫（弹正尹宫）大惊，面对先帝（桓武天皇）皇陵方向跪拜祈祷。突然天空乌云密布，四处烟气弥漫，仿佛黑夜。（平城）天皇大惊，于是，请人占卜，发现是先帝（桓武天皇）英灵作祟。于是，（平城）天皇诚心悔过，祈祷祭拜，三天过后，天空终于放晴。

不过，《日本后纪》等书中既没有这件事的相关记载，也没有立太弟当天天象异变的记录，所以《水镜》应该是将这件事与前一小节"皇陵选址"一事中的山火烟气混为一谈了。不过，也能从中推测，平城天皇可能并不想传位给皇太弟（弹正尹宫），而是想传位给自己的皇子（高岳亲王）。

此外，还有一件事。大和国石上神社原有一件神器（兵器），延历二十三年（804年），先帝（桓武天皇）说：既然已经迁都了，神器不应该放在这么远的地方。于是，下令将神器迁入平安京。

延历二十四年（805年），桓武天皇御体抱恙时，石上神社托人上奏桓武天皇称"神器移到他处，会触怒神明"，桓武天皇自己做梦也梦到了。

于是，延历二十四年（805年）二月，桓武天皇命有德高僧六十九人，将神器送还石上神社，并诵经祈祷。当时桓武天皇颁发的诏书如下：

> 石上大神宫，收有器仗。京都路远，为移至近处，去年（延历二十三年，即804年），运收至此。然比来之间，御体不如常，大御梦觉，便依大神之愿，返还本社。

虽然桓武天皇的御梦是确有其事，不过，此事恐怕也是源自公卿、僧侣等编造的说法。石上神社的神器自古以来就被认为是镇国之宝，每次国家发生变化时，都会显现灵瑞。若是移动它，则会发生战事。所以，有些人担心桓武天皇驾崩后会发生动乱，所以才秘密上奏，请求归还。

桓武天皇驾崩当天，确实发生了一些怪异的事情，如东宫（安殿亲王的寝殿）发现血迹、兵器库两次发生夜鸣等，《日本后纪》等中都有记载。这恐怕也是有人知道将有动乱发生，所以提前做的警示。

所谓的动乱，源头就在藤原氏内部的权力斗争，从前文《水镜》中藤原冬嗣所言便能窥视其中端倪。立太弟一事，原本是先帝（桓武天皇）的遗诏，参议藤原内麻吕①当时就参与了这件事的商定。现在，藤原内麻吕已经从大纳言升至右大臣。所以新皇（平城天皇）虽然有意另立皇太子，但对藤原内麻吕却只字未提。

在这种情况下，一些嫉妒藤原内麻吕的人就开始蠢蠢欲动。首先，便是藤原宗成②。藤原宗成是藤原北家藤原永手的曾孙——废掉皇后藤原乙牟漏所生的皇太弟（弹正尹宫），并跳过平城天皇皇子高岳亲王，却拥立藤原南家出身的

藤原内麻吕

---

① 藤原内麻吕，藤原冬嗣之父，藤原北家嫡流，平安初期公卿，任参议、右大臣，侍奉桓武、平城、嵯峨三代天皇，没有任何过失。在平城天皇、嵯峨天皇时期，是群臣之首。
② 藤原宗成，平安时代初期贵族。藤原北家，左大臣藤原永手曾孙，参议藤原家依孙。

藤原吉子所生的第三皇子三品中务卿伊予亲王——这实在是令人费解。不过，这种事情原本就不能用常理来推断。

由于平城天皇正好也有废除皇太弟的打算，于是，一部分人借此机会，想推动册立伊予亲王为皇太弟，但很快就失败了。这件事在《日本纪略》里记载为："藤原宗成蛊惑三品中务卿伊予亲王，图谋不轨。""不轨"也可以指废立的事情，并不一定是谋反或者起兵。

《日本纪略》后面继续写道："大纳言藤原雄友听闻此事，便告知了右大臣藤原内麻吕。"藤原宗成原本想拉藤原雄友入伙，不料却被藤原雄友告发——不过，这种事情在历史上也是屡见不鲜。这时，伊予亲王上奏，藤原宗成确实曾劝说自己谋反——可见这件事并不是空穴来风。

安倍兄雄

然而，藤原宗成接受审讯时，却指认伊予亲王为主谋，以推脱罪责，这种怯懦之辈，又怎么会是成大事的人呢！

《日本纪略》记载：

> （大意）延历二十五年（806年）十一月乙未，十二日，（伊予）亲王母子，服药自尽，时人哀之。因为天下人都知道，（伊予）亲王母子完全是被藤原宗成所害。

大同三年（808年），与左兵卫督巨势野足一起带兵包围伊予亲王府的安倍兄雄去世，《日本后纪》"安倍兄雄略传"中记载：

> （安倍兄雄）乏文堪武，（中略）高直有耿介之节。（中略）伊予亲王无罪而废，当上（平城天皇）盛怒，群臣莫敢谏者，（安倍）兄雄抗辩固争，虽不能得，论者义之。

奉命讨伐的安倍兄雄尚且为之争辩，可见伊予亲王确实是蒙冤。然而，因为平城天皇盛怒，所以没有人敢于进谏，可见其中另有缘由。《日本后纪》"藤原乙叡略传"记载：

> （藤原乙叡）以父母之故，频历显要，至中纳言。性顽骄好妾马，而缘山临水，多置别业，以信宿之，必备内事。平城帝为太子时，（藤原）乙叡侍宴，顾酒不敬，（平城）天皇含之。后遇伊予亲王事，辟连（藤原）乙叡，免归于第，自知无罪，以忧而终。

由此可知，这次事件是一部分人为了迎合平城天皇心意而刻意构陷。除伊予亲王母子自杀之外，大纳言藤原雄友及藤原宗成也被处流放。下图是从《尊卑分脉》中摘抄出来的藤原氏家谱，以供参考。

【图谱】

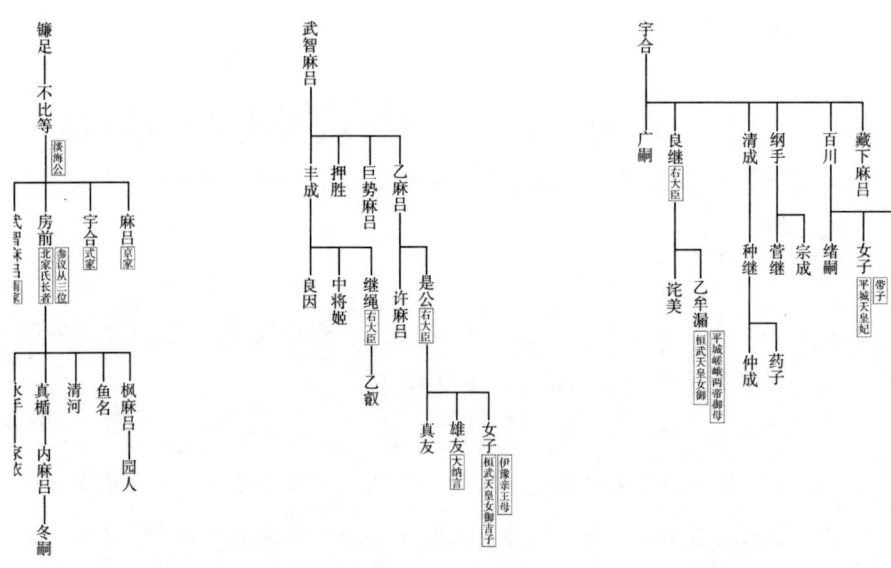

注：矩形内文字为身份信息，其他文字为

　　如上图所示，藤原武智麻吕（藤原南家之祖）是藤原不等比的长子，其长子藤原丰成是孝谦天皇时期的右大臣，次子藤原押胜①曾位极人臣，为正一位太师，后来却因为谋反之罪被诛杀。藤原丰成曾与弟弟藤原押胜争权，因橘奈良麻吕之事受牵连获罪，结果却因为没有参与藤原押胜的谋反得以恢复官位。藤原丰成之子藤原继绳沿袭父亲的升迁之路，直至右大臣，藤原丰成的侄儿藤原是公后来也成为右大臣，藤原是公的女儿藤原吉子侍奉桓武天皇，生下了伊予亲王。

　　然而，藤原宇合（藤原式家之祖）之子藤原良继、藤原百川、藤原藏下麻吕三人，与藤原北家的藤原永手一起拥立光仁天皇，藤原良继的女儿侍奉桓武天皇，成为平城、嵯峨两朝的国母。藤原宇合之孙藤原种继在桓武天皇时期权倾朝野，藤原种继的两个子女藤原仲成与藤原药子此时也在朝中玩弄权柄。

---

① 原名藤原仲麻吕。

藤原百川

藤原百川的两个女儿，一个侍奉桓武天皇，是淳和天皇的生母。一个是平城天皇太子时期的太子妃。当时藤原氏一门之中，藤原式家（藤原宇合一脉）权势最盛。

藤原永手曾与藤原式家的三人一同拥立光仁天皇，既有拥立之功，也在某种程度上与藤原式家结成了同盟。藤原宗成作为藤原永手的子孙，仅有祖荫却无功勋，试图拥立伊予亲王，其实是很奇怪的事情。因为就算拥立，也绝不会成功，这几乎是一目了然的。何况他自己的家族正当鼎盛，他又何必图谋废掉同盟之中的弹正尹官（后来的嵯峨天皇）呢？

平城天皇还是太子的时候，先帝桓武天皇宠爱次子神野亲王（即弹正尹官，后来的嵯峨天皇），曾经暗暗想过废除长子，改立次子，这在《水镜》中也有记载。所以，平城天皇册立皇太弟完全是遵从先帝（桓武天皇）的意志。但因为先帝（桓武天皇）的这种想法，平城天皇与皇太弟（弹正尹官）之间总有一些难以言传的不和。

然而，藤原南家（藤原武智麻吕一脉）并没有打算利用这一点，拥立自己这一族所出的伊予亲王。倒是藤原式家的藤原仲成和藤原药子兄妹，或许是为了借刀杀人，便利用这一点设局，唆使不得势的藤原宗成和藤原南家最得势的藤原雄友密谈。这在嵯峨天皇大同四年（809年）藤原仲成与藤原药子兄妹的罪状中可以窥见端倪。案卷中"藤原仲成仗恃自己妹妹得宠，行事奸诈，凌辱亲王夫人，使其舍家而奔走流离"一句，应该就是指伊予亲王这件事。由此可见，"伊予亲王谋反事件"完全是这兄妹二人的阴谋。

藤原雄友听说谋反一事之后，大惊失色，马上禀报了右大臣藤原内麻吕，于是，这件事被公之于众。其他人逸言构陷，终于导致平城天皇盛怒，藤原雄友蒙冤被流放至伊予，后来虽然得到赦免归京，但藤原南家已经衰落了。

第2节 政局的更新

一、六道观察使及兵制改革

平城天皇意识到朝中官员的懈怠，于是，即位之初，就打算振兴朝堂。首先，他废除勘解由使，设六道观察使。当时的诏书如下：

> 朕以庸虚，谬承先业，（中略）伏惟先帝，（中略）谨读延历五年（786年）四月十一日诏下者，诸国庸调支度等物，每有未纳，交阙国用，良由国郡司递相怠慢，（中略）宜量其状迹，从事贬黜。所司宜作条例奏闻，公卿即依制旨，上一十六条事。自兹厥后，既经年所，空设宪章，未闻遵行。是则国郡官司不练之所致也。今为行十六条（这里的十六条，指的是第一章第四节延历五年四月所制条款），量置六道观察使，道别一人，判官一人，主典一人，所以移风淳风，易俗雅俗，激扬清浊，黜陟幽明也。其事有大小，使有轻重，自非国由废兴，政关成败，宜遣判官以下督察。云云。

从这份诏书的用词，就能看出平城天皇对这件事的重视。

其实早在桓武天皇时期，朝廷就曾向各国派遣巡查使，也曾设置勘解由使来监察国司。这次是更进一步，将观察使设为固定官职，以检查监督地方官员。观察使也认真监察，不再像以前一样流于形式，以下是一些实例。

当时，西海道每年入京的各种使者人数众多，给当地造成很大负担，山阳道观察使藤原园人查明状况后上奏朝廷，请求朝廷规定：西海道府国司等五位以上官员，从此以后，除非任满解官，否则不许随意上京。朝廷准许了他的建议。

西海道是太宰府的所在地，承接着本国与大唐和新罗的外交往来。然而，有些官员即使没有紧要公务也随意上京。再加上当地是日本与海外进行贸易的场所，所以货品汇聚，品类繁多。因此，不少人假借公务之名因私往返。

此外，朝廷早已规定，对于各国山林河海的出产，官府和平民都可以采猎。但有些有权势的人却霸占山林，让百姓无法采猎。国司对这样的事情也不加制止。于是，根据某观察使的上奏，朝廷下令：从今以后，按照延历年间的规定，严惩违规之人，不可宽宥。特别是山岳之体，关系到国家仪容，必须要等到树木繁茂才可砍伐，绝不可以砍伐幼林。

山城国葛野郡大井川，河水暴涨，淹没了堤坝。这都是因为砍伐了河川源流的树木，让下流的田地失了灌溉之利。于是，朝廷命各国国司对同类土地严加管制，不论公私，严禁砍伐。

又有东海道观察使藤原葛野麻吕上奏，根据延历十七年（798年）的规定，将正税作为"出举"借贷给平民，借出稻谷，回收稻谷，已经是惯例。但各国收获时间有早有晚，应根据农时进行回收。此外，如果农民无力偿还，不得已将种子作为利息上交，这属于地方官员的失职。

于是，朝廷下令：根据各地收获时间回收利息，且禁止回收百姓的种子。

当时，朝廷还颁发了很多这样类似的制止官员贪腐、保护平民利益的诏书，官场的风气也为之一振。

虽然平城天皇是出于锐意改革的雄心，但"水至清则无鱼"，一旦律法严苛，并且要做到切实执行，就容易有宵小酷吏趁势而起——这是古往今来的惯例，当时也是一样。

对于这样的政策，有人欢喜，有人叹息。所以后世说起平城天皇的统治，有人评价为"政令烦苛"——这真是十分可惜。

当时，朝中有些官员为了取悦平城天皇，建议新修宫殿，《日本后纪》大同元年（806年）七月条记载：

> 大同元年（806年）七月甲辰，十三日，诏曰：比公卿奏，日月云除，圣忌将周，国家恒例，就吉之后，迁御新宫，请预营构者。此上都先帝所建，水陆所凑，道里惟均，故不惮堑劳，期以永逸。栋宇相望，规模合度，欲使后世子孙，无所加益。朕忝承圣基，嗣守神器，更事兴作，恐乖成规。（中略）朕为民父母，不欲烦劳，思据旧宫。

于是，百官上表，称颂平城天皇圣德。

平安京是延历二十三年（804年）左右才修建完毕的新宫，即便国家有"新君即位，新修宫殿"的惯例，但才一两年就再建新宫，实在于理不合。不过，由于当时平城天皇与皇太弟（弹正尹宫）不和，或许一部分人暗中有了迁都的想法（参看下节）；另一部分人则觉得新皇（平城天皇）刚刚即位，马上就废除勘解由使、设置观察使等，不断推出新的律法，可能有弃旧立新的意思，所以为了迎合平城天皇，才提议修建新宫；还有一部分人是希望迁都，所以先提议新修宫殿，准备之后再趁势提出迁都（参看下节）。

虽然上表的臣子各怀心思，但平城天皇本人不忍放弃父帝（桓武天皇）苦心经营多年的平安宫，所以下发了上文中谢绝新修宫殿的诏书，这个处置算是十分得宜了。

于是，新宫营建的事情就此作罢，但政治改革还在继续。大同元年（806年）十月，关于各国进献贡女（采女）一事，《聚类国史》中记载了以下诏书：

大同元年（806年）十月壬申，十三日，敕：凡贡女事，明令条，皆限四十岁以下十三岁以上者。然年齿尚弱，心志未定。自今以后，采年三十以上四十以下无配偶者，或欲适人者，必令贡代。

次年，即大同二年（807年），采女进贡全面停止。

此外，大同二年（807年），废参议官，由观察使兼行参议官的职责，让熟悉各国官员优劣及民生民情的官员参政议政，以便朝廷更好地治理国家。

此外，朝廷将近卫府改为左近卫府，将中卫府改为右近卫府（这个变更一直延续到后世）。废除衙门府，并入左右衙士府，废除衙士府官员各六十名，设左右门部各一百人，此后所有城门宫门的禁卫、出入、礼仪及门籍、门榜的监察等，都由衙士府掌管，因此又叫左右靱负府。并且，近卫府等的近卫、兵卫等，从各四百人减至各三百人，使部从各三十人减至各十人。

早年曾有规定，东宫的舍人，从荫子（功臣之子或孙）中挑选仪容端正、能写会算之人担任。然而，后来时常有违规录用不识字之人的情况。于是，平城天皇下令禁止再有此类事情发生。

以前录用荫子时，先要核查户籍才能任用。但五位以上，家世尊贵，细查户籍，颇有不便。所以，规定此后不须勘察户籍，但如有冒名顶替，或以孙冒子之嫌，则须严查，并依法论罪。这样一来，荫子的任用也变得不那么容易了。

二、肃清宗教界

当时，最澄、空海二人创立新宗派，风靡一时。一些似是而非的奸邪僧人，趁机妖言惑众，愚弄百姓。虽然先帝（桓武天皇）在位时就已严令禁止，但这些歪理邪说一旦浸染了人们的思想，就很难消除。由于当时民间邪教盛行，于是，大同二年（807年），平城天皇下令：

巫祝之徒，妄说祸福，庶民之愚，仰信妖言。淫祀渐繁，厌咒亦多（可见当时民间巫祝盛行，多行淫祀、厌咒之术），积习成风，淳风缺损。自今以后一切断禁，若学此术，屡教不改者，一律流放远国。

所以直至今日，奥羽地区的偏远地方依然有一些类似巫祝的人，在民间进行淫祀、厌咒等活动，妖言惑众。据说这些人由来已久，或许就是当年流放出京之人的后代吧！

如前面诏书所说，当时"淫祀"盛行，不管是官员还是百姓，在佛事和祭祀等事上，都极尽奢华。为了遏制这样的风气，大同二年（807年），平城天皇下诏：

> 比年追孝之徒，心存哀慕，事务丰厚，眩人耳目，各竞求名（当时号称"千僧供养""百僧供养"等，可知其相互攀比显示排场）。至于贫者，或卖田宅，反致家灭。凡功德（供奉祭祀）之道，在于本心，何在物之轻重？
>
> 现规定布施规格如下：亲王一品在商布①五百段以下，二品在商布三百段以下，三品四品各二百段以下，诸王诸臣一位在五百段以下，二位在三百段以下，三位在二百段以下，四位在一百段以下，五位在五十段以下，六位以下在三十段以下。各有品级，不得逾越。又俗世之间，每至七日，好修佛事，既无纪极，其弊颇多。宜令三七日或七七日，可行施舍一度。

诏书按官位品级规定了施舍的数量。诏书中的数字，一定是在当时实际施舍的数量上做了大幅降低的。然而，即便是诏书中的数字，依然是十分可观的，因此也不难想象当时的施舍有多丰厚，以及当时的寺庙和僧侣有多富裕。所以现在那些古寺中，留存着大量的艺术珍品、稀世珍宝，原因也在于此。

平城天皇即位不到两年，就推行了以上诸多变革。

---

① 商布，日本奈良、平安时代，调布、庸布之外，用于交易的布匹。

三、中臣①与忌部②之争

中臣、忌部两家之争由来已久，中臣氏的申诉是：

> 忌部氏原本担当供奉币帛（进献贡品）的职位，不说祝词，所以应革除忌部氏奉币使一职。

忌部氏的申诉是：

> 供奉币帛（进献贡品）与祈祷原本就是忌部氏的职责，忌部氏应继续担任奉币使，而中臣氏则应该担任祓③使。

也就是说，中臣氏抗议的是忌部氏独占供奉币帛（进献贡品）的职位，而忌部氏则认为供奉币帛（进献贡品）和祈祷都是正斋主④忌部氏的职责，而中臣氏只能担任祓使也就是副斋主。双方各执一词，而朝中公卿大臣也分为两派，相持不下。于是，平城天皇即位之初，就对此事作出了裁决。其大略如下：

> 《日本书纪》记载，天照大神躲进天岩户的时候，中臣氏的远祖——天儿屋命与忌部氏的远祖——太玉命一起在天香山挖掘五百棵真阪树，在树的上枝挂上五百个八阪琼曲玉⑤，中枝挂上八咫镜⑥，下枝挂上青和币、白和币⑦，然后开始祈祷，祈祷时由中臣、忌部一起。
>
> 此外，《神祇令》记载：祈祷年祭、月次祭时，由中臣念祝

---

① 中臣氏，日本古代豪族，和忌部氏共同掌管神事和祭祀活动。藤原氏的源祖。
② 忌部氏，日本古代掌管祭祀的家族。
③ 祓，驱邪避灾的仪式。
④ 斋主，侍奉神明、主持祭典的神官。
⑤ 八阪琼曲玉，又名八尺琼勾玉，日本皇室三神器之一。
⑥ 八咫镜，日本皇室三神器之一。
⑦ 青和币、白和币，由白楮树纤维做的青麻绳和白绳索。

词，忌部班币帛。践祚之日，由中臣向天神奏寿词，忌部奉上神玺、镜和剑。六月、十二月的大祓，由中臣奉上祓麻，东西文部奉上祓刀，读祓词，结束之后由中臣宣祓词。常祀之外，向各大神社供奉币帛，都是由五位以下卜筮之人进行。

于是，平城天皇根据以上记录裁决：常祀（前面提到的祭祀日）之外，奉币使由中臣、忌部两家共同担当。

平城天皇根据古籍进行裁决，没有询问朝中大臣的意见，藤原内麻吕觉得非常惭愧，于是，两次上表请求辞去大臣之职。这件事原本就有先例可循，而且只是一些形式上的东西，但竟然引起这么大的争议，说明其中另有内情。这些事情的背后也许有藤原仲成等人的谋划，不过，由此也能看出藤原仲成的能力不过如此。

四、疫病的猖獗

平城天皇即位以来，庄稼连年歉收，且疫病流行，民生凋敝。大同三年（808年）正月，平城天皇派使者去收敛京中路边的尸骨。不久之后瘟疫爆发，死亡的百姓越来越多。于是，平城天皇下令各大寺院及畿内七道各国念《大般若经》祈福。

大同三年（808年）二月，平城天皇下诏：

> 今闻，往还百姓，在路病患，或因饥渴，即刻死亡。是诚诸司不存格旨，村里无意看养也。又顷者，疫疠稍多，尸骸无敛，露委路旁，甚乖掩骼掩埋之义。宜令诸国巡检看养，一依先格，所有之骸，皆悉收敛。

此外，史书中还有这样一份诏书：

> 如闻，疫疠之时，民庶相惮，不通水火（可见当时百姓多么忌讳病污死秽）。存心救疗，何有死亡？父子至亲，畏忌无近。邻里

疏族，更复何言？亡者众多，事在于此。宜喻所司，务存葡萄。若不遵改，随即科处。

这份诏书也显示了当时的君王对百姓的仁德。

连京都都尸横遍野，别的地方的惨状也可想而知。于是，平城天皇亲自在大极殿向神明祈祷疫病消散，并下令各国，讲七日《仁王经》，以消除疫病。

这时，京畿地区又有水旱灾害，稻米的价格飞涨，于是，大同元年（806年）九月，朝廷派御使前往左右京及山崎津、难波津等地，禁止酒家冬天酿酒，封了酒坛。这种事情史上少有，可见当时灾情相当严重。

第3节 平城天皇退位及"药子之乱"

一、让位皇太弟

大同二、三年间（807年到808年），日本各地的灾情十分严重，一时之间难免人心惶惶。自古以来，遇上天地剧变，人们都会归咎为"人主失德"。特别是大唐的文化传入日本之后，公卿大臣之间自然也生出一些议论。再加上藤原仲成、藤原药子二人横行朝野，不少人心中都愤愤不平。于是，平城天皇也躬身自省，不胜烦忧，终于在大同四年（809年）四月决定退位。

《日本后纪》记载：

> 大同四年（809年）夏四月丙子朔，（平城）天皇自从去春，寝膳不安，遂禅位于皇太弟（弹正尹宫）。诏曰：现神等大八州所知倭根子天皇诏旨敕御，命亲王等、王等、臣等、百官之人等、天下公民众闻食宣：朕躬劣弱，洪业不耐。本自思畏，赐暂不息。加以朕躬元来风病苦痛，身体不安。经日累月，万机不懈。今所念，避此位一日片时，欲养御体。故是以定赐皇太弟（弹正尹宫），以天

下政授赐某亲王。诸众须悟此状，秉持真心，辅导此皇子，可令抚育天下百姓。

众人闻（平城）天皇御命，皇太弟（弹正尹宫）涕泣固辞，乃上表陈让曰：臣幽昧自天，教训无染，逸游率性，机务未涉。陛下奖饰，悉兹储贰，愿惟重托，因攸寄颜。顷者圣体乖和，淹如日月，医药无验，责在臣躬。今忽逊神器，传之孱蒙，事殊恒制，闻命兢惕。若登此皇阶，当彼大宝，人神之圣既缺，中外之心又沮，冀日复服药，祈天远寿，伫升平于半武，滥庶绩于一篑。无任恳迫之至，谨奉表以闻。

然而，平城天皇没有准许皇太弟（弹正尹宫）的辞让。次日，平城天皇避居东宫。于是，皇太弟（弹正尹宫）再次上表：

臣闻，天下神器，不可轻传，皇业大宝，非圣不践。抗表冒请，庶蒙优容，丹款不孚，玄鉴悠邈，俯仰焦惶，心魂靡厝。臣学暂一物，勤缺三朝，生长深宫，素暗稼穑，常欲静忝宸位，周施圣训，颂王泽于泰平，睹至治之郁起。而陛下不察衷鄙，强授鼎祚。臣之梼昧，何堪之有也。但以君唱臣和，上下之分，纶诏忽降，敢不对扬。苟欲遂志，还罹稽命。臣冀咨询公卿，拥摄万机之务，穆卜有效，当待翌日之瘳，然后临学齿胄。守道终年，在臣至愿，实为欣幸，无任悚战之至。谨重诣阙，奉表以闻。

平城天皇由于身体有恙，没有应允，依然将皇位禅让给了皇太弟（弹正尹宫），被尊为太上天皇。

大同四年（809年）四月十三日，皇太弟（弹正尹宫）于大极殿即位（即嵯峨天皇）。藤原内麻吕继续担任右大臣。次日，平城上皇皇子高岳亲王被册立为皇太子，中纳言藤原葛野麻吕为东宫傅。之后，平城上皇移驾东宫进行疗养。东官因此被称作东院。嵯峨天皇将隐居的僧人玄宝法师召入宫内，为平城上皇祈求病愈。

《元亨释书》记载，玄宝俗姓弓削氏，河内国人氏。早年曾在兴福寺学法，修习了唯识的教义，后来在伯耆山中隐居。桓武天皇患病时，曾被召入宫中，为桓武天皇祈福。由于法术灵验，不久之后桓武天皇就痊愈了，于是，他又回到山中。大同帝（平城天皇）曾将他召入宫中，想封他为僧官。但他没有接受，而是隐居到了备中国汤川寺。

这次，玄宝法师又奉皇命入宫，不久之后，平城上皇病愈。大同四年（809年）八月三十日，玄宝觐见嵯峨天皇、平城上皇。藤原内麻吕献上宴席，君臣尽欢。

二、"药子之乱"与藤原北家的全胜

当时，嵯峨天皇与皇太子（高岳亲王）身边，多是藤原北家的人。而平城上皇身边都是藤原式家的人在弄权，他们借用平城上皇的名义参与政务。《日本后纪》等史书中时不时还能看到平城上皇的诏书，便是佐证。

当初，平城上皇由于天灾病疫，加上自己身体抱恙，选择退位禅让，但对于国事依然没有放手，和当年的孝谦上皇一样，大事自己亲自裁决，小事交给天皇裁决。后来，平城上皇病愈，再加上藤原仲成等人在旁唆使，这种情况就更加严重。

当年，平城上皇还在位的时候，藤原内麻吕等人就觉得颇受这群宵小的掣肘，却只能保持沉默。现在平城上皇已经退位，藤原内麻吕等人正想辅佐嵯峨天皇好好治理国家。而嵯峨天皇既然已经登上皇位，就应该与群臣一起，商议国家大事并亲自裁决，但他却时常受到平城上皇的制约。而这些制约，多半来自平城上皇身边的嬖臣。于是，这两派自然而然就开始对立起来。

平城上皇在位时，废除了参议，设置了七道观察使，但嵯峨天皇即位之初便下诏：

去大同元年（806年）六月十日，始设诸道观察使，寄深庇俗，任重求瘼，故（大同）二年（807年）四月十六日，赐食封各二百户。顷年诸国损弊，百姓困乏，今支度公用，颇有缺少，宜暂返纳，兼以外任，以彼公廨，代此食封。云云。

就这样，七道观察使被嵯峨天皇从内官等中除名，虽然仅从食封的变化中无法看出七道观察使不能继续担任内官的理由。然而，次年，即大同五年（810年），平城上皇又下诏：

去大同元年（806年），为行十六条，并置观察使，各委一道。夫参议之寄，望重守大，归任责成，职非虚设，是以废置之。宜罢观察使，复参议号，封邑之制，亦仍旧数。

可见将这些官员移为外任，并非平城上皇的本意，特别是距离大同元年（806年）才两三年，而十六条也没有得到很好的贯彻实施。如此迅速就废除这个职位，也能看出嵯峨天皇与平城上皇之间的冲突。而且当时，平城上皇为了养病而"避病于数处"，虽然《日本后纪》与《日本纪略》都没有记载具体的位置，但从"五迁之后，宫于平城"这句话，也能看出嵯峨天皇与平城上皇之间关系微妙。《日本纪略》记载：

大同四年（809年）十一月甲寅，十二日，遣右兵卫督从四位上藤原朝臣仲成（即藤原仲成）等，造平城宫。

大同四年（809年）十二月乙亥，四日，（平城）上皇，取水路，驾船，幸平城。于时宫殿未成，权御故右大臣（大中臣）清麻吕家。

可见嵯峨天皇与平城上皇之间、藤原内麻吕等人与平城上皇近臣之间的冲突，已经非常明显。平城上皇无法忍受继续居住在平安京，于是，假托营建别宫，移驾旧都。次年，即大同五年（810年）九月六日，平城上皇下诏：命坂上田村麻吕、藤原冬嗣、纪田上等为造宫使，迁都平城京。

不过，这件事公开之前，京都方面应该是佯装不知。大同五年（810年）九月朔日，嵯峨天皇下诏，将大和国田租地子稻充作平城宫杂用料（平城上皇的日常花销）。

而平城上皇钦点的造宫使坂上田村麻吕，是当时天下闻名的骁将。把坂上田村麻吕的名字和藤原冬嗣放在一起，可以说是十分奇怪的。当时，坂上田村麻吕已经年迈，所以平城上皇此举，有可能是为了招揽藤原冬嗣而故施恩典。当时，藤原北家特意将藤原冬嗣一人置于中立的立场，这可能是藤原小黑麻吕的计策（详见下文诏书）。所以平城上皇加上了藤原冬嗣的名字，可能也是出于某种深意。

平城上皇意图迁都的事情公开之后，朝野上下，无不震惊，《日本后纪》记载：

> 大同五年（810年）九月丁未，十日，缘迁都事，人心骚动，仍遣使，镇固伊势、近江、美浓等三国府并故关。

嵯峨天皇命正四位下巨势野足、从五位下佐伯永继为伊势使，正五位下御长广岳、从五位下小野岑守、坂上广野为近江使，正五位上大野直雄为美浓使，并将右兵卫督藤原仲成拘禁在右兵卫府，当日就颁发了以下诏书。《日本后纪》记载：

> 天皇诏旨敕御命，亲王诸王诸臣百官人等天下公民众闻食宣：尚侍正三位藤原朝臣药子（即藤原药子）者，挂畏柏原朝廷之御时，赐仕为春宫坊宣旨，而其为性不能所知食，赐退去。然物百方趁逐，近奉太上天皇（平城上皇），不知今太上天皇（平城上皇）让国之大慈深志，擅为权威，以非御言事为御言，任心褒贬，曾无

所忌惮。如此恶事种种，因其亲侍（平城）上皇御座而私忍，然犹不饱足，言隔二所朝廷，遂大乱可起。又先帝（桓武天皇）定赐平安京为万代宫，奏劝弃此京，迁平城古京，扰乱天下，亡弊百姓。又其兄（藤原）仲成，己妹不所能而不教正，还恃其势以虚诈事，凌辱先帝（桓武天皇）之亲王、夫人（伊予亲王母亲），令其弃家乘路辛苦东西，如此罪恶不可数尽。任理勘赐有罪，所思行有依，宥罪轻赐，（藤原）药子者，解官位，自宫中赐退，（藤原）仲成者，赐退佐渡国权守（流放佐渡）。云云。

同时，朝廷还派遣使者前往柏原陵，禀报先帝（桓武天皇）：

天皇御命坐，挂畏柏原大朝廷申赐，内侍尚侍正三位藤原朝臣药子（即藤原药子）者，初太上天皇（平城上皇）坐东宫之时，赐侍为东宫宣旨，而其为性不能所知食，退赐去赐，然物百方趁逐，近奉太上天皇（平城上皇），以非御言事为御言，任意褒贬，曾无所忌惮，又定赐万代宫平安京，奏劝弃之停之，迁平城古京，扰乱天下，百姓亡弊。又其兄（藤原）仲成，恃己妹势，以虚诈事，凌辱亲王、夫人（伊予亲王母亲），令其弃家乘路，辛苦东西。如此罪恶不可数尽。因兹（藤原）药子者，解官位，自宫中赐退。（藤原）仲成者，赐退佐渡国权守。又《续日本纪》所载，崇道天皇与赠太政大臣藤原朝臣（藤原种继）不好之事，皆悉破却赐。云云。

当天，藤原雄友恢复官位。

这份诏书对于平城上皇一方来说，无异于晴天霹雳。平安京朝廷之前对平城上皇的诏书一直唯唯诺诺，突然作出如此重大的决断，平城上皇一方自不必说，平安京内，除藤原内麻吕一派之外，必然也是惊叹不已。由此也能看出藤原内麻吕的政治才能——他一直放任藤原仲成的专横跋扈，暗中等待时机，直到平城上皇一方迁都平城京的意图公开，终于时机成熟，于是，他抓住这难逢之机，一举将对手剿灭。这份精练果敢，堪称后世表率。

自此，藤原本支的倾轧，即政权的争夺，终于以藤原北家的胜利而告终，藤原北家后来成为摄关之家，繁荣昌盛的基础也在此时得以奠定。

大同五年（810年）九月十一日，嵯峨天皇将正四位下藤原真夏、从四位下文室绵麻吕等从平城京召回，并将文室绵麻吕拘禁在左卫士府。当时，大外记上毛野颖人从平城京急返平安京禀报：平城上皇于今晨经川口道前往东国，诸司宿衙都随驾一同前往。藤原药子也与平城上皇乘坐同一车辇。

文室绵麻吕

平城上皇移驾平城，遇上突发状况，又率领卫士前往东国，应该是在模仿天武天皇①的旧事。

嵯峨天皇闻讯，便命大纳言坂上田村麻吕，率领轻锐兵将，前往美浓国，拦截平城上皇。当时，坂上田村麻吕奏请，文室绵麻吕精通武艺，身经百战，希望能一同前往。嵯峨天皇应允，并将文室绵麻吕封为正四位上参议，派他与坂上田村麻吕一同前往。文室绵麻吕欣喜地接受了任务。此外，嵯峨天皇还派兵驻守宇治、山崎、与渡（淀）等渡口。当晚，左近卫将监纪清成、右近卫将曹住吉丰继等将藤原仲成射杀在囚禁之处。《日本后纪》等记载：

> （藤原）仲成者，参议正三位（藤原）宇合之曾孙，赠太政大臣（藤原）种继之长子也。性狼抗使酒，或昭穆无次。忤于心，不惮掣蹴。及乎女弟（藤原）药子专朝，假威益骄，王公宿德，多见凌辱。民部大辅笠朝臣江人之女，适（藤原）仲成也，其姨颇有色，（藤原）仲成见而悦之。嫌其不和，欲以力强，女脱奔佐味亲王（桓武天皇第六皇子四品弹正尹），（藤原）仲成入（佐味亲）王及母夫人（多治比真宗）家认之，粗言逆行，甚失人道。及遭害，佥以为自取之。

对于因谋反失败或行事不义而获罪的人，史官将他们平时的恶行记录下来，所谓"加以笔伐"，也算是史书常用的套路。但用"昭穆无次"一词评价藤原仲成，则是明确指出他同室操戈，迫害同族。

大同五年（810年）九月十二日，平城上皇走到大和国添上郡越田村时，听说前面被官兵拦住了去路，仓皇之间不知道该去什么地方。当初中纳言藤原葛野麻吕、左马头藤原真雄等曾劝谏过平城上皇不能迁都，但平城上皇没有听

---

① 天武天皇，日本第四十代天皇，673年到686年在位。天武天皇即位之前，为避天智天皇（第三十八代）打压，于是，推举大友皇子为皇太子，自己则申请出家，退回吉野宫，静观时局，以图再起。后来大友皇子即位，成为弘文天皇（第三十九代），招募兵马打算武力消灭天武天皇。天武天皇先发制人，果断举兵，迅速进攻，获得了胜利。

取。事情到了这个地步，平城上皇才知道已经无路可走，于是，落发出家了。藤原药子无处可去，只能自杀身亡。《日本后纪》等记载：

> （藤原）药子，赠太政大臣（藤原）种继之女，中纳言藤原朝臣绳主（即藤原绳主）之妻也，有三男二女。长女，太上天皇（平城上皇）为太子时，以选入宫。其后（藤原）药子以东宫宣旨，出入卧内，（平城）天皇私焉。皇统弥照天皇（桓武天皇），虑淫之伤义，即令驱逐。（平城）天皇之嗣位，征为尚侍，巧求爱媚，恩宠隆渥。所言之事，无不听容，百司众务，吐纳自由，威福之盛，熏灼四方。属仓促之际，与天皇（平城上皇）同辇，知众恶之归己，遂仰药而死。

从文中"所言之事，无不听容"一句，可以看出藤原药子有多么受宠。不过，"百司众务，吐纳自由"这句话所指的范围不太明确，不知道是仅指小事还是兼指国家大事。如果真如文字表面意思，那也就是说，平城天皇在位期间的众多政务改革，藤原药子都有参与的话，那她也算见识超群了。不管怎样，东窗事发时，能够断然赴死，就凭这一点，也能看出她不同寻常了。

就这样，藤原氏本支的倾轧，逐渐波及嵯峨天皇与平城上皇，最终以巨大冲突的爆发而结束。大同五年（810年）九月十三日，嵯峨天皇下诏：

> 天皇诏旨，敕大命于众闻食宣：令太上天皇（平城上皇）行幸伊势诸人等，依法赐罪。依有所念，各赐免宥。又中纳言藤原朝臣葛野麻吕（即藤原葛野麻吕），与恶行之首藤原药子姻媾之中，有重罪。然多入鹿等申，虽言不纳，谏争恳至，勘赐无罪。又藤原真雄，弃身忘命以争谏，异于众人，赐誉，赐冠位上升。云云。

这次事变，只罚罪首，不罪及他人，因为这原本就源于藤原氏一族的内部纷争，无从追究，所以点到为止。只有越前介阿倍清继和权少掾百济爱筌等，因支持平城上皇东迁，不仅举兵呼应，还拘捕了新任越前介登美藤津并强行取代，从而受罚。嵯峨天皇派民部少辅纪南麻吕等审讯他二人，后判处二人流放。因为这两个人确实犯下了罪行。

当天，即大同五年（810年）九月十三日，嵯峨天皇废皇太子高岳亲王，立皇弟中务卿大伴亲王为皇太弟，并任命中纳言藤原园人为东宫傅。

大同五年（810年）十二月，嵯峨天皇派参议巨势野足前往八幡宫、樫日宫进献奉币。《日本后纪》等记载为"赛静乱之祷也"。可见当时确实把"药子之乱"当成了国家之"乱"。

同年，皇女有智子内亲王①被选为斋院②派往贺茂神社，祈求嵯峨天皇与平城上皇的和睦，从中也能看出嵯峨天皇的孝悌之心——这便是贺茂斋院的起源。

有智子内亲王

---

① 有智子内亲王（807—847），嵯峨天皇皇女，平安初期女诗人。
② 斋院，前往贺茂神社侍奉神明的未婚皇女或王女，又称为斋王。模仿伊势神宫的斋宫而设立。

此后，平城上皇也渐渐反省。弘仁十三年（822年），平城上皇在空海门下接受了密教灌顶，专心事佛，天长元年（824年）七月五日驾崩，享年五十一岁，葬于杨梅山陵，谥号平城天皇，即奈良天皇的意思。

此外，关于高岳亲王的事迹，《元亨释书》记载：

> 释真如，大同帝（平城天皇）第三子也。大同四年（809年），皇太弟（即嵯峨天皇）受禅即祚，（中略）立高岳皇子为皇太子，即（真）如也。尚侍藤（原）药子及兄（藤原）仲成，劝（平城）上皇为变，事发觉，（平城）上皇剃发，（藤原）药子、（藤原）仲成伏诛。乃废太子（高岳亲王）。
>
> 太子（高岳亲王）原有出尘之志，为沙门，居东大寺，性聪敏，志气宕迈，学涉内外，习三论于道诠，禀密教于空海，既而得阿阇梨位，勤于教授。常云：密乘奥义，此方未尽，当入大唐质所疑，彼地若此土，远逾葱岭焉。
>
> 贞观三年（861年）上表奏事，（贞观）四年（862年）泛海入唐，遍询名德，不充（真）如意，遂杖锡西迈，翩翩孤影，流离绝域。
>
> 元庆五年（881年），在唐留学沙门中瓘，寄书来曰：（真）如皇子过流沙，传闻到罗越国，逆旅迁化。赞曰：丈夫贵志气，不言功业也。有志气者，功业自备。（中略）
>
> 海师（空海大师）居东场（东寺），仁公（圆仁，慈觉大师）坐北坛（比叡山），当此时，密学之盛，西唐不如矣。（真）如公眇视东北，直跨沧波，睥睨支那，横截流沙，其志锋不可触也。犹湛卢豪曹，虽奘净（唐僧玄奘、义净）而不多让矣。自推古至今七百岁，学者之事西游也，以千百数，而跂印度者，只（真）如一人而已。吾以为求法之魁者是也。

高岳亲王（真如）为了探寻密乘的奥义，远赴印度，虽然薨去，令人惋惜，但这份英豪之气，颇有父帝的风范。

　　不过，《元亨释书》记载，当时空海在东寺，圆仁在比叡山，可谓"密学之盛，西唐不如"，但高岳亲王（真如）仍然不满足，于贞观四年（862年）以五十岁高龄远赴大唐、印度，终致不归。大概冥冥之中，还是有些不得已的事情，让他只能假托求法，远避他国吧。

第3章

建设平安京

第1节 制度的厘正及《弘仁格式》

一、设置藏人所

平安京建成之后不久,桓武天皇就驾崩了。平城天皇即位以后,宠信近臣,甚至还企图将都城迁回平城京。所以,平安京的建设一直没有什么发展,依旧是当初刚建成时的模样。"药子之乱"平定以后,大同五年(810年),改元弘仁,朝廷终于开始着手建设平安京。接下来简单地讲述一下当时的状况。

同年,即弘仁元年(810年)年初,朝廷设藏人所[①],近侍于天皇左右,负责上传下达。这原本是中务省[②]的职责,由闱司[③]负责小事的传达。然而,在平城天皇时期,闱司被内舍人[④]取代。这些内舍人都由荫子充当,他们原本就是贵胄公子,凭借祖先功勋而入职,未必有多少学识。于是,嵯峨天皇废除内舍人,恢复闱司,又为公务方便而增设了藏人所。

---

① 藏人所,810年设置,侍奉于天皇近侧,负责替天皇传旨等。
② 中务省,律令制八省之一,唐名为"中书省",负责辅佐天皇、颁布诏书等,是八省之中最重要的一个。
③ 闱司,后官十二司之一,负责宫城各门钥匙的管理。
④ 内舍人,中务省治下官员,定员九十人,负责宫中警卫、值守、杂务,以及天皇出行的护卫等。三位官员的子弟可以无条件担任,四位、五位官员的子弟经选拔后担任。

《职原抄》等记载，藏人所的职员包括别当一人、藏人头二人、五位藏人三人、六位藏人四人，此外还有非藏人、出纳、小舍人、杂色、所众及泷口。

其中，藏人头由辨官及近卫中将各一人担当。

辨官有左右大辨二人，相当于从四位上，唐名为尚书左右大丞，是主管官中事务的重臣，需从名门望族之中挑选有才干的人担任。豪族之中有文才的人都以兼任辨官为荣。没有文才的人，则不能担任。左右近卫中将、少将之中有才名的人，也以迁任或兼任辨官（大辨）为荣。

大辨之下，设中辨二人，相当于正五位上，唐名为尚书左右中丞。中辨下设少辨二人，相当于正五位下，唐名为尚书左右司郎，由名门望族子弟担任。此外，中辨或少辨还可以加设一名权官。以上辨官合称"七辨"。

尚书有管辖、权衡的职责，所以人选必须慎重。"七辨"与上天七星之象相呼应，汉朝时，尚书是皇帝身边近身侍奉的人，所以都要口含鸡舌香，手握兰草，因此也被称为"握兰之职"。

藏人所是嵯峨天皇弘仁初年才开始设置的。弘仁之前，都是由少纳言和侍从担任近侍传达的工作。到了嵯峨天皇时期，首次专设这个机构，由公卿之首兼任长官，称为"别当"，如"左大臣别当"。

藏人头从官阶为四位的侍臣中挑选，古代也曾有官阶为五位的藏人头，到近代就没有了。五位藏人是从官阶为五位的侍臣中挑选三人担任，六位藏人是从官阶为六位的侍臣中挑选四人担任，这些五位和六位的藏人被称为"职事"。此外，从六位侍臣中挑选良家子弟，在大殿上侍奉，负责往返官中的工作，他们被称为"非藏人"。

大殿之上的事务，属于藏人头辖下职事的职责范围，所以职事也被准许上殿。藏人头又被称为"贯首"，因为他们近侍于天皇身侧，占据着大殿首席之座，即便是官位在他们之上的人，也必须坐在他们之下，故而得名。例如，同样是大辨，没有兼任藏人头的，座次就在担任藏人头的大辨之下。

藏人头号称"贯首"，从四位的内官中挑选，包括辨官一人（多由左右大辨或左右中辨担任，极少由少辨担任。中辨担任的情况也不多，只有在左右大辨已经兼任了参议，不能身兼两职的情况下，才会由中辨担任）及近卫中将一人（由左右近卫中将担任，少将不可担任）。这两人在大殿之上位居首席，代天子言，威势十足。参议之职有缺时，直接由藏人头兼任，因为参议这个官职关系到朝中大小事务，一般人根本难以企及。

五位藏人有三名，唐名为仙郎或夕拜郎，均由名门子弟担任。没有兼任藏人的辨官，俗称"素辨"，即便升至大辨，也毫无威势可言。名门子弟之中，才学兼备并且已经获得上殿议事资格的五位以上官员，只有先出任藏人，才能一路升迁，青云直上。被选为藏人的那天，如果能被任命为左右卫门府，或者是左右兵卫府的佐（次官）——也就是兼任武官，是为最佳；其次是兼任勘解由使次官；再次是兼任式部、中务等的少辅；最次是兼任其他省的少辅。其中，以左右卫门佐或左右兵卫佐的身份出任藏人，然后再兼任辨官（即使是少辨也没关系）者，最荣耀。这被称为"三事兼带"，可谓是"选中之选"。

六位藏人有四名，第一名叫"极葛"，其次是"差次"，再次是"姓氏+藏人"，如源氏就叫"源藏人"，最后是新藏人，这四人都是从世代大夫（即先担任四位右京大夫或者大膳大夫，然后升迁至三位参议的家世背景）之子，或者是散位大夫（虽然没有官职，但有四位或五位官阶，没有上殿资格的家族）之子中，挑选才学优渥之人担任。对于散位大夫出身的人来说，这是步入仕途的必经之路。不过，五位内臣被任命为六位藏人时，需要先把官阶降至正六位上。因为散位大夫即便官阶在四位，也没有资格进宫上殿，而藏人虽然官阶只有六位，却是天皇近侍。而且只有藏人的官阶可以做到"正上"，其余如正六位下，往上升只能是从五位下，而没有资格做到"正六位上"。正五位、正四位也是一样，只有藏人能成为"正上"。

六位藏人的职责和五位藏人差不多，除了协助天皇处理朝中政务，还负责伺候天皇的饮食。所以"极葛"可以拜领天皇穿旧的御袍，在仪式典礼的时候穿着。如果以"极葛"身份侍奉过三代君王，就会晋升为准许上殿的贵族。即便出身于没有上殿资格的散位大夫之家，也有在以"极葛"身份侍奉第三代君王期间被晋升为准许上殿的贵族的特例。

因此，《尊卑分脉》①等贵族宗谱中，在人名旁标注"三事五藏"等字样，其实就是为了凸显这个人的才德。

不过，不管是藏人头还是六位藏人，所有藏人的任命，都不属于重臣奉命下达的公文，而是天皇口述的"内侍宣"。一般都是由天皇直接告知当值的藏人头，再由藏人头转述给出纳，从来没有天皇直接对当事人下诏的先例。

《职事补任》记载，嵯峨天皇初设藏人所时，第一任藏人所别当由右大臣藤原内麻吕担任，藏人头由左近卫中将从四位上巨势野足与左卫士督从四位下春宫大夫藤原冬嗣担任。同年②，巨势野足迁任参议，空出来的藏人头一职由左少辨内藏头春宫亮从五位上藤原三守继任。

当时，嵯峨天皇十分喜爱嵯峨山庄，时常出宫临幸。嵯峨天皇不在宫中时，如果有朝会，藏人头就会在空空的天皇宝座前放下竹帘，自己侍立于宝座旁，代为听政，然后再将朝臣的意见转述给嵯峨天皇，请求天皇圣裁。因此，即便是"职事"（五位、六位藏人），在当时的政局之中，也颇有权势。

二、朝仪兵制的改革

弘仁元年（810年），官阶为二位的大臣的朝服，从中紫色改为深紫色。同时，二位以下五位以上诸王及二位、三位大臣的朝服，从浅紫改为中紫。

大同二年（807年），弹正台③曾下令禁止百官使用杂石腰带、画饰大刀、素木鞍、皮毛鞍具等，引发了诸多弊端。于是，弘仁二年（811年），朝廷解除了这些禁令，准许百官自由使用。而画饰大刀，则只准在仪式和接待外国使臣时使用，其余时候禁止使用。

此外，卫士、兵卫等人员，在延历年间有所减少。然而，嵯峨天皇认为，"四府者，宫掖是守，戒严非轻"，于是将卫士、兵卫等人数恢复到了原来的数目，并将左右卫士府改为左右卫门府。

---

① 《尊卑分脉》，日本早期的族谱大全，完成于南北朝至室町时代初期。原有的帝王家谱、神祇道谱系等都已逸失。现存部分多为朝中重臣的家谱，是研究平安时代到镰仓时代政治、历史的重要资料。
② 大同五年（810年），即弘仁元年。
③ 弹正台，日本律令制下的监管机构，负责行政监管、肃正纲纪、维持治安等。长官为弹正尹，次官为弹正大弼、弹正少弼，判官为弹正大忠、弹正少忠，主典为弹正大疏、弹正少疏。

弘仁九年（818年），朝廷修正了衣服及礼饰相关制度：朝会的礼服及常服、下人见到贵人下跪的礼仪等，无论男女，一律遵照大唐的规定，只有五位以上官员的礼服、朝服颜色及卫仗的服装继续沿用以往的规定。朝堂上拜见亲王和太政大臣的礼节也略有增减：左大臣需要"动座"（将座位稍微往前下移动）致意，其余众人则需要站在各自的座位前行拜礼，六位以下需要站着行"磬折礼"（弯腰礼拜）。

此外，诸卫府的府生以上，除卫仗外，都需要穿靴，只着布带（布袜）时需要穿麻鞋。

弘仁十年（819年）规定，诸司在朝堂上见到亲王、大臣时，用"磬折礼"代替跪拜礼（跪拜礼的尊敬程度最高），用"起立"代替"动座"。

太政官①中，少辨以上落座时，外记②、左右史③都需要起身致意。如果大辨一人先落座，众人已经行礼，就不用对后来的大辨以下辨官行礼了。如果中辨以下先落座，众人即使已经行礼，但大辨来时，大家依然需要起立行礼。

弹正台及八省④长官初次落座时，大辅、大弼以下，所管寮⑤、司⑥长官以下都要起立。刑部省大判也一样。

大辅、大弼初次落座时，省、台、寮、司的主典⑦以下都要起立。判事⑧之类也一样。如果长官已经落座，则其余众人无须起身行礼。

寮、司的长官落座时，主典（主典属于各省，省高于寮司）以下无须起身行礼。

---

① 太政官官员职位从高到低依次有：太政大臣、左大臣、右大臣、内大臣、大纳言、中纳言、左右大辨、左右中辨、左右少辨、少纳言、左右大辨史、大外记、左右少辨史等。
② 外记，包括大外记两名、少外记两名。
③ 左右史，包括左右大史各两名、左右少使各两名，共八名。
④ 八省，日本律令制下的行政机关，包括中务省、式部省、治部省、民部省、兵部省、刑部省、大藏省、宫内省。八省官员职位从高到低依次有：卿（弹正尹）、大辅（刑部大判、弹正台大弼）、少辅（弹正台少弼）、大丞、少丞、大录、少录等。
⑤ 寮，八省的下属机构，如中务省的图书寮、阴阳寮，式部省的大学寮，治部省的雅乐寮等。
⑥ 司，八省的下属机构，如中务省的画工司、内药司，治部省的诸陵司、丧仪司等。
⑦ 主典，四等官制中的第四等。主典以下还有事务官。
⑧ 判事，包括大判事、中判事、少判事，主要负责对具体诉讼进行裁断、判决。一般由法律世家的中原、坂上两大家族担任。

弘仁十一年（820年），对于天皇一家的御服，作出了如下规定：

天皇：大小诸神事及年末，向诸皇陵进献奉币时，穿帛衣；元旦接受朝贺时穿衮冕十二章；朔日的朝贺、听断政务、接待外使朝见、进献奉币、大小节会等，穿黄栌染的御衣。

皇后：祭祀时穿帛衣；元旦接受朝拜时穿捣衣①；大小节会时穿钿钗礼服。

皇太子：祭祀及元旦朝贺时穿衮冕九章；朔望、接待外使朝见、元旦接受群臣及东宫内臣朝拜及大小节会时，穿黄丹衣。

日常服饰不在以上规定之列。

如此重视着装，无疑是受到李唐盛世文化的影响，其中藤原内麻吕父子、最澄、空海等人，必然也起到了极大的作用。

三、《弘仁格式》

弘仁十一年（820年），藤原冬嗣等奉嵯峨天皇之命，完成了格式②的整理编纂，并进献给嵯峨天皇，这就是《弘仁格式》。该书卷首写道：

（前略）推古天皇十二年（604年），上宫太子亲作《宪法十七条》，国家制法自兹始焉。降至天智天皇元年（662年），制《令》二十二卷，世人所谓《近江朝廷令》也。爰逮文武天皇大宝元年（701年），赠太政大臣正一位藤原朝臣不比等（即藤原不比等），奉敕选《律》六卷、《令》十一卷。养老二年（718年），复同大臣（藤原）不比等，奉敕更撰《律》《令》各为十卷，今行于世"律令"是也。（中略）

然而，凝情政体，骋想治术，以为：律令是为从政之本，格

---

① 捣衣，纨素一类织物制作的质地较硬挺的服饰，通过敲打使其有光泽，所以叫"捣衣"。
② 格式，为了补充律法而制定的法令集。格，指对律法的修正、补充条款（副法）。式，指法律条款的具体实施细则。

式乃为守职之要。方今虽律令频经刊修，而格式未加编辑。稽之政道，尚有所缺。乃诏赠从一位行左大臣藤原朝臣内麻吕（即藤原内麻吕），故参议从三位行常陆守菅野朝臣真道（即菅野真道）等，始令撰定。草创未成，遭时过密。（中略）然而，观先绪之未遂，切堂构于宸襟，（中略）申诏大纳言正三位兼行左近卫大将陆奥出羽按察使臣藤原朝臣冬嗣（即藤原冬嗣）、故正三位行中纳言臣藤原朝臣葛野麻吕（即藤原葛野麻吕）、参议从三位行近江守臣秋筱朝臣安人（即秋筱安人）、参议从四位上行春宫大夫兼行左兵卫督式部大辅臣藤原朝臣三守（即藤原三守）、从五位下守左近卫少将臣橘朝臣常生（即橘常生）、从五位下守大判事兼行播磨大掾臣物部中原宿祢敏久（即物部敏久）等，上遵睿旨，下考时宜，据官府之故事，摭诸曹之遗例，（中略）或虽非奉敕，事旨稍大者，奏加

藤原三守

奉敕，因而取焉。（中略）又交替式者，延历年中，勘解由使选定奏闻，遵行已久，仍旧而存，不加取舍。但年代浸远，京都屡迁，诸司文案，多或堕失，虽加采索，犹有未备（由此可知当时已有记录文书散佚），上起大宝元年（701年），下迄弘仁十年（819年），都为《式》四十卷，《格》十卷，辞简而事详，文约而意畅，（中略）凡缺篇列之如别。

《弘仁格式》全文从《神祇四时祭》开始，到《寮司式》结束，最后附录《杂式》一卷。所谓"式"，是指从神祇、太政两官，到八省、寮、司一年中的例行工作（年中行事）及具体的操作方式（执掌章程）。所谓"格"，是指从天平胜宝元年（749年）到弘仁十年（819年）之间的所有诏、敕、制、诰等公文的合集。后来藤原冬嗣等人还编纂了一本《内里式》，也就是皇宫大内的"年中行事"。《弘仁格式》长期被当作政务的规范遵照执行，一直持续到延喜年间①。

第2节　嵯峨天皇笃爱文学

一、嵯峨天皇对文学的喜爱及《万叶集》的进献

嵯峨天皇十分热爱文学。在此略述一二。

桓武天皇在位时就有临幸神泉苑，召集文人赋诗的习惯，后来流传下来成为惯例。到嵯峨天皇时期，就更加频繁。嵯峨天皇曾多次临幸冷泉院，并举办诗会。

弘仁三年（812年）二月，嵯峨天皇在神泉苑举办赏花御宴，召集文人作诗并有赏赐。这是"花之御宴"之始，后来成为惯例。同年，即弘仁三年（812年）九月，嵯峨天皇又在神泉苑举办御宴，不仅召集文人作诗，还并命乐姬奏乐，并给五位以上官员及文人等发放赏赐。这是"秋之御宴"恒例之始。

---

① 延喜，醍醐天皇时期年号，901年到923年。这一时期完成了新的律法文书——《延喜格式》。

弘仁五年（814年）四月二十八日，嵯峨天皇行幸藤原冬嗣的"闲院第"。《日本后纪》记载：

> 供张之宜，甚有雅致，天皇染翰，群臣献诗，时人以为佳会。

嵯峨天皇亲自挥毫，可见其对文学的喜爱。正因为有了这样的天皇，所以《万叶集》才会诞生在这个时代。

《万叶集》是平城京时期①，由橘诸兄开始编纂的和歌集。然而，功业未成，橘诸兄就去世了。后来，大伴家持继续编纂。可惜的是，书一编完，大伴家持也去世了。加上当时发生了"早良亲王之变"，所以编好的书并没有上呈天皇。《万叶集》是日本和歌文学的根基，一直以来都备受尊崇，为后来平安

橘诸兄

---

① 平城京时期，即奈良时期，从元明天皇定都平城京的和铜三年（710年）到桓武天皇迁都平安京的延历十三年（794年）。

文学的繁荣奠定了基础。可以说，后世敕撰集的问世，都得益于嵯峨天皇在位时对文学的扶持。

嵯峨天皇最为世人所熟知的是他精妙的书法。弘仁九年（818年），平安城殿门的匾额作成之时，嵯峨天皇不仅御笔亲书，还命橘逸势与空海法师为匾额题字。橘逸势与空海法师是当时书法界的翘楚。橘逸势、空海法师与嵯峨天皇的墨宝，被称为日本"三迹"，流传至今。

三人之中，空海留下的笔墨最多，一方面当然是由于他书法技艺高超，另一方面则是因为他是钦点的镇护护持僧①，他写的字更带有一种镇护的意味。

据说，小野篁②调侃空海书写的匾额：

小野篁

---

① 镇护护持僧，镇护，指镇护国家，护持，指对天皇进行加持祈祷。空海作为镇护护持僧，身兼镇护国家及为天皇加持祈祷的双重职责。
② 小野篁（802—852），平安时代前期汉诗人，歌人。博学，有诗才，擅长书法，性格奔放狂野，留下很多传说故事。

"朱雀""米"多,"美福""田"宽。

小野道风也评价他：

"大极"写得像"火极"。

这或许是因为空海不仅在宗教上深得嵯峨天皇信赖，而且在书法上也颇受尊崇，所以有好事之徒编造这样的故事，假借小野篁和小野道风的名号来嘲讽空海吧！

《神皇正统记》评价嵯峨天皇：

小野道风

> 此帝不仅皈依显密两宗,而且通晓儒学,文章精妙,书法高超,宫城东西匾额,都是御笔亲书。

这句话,将嵯峨天皇对文学的喜爱描绘得淋漓尽致。

当时,南渊永河、朝野鹿取、小野岑守、菅原清公等,都是有名的儒学大师,经常侍奉在嵯峨天皇身边。其中,小野岑守的儿子小野篁,曾随小野岑守远赴陆奥国担任陆奥守,只爱好骑射。后来,嵯峨天皇训诫小野篁"不可忘了父业"。于是,小野篁幡然醒悟,将志向转向文学,最终成为一代文豪。

小野岑守

菅原清公

后来有一次，嵯峨天皇临幸阳河馆，赋诗一联："闭阁唯闻朝暮鼓，上楼遥望往来船。"命人拿给小野篁看。小野篁看了之后，谦恭回奏道："陛下诗作甚妙，如果将'遥'字改为'空'字，则更绝妙。"嵯峨天皇大惊，盛赞道："这原是唐朝白居易的诗句，我故意将'空'字改成'遥'字来试你。看来你的才学，堪比白乐天！"

当时，传到日本的《白氏文集》只有一本，被收藏在秘府（宫廷藏书阁）中，还没有流入日本民间，所以嵯峨天皇才会如此盛赞。

皇子源清在父帝嵯峨天皇的影响之下，从小就勤勉好学，长大之后更是精通经史。当时人们把源清称为"嵯峨隐君子"。即便是文章博士[①]橘广相之类的人物，每当对经史有疑问，都会来向源清请教。这都是因嵯峨天皇奖学而形成的风气。

二、藤原氏劝学院

弘仁十三年（822年）（一说为弘仁十二年，即821年），藤原冬嗣在大学寮旁建"劝学院"，将其作为藤原氏子弟的学堂。这也是嵯峨天皇奖学之风的体现。这个劝学院一直延续到后世，甚至大学寮废弃之后，劝学院依然在讲授学问。当时有一句谚语，"劝学院里，连麻雀都会唱《蒙求》[②]"，可见劝学院在当时影响力之大。

在此之前，藤原冬嗣曾奉父亲藤原内麻吕遗命，于弘仁四年（813年）在藤原氏氏寺——兴福寺旁另建了一座寺庙，将其命名为南圆堂，在其中安放不空羂索观音菩萨像，并请空海法师进行落成供奉。

《水镜》等记载，南圆堂建造时，施工工人中有一位老翁，咏了一首和歌：

补陀落南佛堂成，院北藤花岁自荣。

这位老翁其实是春日明神的化身。从此以后，藤原北家代代极尽荣华，长盛不衰。

"春日明神的化身"之类的，原本并不在本书的讨论范围之内。不过，这首和歌被收录在《新古今和歌集》的"神祇"部，而且诗前小序注明"此诗为神明所作"，可见当时民众对此都深信不疑。

当时空海法师在官中设内道场，修法祈求国运长久。于是，藤原内麻吕父子也效仿而为之，在氏寺旁营建道场，祈祷家运长久。再加上空海是当时天皇信奉的第一高僧，即便是出于家族利益的考虑，也有与之建立紧密联系的必要。

---

① 文章博士，大学寮下属纪传道的教官，主要教授汉文学及中国正史等。
② 《蒙求》，中国唐代的儿童启蒙书，主要是历史人物故事。日本从平安时代开始，也长期使用《蒙求》作为启蒙读物。

春日明神

至于创办家族学堂,虽然也有培养人才的作用,但更重要的是,能够获得朝廷的认可和族人的敬仰,提高藤原北家的声望。

【附记】藤原冬嗣与藤原北家在当时的地位:

弘仁六年(815年),嵯峨天皇将夫人橘嘉智子立为皇后,和历史上大多数事件一样,这绝不是毫无缘由的。这位皇后是内舍人橘清友的女儿,橘清友是橘诸兄的孙子——橘诸兄的夫人藤原多比能是藤原不比等的女儿,光明皇后的御妹。橘诸兄与藤原多比能所生的儿子橘奈良麻吕便是橘清友的父亲。也就是说,将橘嘉智子立为皇后,应该是藤原冬嗣的谋划。

后来，嵯峨天皇的第二皇女洁姬下嫁藤原冬嗣——能与皇室之间建立如此紧密的联系，藤原北家的荣华，又怎么会仅仅源自春日明神的护佑呢？

第3节 东北地区的开拓及新罗人的投化

一、虾夷平定及拓殖

延历年间，坂上田村麻吕出征虾夷，彻底平定之后回朝。从那以后，大量百姓进入虾夷地区，开荒种地，虾夷地区的人烟逐渐稠密起来。

弘仁二年（811年）正月，陆奥国设和我（今和贺）、稗缝（今稗贯①）、波斯（今波紫②）三郡，归郡司管辖。然而，国司等不辨民情，把百姓新开垦的田地，都当作私田，一律充公处理。于是，同年，即弘仁二年（811年），嵯峨天皇下诏以奖励拓殖：

> 陆奥、出羽两国，土地旷达，民居稀少，百姓浪人，随便开垦。国司巡检，随即收公。是以人民散走，无有静心。宜两国开田，虽无公验，不得收公。

或许是因为对国司等的怨恨，同年，即弘仁二年（811年），稗缝、币伊（今閇伊③）等地发生虾夷族人叛乱。朝廷派陆奥出羽按察使文室绵麻吕前往征讨。出羽守大伴今人带领麾下将士一同作战，不久就平息了叛乱。于是，

> （嵯峨）天皇诏旨，敕大命，众闻食宣：陆奥国之虾夷等，历代涉时，侵乱边境，杀掠百姓，是以挂畏柏原朝廷④之御时，（中

---

① 稗贯，历史地名，在明治时期的区域规划中，属于岩手县稗贯郡。现属于岩手县花卷市。
② 波紫，历史地名，在明治时期的区域规划中，属于岩手县波紫郡。现属于岩手县盛冈市。
③ 閇伊，历史地名，在明治时期的区域规划中，属于岩手县閇伊郡（又写作"闭伊郡"）。现属于岩手县，被分割为多个市、町。
④ 柏原朝廷，桓武天皇葬在柏原陵，所以柏原朝廷指桓武天皇。

略）遣坂上大宿祢田村麻吕（即坂上田村麻吕）伐平而未尽，閇伊远极，未能尽扫，逃隐山林，绞尽脑汁，究弹不得。因兹遣正四位上文室绵麻吕等，乘其倾覆势，伐平扫治。副将军等，各同心勠力，（中略）不惜生命，勤侍奉，幽远薄伐，破覆巢穴，遂绝其种族。

文室绵麻吕及以下官员因此各得封赏，官位上升。自此以后，朝廷大力鼓励开垦农田。

同时，朝廷还改革了郡司任用制度。

夫郡领者，难波朝廷（孝德天皇）始置其职，有劳之人（当地豪族）世序其官，逮于延历年中，偏取才良（任用人才），永废谱第。今省大纳言正三位藤原园人奏云：有劳之胤，奕世相承，郡中百姓，长幼托心，临事成务，实异他人，而偏取艺业（才学），永绝谱第，用庸才之贱下，处门第之劳上，为政则物情不从，听讼则决断无伏，（中略）郡司之征，先尽谱第，遂无其人后及艺业者。

所谓"才学之士"，往往拘泥法规，不顾人情，这也是古今之弊。前面诏书中"百姓浪人，随便开垦。国司巡检，随即收公"的叙述正好印证了文中"为政则物情不从"这一点。

弘仁四年（813年），嵯峨天皇下令各地教化当地夷虏。所谓"教化"，就是去掉他们身上的野蛮习性，让其学会耕种，参与开垦荒地。数年之后，"教化"有了成效，于是，弘仁十四年（823年），朝廷又新设了加贺国。《日本纪略》记载：

割越前国江沼、加贺二郡，为加贺国，以部内润远，民人愁苦也。

越前、加贺地区的地形可谓"五步一阜，十步一水"。随着拓荒的扩张、人口的增加，另立一国进行统治，也是情势所趋。

嵯峨天皇十分重视殖产，弘仁六年（815年）三月，嵯峨天皇临幸近江韩崎（今唐崎）时，曾进入崇福寺。住持大僧都永忠、护命法师等迎驾。嵯峨天皇驾临梵释寺时，永忠亲自煎茶侍奉。嵯峨天皇龙颜大悦，下令赏赐御被一床，还下令让各地种植茶叶。据传，茶树的种子最初是最澄（传教大师）从大唐带回日本的，种在筑紫，流传至今。但茶树得到天皇推广并在全国种植，则是从这个时期开始的。嵯峨天皇心怀百姓，品尝了煎茶之后，十分喜欢，于是，下令广泛种植。所以日本百姓能够共享茶事，也是拜嵯峨天皇仁心所赐。

当时的拓殖不仅限于东北地区，《日本纪略》记载：

> （大意）弘仁十二年（821年），赞岐国从上年开始修筑万农池堤，但因为人口稀少，难以成功。空海法师原本是当地人氏，他在山中坐禅时，鸟兽皆为之驯化。他从海外求道归来之后，万民倾慕，门徒众多，出则万众相随。然而，当时他已经离开故土，长住京师。于是，有人上奏（嵯峨）天皇：当地百姓仰慕空海大师，事之如父母，如果任命空海为筑堤的别当（监督），必会人口骤增，工事速成。（嵯峨）天皇应允。

二、新罗人的投化及骏河与远江的新罗人之乱

前面说到，自光仁天皇以来，朝廷一直对东北地区用兵。而西南则多年无事。特别是高丽灭亡以后，渤海国建国，并对日本表示臣服，年年遣使进贡。到了延历后期，朝廷撤回了对马地区的军队，不再派兵驻守。新罗国见日本方面防备松弛，祸心渐起，假装归化日本，不时寻衅滋事。

弘仁四年（813年）三月，太宰府上奏：

> 肥前国司今月四日解称：基肄团校尉贞弓等，去（弘仁四年，

即813年）二月二十九日解称，新罗一百十人，驾五艘船，着小近岛，与土民相战，即打杀九人，捕获一百一人。

该奏报还说，"新罗人一清等报告，新罗人清汉巴等愿归化"。
于是，嵯峨天皇下诏：

宜明问定，若愿还者，随愿放还；遂是化来者，依例进止。

后来才知道，这些新罗人来小近岛，本想归顺日本，却被当地岛民误以为是以前的新罗海盗，因此才引发了争斗。一清是新罗人的翻译，清汉巴则是那一群新罗人的头目。
弘仁五年（814年）五月，嵯峨天皇下令：

新罗王子来朝之日，若有献朝之志者，准渤海之例；但愿修邻好者，不用答礼，直令还却，但给还粮。

新罗国敬慕邻国日本的太平，于是，派遣王子前来朝贡，但没有明确表达归顺的意思。

同年，即弘仁五年（814年），新罗国辛波古知等二十六人，乘船漂至筑前博多投化日本。弘仁七年（816年）十月，新罗国清石珍等一百八十人归化，日本朝廷给他们发放衣服、路费，让他们进京。可见他们原本应该也是身份尊贵之人，绝不是贫贱之民。弘仁八年（817年）二月，新罗国金男昌等四十三人归化。弘仁八年（817年）四月，新罗国远山知等一百四十人归化。

然而，弘仁十一年（820年），被朝廷安置到远江、骏河两国的新罗人七百人突然叛变，屠杀平民，烧毁房屋。两国官府马上派兵剿杀，没有成功。叛贼转而进入伊豆国，盗粮夺船，驾船逃遁。于是，朝廷派相模、武藏等七国官兵追讨，剿灭了叛民。

这些假装顺服的新罗人与早前归化的新罗人合谋，因为某种原因爆发了这场叛乱。从此以后，日方加强了戒备。同年，即弘仁十一年（820年）四月，朝廷规定：七道诸国介以上官员需担任"夷房专当"，负责抚育教化。

由于日本对新罗方面加强了戒备，后来就少有新罗人归化了。

第4节 嵯峨天皇退位

一、嵯峨院及皇子皇女赐姓源氏

各类古书中都记载，嵯峨天皇喜爱嵯峨野的幽静，所以屡屡行幸。这一方面是出于嵯峨天皇喜爱文艺的雅兴，另一方面也是他为退位所作的准备。特别是平城天皇退位之后，多次变更御所，导致人心动摇，最终为嬖臣所误，也算是前车之鉴了。

嵯峨天皇临幸嵯峨院的记载，可以参见《日本后纪》弘仁五年（814年）七月二十七日条：

> 游猎北野，日晚御嵯峨院，赐侍臣衣被。

这是史书中第一次出现"嵯峨院"的称号。嵯峨院后来更名为"嵯峨别馆"。从"院"改为"馆"，可见其陈设之素简。不过，如果说嵯峨天皇从弘仁五年（814年）就开始为退位做准备，或许有人会觉得为时太早。然而，从同年嵯峨天皇将信、弘、常、明四位皇子及贞姬、洁姬、全姬、长姬四位皇女赐姓源氏这一点来看，这确实是出于他的长远考虑。之后，嵯峨天皇又将皇子定以下数人、皇女更姬以下数人赐姓源氏。

给皇子赐姓，就是降为臣子的意思——这也是嵯峨天皇的首创。"源"，是人臣之源的意思。由于在此之前，曾发生早良亲王、伊予亲王等事件，加上嵯峨天皇早年行幸丰乐院时与群臣射箭游乐，皇弟葛井亲王（桓武天皇第十一皇子）才十二岁，就能每射必中，他的外祖父坂上田村麻吕在旁侍

葛井亲王

奉，见状后欣喜万分，抱起皇子（葛井亲王），雀跃不已。嵯峨天皇见状，觉得坂上田村麻吕对于自己的外孙有些过誉了。嵯峨天皇担心自己让位给皇太弟（中务卿大伴亲王，即后来的淳和天皇）之后，或许会有外戚支持自己的外孙，引起纷争，于是，做出了"赐姓源氏"这样英明的决策。由此也可以看出，嵯峨天皇确实是在为退位做准备。

二、比年凶歉

嵯峨天皇登基以后，奖励文武，体恤民力，劳心费神，然而，还是凶歉连年。于是，弘仁九年（818年）四月二十三日，嵯峨天皇下诏：

> 去年（弘仁八年，即817年），秋稼燋伤不收，今兹新苗播殖望绝，（中略）今夤畏天威，避兹正殿，分使走币，偏于群神。其朕

及后，服御物并常膳等，并宜省减，左右马寮秣谷一切权绝。（中略）仍令左右京职，收葬道掩馑骼埋骴，人民饥困，特加赈赡。狴圄①之中，恐有冤者，宜令所司，申房放出。

同时下诏：

比者阴阳愆候②，旱旱淹旬，（中略）起自弘仁九年（818年）四月二十六日，迄于二十八日，总三日，朕及公卿百官，一皆素食，归心觉门（佛法），凡厥僧纲，精进转经，以副素怀。

从中可以推知当时灾情之惨重。

当时，有公卿上奏，令使者查检畿内富豪储蓄并记录上呈，让贫困之人前往借贷。可见官府已经没有能力"出举"了。

弘仁十一年（820年）四月，由于水旱灾害，庄稼歉收。朝廷下令，凡百姓所欠还未缴纳的租税及还未进献的调庸等，左右京、畿内弘仁十年（819年）之前，七道诸国弘仁九年（818年）之前，不论多少，全部免除。

在此期间，朝廷财政俭省至极，从天皇御膳，到百官俸禄，均有削减。弘仁十一年（820年）十一月，嵯峨天皇下诏：

（大意）因弘仁八年、九年期间（817年到818年），国库消耗过多，今依百官奏请，暂割五位以上官员封禄四分之一，以充公用。待今年五谷丰收，再恢复原封禄之数。

于是，百官回奏：

---

① 狴圄，牢狱。
② 愆候，失调。

（大意）臣等之禄，不复亦可，请先恢复天皇御膳之旧。

第二年，即弘仁十二年（821年），又干旱十余日，嵯峨天皇下诏：

（大意）天皇及皇后所有服饰御用等物一切减免，赐四位粮千斛、五位八百斛、六位以下三百斛，又将新钱一百贯分赐诸王。

百官再次回奏：

（大意）请削减五位以上俸禄。

尽管这样上下一心，勤俭度日，但朝廷命僧侣作法祈雨或祈晴时，赏赐依旧极其丰富。只计算史书上有记载的部分，弘仁八年、九年（817年到818年）到弘仁十二年（821年），光是朝廷赏赐僧人的棉就达到了十数万屯。

前人评价这个时期，都说当时虽然有最澄、空海之类号称高僧的人频繁修法祈祷，却没有任何效果，只是白白浪费国家的财产，然而，举国上下毫无察觉，实在可惜。

其实这并不是没有原因的，这也是佛法传入日本以后的坏风气——不难想象，如果这时不让僧人祈祷，那些僧侣不知道会说些什么妄言，扰乱民心。而如果民众陷入迷信，则往往会导致民怨沸腾。

可以说，正是这些祈祷成功稳固了民心，才会有后面君臣一心、共渡国难的局面。

三、两上皇并立

由于凶歉连年，弘仁十四年（823年）四月十日，嵯峨天皇移驾冷然院，并召见右大臣藤原冬嗣，说："朕久有传位皇太弟（大伴亲王）之意，今为偿夙愿，特避出大极殿。"

藤原冬嗣回奏道："唯圣人可知圣人。现陛下将万机托以圣人，天下幸甚。但比年之间，丰稔未复，若奉一帝二上皇，臣恐天下难堪。愿陛下暂待年复，然后传位，未为晚矣。"

嵯峨天皇回答："朕心已定。况推贤让位，是为天下。贤君临政，何忧年之不复？"

由于连年灾害，嵯峨天皇躬身自省，主动退位。而藤原冬嗣也不愧为一代良相，请嵯峨天皇等待经济恢复之后再退位，也是希望不要给后世留下嵯峨天皇在位期间一直歉收的评价。

弘仁十四年（823年）四月十六日，嵯峨天皇召皇太弟（大伴亲王）觐见，说：

（大意）朕原本也只是众多皇子之中的一人，得太上天皇（平城上皇）垂爱，被立为储君，并最终让位于朕。未几，朕亦罹患疾病，病重不愈，政务为之积压。于是，朕命藤原园人奉还神玺，志在归闲，然而，太上天皇（平城上皇）并未允准。当时，有小人进言，令太上天皇（平城上皇）与朕之间生出嫌隙。于是，公卿相议，决定逐君侧之群小。太上天皇（平城上皇）不察朕之笃实，欲移驾东国，令群臣不安。朕为社稷大局而邀太上天皇（平城上皇）归京，别无他意。

朕在位十四年，太弟（大伴亲王）与朕同岁，朕虽无识人之明，但太弟（大伴亲王）贤明仁孝，朕亦有察，故欲传位于太弟（大伴亲王）。既经数年，今日终于得偿夙愿。

皇太弟（大伴亲王）再三推辞，但嵯峨天皇最终还是决意让位。

让位时，嵯峨天皇说："今日之前，朕待太弟（大伴亲王）如子，今日之后，太弟（大伴亲王）亦可待朕如子。"

于是，嵯峨天皇正式移居冷然院。弘仁十四年（823年）四月二十三日，嵯峨天皇被尊为太上天皇。

弘仁十四年（823年）九月十二日，太上天皇（嵯峨上皇）移驾嵯峨别馆。当时，中纳言藤原三守上奏新帝淳和天皇：太上天皇（嵯峨上皇）将移驾嵯峨别馆。于是，淳和天皇马上下令诸司，准备御舆（轿子）、仗卫（仪仗队）等。

嵯峨上皇固辞，于是，前驱、仪卫等一概不用，亲自骑马，飘然前往嵯峨别馆。嵯峨上皇的勤俭之德，一直被后世传为美谈。

由于当时平城上皇还在世，所以世人将平城上皇称为"先上皇"，将嵯峨上皇称为"后上皇"。

弘仁十四年（823年）六月，淳和天皇向后上皇（嵯峨上皇）进献封户一千五百户，向皇太后（橘嘉智子）进献封户一千户。

第5节 立太子及大尝会的俭素

一、册立嵯峨天皇皇子为储

弘仁十四年（823年）四月二十七日，皇太弟大伴亲王（即淳和天皇）进行即位大典。同时，大伴宿祢改称伴宿祢，以避天皇名讳。

在此之前，后上皇（嵯峨上皇）将皇子正良亲王（即后来的仁明天皇）送往权中纳言藤原三守府居住，希望淳和天皇册立第一皇子恒世王为太子，但恒世王上表固辞。于是，淳和天皇将后上皇（嵯峨上皇）皇子正良亲王册立为皇太子。后上皇（嵯峨上皇）听说这件事之后，让藤原三守上表，请求不要将正良亲王册立为皇太子。但淳和天皇没有接受藤原三守的上表，而是直接退还给他，并派藤原三守迎接正良亲王回宫。于是，正良亲王乘坐御车，前后有士兵护卫，抵达待贤门之后，换乘御辇进入春宫院。皇太子入宫，原本应该是盛大的仪式，但如此低调行事，也许是正良亲王有意避嫌吧。

弘仁十四年（823年）四月十八日，正良亲王被册立为皇太子。

其实，后上皇（嵯峨上皇）不愿立自己的皇子为太子，而希望立恒世王为太子，一方面是出于谦逊，另一方面则是由于恒世王的母亲是桓武天皇的皇女高志内亲王，皇统更纯正。而正良亲王的母亲是橘嘉智子，外戚的血统不够尊贵（跟皇统相比）。

而恒世王的谦逊辞让，也是淳和天皇的主张。当时藤原冬嗣是大臣，藤原一族官位显贵。如果恒世王被立为太子，将来可能得不到有力大臣的扶持。

这时候，藤原冬嗣、藤原三守等体恤后上皇（嵯峨上皇）的良苦用心，于是，恳切请辞，希望阻止册立正良亲王为皇储。藤原三守被后上皇（嵯峨上皇）指定为请辞的代表，甚至还将正良亲王接到自己的府邸。

然而，淳和天皇一旨令下，命藤原三守将正良亲王从自己的府邸迎入春宫院，可见淳和天皇册立正良亲王的决心。

不过，参照仁明天皇登基后发生的恒真亲王（淳和天皇皇子）废太子之事，自然就能明白这中间的缘由。

二、停饰省币的大尝会

如前文所述，各国凶歉尚未恢复，淳和天皇就接受禅让即位，所以各种典礼仪式全部从简。弘仁十四年（823年）十一月十三日，值大尝会①举办之际，右大臣藤原冬嗣、大纳言藤原绪嗣等上奏：

> 圣王相续，大尝频御，天下骚动，人民多弊，然神态不得已，须此度大尝会停饰省币。（此处的"天下骚动"，单纯指因为收成欠佳，人心不安，只是一句国情概述。）

淳和天皇回复："朕原本就不喜多饰，只为敬神而已。"

于是，淳和天皇命大纳言藤原绪嗣担任检校（监督），治部省厅为大尝会行事所②。只有斋院是根据卜筮结果决定的③。官内省充当悠纪所④，中务省

---

① 大尝会，天皇登基后第一次新尝会。通过向神明供奉新谷，天皇亲自品尝五谷，以祈求五谷丰登，国泰民安。一般在秋天十一月举行。
② 行事所，日本古代的宫廷组织，主要负责重大庆典、仪式时的物资调配。
③ 一般情况下，悠纪、主基也需要占卜，此处是说明流程有所简化。
④ 悠纪所，供奉悠纪的地方。悠纪，大尝会中敬献神明的新谷和酒料。悠纪由悠纪田提供，悠纪田一般通过占卜来决定。悠纪田和悠纪所一般都在东边。

藤原绪嗣

充当主基所①，各自建造临时屋舍以供使用。斋场根据惯例定在北野，取消一切金银刻镂的装饰，用榊木制作标，以橘和木棉等来装饰，在树上书写"悠纪""主基"等字，一切以清素为主。本次大尝会的简朴，成为后世的典范。

第6节 新设施药院及亲王任国

一、重设勘解由使及新设施药院

淳和天皇即位的第二年，即弘仁十五年（824年），改年号为天长。同年，即天长元年（824年）七月，恢复勘解由使。因为当时各国连年歉收，百姓的租税、调庸等很多都没有缴纳，在前朝（嵯峨天皇）时已经由天皇下令，将弘仁十一年（820年）以前所欠租税、调庸等全部免除。但国司贪腐，防不胜防，所以朝廷再次设立勘解由使，进行监督。

---

① 主基所，供奉主基的地方。主基，大尝会中敬献神明的新谷和酒料。主基由主基田提供，主基田一般通过占卜来决定。主基田和主基所一般都在西边。

天长二年（825年）四月，右大臣藤原冬嗣升任左大臣，大纳言藤原绪嗣升任右大臣，首开了日本朝廷左右大臣并立的先例。藤原绪嗣是藤原百川之子，淳和天皇的外舅，从此，藤原式家再次跻身国家台鼎①之列。

同年，即天长二年（825年），淳和天皇下令，在京都设施药院，免费给穷人治病。此前，由于连年疫病流行，死者遍地，历任天皇命各大寺庙作法祈祷，却没有效果。安倍真直、出云广贞等医官医术精湛，曾在平城天皇在位时献上《大同类聚方》百卷。当时人们的习惯是：一旦染病，首先是请僧人祈祷，然后等待病愈。因为他们认为，疾病都是由于不干净的东西，如鬼魂、生灵等为祸人间，所以医疗是第二位。到了这个时期，人们终于意识到医药的必要性，把它放在了与祈祷相同的位置。良医的出现是其中一个原因，时代的进步也是一个原因。

这个施药院是左大臣藤原冬嗣奉旨设立的。然而，数年之后，左大臣藤原绪嗣等六人上表，陈述了施药院当时的状况。《续日本后纪》仁明天皇承和三年（836年）记载：

（上略）故左大臣赠正一位藤原朝臣冬嗣（即藤原冬嗣），情深谦抱，义贵能施，遂乃拆剖食封千户，贮收施药、劝学两院，藤原氏诸亲绝乏者，同氏子弟劝学之辈，量班与之。但封邑之赏，人殁则已，所以买置田业，散在诸国。创业之始，地利所输，不须督促，全入院廪。大臣殁后，巧避多端，令输不输，十而八九。此则物色非分，人情不畏，州县僻远，校核不由之所致也。（中略）伏冀（中略）下知国司令加检送。

施药院设立后还没过几年，已经需要这样敦促。由此可见，当时各国风气有多么怠慢。

---

① 台鼎，古时指"三公"，三位政治上的最高责任人，如同鼎之三足，共同支撑国家。

二、亲王任国

上野、常陆、上总三国改由亲王担任国司长官，并将"守"改为"大守"。上古时期将亲王、皇子派往远国赴任是为了弘扬国威。但在这个时期，将亲王派往各国，一是出于经济考虑，二是出于将藤原家女子所生皇族排挤出中央管理层的考虑。后来太宰府的长官太宰帅也是由亲王担任。被任命为国司或太宰帅的皇子，其实并没有前往当地赴任，而是仅仅带着官衔，继续住在京师。说得露骨一点，其实就是白拿俸禄。属国的管理，则由"介"担当，太宰府的管理则由"大贰"担当。所以这三国（上野、常陆、上总）的"介"俗称"守"，这种叫法经常能在物语小说里看到。

这三国大守的任职方式，后来影响到他们下面的介，以及其他各国的守。后来全都成了挂名的介、守。不过，皇孙一辈则开始真正奔赴各国，甚至担任介、守以下的职位，如桓武天皇的皇孙曾担任常陆大掾，清和天皇的皇孙曾担任武藏介，等等。

不过，上野、常陆、上总等国作为制衡虾夷地区的所在，太宰府作为与大唐及朝鲜半岛交往的门户，特地派亲王去这些地方担任长官，也是为了塑造国家的对外形象。

上野、常陆、上总三国与奥羽地区相连，共享坂东的富饶。太宰府则总管九州三岛，因与朝鲜半岛及大唐的贸易而获利颇丰。所以不仅皇孙，很多权贵之家的子弟也被派往这些地区。

于是，天长二年（825年），桓武天皇皇子葛原亲王上奏，请求将自己的子女赐姓"平朝臣"，并除去庶子"王"的封号。淳和天皇应允。其中，高见王之子平高望的子孙在坂东地区繁衍，被称为"坂东八平氏"。后来，嵯峨源氏、宇多源氏、村上源氏等蔓延到各地，也是出于同样的原因。

特别是桓武、嵯峨两位天皇，留下众多皇子皇女，需要大量俸禄，所以各国的殁官领（因罪除名的官员的封地，或者是死殁无主的田园，以及荒废不毛的土地等），大都成了这些皇子皇女的俸禄（领地）。因此，朝廷有时候会任命校田使，或者是派遣班田使等，勘察诸国田园。

随着迁都平安京、平定虾夷及国内（从京都前往地方）交通的发展，日本的国家经济开始趋于集中。

第7节 灾疫与祥瑞

一、灾疫与禳祷①

灾难与疫病，虽然原因各不相同，灾情有大有小，而且有的属于天灾，有的属于人祸，但一旦发生灾害，朝廷多半会向神祇、佛陀祈祷，也就是请求神官、僧侣进行祈愿，这已经成为一种固定模式。随着日本国内交通越来越便利，各属国灾情的上报也越来越频繁，其中也有很多在现在看来根本算不上灾害的事件，如殿上有异鸟飞过，或者是有异响之类。然而，当时的朝廷马上就会召集僧侣，并下令各属国，读《大般若经》《金刚经》等经文，短则一日，长则七日，甚至还有二十一日的。

一旦发生异事，首先由阴阳家占卜确定这是兵革、水旱还是疫病的征兆，然后根据灾情轻重确定读经日期的长短。同时，朝廷还会派遣奉币使前往神官和各神社进献奉币。

这些"御祈"，不仅会在仅有凶兆（还未发生灾情）时进行，也会在地震、雷电等天灾之后，为了平复"天怒"而进行，而天长年间尤其频繁。

从天长元年（824年）四月，淳和天皇下令十五大寺及五畿七道读《大般若经》开始，之后类似的事情就经常发生。

天长四年（827年）到天长九年（832年）之间，京畿及全国各地发生数次地震，每次地震都会读经祈祷。

如有疫病发生，如天长六年（829年）四月，诸国突发疫病，百姓横死，因为出家能积累功德，于是，淳和天皇下令百僧剃度出家，以消除灾祸。这类事情，史书中的记载多不胜数。

天长七年（830年）正月，出羽国上奏：

---

① 禳祷，祭神以消灾祈福。

天长七年（830年）正月三日辰时，大地震动，响如雷霆，城郭、官舍及四天王寺丈六佛像、四王等，悉皆颠倒，城内屋舍扑倒，击死百姓十五人，肢体折损者一百余人，地割裂甚多，大河涸尽，细流如沟。

于是，淳和天皇下诏，赦免该国当年租调，从国库发粮赈济。同时下令五畿七道，命其挑选佛法精湛的僧人，于各国分寺转读《金刚般若经》三日。并召集百僧上大极殿，转读《金刚般若经》七日。

然而，灾害并不会因读经而止息。尽管如此，药师寺还是每年奏请开设"最胜王经会"，而朝廷也都会准许。

二、祥瑞的进奏及浦岛子的传说

由于朝廷在祈祷上花费的金米布帛极其丰厚，各属国或是出于对获得丰厚奖赏的僧寺等的羡慕，或是担忧只报忧不报喜而招致罪责，所以争相上奏祥云、瑞气等。这些东西以前就有，每次百官上表祝贺，多被退回。

然而，淳和天皇登基之后，天长三年（826年）十二月，百官上表：七月十六日申刻，于丰乐殿西边见五色祥云；八月二十八日，纪伊国海部郡多贺村有庆云出现；七月七日，筑前国那贺郡有庆云出现。于是，大赦天下，并根据《养老典》给百官赏赐。从此以后，各国频繁上奏祥云或者连理树之类的祥瑞，每次朝廷都会下发赏赐，这样的记录也多不胜数。

《水镜》记载：

天长二年（825年）浦岛子归来，打开所持玉手箱，中有紫云，往西而去，忽而为翁，雄略时期而去，三百四十七年而归。

《扶桑略记》记载：

雄略帝时（457年到479年），丹后国与谢郡，有水江浦岛子者，钓龟水江，化为女，于是，浦岛子与女，到当世国海神之都，盖龙宫也。（中略）其后欲归故里省父母，时神女授与玉匣曰：欲再来此者，必勿开斯箱。浦岛子还乡，见之知者无一人，惊怪问人，答曰：闻昔浦岛子者，游海遂不归。于是，始知其到蓬莱，而急将赴神女所，向海不知在和许。（中略）惆然忧之，忘神女言而少开玉匣，紫云忽出，矮于常世国，浦岛子大悔，其貌俄为老人，遂死。于时天长二年（825年）也，从雄略御宇至此，盖三百四十余年。

这就是日本神话传说之始。

第4章

平安京的繁荣

第1节 仁明天皇践祚及文运的发展

一、仁明天皇受禅

第三章说到，灾害与祥瑞交替出现，就这样到了淳和天皇即位第十一年。天长十年（833年）二月二十八日，淳和天皇退位，移驾淳和院（一说西院），因而得尊号，称为后上皇（与嵯峨上皇相对）。

天长十年（833年）三月六日，皇太子正良亲王即位，即仁明天皇。关于仁明天皇的诞生，《续日本后纪》中记载：

> 母皇太后（橘嘉智子），赠太政大臣正一位橘朝臣清友（即橘清友）之女也。（母皇）太后曾梦，自引圆座，积累之，其高不知极，每一加累，且诵言三十三天，因诞（仁明）天皇。

可见仁明天皇从襁褓之中开始，就被讴歌圣德。所以后来成为天皇，开启平安京的繁荣，也不是毫无缘由的。

仁明天皇即位后，举办了盛大的大尝会，《续日本后纪》记载：

> 天长十年（833年）十一月丁卯，（仁明）天皇御八省院，修禅祀之礼。

天长十年（833年）十一月戊辰，十六日，御丰乐院，终日宴乐，悠纪、主基共立标。其标悠纪则山上栽梧桐，两凤集其上，从其树中，起五色云，云上悬"悠纪近江"四字。其上有日像，日上有半月像，其山前有天老及麟像，其后有连理吴竹。主基则庆山之上栽恒春树，树上泛五色庆云，云上有霞，霞中悬"主基备中"四字，且其山上有西王母献益地图，及偷王母仙桃童子，鸾凤麒麟等像，其下鹤立矣。（中略）悠纪乐标则大象之背，结构小台，命两童子，擎书障子，其书曰：《周礼》曰：旄人掌乐也。《礼记》曰：民劳其舞缀短，民逸其舞缀远，故制舞，而知民治不。其障子后起烟霞，霞中造抗，随舞人之出进，而举其舞。各其象之左，有一胡人而驭象。

天长十年（833年）十一月己巳，十七日，悠纪献屏风四十帖，主基献御插头华二机，和琴二机，厨子十基，屏风三十帖。

这次大尝会与淳和天皇那次截然不同。大约是因为嵯峨上皇喜文好雅的圣意波及其他，所以朝中诸事都极尽华丽。嵯峨上皇是新任天皇（仁明天皇）的父亲，所以这样的盛典应该是出自嵯峨上皇的旨意。

不仅大尝会如此，由于嵯峨上皇是仁明天皇的亲生父亲，所以朝中事务他都参与管理，这也成为后世"院政"的开端。

这时左大臣是藤原绪嗣，右大臣是清原夏野，后来藤原三守继任了清原夏野的右大臣之位——这一系列任命，应该都是出自嵯峨上皇的圣意。

二、两位上皇关系融洽

同年，即天长十年（833年）闰七月，仁明天皇于冷泉院（原名冷然院）觐见嵯峨上皇及皇太后（橘嘉智子），赐封嵯峨上皇的宠姬大原金子、橘春子、阿保亲王的生母葛井藤子等为从五位下。

随后，先上皇（嵯峨上皇）临幸后上皇（淳和上皇）的居所——淳和院，并召集亲王以下一同游园，还命文人以"幽居山水"赋诗。两位上皇也各有御制。当时，还从大藏省拨了绵一万屯赏赐群臣。

天长十年（833年）九月，仁明天皇与嵯峨上皇一同临幸栗栖野，命大中臣礒守让他豢养的隼在绵子池中捕捉水鸟，终日尽兴，日暮而归。随行之人均有赏赐。

此后，仁明天皇及两位上皇经常举行御宴，一同游乐，并且彼此谦让。《续日本后纪》记载：

> 承和元年（仁明天皇即位后第二年改元，即834年），正月初二，仁明天皇前往淳和院向后上皇（淳和上皇）朝贺。后上皇（淳和上皇）走出中庭相迎。相互行礼之后一同回到大殿，然后向群臣赐酒，命乐师奏乐，左右近卫府献舞。后上皇（淳和上皇）赠予仁明天皇鹰、鹞各两只，猎犬四只。仁明天皇回宫时，后上皇（淳和上皇）亲自走出大殿相送，直到南边围墙。

后上皇（淳和上皇）向仁明天皇赠送鹰犬之类，应该是两人都有放鹰的爱好的缘故。

《续日本后纪》还记载：

> 承和元年（834年）正月初三，后上皇（淳和上皇）前往冷泉院向先上皇（嵯峨上皇）朝贺。先上皇（嵯峨上皇）大惊，并走出中庭相迎。

由此可知双方相互礼敬谦让，情深意厚。

最难能可贵的是，对于先上皇（嵯峨上皇）辅助仁明天皇处理政务，后上皇（淳和上皇）不仅没有参与，还丝毫没有不满。这也是三方和睦的一个重要原因。

三、文艺的繁荣

当时，不仅两位上皇相处和睦，朝野上下也一片祥和。诗歌、管弦等文学技艺有了显著的发展。后来醍醐天皇延喜五年（905年）编纂的《古今和歌集》，摘录的几乎都是这个时期的文人，或者是受到这个时期文风熏陶的诗人的作品。

《水镜》中记载：

> 仁明天皇才华卓越，精通管弦，凡事种种，皆胜古之帝王，世之奇才，亦无人能及。

在这样一位天皇的引领之下，当时涌现了很多精通管弦的人。承和元年（834年）正月，在仁寿殿的内宴中，正六位上大户首清上因横笛精妙而受到仁明天皇的赞赏，被升为外从五位下。

《续日本后纪》还记载：

> 承和十二年（845年）正月，大极殿最胜会时，外从五位下尾张滨主，以一百三十岁高龄，在龙尾道上作《和风寿乐舞》，长袖低垂，宛如少年，闲雅优美。次日，尾张滨主被召到清凉殿在御前起舞，（仁明）天皇赞叹，赏御衣一袭。

《今昔物语集》中还记载了一则仁明天皇御弟源信的故事：

> 从前，有一位被称为北边大臣的贵人，名叫源信。他是嵯峨天皇第十皇子，住在一条大街的北边，所以被称为北边大臣。
>
> 这位北边大臣多才多艺，精通管弦，尤其是弹奏古筝的技艺，无人能及。
>
> 一天晚上，北边大臣在家弹奏古筝，一时兴致所致，从深夜弹到了天明。他以高超的技艺弹奏着绝美的秘曲，自己也沉醉在悠扬的琴声之中。

这时，他透过面前的竹帘看见外面闪着白光。他从帘缝中悄悄往外看，发现有两三个身长一丈的天人，正在翩翩起舞。（中略）这真是一件奇妙的事啊！

"天人"什么的，在现代人看来也许很可笑，但当时是佛教迷信最盛的时期，所以觉得天地鬼神都是可以打动的。

当时，仁明天皇十分喜爱文学。承和元年（834年）八月，紫宸殿举行"释典"①之时，仁明天皇亲自讲解《尚书》，从此成为恒例。

之后，仁明天皇命正四位下菅原清公于紫宸殿侍讲《后汉书》。

《续日本后纪》记载，承和四年（837年）七月，式部省奏议：

根据大学寮建议：根据天平二年（730年）三月格，应从杂任及白丁聪慧人之中，录取文章生②二十人。然现在诸生，年少有为者少，大器晚成者多，待到应选文章生，已经头发斑白。而人虽贤良，却无位荫。所以恳请朝廷，准许预授白丁学生③文章生出身。（仁明）天皇应允。

从那以后，文章道④越来越兴盛。当时的右大臣藤原三守，从小就进入大学学习，研习经传，尽管后来身居显位，但在路上碰到学生，依然会下马接受学生行礼。这都是仁明天皇奖学的余泽。

---

① 释典，祭祀孔子等儒家先贤的仪式，又称"儒祭"或者"孔子祭"。
② 文章生，大学寮中专攻文章道，学习诗文、历史的学生。最初，文章生仅限从"白丁杂任子弟"中挑选，贵族子弟则为明经生。
③ 学生，历史名词，与现代语"学生"发音不同。指日本平安时代在大学寮、国学或贵族的家族学院中学习的学者。
④ 文章道，日本古代律令制下大学寮教授的学科之一，主要教授汉诗文及历史，以《史记》《汉书》《后汉书》《文选》等为教材。文章道最初从属于明经道，随着汉文学的兴盛，神龟五年（728年），从明经道中独立出来，于平安时代进入繁盛时期。

四、骑射的训练

当时，仁明天皇也很重视骑射。仁明天皇即位之初，五月五日端午节，仁明天皇临幸武德殿检阅骑射马术，并下旨：练武之事，不得有缺。

次年，即承和元年（834年）正月，朝廷于永安门内侧西掖廊前造新棚，以供仁明天皇练习射击。并将紫宸殿西南廊击毁，造箭道，以供仁明天皇在这里与左右近卫等一同举行赌弓。仁明天皇先射一箭，射中一鹄。而后大臣以下及至近臣，依次射箭，大家下注能否射中。

承和元年（834年）五月，仁明天皇临幸武德殿，命四卫府的士兵进行骑射、马术、打球，以供御览，为期三日。此后每年，仁明天皇都会奖赏骑射。

承和二年（835年）九月，朝廷新造弓弩。于是，仁明天皇命大臣以下集于朱雀门，试射新弩。用这个弓箭朝南发射，只听见发箭之声，不见箭去之影，寻而不知箭之所踪。可见此弩设计精巧，发箭迅速，射程遥远。不过，这种弩是怎么制作的，是否就是后来使用的弓弩，现已无从知晓，十分遗憾。

仁明天皇即位初年，即天长十年（833年）五月曾下诏：

> 相扑之节，非营娱游，简练武力，最在此中。宜令越前、加贺、能登、佐渡、上野、下野、甲斐、武藏、上总、下总、安房等国，搜求膂力人贡进。

于是，每年七月的相扑节会，仁明天皇都会亲自阅览。可见仁明天皇文武兼备，资质不凡。

五、《令义解》《日本后纪》及殿上元服

承和元年（834年），前朝嵯峨天皇下令编纂的《令义解》完成。《续日本后纪》记载：

> 承和元年（834年）十二月辛巳，五日，施行天长年中所新选《令义解》，下诏曰：（中略）皇猷斯在，故知弼成五教，冲勤万

方，垂拱而理，其法令乎。（中略）事勤远圆，虑存长策。以为法令文义，隐约难详，前儒注释，方圆递执。岂使三家异说，轻重参详；二人殊躅，舞文弄法。永言于此，固切宸冲。爰敕在朝，乃令讨核，稽之于典籍，参之以古今。迄于滞疑，祗禀圣断，咸加弃折。（中略）宜颁天下，普使遵用。画一之训，垂于万叶。（《令义解序》全文收录于《本朝文粹》，本书略）

从以上记录可知，前朝的法令，在当时已经"文义隐约难详"。所以编纂《令义解》这件事算得上泽被后世。从中也能看出仁明天皇励精图治的志向（可参看第三章第一节第三小节《弘仁格式》）。

仁明天皇还命左大臣藤原绪嗣等，将桓武天皇延历十年（791年）至淳和天皇天长十年（833年）二月，即桓武、平城、嵯峨、淳和四朝正史进行编纂。承和八年（841年）十二月书成，上呈仁明天皇，即《日本后纪》。不过，这本书在中古时代就已经散佚，现仅存十卷（全书共四十卷），实在可惜。

承和十年（843年），仁明天皇命通晓古事的散位①菅野高年于内史局讲读《日本纪》，从该年六月朔日起，至次年六月十五日止。由此可见仁明天皇对于本朝旧事的关注。

承和元年（834年）二月，仁明天皇曾召皇弟忠良亲王（生母为百济王俊哲之女）上殿，亲自为其加冠（行冠礼）。从那以后，所有皇子、皇孙的元服仪式，几乎都在大殿举行。

所以，《伊势物语》改编的谣曲《杜若》中提到在原业平（平城天皇皇子阿保亲王第五子）时说：

从前，有一个男子（指在原业平），行冠礼时，正是仁明天皇时期，（中略）由于天皇的恩惠，得以在大殿之上举行元服仪式，这在当时是极其稀少的。

---

① 散位，日本律令制下，只有官阶而没有官职的官员。

《续日本后纪》记载：

　　承和十一年（844年）八月辛巳朔，（仁明）天皇御紫宸殿，览芳宜花宴，老臣皆有复古之叹。云云。

《神皇正统记》对这一时期的评述如下：

　　本国最繁盛的时期恐怕就是这一朝代了。（中略）《律令》制定于文武天皇时期，仁明天皇时对其做了注解。

六、民　政

关于仁明天皇的政绩，《续日本后纪》记载，天长十年（833年），武藏国上奏：

　　武藏国言，管内旷远，行路多难，公私行旅，饥病者众。仍于多摩、入间两郡界，至悲田处，建屋五宇，介从五位下当宗宿祢家主（即当宗家主）以下，少目从七位上大丘秋主以上六人，各割公廨，以备糊口之资。须付账出举，以其利息充用。

　　仁明天皇准许。

《续日本后纪》记载，承和二年（835年），太宰大贰[①]小野岑守上奏：

　　建续命院一处，以备往来之舍宿。但不藉公力，恐不得长存。乃叙本意，具修解文曰：（中略）聊建续命院一处，桧皮葺屋七宇，鼎一口，垦田百十町。（中略）伏望令府监或典一人，及观音寺讲师，勾当其事。

---

① 太宰大贰，太宰府的次官。太宰府的四等官分别是：帅、大贰、大监、大典。

仁明天皇对小野岑守恩抚黎民百姓的做法大加褒奖，准许了他的奏请。这时的官场，一扫以往国司贪腐的风气，从中也能看到新帝的仁德。

关于当时百姓行旅艰难，《续日本后纪》还有记载，承和八年（841年）"百济王庆仲去世"条中，记载了这样一件事：

> 尝自东国入都，路到渡头争船出，有桀黠人率党而来，驱逐诸人，不许俱渡。诸人畏之，不敢抗论。（百济王）仲庆一扬鞭打之，额皮剥垂而覆面，惑而仆伏，其党亦退。诸人大悦，棹舟竞渡。

承和八年（841年），相模国高坐郡大领从六位下勋八等壬生直黑成替管辖区域内贫民缴纳调布①三百六十端②二丈八尺、庸布③三百四十五端二丈八尺、正税一万一千一百七十二束二把，并赈济饥民稻二千五百零四束，因此他管辖区域内人口增加，达到三千一百八十六人。仁明天皇为褒奖这一行为，将他升至外从五位下。这种史上少有的慈善家能够出现在这个时代，也能看出当时政务的清廉。

然而，当时的政务虽然清廉，却也不会宽松无度。《续日本后纪》承和八年（841年）主计寮上呈的"解"④中记载：

> 关于贡调的缴纳期限，越前国原以十一月为期，根据承和三年（836年）十一月二十三日的"符"，延后至次年二月。越中国原以十一月为期，根据天长八年（831年）十月十五日的"符"，延后至次年二月。能登国原以十一月为期，根据天长十年（833年）十月十六日的"符"，延后至次年二月。赞岐国原以十一月为期，根据

---

① 调布，日本古代律令制下，作为"调"缴纳的布。调，《大宝律令》规定按人头缴纳的税。
② 端，又写作段、反。面积单位，绢布以宽九寸五分至一尺、长二丈八尺至三丈为一反。棉布以宽九寸五分、长二丈八尺为一反。（此处的尺为鲸尺，一鲸尺等于零点三八米）
③ 庸布，日本古代律令制下，作为"庸"缴纳的布。庸，指代替正丁应服劳役所缴纳的物品。（《养老令》规定正丁每人每年应服十天劳役，可缴纳布二丈六尺替代）
④ 解，下级政府部门向上级政府部门递交的文书，公文的一种。

天长十年（833年）十月十六日的"符"，延后至次年二月。长门国原以正月为期，根据天长四年（827年）二月十二日的"符"，延后至四月。以上五国，由于缴纳延后，国用缺乏，因此请求恢复原来期限。

仁明天皇准许。

此外，嵯峨天皇时，朝廷停止派兵驻守壹岐国。对此，承和二年（835年），太宰府上奏：

壹岐岛遥居海中，地势狭隘，人数寡少，难支机急。频年，新罗商人来窥不绝，若不置防人，则难备非常。故应准岛人三百三十人带兵仗，戍十四所要害。

仁明天皇准许。

前文中提到，仁明天皇喜好狩猎。承和十四年（847年）十月，仁明天皇将经常游猎的山城国双丘东坟一处空旷之地赐封为从五位下。可见仁明天皇狩猎时特地避开名胜古迹、寺院灵地。这次册封也能看出仁明天皇保护名胜古迹的圣意。

《续日本后纪》承和十年（843年）"从四位上伴友足去世"条中记载了他的略传如下：

（伴友足）最好鹰犬，与百济胜义王，同时狩猎也，但其用心各不同耳。胜义王获鹿，必不分其肉。（伴）友足献御赞，余偏遗诸大夫，一肉不留。由是，诸大夫之戏言：至阎乐王，纵以（伴）友足配恶趣，我等救之，必令脱出。谬以胜义赴净刹（极乐），我等亦陈述，挤坠泥黎（地狱）。

从中可以看出当时一般贵族喜好游猎的风气。

第2节 遣唐使与小野篁

一、派遣遣唐使

承和元年（834年）正月，仁明天皇封参议右大辨藤原常嗣为持节遣唐大使，弹正少弼兼美作守小野篁为副使，并设判官四人，录事三人随行。

藤原常嗣

承和二年（835年）三月，仁明天皇命太宰府准备绵甲一百领（件）、胄一百口、袴四百腰，以备遣唐船不时之需。

承和三年（836年）二月，仁明天皇于北野祭拜天神地祇，为遣唐使祈福。承和三年（836年）四月，仁明天皇于紫宸殿为藤原常嗣、小野篁等饯行，并命五位以上大臣以《赐饯入唐使》为题赋诗。当时的盛况，被记录在《续日本后纪》中：

> 于时大使（藤原）常嗣朝臣欲上寿，先候进止，敕许讫。（藤原）常嗣朝臣避座而进，唤采女二声。女擎御杯来授陪膳采女。（藤原）常嗣朝臣跪唱平，（仁明）天皇为之举讫。行酒人进赐（藤原）常嗣朝臣酒，即跪受饮竟。自南阶降，拜舞还座。既而群臣献诗，别有御制。大使（藤原常嗣）赐而入怀，退而拜舞。赐大使（藤原常嗣）御衣一袭、白绢御被二条、砂金二百两，副使（小野篁）御衣一袭、赤绢被二条、砂金百两，皆渊醉而罢。

而后，朝廷又向五畿七道的名神进献奉币，祈祷遣唐一事的平安。此外，仁明天皇又赐遣唐使节刀，并借此机会追封此前入唐并逝于大唐的留学生八人。其中，追封故入唐大使藤原清河从一位，追封故留学生安倍仲满（即安倍仲麻吕）正二位。安倍仲满在大唐担任金紫光禄大夫、右散骑常侍，兼御使中丞及北海郡开国公，逝世后被大唐追封为潞州大都督（此前已更名为晁衡）。

遣唐使一行从京都出发以后，仁明天皇还派右近卫中将藤原助前往摄津国难波港慰劳遣唐使一行。

然而，遣唐使一行从难波出发后，京畿地区狂风暴雨，破坏房屋无数。仁明天皇派遣特使前往祭拜山阶（天智天皇）、田原（光仁天皇）、柏原（桓武天皇）、神功皇后四处皇陵，祈祷遣唐使一行平安。

同年，即承和三年（836年）闰五月，仁明天皇担心遣唐使一行被海浪冲

藤原清河

到新罗国，于是命武藏权大掾纪三津从太政官处领取写给新罗国执事省的文书，出使新罗。

第二年，即承和四年（837年），纪三津回国复命，新罗国回复显示纪三津称自己是为了两国建交而出使（没提遣唐使之事）。纪三津没有完成使命，所以被革除了官职。

而遣唐使一行因为上文中的暴风雨，第一船漂到了肥前国，第二船漂到了肥前国松浦郡，第三船和第四船则在海上被击碎，只有小部分人漂到了肥前或者对马，大半都在海上丧生。

仁明天皇任命右中辨伴氏上为造船长官，木工三岛岛继为造船次官，将他二人派往太宰府。遣唐使则先一步返回了京都。

承和四年(837年),遣唐使再次从京都出发。仁明天皇和上次一样为他们举行了盛大的饯行仪式,并给予了丰厚的赏赐。然而,这次遣唐船从肥前国松浦郡旻乐埼出海,再次遇上风浪,第一船与第四船漂到壹岐,第二船漂到值贺岛,所有人都历尽艰辛才得以靠岸。

太宰府及遣唐使将海上的艰辛上奏仁明天皇。于是,第三次出发时,仁明天皇下令:从遣唐使出发到回朝期间,五畿七道各国都必须转读《海龙王经》与《大般若经》。

遣唐使一行出发时,副使小野篁称病不发,勘发遣唐使右近卫中将藤原助向仁明天皇上奏此事。小野篁因此获罪。《续日本后纪》承和五年(838年)十二月条记载:

> 承和五年(838年)十二月十五日,敕曰:小野篁,内舍纶旨,出使外境,而称病故不遂国令,准据律例,可处绞刑,宜降死罪一等,处之远流,仍配流隐岐国。
>
> 初造舶使造舶之日,先自定其次第,名之非古例也,使等任之,各驾而去。一漂回后,大使(藤原常嗣)上奏,更复卜定,换其次第。第二船改为第一,大使(藤原常嗣)驾之(因第一船略有漏水),于是,副使(小野)篁怨怼佯病而留,遂怀幽愤,作《西道谣》,以刺遣唐使之役也。其词牵与多犯忌讳,嵯峨上皇览之,大怒令论其罪,故有此窜谪。

《水镜》记载:

> (前略)数度欲遣小野篁于唐,而其称病不出,并作文讽刺遣唐之行,称之无益于民。嵯峨法皇观之大怒,遂处流放。承和六年(839年),小野篁流放隐岐。
>
> "我向茫茫岛上行,生涯从此类浮萍。孤舟一棹成千里,借语渔人告友朋。"

这首诗就是小野篁当时所作。

承和六年（839年）八月，遣唐使等率领七艘大船，从大唐返回肥前国生属岛。承和六年（839年）九月，遣唐使一行抵达京师。《续日本后纪》记载：

承和六年（839年）九月甲午，十六日，遣唐持节大使参议正四位下行左大辨兼太宰权帅藤原朝臣常嗣（即藤原常嗣）进节刀。

承和六年（839年）九月乙未，十七日，（仁明）天皇御紫宸殿，右大臣藤原三守，奏大唐敕书，独召大使（藤原）常嗣，升至东阶，天颜咫尺，敕曰：远涉危难之途，平安归来，嘉赐大坐。（藤原）常嗣称唯，拜舞庭中。更召殿上置酒焉，于时使旨及路中艰难，一一以闻。内侍持御被一条、御衣一袭伫立，大臣（藤原三守）命（藤原）常嗣朝臣云：今敕，汝衔国令，远涉沧海，每闻险难，怜愍殊深，仍赐缠头物。即称唯。赐御被，拜舞退出。

随后，仁明天皇将遣唐大使藤原常嗣升至从三位，将判官长岑高名升至从五位上，判官菅原善主升至从五位下，并追封在大唐去世的判官藤原丰并为从五位上，可见当时朝廷对遣唐之事的重视。

承和六年（839年）十月，朝廷将遣唐使带回来的大唐物品进献神宫，并在建礼门前建了三个帐篷，让内藏寮官人及内侍等在此售卖遣唐使带回来的大唐货品，并称之为"官市"。

《神皇正统记》记载：

遣唐使（中略）归朝之后，将彼国宝物于建礼门前设市出售，并赐群臣。

多年之后，这件事依然为人津津乐道，可见当时的盛况。

本次出使的第二船于承和七年（840年）六月归国。《续日本后纪》记载：

> 遣唐第二舶，海中遇逆风，漂着南海贼地，相战之时，所得兵器，五尺矛一枚等献之，不似中国之兵仗。

可见他们确实是漂到了南洋的蕃地后才回来。

通过以上记录，可以看到当时遣唐使往返两国，耗资巨大，举国上下为之烦劳。所以宇多天皇宽平六年（894年）任命菅原道真为遣唐使时，菅原道真上表劝谏，于是，从此废除了遣唐使制度（参照第六章第三节）。

菅原道真

二、赦免小野篁

承和七年（840年）六月，小野篁获得赦免。《续日本后纪》记载：

> 承和七年（840年）七月辛酉，十七日，流人小野篁入京，被黄衣以拜谢。

《水镜》记载：

> （承和）七年（840年）六月，小野篁被召回，尚无官位，着黄色上衣入京。

从中可以略知当时对于服饰颜色的规定。

据说，小野篁被发配到隐岐的途中，赋了一首七十韵《谪行吟》。《谪行吟》文辞秀丽，众人传唱，最终传到仁明天皇耳中。《续日本后纪》承和八年（841年）闰九月记载：

> 授无位小野朝臣篁（即小野篁）正五位下，下诏曰：（小野）篁虽期奉国，犹悔失晨，朕顾惟旧，且爱文才，故降优赏，殊复本位。

虽然史书这么记载，但小野篁能够被赦免回京，应该不仅仅因为文才出众，可能也因为有人暗中为他求情。当时，小野篁的妻室是右大臣藤原三守的女儿。藤原三守的夫人则是橘清友的女儿、嵯峨皇后的妹妹，也就是天皇的外戚。藤原三守的妹妹藤原美都子也是嵯峨太上天皇的尚侍。这些人应该都替小野篁在仁明天皇或嵯峨太上天皇面前求过情。

另外，小野篁求娶藤原三守之女的文章，被收录在《本朝文粹》之中。本书摘抄全文如下，以供读者参详。该书用"野相公"称呼小野篁，可知他后来升到了参议左大辨之职，所以才会得到这个称呼。《本朝文粹》中《奉右大臣（藤原三守）书》一文如下：

> 学生小野篁诚恐诚惶谨言：窃以仁山受尘，滔汉之势宴峙；智水容露，灌浴之润良流。是以尼公（孔子）结好于缧绁之生，吕公附嫔于驿亭之士。刚柔之位，不可得失。配偶之道，其来尚矣。传承，贤第十二娘，四德无双，六行不欠，所谓君子之好仇，良人之高媛者也。篁，才非马卿，弹琴未能；身非凤史，吹箫犹拙。独对寒窗，恨日月之易过；孤卧冷席，叹长夜之不曙。幸愿蒙府君之恩许，共同穴偕老之义，不堪宵蛾拂烛之谜，敢切朝藿向曦之务。
>
> 篁诚惶诚恐谨言

这样的言辞，即便在现在看来，也算十分唐突了。然而，小野篁甚至敢赋《西道谣》讥讽遣唐使一事，所以写出这样的文章也不足为奇。《宇治拾遗物语》中记载了这样一个故事：

> 嵯峨天皇在位时，有一个叫小野篁的人。当时，有人在皇宫内立了一块牌子，写着"无恶善"三个字。
>
> 嵯峨天皇对小野篁说："你来念念看。"
>
> 小野篁回答道："臣虽会念，但这句话大不敬，臣不敢念。"
>
> 嵯峨天皇依然说："总之你先念念看。"
>
> 小野篁说："这几个字念作'无峨（嵯峨天皇的峨与恶同音）善'，意思是诅咒天皇您。"
>
> 嵯峨天皇说："既然你能读出来，那么写这块牌子的人，除了你还能有谁呢？"
>
> 小野篁说："如果是我写的，那么我就算知道怎么读，也不会老老实实读出来啊！"

嵯峨天皇说："你的意思是说，不管谁写的，只要是文字，你就都会读？"

小野篁说："正是。"

于是，嵯峨天皇写了十二个片假名"子"（ね）字①让小野篁读。

小野篁开口读道："猫之子为子猫，狮子之子为子狮子。"

嵯峨天皇闻言，面露笑容，于是，这件事就这样不了了之了。

这个故事的后半部分或许是后人的附会，不过，前半段的"无恶善"却是历史上发生过的真实事件。因此也能佐证小野篁确实是个有话直说的人。

不过，宫中会出现"无恶（峨）善"几个字，恐怕也是嵯峨天皇退位后依然参与朝政，导致了一部分人内心暗暗不满吧。

第3节 两上皇驾崩及废太子之变

一、淳和上皇撒骨青山之遗诏

承和六年（839年）之后，后上皇（淳和）染病，到了承和七年（840年）五月，病情加重。于是，淳和上皇自愿落发出家，并下诏皇太子（淳和天皇皇子恒贞亲王），要求身后之事一切从简，所有仪式全部废除。并愿火化身体，化为粉末，撒入山中。

承和七年（840年）五月八日，后上皇（淳和）驾崩，享年五十五岁。当晚，依照后上皇（淳和）遗诏，后上皇（淳和）被火葬于山城国乙训郡物集村。《续日本后纪》等记载：

御骨碎，奉散大原野西山岭土。

---

① 十二个片假名[子（ね）]字，写成「子子子子子子子子子子子子」。因为片假名「子」可以读成「し」、「こ」、「ね」三个音，所以这句话可以读成「ねこのここねこ、ししのここしし」，即「猫の子、子猫、獅子の子、子獅子」，其中，「の」在汉语里可以不写出来。

如此作为，实在令人惶恐不忍。可见当时迷信佛教的程度，可以算达到了巅峰。即便尊贵如上皇，也是如此，其余众人，就更不必说了。

二、嵯峨上皇薄葬之遗诏

自承和八年（841年）起，先上皇（嵯峨）也开始患病。各大神社、大寺等数次为嵯峨上皇作法祈福，却依然不见好转。承和九年（842年）七月，嵯峨上皇病重，并留下遗诏。《续日本后纪》承和九年（842年）七月条记载：

余昔以不德，久忝帝位，夙夜兢兢，思济黎庶。然天下者，圣人之大宝也，岂但愚戆微身之有哉。故以万机之务，委于贤明；一林之风，素心所爱。思欲无位无号，诣山水而逍遥；无事无为，玩琴书以淡泊。后太上皇帝陛下（淳和），寄言古典，强我尊号，再三固辞，遂不获免。生前为伤，殁后如何？因兹除去太上天皇（淳和）之葬礼，欲遂怀素之深愿。故因循古事，别为之制，名曰送终。曰：夫存亡天地之定数，物化之自然也。送终以意，岂世俗之累者哉。余年弱冠，寒痾婴身，服石变热，颇似有验。常恐天伤不期，禁口无言，是以略陈至志。凡人之所爱者，生也；所伤者，死也。虽爱，不得延期；虽伤，谁能遂免。人之死也，精亡形销，魂无不之。故气属于天，体归于地。今生不能有尧舜之德，死而何用重国家之费。故桓司马之石椁，不如速朽；扬王孙之裸葬①，不忍为之。然则葬者，藏也，欲人之不得见也。而重以棺椁，绕以松炭，期枯骨于千载，留久容于一圹，已乖归真之理，甚无谓也。虽流俗之至愚，必将笑之。丰财厚葬者，古贤之所讳。汉魏二文，是吾之师也。是以欲朝死夕葬，夕死朝葬，作棺不厚，覆之以席，约以黑葛，置于床上，衣衾饭唅，平生之物，一皆绝之。复敛以时服，皆用故衣，更无裁制，不加缠束。着以牛角带，择山北幽僻不毛地，葬限不过三日。无信卜筮，无拘俗事（谓谥诔含饭咒愿忌魂归日之

---

① 裸葬，不为衣衾棺椁而葬。

事），夜刻须向葬地，院中之人可着丧服而给丧事，天下吏民，不得着服。而供事今上者，七日之间，得服衰绖，过此早释。（中略）后世之论者，若不从此，是戮尸地下，死而重伤。魂而有灵，则实悲冥途，长为怨鬼。忠臣孝子，善述君父之志，不宜违我情而已。他不在此制中者，皆以此制以类从事。

承和九年（842年）七月十五日，嵯峨上皇驾崩，享年五十七岁。嵯峨上皇曾跟随最澄、空海等修习止观①的玄理，所以才会留下这样的遗诏。于是，仁明天皇根据遗诏，下令百官及各地不必举哀素服，并于承和九年（842年）七月十六日将先上皇（嵯峨）葬于嵯峨院北山。丧事费用为商布二千段、钱一千贯文。仁明天皇因先上皇（嵯峨）下葬之地而尊其谥号为嵯峨天皇。

三、承和废太子之变

嵯峨上皇下葬后第二天，就发生了一件大事。《续日本后纪》承和九年（842年）七月十七日条记载：

是日②，春宫坊带刀伴健岑、但马权守从五位下橘逸势等谋反。事发觉，令六卫府固守宫门并内里（大内），遣右近卫少将藤原富士麻吕、右马助佐伯宫成，率勇敢近卫等，各围（伴）健岑、（橘）逸势私庐。于时，伊势斋宫主马长伴水上，来在（伴）健岑庐，有嫌疑，同被捕。又召右近卫将曹伴武守、春宫坊带刀伴甲雄等，令解兵仗，并五个人分付左近卫、左卫门、左兵卫三府，并令杻禁。仰左右京职，警固街巷，亦令固山城国五道，遣守宇治桥、大原道、大枝道、山崎桥、淀渡。先是，弹正尹三品阿保亲王缄书，上呈嵯峨太皇太后（仁明天皇生母橘嘉智子）。太后（橘嘉智子）唤中纳言正三位藤原朝臣良房（即藤原良房）于御前，密赐缄

---

① 止观，佛教用语，指通过禅定，让心不再动摇，专心于一物，从而获得智慧，领悟佛法。
② 即承和九年（842年）七月十七日。

书，以转奏之。其词曰：今月①十日，伴健岑来语云，嵯峨上皇，今将登遐，国家之乱，在可待也，请奉皇子（恒贞亲王），入东国者。书中词多，不可具载。

　　承和九年（842年）七月庚戌，十八日，遣参议左大辨正躬王、参议右大辨和气朝臣真纲（即和气真纲）于左卫门府，推勘橘逸势、伴健岑等谋反之由。日暮不得问究。

　　承和九年（842年）七月十九日，穷问罪人，奏其日记，捕春宫坊舍人伴氏永，付右卫门府，以（伴）健岑之徒弟也。

　　承和九年（842年）七月壬子，二十日，遣左大辨正躬王、右大辨和气朝臣真纲（即和气真纲）于左卫门府，拷问（伴）健岑、（橘）逸势等。

《水镜》记载：

　　承和九年（842年）七月十七日，平城天皇御子，阿保亲王者，送文书于嵯峨太后（橘嘉智子）御前，曰："春宫之带刀，名曰（伴）健岑者来访，言太上天皇（嵯峨）已失，世中将大乱，请奉东宫（恒贞亲王）于东国。"忠仁公（藤原良房谥号）时为中纳言。太后（橘嘉智子）命其将阿保亲王之御文，奉于帝（仁明）前。此事乃但马权守橘逸势之谋划，东宫（恒贞亲王）不知。

由此可见，嵯峨上皇驾崩之后，确实是马上就发生了谋反事件。而《续日本后纪》中记载的七月十日伴健岑等人已有谋划的细节应该也是实情。因为这件事，仁明天皇决定废太子。《续日本后纪》记载：

　　承和九年（842年）七月乙卯，二十三日，敕使左近卫少将藤

---

① 即承和九年（842年）七月。

原朝臣良相（即藤原良相），率近卫三十人（《日本纪略》记载为四十人），围守皇太子（恒贞亲王）直曹（于时天皇权御冷然院，皇太子从之），唤集带刀等，令脱兵仗，积置于敕使前。又直曹前右兵卫阵下，张幄一宇，散禁坊司及侍者带刀等于其中。自余杂色诸人，散禁于左右卫门阵。又遣左卫门权佐藤原岳雄，右马助佐伯宫成等，率近卫，唤绊大纳言藤原爱发、中纳言藤原吉野、参议文室秋津，幽于院中，各异其处。

是日，诏曰：现神大八洲国所知倭根子天皇诏宣御命，亲王诸王、诸臣百官人等、天下公民、众闻食宣：不虑之外，太上天皇（嵯峨）御崩，尚无昼夜，哀迷焦思。春宫坊带刀舍人伴健岑，乘隙与橘逸势合力，构成逆谋，倾亡国家。皇太子（恒贞亲王）不知其事，因不善人而相累。又多人云：先先令法师等，行诅咒事。又近日亦有某人云，属坊人等有谋，若推究其事，恐多非善事。加以顾后太上天皇（淳和）之厚恩，不知究求其事。今思直停皇太子（恒贞亲王）之位，彼此无事，善有思。又太皇太后（橘嘉智子）御言，故是以赐停退皇太子（恒贞亲王）之位，又可知事因人为，大纳言藤原爱发废职京外，降中纳言藤原吉野为太宰员外帅，降春宫坊大夫文室秋津为出云国员外守，任赐宥赐。（中略）

承和九年（842年）七月丙辰，二十四日，废皇太子（恒贞亲王），刃四口纳袋，付敕使右近卫少将藤原朝臣富士麻吕（即藤原富士麻吕），进藏人所，二口纳珠绳，二口纳帛袋。敕遣使于嵯峨山陵，告废太子状。（中略）

承和九年（842年）七月戊午，二十六日，集废坊诸人于右卫门阵庭。诏曰：（中略）搜求事理，于皇太子（恒贞亲王）无所避之，因兹皇太子（恒贞亲王）（中略）退毕，相随人等其罪不轻，须随法定罪，然而，御心有所思，殊宽免之。坊司并品官、佐官以上，及侍人、藏人、诸近仕者等，又司长以上皆当流罪。

春宫大进藤原高直被降为骏河国权介，以下六十余人被贬。橘逸势被革除本姓，贬为非人，流放伊豆国。伴健岑被流放隐岐国。橘逸势被革除本姓，是为避嵯峨太后（橘嘉智子）的讳。《续日本后纪》承和九年（842年）八月条记载了皇太子（恒贞亲王）被废时的状况：

承和九年（842年）七月甲戌，十三日，遣参议正躬王，送废太子（恒贞亲王）于淳和院。备前守纪长江，自院逢迎。其仪，驾小车出禁中，到神泉艮角，驾牛车。先是，童谣曰：天打琵琶，玉儿牵枯坊，牛车善，辛苣之华。

《水镜》在前面谋反的记录后继续记载：

东宫（恒贞亲王）畏惧，请辞太子。帝（仁明天皇）曰：此事乃（伴）健岑一人谋划，东宫无罪，无须多虑。于是，东宫不变。（中略）帝（仁明天皇）行幸冷泉院以避酷暑，东宫（恒贞亲王）觐见。不知何处传来帝令：因（伴）健岑教唆东宫，故将东宫宫司、带刀、近侍等百余人抓捕，并将东宫移至淳和院。

四、废太子事件的内情

根据前一小节中的史书记载，此次"废太子之变"的起因是有人密谋拥立皇太子（恒贞亲王）篡位夺权。然而，这件事并没有所谓的主谋，行事的也只有伴健岑及橘逸势二人。这其实是非常奇怪的。首先，伴健岑根本就没有策划这件事的实力。橘逸势也只不过是区区但马权守，不仅没有什么权势，而且当时身体也不太好。《文德实录》"（橘）逸势赠位"条橘逸势略传中记载：

（橘）逸势者，右中辨从四位下（橘）入居之子也。为性放诞，不拘细节，尤妙隶书，宫门榜题，手迹见在。延历之季，随遣唐使入唐，唐中文人，呼为橘秀才。归来之日，历事数官，年老羸病，静居不仕。

橘逸势当时已经是病弱闲居的状态，又怎么会去图谋篡位呢？就算他有这样的图谋，也没有能力付诸行动。《文德实录》后面继续写道：

承和九年（842年），连染伴健岑谋反事，掠拷不服。

可见橘逸势获罪是因为连坐，特别是"掠拷不服"一句，说明他因嫌疑而被问罪，但即便被拷问，也不肯认罪。而"宫门榜题，手迹见在"一句则表明，宫门的匾额上橘逸势的题字，直到文德天皇即位的嘉祥三年（850年）依

文德天皇

然还在。这固然是因为他书法秀丽,但宫门是天皇至尊通行之所——一个连姓氏都被剥夺的谋反之人的笔迹,却没有被撤下,这就颇值得玩味。这也就是说,橘逸势的罪名,表面上是因为废太子之变,但其实另有内情。橘逸势本人只是一时的牺牲品,但还没到需要撤下他的题字的程度。

因此,文德天皇即位之初,便追赠橘逸势为正五位下,并准许他归葬本乡。嵯峨太后(橘嘉智子)驾崩时又对橘逸势有特赦。到了仁寿三年(853年),橘逸势又被再次追赠为从四位下。当时有传言说他鬼魂作祟,就更证实了这件事背后确实有冤情。

要说这次事变的主谋,其实根本没有。这次事变,应该是藤原良房一派为了将后来的文德天皇册立为皇太子而策划的阴谋。在此之前,他们应该已经计划许久,只是一直在等一个时机。

藤原良房

仁明天皇即位之初，就将恒贞亲王（淳和天皇第二皇子，其母为嵯峨天皇第一皇女正子内亲王）册立为皇太子。后来皇太子（恒贞亲王）进宫觐见仁明天皇时，《续日本后纪》记载：

> （仁明）天皇御紫宸殿，皇太子（恒贞亲王）始朝觐，拜舞升殿。东宫采女馐馔，未及下箸，敕赐御衣，受之拜舞，早退，以当日需拜谒两太上天皇也。于时皇太子（恒贞亲王）春秋九龄矣，而其容仪礼数，如老成人。

文中"馐馔，未及下箸云云，早退"一句——纵使还要拜谒两位上皇，但这么流于形式的朝觐，也是史上少有的，可见仁明天皇心中对这位皇太子并不十分满意。这次立太子，只不过是嵯峨上皇对淳和上皇的回礼，而并非出自仁明天皇的本意。

特别是"容仪礼数，如老成人"一句，既是一部分人的感叹，也是藤原良房一派忌惮之处。

同年，即天长十年（833年）七月，田邑亲王（文德天皇）朝觐。《续日本后纪》记载：

> 第一亲王（田邑亲王）朝觐，于时春秋才是七岁，而动止端审，有若成人，观者异之。

不过，《续日本后纪》是清和天皇贞观十一年（869年）春澄善绳等奉清和天皇之命而编纂进献的，所以记录天皇的父亲幼时，自然会使用敬重的语气。不过，既然是史书，应该也是采信了当时部分人群的言论编撰而成。而田邑亲王的生母是藤原冬嗣的女儿，所以这样的言论应该是出自藤原良房一派。

由于两位亲王都十分聪敏，藤原良房一派想要废旧立新却找不到好的借口，所以才制造了这起疑案。《水镜》中"帝（仁明天皇）行幸冷泉院以避酷暑，东宫（恒贞亲王）觐见。不知何处传来帝令：因（伴）健岑教唆东宫云云"这一句，可见这件事应该是刻意谋划的。

随后，承和九年（842年）八月四日，左大臣藤原绪嗣为首上表请求册立田邑亲王为太子。表文中说："系当正统，性有温恭"——在同样聪明的两位皇子中，选择年纪更小的一位，只因为他是当今天皇的嫡子——这也是坦白他们想要了"奉立正统"的期望。

次年，即承和十年（843年）十二月的"文室宫田麻吕之狱"，也是因为受到这件事的牵连。《续日本后纪》承和十年（843年）十二月二十二日条记载：

> 散位从五位上文室朝臣宫田麻吕（即文室宫田麻吕）之从者阳侯氏雄，告（文室）宫田麻吕将谋反。遣内竖唤（文室）宫田吕，即副使参于藏人所，即禁（文室）宫田麻吕于左卫门府。

这位文室宫田麻吕和前面的伴健岑、橘逸势一样，身居散位，也就是闲散之人，而且位阶不过是从五位上。说他谋反，完全是疑点重重。而且《续日本后纪》记载，承和十年（843年）十二月二十六日，仁明天皇派左中辨良岑木连、右中辨伴成益审问文室宫田麻吕，并搜查他的府邸。从他京中的住宅中搜出弓十三张、剑筒三具、矢一百六十枚、剑六口，从他难波的住宅中搜出胄两枚、零落的甲二领、剑八口、弓十二张、箭筒十具、矛三柄。除将他本人收至右近卫府以外，没有连坐其他同谋。

文室宫田麻吕虽涉谋反之罪，却没有被判死罪，而是处以流放伊豆国。他的长子内舍人文室忠基被判流放佐渡国、次子文室安恒被判流放土佐国、从者二人被判流放越后国及出云国。

然而，即使当时重文轻武，但二十几张弓、一百六十多支箭、十余口剑，能够成什么事呢？特别是甲胄之类，不过零散的二领[①]而已。稍微推理一下就能明白，伴健岑也好，文室宫田麻吕也好，都是被人栽赃陷害的。

---

① 领，数量词，指一套衣服或者铠甲等。

阿保亲王

想必这些人，如伴健岑，可能作为皇太子（恒贞亲王）身边的人，观察到朝廷中关于废立的局势，忧愤之余，暗暗担心政敌的谋划会伤害到皇太子（恒贞亲王），所以建议过皇太子（恒贞亲王）避祸东国之类。而文室宫田麻吕估计也只是对同族文室秋津被连坐之事出口议论而已。

总之，此次废太子事件完全是出自藤原良房的策划，但他本人并没有亲自出面，而是让阿保亲王出面告发，从中也能看出藤原良房的权谋。

第二年，即承和十一年（844年），由于左大臣藤原绪嗣已经去世，右大臣源常（嵯峨天皇皇子）升左大臣，大纳言橘氏公升任右大臣。当时的诏书是这样写的：

橘氏公为朕近亲，又可侍奉在次，赐官右大臣。

可见外戚确实更容易得到天皇的信任。

第4节　新设御修法及奏瑞（附：《母子草》童谣）

一、文殊会、佛名忏悔会、大元帅修法

最澄、空海开创了新宗派，逐渐得到世人敬仰。两大教派蓬勃发展，各种法会也频频举办。东大寺泰善曾举办文殊会。天长十年（833年），仁明天皇下诏，造文殊影像（图片见《聚类国史》），安置于官中，举行文殊会，并定为惯例。

承和二年（835年），仁明天皇命诸国举办文殊会，划救急稻①的利息三分之一作为经费。这是诸国文殊会之始。

承和二年（835年）十二月，仁明天皇驾临清凉殿，理《佛名经》三夜。

承和五年（838年）十二月，仁明天皇召律师②静安、大法师愿安等至清凉殿，修"佛名忏悔"三天三夜。这是内里③佛名忏悔会之始。

承和六年（839年），入唐留学生常晓，将从大唐带回来的大元帅像献给仁明天皇。第二年，即承和七年（840年），常晓奏请仁明天皇：山城国宇治郡法琳寺，地势闲造，宜修大法，请将大元帅像安置于此地，以修长久镇护国家之法。此为大元帅修法之始。于是，仁明天皇下诏，"大元帅修法"与每年正月的"后七日法"一同举行。直至后世，未曾断绝。

关于常晓，《元亨释书》记载：

> 释常晓，山州小栗栖路旁弃子也。稍长，师事元兴寺丰安。承和元（834年）甲寅入唐，到淮南广陵县馆，遇栖云寺文璨禀密教，乃（唐）文宗大和八年（834年）也。（中略）又谒桦林寺三教讲诵大清元照，请益密奥，照授以阿阇梨位，从受大元帅秘法。此法彼国不出都下，畿外诸州不许修供。（中略）明年（承和二年，即835年）归，（中略）官于小栗栖故里法琳寺，修（大）元帅法。

---

① 救急稻，日本平安时代，各属国为了应对饥馑而储备的官稻。各国司每年将一定数量的官稻用作出举，然后收取利息，储备为救急稻。
② 律师，日本为管理僧尼而设置的僧官等级。律师是次于僧正、僧都的第三等。
③ 内里，官中。

文殊会，始于入唐留学僧圆仁（慈觉大师）。圆仁（慈觉大师）在比叡山修建文殊阁，在此专心修习天台宗的佛法。《元亨释书》记载：

> 释圆仁，姓壬生氏，野之下州都贺郡人也。（中略）延历十三年（794年）生，是日紫云覆产屋，同郡大慈寺僧广智，（中略）怪喜而不言其瑞。（中略）（圆）仁幼丧父，（中略）遂付儿于（广）智，（中略）（广）智将（圆）仁登叡岳，与传教大师（最澄），（中略）时年十五，大同三岁（808年）也。（中略）教以止观大定妙慧，亦试曰：吾常弘传二谛不生不灭之旨，而世人解真谛不生灭之理，未解世谛不生灭之义，汝以此法，流传世。（中略）承和二年（835年），（中略）朝廷赐入唐请益之诏，其冬又梦教告曰：汝入大唐，索大法，密教之中，先询天部、台宗之中，先问中道。
>
> （承和）五年（838年）六月二十二日，从（遣唐）大使尚书右丞藤（原）常嗣，上第一舶。承和五年（838年）七月二日，着唐国扬州海陵县，则（唐）文宗开成三年（838年）也。（中略）有一僧，从上都来，号宗睿，通悉昙①，（圆）仁从之习梵学。又有全雅，能解密教，就受灌顶，得两部曼荼罗，诸尊坛规，佛舍利等。（开成）四年（839年）大使（藤原常嗣）促归，不得辞，逆风俄吹，还海州县。（中略）凡往长安六年，多得念珠、经书、道具等五百五十九卷二十一种。会昌五年（845年），武宗毁佛法，会昌六年（846年）崩殂。明年（847年）宣宗即位，（中略）军牒至，曰日本沙门宜归本邦。（中略）（847年）九月着太宰府，今岁（847年）唐大中元年，本朝承和十四年（847年）丁卯也。（中略）
>
> （圆）仁礼五台山，初至中堂之上，池中有文殊石像，拜已向西台相去。（中略）又礼南台，黄昏忽见圣灯一点之光，普照五台，心中思言，若稳还国，必建文殊阁。云云。

---

① 悉昙，一种梵字字母，记录梵语所用书体之一。

《水镜》记载：

　　嘉祥元年（848年）三月二十日（此为入京之日），慈觉大师（圆仁）自唐而归。（慈觉）大师在唐期间，遭逢恶王（会昌废佛），颇受苦难。当时，各处烧损佛经，逼迫僧尼还俗，（慈觉）大师亦以巾包头，作男子装扮而归。

　　圆仁大师在唐留学期间，曾遭遇唐朝废佛事件，身陷困顿，后得以平安归国，他大肆宣扬这都是因为文殊菩萨的加护，所以回国之后，立志修建文殊阁，大兴修法。

二、奏瑞与僧徒

　　每当各国向朝廷上报凶变之事，朝廷都会下令寺僧读经，次数渐多。僧侣为了掩盖读经无效，于是，效仿官员开始奏报祥瑞等。

　　承和十五年（848年）六月，太宰大贰纪长江等上奏：管下丰后国大分郡拟少领膳伴家吉，献上一只从同郡寒川石上获得的白龟。百官上奏恭贺祥瑞。仁明天皇斥退曰：勿恃嘉祥（祥瑞）之美。于是，百官再次上奏：未闻祥符显庆埋没之先例。僧官等亦上奏：恭贺祥瑞。于是，仁明天皇终于接受，并将年号改为嘉祥。

　　在此之前，承和七年（840年），伊豆国上奏：该国贺茂郡有造作岛，原名上津岛；该岛的镇坐神是三岛大社的正后阿波神及三岛大社的御子神物忌奈乃命，所以请求新建神宫，供奉两位大神。因为承和五年（838年）七月五日夜晚曾起大火，上津岛左右海中火焰炎炎，如同野火，有十二童子，手持火炬，下海点火，立于潮头，如履平地。

　　于是，《续日本后纪》记载，承和七年（840年）十月，仁明天皇下诏：

　　奉授无位阿波神、物忌奈乃命，并从五位下，以伊豆国造作岛灵验也。

偶遇海岛火山爆发，就附会为十二童子点火，把这当作神明显灵，在现在看来或许有些可笑。然而，当时的僧侣把社会上发生的各种异象，都鼓吹为诸佛所为，可见当时迷信影响之大。

承和十一年（844年），文章博士春澄善绳、大内记菅原是善等，在大纳言藤原良房的授意下向仁明天皇谏言：

> 先帝（嵯峨天皇）曰：世间之事，每有物怪，寄祟先灵，是无谓者也。云云。

意思是说，每当有怪事发生，应遵循古训，君主、大臣谨言慎行，勤修德行，而不是一味命僧徒读经。然而，这封谏言并没有得到仁明天皇的认同。

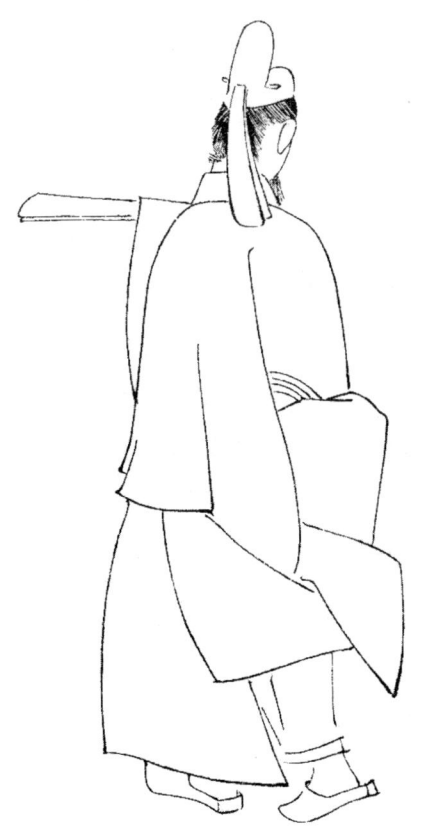

菅原是善

另外，僧侣似乎也将奏报祥瑞当作博取圣宠的手段。嘉祥二年（849年）三月，为庆贺仁明天皇四十岁大寿，兴福寺的大法师等造圣像四十尊，抄《金刚寿命陀罗尼经》四十卷，并转读①四万八千卷。除此之外，《续日本后纪》记载，僧侣们还奉上了以下贺品：

> 作"天人不拾芥""天女罢拂石""翻擎御药""俱来祇候"及"浦岛子暂升云汉而得长生""吉野女眇通上天而来且去"像，副之长歌，奉献。

《续日本后纪》记载，对于僧侣所奉长歌，仁明天皇评述道：

> 夫倭歌之体，比兴为先，感动人情，最在兹矣。季世陵迟，斯道已坠。今至僧中，颇存古语，可谓"礼失则求之于野"，采而载之。

从中可以看出仁明天皇见解卓然。

于是，仁明天皇让兴福寺的大法师等暂居右大臣藤原良房府邸，并派右近卫少将橘真直宣御旨，颁发赏赐。

后来，三河国守献上白马四十匹、牛四十头，栀子花四十斛②，以恭贺仁明天皇四十大寿。药师寺的僧人则献上《药师经》③四十卷，为仁明天皇祝寿，仁明天皇对所有进献均有赏赐。

僧侣深受圣眷，主要是常年从大唐留学归来的僧侣不断带来各种新宗法——"新知识"的缘故。

---

① 转读，又称略读。指佛教法会中，对于篇幅较长的经文，只诵读经文的标题，以及经文开头、中间、结尾的数行。与此相对的是"真读"，指对经文全文诵读。
② 斛，体积单位，一斛等于十斗。平安时代，栀子花的果实被用作染料，文献中经常见到使用栀子花的记载。
③ 《药师经》，即《药师琉璃光如来本愿功德经》。

三、仁明天皇抱恙、诵经修法及僧正[①]遍昭

嘉祥三年（850年）二月朔，《续日本后纪》记载："圣躬不豫，皇太子（田邑亲王）侍殿上，公卿尽候。"可见当日仁明天皇卧病，且症状不轻。

之后，《续日本后纪》嘉祥三年（850年）二月五日条记载：

> 御病殊剧，召皇太子（田邑亲王）及诸大臣于床下，令受遗制。遣四卫府及内竖等，或赐御衣，或赐棉布，分散四方，诵经诸寺，左右马寮御马六匹，奉鸭上下、松尾等名神。放诸鹰犬及笼鸟，唯留鹦鹉。又下知近江国，禁诸杀生，缘梵释寺修延命法也。请僧纲十善师及有验者于御帘外，令奉加持。以绢十二匹，为续命幡，悬十二大寺刹。云云。

可见当时仁明天皇已经病重。

《续日本后纪》嘉祥三年（850年）二月六日条记载：

> 大法师真顶与北山灵验修士观善特许进入御帘之中，作法加持。观善起誓：若御病不除，则不起座，不复饮食。

从中也可窥见僧人在当时的地位之高。

嘉祥三年（850年）二月十五日，朝廷召名僧六十名于紫宸殿，转读《大般若经》三日。并召天台座主圆仁及定心院十禅师等于仁寿殿，修"文殊八字法"。

嘉祥三年（850年）二月二十二日，朝廷召三论宗少僧都实敏、法相宗大法师明诠、天台宗大法师光定、总持门大法师圆镜等于清凉殿讲《法华经》。

嘉祥三年（850年）二月二十七日，朝廷派御使前往京都及平城四十九寺，命各寺悬挂续命幡四十旒，修延命法三日，并命真言宗僧人于丰乐院修"护摩法"。

---

① 僧正，日本为管理僧尼而设置的僧官的一种，僧正是最高一级。其下是僧都和律师。

嘉祥三年（850年）三月五日，朝廷召集名僧百名于紫宸殿，转读《大般若经》三日，并画帝释像百幅，安放于百寺，以祈祷仁明天皇病愈。

嘉祥三年（850年）三月十一日，朝廷召大法师道诠等，给仁明天皇行"永不杀生戒"，并修整破败寺院百所。

嘉祥三年（850年）三月十九日，朝廷于清凉殿修"七佛药师法"，将七佛像悬挂于御帘前，将七重轮灯立于庭中，并在紫宸殿南庭为十位僧人剃度。在此之前，已经下诏命五百僧人剃度。像这样各大宗派为祈祷天皇病愈而竞相作法的盛况，可谓历代少有。

当天，即嘉祥三年（850年）三月十九日，仁明天皇落饰出家，同日，皇子中务卿宗康亲王、阿波守源多二人也一同落饰出家。所以后世儒学者评价仁明天皇过于沉湎佛事，也不是毫无缘由的。

嘉祥三年（850年）三月二十一日，仁明天皇驾崩，享年四十一岁。

嘉祥三年（850年）三月二十五日，仁明天皇被葬于深草皇陵。按照先帝（仁明天皇）遗诏，葬礼非常简朴，绫罗锦绣之类一律禁用，用布帛替代，鼓吹、方相等仪式也一律取消。

《续日本后纪》评述仁明天皇生平如下：

> 帝（仁明天皇）睿哲聪明，苞综众艺，最耽经史，讲诵不倦，能练汉音，辨其清浊。柱下漆圆之说，群书治要之流，凡厥百家，莫不通览。兼爱文藻，善书法，学淳和天皇之草书，人不能别也。并工弓射，屡御射场。至鼓琴吹管，古之虞舜、汉成两帝不之过也。留意医术，尽谙方经。（中略）帝从少小，圣体尪羸，然而，负扆（在位）之年，既登十八，仙龄之算，亦逾四十，求诸中古，应无惭德，盖由修善行仁，服食补养之力者欤。

这个评价算是简短而全面了。

嘉祥三年（850年）三月二十八日，先帝（仁明天皇）近臣左近卫少将良岑宗贞出家并隐退。《文德实录》记载：

> （良岑）宗贞，先皇（仁明天皇）之宠臣也。先皇（仁明天皇）崩后，哀慕无已，自归佛理，以求报恩，时人愍之。

后来，良岑宗贞成为僧正，就是著名的僧正遍昭。

第二年，即嘉祥四年（851年），仁明先皇第七皇子常康亲王及正三位藤原贞子落发出家，都是因为对先皇（仁明天皇）的哀思。特别是藤原贞子，《文德实录》记载：

僧正遍昭

（藤原）贞子者，先皇（仁明天皇）之女御（嫔妃），风姿魁丽，言必典礼，宫掖之内，仰其德行。（中略）先皇（仁明）崩后，哀慕追恋，不肯饮食，形容毁削，卧头之下，每旦有涕泣处，左右见之，不堪悲感。

同年，即嘉祥四年（851年）三月十日，右大臣藤原良房，招名僧于东都府邸，讲《法华经》。讲经完毕后，藤原良房与各位公卿一起，赋追思之诗词。《文德实录》记载：

　　往年，先皇（仁明天皇）有闻大臣（藤原良房）家园樱树甚美，戏许大臣（藤原良房），以明年之春，有玩其花，俄而仙驾化去，不遂游赏。（中略）先皇（仁明天皇）所期之春，今日是也。（中略）花是人非，不可堪悲。（中略）公卿大夫或赋诗述怀，或和歌叹逝。

从中可知仁明天皇圣德，颇得人心。

四、檀林皇后

仁明天皇去世同年，即嘉祥三年（850年），嵯峨太皇太后（橘嘉智子）染病，五月四日驾崩。《文德实录》记载：

　　嘉祥三年（850年）五月壬午，五日，葬太皇太后（橘嘉智子）于深谷山，遗令薄葬，不营山陵。先是，民间讹言云：今兹（嘉祥三年，即850年）三月不可造糕，以无母子也。识者闻而恶之。至于嘉祥三年（850年）三月，宫车（仁明天皇）晏驾。是月（即嘉祥三年850年五月），亦有大后（橘嘉智子）山陵之事，其无母子，遂如讹言。此间，河野有草，俗名母子草，二月始生，茎叶白脆，每属三月三日，妇女采之，蒸捣以为糕，传为岁事。今年此草非不繁，生民之讹言，天假其口。

母子草，俗称艾草（蓬藁），被用来做饼，是三月三草饼的由来，古已有之。

这位嵯峨太皇太后（橘嘉智子），世称"檀林皇后"，百姓至今依旧称赞她的淑德。《文德实录》记载她的生平事略如下：

太皇太后，姓橘氏，讳嘉智子。父（橘）清友，少而沉厚，涉猎书记，身长六尺二寸，眉目如画，举止甚都。宝龟八年（777年），高丽国遣使修聘，（橘）清友年在弱冠，以良家子姿仪魁伟，接对遣客。高丽大使献可大夫史都蒙见之而器之，问通事舍人山于野上云：彼一少年为何人乎？（山于）野上对：是京洛一白面耳。（史）都蒙明相法，语（山于）野上云：此人毛骨非常，子孙大贵。（山于）野上云：请问命之长短？（史）都蒙云：三十二有厄，过此无恙。其后（橘）清友娶田口氏女，生后。延历五年（786年）为内舍人，（延历）八年（789年）病终于家，时年三十二。验之果如（史）都蒙之言。

后（橘嘉智子）为人宽和，风容绝异，手过于膝，发委于地，观者皆惊。嵯峨太上天皇，初为亲王，纳后（橘嘉智子），宠遇日隆。（嵯峨）天皇登祚，弘仁之始，拜为夫人，先是数日，后梦出自针孔，立左市中。（弘仁）六年（815年）秋七月七日，后又梦着佛璎珞，居五六日，立为皇后。（弘仁）十四年（823年），（嵯峨）天皇禅位于淳和天皇，尊（嵯峨）天皇为太上天皇，皇后（橘嘉智子）为皇太后。仁明天皇受禅，尊皇太后（橘嘉智子）为太皇太后，追赠后父（橘清友）太政大臣正一位，母正一位。

后（橘嘉智子）自明泡幻，笃信佛理，建一仁祠，名檀林寺，遣比丘尼持律者，入住寺家。仁明天皇助其功德，施舍五百户封，以充供养。后（橘嘉智子）亦与弟右大臣（橘）氏公朝臣，议开学舍，名"学馆院"（也有记载为"学官"），劝诸子弟，诵习经书，朝夕济济（《拾芥抄》中称学馆院亦为淳和上皇离宫，或云橘太后宫）。时人以比汉邓皇后。

初法华寺有苦行尼，名曰禅云，见后（橘嘉智子）未筓，就把其臂云：君后当为天子及皇后之母。后（橘嘉智子）窃记之，遂生仁明天皇及淳和太皇太后。后（橘嘉智子）追想尼（禅云）言，访其所在，尼（禅云）时既亡。

及仁明天皇不豫甚笃，后（橘嘉智子）哀戚毁容，遂剃发为尼，求冥救也。天皇（仁明）崩后，相寻而后（橘嘉智子）亦崩，时年六十五。

后（橘嘉智子）正位之后，专务化导宫闱之内，阴教雍穆，朝野称之。嵯峨天皇，特加敬重，爱意甚密。

故老相传，伊予国神野郡，昔有高僧名灼然，称为圣人。有弟子，名上仙，住止山顶，精进练行，过于灼然，诸鬼神等，皆随颐指。上仙尝从容语所亲檀越云：我本在人间，有同天子之尊，多受快乐，尔时作是一念，我当来生得作天子。我今出家，常治禅病。病虽遣余习，气氛犹残。我如为天子，必以郡名为名字。其年上仙命终。先是，郡下橘里有孤独姥，号橘姬，倾尽家产，供养上仙。上仙化去之后，（橘）姬得审问，泣涕横流云：吾与和尚久为檀越，愿在来生，俱会一处，得相亲近。俄而（橘）姬亦命终。

其后未几，（仁明）天皇诞生，有乳母姓神野，先朝之制，每皇子生，以乳母姓，为之名焉。故以神野为（仁明）天皇讳，后以郡名同（仁明）天皇讳，改名新居。后（橘嘉智子）时夫人，号橘夫人。所谓（仁明）天皇之前身，上仙是也。橘姬之后身，夫人（橘嘉智子）是也。后（橘嘉智子）尝多造宝幡及绣纹袈裟，穷尽巧妙，左右不知其意。后（橘嘉智子）遣沙门慧萼，泛海入唐，以绣纹袈裟，奉施定圣者僧伽和上康僧等，以宝幡及镜奁之具，施入五台山寺。

嵯峨太皇太后（橘嘉智子）的贤德，在历代皇后之中都是少有的。特别值得一提的是，后来康保元年（964年），村上天皇下诏将嵯峨太皇太后（橘嘉智子）为橘氏子弟建立的学馆院，御封为大学寮分部，橘氏"是定"①之职，长期由位列三公之人担当。不过，当时的社会笃信佛教有些过度了。这一点本书不做过多评论。

总之，嵯峨太皇太后（橘嘉智子）在历史上风评甚好，都是因为她自己行为符合德行。至于上仙和橘妪的故事，则是那些僧侣因仰慕她的淑德而编造的故事。

第5节 文德天皇践祚、立太子、藤原良房出任太政大臣

一、文德天皇即位、立太子、藤原良房的"东宫之争"

仁明天皇在位期间驾崩，导致皇位空虚二十一天。嘉祥三年（850年）四月十七日，文德天皇在大极殿举行登基大典。当时左大臣为源常（嵯峨天皇第八皇子），右大臣为藤原良房（文德天皇舅父）。

同年，即嘉祥三年（850年）十一月二十五日，文德天皇第四皇子惟仁亲王被册立为皇太子，皇太子的母亲——夫人藤原明子是藤原良房的女儿。

皇太子（惟仁亲王）嘉祥三年（850年）三月出生于藤原良房东一条的府邸，九个月大就被册立为太子，是日本历史上第一位出生当年就被立为太子的皇子。

---

① 定是，指由其他氏族的公卿代行推举该氏子弟叙爵的职责。王氏、源氏、藤原氏、橘氏四大家族每年有一个名额，由氏长者推荐本氏子弟叙爵（提升六位以下或者无位的人至贵族的最低级别——从五位下）。永观元年（983年），参议橘恒平去世之后，橘氏内就没有能够行使该职权的公卿了（不是指没有橘氏后裔，而是指橘氏后裔中没有位列公卿的权臣）。于是，改由其他氏族的公卿（一般是母方出自橘氏的贵族）来代行推举橘氏子弟叙爵的职责，称为"定是"。

其实当时文德天皇已经有惟乔亲王、惟条亲王、惟彦亲王三位皇子，却册立第四皇子为皇太子，这自然是因为第四皇子出身于藤原家族，参看文德天皇立太子的记录就能知晓当时的状况。《日本纪略》记载：

> 嘉祥三年（850年）十一月二十五日戊戌，立（惟仁亲王）为皇太子，于时诞育九月也。先是，童谣云："始超大枝，奔而超之，腾跃超之，以我护国，雄雄其姿。"
>
> 识者以为，"大枝"谓"大兄"也。（中略）皇太子（惟仁亲王）是第四皇子也，超三兄而立，故有此"三超"之谣焉。

《李部王记》[①]承平元年（931年）九月四日条"参议（藤原）实赖卿来，谈及古事"云云，便记载了这首"三超"童谣的事。可见当时的人都知道这件事，而藤原家的人则更热衷于传播。

《大镜》记载：

> 惟仁亲王，文德天皇第四皇子，其母为皇太后宫（藤原）明子，太政大臣藤原良房之女。嘉祥三年（850年）庚午三月二十五日，这位皇子（惟仁亲王）在外祖父太政大臣藤原良房的小一条府邸中降生，那一天，是他父皇（文德天皇）登基的第五天，可谓可喜可贺，福泽深厚。（中略）与惟乔亲王争东宫之位的，便是这位皇子（惟仁亲王）。最终，惟仁亲王在出生当年的十一月二十五日戊戌，被册立为皇太子。（中略）当时，他的母亲（藤原明子）才二十三岁，因为生了这位皇子，（中略）被称为"染殿皇后"，当时的护持僧是智证大师（圆城寺圆珍）。

---

① 《李部王记》，又名《吏部王记》等，醍醐天皇第四皇子式部卿重名亲王（906—954）延喜二十年（920年）至天历六年（952年）之间的日记，主要记载朝廷大事。

文中说到惟仁亲王"与惟乔亲王争东宫之位"，因为惟乔亲王是第一皇子，文德天皇曾想立惟乔亲王为皇太子，朝中大臣也比较支持。然而，在藤原良房的谋划之下，藤原良房的女儿所生的皇子成了皇太子。这也引起了朝中不少议论（参看第五章第三节"应天门之变"），不过，争议并不在于惟仁亲王本身。

藤原良房在立太子一事上曾精心谋划。《日本三代实录》记载，贞观元年[①]（859年），延历寺十禅师传灯大法师惠亮请求朝廷准许延历寺每年剃度两人的表文中写道：

> 惠亮等，以去嘉祥三年（850年）八月五日，陛下（指清和天皇，即惟仁亲王）在东宫日（被立为太子以前）经启所愿。

《元亨释书》记载：

> 释真雅，弘法大师之弟也。（中略）贞观帝（指清和天皇，即惟仁亲王）降诞之初，入宫加持，相国忠仁公（藤原良房）与雅谋，建精舍，安尊像，祝宝祚，（中略）后敕名贞观寺。

可知藤原良房不仅在朝中多方安排，还借助了僧佛的护佑。

在惟仁亲王被册立为皇太子的同时，大纳言源信被任命为东宫傅，参议藤原良相（藤原良房之弟）被任命为东宫大夫，藤原冬绪被任命为东宫亮。这便是藤原北家全面掌权的开端。

而惟乔亲王因为政治失意，最初闲居山崎，后来又隐居在比叡山麓的小野邑，与纪有常、在原业平等多有往来，并将愁思寄托在诗词之中，最终于二十六岁英年早逝。

---

① 贞观，清和天皇（惟仁亲王）在位时年号。

二、第一位人臣相国[①]

藤原良房在立太子一事中，行事十分强势大胆。他本人作为现任天皇（文德天皇）的舅父、未来天皇（清和天皇）的外祖父，虽然有深受天皇信任的先天优势，但在局势并不算有利的情况下完美实现自己的政治谋划，其中的苦心经营自不必言，而他非凡的胆识和能力也由此可见一斑。

天安元年（857年）二月十九日，由于左大臣源常已经去世，文德天皇将右大臣藤原良房升为太政大臣，将大纳言源信升为左大臣，将大纳言藤原良相升为右大臣。当时的诏书如下：

藤原良相

[①] 相国，即太政大臣。太政大臣，太政官的长官，在日本律令官制中属于朝廷的最高职位，唐名为"相国""太师"。没有具体职务，属于名誉头衔，如果没有合适人选，可以空缺。

源常

右大臣正二位藤原良房朝臣，朕之外舅，又稚亲王（惟仁亲王）大坐时助导，仕奉于旁。今又持忠贞之心，相食国天下之政（中略）是以殊赐官太政大臣。

根据《职员令》规定，太政大臣这种重要官职，如果没有德才兼备的合适人选，是可以空缺的。《大镜》评议此事：

太政大臣，于昔日天皇之治世，不轻易置之。

以人臣的出身担任太政大臣这个官职，藤原良房是日本历史上第一人。

三、迷信的世态及阴阳家参加祈祷

藤原良房因为深受文德天皇信任，逐渐成为朝廷的中流砥柱，肩负的责任也更加重大。日本朝廷效仿唐朝的制度，国家大事全部由宰相等大臣负责处理。当时的人们，最怕天地异象。因此全国上下频繁地举行各种祈祷，这种迷信的风气不仅弥漫朝野上下，还让儒官（此处指阴阳道）也开始佛教化，参与到各种祈祷中来。

当时大唐国中，道家方士非常流行，这也波及日本。日本的密教等佛教僧徒远赴大唐求法，但他们学到的很多都是戴着佛法假面的道术。对于这一点，学术界多有讨论，也都是有所依凭的。

例如，仁寿三年（853年），痘疮流行。《文德实录》二月条记载：

> 仁寿三年（853年）是月（二月），京师及畿外多患疱疮，死者甚众。天平九年（737年）及弘仁五年（814年），有此疮患，今年（仁寿三年，即853年）复不免此疫而已。

仁寿三年（853年）二月二十二日，文德天皇召名僧百人于大极殿，转读《大般若经》三日。之后又取出谷仓院的盐粮，救助京中痘疮患者。又派遣特使前往伊势神宫，祈祷疫病消除。

仁寿三年（853年）四月，由于京中病死者众多，于是，朝廷停了当年的贺茂祭，并大赦天下。文德天皇下诏诸国，免除承和十年（843年）以前未缴纳的调庸，停当年徭役，并命相模国等六国抄写一切经①。之后抄经范围扩大到全国。

仁寿三年（853年）五月，停止骑射、走马等例行庆典，特别是关西地区。

仁寿三年（853年）九月十四日，文德天皇下诏，从太宰府拨出稻谷三万八千七百余石，救助管辖区域内的痘疮患者。

---

① 一切经，又名大藏经，佛教典籍的总集。包括经、律、论的"三藏"（三类经书）及相关注释类经书。

当时太宰府官吏的官场风气，可以参照《文德实录》仁寿二年（852年）滋野贞主去世条中的评述：

> 嘉祥二年（849年）春，（中略）太宰府吏多不良，衰敝日甚。（滋野）贞主上表曰：夫太宰府者，（中略）可谓诸藩之辐辏，中外之关门者也。因兹有德为帅贰，才良为监（大监、少监）典（大主典、少主典），若无其人，选取辨官式部。顷年以来，绝而不行。近得飞语云：彼吏或击目闭口，以避时之人，或忘耻贪财，为聚敛之吏，（中略）不省。

贪官污吏在疫病风行期间还不忘敛财，可见当时政界有多腐败。

仁寿三年（853年）十二月，阴阳寮上奏：请诸国郡及国分寺等，据《阴阳书法》，每年做祛除害气之法。文德天皇准许。

从中可以看到阴阳道接近佛教的一面。

不过，这些法术的内容，我等外行之人一无所知。但现在各神社僧巫出售的护身符之类的东西，应该就是出自上面奏表中提到的《阴阳书法》。从此以后，阴阳家开始用泰山府君或者是符咒之类作法，驱使鬼神（参看下一小节）。

四、米粪圣人

在当时迷信的世风之中，齐衡元年，即仁寿四年（854年），从备前国来了一个伊蒲塞①，其实是个神棍。《文德实录》和《宇治拾遗物语》中都记载了这个故事：

> 从前有个上人②，据说不食五谷已有多年。（文德）天皇听闻后召他到神泉苑，礼遇非常（《文德实录》原文：安置神泉苑，[中略]

---

① 伊蒲塞，梵语优婆塞Upāsaka的异译。指在家受五戒的男性佛教徒。又称邬波索迦。
② 上人，对佛教高僧的敬称。

呼为圣人，各乞私愿，[中略]妇人之类，无不眩惑奔咽）。这位上人说自己以树叶为食。

有一天，一群爱开玩笑的年轻公卿聚集一处，想要了解上人的本心，于是，来到上人的住处，装出崇敬的样子问道："您不食五谷，有多少年了？"上人回答："年轻的时候就已经不吃了，到现在已经五十多年了。"

其中一个年轻公卿好奇道："不知道不食五谷的人拉的屎是什么样子？"（中略）于是，就拉上两三个人一起去偷窥。结果发现上人拉的屎里有没消化好的米粒。大家觉得奇怪，于是，趁上人外出的时候，偷偷查看他平时坐卧的垫子，稍微挖开垫子下的土，发现里面藏着一袋米（《文德实录》原文：夜人定后，以水饮送数升米，天晓如厕，有人窥之，米粪如积，[中略]谓之"米粪圣人"）

年轻公卿明白其中奥妙之后，一边拍着手，一边"米粪圣人、米粪圣人"地哄笑。上人被识破，只得仓皇逃走。

从这个故事也能看出当时迷信的风气。

五、东大寺大佛头倾颈断、大佛再建及落成供养

齐衡二年（855年）五月二十三日，东大寺上奏：毗卢舍那大佛的头自己掉落在地。

这尊佛像是圣武天皇发愿，向各国征收银钱修建而成，是护佑皇室及天下百姓当世和来世的救世主。可以想象，当时朝野上下，一片惊骇。

于是，文德天皇派御使前往圣武天皇皇陵及宇佐神宫祈祷，并准备开始维修大佛。右大臣藤原良相及修理东大寺大佛检校大法师位[①]真如等接受委任时上奏：

　　天平胜宝四年（752年）修建大佛时，圣武天皇曾下诏："朕

---

① 大法师位，又名传灯大法师位，是僧位的一种，是僧位九阶之首。

发大愿,造毗卢舍那佛,愿以一切人众,为善知识。"如今大佛大损,虽曰修理,几同新造。

于是,文德天皇下令,仿照大佛初建之时,向各国征收所需银钱,重造大佛。这个工程极其浩大,直到清和天皇贞观三年(861年)才完成。

大佛完成时的落成庆典,不仅仅是东大寺的庆典,而且是国家级的祭典。《日本三代实录》贞观三年(861年)正月条记载:

> 贞观三年(861年)正月二十一日,丙申,宣诏:山城、河内、和泉、摄津及七道诸国司,近来奉修东大寺大毗卢舍那佛像,工夫既成,仍来(贞观三年,即861年)三月十四日,当设无遮大会,极庄严之妙态。宜自贞观三年(861年)三月十一日至二十日,禁断杀生,至会日,于国分二寺,各开斋会,请集部内僧尼,普为供养。其料物便用正税,其太宰府于观音寺修之,令导师,具演事由,兼令参集僧尼,俱称赞毗卢舍那佛,乃至无知小民,教作是念。我寺知识所奉,修理毗卢舍那佛,今日至心应奉供养,我亦运心,专念同就,广作功德。但先帝(文德天皇)准据本愿,(清和)天皇之宏愿,以八幡大菩萨为主,天下名神及万民为知识众,初作修理,今至当时,此事遂成。始终虽殊,德叶唯一。然则使八幡大菩萨别得解脱,令诸余名神,神力自在,本愿(清和)天皇,及先帝(文德天皇)御灵,乃至开辟以来登遐圣灵,同赖薰修,早开觉花。

文中的"八幡大菩萨"(应神天皇),又被称为"胎中天皇",由神功皇后摄政,在武内宿祢的辅佐之下,在位长久,皇嗣众多。所以圣武天皇立皇太女阿倍内亲王[①]为储,希望藤原氏能像当初的武内氏(纪氏)一样,辅佐继任天皇在位长久。

---

① 阿倍内亲王,即第四十六代及第四十八代孝谦天皇(后重祚为称德天皇)。

关于东大寺大佛落成大典的盛况,《日本三代实录》贞观三年(861年)三月条中有记载:

贞观三年(861年)三月十三日丁亥,令百官,限三日,断鱼肉,以明日应奉供养东大寺毗卢舍那佛故也。

贞观三年(861年)三月十四日戊子,于东大寺设无遮大会,供养毗卢舍那大佛。敕二品治部卿贺阳亲王、三品中务卿讳(光孝)亲王、四品弹正尹本康亲王、正三位行中纳言兼民部卿皇太后宫大夫伴宿祢善男(即伴善男)、从四位下行右中辨藤原朝臣冬绪(即藤原冬绪)、左京大夫从四位下在原朝臣行平(即在原行平)、从五位下守左卫门权佐纪朝臣春枝(即纪春枝)、散位外从五位下布瑠宿祢清贞(即布瑠清贞)、外从五位下左大史三善宿祢清江(即三善清江)、少外记正七位下御室朝臣安常(即御室安常)等,相率向寺,监修会事。此是佛像,感神圣武皇帝,天平十五年(743年)创造,文德天皇齐衡二年(855年),头倾颈断,顿落于地。年来修理,镕铸复旧,即使开眼,佛师入笼,辘轳引上,乃点佛眼。凡其庄严之仪,不可胜载。殿廊之柱,衣以锦绣,檀场之上,敷其朱紫,悬七宝树,绕栽庭际,藻饰幡盖,排批香花,极巧尽丽,夺人目睛。历览梵宇,处处庄饰,观者不能厌而抛过,衲衣宿德,振锡秀眉,威仪俱足,填喧堂宇,大唐、高丽、林邑等之乐,鼓钟肆阵,丝竹方声,先令内舍人端貌者二十人供倭舞,次近卫壮齿者二十人东舞,后梵歌接响,众乐递奏,大佛殿第一层上结构棚阁,更施舞台,天人天女,彩衣霓裳,音伎聒空,以移一天。南北两京,贵贱士女,充街塞陌,莫不聚观,蹑足禽肩,人不得顾。

当天的咒愿文,由菅原是善奉诏撰写。中间有"犹示功非独举,力寄群缘，一切偕心，众生共助。一粒攸舍，齐金刚之珍藏；半钱所施，比铜山之陶铸"一句，显示了当时万千百姓的喜悦之情。

六、"奏瑞"与"凶变"的一体两面

如前文所言，每次发生"凶变"，而后就会有"奏瑞"。也许是为了证明"邪不胜正"，所以每次有凶变发生，就会有祥瑞上奏。这在当时几乎成了一种惯例。

仁寿四年（854年），有群臣奏贺祥瑞。对此，《文德实录》记载：

> 群臣奏瑞，相趋无已。敕曰：（中略）德未动近，化何覃幽？而今白龟甘露之祥至，公卿等表贺，朕之荒思，自知不堪。（中略）陈贺之言，非攸欲听，而今公卿重上奏，以求贺瑞，帝（文德天皇）以苦请难拒，许之。

可见文德天皇其实对此并不认同。不过，文德天皇还是因此将年号改为"齐衡"，第四年又改为"天安"，都是群臣上奏祥瑞的缘故。

由于大唐文化的影响，日本人也逐渐认同"祥瑞"是上天对天皇圣德的嘉奖，而"天变地妖"则是上天对治国之人的谴责，所以才有了这些凶吉的奏报。

七、文德天皇驾崩及其生平事略

《日本纪略》天安二年（858年）八月条记载：

> 天安二年（858年）八月辛亥，二十三日，天皇（文德天皇）仓促有不豫之事，近侍男女骚动失精。
>
> 天安二年（858年）八月壬子，二十四日，帝（文德天皇）病弥剧，言语不通。皇太子（惟仁亲王）侍于尝药，公卿大夫候于阵头。入夜，召文章博士菅原朝臣是善（即菅原是善），令草诏书，太政大臣（藤原良房）奉敕。（中略）

天安二年（858年）八月甲寅，二十六日，荐药无验，骚动殊切，嘱名僧五十人，于冷然院，令读《大般若经》。入夜，遣固关使，赐敕符木契，敕于诸卫令警固甚严。

天安二年（858年）八月乙卯，二十七日，帝（文德天皇）崩于新成殿（冷然院），左右近卫，阵于东宫直曹。大纳言安倍朝臣安仁（即安倍安仁），率少纳言、近卫少将、主铃等，令赍玺印柜等，奉入直曹。

天安二年（858年）八月丁巳，二十九日，大纳言（安倍）安仁，仰左右诸卫，令着铠。皇太子（惟仁亲王）与皇后（藤原明子）同辇，移幸于东宫。

此外，《日本三代实录》，贞观二年（860年）二月"僧正传灯大法师真济圆寂"条中，在真济略传的最后写道：

天安二年（858年）八月，文德天皇寝病，真济侍看病于冷然院。大渐之夕，时论嗷嗷，真济失志隐居。

可见当时文德天皇突然病重，不久就驾崩，百官自然会"骚动失精"。而皇太子（惟仁亲王）在当初立储之时就有人反对，现在他年纪尚幼，《日本三代实录》中记载：

天安二年（858年）八月二十七日乙卯，逢迎皇太夫人（藤原明子）于东五条宫，欲令拥护幼冲皇太子（惟仁亲王）云云。阴阳寮奏言，夜有星，入紫薇宫，赤如炎火，长十余丈。

紫薇宫在阴阳道里属于帝宫，"星入紫薇"，是有谋反之人进犯宸宫[①]的

---

① 宸宫，指天子。

凶兆。而"赤如炎火，长十余丈"，则可以看出当时迷信的世态，以及警戒的程度。

于是，各卫府的人都身披甲胄，以备万一。这样的场面，其实是历代少有的，不过，在当时的形势之下，这也是理所应当的。

《文德实录》的最后写道：

> 帝（文德天皇）初自登宸极，垂心政事，性甚明察，能知人奸，专思天下升平之化，不好巡幸游览之事。仁寿、齐衡之间，频得嘉瑞，以荐陵庙。至于禁网渐密，宪法颇峻，天下以为明。帝（文德天皇）察察，官署屡闻补替迁除之事，吏人还怀废罢解散之忧。又圣体羸病，频废万机，抚运不长，在位已短，天之降命，盖有数欤。于时春秋三十有二（在位仅九年）。

文德天皇在位时间不长，所以政绩算不上斐然，这也十分可惜。

天安元年（857年），文德天皇曾重设相阪关，新设大石、龙花两处关口，用来确立皇都与地方的分界线。可见文德天皇也是一位睿智的君主。

关于文德天皇的陵墓，《日本三代实录》天安二年（858年）记载：

> 天安二年（858年）九月二日庚辰，大纳言安倍朝臣安仁（即安倍安仁）、中纳言橘朝臣岑继（即橘岑继）、参议平朝臣高栋（即平高栋）、伴宿祢善男（即伴善男）、从四位下行文章博士兼备前权守菅原朝臣是善（即菅原是善）、大藏大辅正五位下兼守左中辨高阶真人岑绪（即高阶岑绪）、从五位上行大学博士大春日朝臣雄继（大春日雄继）、外从五位下行阴阳权助兼阴阳博士①滋岳朝臣川人（滋岳川人）、外从五位下阴阳助兼博士笠朝臣名高（笠名高）等，至山城国葛野郡田邑乡真原冈，定山陵之地。

---

① 阴阳博士，阴阳寮下属负责教授阴阳师的学者。

天安二年（858年）九月六日，先帝（文德天皇）下葬，谥号"文德天皇"，世称"田邑帝"。《日本三代实录》记载：

> 送终之礼，皆从俭约，一如仁明天皇故事，但变前例，只作方相而已。

八、阴阳家的手法

《今昔物语集》中，记录了阴阳家为文德天皇陵墓占卜选地的经过：

> 五十五代天皇文德天皇驾崩之后，为挑选合适的皇陵，大纳言安倍安仁带领众人前往探查。其中，有位名叫滋岳川人的阴阳师。这位阴阳师法力高强，举世无双。选好皇陵位置之后，各位大臣一起往回走。走到深草以北时，滋岳川人突然策马来到大纳言安倍安仁身边，似乎有话要说。大纳言安倍安仁开口询问。滋岳川人一脸惊慌地答道："我在阴阳道中修习多年，未曾出错。然而，今天，我犯了大错，这件事的责任在大人和我身上，现在这里的土地神来追赶我们了，眼看逃不掉了，该如何是好？"
>
> 大纳言安倍安仁也不知如何是好，便回答："这种事情，我也不知道。应该会有人来救我们吧。"
>
> 滋岳川人回答："话虽如此，但总要想个办法试着藏起来。"于是，这两个人让后面的人走到前面去，自己留到队列的最后。
>
> 终于到了傍晚时分，滋岳川人和安倍安仁趁着天黑下了马，让马跟着大部队往前走，他们两人偷偷地躲在田里。滋岳川人让安倍安仁坐在田里，自己从别处找来稻草，盖在安倍安仁身上，然后绕着稻草堆念了一圈咒语之后，自己也钻进了稻草堆里。安倍安仁看到滋岳川人紧张的神情，觉得这次多半是要没命了。
>
> 两个人躲在稻草堆中，大气也不敢出。不久，就听到好像千军

万马经过的声音。这些人刚过去,又有些人折返了回来。其中还有几个人在说话。仔细一听,那声音有些像人,却又不是人的声音:"马蹄声到了这儿以后就变轻了,那两个人肯定是在这附近下的马。把这附近的地细细地翻一遍,把他们给我找出来!滋岳川人是法术高明的阴阳师,肯定使用了什么法术躲了起来!仔细找,绝对不能让他们跑掉!"

然而,找了半天,都没有找到,那些人七嘴八舌议论起来,其中像是主人的人发话道:"他们也不能永远躲着!就算今天我们找不到,总有一天我要把他们找出来。十二月晦日那晚,不管是天上还是地下,我一定要把他们找出来。那天晚上我们再集合!"说完就走了。

那些人走了之后,安倍安仁和滋岳川人才从稻草堆里钻出来。安倍安仁惊慌失措地问道:"这可如何是好?他们这样找,我们肯定逃不掉。"滋岳川人回答道:"既然他们这样说了,那十二月晦日那晚,我们俩一定要找个没人的地方躲起来,谁都不告诉。具体怎么办,到时候我再跟您说。"于是,两个人走到河边,找到停在那边的马,各自回了家。

不久之后,到了十二月晦日那一天,滋岳川人来到安倍安仁府邸,说:"请您于日暮时分独自前往二条大路与西大宫大路的交叉口,千万不要告诉别人。"于是,到了傍晚,安倍安仁趁着其他人忙进忙出,无人注意,一个人悄悄地来到了二条大路与西大宫大路的交叉口。

滋岳川人早就等在那里了。两个人会合之后,一起来到嵯峨寺,爬到正堂的房梁上。滋岳川人念起了咒语。安倍安仁则开始念三密①。

---

① 三密,佛教密宗用语,指身密、口密、意密。手结印契为身密,口诵真言为口密,心观本尊之法相为意密。

到了半夜，先是吹来了一阵奇怪的香风，不久之后，又像地震一样天摇地动，似乎有千军万马经过。两人正在惊恐之时，听到了一阵鸟叫，于是，赶紧从房梁上爬下来，趁着天还没亮，各自回了家。

临别之时，滋岳川人对安倍安仁说："好了，大人不必担心了。不过，也是有我滋岳川人在，咱们才能逃过这一劫。"说完就回去了。

安倍安仁对着滋岳川人的背影拜了一拜，也回家了。

大纳言安倍安仁，到底是个什么样的人呢？《日本三代实录》贞观元年（859年）四月二十三日"安倍安仁去世"条中记载：

> 侍奉（嵯峨）太上天皇于嵯峨，（中略）为院别当，事无大小，委决（安倍）安仁。先是院事拥滞，男女多愁。（安倍）安仁旬日之间，平理辨行，（嵯峨）太上天皇深嘉之。（中略）（嵯峨）太上天皇尝从容评议诸国吏之优劣，以为未若（安倍）安仁为信浓介之能，后人莫之及。即赐牙笏、玉带、金鱼袋，并御衣一袭。有识相贺云：此赏是宰相之鸿渐也。（中略）（安倍）安仁达练政体，明解朝章，每有奏议，应对无滞。

虽然《今昔物语集》中的故事不足为信，但从中可以看出，当时的阴阳家，在世人看来，和巫僧是差不多的。

第5章

藤原政治

第1节 清和幼帝及人臣摄政之始

一、人臣摄政初现、行政从宽

天安二年（858年）十一月七日，皇太子（惟仁亲王）于大极殿即位（清和天皇）。清和天皇即位时年仅九岁，开启了日本幼帝即位之始。根据先帝（文德天皇）遗诏，由太政大臣藤原良房摄政，开启了人臣摄政之始。当时左大臣为源信（嵯峨天皇皇子），右大臣为藤原良相。

关于摄政①之职，《职原抄》记载：

> 大臣兼之，（中略）清和天皇幼而即位，外祖忠仁公（藤原良房），奉文德（天皇）遗诏而为摄政，是本朝以人臣为摄政之初也。

不过，文中的"遗诏"只是文德天皇口述，史上没有见到诏书或者宣命之类的文书。《神皇正统记》记载：

---

① 摄政，指日本历史上，天皇未成年时，或者天皇因身体原因无法执政时，替代天皇执掌政务的人，一般是皇室或者外戚。在天皇未成年时由"摄政"执掌政务的情况下，天皇成年后，"摄政"一般会被任命为"关白"，继续辅佐天皇。

第五十六代清和天皇，（中略）水尾帝也，（中略）我朝幼主即位之事极少，此天皇九岁即位，（中略）践祚之后，外祖（藤原）良房大臣，始为摄政。

所谓摄政，始于唐土，唐尧之时，启用虞舜代行政务，谓之"摄政"。（中略）殷代，有圣臣名为伊尹，辅佐汤及太甲，称为"保衡"，又名"阿衡"，其心即为摄政。周之世有周公旦，（中略）成王之叔父也，于武王之世位列三公。成王幼而即位，周公南面而摄政。（中略）汉之昭帝，幼而即位，武帝遗诏擢博陆侯霍光（中略）为大司马将军，摄政。

仿周公、霍氏之先踪，本朝应神天皇诞生，尚在襁褓之中，神功皇后，居于天位，共摄国政。此即为今之义也。推古天皇之时，

周公旦

厩户皇太子摄政，当时，（推古）天皇身居帝位，而天下之政则由摄政全权掌管。齐明天皇之时，御子中大兄皇太子摄政。元明天皇末期，皇女净足姬尊，即元正天皇，暂为摄政。

而此天皇（清和天皇）之御时，（藤原）良房大臣为摄政，是为人臣摄政之始。（中略）自（藤原）良房大臣为摄政，其后藤（原）氏子孙，长任此职而不绝。（藤原）良房身为天皇外祖，独掌国政，无人不服。而（藤原）良房深有谦退之心，性喜闲适，常废参朝。

所谓"谦退"，是因为藤原良房位居空前的高位（人臣摄政），作此反应也属应当。《日本三代实录》贞观元年（859年，天安三年四月十五日改元）六月十三日条记载，藤原良房上奏，请求将太政大臣的俸禄调至与左右大臣相同，并取消其资人、带刀等。这都是为了表达"谦退"之意。不仅如此，想要收揽人心的人，往往会主张政刑宽和。这也是当时藤原良房最在意的事。

天安二年（858年）十二月八日，太政官上奏：

此前，对马岛下县郡拟大领直氏成、上县郡拟少领直仁德等，率部内百姓及从者发兵，射杀对马守立野正岑、从者榎本成岑等，皆当斩。

因（清和天皇即位）大赦，免死，处以远流。

贞观元年（859年）十二月二十七日，太政官上奏：

前越后守伴龙男，令从士公弥侯广野等，殴杀书生物部稻吉。因此前（物部）稻吉向太政官诉越后守伴龙男犯用官物之事。后案状下发刑部省，由刑部省断案，因恩赦而放免。但此（伴）龙男赴任上总介，与前上总介和气丰永交接之际，以官物缺失数多，禁囚（和气）丰永。（和气）丰永诉冤，依太政官处分，解（和气）丰永之禁。

可见，当时审判基本都是从轻。

此外，又有前丰后守石川宗继掠夺百姓财物之事，丰后介山口稻床为之作证向上申诉，使石川宗继得到了恩赦。

还有前左马权少允①清岑田继、少允纪令名、少属安倍有之、麻绩部清道、史生田边宅生、骑士余广主、恩智贞吉等，将私马当官马饲养，刑部也没有进行讯问就恩赦了。

根据诏书，伴龙男、石川宗继及左马寮官人等获罪的时间，已经过了大赦的时限，原本不应该乱用赦令的，但刑部都没有对其追责。

贞观二年（860年），美浓国惠奈（今惠那）郡人县万岁麻吕，杀了三名百姓。法官②断其罪应为斩刑，后来减了一级改为流放。这些都记录在《日本三代实录》里。

桓武天皇时期以来，由于顾忌佛陀的哀悯慈悲，死罪一般都不执行。然而，这一时期，刑罚宽松达到了极限。这表面上是为了显示幼帝的仁德，而实际上则是摄政施恩收揽人心的手段。

二、改换历法

"仁政"常常伴随着"祥瑞"。贞观二年（860年），仅仅一日之差，导致"朔旦"与"冬至"不在同一天，非常遗憾。于是，朝廷强行改变了历法。这在现在看来是可笑至极的事情，但因为当时"朔旦冬至"③被认为是对国家

---

① 允，日本律令制下，八省下属各寮中的官职之一。寮的四等官分别是：头、助、允、属。允有大允和少允两级，属也有大属和少属两级。左马权少允即左马寮下属三等官，暂行少允之职的意思。

② 法官，指日本古代律令制下刑部省的官员。刑部省，律令制下八省之一，主要负责司法、审判、刑罚的执行等。

③ 朔旦冬至，阴历十一月朔日（初一）正好碰上冬至，被日本人认为是祥瑞。朝廷会举行宴会，公卿上表祝贺，同时还会大赦天下、减免田租等。

来说最吉利的事情，所以"改历"。其中既有祝福天皇的目的，可能也有一半是出于摄政对自己功勋的庆贺。

《日本三代实录》贞观二年（860年）记载：

> 贞观二年（860年）十月二十三日，己巳，敕从四位下行文章博士兼播磨权守菅原朝臣是善（即菅原是善）、正五位下守权左中辨兼式部少辅大枝朝臣音人（即大枝音人①）、正五位下守右中辨藤原

大枝音人

---

① 大枝音人，贞观八年（866年）改姓为"大江"，即大江音人。

朝臣冬绪（即藤原冬绪）、从五位上大学博士大春日朝臣雄继（即大春日雄继）、从五位下守主计头兼行木工助算博士①有宗宿祢益门（即有宗益门）等曰：今年（贞观二年，即860年）一章十九年，准据先例，当有朔旦冬至，而历博士②（大春日）真野麻吕等所上历日，冬至在十一月二日。若于经史，有可进退之理乎？宜议而奏之。

（菅原）是善等奏议曰：谨案，（大春日）真野麻吕所执，以为依日分小余不足，不得合朔，论之历术，理若当然。但案《历经注》云：月行迟疾，历则有六大六小，以日行盈缩增损之。云云。当察加时早晚，随其所近而进退之，使不过六大六小，其正月朔，若有交加，时正见者，消息前后一两月，以定大小，令亏在晦者，以此言之，既有进退之理。而今当年历八月大，九月小，十月大，闰十月小，然则以一小月为大，自得朔旦冬至。夫朔旦冬至者，历数之所始，帝王之休祥，既云避凶而在晦，何不逐吉以退朔。昔唐太宗贞观十四年（640年），有闰十月，即得朔旦冬至，太史令传仁均，以癸亥为朔旦冬至，而宣义郎李淳风，按古历分日，以为，甲子宜在朔旦。诏下公卿及诸有识，于是，国子祭酒孔颖达等十有四人，尚书八座，请从（李）淳风议，有诏可之。虽然至于后年，不见晷耀之愆，爰知，一日进退，未足为妨。

又《尚书百释》云：频大消之，案其意义，每至章蔀之岁，必欲令得朔旦冬至。故频置大月，至于三四，夫六大六小者，历术之常法。况今唯置七大，既得合朔乎。

又敕外从五位下行历博士兼备后介大春日朝臣真野麻吕（即大春日真野麻吕）、外从五位下行阴阳助兼权阴阳博士笠朝臣名高（即笠名高）等，曰：今诸有议等佥议云，今年（贞观二年，即860

---

① 算博士，律令制下式部省大学寮中研究并教授算术的学者。
② 历博士，律令制下中务省阴阳寮中研究并教授历法的学者。

年）可置朔旦冬至。若依此说，逐吉置朔者，于后年历，得节气不错谬欤。

（大春日）真野麻吕等奏言：谨检术法，无依吉进退之文，仍今年（贞观二年，即860年）不置朔旦冬至。但依群臣议，置之可无弦望晦朔之差。

于是，诏从（菅原）是善等之议焉。

贞观二年（860年）十月二十五日辛未，宣诏百官及五畿七道诸国云：今年（贞观二年，即860年）当有朔旦冬至，而历家偏依日分不足，置于二日。今稽之故实，既有改定之理，宜改闰十月为大，即以十一月二日丁丑，为朔旦冬至。

根据以上记录可知，虽然当时小有争议，但最后，历家还是屈服于当权者的势力，修改了历日。于是，贞观二年（860年）十一月朔旦冬至，百官上表祝贺，清和天皇在前殿赐宴群臣，一切皆从旧例。

三、《宣明历》的颁行

因为上一小节的朔旦冬至，所以，贞观三年（861年）修改了历法。文德天皇天安元年（857年），历博士大春日真野麻吕曾奏请文德天皇废除《大衍历》，并根据《五纪历》造算新历，未获准允。贞观三年（861年），大春日真野麻吕再次上奏，请求改换历法。《日本三代实录》记载：

贞观三年（861年）六月十六日，己未，颁行《长庆宣明历》。先是，阴阳头从五位下兼行历博士大春日朝臣真野麻吕（即大春日真野麻吕）奏言：

谨检，丰御食炊屋姬天皇（推古天皇）十年（602年）十月，百济国僧观勒，始贡历术，而未行于世。高天原广野姬天皇（持统天皇）四年（690年）十二月，有敕始用《元嘉历》，次用《仪凤历》。高野姬天皇（称德天皇）天平宝字七年（763年）八月，停

《仪凤历》，用《开元大衍历》（即《大衍历》）。厥后，宝龟十一年（780年），遣唐使录事故从五位下行内药正[①]羽栗朝臣翼（即羽栗翼），贡《宝应五纪》（即《五纪历》），云：大唐今停《大衍历》，唯用此经。天应元年（781年），有敕令：据彼经造历日，无人习学，不得传业，犹用《大衍历》。已及百年。

（大春日）真野麻吕，去齐衡三年（856年），申请用彼《五纪历》。朝廷议云：国家据《大衍历》，造历日尚矣。去圣已远，义贵两尊，宜暂相兼，不得偏用。

贞观元年（859年），渤海国大使乌孝慎，新贡《长庆宣明历》云：是大唐新用经也。（大春日）真野麻吕试加复勘，理当固然，仍以彼新历，比校《大衍》《五纪》（即《大衍历》《五纪历》）等两经，且察天文，且参时候，两经之术，渐已粗疏，令朔节气既有差。又勘大唐开成四年（839年），天平十二年（740年）等历，不复与彼新历相违。历议曰：阴阳之运，随动而差，差而不已，遂与历错者。方今大唐开元以来，三改历术，本朝天平以降，犹用一经，静言事理，实不可然。请停旧用新，钦若天步。

诏从之。

齐衡三年（856年）大春日真野麻吕请求改换日历时，朝廷回复说"去圣已远"，今不如古，这次却不再这样说了，恐怕还是因为发生了"朔日冬至"这件事吧。

四、"董仲舒祭法"

在那个时代，连历法都要尽可能祥瑞，那么其他方面的迷信也可想而知了。

当时，除僧巫之外，阴阳家也被命令作法祈祷。贞观元年（859年）夏秋之际，畿内连降大雨。贞观元年（859年）八月三日，朝廷派备后权介藤原山

[①] 内药正，中务省内药司的长官，主要负责给皇室成员诊断及医治。官阶为正六位上。

阴、阴阳权助兼阴阳博士滋岳川人等，前往大和国吉野郡的高山之上，修"董仲舒祭法"。

"董仲舒祭法"的内容，史书上没有记载，《日本三代实录》里记载：

> 螟螣贼害五谷之时，于害食之州县内清静之处，解之攘之，故用此法。

可见这个"董仲舒祭法"也是禁厌之类。

五、男山八幡宫[①]、僧行教、清河源氏及八幡神

男山八幡宫的营建始于贞观元年（859年）。《元亨释书》记载：

> 释行教，武内大臣（即武内宿祢）之裔也，居大安寺。贞观元年（859年），诣丰前国宇佐八幡神祠[②]，一夏九旬，尽读诸大乘经，夜诵秘咒。法乐已满，梦大神示曰：久受法施，不欲离师，师回王城，我又随行，居王城侧，当护皇祚耳。
>
> （行）教渐著山埼，其夜又梦，大神曰：师见我所居。
>
> 俄觉，便起见东南，男山鸠峰上现大光。凌晨至光处，宝灵区也。
>
> （行）教便录二事奉奏。帝（清和天皇）诏橘工部（即橘良基），准宇佐祠规，建新宫。世云：（行）教祈见大神本身，于是，弥陀、观音、势至三像，现袈裟上，因是（行）教内安三像。

《石清水八幡宫护国寺略记》在这段话之后写道：

---

① 男山八幡宫，即石清水八幡宫，位于京都盆地西南方向的男山，其中供奉的神明是平安时代从八幡宫总本社宇佐神宫（大分县宇佐市）奉请来的。

② 宇佐八幡神祠，即宇佐神宫，位于大分县宇佐市的神社，是全日本四万四千座八幡宫的总本社，与石清水八幡宫、鹤冈八幡宫并列为日本三大八幡宫，古时又名八幡宇佐宫、八幡大菩萨宇佐宫等。

参上公家令奏闻，爰以贞观元年（859年）九月十九日，下敕使，另宝检点定，次下宣旨木工寮，（中略）即以寮权允橘良基，令造立六宇宝殿：三宇宝殿，三宇礼殿。

　　第四章讲到，圣武天皇倾慕应神天皇、神功皇后的治世。而本朝清和天皇即位之后，藤原氏渐渐掌握了政局权势。藤原良房位居摄政之职，自比神功皇后代行摄政。而清和天皇幼年即位则如同应神天皇。

　　正好行教和尚鼓吹八幡神（应神天皇为主神，神功皇后也供奉在侧）的灵验，于是，朝廷下旨修建了这座男山八幡宫，把八幡神奉为第一圣体守护神。后来清和天皇第六皇子贞纯亲王的皇子经基王被赐姓源氏，世人称为"清和源氏"。清和源氏便以八幡神为氏神。

　　"氏神"就是氏祖的守护神，如藤原氏的春日明神。所以清和源氏（其他源氏并不如此）把八幡宫当作氏神也说得通，因为八幡神是皇祖的守护神，而自己也可以算作和皇祖是一体的。

　　《日本三代实录》贞观三年（861年）二月，"太宰大贰清原岑成去世"条记载：

　　（清原岑成）立性清直，不拘小节，初为大和守，盛改造官舍，有能名。至于为（太宰）大贰，西府仓屋破坏特甚，有意修造，不遑宁居。伐神社之木，充结构之用。

　　或人谏云：从神见称有灵，祟咎所致，不利于人。（清原）岑成拒而不肯，强令伐取，因此受病，未几而卒。

　　由此可以看出当时的迷信思想。

　　贞观元年（859年）三月，清和天皇下诏：

　　（大意）出羽国俘囚道公宇夜古、道公宇奈伎，因剃度而得赦免。在此之前，出羽国国司上报，这两位俘囚，从小就摒弃野心，深愧异类，皈依佛理，感世间之苦，愿持戒出家。

可见当时宗教的发展，已经影响到远处的异族。

六、敕修御灵会

这一时期，朝廷总是十分盛大地举办"御灵会"祭典。《日本三代实录》贞观五年（863年）记载：

> 贞观五年（863年）五月二十日壬午，于神泉苑，修御灵会。敕遣左近卫中将藤原朝臣基经（即藤原基经）、右近卫权中将兼内藏头藤原朝臣常行（即藤原常行）等，监会事。王公卿士，赴集共观，灵座六台，设施几筵，盛陈花果，悉敬薰修。延律师慧达为讲师，演说《金光明经》一部，《般若心经》六卷。命雅乐寮伶人作

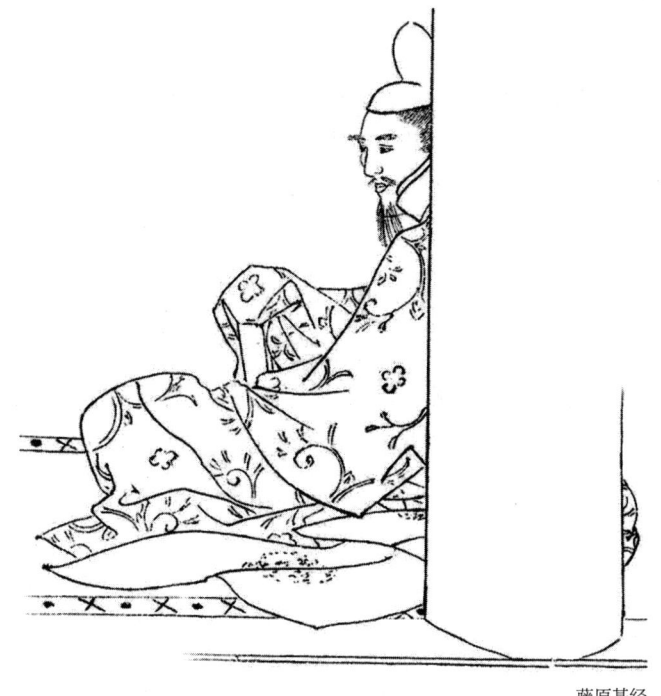

藤原基经

乐，以帝近侍儿童及良家稚子为舞人。大唐高丽更出而舞，新伎散乐竞尽其能。此日，宣旨开苑四门，听都邑人出入纵观。

所谓御灵者，崇道天皇、伊予亲王、藤原夫人（伊予亲王的母亲藤原吉子）及观察使橘逸势、文室宫田麻吕等是也。并坐事①被诛，冤魂成厉。近代以来，疾病繁发，死亡甚众。天下以为，此灾御灵之所生也。始自京畿，爰及外国，每至夏天秋节，修御灵会，往往不断。或礼佛说经，或歌且舞，令里贯之子，靓妆驰射，膂力之士，袒裼相扑，骑射呈艺，走马争胜，倡优嫚戏，递相夸竞。聚而观者，莫不填咽。遐迩因循，渐成风俗。今兹春初咳逆成疫，百姓多毙，朝廷为祈，至是乃修此会，以赛宿祷也。

御灵会最初是民间举行的超度冤魂的仪式。因为百姓认为疫病流行是冤死的鬼魂作祟。这种说法，肯定是源自僧巫。后来，这种民间的超度仪式渐渐波及京畿以外的各国，还一年比一年盛大，和所谓的"淫祀杂剧"差不多。这本来是应该禁止的，但由于成了一时的风气，所以朝廷也开始举办御灵会。

七、官界的戒饬、返举虚纳②及未纳未进③

前面说到，藤原良房摄政以后，政刑以宽松为主，这既是出于对神佛的崇敬，暗中也有收揽民心的目的。但对于官场，藤原良房还是进行了大力整治。

《日本三代实录》贞观四年（862年）三月二十日条记载：

诏：五畿七道诸国，责医师博士解由，先是下野介伴河雄奏言：年中轮贡调庸杂物，色数非少，而民弊人奸，未进猥积，实是纲丁盗犯，使者懈缓之所致也。今在任博士四人，医师三人，皆非

---

① 坐事，因事获罪。
② 返举虚纳，返举，指的是国司将用于出举的稻谷贷出，本应收回本息，但收不回成本稻谷只收回利息的做法。虚纳，指国司谎称赋税已收齐，然后人为纵火，烧毁粮仓，从而逃避责任的行为。
③ 未纳未进，指百姓没有缴纳租、庸、调等赋税（财物）。

练道受业之辈，空费俸禄，无益生徒，请一准史生，差充纲领，若不请返抄，责其解由，令偿欠负。（中略）从之。

其后，朝廷对畿内下诏：

出举官稻，简点民徭，历代相沿，百王不易之政也。方今淳源已远，薄俗逾滋，不欺之德罕闻，苟免之行流竞。遂乃贡赋逋悬，公私阙乏，返举虚纳，何国不然？未纳未进，诸郡皆是。虽频下格制，务加催督，而日不如古，弥以过甚。贪吏不免夺俸之苦，弱人多失怀士之心，上下同嗟，首尾难救。又每国司迁代分付受领，缺损所积，十而三四，（中略）今须国内所有诸民除非赐垦田，其纳租之法，皆增于旧例。京户土人口分田，旧例段别一束五把，今增加一束五把，杂色田段别五把，因即京户咸免徭分，土人复徭二十日，但土人例役之内，所不足者，便以民稻，充于功食。凡厥年中杂用，皆当以彼稻支给，但当非常异损之年，应轮地利，（中略）唯彼国田少租乏，难支例用，如无出举，恐乖远图。

"返举虚纳""未纳未进"，所有国郡都这样，可见当时国司等极其懈怠。《日本三代实录》贞观四年（862年）四月条记载：

贞观四年（862年）四月十五日癸丑，诏曰，（上略）即位以还，五年于兹，徒闻府帑空竭，经用不支。供赋逋悬，吏人嗟毒，未得所以救之之要术。（中略）宜参议以上各论时政之是非，详世俗之得失，伤化害人，不便于时者，节用谨度，当利于国者，并尽昌言，以沃朕心。

不过，上文提到的奏议，史料中并没有记载。只有右大臣藤原良相在论及时事时，委婉地提过应该把人才举用放在第一位。藤原良相当时有良臣之名。贞观元年（859年）二月，藤原良相奏请，在自己的私宅第一区建崇亲院，让藤原家族里无家可归的人住在里面。崇亲院隶属施药院①，里面的各种器物家什，都由施药院管理。又建延命院，隶属劝学院，让藤原家族里患病的人在这里接受治疗。

贞观六年（864年）正月，纪今守上奏：

> 贞观六年（864年）正月二十八日，乙卯，左京大夫兼山城大和守正四位下纪朝臣今守（即纪今守）上言三事：
>
> 其一，复旧出举正税事。贞观四年（862年）三月二十六日格云：除诸寺灯分料之外，悉停出举，但增收田租，以充例用并年中杂用者。令检彼年税账可收租稻，其数乏少，曾不足徭丁之功食，多费用往年之正税。
>
> 其二，减征田租事。同前格云：田租恒例，段别一束五把，今增加口分田段别一束五把，杂色田段别五把者，而国内水田不必一等，上中田少数，下下田多数，至征田租，动致未进，加之下田以下无人买作（今"小作"②），然则，田畴荒废，翘足可待。
>
> 其三，增加民徭事。同前格云：民徭三十日，今复二十日，若不足例役者，给功食雇役，其料用租内者。今准格旨，给功食役，而民无休息，徒尽官物。须依今年（贞观六年，即864年）正月七日之诏（七日之诏，指因天皇元服恩敕"天下百姓之徭，赐免十日"）复十日，可役二十日。今守等守格旨，施行民间，而惯先古之旧规，嫌当今之新制，不早改张，恐致公损。云云。

清和天皇准许。

---

① 施药院，奈良时代开始设置的令外官，国家救治贫民的机构。
② 小作，类似于中国的"佃户"，指的是没有土地的农民，向地主租借田地，进行耕种。"下田以下无人买作"的意思是，地主家耕种条件不好的田地，没有农民愿意租种。

当时随着各属国与京城之间的联系渐渐变得紧密，各种事物的发展日新月异。加上佛教兴盛，各种国祭和地方法会不断增加。所以如果继续按照延历时期的制度，那么地方官，也就是国卫的花费就会不够。民间也是一样。

因此，国卫在以前的规定之外，不得不额外向民间收取赋税。于是，租税增加，徭役繁多。其中增加的部分，其实就相当于现在的地税。然而，对于百姓而言，赋税增加，就会引起出举未纳和地税未进。徭役繁多，则会影响到农事，导致田地荒芜，正税未进、不纳。

如果这时候再加上国司贪腐，那百姓的生活状况就可想而知了。

不过，在这种情况下，即便是"循吏"（良臣），为了维持地方经济，也只能这么处理。国家经济的难处，从古到今都是一样的。

当时一部分地方官的生活状况，可以参照《日本三代实录》贞观二年（860年）九月陆奥出羽按察使平高栋的上奏：

（大意）边陲地区的官吏，离乡背井，远赴他乡，除公职俸禄之外，没有其他收入。然而，官田歉收，那些地方官就领不到俸禄。请按太宰府一样，如果官田歉收，则以正税充当官僚俸禄。

（清和）天皇准许。

八、户口增加的虚假报告

在当时混乱的官场之中，还有国司违规虚报户口增加，将其作为自己的政绩。《日本三代实录》贞观六年（864年）记载：

贞观六年（864年）正月二十五日壬子，颁下五畿七道诸国，不听以不课口计户口增益之功。先是，主计寮言：检案内，诸国之功，准据令条，以不课六人，准正丁一人，承前之例，行来尚矣。今疲死百姓，无国不申，因兹课丁减除，供赋数少。而国司等偏执户口增益，以不课男女，编附簿，或国一万余人，或国五六千人，

恐有增益之名，曾无一物之贡，检之政途，甚乖公平。请自今以
后，以不课人不入功口太政官处分，依请焉。

作为地方官，管辖区域内人口增加，自然是他的政绩，但违规虚报人口
增加，则是骗功，是极其卑劣的行为。户口的增加，就是国运的昌盛，户口减
少，就是国运的衰颓。然而，国司在登记人口时，不管是否课税，只随意虚报
辖内总人口数，一方面是隐瞒地方经济的衰退，另一方面则是对朝廷歌功颂
德。不过，联想当时"把根本不足为奇的事情也当作祥瑞上奏朝廷"的风气，
就觉得这样的行为也毫不奇怪了。

以上就是藤原良房摄政期间的政务概况。总的来说，该时期国家的政策
以仁政、宽容为主。藤原良房也算是尽到了辅佐天皇的职责。

九、御读书之始及《孝经》

前面讲了藤原良房摄政期间的政治状况，接下来讲述清和天皇的学习情
况。《日本三代实录》贞观二年（860年）二月十日条记录：

> 从五位上行大学博士大春日朝臣雄继（即大春日雄继），以
> 《孝经》奉授天皇。正五位上行大学头丰阶真人安人（即丰阶安
> 人）为都讲①。正五位下守权左中辨兼式部少辅大枝朝臣音人（即大枝
> 音人）、正五位下守右中辨藤原朝臣冬绪（即藤原冬绪）等预席。

从此以后，"天皇读书都从《孝经》开始"就成了惯例。关于《孝
经》，《日本三代实录》同年记载：

> 贞观二年（860年）十月十六日壬午，制：哲主之制，以孝为
> 基，夫子之言，究性尽理，即知一卷《孝经》，十八篇章，六籍之
> 根源，百王之模范也。然此间，学令孔郑二注为教授正业，厥其学

---

① 都讲，天皇读书时，作为主讲导师的辅助，负责带领天皇进行复习的官职。

唐玄宗

徒相沿，盛行于世者，安国之注，刘玄之义也。今案，大唐玄宗开元十年（722年），撰御注《孝经》，作新疏三卷，以为世传郑注，比其所注，余义理专非，又稽之郑志，康成不注《孝经》，安国之本梁乱而亡。今之所传，出自刘玄，事义纷荟，诵习尤艰。（中略）故玄宗广酌儒流，深回睿想，为之训注，（中略）然则孔郑之注，并废于时，御注之经，独行于世。（中略）宜自今以后，立于学官，教授此经以充试业。（下略）

这段关于《孝经》的说明之后，是关于《论语》的叙述。

当时，大春日、菅原、大枝、藤原、在原、小野、清原等诸家，学者辈出。书籍的甄选，都是由这些书香门第决议选出。由此也可见藤原良房不拘于古的卓识。

十、藤原良房六十大寿及清和天皇御赐内宴

贞观五年（863年），藤原良房满六十岁。清和天皇于内殿赐宴，以慰藤原良房辅政之辛劳。《日本三代实录》记载：

贞观五年（863年）十月二十一日，庚辰，（清和）天皇赐宴太政大臣（藤原良房）于内殿，以贺满六十之龄，有衣被宝物之赠，每色叶于六数，皆是乘舆服御之物也。特唤诸大夫年六十以上者于仗头赐饮，家令以下授爵。云云。

可见清和天皇对藤原良房恩宠之优渥。《大镜》藤原良房的小传如下：

水尾帝（清和天皇）为其御孙，（清和）天皇即位之年，奉诏为摄政，被赐年官①、年爵②。（中略）此殿（藤原良房）为藤原氏最初之太政大臣、摄政，实乃可喜可贺之事。亦擅制和歌，《古今和歌集》中收录多首。《古今和歌集》中"前太政大臣"所指便是藤原良房。（中略）藤原良房在他女儿染殿后（藤原明子）御前看见一支樱花插在瓶中，随即作和歌一首：
　　时光匆匆，吾身亦老。但见此花，顿觉无忧。
这首和歌，便是将染殿后（藤原明子）比作鲜花。

不知道和歌中"吾身已老"是不是指这个时期，如果是的话，那这里的"花"，应该不仅指染殿后（藤原明子），或许也包括清和天皇吧！

十一、清和天皇御元服

次年，即贞观六年（864年）正月，清和天皇加元服。《日本三代实录》记载：

贞观六年（864年）正月戊子朔，大雨雪，（清和）天皇加元服。御前殿，亲王以下，五位以上，入自阁门，于殿庭拜贺，礼毕

---

① 年官，有推荐官员担任特定官职的权力的人，一般亲王、太上天皇、大臣才有这个权力。年官通过收取被推荐人的谢礼获得收入。这可以看作一种合法的卖官制度。
② 年爵，有为官员申请爵位的权力的人，一般亲王、太上天皇、大臣才有这个权力。年爵通过收取被申请人的谢礼获得收入。这可以看作一种合法的卖官制度。

退出。百官六位主典以上，于春华门南拜贺。先是，预诏劝学院藤（原）氏儿童高四尺五寸以上者十三人加官。是日，引见内殿。

贞观六年（864年）正月七日，甲午，（清和）天皇御前殿。（中略）诏曰：（上略）天皇幼少，虽御坐亲王等始，王等臣等相穴奉相扶之，食国之内平安无事，御加冠，成人。（中略）故是奉皇太后（文德天皇母后藤原顺子）为太皇太后，奉皇太后夫人（藤原明子）为皇太后，（中略）又赐免天下百姓徭十日。云云。

于是，公卿百官上表祝贺。

从此以后，国家政事表面上由清和天皇亲自裁决，但实际上还是藤原良房在旁指导。所以藤原良房的权势还是和以前一样，并没有什么变化。

十二、清和天皇御览农耕及赈济京师的穷人

同年，即贞观六年（864年）二月，清和天皇首次临幸藤原良房的府邸。《日本纪略》记载：

贞观六年（864年）二月二十五日壬午，（清和天皇）车驾幸太政大臣（藤原良房）染殿第，观樱花，累路驻跸于一条第，即是帝（清和天皇）降诞之处也。太政大臣（藤原良房）以肴醑（《日本三代实录》作"肴醴"）赐扈从群臣，积禄于庭中，班赐有差。遂幸染殿花亭，奏乐，唤能属文者五位以上十人、诸司六位十人、文章生二十人赋诗。移自花亭，御于射场，帝（清和天皇）御弓矢，一发中鹄，群臣称万岁。亲王以下，以次递射，山城国司守正四位下纪朝臣今守（即纪今守）率郡司百姓，于东垣外，行耕田之礼，欲令帝（清和天皇）览之，知农民之有事也。自晨至昏，极乐而罢，赐群官禄，夜分还宫。

当时的盛况，由此可见一斑。其中让清和天皇御览农民耕田的景象，是藤原良房用意之所在。之后清和天皇每次临幸，都有这个环节。御览农民耕田渐渐成了惯例。可见藤原良房费心尽力，引导清和天皇关心农事。

之后，贞观七年（865年）闰三月朔日清和天皇临幸时，藤原良房还将京城中的贫穷之人召集到鸭川边上，赏赐他们新钱五万贯文、饭二千五百包。

十三、颁布《释奠式》[①]

藤原良房摄政期间，奖励学问，于贞观二年（860年）十二月八日新修《释奠式》，并颁发诸国，下令执行。《日本三代实录》贞观二年（860年）十二月八日条记载：

此前，播磨博士正八位上和迩部朝臣宅继（即和迩部宅继）申请：

谨案大唐开元礼，大学国子、州县各有释奠式，今此间有唯大学式，而无诸国式。所谓大学式，则因循开元礼，于大学国子式之上，加祭奠之仪，明定进退之度。又若上丁[②]之日与国祭及祈年祭相撞，则改至中丁。

此等之事，尚未及一般施行，诸国相犯者多。或称大学例，用风俗乐。或据州县式，停止音乐等。唯任人心，遂无一定。夫尊师之道，诚必严整。云云。

后来清和天皇热心文学，其原因可能就在于此。

第2节 清和天皇的政绩概略

一、减民徭

清和天皇在元服大典当天，曾下诏减免诸国徭役。在执行时，《日本三代实录》贞观六年（864年）记载：

[①] 《释奠式》，释奠，祭拜孔子等儒教先贤的仪式，即儒祭、孔子祭。《释典式》，就是规范孔祭礼仪流程的文书。

[②] 上丁，阴历二月和八月的第一个丁日，祭拜孔子的日子。

贞观六年（864年）正月九日丙申，宣告百官五畿七道诸国云：
今稽诏书旨，百姓徭宜复十日者，是则下恩一时，垂制永年。但徭
役者，专任国司之自为，实非公家所考核，而或牧宰等，偏称徭民
不足，好用功粮，论之政途，岂云良吏，宜乃眷公平，务回方略，
令民心深息肩之悦。国政少用税之费。（下略）

这是一道节俭政费、休养民力的圣旨。不过，对于这份诏书，《日本三代实录》贞观七年（865年）记载：

贞观七年（865年）十二月十七日日甲子，诸卫士仕丁等愁诉
云：远辞乡国，苦役京都，唯仰养丁之输物，以充羁旅之资用。而
本国司称，依诏复徭，养物之数三分减一，然则留国之民，既蒙十
日之复，上京之丁，犹苦一年之役。凡在劳逸，彼此不同，望请依
旧被给。

太政官处分：加增养丁，恒例输数。即下知东海、东山、北
陆、山阴、南海道，依件行之。

也就是说，之前那份皇恩浩荡的诏书，虽然惠及天下，却没有顾及近侧的臣民。当然，这也是官员的疏漏。减免三分之一徭役，导致了人员更替费用的增加。于是，贞观七年（865年）的新规恢复了旧例。由此可见，在进行财政计算时，绝不能忽略数据改变所带来的损益变化。

二、调庸的粗恶

清和天皇在位的天安、贞观年间，由于政治宽松，百姓也渐渐习惯了皇恩，不仅贡纳懈怠，连调庸之类也变得疏懒。《日本三代实录》贞观六年（864年）记载：

贞观六年（864年）八月九日癸亥，太政官下符东海、东山、

北陆、山阴、山阳、南海、太宰府，责调庸粗恶者。贞观元年（859年）十二月十五日，下七道诸国符称：大同二年（807年）十二月二十九日格云：粗恶之罪者，格条所指，科责非轻。而今诸国贡绢布等，总是粗恶，专无精丽。或如绢非绢，尤同蜘蛛之秋网；或如布非布，不异连锁之疏文。加以尺寸多缺，短狭无数，徒有输贡之劳，还阙支给之备。是则牧宰专忘格制，唯事规避之所致也。法设不行，虽是宽典，人狎不慎，实须惩肃。然而，渐染所成，难可顿责，宜诫既往之怠，以求将来之效。符出之后，数年于兹，犹不惩肃，弥致粗恶，即知空张格制，不行其罚，国宰狎来之所积之渐也。须准之科条，必其罪责。而时尊深仁，政先鸿恕，年来优容，特听检纳，如此之费，既成奸滥，论之政途，理何合然。自今以后，犹有粗恶，论之如格，不曾宽恕。

连绢也不是绢，简直如同蜘蛛网。到了这个程度，其他的也可以想象了。不过，如果要说这是由国司等不励行格旨导致的结果，倒也未必如此。国司等遵照格旨执行时，大部分都催促过纳贡。但当时的百姓不主动贡纳，经再三催促交上来的，难免都是些粗恶之物。如果拒收，又会延误缴纳期限，造成"未进怠纳"，国司也会遭受谴责，所以基本上都会默认受理。但这样一来，国司又会因贡物粗陋而受责备。这也是当时国司的常态。然而，尽管朝廷斥责的文书用词严厉，但执行的程度就如同记载里说的，"数年于兹，犹不惩肃，弥致粗恶"。《日本三代实录》贞观七年（865年）记载：

贞观七年（865年）三月二日癸未，制：七道贡赋违期，国司五位以上夺位禄，六位以下折取公廨五分之一。自今以后，永为恒例。

也就是说，调庸物件必须尽量精丽，同时不能延误缴纳期限。不仅如此，关于木材尺寸，同年，即贞观七年（865年）朝廷下诏：

贞观七年（865年）九月十五日癸巳，太政官下知弹正台、左右京职、山城、摄津、伊贺、近江、丹波、播磨等国：禁材木短狭。及定《载车法》曰：步板、簧子、榻樽等长短厚薄，去延历十五年（796年）初立制法，于是，年月迁改，久忘格意。仍弘仁四年（813年）、天长八年（831年）、嘉祥三年（850年），科罪兼可没之状，下知已讫。而采林伦辈，为贪润泽，伐斫一本，欲得百利。因兹裁长要短，而任意为，渐嫌厚求薄，而生平不辍，公途私用，常多阙乏，频施严制。（中略）其车荷者，量材长短，（中略）须榻樽三十二材、步板八枚、簧子十枚，以此为定。

步板，就是木料、板材。簧子，指竹编的垫板。人们逐利之心越来越重，唯利是图，连樵夫、车夫之类的人都是如此。世风也变得不那么淳朴了。

三、通货流通的情况

关于当时的商业流通，《日本三代实录》贞观七年（865年）记载：

贞观七年（865年）六月十日己未，禁京畿及近江国卖买之辈择弃恶钱曰：弘仁十一年（820年）六月九日，下知大藏省曰：铸钱司所进新钱，虽文字颇不明，而不失体势，亦有小疵，行用无妨，宜犹检纳。而间，愚者不悟此旨，专任己心，择弃不受，或称文字不全，计十嫌二三。或号轮廓有缺，举百欠八九。是以要升米者，饥口难糊，买屯绵者，寒身不暖。宜牒于路头，严加禁止，若有乖违，随即决答。

也就是说，商人不喜欢有瑕疵的钱，所以会故意拒收，为难买东西的人。因此引发了物价上涨的不良之风。于是，朝廷在街头设置牒文公告，广而告之。根据这些信息，我们可以了解到，当时的商品和货币的流通开始繁荣，朝廷的命令也十分容易传达到底层民众，可见当时的社会也是越来越便利的。

文中的"愚者",指的是违犯格例,招罪上身的蠢人。这些人,蠢是一方面,另一方面则是因为奸猾贪利。

不过,这份诏书只说了京畿地区与近江国的情况,没有说到其他各国的状况。关于其他各国的状况,《日本三代实录》贞观九年(867年)记载:

> 贞观九年(867年)五月十日戊申,敕曰:延历十七年(798年)九月二十三日格云:用钱之道,取于轻便,有无均利,彼此得宜者也。如闻:外国吏民,多有贮蓄,京畿士庶,还乏资用。既乖均利之义,亦失得宜之方,宜下严制,不得更然。所有之钱,尽皆纳官,仍用正税,准价给之。送京之功,亦用正税。如有藏而不进,为他被告,不论荫赎,科违敕罪。五分其物,一分给告者,四分没官。但伊贺、近江、若狭、丹波、纪伊等国,不在禁制限者。而今畿外诸国,富豪之辈,不慎格旨,犹事贮积,闻其由绪,非充资用,徒奢富强之名,各争聚集之伙,边鄙既无通用之理,朝家永增铸作之劳。

随着社会的发展,京城与周边各国的官吏与百姓生活水平越来越高,购买力也越来越强。货币逐渐向物品供给地集中,这是自然而然的规律。然而,这份诏书却要求将所有钱币都收归官府。其实这份诏书并没有真正得到执行,也确实不应该执行。之所以这么说,是因为这份诏书要求将百姓手上的钱换算成等价的正税,而正税本来就是百姓缴纳的。那些钱,是百姓交完正税之后,卖掉剩余稻谷得到的存款。而充当正税的物品,百姓家里都有富余。百姓好不容易将家里多余的东西换成需要的货币,而朝廷却要将百姓需要的货币收走,发还百姓富余的物品。这在物物交换时代或许还能行得通,但当时已经是货币时代了,就不应该这样做了。

这份诏书还规定,如果有人私藏钱币不上交国家,一旦被人告发,他的财产就要被分成五份,其中一份给告状的人。这样的规定也是第一次出现,应该是出于鼓励。不过，似乎并没有效果。于是，贞观十二年（870年），朝廷只得铸造新钱。贞观十二年（870年）九月十七日，朝廷派遣特使前往各大神社进献新钱，祷文中说："依年序渐积，货币已贱，改'饶益神宝'①为'贞观永宝'②。"

钱币上的文字消磨或者形状缺损等导致钱币价值下跌，是需要重新铸币的原因之一，不过，对照前面的诏书来看，货币数量不足应该也是需要重新铸币的一个原因。

四、垦　田

关于清和天皇天安、贞观年间私垦田轮租制度的执行情况，《日本三代实录》记载，贞观六年（864年）十一月，大和国国司上奏：

> （大意）和铜三年（710年），朝廷将都城从古都藤原京③迁到平城京，平城京东部的添上郡和西部的添下郡因此变成都邑，直至延历七年（788年）迁都长冈。七十七年后，平城旧都添上郡及添下郡原本的道路都变成了田地，除内藏寮公田一百六十町之外，其余都是百姓私垦田地。希望朝廷允许将这些私田充公，轮租给农民，收取租金。朝廷应允。

其后，贞观八年（866年），朝廷下旨奖励垦田，详情如下：

> 贞观八年（866年）五月廿一日甲子，敕：左右京职分明勘纠，以京中闲废地，赐愿人。先是，天长四年右京职言：弘仁十年（819年）十一月五日格云：左右京两职解称：巡检京中，闲地不少，或贫家疏漏，徒余空地，或豪门占买，曾不作劳，彼此闲废，多失地

---

① 饶益神宝，日本贞观元年（859年）铸造、发行的货币，"皇朝十二钱"之一。
② 贞观永宝，日本贞观十二年（870年）铸造、发行的货币，"皇朝十二钱"之一。
③ 藤原京，日本飞鸟时代的都城，位于飞鸟京的西北部，奈良县橿原市和明日香村附近，是参照中国都城建造的日本最初的都城。694年，持统天皇将都城从飞鸟迁至藤原京。

利。须并加劝课，令尽地利，有敕许之。自后课条喻户，勤俸劳作，而人稀少，不事耕营，徒过日月，稍成薮泽。或他人加功，其主妨夺，因兹人倦竞作，无心勤营，荒废之由，事缘于此。

弹正巡检之日，恒责过状，每月赎铜，为彼闲地。时入厥罪，官人之愁，莫大于斯。望请如此空闲之地，自今以后，赐冀求之辈，永为彼常地。

于时有敕曰：愚暗之民，可共乐成，宜总计闲地，先申其数，重课其主，悉令耕种。一年不耕者，收赐冀人。若授地之人，二年不开者，改判赐他人。遂以开垦之人，永为彼地主。但外任之宰，解秩之间，环堵为墟，况园地并此等地者，非勘纠限。左京准此。虽格立之后，多经年序，而荒废倍先，劝督无闻，是所司疏略，不慎格旨。今欲改张，恐愚民失所，须职吏存心，今年之间，子细告诱，劝令耕营。若犹有不遵者，始自明年，改给他人，一如格旨。

五、风　教

清和天皇在位期间，致力于匡正风俗，曾多次下诏，禁止饮酒行乐，提倡勤俭节约。并对僧侣加以戒饬。

关于僧位，贞观六年（864年）二月十六日诏书中说：

（大意）国典上登载的僧位制度，本来有三级：满位、法师位、大法师位。僧官与普通僧人一样，不分位号，没有尊卑之别。论之物意，实不可然。所以在这三个位阶之外，新设法桥上人位、法眼和尚位、法印大和尚位三阶，作为律师之上的位阶。法印大和尚位就是僧正，法眼和尚位就是僧都，法桥上人位就是律师。

同日，即贞观六年（864年）二月十六日，对大僧都真雅以下数人，授与僧位，以匡正僧侣的品级。

《日本三代实录》贞观八年（866年）记载：

贞观八年（866年）六月廿一日甲午，为延历寺，立式四条。其一，禁制修灌顶日职掌僧阙怠。曰：灌顶法者，镇国御愿，修来尚矣。而年序既积，人心渐薄，遂使差职掌僧，多致辞退，辨行诸事，人功粗乏。若不立法制者，后代何修。今须一年不参者，一年不听齿众，二三年众阙者，永不预众例。亦拘阶业，既遂阶业之辈，一年不参，至于拟补。一年抑止，既得所之类。有阙怠者，触寺家，所请之事，一切不判行。但沉重病，及居师僧父母丧者，不在此限。

其二，禁制供舍利会职掌僧阙怠。曰：舍利会者，故座主圆仁阿阇梨（慈觉大师），誓以护国。合寺众僧上中下，随喜连名。同为檀越，阇梨生前，加署奉行，岂至没后，早致背忘。况是奉酬释迦之德，亦乃镇护朝家之事乎。而顷年差职掌僧，无心助修，永代事业，何不严制。今须永为公会，世世勤修，其有阙怠之类，一准灌顶，将惩其怠。

其三，禁制寺里养马。曰：太政官去贞观元年（859年）九月十七日牒：伽蓝之风，洁净为本，况深山绝顶，岂有损秽乎。今闻，或妄养乘马，踏污佛垒，食损庭花。自今以后，莫令更然。若背此制，有滥犯者，一度教喻，返与其主。再有犯者，须捉其马送于左右马寮。而愚昧僧等，犹致违犯，虽捉其马送于寮家，各有所纠，随即返请。寺司徒有送马之烦，僧徒都无慎制之意。今须令捉马送寮之日，申请上宣，令寮勤守。若其马主改心忏悔者，寺家申官，令寮返与。若不触寺司，请返之类，勿齿僧中。

其四，禁制山僧着美服。曰：美丽衣裳，先师所制。故座主圆仁阿阇梨，亦加严制，而山僧等犹颇有着。虽是亲族所与，檀越所施，而犹违先式，损山家风。今须一切禁断苏芳染、紫、青、赤、白、橡等之色，专以坏色，为其衣裳。若有违犯者，不预众例。

对天皇御愿的灌顶法，不勤修习；对镇护皇家的舍利会，不愿参与；身为僧侣，却饲养马匹，骑马践踏佛场；或者身穿美服，炫耀招摇过市。最澄、圆仁的时代还没过去很久，但佛家弟子已经堕落到了这个地步。后世山法师等的乱行，都是从这个时期开始泛滥的。

六、富士山火山喷发

《日本三代实录》记载，贞观六年（864年）五月二十五日①，骏河国司上报：

（大意）富士郡正三位浅间大神大山（富士山）火山爆发，火势极大，整座山都烧了起来，方圆一二里火焰高达二十多丈。雷声隆隆，地震了三次。烧了十多天，火也没有熄灭。山岭崩塌，砂石如雨，烟云弥漫，人都无法靠近。大山西北部，有个本栖湖，烧化的岩浆流到本栖湖里，远达三十多里，宽三四里，高二三丈，火势蔓延到了甲斐国界。

贞观六年（864年）七月十七日②，甲斐国司报告：

（大意）骏河国富士山突然火山爆发，烧毁山岗，草木焦热，岩石化成岩浆，流入八代郡本栖湖及划湖两个湖中。湖水都变成了热水，鱼鳖全都被烫死了，百姓的房屋和湖泊一样被岩浆覆盖，也有百姓在火灾中丧生，被掩埋的房屋和人口难以计算。本栖湖与划

---

① 原文：贞观六年（864年）五月廿五日庚戌，骏河国言：富士郡正三位浅间大神大山火，其势甚炽，烧山方一二许里，光炎高廿许丈，大有声如雷，地震三度，历十余日，火犹不灭。焦岩崩岭，沙石如雨，烟云郁蒸，人不得近。大山西北，有本栖水海，所烧岩石，流埋海中，远卅许里，广三四许里，高二三许丈。火焰遂属甲斐国界。

② 贞观六年（864年）七月十七日辛丑，甲斐国言：骏河国富士大山，忽有暴火，烧碎岗峦，草木焦杀，土铄石流，埋八代郡本栖并划两水海，水热如汤，鱼鳖皆死。百姓居宅，与海共埋，或有宅无人，其数难记。两海以东，亦有水海，名曰河口海，火焰赴向河口海。本栖、划等海，未烧埋之前，地大震动，雷电暴雨，云雾晦冥，山野难辨，然后有此灾异焉。

湖以东，还有个河口湖，火焰一直蔓延到河口湖。在本栖湖和划湖还没被掩埋之前，曾发生大地震，一时间电闪雷鸣，狂风暴雨，烟雾弥漫，山野难辨，然后就发生了这样的灾难。

从以上记录，可以看出骏河、甲斐两国，特别是甲斐国受灾的惨状。于是，朝廷在贞观六年（864年）七月二十七日颁发了以下诏书：

去年（贞观五年，即863年）七月二十五日，颁下五畿并伊贺、伊势、志摩、远江、相模、上总等国云：镇护国家，消伏灾害，尤是敬神祇、钦祭礼之所致也。是以格制频下，警告殷勤。今诸国牧宰，不慎制旨，专任神主、祢宜、祝^①等，令神社破损，祭礼疏慢，神明由是发祟，国家以此招灾。今欲令诸社一时新加华饰，而经月逾年，未有修造，宜早加修饰，勿致重急。

其后，贞观六年（864年）八月五日，朝廷下令甲斐国司：

骏河国富士山火，彼国言上，决之蓍龟^②云，浅间名神祢宜、祝等，不勤斋敬之所致也。仍应镇谢之状，告知国讫。宜亦奉币解谢焉。

当时的朝廷认为，是祭礼的怠慢引发了神明的降罪，所以马上令各国修缮神社等，可见他们对神明的敬畏之心何其深重。

而朝廷以"蓍龟"寻找灾祸的起因，得出的结论是"祢宜"和"祝"等神职人员斋敬不勤而导致。从这里也可以看出当时阴阳家的状态。

---

① 神主、祢宜、祝，古代日本的神职名称，神主级别最高，祢宜次之，祝最低，这些神职人员主要负责祭祀、祈祷等。
② 蓍龟，古人以蓍草与龟甲占卜凶吉，因以指占卜。

《日本三代实录》贞观七年（865年）十二月九日条记载：

敕甲斐国八代郡立浅间明神祠，列于官社，即置祝、祢宜，随时致祭。先是，彼国司言：往年八代郡暴风大雨，雷电地震，云雾杳冥，难辨山野。骏河国富士大山西峰，忽有炽火，烧碎岩石。今年（贞观七年，即865年）八代郡拟大领无位伴直真贞托宣云：我浅间明神，欲得此国斋祭，顷年为国吏成凶咎，为百姓病死，然未曾觉悟，仍成此怪。须早定神社，兼任祝、祢宜，洁斋奉祭。（伴直）真贞之身，或伸可八尺，或屈可二尺，变体长短，吐件等词。国司求之卜筮，所告同于托宣，于是，依明神愿，以（伴直）真贞为祝，同郡人伴秋吉为祢宜。郡家以南作建神宫，且令镇谢。虽然灵火之变，于今未止，遣使者检察，埋划海千许町。仰而见之，正中顶饰造社宫，垣有四隅，以丹青石立。其四面石高一丈八尺许，广三尺，厚一尺余。立石之间，相去一尺。中有一重高阁，以石构营，彩色美丽，不可胜言。望请斋祭兼预官社。从之。

神明希望得到供奉，便降下灾难。这在现在看来是可笑至极的事情，但当时全国上下都深信不疑。而伴直真贞转述宣旨①的时候，身体可以伸缩之类，和现在一些教派"神灵附体"的样子差不多，可见这种迷信也是由来已久。

贞观六年（864年）十二月十日②，骏河国司上奏：

（大意）骏河郡（今郡东郡）带三驿二传，即横走、永仓、柏原三个驿站，总人数有驿子四百人、传子六十人。连年疫病和干

---

① 宣旨，律令制以后，用以传达天皇或太政官发布的命令的文书。朝廷正式文书的一种。
② 原文：贞观六年（864年）十二月十日癸亥，骏河国言：骏河郡带三驿二传，横走、永仓、柏原驿家是也。总差点丁驿子四百人，传子六十人。年来疫旱荐臻，课丁欠少，因而驿传子等不能满数。郡民凋残，莫甚于此。望请废柏原驿，富士郡蒲原驿迁立于富士河东野，然则蒲原驿与永仓驿，行程自均，民得息肩。从之。

早，导致课丁欠缺，所以驿子和传子的人数总不能满。郡民凋残，莫过于此。希望能够废除柏原驿，并将富士郡蒲原驿迁到富士河东野，使前往蒲原驿和永仓驿的行程平均，让百姓可以休息。

（清和）天皇准许。

七、开掘广野河引发骚动

贞观八年（866年），尾张国司上奏：

（大意）由于广野河下流堵塞，形成了新河，对田地造成了灾害，希望能够疏通河道，恢复原来的河道。

总之，就是地势的变化导致河流灾害波及意想不到的地方，这应该属于地理、地质学上的研究。

然而，这次河道疏通工程，却引发了一次骚乱。《日本三代实录》贞观八年（866年）七月九日条记载①：

（大意）尾张国司上奏：根据太政官下达的治理方案，开挖广野河口，让河水恢复到以前的河道。而美浓国各务郡大领各务吉雄、厚见郡大领各务吉宗等，率领步兵、骑兵七百余人，袭击开挖河口的工人，并打伤了尾张国郡司，河水全是血色，野草上沾满血肉。河道本来快要挖好了，却遭到了这样的妨碍。

于是，太政官下发令旨给美浓国司：河流利害，两国相争，古

---

① 原文：贞观八年（866年）七月九日辛亥，先是，尾张国言：奉太政官处分，掘开广野河口，令趣旧流。而美浓国各务郡大领各务吉雄、厚见郡大领各务吉宗等，率领众步骑七百余人，袭来河口，駈伤郡司，射杀役夫，河水添血，野草沾膏。成功将毕，有此相妨。至是，太政官下美浓国司：河流利害，两国争论，彼此相持，历代无施。于是，重遣诏使，与两国司，相共勘定，更复朝议，审其得失。下知两国：令其掘开。而暨于功役已发，作事稍成，多兴兵仗，伤人流血。虽云郡司之无状，抑亦国吏之不辨。静而言之，理岂合然。宜早令掘开。又擅兴兵众，法禁是重，而数过七百，害及杀伤，须禁固乱首吉雄等。两国司相共录死伤人数，依实言上。

来不绝。因此特派使者，与两国国司一起探讨河流的利害关系，共同决定治理方案后，命两国开挖河口。然而，工程进行到一半，眼看就要完成，美浓国两郡司却带兵伤人。应立即囚禁各务吉雄与各务吉宗二人，其他人继续完成工程。

尾张国司回奏①：

各务吉雄等人作乱之后，过了几天，又带领人夫数百人，运输砂石，埋堵河口，各务吉雄等百余人则骑着马在河边往返鼓励。于是，尾张国司派遣附近的军队，以逆乱之罪想要抓捕各务吉雄等人，却因此引发争斗，最后导致两国兵刃相接。由于这次动乱是开挖河道引起的，因此请求先暂停开挖河道的工程，先处置犯人。

太政官准许了尾张国司的请求。

尾张国司在报告中提道：

中岛郡矶部道麻吕等三人，因为开挖河道的事情，被各务吉雄等射杀。

尾张国司将矶部道麻吕等人的名字上报太政官，说明这三人应该是当地的豪族，或许因为自己的领地直接遭受了河流的灾害，所以亲自到现场敦促工程的进展。而各务吉雄等，身为国郡大领，或许是因河水改道而得利，如果把河道改回去，就会失去既得之利，所以才会有此暴行。

---

① 原文：贞观八年（866年）七月廿六日戊辰，先是，尾张国言：美浓国各务郡大领各务吉雄、厚见郡大领各务吉宗等作乱之后，未经几日，率人夫数百人，斫坏仓，流失河水，运积沙石，埋塞河口。（各务）吉雄等引百余骑，往还河边。欲发随近之兵，纠彼造乱之由，恐斗争起自掘河之论，遂至两国接刃矣。因停掘开，伏待裁下。中岛郡人磯部造麿等三人，身从掘河之役，同为（各务）吉雄所射杀。是日，太政官下知美浓国司，推纠（各务）吉雄等之犯过焉。

尽管自古以来经常因河流的利害而引发纷争，但这种程度的，还是比较少见。

八、京师盗贼横行及五保制、伊予的海盗

当时，各国连年水旱、疫病不断，人民生活贫困，连京城都青天白日盗贼横行。尽管检非违使①尽力搜捕，但还是无法完全遏止。于是，贞观四年（862年）三月十五日，左京职上奏：

> 左京职言：《户令》云：凡户皆五家相保，一人为长，以相检察，勿造非违。然则结保之兴，为纠奸滥。司存之理，必可遵行。而皇亲之居，街衢相接。卿相之家，坊里猥杂。若非蒙官符直施此制，不教之渐，辄无承引。请亲王及公卿职事三位以上，以家司为保长。无品亲王以下，六位别当为保长。散位三位以下五位以上，以事业为保长。然则皇宪通行，邻伍相保，奸猾永绝，道桥自全。

太政官准许了左京职的上奏。所谓《户籍法》的执行，是为了方便搜捕凶徒。

同年，即贞观四年（862年）五月二十日，备前国司上奏②：

> （大意）官米八十斛在船运途中，全部被海贼抢走，同时还有百姓十一人被杀。

于是，朝廷下令山阳、南海道地区各国，对海贼严加逮捕。

《日本三代实录》贞观九年（867年）十一月条记载：

---

① 检非违使，日本律令制下的令外官，有"检察违法行为的天皇御使"之意，主要负责维持京都治安。
② 原文：贞观四年（862年）五月廿日丁亥，备前国言：进官米八十斛，载于一船，差纲丁进上。而遭海贼，悉被侵夺，所杀百姓十一人。是日，下知播磨、备前、备中、备后、安艺、周防、长门、纪伊、淡路、阿波、赞岐、伊予、土佐等国，差发人夫，追捕海贼。

下知摄津、和泉、山阳、南海道等诸国曰：如闻，近来伊予国宫崎村，海贼群居，掠夺尤切。公私海行，为之隔绝。凡可捕件贼之状，频繁仰下，督促殷勤。其后，播磨、备中、备后、阿波等国，相寻言上获贼之状。而今寇盗难休，流闻如此。实是国司等欲消一境之咎，不虑天下之忧，无尽谋略，不精搜捕之所致也。夫海贼之徒，萍浮南北，唯殉其利，不恤其居，追捕则鸟散，宽纵则乌合。仍须缘海诸国勠力同谋，具记往来之舟，勤详去就之人物。倘闻有奸谋，则彼我相移，差发人兵，招募俘囚，搜其屋穴，寻其风声，穷讨尽捕，令无遗类。

公私的海上运输，都被海贼截断，可知海贼何其猖狂。而他们的巢穴，就在伊予国。后来承平之乱，藤原纯友就是出自这里。甚至战国时代，能岛、久留岛两个家族带领的海贼八幡船也是出自这里，可见伊予国的航海技术很早就已经很发达了。

九、京畿的困境、米价飞涨与常平所①

当时，京城的民生十分艰难，《日本三代实录》记载：

（大意）贞观二年（860年）三月②，大藏省拨出钱七百四十四贯、绢六十九匹、绵八万四千三百三十屯、丝一千八百斤、调布一万三千六百端、商布一万九千八百二十段、铁一百廷③，贷予（实际是给予）公卿以下，辨大夫以上。

贞观九年（867年）二月，

---

① 常平所，为了防止粮价过高而设的国有粮仓。在丰年时大量购入平价粮食储存起来，在荒年售出，用以平衡粮价。
② 原文：贞观二年（860年）三月廿五日乙亥，特有敕：免除太政官厨借大藏省钱七百四十四贯、绢六十九匹、绵八万四千三百三十屯、丝一千八百斤、调布一万三千六百端、商布一万九千八百廿六段、铁一百廷，公卿已下辨大夫已上于左仗头，拜贺舞蹈。
③ 廷，铁的重量单位。一廷约为二千克。

贞观九年（867年）二月十三日癸未，是年，内外俭乏，人庶阻饥，就中畿内特甚。盗贼群起，或遮道路而胁人掠夺，或窥屋舍而行火入盗。仍下知国司，每乡结保。督察奸盗。

由此可知当时盗贼横行的状况。

随后，贞观九年（867年）二月十七日，朝廷再次下诏发谷米赈济贫民：

承去年（贞观八年，即866年）之旱，京邑饥俭，诏以米三百二十石、籾（稻谷）二千石、盐三十五斛、新钱一百贯，赈恤东西京乏绝之人。

关于当时的米价，《日本三代实录》贞观八年（866年）二月条记载：

贞观八年（866年）二月十六日壬戌，太政官处分：定左右京白米一升值钱四十文。前二十六文，今加十四文。黑米三十文，前十八文，今加十二文。是岁，价腾踊，东西津头，白米一斛值七贯二百文，黑米四贯四百文，由是增定京邑沽价。

之后，贞观九年（867年）四月二十二日条记载：

东西京始置常平所，出官米而粜之。米一升值新钱八文。京邑之人，来买者如云。是时谷价腾跃，内外饥馑。米一斛值新钱一千四百文。由是，官粜以救俗弊焉。

米价飞涨到这个地步，可知当时百姓的生活有多艰难。加上当时疫病横行，百姓的生活更是苦上加苦。

于是，贞观七年（865年）五月①，朝廷下令：

（大意）朝廷命六名僧人在七条大路口、朱雀道东西两端，每天早晚两次，读《般若心经》。又令佐比寺僧惠照，修疫神祭以防灾疫。并下令左右京，不论男女，每人各出一钱，布施给僧人，作为供奉。

这都是史上少有的事情，由此也可以知道当时京中的惨状。

第3节 应天门之变

一、应天门大火

《日本三代实录》贞观八年（866年）闰三月十日条记载：

夜，应天门火，延烧栖凤、翔鸾两楼。

应天门位于大极殿前方，栖凤、翔鸾两楼在应天门东西两侧。这么重要的地方发生火灾，京中上下的惊愕可想而知。

《日本三代实录》在贞观八年（866年）闰三月十日条后继续记载：

贞观八年（866年）四月十四日戊子，敕：去（贞观八年，即866年）闰三月十日夜，应天门及东西楼观，急有火灾，皆悉灰烬。求之蓍龟，犹见火气，自非神助，灾何消伏？宜令五畿七道，奉币境内诸神，仍须长官洁斋，躬向社头，敬以奉进，必致如在。

---

① 原文：贞观七年（865年）五月十三日癸巳，延僧四口于神泉苑，读《般若心经》。又僧六口，七条大路衢，分配朱雀道东西，朝夕二时读《般若心经》。夜令佐比寺僧惠照，修疫神祭以防灾疫。预仰左右京职，令东西九个条男女人别输一钱，以充僧布施供养。欲令京邑人民赖功德免天行也。

贞观八年（866年）四月十六日庚寅，下知山城、若狭等国曰：警戒兵事。卜筮所告，两国应慎。

贞观八年（866年）四月十七日辛卯，下知太宰府曰：再者，京师频现怪异（当时认为火灾也是怪异的一种）。阴阳寮言：临国兵可有来窥。安不忘危，宜勤警固。

谴责丰前、长门等国司曰：关司出入，理用过所。而今唐人入京，任意经过，是国宰不慎督察，关司不责过所之所致也。自今以后，若有惊忽，必处严科。

也就是说，应天门的火灾，被认为是一大怪异。阴阳寮占卜的结果显示，不仅有火灾，而且还有邻国窥视来袭的凶兆。于是，朝廷连续下了上面几道命令。可见朝廷对于这件事的畏惧。

之后，贞观八年（866年）六月三日[①]，记载：

（大意）朝廷派遣木工权大允藤原直宗前往近江国，大允中臣伊度人等前往丹波国，采集重建应天门及东西楼所需木材。

二、纵火之人

火灾发生后，朝廷认为是怪异，于是，命神社进行祈祷。然而，到了贞观八年（866年）八月，有人告密说火灾是因为大纳言伴善男放火。于是，一场大案被引出来了。《日本三代实录》贞观八年（866年）八月条记载：

贞观八年（866年）八月三日乙亥，左京人备中权史生大初位下大宅首鹰取（即大宅鹰取），告大纳言伴宿祢善男（即伴善男）、右卫门佐伴宿祢中庸（即伴中庸）等，同谋行火烧应天门。

[①] 原文：贞观八年（866年）六月三日丙子，遣木工权大允正六位上藤原朝臣直宗（即藤原直宗）率史生长上将领等向近江国，大允从六位下中臣朝臣伊度人（即中臣伊度人）率史生将领等向丹波国，并采造应天门并东西楼材。

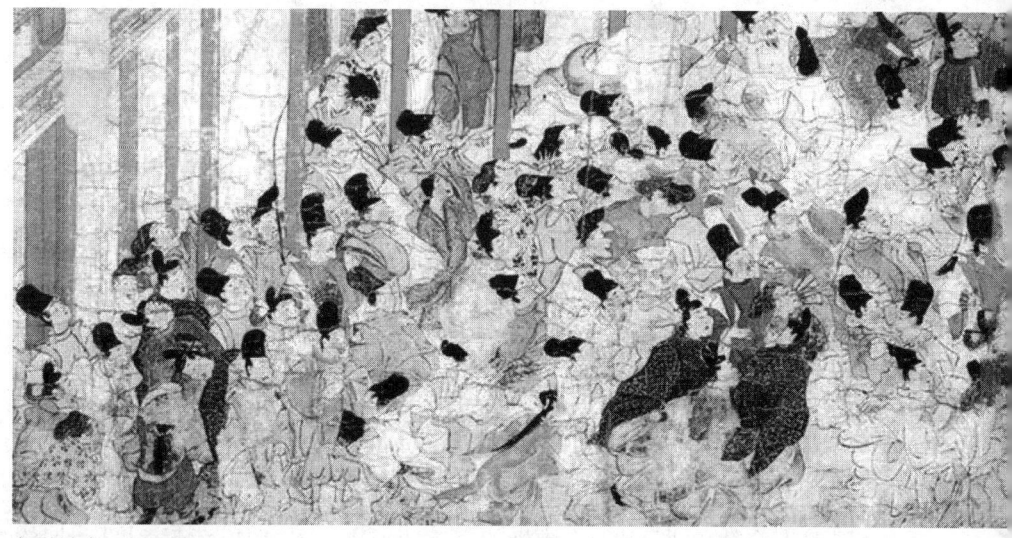

应天门之变

贞观八年（866年）八月四日丙子，禁（大宅）鹰取身，下左非违使。

贞观八年（866年）八月七日己卯，敕参议正四位下行左大辨兼勘解由长官南渊朝臣年名（即南渊年名）、参议正四位下行右卫门督兼赞岐守藤原朝臣良绳（即藤原良绳），于勘解由使局，审问大纳言正三位兼行民部卿太皇太后宫大夫伴宿祢善男（即伴善男）。

贞观八年（866年）八月二十九日辛丑，禁右卫门佐从五位上伴宿祢中庸（即伴中庸）于左卫门府。是日，拷讯杀害大宅鹰取女子者生江恒山。

贞观八年（866年）八月三十日壬寅，拷讯与（生江）恒山同谋者伴清绳，并是大纳言伴宿祢善男（即伴善男）之仆从也。

关于这件事，《宇治拾遗物语》记录如下：

水尾帝（清和天皇）时期，应天门曾发生火灾。（中略）大纳

言伴善男向朝廷报告："这件事是左大臣源信所为。"于是，朝廷打算治源信的罪。

忠仁公藤原良房当时已经将政务交给自己的弟弟西三条右大臣藤原良相处理，自己则闲居在白川。他听说这件事之后，身着常服，骑上马，就匆匆赶到皇宫大内兵卫府的"北之阵"，参见（清和）天皇。

藤原良房上奏（清和）天皇："这件事，可能是告发之人的谗言。（中略）这种事，应该反复确认，辨明真假之后，再行处置。"（清和）天皇觉得他说得很有道理，便下旨："查明事情原委，再行惩处。"于是，藤原良房就回去了。

而左大臣源信，叹息自己明明没有做过这件事，却被人污蔑，飞来横祸，于是，身着正装，在院子里铺上草席，跪在上面向上天陈诉自己的无辜。

这时候，（清和）天皇御使头中将（近卫中将兼任藏人头）快马加鞭来到源信家门口。源信以为是来通知行刑的使者，一家人抱头痛哭。谁知道是来告知赦免的，于是，一家人又喜极而泣。（中略）

虽说暂不定罪，但不能证明无罪。于是，源信一直没有恢复官职，也不能像往常一样进宫议政。

那年秋天的一个晚上，家住东七条的右兵卫舍人结束工作，走在回家路上，经过应天门附近时，觉得似乎有人在那儿说话。于是，他悄悄地躲在外廊侧面往里面看，发现一个人从柱子上往下爬，这个人正是伴大纳言（即伴善男）。跟在后面的是他的儿子（即伴中庸），后面是杂役丰清。

舍人正纳闷，不知道这三个人在这里做什么，然后发现这三个人一落地就拼命往南边的朱雀门方向跑去。

舍人继续往家的方向走，走到二条堀川边上时，突然发现大路上一片骚乱，大家都在喊："皇宫方向起火了。"

舍人回头一看，大火果然是在皇宫的方向。他赶紧往回跑，发现应天门的一半都已经烧着了。这时候，舍人才意识到，之前那三个人爬上去，是为了放火。然而，"纵火"的罪名实在太大，舍人不敢轻易将自己看到的说出来。

后来，有人说是左大臣源信纵火，一时间一片骚然，大家都说源信要被问罪。舍人心知真正的纵火之人另有其人，但因人微言轻，不敢轻易开口，心中觉得十分难过。不久又听说"源信被赦免了"，觉得无罪的人被赦免了，于是，又安心了。

然后，到了九月（应该是八月）的某一天，（中略）伴大纳言（即伴善男）家出纳的儿子和舍人的儿子争吵了起来。舍人听到争吵声就走了出来，发现出纳也走了出来。出纳马上把两个小孩分开，把自己的孩子送回家里，然后回来抓住舍人家孩子的头发往地上一掼，还狠狠往孩子身上一阵乱踩。

舍人虽然身份低微，但此时心中也愤愤不平："我的孩子也是孩子，不过就是小孩子吵架，为什么不问是非，就对我的孩子下这么狠的手。"

于是，出口理论道："大人，不知何事，要对这个小孩大打出手？"

出纳破口大骂："你是个什么东西？不就是个舍人么？我要打要骂，你能奈我何？我的主君可是伴大纳言（即伴善男）大人，就算我犯了错，我的主君也能保我没事。你这个蠢货，滚一边去！"

这下舍人也发火了，他大声说道："你在说什么蠢话！你的主君，多亏我口下留情，才能平安无事到现在。要是我开了口，你家主人恐怕自身都难保！"

听到这话，出纳气鼓鼓地回了家。

然而，围观争吵的邻居们听了舍人的话，大感诧异，纷纷猜测他在说什么。于是，一传十，十传百，终于传到朝廷。朝廷将舍人召去询问，舍人最初还不肯说。后来朝廷威吓道："你再不坦白，那就判处你与他们同罪。"

舍人这才将自己看到的全部说了出来。

于是，伴大纳言（即伴善男）被逮捕问罪，审问清楚之后，被判流放。

伴大纳言（即伴善男）火烧应天门，是为了嫁祸左大臣源信。如果源信被贬，自己作为首席大纳言就能升任大臣。（后略）

《宇治拾遗物语》中的舍人，就是大宅鹰取。《宇治拾遗物语》里只说"往孩子身上踩"，但《日本三代实录》里说将孩子踩死了，而且还说是个女孩。不过，伴善男嫁祸左大臣源信，藤原良房匆匆进宫向清和天皇进谏等都是史实，《日本三代实录》贞观八年（866年）八月十九日（伴善男被捕之后）条记载"敕太政大臣（藤原良房），摄行天下之政"，应该就是因为这件事。

对于这个任命，藤原良房再三推辞，清和天皇不许，于是，藤原良房只能重新担任摄政之职。

不过，《宇治拾遗物语》中说伴善男亲自放火，应该是误传（参照下文）。杂役的名字应该也有误。《日本三代实录》后面记载：

贞观八年（866年）九月二十二日甲子，大纳言伴宿祢善男（即伴善男）、右卫门佐伴宿祢中庸（即伴中庸），同谋者纪丰城、伴秋实、伴清绳等五人，坐烧应天门当斩。诏降死一等，并处之远流。（伴）善男配伊豆国，（伴）中庸隐岐国，（纪）丰城安房国，（伴）秋实壹岐岛，（伴）清绳佐渡国。相坐配流者八人：从五位上行肥后守纪朝臣夏井（即纪夏井）配土佐国，从五位上行下野守伴宿祢阿男（即伴阿男）能登国，上总权少掾正八位上伴宿祢夏影（即伴夏影）越后国，伴冬满常陆国，纪春道上总国，伴高吉下总国，纪武城日向国，伴春范萨摩国。

公卿就太政官曹司厅，会文武百官宣制，其词曰：（上略）备中权史生大宅鹰取告言：大纳言伴宿祢（即伴善男）所为。爰或诸人等又并口，告言无疑。然此事世所未知，而日月久延，未能及早定罪。

而今敕使等鞫问，初问伴宿祢（即伴善男），每事固争，不承伏。（中略）虽然以（伴）清绳、（生江）恒山等所申口状，参验（伴）中庸申辞，伴宿祢（即伴善男）初所争之言乃杀人之事。既知巧诈。即（伴）中庸受父（伴善男）之教命，所为云事无疑。仍与明法博士等勘定，奏闻：大逆之罪，共难可避。须同当处斩刑。然也。（后略）

伴善男等人，原本应该判处斩刑，后改判流放。文中说"中庸受父之教命"，可见是伴善男唆使其子伴中庸放的火。

审问伴善男的经过，被记录在《故事谈》里：

清和天皇先身为僧，件僧①（清和天皇前世）望内供奉十禅师，田邑天皇（文德天皇）欲令补之，而（伴）善男奏停之。件僧（清

---

① 件僧，即该僧。

流放伴善男

和天皇前世）发恶心，奉读《法华经》三千部，愿曰：以千部功力，当生宜为帝，又千部功力，为（伴）善男卿为其妨，残千部功力，当荡妄执，可离苦得道。

此间命终，无几程，清和天皇诞生。虽有童裎之龄，依先世之宿缘，触事令恶于（伴）善男，云云。见其气色，语得修验之僧，令修如意轮法，仍则成宠臣。然而，宿业之所答，坐事伴大纳言（即伴善男）。坐事之日，大纳言南渊年名，参议菅（原）是善（应为藤原良绳）等，奉敕于勘解由局推问之。更以不承伏，即诈令人谓曰：息男（指伴中庸）既以承伏了，何独不然乎？（伴）善男闻之，口惜哉承伏。（后略）

故事前半段僧人转世的传说，固然不足为信，不过，后半段审问的过程与前面《日本三代实录》中的宣诏相呼应，应该是真实的。

三、伴善男

伴善男等的生平事迹，被记录在《日本三代实录》中：

（伴）善男者，左京人也。

祖（大伴）继人，官为从五位下左近卫少将，延历四年（785年），为皇太子（早良亲王）谋，与右卫门大尉大伴竹良，射杀中纳言兼式部卿藤原朝臣种继（即藤原种继）。皇太子（早良亲王）坐而见废，（大伴）继人击死狱中。

父（伴）国道，缘坐其父（大伴）继人事，配流于佐渡国。为人聪敏，颇有才，国宰优爱，引为师友。至有疑难，每事取决，案牍文簿，成于其手。（延历）廿四年（805年）会恩赦得入都，职历内外，常居清显，爵至从四位上，官登参议。

（伴）善男是（伴）国道之第五子也，生而爽俊，天资魁伟，见之者，皆曰黠儿。为人奇貌，深眼长鬒，身体矮细，意气平岸。弱冠入直校书殿，侍奉仁明天皇。稍被知宠，任寄日重。（中略）性忍酷，有口辩。当官干理，察断机敏，政务变通，朝廷制度，多所详究，问无不对，但心不宽雅，出言舛剥，弹斥人短，无所畏避。佞幸叨承，为人主所爱也。自初为少内记，累迁显要，八年之间，早登公卿，位望渐贵，物议咸忌。

（伴善男）尝承和中，为右少辨之时，法隆寺僧善恺，向官告檀越少纳言登美真人直名所犯之状，参议左大辨正躬王及傍官，与（伴）善男争论律私曲相须之义，纵横不一，分背舛驰。遂诬正躬王等，许容善恺违法之诉，令明法博士赞岐朝臣永直（即赞岐永直）等断之。（赞岐）永直所执，不同（伴）善男，左大辨正躬王，及左中辨伴宿祢成益（即伴成益）、右中辨藤原朝臣丰嗣（即藤原丰嗣）、左少辨藤原朝臣岳雄（即藤原岳雄）、明法博士（赞岐）永直等，遂坐解官。

贞观之初，与左大臣源朝臣信（即源信）有隙，数年之后，诬告大臣（源信）谋为反逆，殆欲陷害。其后犯大逆之罪，父子（伴善男、伴中庸）自绝于天。

从文中"察断机敏，政务变通"一句，可以看出伴善男精通权谋之术。而"朝廷制度，多所详究，问无不对"一句，则显示出他非同一般的学习能力。不过，他为人奸邪这一点，在"法隆寺僧善恺争讼"一事中已经非常明显。甚至能够压制明法博士赞岐永直，可见伴善男深得（仁明）天皇宠信。这件事在当时颇受瞩目，《日本三代实录》贞观四年（862年）八月赞岐永直去世的条目中记载：

> 承和十三年（846年）①，法隆寺僧人善恺向官府状告檀越少纳言登美真人直名所犯之状，右少辨伴宿祢善男（即伴善男）与参议右大辨正躬王等各执一词，争执不下。伴善男能言善辩，又蒙受皇宠，于是，诬告正躬王纵容善恺的违法之诉。

这位赞岐永直是当时明法家的巨擘，《日本三代实录》同条还记载：

> 天安二年（858年）②，文德天皇下诏，封赞岐永直为明法博士，即律令的宗师，但由于他年岁已高，不能公开授课，十分可惜，于是，文德天皇命各位学生到赞岐永直的家里去拜领教导。赞岐永直在自己的私宅中向学生传授律令，于是，式部省便在赞岐永直的府邸行"讲竟之礼"。（中略）赞岐永直出任勘解由使次官，对判决标准理解得十分深刻，至今仍被当作司内的准绳。
>
> 有一次，大判事源敏久、明法博士额田今人等，从《刑法》中

---

① 原文：（承和）十三年（846年），法隆寺僧善恺向官告檀越少纳言登美真人直名有犯之状。右少辨伴宿祢善男（即伴善男），与参议右大辨正躬王等，执论差踣。（伴）善男辨口便俊，蒙帝宠遇，遂诬正躬王等许容善恺违法之诉。

② 原文：天安二年（858年），文德天皇敕曰：明法博士，是律令之宗师也。惜其齿在耆耇，不传正说，宜令好学诸生，就其里第，受读善说。（赞岐）永直闲卧私第，授律令于生徒，式部省就门庭行讲竟之礼。（中略）任勘解由使次官，使判决之道能究其旨，为彼使司者，今犹为准的焉。尝大判事兴原敏久、明法博士额田今人等，抄出刑法难义数十事，欲遣问大唐。（赞岐）永直闻之，自请详解其义，累年疑滞，一时冰释。

抄出难懂的条文几十条，打算拜托遣唐使向大唐求教。赞岐永直认为此举不妥，于是，亲自详解了那些难懂的条文。于是，累积多年的疑惑终于被解开了。

伴善男连赞岐永直这样的人都不放在眼中，可想而知他当时有多嚣张跋扈。

后来，伴善男试图嫁祸左大臣源信，取而代之，便在应天门放火。前面的《宇治拾遗物语》里说得很详细了。《神皇正统记》里也有相同的记载，这件事实在愚蠢至极，没有讨论的意义。不过，《宇治拾遗物语》里还有一篇，说的是伴善男早年在佐渡国的事情：

> 大纳言伴善男早年曾经担任过佐渡国郡司的随从。有一天，伴善男做了一个梦，梦见自己双腿分开，跨立在奈良的西大寺和东大寺之上。
>
> 他醒了之后，将梦里的事情跟妻子说，妻子说："意思是要把你撕成两半？"
>
> 伴善男听了之后很不高兴，说："瞎说什么呢！真是的！"然后就出门去了主人郡司的府邸。
>
> 这位郡司很会给人看相。伴善男将自己做的梦跟郡司说了之后，郡司破天荒地准备了一桌饭菜，还拿出圆坐垫让伴善男坐下。
>
> 伴善男心里一惊，心想："难道被我老婆说中了？待会就要把我撕成两半？"
>
> 这时候郡司开口说道："你做了个好梦。今后你将会平步青云，身居高位。不过，也会因某件事而获罪。"
>
> 不久之后，伴善男果然得到回京的机会，还一步步升到了大纳言之位。（后略）

当时，伴善男是跟随父亲伴国道一起被流放到佐渡国的，作为罪人之子，能够经常出入郡司的府邸，应该是郡司家的杂役。

"应天门事件"之后，伴善男获罪。他的儿子伴中庸有两个孩子，一个八岁，一个五岁。这两个孩子原本也被判和父亲一起流放，后来得到赦免，中途被召回了京城。随后，清和天皇下旨，将伴善男的田宅资产等悉数没收，上交内藏寮，佛像书籍等则上交图书寮。

四、伴善男与源信

伴善男嫁祸左大臣源信的经过，被记载在《日本三代实录》贞观十年（868年）源信去世的条目中：

> 贞观六年（864年）冬[①]，此前，大纳言伴善男与左大臣源信不和，渐生嫌隙。当时有人写匿名信，状告左大臣源信与其弟中纳言源融、右卫门督源勤等，意图谋反。世间哗然。伴善男趁机进言："左大臣源信意图不轨之事，我早有耳闻。现在又有人举报，可见确有其事。"
>
> 贞观七年（865年）春，清和天皇擢升左大臣源信的亲信清原春泷为日向掾、左马少属土师忠道为甲斐权掾、左卫门府生日下部远藤

---

① 原文：贞观六年（864年）冬，先是，大纳言伴宿祢善男（即伴善男）与（左）大臣（源信）相忤，渐积嫌隙。至是有投送书曰：（左）大臣（源信）与中纳言源朝臣融（即源融）、右卫门督源朝臣勤（即源勤）等，兄弟同谋，欲作反造，令时世嗷嗷。（伴）善男乘此，显言曰：（左）大臣（源信）欲为不善，既有先闻，今闻如此，可谓其反有端矣。至于（贞观）七年（865年）春，以（左）大臣（源信）家人清原春泷为日向掾、左马少属土师忠道为甲斐权掾、左卫门府生（日下）部远藤为肥后权大目，皆是便于据鞍引弓者。虽似奖擢，实夺（左）大臣（源信）之威势也。（贞观）八年（866年）春，欲遣使围守（左）大臣（源信）家。（伴）善男通谋右大臣藤原朝臣良相（即藤原良相）所行也。于时太政大臣（藤原良房）不知有此事。及至发闻，愕然失，即便奏闻，探认事由。帝（清和天皇）曰：朕曾所不闻也。爰敕遣参议右大辨大枝朝臣音人（即大枝音人）、左中辨藤原朝臣家宗（即藤原家宗）等，前后慰谕，中使章仍。（左）大臣（源信）始则危惧在心，救恤无计，及蒙敕慰，死更然。虎口既免，（左）大臣（源信）献家中所育骏马十二匹，并宾从四十余人，以示单子孤独无复势援焉。朝廷不受，皆悉返之。（左）大臣（源信）自后杜门，不肯辄出。

为肥后权大目,都是策马引弓的武职。这看起来像擢升,其实是削弱了左大臣源信的威势。

  贞观八年(866年)春,有人带兵围守左大臣源信府邸,伴善男说是右大臣藤原良相所为。当时的太政大臣藤原良房不知此事,听说之后,大惊失色,赶紧进宫奏请清和天皇,询问事由。清和天皇回道:"朕不知此事。"于是,清和天皇钦点参议右大辨大枝音人、左中辨藤原家宗等前往探视慰问。左大臣源信被围之初,惊恐万分,后来蒙清和天皇赦免,才得以虎口脱险。于是,将家中所有骏马十二匹及门客臣仆四十五人进献朝廷,以示自己孑然一身,势力单薄。朝廷不受,悉数退还。左大臣源信从此以后闭门谢客,不轻易外出。

从记录中不难看出伴善男的专横,以及左大臣源信的正直无私。

五、纪夏井

《日本三代实录》中还记载了"应天门事件"中被连坐的其他一些人的概况:

  纪朝臣夏井(即纪夏井)者,左京人,美浓守从四位下(纪)善岑之第三子也。(纪)夏井眉目疏朗,身长六尺三寸,性甚温仁,雅有才思。

  承和初,以善隶书。侍诏于授文堂,就参议小野朝臣篁(即小野篁),受用笔之法。(小野)篁叹曰:"纪三郎(即纪夏井)可谓真书之圣也。"

  文德天皇即位,诏征见之,(纪)夏井衣履疏敝,左右见者咸笑之。上(文德天皇)曰:"是疲骏也,非汝所知。遂有殊宠。"(中略)

  上(文德天皇)以其忠正清贫无宅,赐宅一区。(纪)夏井秉

纪夏井

志忠直，时有规谏。上（文德天皇）以此逾重之。（中略）（纪）夏井天性聪敏，临事不滞，恩宠优渥，任用转重，内外机务，多所辅益。

天安二年（858年）八月，文德天皇晏驾，（纪）夏井出为赞岐守，政化大行，吏民安之，境内翕然，不忍相欺。秩满将归，百姓相率，诣阙乞留，因斯更留二年。黎庶殷富，仓廪充实。于是，新造大藏于国郡，总四十宇，皆粗纳以为不动之蓄。及去，吏民送别者，赠遗甚多，（纪）夏井一无所受。归都之后，米肉玩好，以送其家，（纪）夏井唯留纸笔，悉返其余。

贞观七年（865年），拜肥后守，母石川氏闻而哭之，人问其故，曰：吾闻肥后风俗，国宰至清，身必不全，吾子其不终乎？

有异母弟（纪）丰城，（纪）夏井以其放诞，数加督责。（纪）丰城苦之，遂托身大纳言伴宿祢善男（即伴善男）。应天门火，（伴）善男坐以男（伴）中庸行火烧之，父（伴）善男应知之焉。（纪）丰城为（伴）善男之从，（纪）夏井为（纪）丰城之兄，转相缘坐，被处远流。

（纪）夏井随使出境，肥后民庶遮路悲哭，如丧考妣。（纪）夏井私叹曰：凡法律所谓首从之坐，必有差降。予是从之兄，亦缘坐也。今与（伴）善男同配远流，何其无别哉。

向土佐路，过赞岐境，百姓男女老少，皆弃其室，逢迎道路，数十里之间，哭声相接。

数年母亡，（纪）夏井至孝冥发，居丧过礼，建立草堂，安置骸骨，晨昏之礼，无异生时。本自崇信佛理，至是于草堂前，每日读《大般若经》五十卷，以终三年之丧。

（纪）夏井兼能杂艺，尤善围棋。伴宿祢少胜雄（即伴少胜雄）以善弈棋，延历聘唐之日，备于使员，以棋师也。尝（纪）善岑为美浓守，（伴）少胜雄为介，（纪）夏井时年十余岁，习围棋于（伴）少胜雄。一二年间，殆超于（伴）少胜雄。

又善射覆。文德天皇与宫人，为藏钩之戏。一钩藏在百手之中，密令（纪）夏井筮之。著布卦曰：有少女着青衣，以白花插首者，钩在其左手中。帝（文德天皇）乃探得，大悦焉。

又闲医药之道。配土佐之后，自往山泽采药，合练以施民，民多得其验。尝有一人，中风被发狂走，（纪）夏井与一匕散药，以令服之，此人立愈，皆此之类也。

纪夏井算得上当时少有的好官，却被品行不端的弟弟牵连，被处流放，实在可惜。

伴善男火烧应天门，完全是为了构陷源信，蠢笨至极，和无知稚子所为无异。不过，如果这件事能成功，就能实现废立太子和排斥藤原氏（伴善男的祖父和父亲曾因藤原种继而获罪）的企图。

《大镜里书》记载：

《四品惟高（应为惟乔）亲王东宫诤事》

文德天皇第一皇子，母从四位下纪静子，正四位下（纪）名虎女。

嘉祥三年（850年）十一月二十五日戊戌，惟仁亲王为皇太子，诞生之后九个月也。（中略）

文德天皇有四皇子，第一惟高（应为惟乔），第二惟条，第三惟彦，第四惟仁。（中略）

承平元年（931年）九月四日夕，参议（藤原）实赖朝臣来也，谈及古事，陈云：文德天皇最爱惟高（应为惟乔）亲王，于时太子（惟仁）幼冲，帝（文德天皇）欲先暂立惟高（应为惟乔）亲王，而太子（惟仁）长壮时还继洪基。其时，先太政大臣（藤原良房），作太子（惟仁）祖父，为朝重臣，帝（文德天皇）惮未发，太政大臣（藤原良房）忧之，欲使太子（惟仁）辞让。是时，藤原三仁善天文，谏大臣（藤原良房）曰：悬象无变，事必不遂焉。

爰帝（文德天皇）召（源）信大臣，清谈良久，乃命以立惟高（应为惟乔）亲王之趣。（源）信大臣奏曰：太子（惟仁）若有罪，须废黜更不还立；若无罪，亦不可立他人。臣不敢奉诏。

帝（文德天皇）甚不悦。事遂无变。

无几帝（文德天皇）崩，太子（惟仁）继位，后应天门有火，（藤原）良相右大臣、伴大纳言（伴善男）计谋，欲退（源）信左大臣，共参陈座。时复太政大臣（藤原基经）为近卫中将，兼参议。（藤原）良相大臣急召之，仰云：应天门失火，左大臣（源信）所为也，急就第召之。

中将（藤原基经）对云：太政大臣（藤原良房）知之欤？

（藤原）良相大臣云：太政大臣（藤原良房）偏信佛法，必不知行如此事。

中将（藤原基经）则知太政大臣（藤原良房）。大臣（藤原良房）惊，令人奏曰：左大臣（源信）是陛下之大功臣也，今不知其罪，忽被戮，未审因何事。若左大臣（源信）必可见诛，老臣先伏罪。

帝（清和天皇）初不知闻，大惊怪报，诏以不知之由，于是，事遂定矣。

尔后太政大臣（藤原良房）薨。清和天皇为之期中不举乐云云。此等事皆左相公（藤原实赖）所语也①。

伴善男谋划构陷左大臣源信这样的大事，不仅采用这么拙劣的手段，还拉拢藤原良房的弟弟藤原良相，最后因藤原基经的禀报而功败垂成。伴善男有排斥藤原氏之心，却被藤原氏扳倒，并因此事而获罪。而藤原良房则借机将反对藤原氏、投靠伴善男一派的人一网打尽，实在是老谋深算。

此外，敢于将"纪夏井刑罚过当"的记录留在历史记载之中，《日本三代实录》不愧为菅原道真（作品署名是藤原时平，因为此书献上时，菅原道真已获罪被处流放，所以他的名字被划掉了）编纂的作品，由此也可知其文笔之耿直。

---

① 承平元年（934年）九月四日，参议藤原实赖拜访重明亲王，并向重明亲王讲述了从父亲藤原忠平处听到的这段旧事。于是，重明亲王将这段旧事记录了下来。

六、断罪文二则

要了解当时法律的执行状况，可以参照史书中相关的审判记载。《日本三代实录》贞观八年（866年）十月二十五日条记载：

刑部省断罪文云：赞岐国浪人江沼美都良麻吕，杀香川郡百姓县春贞。（县）春贞妻秦净子申诉云：（江沼）美都良麻吕，于（县）春贞宅，相共饮酒，言论相斗。（县）春贞叫曰：吾被（江沼）美都良麻吕刺也。惊而见之，自左肋血出即死。同郡人秦成吉等，与（县）春贞、（江沼）美都良麻吕等，同饮之人也，而相斗之场，虽以言词相谏，而遂不相救助。

国司断云：《斗讼律》云：斗殴杀人者绞。以刃及故杀人者斩。虽相斗而用兵刃杀者，与故杀同。准犯据律，合斩刑者。

又《捕亡律》云：邻里被杀，人告而不助救者，杖一百。（秦）成吉等在杀人处，不助救。准律条，各处杖一百。

刑部省复断云：国断有失。何者？案律，斗而用刃，即有害心，仍处斩刑，但不同于故杀。而引故杀及用兵刃杀等之文，此国司之谬断也。

又（秦）净子词云：（秦）成吉等与（县）春贞、（江沼）美都良麻吕相斗之场，虽以言词相谏，而遂不救。（秦）净子闻（县）春贞之叫，才知被刺。然则（秦）成吉等醉中不觉（江沼）美都良麻吕害（县）春贞之心，非闻告而不助，见刺而不救者也。仍改断无罪。

《断狱律》云：官司断罪，先于人者减三等。

《名例律》云：五位及七位以上，犯流罪以下，各减一等。判断之失，既由判官。

仍正七位下行掾高阶真人全秀（即高阶全秀）、正六位上行左近卫将监兼权掾藤原朝臣房雄（即藤原房雄）为首。（高阶）全秀身带七位，例减一等，合杖六十，赎铜六斤。（藤原）房雄遥授，不预其事，合免其罪。

从五位下行介藤原朝臣有年（即藤原有年）为第二从，减四等，合杖六十。身带五位，请减一等，合笞五十，赎铜五斤。

参议正四位下行右卫门督兼守藤原朝臣良绳（即藤原良绳）、从四位上行皇太后宫大夫兼权守藤原朝臣良世（即藤原良世）为第三从，亦是遥授，合免其罪。

正六位上行大目秦忌寸安统、正七位上行少目阿岐奈臣安继为第四从，减六等，合笞四十。身带七位以上，例减一等，合笞三十，赎铜三斤。（以上官员分别为赞岐国守、介、掾、目。）

越前国足羽郡人生江恒山、因幡国巨浓郡（今岩井郡）人占部田主等，殴备中权史生大宅鹰取女子。

（生江）恒山等言：随私主右卫门佐伴宿祢中庸（即伴中庸）教，殴（大宅）鹰取女子。

《斗讼律》云：威力使人殴击，而死伤者，虽不下手，犹以威力为重罪，下手者减一等。

又云：故杀人者斩。（生江）恒山、（占部）田主等，随（伴）中庸教，非因斗争杀（大宅）鹰取女子。须以（伴）中庸为首，处斩刑。而身犯大逆，降配远流，不更断罪。（生江）恒山、（占部）田主为从，减一等，并合远流者，降恩诏，斩刑减死一等，处之远流。

由此可知当时审判制度的严谨。

七、重建应天门

贞观十三年（871年），应天门重建工程终于完工。关于"应天门"的名号，当年还引起了争论。《日本三代实录》贞观十三年（871年）十月二十一日条记载：

应天门火灾之后①，现已修复完成。明经、文章等博士提议"应天门"的名号是否可以改掉？且"应天门"名号的由来是什么？而"朱雀""罗城"等城门名号的由来又是什么呢？

从五位上行大学头兼文章博士巨势朝臣文雄（即巨势文雄）认为：宫殿城门等，在火灾之后改名之类的事情，两汉以前，未必有此事。

但魏明帝（曹叡）青龙二年（234年），崇华殿大火，一直烧到南阁。修缮之后，青龙三年（235年）七月又再次遭灾。高堂隆认为

---

① 原文：应天门火灾之后，修复既讫，令明经文章等博士，议应天门可改名欤？又名应天门，其义何据？又朱雀罗城等门，名义如何？
从五位上行大学头兼文章博士巨势朝臣文雄（即巨势文雄）议言：宫殿城门等火灾之后，更改其名者，两汉以上未必有此事。但魏明帝青龙二年（234年）四月，崇华殿灾，延于南阁，缮复之后，至（青龙）三年（235年）七月，此殿又灾。
高堂隆以为：不可更为营造。（魏明）帝不从，遂复崇华严殿，曰九龙殿。
唐玄宗天宝二年（743年）东京应天门灾，延烧至左右延福门。天宝二年（743年）十一月应天门成，改曰乾天门。
本朝制度，多拟唐家，凡天灾人祸，其名虽异，宗而论之，皆是非国之休征。然则修复之后，除其旧号，更制嘉名，不亦宜哉。
又洛都宫城门，是谓应天门，案《礼含文嘉》曰"阳顺人心应于天"。然则应天之名，盖取诸此乎。
又长安南面皇城门，是谓朱雀门。又大明宫南面五门正南，曰丹凤门。夫丹凤朱雀，其义是一。然则以其在南方，故谓之朱雀乎。
又称罗城门者，是周之国门。唐之京城门，西都谓之明德门，东都谓之定鼎门。今谓之罗城门，其义未详。但《大唐六典注》云："自大明宫，夹东罗城复道，经通化门磴道，而入兴庆宫焉。"今案其文势，盖此罗门之意乎。
从五位上行大学博士兼越前权介菅野朝臣佐世（即菅原佐世）、从五位下行助教善渊朝臣永贞（即善渊永贞）、外从五位下船连副使麻吕等议言：（鲁）定公二年（前508年）《左传》云"夏五月壬辰，雉门及两观灾。冬十月，新作雉门及两观"。
《毛诗》云："乃立皋门，皋门有伉。乃立应门，应门将将。"（诸侯之宫外门曰皋门，朝门曰应门。内有路门。天子之宫加以库雉也。）
《（毛诗）正义》云："鲁有库门雉门。"
《（礼记）明堂位》云："库门，天子皋门。雉门，天子应门。"是则名之曰库雉，制之如皋应。
鲁以周公之故，成王特褒之，使制二兼四，则其余诸侯不然矣。
与群臣决事之朝，在应门之内。故以应门为朝门也。
件等文，鲁有三门库雉路，兼天子五门皋库雉应路。然则彼鲁三门，与本朝三门，其义相当。
即雉鲁之天灾，犹不改名。今此应天门，既是人火，仍旧谓之，何必更改。但名曰应天、朱雀、罗城之义，经典无见焉。

不应再修此殿，但魏明帝（曹叡）没有答应。于是，重修崇华殿，并改名为九龙殿。

唐玄宗（李隆基）天宝二年（743年），东京（洛阳）应天门发生火灾，一直烧到左右延福门。天宝二年（743年）十一月，应天门重建完成，改名乾天门。

日本的制度，多仿大唐，不管天灾还是人为纵火，叫法虽然不同，但总而言之，都不是什么吉兆。所以重修之后，去除旧号，重拟嘉名，也不是不可以。

京都的城门叫应天门，《礼含文嘉》①记载："汤顺人心应于天。"应天门的名字就是出自这里。

长安南面的皇城门，叫朱雀门。大明宫南面五门中，正南门叫丹凤门。丹凤和朱雀，意思是一样的。因为在南面，所以叫朱雀门。

至于罗城门，是周的国门。唐朝京城的大门，西都叫明德门，东都叫定鼎门。现在叫它罗城门，意思不明。但《大唐六典注》记载："自大明宫，夹东罗城复道，经通化门磴道，而入兴庆宫焉。"根据这里的文字，"罗"应该是"罗列"的意思。

从五位上行大学博士兼越前权介菅野朝臣佐世（即菅原佐世）等奏议：（鲁）定公二年（前508年）《左传》云"夏五月壬辰，雉门及两观灾。冬十月，新作雉门及两观"。

《毛诗》记载："乃立皋门，皋门有伉。乃立应门，应门将将。"（城郭的外门叫皋门，王宫的正门叫应门。最里层的正门叫路门，加上库门和雉门，合称天子的"五门"）

《毛诗正义》记载："鲁有库门、雉门。"

《礼记·明堂位》记载："库门，天子皋门。雉门，天子应门。"所以名叫库、雉，但实质是皋、应。

---

① 《礼含文嘉》，汉代的《礼经》解读类书籍。

鲁国因为周公的缘故，得到周成王特别褒奖，将二门增至四门。其余的诸侯国就没有这个礼遇。

群臣商议政事的地方，在应门在里面，所以应该叫朝门。

根据以上的古籍，鲁国有三门，即库门、雉门、路门。天子的五门包括皋门、库门、雉门、应门、路门。而鲁国的三门和日本的三门，意义是一样的。

鲁国的雉门，虽然遭遇天灾，也没有改名。而这次应天门失火，是人为纵火，因此沿用旧名即可，不必更名。

不过，应天、朱雀、罗城的名字的含义，在古籍经典中没有记载。

所以，依旧沿用"应天门"的名号。

第4节 立太子、《贞观格式》、火烧大极殿

一、立太子、藤原高子

《日本三代实录》记载：

贞观十一年（869年）二月己丑朔，立贞明亲王为皇太子。是日，以大纳言藤原朝臣氏宗（即藤原氏宗）为兼东宫傅，文章博士橘朝臣广相（即橘广相）为学士，参议民部卿右卫门督伊予守南渊朝臣年名（即南渊年名）为春宫大夫，刑部少辅藤原朝臣门宗（即藤原门宗）为亮，从五位下藤原朝臣清经（即藤原清经）为大进。

贞观十一年（869年）二月十一日己亥，先是，皇太子（贞明）诞于太政大臣（藤原良房）东京染殿第。是日移入东宫。

《日本三代实录》阳成天皇（贞明亲王）条记载：

太上天皇（清和天皇）之第一子也，母皇太后（藤原高子），赠太政大臣正一位藤原朝臣长良（即藤原长良）之女也。后兄右大臣藤原朝臣基经（即藤原基经）初梦，后露卧庭中，苦腹胀满，顷之腹溃，气升属天，即便成日。其后后（藤原高子）以选入掖庭，遂有身焉。去贞观十年（868年）十二月十六日乙亥，生帝（阳成天皇）于染殿院。（贞观）十一年（869年）二月一日，天皇（阳成天皇）立为皇太子，诞育三月矣。

《大镜》记载：

五十七代阳成天皇，（中略）御名讳贞明，清和天皇第一皇子。（中略）其母皇太后藤原高子，比清和天皇年长九岁①，二十七

阳成天皇

---

① 藤原高子生于承和九年（842年），清和天皇生于嘉祥三年（850年），所以应该是年长八岁。《大镜》原文是九岁，此处按原文。

岁时生下阳成帝。元庆元年（877年）丁酉正月，藤原高子被封为皇太夫人①，被尊为中宫。

（中略）这位皇后（藤原高子）进宫之前，曾与中将在原业平秘密交往，还曾被在原业平带走离家。当时，藤原高子的兄弟大臣藤原基经与大纳言藤原国经还年轻，他们把藤原高子找了回来。"今朝请勿烧枯草，我与情郎伏草中"②这句诗就是出自这里。后来"闲梦忆前朝"③这句诗，说的也是这件事。

这位藤原高子是藤原家精心培养的千金小姐，所以应该是她的美貌让清和天皇一见倾心吧！因为藤原高子与藤原明子（清和天皇的母亲）是近亲（藤原明子与藤原高子是堂姐妹），所以清和天皇可能是在藤原明子的住处见到藤原高子的吧！（中略）

现在的人很多都不记得《古今和歌集》和《伊势物语》了，把"如见却非见，尽日恋伊人"④这句诗当作了藤原高子和在原业平的故事。（中略）

后世所说的"二条皇后"，指的就是这位藤原高子。

《伊势物语》里有个有名的故事（第六话）：

从前，有一个男子，爱上了一个可望而不可即的女子，（中略）有一天，他深夜将她偷出，相偕逃走，沿着芥川河。这位女子从小养在深闺，不认得露珠，看见路旁的草上处处有露珠闪闪发光，便问男子："那些是什么东西呢？"然而，前途辽远，而且夜已很

---

① 皇太夫人，对以女御身份成为天皇生母的后妃的尊称。后多会晋升为皇太后。
② 这句诗出自《伊势物语》第十二话。故事见后文。
③ 这句诗出自《伊势物语》第七十六话。大意是：藤原高子与清和天皇所生的贞明亲王被立为皇太子之后，藤原高子循例前往大原神社参拜谢神。她当年的恋人在原业平作为随行官员一同前往。在原业平看到昔日的恋人，物是人非，心中只有祝福，于是，咏诗道："原上老松树，应多阅世年。我今年已迈，闲梦忆前朝。"
④ 这句诗出自《伊势物语》第九十九话，被收录在《古今和歌集》第四百七十六首。

深，因此男子没有答话的余裕。（中略）两人来到了一个有鬼的地方。（中略）男子守在屋外焦急地等待着天明，谁知鬼却一口就把女子吞了。（中略）天明之后，男子回到屋里，却已经没有了女子的踪迹。男子捶胸顿足痛哭，却也无济于事。他伤心地咏诗一首：

　　问君何所似，白玉体苗条。君音如秋露，我欲逐君消。

　　这个故事发生在二条皇后藤原高子在堂姐文德天皇女御藤原明子身边侍奉时，（中略）藤原高子曾被一名男子偷偷带走，她的兄长堀川大臣藤原基经和大纳言藤原国经当时身份还比较低微，在进宫的路上发现了她，（中略）于是，把他带了回来。故事里说的"有鬼"，就是对这件事的影射。
　　"我与情郎伏草中"这句诗，也是出自《伊势物语》（第十二话）：

　　从前，有个男子，偷偷带走了别人家的女儿，逃到了武藏野，（中略）被当地巡查的守卫抓住了。（中略）当时，巡查的守卫说："盗贼应该藏在这草丛中，我们放火把这里烧了吧！"于是，女子哭喊道："今朝请勿烧枯草，我与情郎伏草中。"

　　不过，《伊势物语》原本就是虚构的故事，将二条皇后藤原高子的故事进行这样的艺术加工，也只是为了丰富主人公在原业平风流浪荡的形象。
　　尽管发生了这样的事情，但藤原高子后来还是被送进了皇宫，所以这件事其实还是需要避讳的。当时摄政藤原良房没有儿子，所以将兄长藤原长良的嫡子藤原基经收为养子。藤原基经以养父藤原良房继承人的身份进入政界，为了当上外戚，更好地把控政权，所以才把妹妹藤原高子送进了皇宫吧！

二、《贞观格式》

　　贞观十一年（869年）四月，《贞观格》完成。《日本三代实录》摘录其序文如下：

贞观十一年（869年）四月十三日庚子，撰《贞观格》毕。大纳言正三位兼行皇太子傅藤原朝臣氏宗（即藤原氏宗）、参议民部卿正四位下兼行春宫大夫伊予守南渊朝臣年名（即南渊年名）、参议正四位下行左大辨大江朝臣音人（即大江音人）、从四位上守刑部卿菅原朝臣是善（即菅原是善）、散位从五位下上毛野朝臣永世（即上毛野永世）、勘解由使次官从五位下纪朝臣安雄（即纪安雄）等，诣阙奉进。

其都序曰：《律》曰：断罪须引律令格式正文。《令》曰：犯罪未断决，逢格改者。然则格者，律令之条流，政教之锐轨①。君与百姓共之者也。（中略）

向者，弘仁十一年（820年）四月二十一日，施行《格》十卷。此乃公卿百官，奉诏简旧史之凡要，抄新制之大纲。（中略）

如今，时历五代，年及六旬，文质暗迁，沿革自至。诏草盈于台阁，文案溢于缣囊。（中略）即诏故右大臣赠正一位藤原朝臣良相（即藤原良相）等，令因循旧格，综缉新符。未及成功，岁月迁往。大纳言正三位兼行皇太子傅藤原朝臣氏宗（即藤原氏宗）等，前与右大臣，共承冲旨。（中略）仍与参议民部卿正四位下兼行春宫大夫伊予守南渊朝臣年名（即南渊年名）（以下人名前文已列出，故省略）、大外记正六位上臣南渊朝臣兴世（即南渊兴世）、正六位上行左少史臣大春日朝臣安永（即大春日安永）、正六位上行弹正少忠臣布瑠宿祢道永（即布瑠道永）、正六位下行大学大属臣山田宿祢弘宗（即山田弘宗）等，上起弘仁十载（819年）之明年，下至贞观十年（868年）之晚节，择成规于州郡，搜故实于官曹，事与先格异者，举而取之，理与旧例同者，推而弃之。

凡格者，盖以立意为宗，不以能文为本，故省其繁丽之文，增其精微之典。（中略）

---

① 锐轨，车辕与衡轭联结处插上的销子。

因诏，撰《贞观格》十卷奏闻。若理轻作格，事足为仪，专弃之如遗，兼取之似碎，更撰为两卷，同以奏上。准《开元留司格》，号《贞观临时格》。

之后，贞观十三年（871年）八月，《贞观式》完成（与《弘仁式》同类），也是藤原氏宗等人奉清和天皇诏命编撰。朝廷下令将两书颁布至各司、各国，并要求遵照执行。

三、清和天皇亲政

《日本三代实录》贞观十三年（871年）二月条记载：

贞观十三年（871年）二月十四日庚寅，（清和）天皇御紫宸殿视事。承和（仁明天皇在位期间，834年到848年）以往，皇帝每日御紫宸殿，视政事。仁寿（文德天皇在位期间，851年到854年）以降，绝无此仪。是日，帝（清和天皇）初听政，当时庆之。

在此之前，国家大事都是由摄政裁决。从这一天起，清和天皇才开始亲政，于是，普天同庆，百官朝贺。

当时清和天皇已经成人，所以亲政也是理所当然的。不过，这时藤原良房身体病弱，不堪政事，也是清和天皇得以亲政的一个重要原因。同年，即贞观十三年（871年）四月十日，清和天皇特别赐封藤原良房为从一位，当时的圣旨大意如下：

太政大臣，朕外祖父藤原朝臣（即藤原良房），风光沉远，气度非凡。朕犹在襁褓之时，赖其保生，义为君臣，恩过父母，盖有不世之功，须受非常之宠。然其心鸣谦，恭让不已。今朕已成年，大臣（藤原良房）颓龄渐暮，若遂播声之美，不崇加异之章，则恐当时后代将归谤于朕躬身。

> 夫太政大臣，法当食邑三千户，及随身兵仗，国有成式。先帝（文德天皇）时恩宠，曾给予大臣准三公及年官的俸禄、封邑。但大臣（藤原良房）固辞两千，只享一千，随身兵仗等，皆辞不受。
>
> 朕以为，现应全其封户三千，并设内舍人二人，左右近卫、左右兵卫各六人，作为随身之兵，并有带仗资人三十人。而年官及准三宫之事，应尊先帝（文德天皇）遗诏。此皆为先朝恩宠，朕无一加益。仍欲增一位之余阶。

诏书中"恩过父母"一句，实在是分量极重了。

四、藤原良房去世

次年，即贞观十四年（872年），《日本三代实录》贞观十四年（872年）三月七日条记载：

> （大意）太政大臣（藤原良房），患咳逆，自贞观十四年（872年）二月十五日离开禁中值庐后，一直蛰居私宅之中。当日，以五十万钱，充当祈祷之费。

由此可知藤原良房的富裕程度。尽管早在仁明天皇时期，朝廷就曾限制了祈祷、法会及施舍物品等的规模，但就如俗语"三日法度"所说，这个法规只执行了极短的一段时间。

文中的"值庐"，就是字面意思，大臣值宿的地方。

《日本三代实录》贞观十四年（872年）四月朔日条记载：

> （大意）此前，太政大臣（藤原良房）被赐长居禁中值庐，常留不出，直至病发，于是，退出禁中，返回宫外府邸。

后世藤原氏担任摄政、关白时，常常留宿禁中，便是效仿藤原良房。

由于藤原良房患病，贞观十四年（872年）三月九日，清和天皇下诏，大赦天下。诏书大意如下：

> 朕外祖太政大臣藤原朝臣（即藤原良房），功盖三代，位极上台，自朕在襁褓之中，以至今时，顾其保佐之功，岂以周公旦、汉霍光为伍。现因病寝于私府，日月弥留，珪币相继，祈祷未效。朕因此患，寝食不安，心中焦虑，言之泪下。朕问之于佛经，说是度人归道之功，能救人之危命。朕副深情，纵病在膏肓，为使药石得力，特令赐度八十人。又大赦天下，云云。

贞观十四年（872年）九月二日，藤原良房离世。追赠正一位，封美浓公，赐谥号忠仁公。这是效仿养老四年（720年），藤原不比等去世时，元正天皇赐谥号文忠公，并于天平宝字四年（760年），赐淡海（近江）十二郡、封美浓公的先例。从那以后，代代恩赐不绝。

贞观十四年（872年）十二月，清和天皇循例派奉币使前往近代十皇陵及四墓（藤原镰足、藤原冬嗣夫妇、藤原良房之妻），进献荷前币时，在"四墓"之外还加上了藤原良房墓，合称"五墓"，可谓皇恩浩荡。

《大镜》记载：

> 太政大臣（藤原）良房，（中略）又被称作白河大臣或者染殿大臣，（中略）担任摄政、关白十五年，位列公卿三十年，身居大臣之位二十五年。（中略）藤原良房亡故之后，于白川下葬那天，素性法师（良岑宗贞，即僧正遍照之子，曾出仕担任右近将监，后来继承父亲的衣钵自行剃发）咏叹道：
>
> 血泪落满川，自此白川难为白。
>
> （中略）如此幸运的一个人，却没有留下子嗣，实在是可惜可叹。

所以他将兄长中纳言藤原长良的嫡子收为养子，便是后来的摄政——藤原基经。

五、火烧大极殿

《日本三代实录》贞观十八年（876年）记载：

> 贞观十八年（876年）四月十日丁巳，是夜子时，大极殿灾，延烧小安殿、苍龙白虎两楼、延休堂及北门北东西三面廊百余间。火数日不灭。

由此可见当时官殿规模之壮大。

贞观十八年（876年）四月十一日，记载：

> （大意）前丹波守安倍房上、从五位下笠弘兴因纵火嫌疑被捕。当天，诸卫昼夜巡警，倍于常仪。

可见当时朝廷对这件事极其重视。

此外，清和天皇还召集明经、纪传的博士等，咨询大极殿火灾时国君的做法。大学博士[①]善渊永贞、助教[②]善渊广岑、直讲[③]美努清名、小野当岑等奏议：根据《礼记·檀弓下》"有焚其先人之室，则三日哭"，应该哭三天。文章博士[④]巨势文雄、都良香等奏议：根据《春秋·穀梁传》，应该废朝三日，皇帝及群臣穿常服，以表忧戚之意。

后来清和天皇听取了巨势文雄等人的意见。这种应对方式成为后世的范例。

---

① 大学博士，大学寮下属明经道学者，负责教授明经道（儒学），唐名为"明经博士"，官阶为正六位下。
② 助教，大学寮下属明经道学者，负责教授明经道（儒学），唐名为"国子助教"，官阶为正七位下。
③ 直讲，大学寮下属明经道教官。
④ 文章博士，大学寮下属纪传道学者，负责教授汉文学和中国正史等，官阶为正七位下。

贞观十八年（876年）四月二十七日，记载：

> （大意）挑选近卫、兵卫等勇敢者，在东西京中，每夜巡逻。

可见当时京中人心不安。

贞观十八年（876年）四月二十八日，清和天皇命木工权大允惟良安宗等赴伊纪国采集重建大极殿所需木材。贞观十八年（876年）六月开始重建。历时四年，元庆三年（879年）十月完工。

六、传位皇太子及藤原基经摄政

同年，即贞观十八年（876年）十一月，清和天皇突然退位。《日本三代实录》记载：

> 贞观十八年（876年）十一月二十七日庚子，（清和天皇）车驾幸染殿院。
>
> 贞观十八年（876年）十一月二十八日辛丑，（清和）天皇有意让位，故出居外宫。遣使守内外之要害之处，以戒不虞。（中略）各赍敕符木契，一时驰赴。
>
> 贞观十八年（876年）十一月二十九日壬寅，皇太子（贞明亲王）出自东宫，驾牛车，诣染殿院。是日，（清和）天皇让位于皇太子（贞明亲王），敕右大臣从二位兼行左近卫大将藤原朝臣基经（即藤原基经），保辅幼主，摄行天子之政，如忠仁公（藤原良房）故事。其诏曰：（中略）而君临渐久，年月改随，热病频发，御体疲弱，不堪听朝政。加以比年之间，灾异繁见，天下无宁。每思及此，忧伤弥甚。是以脱屣此位，治赐御病，镇息国家之灾害。念行年久，然为待皇太子（贞明亲王）成人，于今经数年。今所思，朕昔以幼稚得钟此位，赖贤臣之保佐，得至于今日。（中略）故是以授赐此位于皇太子贞明亲王。（中略）

又左大臣源朝臣（嵯峨帝皇子源融，世称河原左大臣）为性萧疏，不耐仕奉朝务，先先①申乞殷勤，朕且不欲夺其志。

右大臣藤原朝臣（藤原基经），取持内外之政，勤于仕奉，夙夜不懈。又皇太子（贞明亲王）之舅氏也。见其情操，寄托幼主。然则少主未亲万机之间，摄政行事，如忠仁公（藤原良房）之保佐朕身，相扶仕奉。（中略）

皇太子（贞明亲王）受天子神玺宝剑，御凤辇，归于东宫。文武百官扈从如常仪。

贞观十八年（876年）十二月八日，清和天皇获太上天皇尊号。《日本三代实录》记载：

敕令所司，奉白绫二百匹、绫三百匹、白绢五百匹、绢二千匹、帛五百匹、白丝三百绚、丝七百绚、细屯绵千屯、石见绵四百屯、调绵一万屯、庸绵五千屯、绵细布千端、调布二千端、新钱二百贯文于太上天皇宫。又奉充御封二千户。

《大镜》记载：

（清和天皇）在位十八年，于贞观十八年（876年）十一月二十九日在染殿院退位。元庆三年（879年）乙亥五月八日出家，时年三十，世称水尾帝。

《神皇正统记》记载：

清和天皇心归佛法，常怀脱屣之志，经慈觉大师受戒，得授法

---

① 先先，原文如此。据文意，当指很早以前。

号素真。在位的帝王领受法号，是极罕见的事情。（中略）清和天皇让位于皇太子（贞明亲王），三年后出家，作为慈觉大师的弟子接受灌顶，然后在丹波一个叫作水尾的地方修行。不久后去世，时年三十一岁。

《日本三代实录》记载：

（大意）元庆三年（879年）五月四日，太上天皇（清和）自清和院迁至粟田院，此处为藤原基经之山庄，位于鸭川以东。

元庆三年（879年）五月八日，太上天皇（清和）落饰出家，当时权少僧都宗睿在旁侍奉。

元庆三年（879年）五月二十日，天皇（阳成）下诏，命大和国进米百斛于清和院，以充太上天皇（清和）头陀山中之费。

元庆三年（879年）十月二十三日，进献绵二千屯、钱一百贯文于粟田院，以充太上天皇（清和）临幸大和国之费。

元庆三年（879年）十月二十四日，太上天皇（清和）临幸大和国，六府将曹、志府生，每府各一人，近卫、兵卫、各门部十人充当护卫，太上天皇（清和）尽数斥退，只留参议治部卿在原行平、参议右大辨藤原山荫随行。

次年（元庆四年，即880年）三月，太上天皇（清和）将伊势、尾张两国进献给清和院的白米一百斛转送给丹波国水尾山寺。当时，太上天皇（清和）巡游大和、摄津等地的名山佛寺，留居水尾山寺。

元庆四年（880年）八月，太上天皇（清和）自水尾山寺回到京都嵯峨栖霞观，此处是左大臣源融的山庄。之后又移驾粟田圆觉寺，即粟田院。

元庆四年（880年）十二月四日，太上天皇（清和）于粟田院驾崩。得年三十一岁。太上天皇（清和）心寄佛陀，笃习佛经，遍游山城国贞观寺、大和国东大寺、香山、神野、比苏、龙门、大泷、摄津国胜尾山等诸国名山大寺，诚心礼佛。从胜尾山回到山城国海印寺后，又进入丹波国水尾山。之后便断绝酒醋盐酱，每隔两三天进一次斋饭，每日苦修，焦毁如削，寝疾大渐，命近侍僧人，诵《金刚轮陀罗尼》。太上天皇（清和）正向西方，结跏跌坐，手结定印而逝，御体不动，俨然如生，念珠犹在手中。于是，太上天皇（清和）御棺，形如轿舆。按照太上天皇（清和）遗诏，于山野中荼毗（火化）。

元庆四年（880年）十二月七日，葬于山城国上粟田山，并依据遗诏，不建皇陵，百官及诸国无须素服举哀之礼，丧事一切从简。

七、清和天皇让位的缘由

关于清和天皇让位的理由，前面的诏书中写了"御体疲弱，不堪听朝政""灾异繁见""忧伤弥甚"等。《日本三代实录》记载：贞观十一年（869年）五月二十六日，

（大意）陆奥国上奏：地有大震动，流光隐映如昼。顷刻之间，人民叫唤，伏地不能起。或被房屋压死，或因地裂被埋，马牛惊骇狂奔，或相互踩踏。城郭仓库、门橹墙壁，破落倾覆，不知其数。海口咆哮，声似雷霆，惊涛涌潮，忽至城下。距海数十百里之地，忽而浩浩汤汤，不辨其涯。原野道路，忽为汪洋，乘船不遑，登山难及，溺死者千人许。资产苗稼，皆无所遗。

又有隐岐国上奏：

（大意）贞观七年（865年）、八年（866年）两年之间，因疫病而死之人三千一百八十九人。

当时几乎年年遭灾，而且灾情严重。尤其是大极殿大火，震惊朝野。这些应该都是清和天皇退位的原因之一。

还有一点就是，皇太子（贞明亲王）体格健硕，天生勇武，这一年刚满九岁。清和天皇应该是为皇太子（贞明亲王）的将来考虑，希望藤原基经能像藤原良房辅佐自己一样，尽心辅佐皇太子（贞明亲王），便将皇太子（贞明亲王）与国家大事都托付给了藤原基经。

八、清和源氏

《大镜》记载：

> 清和天皇的子孙，就是现在武士中的源氏一族，担负着朝廷的守卫之责。

世人所说的"清和源氏"，也就是后来的"国之干城"①，都是清和天皇第六皇子贞纯亲王的后代，也就是六孙王源基经的子孙。

贞观十五年（873年）四月，曾有过一次大规模的"赐姓源氏"，清和天皇的皇子长猷（母贺茂氏，越中守贺茂岑雄之女）、长渊（母大野氏、前石见守大野鹰取之女）、长鉴（母佐伯氏，信浓权介佐伯子房之女）、皇女载子（与长猷同母）四人被赐姓源氏②，而源基经的赐姓则在这之后。然而，闻名于世的清和源氏全都是源基经的子孙，没有其他清和源氏，也挺不可思议的。

第5节　出羽的夷乱

一、出羽夷俘叛变

嵯峨天皇时期以来，随着文化与经济的发展，国家太平无事，百姓驯良

---

① 干城，指盾牌和城墙，比喻捍卫者。
② 赐姓源氏，当时有八名皇子皇女被封为亲王，四位皇子皇女被赐姓源氏。源基经的父亲贞纯在这次册封中被封为了亲王。

温和，兵戎不起。《日本三代实录》记载，贞观十二年（870年），太宰大贰藤原冬绪上奏：

> （大意）军旅的储备中烽火最重要。但近十年来，国家无战事，虽设有烽火，但人皆不知如何调用。若遇非常事，则如何通知？应下令管内各国各岛，试焚烽火，彼此相通，以备不虞。

太宰府是与海外各国交流最重要的窗口。如果有新罗海贼来袭，"烽火"则是传递信号最重要的工具，而已经没人知道"烽火"怎么调用，可见当时社会的安逸。所以，为了镇守虾夷而设置的奥羽两郡，也因为人心安逸，虾夷俘虏乘虚叛乱，夷祸再起。

《日本三代实录》元庆二年（878年）三月二十九日条记载：

> 出羽国守正五位下藤原朝臣兴世（即藤原兴世）飞驿上奏：夷俘叛乱。今月（元庆二年即878年三月）十五日，烧损秋田城并郡院屋舍、城边民家。仍且以镇兵防守，且征发诸郡军。

之后，元庆二年（878年）四月四日，藤原兴世再次上奏：

> （大意）上月（元庆二年即878年三月）十七日，曾上奏秋田郡城邑官舍民家，为凶贼所烧亡之状。其后，派权掾小野春泉、文室有房等，带领精兵，入城合战。夷党日增，敌众我寡。城北郡南，公私舍宅，皆悉烧残，杀人掳物，不可胜数。该国武器兵仗，多在该城。举城烧尽，一无所剩。加上去年（元庆元年，即877年）收获不丰，百姓饥敝，军士不勇。云云。

元庆二年（878年）六月七日，藤原兴世又有奏报：

权掾小野春泉、文室有房等，在秋田营，元庆二年（878年）四月十九日，遣最上郡拟大领伴贞道、俘魁（归顺的夷人首领）玉作宇奈麻吕等，率领官军五百六十人，前往探查敌军情况。路上遇到夷贼三百余人，展开战斗，射伤夷贼十九人。官军七人受伤，伴贞道中流箭而死。

元庆二年（878年）四月二十日，贼众增加，官军不敌，引退回营。

第二天，凶徒来袭，两军相接，夷贼死亡五十三人，负伤三十人。官军死伤者共计二十一人。夺取贼弓三十一张、箭筒二十五个，袄十七领，以及米谷稻粮等。并烧毁贼庐舍十二间，活捉七人。官军疲惫至极，箭矢用尽，所以退兵回营。

本月（元庆二年即878年六月）七日，再次派遣玉作宇奈麻吕，前往高处观察敌情，不久遭遇夷贼，两军交战，玉作宇奈麻吕战死。其后，又有俘囚三人来传话：夷贼希望划秋田河以北，作为己方领地。后来，又发现有夷贼五人，身穿甲胄，埋伏在草中。于是，派遣轻兵百余人追杀。

当天，藤原兴世还报告：

出羽权介藤原统行，及小野春泉、文室有房等，进至秋田旧城，积蓄兵甲粮草，与陆奥押领使大掾藤原梶长等率领的援兵会合，共五千余人，守在城中。贼军突袭，四面围攻，官军力战，但贼军势大，权介藤原统行等战败而归。文室有房死战，杀敌数人，身负箭伤，军无后继，只身逃回。藤原统行之子及权弩师神服直雄战死。被敌军夺走甲胄三百领、米粮七百硕①、被子一千条、马一千五百一十九匹。其余武器粮草，一无所剩。

---

① 硕，通"石"，容量单位，一石等于十斗。

于是，朝中公卿将出羽驿使丸部泷麻吕召回，询问军情。丸部泷麻吕回答：

> 出战官军，全无斗志，望敌奔窜，一心求存。唯独文室有房死战，不顾生死，被流箭射中左脚踝，矢尽而还。

元庆二年（878年）六月十六日，藤原兴世上奏：

> 贼军势强，人数与日俱增，固守营所，毫无去意。官军畏惧，纷纷逃散。陆奥国援军两千人，及押领使大掾藤原梶长等，都偷偷从小道逃走了。

由此可知，中间部分的奏报有虚假的成分。

二、藤原保则与小野春风

由于之前出羽国司的急报，元庆二年（878年）五月四日，阳成天皇下诏：

> 命右中辨藤原保则为出羽权守，左卫门权少尉清原令望为出羽权掾，并发敕符命陆奥及两野出兵支援。

后来，阳成天皇又封从五位下小野春风为陆奥镇守将军，并命东海、东山各国，挑选精锐士兵，前往出羽国支援。即：伊势国二十人、三河国二十人、远江国十人、骏河国三十人、甲斐国二十人、相模国二十人、武藏国三十人、下总国三十人、常陆国五十人、美浓国三十人、信浓国三十人。并向相模国征收绵一千屯，送往出羽国，作为制作军衣、军被的材料。

关于当时叛军的根据地，元庆二年（878年）七月十日出羽国上奏说：

> 文室有房、清原令望等，率领上野援兵六百人，驻扎在秋田

河以南，拒贼军于秋田河以北。秋田城下的贼地，包括上津野、火内、榲渊、野代、河北、腋本、方口、大河、堤、姊刀、方上、烧冈十二村也。归化的俘地，包括添河、霸别、助川三村，于是，官军命这三个村的俘囚并良民三百余人，拒贼于添河。随后，官军将进攻雄胜城与后浸府。雄胜城是十道要冲，国家的要害之地。于是，官军派左马（权）大允藤原滋实等，将雄胜、平鹿、山本三郡的库粮分发给郡内及前面三区的夷房。

之后的战况，史书上没有记载，所以无法知道详情。

不过，能够看出，小野春风等的职责，是以镇抚为主。《日本三代实录》元庆二年（878年）十月十二日条记载：

出羽国司飞驿奏言：秋田营申牒称，元庆二年（878年）八月二十九日，逆贼三百余人，来于城下，愿见官人，时得乞降。

权掾文室真人有房（即文室有房）、左马权大允藤原朝臣滋实（即藤原滋实）二人，单骑直到贼所。贼先申心忧，次乞降。（文室）有房等虽不被明诏，而预听其降。（中略）

元庆二年（878年）九月二十五日，小野朝臣春风（即小野春风）率军四百七十人，来着秋田营以北，即言曰：（小野）春风重含诏，先入上津野，教喻贼类，皆令降服。贼首七人，相从同来。从去八月，乞降之贼，相续不绝，野心难量，抑而不许。今（小野）春风自入贼地，取其降书，亦其首豪，随而共来，以此见之，知有降心。但义从俘囚[①]等申云："奉从国家，为贼所怨，若不殄灭，后必相报。"（中略）俘囚所陈亦有道，（小野）春风所行亦复不虚。臣等不知所裁，谨伫明诏。

[①] 义从俘囚，指早先归顺朝廷，自愿加入军队镇压叛贼的夷俘。

从文中可知，藤原保则等希望剿灭，但小野春风主张镇抚。于是，元庆二年（878年）十月十三日，阳成天皇下旨：

（前略）今逆虏悔过，请欲归顺，其于容许，有何不题。但古之降者，去其甲兵，面缚待命，裁得制其死生，然后可谓降伏。归降之法，若同旧制，早速容受。（中略）若怀两端，言与事异，奋我兵威，一举诛灭。（后略）

关于夷贼归降之后的状况，元庆三年（879年）正月十一日条记录：

（大意）清原令望等奏议：今乞降之贼二百人，所进兵甲仅二十余，野心难测，疑是矫饰。

小野春风奏议：（小野）春风亲入贼地，具知悔过乞降之心。

虽然清原令望的建议自有道理，但小野春风的想法也有可取之处。所以朝廷决定先行慰纳，暂缓严诛。

同时，渡岛（今北海道）夷首一百零三人，率领族人三千余人，至秋田城，与未参战的夷人百余人一起，归服圣化。权介藤原统行、权掾文室有房赐食，并上奏朝廷：

元庆三年（879年）三月二日壬申，出羽权守藤原朝臣保则（即藤原保则）飞驿奏言曰："（中略）须依去（元庆三年，即879年）正月十三日敕符旨，（中略）不能进止。何者，臣等所赐诸国之兵一千八百余人，上野、下野两国各八百人，陆奥国追还散卒二百人是也。以此辈，且击破奥贼之士卒，且讨平近城之反虏。（中略）相待陆奥镇守将军小野朝臣春风（即小野春风）、权介坂上大宿祢好荫（即坂上好荫）等之间，未有所定。

（中略）爰古老言曰：'用兵之道，尤在练士。固塞其后，出征入休。'动静去留，莫不据此。又当国形势，地迫北陆，秋天多雪，当此之时，营堑难恃。不如选练士卒，修造城栅。（中略）臣等用古老之言，选诸国之军，为上兵者一千人，分配官人，令其劳赐。但当土之卒，缘无甲胄，不能辄进。交杂诸国之军，令增兵众之势。其中国兵、担夫，役立栅之事，还向本国。（中略）凡当土可有兵士镇兵一千六百五十人，而承前国司，元置千人。今计诸国见留之兵，未及当土例兵之数。臣等定城下之后，殊回方略，此待临兵，作为城栅，军士得休，国内无虑。

其后贼三百许人，诣秋田城乞降，虽然不受其降。（中略）厥后贼类亦来请降，返进官物。臣等依彼来降，渐计利害。征战之弊，非只一途。去延历年中被下当道阵图，以一万三千六百人为一军，分作三军，辎重八百人，担夫二千人。而今上野、下野两国之军一千六百人，辎重担夫二千余人。（坂上）好荫所率之兵五百人，辎重担夫千余人。因此言之，多违旧例。（中略）

国内黎民，苦来苛政。三分之一，逃入奥地。所遗之民，承数年之弊，无自存之方。况军兴以来，运转军粮，去今两年（元庆二年、元庆三年，878年到879年），少时不息。无用之卒，骚动部内。（中略）管最上郡，道路岖绝，大河急流，中国之军，路必经此，迎送之烦，不可胜计。今重请大兵，将讨降虏，国敝民穷，难可克堪。若慰抚部内之穷卒，验出奥地之逃民，留国中之甲胄，选当土之例兵，则降虏虽反，亦不足畏。（中略）但臣等以为，贼寇无闻，年代稍久，因此变乱，不穷诛勤，恐绥御如失，边难不绝。更发大军，扑灭无遗，国家之长策，天下之上计也。"（后略）

这份奏报首先陈述了己方领兵的状况，然后引用了兵书，阐述了自己的用兵之道。接下来分析了当地的地形、气候，以及军队的状况，甚至直言如果让担夫帮忙修建城栅，可能导致他们逃回本国的实情。随后陈述本国（出羽国）备兵之数，远超各国，丝毫不敢松懈。接下来从招降之策的合理性，谈到战争的利弊及用兵的艰难，最后依然表示：如果朝廷希望剿灭夷贼，那么将士也将不遗余力。这份奏报，可算是面面俱到、巨细无遗了。

元庆三年（879年）六月二十六日，藤原保则再次奏报：

（前略）谨奉去（元庆三年，即879年）三月五日敕符旨，诸国军士，解阵放却，并留中国甲胄，及置当国例兵。（中略）配置当国例兵一千六百五十七人，大毅一人、小毅三人、主帐三人、校尉二十人、旅师四十人、火长六十人、列士八十人、镇兵六百五十人。

秋田城司正六位上行左卫门少尉兼权掾清原真人令望（即清原令望）、右近卫将曹从七位下兼行权大目茨田连贞额、正六位上行权大目春海连奥雄、校尉七人、旅师十六人、火长二十四人、列士三百零三人、镇兵四百五十人、加兵士三百五十人。

雄胜城司从五位下权掾文室真人有房（即文室有房）、正七位上行权掾藤原朝臣有武（即藤原有武）、正六位上行权大目他户首千与本、从六位下行少目丰冈宿祢继雄（即丰冈继雄）、校尉六人、旅师八人、火长十六人、列士二百二十人、镇兵二百人、加兵士二百五十人。

出羽国司从五位下行权介藤原朝臣统行（即藤原统行）、正六位上行权掾小野朝臣春泉（即小野春泉）、大毅一人、小毅三人、主帐三人、校尉七人、旅师十六人、火长二十八人、列士三百五十七人、兵士四百人。

臣（藤原）保则等以为：行事相违，兵威未振。适降恩诏，暂缓征讨。逆类再生，平民复业。（后略）

从中可以知晓当时的军事配置及兵力分布。

后来，夷乱终于完全平定。平定后的状况，可以参照元庆四年（880年）二月十七日藤原保则发回的奏报：

> 降虏所进，掠取甲六十六领，胄三十二枚，大刀四枚，矛一柄，箭十一支。夷贼去年（元庆三年，即879年）进契状曰："所遗甲胄，早速将进。"然时逾年月，未有返上。故遣权大目春海连奥雄，入奥地勘取也。
>
> 去年（元庆三年，即879年）五月，陆奥及当国军士败走之日，或着甲胄，逃归本国。或脱弃山野，跳身奔窜。是时，前弩师从七位上秦忌寸能仁，调进甲胄一百一十领。又贼徒返进二十二领。今（春海连）奥雄勘取六十六领，总一百九十八领，纳秋田城。

官员可以深入夷贼领地取回甲胄，可见这次夷乱算是完全平定了。毕竟这次夷乱，并不是延历年间那种"外族入侵"性质的战乱，而是后来"贫民蜂起、百姓一揆"①性质的内乱。只不过因为当时的朝中官员已经习惯了海内升平，所以一听到"夷乱"二字，就方寸大乱，如临大敌一般。

---

① 百姓一揆，江户时代，农民针对幕府及大名等封建领主进行的反领主斗争。一般都是因为领主的苛政，或者遇上荒年，导致物价暴涨，百姓生活困难等。"一揆"的基本形态是农民的集体反抗，其形式包括逃散、暴动、提出诉求等。

第 6 章

藤原氏全盛期

第1节 藤原基经废立天皇及就任关白

一、阳成天皇及藤原基经

清和上皇退位以后，完全不管政事，只专注于佛道的修行，并将政事全部交给藤原基经，并对他倍加尊崇。

元庆元年（贞观十九年四月十九日改元，877年）正月，藤原基经上表想要辞去兼任的左近卫大将之职。阳成天皇委托大纳言南渊年名去询问清和上皇的意见。清和上皇下诏曰：

（大意）右大臣（藤原基经）担当国家重任，摄行万机，不可烦之以一职。准其所请。但君子武备，腰底忽空（辞去大将之职，就不许佩剑了），特赐带剑，严其仪容。

清和上皇让南渊年名将一口金银装饰的宝剑带回复命。阳成天皇当天就将宝剑赐给了藤原基经，准许藤原基经带剑上殿。

元庆二年（878年）七月，藤原基经升为正二位，赐舍人及随身兵仗。

元庆四年（880年）十二月四日（清和上皇驾崩之日），藤原基经升任太政大臣。元庆五年（881年），根据清和上皇的遗诏，藤原基经晋为从一位。

元庆六年（882年）正月二日，阳成天皇元服，由藤原基经加冠，大纳言源多理发。此前,已有劝学院藤原氏子弟,身长四尺五寸以上者十余人先行元服,当天均列席相陪,与清和上皇当年一样。

不久之后,藤原基经上表请求辞退摄政之职,还政于阳成天皇。阳成天皇回复,自己还无法承担如此大任(当时才十五岁),没有应允藤原基经的请求,并赐封藤原基经为准三宫。虽然阳成天皇对藤原基经赏赐优渥,但此时阳成天皇与藤原基经之间似乎已有嫌隙。因为托孤给藤原基经,是清和上皇的意愿,阳成天皇心中却并不喜欢藤原基经,下发的赏赐恩宠都只是表面的形式,实际上则是敬而远之。《日本三代实录》元庆五年(881年)二月九日条记载:

> 太政大臣(藤原基经)自拜职之后,退居里第,频上让表,不视事。

元庆五年(881年)二月二十一日条记载:

> 太政大臣(藤原基经)拜职之后,四上让表。其间,太政官奏事多拥,公卿议定,令辨大夫,就太政大臣(藤原基经)直庐,(以职院为直庐)始白庶政。

阳成天皇与藤原基经不和,由此可见一斑。

二、宫中奸佞及其后援

当时,阳成天皇年纪尚幼,常被身边的群小所误。

阳成天皇喜欢马,在宫中养了三十匹马,号称中厩院。右马少允小野清如,善养御马;权少属纪正直,喜好马术。这两人深受圣宠,于是,恃宠而骄,胡作非为。朝堂之上,规矩全无,都是因为他们。

当时阳成天皇年纪尚幼,而这些奸臣能够在这么短的时间内变得如此跋扈,必然是因为另有依仗。他们依仗的,就是阳成天皇的生母皇太后藤原高子(二条皇后)。前面说到,这位皇后入宫前曾与在原业平有过一段丑闻,老了之后，又因丑行于宽平八年（896年）被废。《日本纪略》宽平八年（896年）九月二十二日条记载：

> 停废皇太后藤原朝臣高子（即藤原高子），清和后，阳成院[①]母仪，事秘不知。

具体事件，可以从《扶桑略纪》的记载中推断：

> 皇太后藤原高子，与东光寺善祐法师，窃交通云云。仍废御位，至善祐法师者，配流于伊豆国讲师。

小野清如与纪正直二人，因为阳成天皇母子的宠信，和历史上的小人一样，骄横跋扈。相当于天皇"亚父"的藤原基经对于这样的人，当然十分厌恶。

然而，当时，不仅藤原基经，连左大臣源融、右大臣源多[②]等也保持沉默，似乎有点不可思议。

清和天皇时期，源融就已经是左大臣。藤原基经原本只是右大臣，后来却因为外戚的身份，越过左大臣源融成为摄政。从那以后，源融就经常称病不上朝，闲居在家。他应该是不满官位屈居藤原基经之下，才故意这样。

源融在山城国宇治（后来的平等院）、嵯峨（号栖霞观，后改为阿弥陀堂）等别院之外，还在六条万里小路以东、鸭川以西一块四町大小的四方形空地上，修建了一座名叫河原院的殿舍，院内的池塘里养着各种珍奇的鱼类。他还让人每天从难波的海边汲取二十斛潮水，模仿陆奥的盐灶，亲自煎盐以排解烦忧。

源融内心惆怅，虽然他本人什么也没有做，但附庸在他身边的人却暗暗唆使小野清如等，引导阳成天皇对藤原基经心生嫌恶。所以藤原基经的引退之心，应该与这些事不无关系。

[①] 阳成院，即阳成天皇，由于这个记录在宽平八年（896年）宇多天皇在位期间，当时阳成天皇已经退位，所以称为阳成院。

[②] 元庆六年（882年）升任右大臣。

三、藤原基经废立天皇的决断

在这种情况之下,藤原基经与他身边的人,不会坐以待毙,必然也会采取对抗的措施。虽然表面上什么也看不出,但暗中的倾轧应该是相当激烈的。《日本三代实录》元庆七年(883年)十一月十日条记载:

> 散位从五位下源朝臣荫(即源荫)之男(源)益,侍殿上,猝然被格杀。禁省事秘,外人无知焉。(源)益,帝(阳成天皇)乳母从五位下纪朝臣全子(即纪全子)所生也。

这件事就非常值得研究(后面会讲到阳成天皇性嗜杀)。

两派的争斗,到了这个地步,算是十分激烈了。元庆七年(883年)十月九日条曾有记载:

> 先是,太政大臣(藤原基经)频抗表,请停摄政,累月不视事。敕遂不听。是日,辨史参堀河边第,白庶事。

元庆七年(883年)十一月十六日条记载:

> 于时,(阳成)天皇爱好在马,于禁中闲处,秘而令饲。(中略)(小野)清如等所行甚多不法。太政大臣(藤原基经)闻之,遽参内里,驱逐宫中庸猥群小。

《日本三代实录》元庆七年(883年)十二月五日条记载的"丰乐院北边人死"事件也十分值得研究。

次年,即元庆八年(884年),藤原基经终于下定决心废立天皇。《日本三代实录》元庆八年(884年)记载:

元庆八年（884年）二月四日乙未，先是，（阳成）天皇手书，送呈太政大臣（藤原基经）曰：朕近身病数发，动多疲顿，社稷事重，神器难守。所愿速逊此位焉。

宸笔再呈，旨尤难忤。是日，（阳成）天皇出自绫绮殿，迁幸二条院。二品行兵部卿本康亲王、右大臣从二位兼行左近卫大将源朝臣多（即源多）以下诸卿，扈从文武百官供奉如常。但少纳言不奏给铃之状①。诸卫不称警跸②。神玺、宝剑、镜等，依例相从。驿铃、传符、内印、管钥等，留置承明门内东廊。令参议左大辨藤原朝臣山阴（即藤原山阴）、少纳言藤原朝臣诸房（即藤原诸房）、左少辨安倍朝臣清行（即安倍清行）等留守焉。会文武百官于院南门，诏曰：

现神大八洲御宇日本根子天皇御命宣，（中略）御病时时有发、万机久滞。让逊天皇位，迁御坐于别宫。（中略）准国典，进太上天皇之尊号。又皇位一日不可旷，一品式部卿亲王（光孝天皇），诸亲王中，御坐贯首，又前代无太子时，有如此立奉老德之例。（中略）故是以天皇奉玺绶，定奉天日继位。（中略）

中纳言在原朝臣行平（即在原行平），于庭诰之。百辟群寮并立侍焉。事毕，王公以下拜舞而退。于是，以神玺、宝镜、剑等，付于王公。即日，亲王、公卿步行，奉天子神玺、宝镜、剑等，今皇帝（光孝天皇）于东二条宫。百官诸仗围绕相从。二条院与二条宫，相去东数百步。

是夜，皇太后（藤原高子）出自常宁殿，迁御二条院焉。

虽然臣下废黜君主，是日本历史上前所未有的大事，但阳成天皇长期被小人所误，且罹患心疾，尽管藤原基经曾斥退与自己为敌、隔阂君臣的宵小之

---

① 奏铃，向朝廷请求下发及归还天皇出行时清道的铃，这属于少纳言的职责。
② 警跸，为帝王出行清道，禁止行人来往。

辈,亲自服侍圣体,但阳成天皇实在不堪国务之重,藤原基经不得已才做出了这个决定。

从那以后,藤原基经威势大增,权倾朝野,从此藤原氏进入全盛时期。

《日本三代实录》里面记载的"天皇手书,送呈太政大臣""宸笔再呈,旨尤难忤"不过是一些粉饰之辞,无非是为了掩饰臣下对君主的欺凌,维持国家与君主应有的礼仪。《世继物语》中记载:

> 阳成天皇即位以后,行事乖张,令人费解。以关白藤原基经为首的朝中大臣纷纷悲叹:国将亡矣!却又无可奈何。
>
> 阳成天皇喜欢命人捉取活物,然后观看蛇吞食青蛙,猫捕食老鼠,还让狗和猴子互殴至死。后来甚至让人爬树供他观赏,然后还会将这些人杀了取乐。不少人因此而丧命。
>
> 关白昭宣公(藤原基经)叹息道:"没有办法了!只能将他废了!"(中略)
>
> 藤原基经进宫时,阳成天皇正与身边的宵小在逼人爬树、砍杀活人取乐。那个场面简直是惨无人道。于是,藤原基经禀报道:"陛下如若无趣,微臣为陛下准备了赛马大会,陛下可临幸观赏!"阳成天皇闻言大喜,马上问:"什么时候?"藤原基经回答:"就在后天。"阳成天皇十分高兴,一心盼望着那一天早日到来。
>
> 到了那一天,朝中百官进宫上朝,藤原基经将年轻力壮的大臣留在宫中,只挑选了一些年迈孱弱的大臣跟随阳成天皇出宫。阳成天皇的轿舆被抬到一个叫作阳成院(建筑名)的地方停了下来。藤原基经对阳成天皇说:"陛下心性错乱,性喜杀人,国将亡矣!臣等恭请陛下退位!"阳成天皇闻言,心中悲苦,嗷嗷悲鸣。(后略)

《世继物语》毫无顾忌地记载了阳成天皇荒唐无道的行径,并将这些和退位一事混在一起,大概是为了凸显藤原基经废立天皇的正当性吧!捕捉活物、让蛇蛙相食、猫鼠相捕、犬猿相斗之类，虽说有违天皇的身份，但因为群小日夜侍奉在天皇身边，所以发生这样的事情也不奇怪。甚至可以说，这其实只是少年的恶作剧罢了！至于逼人爬树取乐之类，则是将阳成天皇退位后的所为强行安插进来。除去杀人那一条之外，其余的所谓"恶行"，其实都很难说是"有违帝德"。只有一条，就是阳成天皇的心疾，可以算作天皇必须逊位的一个原因。至于杀人的事，也就是前文中提到的源益被杀之事，应注意是"格杀"，也就是死于格斗，况且这个人是阳成天皇乳母之子，所以并非是阳成天皇出于高兴而杀人。倒是藤原基经，假托赛马将阳成天皇迁往别宫，还特地筛选老朽之臣随行侍奉，其中谋划周到由此可见一斑。

四、阳成上皇的心疾

阳成上皇的心疾，直到老年，都没有治愈。《扶桑略纪》宽平元年（889年）曾数次记载：

> 宽平元年（889年）八月十日，太政大臣（藤原基经）参内。谈话之次云："阳成院之人，厄满世间，动致凌轹①。天下愁苦，诸人嗷嗷。若有滥行之徒，只号彼院人。恶君之极，今而见之。云云。"
>
> 宽平元年（889年）十月二十五日，左大臣（源融）奏曰："一日，阳成君乘御马，直入六条下人家。陪从诸人，捧持杖鞭。女人儿童惊走，或分散，或隐窜。云：恶主无益于国。"
>
> 宽平元年（889年）十月二十九日，每日有闻："阳成君院有骏河介女子，令院人追捕之，极凌轹，甚忧也。以琴弦而缚，渍于水底。云云。"
>
> 宽平元年（889年）十二月二日，甘南扶持还来云："去（宽平元年即889年十一月）二十九日，申时，始到岛下郡，审问事由。乡人语云：'太上天皇（阳成）御此乡，备后守藤原氏助之宅御在所也。率若干从卒，乱入此宅。家人士女，或遁亡山泽，或逃迷道

---

① 凌轹，指欺压，欺蔑。

路。(藤原)氏助之宅无有一人。此为狩取安倍山猪鹿也。而夜以松火炬,时临暮之间,还御此宅。但率童子十二人、厩舍人二人,悉着武装,带弓矢,相分前后,骑马行列云云。'今日,以件山为院禁野(御狩猎场),宇治继雄为专当,榜示路头。行路之人,往还艰难,动加凌轹。愁吟之甚,胸臆何言口。云云。"

宽平元年(889年)十二月二十四日,左大臣源朝臣融(即源融)奏曰:"臣之别业,在宇治乡。阳成帝幸其处,悉破柴垣。朝

源融

出涉猎山野，夕还掠陵乡间。"如此事，非只一二。左大臣（源融）别业在其乡，又夺取厩马，驰驰原野。

可见阳成上皇其实身体强健，只是偶发心疾，因为被强行逊位，所以心中不平，才会肆意乱为。《大镜》宇多天皇条记载了这样一则故事：

> 阳成天皇时期，宇多天皇还只是殿上人①，曾在天皇行幸神社时充当舞者之类。后来宇多天皇即位，行幸时经过阳成院（阳成上皇的住所）。阳成上皇说："这个天皇以前不是我的家臣（下人）么？居然敢大摇大摆从我家门口过啊！"

其实，站在阳成上皇的角度，此情此景，确实让人悲愤难耐。可想而知，侍奉在阳成上皇左右的群小，便借由上皇一时激愤，做出种种恶行，显示自己的威势。因此，世人都以为这些恶行，全都出自阳成上皇的圣意。正是因为受到这些风评的影响，《神皇正统记》也这么评价阳成天皇：

> 此天皇性恶，非人主之器，摄政叹息，决废立之事。昔汉之霍光，辅佐昭帝，然昭帝早逝，遂立昌邑王为天子。昌邑王不德，非帝王之器，即行废止，奉立宣帝。（中略）此大臣（藤原基经），虽为外戚，执掌国政，然为天下大义，行此废立，其行可嘉。

阳成天皇最终只得到后世一个"恶"字的评价，实在是可惜。《大镜》记载：

> （阳成天皇）在位八年，退位以后，居住在二条院。（中略）

---

① 殿上人，四位、五位的侍臣，以及准许进入天皇居住的清凉殿等大殿的六位藏人（近侍）。贵族。

于天历三年（949年）九月二十九日离世，时年八十一岁。悼文中有这么一句：长释迦如来一岁。

阳成天皇如此高寿，也是历代少见了。

五、光孝天皇登基及垂拱仰成之诏

藤原基经扶持时康亲王即位，即光孝天皇。《日本三代实录》记载：

> 第五十八代光孝天皇，讳时康，仁明天皇之第三子也。母赠皇太后藤原氏（泽子），赠太政大臣正一位（藤原）总继朝臣之女焉。（中略）天长八年（831年），生（光孝）天皇于东京六条第。（光孝）天皇少而聪明，好读经史。容止闲雅，谦恭和润，慈仁宽旷，亲爱九族。性多风流，尤长人事。仁寿太皇太后①甚亲重之。

光孝天皇

---

① 仁寿，文德天皇时年号。仁寿太皇太后，指文德天皇的女御藤原明子。

每有游览宴会之事，（仁寿太皇）太后必请令为之主矣。嘉祥二年（849年），渤海国入觐，大使王文矩，望见（光孝）天皇在诸亲王中拜起之仪，谓所亲曰：此公子有至贵之相，其登天位必矣。后有善相者藤原仲直，其弟（藤原）宗直，侍奉藩宫。（藤原）仲直戒之曰：君王骨法，当为天子。汝勉事君王焉。

元庆八年（884年）二月四日乙未，太上天皇（阳成）迁御二条院，逊帝位焉。于时，（光孝）天皇在东二条宫。亲王公卿，奉天子玺绶、神镜、宝剑等。（光孝）天皇再三辞让，曾不肯受。二品行兵部卿本康亲王（光孝天皇的御弟），起座跪奏言："历数攸在，讴歌是归。昔者，汉文三让（汉高帝死后，吕后当权。陈平、周勃等消灭吕氏之后，迎立代王刘恒为帝。刘恒先向西面三次辞让，坐上宝座之后，又向南面再次辞让，然后才即位，成为孝文帝）虽高，犹当大横之繇①，遂应代邸之迎。伏愿陛下在此乐推，幸听于群臣矣。"是夜，亲王公卿，侍宿于行在所。

元庆八年（884年）二月五日丙申，亲王公卿引文武百官，奉迎（光孝）天皇。即日，鸾舆入御东宫。亲王公卿扈从。（光孝）天皇将出宫，未御鸾舆之前，太政大臣（藤原基经）诣宫，奏闻起居。解却太上天皇（阳成）敕赐之剑，腰底既空。兵部卿本康亲王、左大臣源朝臣融（即源融）、先侍犹带剑。乍惊相视，各自解之。（光孝）天皇即时敕赐三人带剑。

（大意）元庆八年（884年）二月二十三日，光孝天皇于大极殿即位。

元庆八年（884年）六月四日，光孝天皇下诏，藤原基经自今日起坐太政官厅，领行万政。入则辅佐朕躬，出则总领百官。臣下应奏之事，君王应下之令，必先谘禀。朕将垂拱而治。

---

① 繇，音"宙"，占卜的文辞。大横之繇，当时刘恒用占卜来决定吉凶，结果得到一个"大横"的占卜结果，表示大横所裂的纹路很是正当，卜卦人不久要即位做天王，将家族的伟业光大发扬，就像启延续禹那样。

这也成为放任关白独揽大权的起点。

《日本三代实录》元庆八年（884年）六月十日条记载：

> （大意）（光孝）天皇驾临紫宸殿，神官上奏所卜天皇御体之事。承和以后，已经停了这个仪式。从这天起，重新恢复旧制。左大臣源融，自贞观十八年（阳成天皇登基那年，876年）冬起，就闭门不出，从今日（元庆八年即884年六月十日）起，开始至太政官厅视事。

从以上记录，可以看出光孝天皇对于旧制的尊崇。同时能看到，藤原基经与源融之间的嫌隙应该已经化解。

同年，即元庆八年（884年）十一月二十二日至二十五日期间，朝廷十分盛大地举办了大尝会，虽然没有仁明天皇那次那么盛大，但超过了后世的规模。

次年，即元庆九年（885年）二月，改元为仁和。

《大镜》"光孝天皇"条记载：

> 光孝天皇（中略）承和十三年（846年）正月七日获封四品，时年十六岁。
>
> 嘉祥三年（850年）庚午五月，升任中务卿，时年二十岁。
>
> 仁寿元年（851年）辛未十一月十一日，晋升至三品，时年二十二岁。
>
> 贞观六年（864年）甲申正月十六日，兼任上野大守，时年三十四岁。
>
> 贞观八年（866年）丙戌正月十三日，任太宰帅，时年三十六岁。
>
> 贞观十二年（870年）庚寅二月七日，升至二品，时年四十岁。
>
> 贞观十八年（876年）丙申十二月二十六日，升任式部卿，时年四十六岁。
>
> 元庆六年（882年）壬寅正月七日，升至一品，时年五十二岁。

元庆八年（884年）甲辰二月四日，即位为天皇，时年五十四岁。

藤原基经为什么会从诸位亲王之中，迎立时康亲王为天皇呢？《大镜》"藤原基经"条中有记载：

> 藤原基经的母亲，与小松帝（光孝天皇）的母亲，是同母的姐妹。所以藤原基经与小松帝（光孝天皇）从小就关系亲密。
>
> 当时藤原良房举办的宴席，亲王们都会参加，所以当时的光孝天皇也会参加。雉足（又名"雉子盛"），是当时的宴席中一道必上的大菜。有一次，上菜的人不知道怎么，把要端给主宾（贵客）的雉足打翻了，慌忙之中将陪客光孝天皇面前的雉足端给了主宾（贵客）。也不知道光孝天皇是怎么想的，他悄悄地熄灭了自己桌前的烛火。当时藤原基经地位还不高，他坐在末席看见了光孝天皇的举动，心中大感钦佩。
>
> 在决定让阳成天皇退位时，朝中大臣一同进行评议。左大臣源融，原本也是皇子，希望由自己继任天皇之位，他说："若论皇室血统，我也是比较近的。"然而，藤原基经回答道："虽然您也是皇室血统，但您已经被赐为源姓，降为臣籍，不再是皇族了，无法即位了。"（中略）
>
> 于是，藤原基经决定，由光孝天皇即位。后来，光孝天皇的血脉流传了下去。藤原基经的子孙也代代相传，作为皇室的后盾，忠心辅佐。（后略）

《世继物语》记载：

> 小松帝（光孝天皇）即位之前，很长一段时间都被称作小松亲王，过着低调简朴的生活。（中略）阳成院（阳成天皇）即位以

后，行事乖张，令人费解。（中略）关白昭宣公（藤原基经）叹息道："没有办法了！只能将他废了！"于是，开始从亲王和被赐姓源氏的皇室子孙中挑选适合继任天皇的人选。亲王们察觉到了这一点，于是，纷纷争相自我表现。然而，昭宣公（藤原基经）都觉得不太满意，于是，打算去拜见小松亲王。

　　昭宣公（藤原基经）到了小松亲王府邸，下人回禀："我去通报，请您稍候。"不久就将昭宣公（藤原基经）迎了进去。小松亲王并没有马上出来，正在昭宣公（藤原基经）觉得"嗯，这才是高贵的人应有的样子"的时候，小松亲王走了出来。他身穿常服，用淡然自若的神态开口询问道："不知大人何事造访？"昭宣公（藤原基经）觉得这位亲王举止闲雅，身姿卓然，适合继任天皇，于是，开口说了来意。小松亲王问道："不知时间定在何时？"昭宣公（藤原基经）回答："事不宜迟，就定在后天。"说完就告辞了。

可见藤原基经挑选皇子，也是十分慎重的。不过，藤原基经奉迎时康亲王为天皇，一方面固然是因为上文所说的时康亲王的"贤德"，另一方面也是因为自己与时康亲王的姻亲关系。

光孝天皇从潜邸①进宫时的状况，《大镜》记载：

　　小松帝（光孝天皇）还是亲王时的住所，大家都知道。我父母当时住在大炊御门大路以北，町尻小路以西，就在时康亲王府附近。我小时候经常去那附近玩，那儿门庭冷落，十分闲静。我九岁那年（元庆八年，即884年）二月三日，正好是甲午，是最适合参拜的日子，每年这时候，百姓们都会涌到稻荷神社去参拜，我也跟随父亲前往稻荷神社参拜。（中略）当时我年纪尚幼，没法当天返回。（中略）第二天我回家途中，沿着东洞院大路往北走时，发现

---

① 潜邸，非太子身份即位的皇帝登基前的住所。

人们如潮水一般沿着大炊御门大路往西边涌去，心中觉得奇怪。待我走到家附近时，这里更是人头攒动，水泄不通。（中略）我正百思不得其解之时，看见小野宫附近停着许多华美的车马，站着许多身着华服的贵族，我大感诧异，于是，向路人询问："发生什么事了？发生什么事了？"

有人回答我："式部卿亲王（时康亲王）要去当天皇啦！大殿大人（藤原基经）带着群臣来参见天皇呢！"

这一段场景描写绘声绘色，让人仿佛身临其境。

六、藤原基经的恩宠

如前文所述，藤原基经由于拥立之功，所以受到了光孝天皇的特别优待。优待的程度，在历朝历代中，都是罕见的。元庆八年（884年）七月八日，藤原基经请辞摄政之位时，光孝天皇回答：

> 一日不见如三秋，故望其日日入朝；一事不询如蒙面，故命其事事谘问。

《扶桑略纪》宽平二年（890年）二月十三日"藤原仲平殿上元服"的记事中记载：

> 先帝（光孝天皇）言："我曾久居藩府，因太政大臣（藤原基经）扶持，有幸得登皇极。枯木再荣，是谁之德欤？"而朕（宇多天皇）有两位兄长，虽有先帝（光孝天皇）的嘱托，但若没有大臣（藤原基经）的教导，朕（宇多天皇）又如何能安坐宝位直至今日？

由此可见两位天皇与藤原基经的关系何其亲厚。

《日本三代实录》记载：

（大意）仁和元年（885年）四月二十日，光孝天皇下令延历寺东西院、崇福寺、梵释寺、元兴寺五大寺，各请十僧，读《大般若经》五日，贺太政大臣（藤原基经）五十大寿，兼祝长寿。

仁和元年（885年）十二月二十五日，光孝天皇于内殿赐宴，贺太政大臣（藤原基经）满五十岁。"（原文）杯案精华，丝竹间奏，促席谈饮，通夜尽欢。赠赍左右马寮善马五匹、夏冬衣裳五袭、卧具屏风等有数。"

此外，又赠度僧五十人，以备修善祝寿也。

为大臣贺寿而赐度僧侣，算得上极大的恩宠了。而那些僧人今后的职责，就是终日为藤原基经的生前和后世祈福修行。在当时迷信深重的社会中，这是极其尊崇的礼遇。

次年，即仁和二年（886年）正月二日，《日本三代实录》还记载：

（大意）光孝天皇将藤原基经的长子藤原时平召至仁寿殿，加元服，光孝天皇亲自为其取冠、加冠。藤原时平当时才十六岁，他元服所用的冠巾等，全都是御赐之物，同时还被赐正五位下。光孝天皇御笔亲书授予位阶的文书。公卿大夫来到太政大臣（藤原基经）的直庐祝贺，群臣宴饮奏乐欢庆。

"殿上元服"这样的礼遇，即便对皇子皇孙来说，都是极其难得的，更何况是人臣之子。后来，宇多天皇时，宽平二年（890年），藤原基经的次子藤原仲平，也得到了殿上元服的待遇，从此形成了惯例：凡是藤原家关白之子，都在殿上举行元服仪式，并由天皇御赐冠服——直到明治维新之前，摄关五家①一直都是如此。

《日本三代实录》仁和二年（886年）正月二十日记载：

---

① 摄关五家，藤原氏嫡派的五个分支，即近卫家、九条家、二条家、一条家、鹰司家。

藤原时平

（大意）藤原基经为庆贺藤原时平加冠拜爵，进献美酒佳肴，置于仁寿殿东庭。所贡物品，金银华美，丝竹备奏。清和上皇第八皇子贞数亲王及四位以上之子儿童十余人，奏乐起舞，群臣欢洽，通宵欢饮。宴毕之后，光孝天皇赐藤原时平御衣一袭。

第2节 光孝天皇的俭德、立太子、"阿衡"事件

一、光孝天皇事略

前面说了光孝天皇登基之前的德行。光孝天皇登基之后，就开始整肃朝政。因为光孝天皇的登基是藤原基经一手拥立，所以光孝天皇将朝政大事一律

委托给藤原基经。至于政绩，由于光孝天皇在位时间不长，所以也没有什么值得一提的事情。

阳成天皇时期，由于君臣不和，朝政基本上是沿袭旧制。光孝天皇即位之后，藤原基经为了避免自己专权被非议，屡次请辞，却未能如愿。

阳成天皇时期，由于各地凶歉等，朝廷按旧例免除各国租税，从而对国库的财产造成了一定的影响。《日本三代实录》记载，仁和元年（885年）四月，光孝天皇下诏：

> 帑藏虚耗，经用殷繁。（之类）计会征入，未供其费。（中略）宜朕之服御绢绵二色，暂从省减。

光孝天皇命中务省将御服所用绢减去一千匹，变成二千五百匹。将绵减去一千屯，变成七千四百零二屯。

《大镜》记载：

> 光孝天皇时期，藤壶院①北边一个屋子的墙都被熏黑了。

墙壁被熏黑，是因为经常在这里烧火做饭。光孝天皇登基之前，曾经亲自做饭，登基之后，也没有忘记过去的时光，还会自己亲自烧火做饭。由此可以看出光孝天皇平时勤俭之德。

此外，光孝天皇还十分关注文武之道。仁和二年（886年），宫中举行释奠之礼，光孝天皇亲自行礼之后，让明经博士在宫中讲授《周易》。以前都是讲授《孝经》《论语》或《礼记》，从这以后，开始讲《周易》。

光孝天皇喜好弓马，时常狩猎。延历以后就停止了的"芹川御狩"②又再次兴起。有时候光孝天皇还会顶着风雪，终日狩猎。

---

① 藤壶院，清凉殿北面的庭院。与弘徽院一样，是女御与更衣（妃嫔）的居所。
② 芹川御狩，芹川，又名芹河，指京都市伏见区鸟羽地区的猎场。嵯峨天皇、淳和天皇等曾在此狩猎。

仁和三年（887年）七月的相扑节会上，光孝天皇驾临紫宸殿，亲自检视左右相扑壮士的体格强弱之后，钦点壮士，亲呼其名，令其比试。由此也能看出光孝天皇勇武的一面。

二、宇多天皇受禅及贺茂临时祭①

光孝天皇在位仅四年，仁和三年（887年）八月，光孝天皇突染疾病。仁和三年（887年）八月二十二日，太政大臣藤原基经及以下公卿，上表请求立太子。于是，仁和三年（887年）八月二十六日，光孝天皇立第三皇子定省亲王为皇太子。当天，光孝天皇在仁寿殿驾崩，享年五十八岁。《皇年代略纪》记载：

辰一刻立皇太子。

《日本纪略》记载：

（定省亲王）立为皇太子，即日受天祚，年二十一。今日（仁和三年即887年八月二十六日）巳二刻，光孝天皇晏驾。

可见，实在是匆忙之中册立的太子。

新任天皇就是宇多天皇，又称亭子院，退位出家后又改称宽平法皇。宇多天皇的母亲班子女王，是桓武天皇的皇子仲野亲王的皇女。《世继物语》记载：

小松帝（光孝天皇）有三位皇子，在他还是亲王时，闲来无事与皇子们闲聊："如果为父登基当了天皇，你等可有何所求之事？"

---

① 临时祭，原指因特殊目的（如迁官等）而举办的祭祀，与每年固定举办的"恒例祭"相对。平安时代中期以后，由于天皇的祈愿，新增了一些祭祀，并固定下来，成为每年都举办的恒例祭，如宇多天皇发愿的贺茂临时祭，朱雀天皇发愿的石清水八幡宫临时祭等。贺茂临时祭，可简称为贺茂祭。

宇多天皇

大皇子回答:"我愿任太宰府大贰之职,坐拥东国十国之领土。"

二皇子回答:"我愿拥西国十五国之领土。"(中略)

三皇子(后来的亭子院,宇多天皇)回答:"我愿为东宫,继承父亲千秋帝业。"

小松亲王心想:"答得好!"(中略)

后来,小松亲王登基之后,心想:"如果按照他们之前的愿望把领国分给他们,他们一定会后悔当初说错了话。"于是,就没有把领国赐给两位皇子。

不过，这只是传说故事而已，光孝天皇是效仿当年的崇神天皇，择贤而立，选择了第三皇子。

《大镜》记载：

宇多天皇，贞观九年（867年）丁亥五月五日出生。

元庆八年（884年）甲辰四月十三日，赐姓源氏，时年十八。当时他是准许上殿的贵族，被叫作"王侍从"。有一次，他与中将在原业平在殿上的天皇御座前比试相扑，他被摔倒在天皇御座的扶手上，还在扶手上留下了折痕，这个折痕至今还在。

仁和三年（887年）丁未八月二十六日，被立为皇太子，同日，即位成为天皇。（中略）

宽平元年（889年）己酉十一月二十一日，己酉之日，举办贺茂临时祭。贺茂祭就是从这时候开始的。右近卫中将藤原时平随侍。（中略）

在原业平

宇多天皇即位前一年的十一月二十几日，来到贺茂神社附近放鹰游猎，贺茂神明显灵道："我是这里的神。每年春天，祭典很多，这里很热闹，但冬天没什么祭典，太冷清了，你就设置个什么祭典吧！"

宇多天皇回答："我没有这么大的能力！我还是向朝廷禀报吧！"

贺茂神明回答："正是因为你能做到，我才会跟你说啊！不久之后你就会成为天皇了。"

贺茂神明说完就消失了。

宇多天皇一头雾水，不知所谓。不久之后，他就继位成为天皇。于是，他遵照神明的指示设置了一个祭典。由于神明指示"酉日"为祭典的日期，他便将祭典定在了在霜月（阴历十一月）的最后一个酉日，就是贺茂祭。

藤原敏行有一首《东游之歌》：千早振棱威，贺茂神社姬小松，虽历千万代，松叶长青色不褪，历久弥新耀神威。

藤原敏行

> 这首诗后来被收入《古今和歌集》之中。（中略）
> 贺茂祭是从宇多天皇即位后的第二年开始的。

不过，这些神明显灵的故事，都是为了给所谓的"天命所归"作舆论支撑。只是恰巧贺茂祭是从这个时期开始的，于是，人们就造出了这么一个带有神话色彩的传说。至于举办贺茂祭的真正原因，必然另有隐情。光孝天皇即位之时，已是暮年，却在长达四年的时间内，迟迟没有立太子，这件事也相当值得探究：

第一，光孝天皇是在藤原基经的拥立下登上皇位的，皇后拥有皇室血统；

第二，光孝天皇与藤原基经虽然有姻亲关系，但光孝天皇膝下没有藤原氏女子所生的皇子；

第三，光孝天皇的皇子，从第一皇子起，全都已经被赐了源姓，已经降为了臣籍；

第四，当初藤原基经就用过"赐姓源氏，降为臣籍，不可为帝"这个理由来拒绝源融；

第五，当时还有其他没有被降为臣籍的亲王皇子。

由于以上的原因，光孝天皇不敢轻易将自己的皇子立为太子。万一在立太子这件事上，藤原氏提出异议，或者其余皇统源氏中希望获得皇位的人提出异议，意见纷杂，不好收场。因此，光孝天皇犹豫再三，迟迟无法做出决定。

但光孝天皇内心还是想立自己的皇子为太子，于是，悄悄向神佛许愿，希望能得到神佛的护佑。因此特别向贺茂神社诚心祈愿，希望能按照自己的意愿，立自己的皇子为太子。后来宇多天皇举办贺茂祭，也算是一种还愿吧。但不能将这件事说破，所以只能假托神明显灵之类。

然而，立第三皇子定省亲王为太子，是光孝天皇的心愿。但第三皇子定省亲王本人却没有这样的期待，反倒有出家的志向。宇多天皇即位以后，在宽平二年（890年）五月将比叡山圆成寺定为定额寺的诏书中写道：

> 朕自幼不耽膏粱，登降睿岳，往还诸寺。至十七岁，虽不欲出世，却未能如愿。

当时百官上表，请求册立太子，光孝天皇特别选定第三皇子（定省亲王）为太子，除了因为第三皇子品性贤德，还考虑到第一皇子与第二皇子曾担任中纳言、左近卫中将等官职，从仕多年，多有不便，而第三皇子（定省亲王）虽然赐姓源氏，降为臣籍，但时日尚浅，而且未入仕途。《大镜》中记载，第三皇子（定省亲王）曾为"侍从"，但侍从是天皇的左右近侍，和其他官员相比，不太需要抛头露面，比较方便升为亲王。

尽管如此，或许还是有些人暗中心怀不满。仁和三年（887年）九月二日，光孝天皇送葬之日，内膳司将本应供奉给先帝（光孝天皇）的御膳，误送至皇太子（定省亲王）面前，由此可见一斑。作为内膳司，无论当时多么慌张忙乱，也绝不该犯这样的错误。在当时那种迷信的时代，故意做出这样的事情，恐怕也有诅咒他早点去世的恶意。

除此之外，其他凶兆也频频发生。例如，仁和三年（887年）九月三日，光孝天皇葬礼的第二天，有白鹭聚集大极殿及小安殿上方。

仁和三年（887年）九月五日，同样有白鹭聚集大极殿及丰乐殿楼上。

仁和三年（887年）九月七日，有蛇从待贤门进入宫中，蛇身长一丈五尺。

仁和三年（887年）九月九日，有流星从宫中飞出，坠于坤位。

仁和三年（887年）九月十一日夜，有乌云蔽月，其色赤黑。

仁和三年（887年）九月十三日，有白云横断青空。

仁和三年（887年）十月十四日，日光摇晃，如车轮旋转，摇摇欲坠。

以上种种，都是对立太子和藤原基经心怀不满的人煽动人心的言论。

三、关白职之始及"阿衡"事件

仁和三年（887年）十一月十七日，宇多天皇在大极殿举行了即位大典。

仁和三年（887年）十一月二十一日，宇多天皇下诏：

（大意）文武百官，万机巨细，皆关白于太政大臣，然后奏下。

从此以后，"关白"这个词，就成了官职。

宇多天皇即位当天赐给藤原基经的诏书中写道：

先帝（光孝天皇）有遗托之命，况朕已为孤子，而思随教谕耳。卿若有所辞，朕小子不住世，不听政，而逃于山林，是所念也。

可见宇多天皇对藤原基经何其依赖。

藤原基经惶恐不安，于是，上表请辞。宇多天皇再次下诏抚慰，其中有一句："宜以阿衡之任，为卿之任。"这份诏书是由文章博士橘广相草拟，左大臣源融宣诏。然而，文中"阿衡"二字，却引发了一场争议。

有一天，纪传博士藤原佐世见到了这份诏书，就问藤原基经："天皇是不是让你停止摄政了？"

藤原基经回答："没有啊。我请辞摄政，天皇不允，给了这封批示。"

藤原佐世说："这个阿衡，虽然位高，但却不掌权。"

藤原基经听说之后，大为愤慨，却无能为力，便把马厩中的马放了好多匹出去，任由马匹在京中奔跑。行人都觉得奇怪。不久之后，这件事就传到了宇多天皇耳中，说藤原基经按照"阿衡之任"的指示，完全不管政事了。宇多天皇闻言，大吃一惊，说："'阿衡'这个词，是橘广相用的，朕不知情。"想要重新颁发诏书。

然而，仁和四年（888年）五月，藤原基经上表回奏，大意是：

去年（仁和三年，即887年）十一月二十七日的圣旨中写道"宜以阿衡之任，为卿之任"，臣无法分辨"阿衡之任"与"关白"，心中疑惑甚久。最近听闻，此乃左大臣（源融）与明经博士等推荐的用词，"阿衡之任"是没有实际职权的名誉之职，我才知道这个职位虽然地位尊贵，却没有职权。把臣比作阿衡，实在愧不敢当，但没有职权这一点，却是臣一心所望。

此前仁和四年（888年）二月十九日，宇多天皇赐藤原基经随身舍人两人，左右近卫各四人，奉为准三后①。虽然先皇（光孝天皇）曾下过同样的圣旨，但新皇（宇多天皇）登基需要重新下旨，所以才会有"阿衡"那份诏书。藤原基经收到那份诏书之后，最开始并不知道"阿衡"的意思，所以还是和以前一样，万事关白，之后又被封为准三官，尊荣至极，远超人臣之格。源融或许是对此心有不满，所以才用"阿衡之任"加以讽刺。也许不止源融，宇多天皇心中也有此意。

藤原基经意识到这一点之后，才作出这种举动，就故意将马匹放到京中，引起京中之人的惊异。

宇多天皇听到藤原基经扰乱京中的消息，大为诧异，于是，召集文章、纪传、明经等博士，咨询其对"阿衡之任"的意见。大家给出的回答都是：尊贵至极，但不掌实权。这便与藤原基经的期待相左，于是，宇多天皇重新下了一道抚慰的圣旨，大意如下：

太政大臣藤原朝臣（即藤原基经），于先之御世，助济国家，总摄朝政，又援立先帝（光孝天皇），保护朕躬，功大德高，远超古之周霍。朕即位之初，累代圣主犹仰其辅助之功，况乎末小子哉。所念万事倚赖委付，去年（仁和三年，即887年）十一月二十一日下诏书云：万机巨细，皆关白于太政大臣，然后奏下。而藤原朝臣（即藤原基经）上表固执闲退之志，爰即令左大辨橘广相作敕答而下之。其结句"宜以阿衡之任，为卿之任"。而尚存疑，不肯视事，天下之务，皆尽拥滞。于是，使明经、纪传之道人等勘申云：

---

① 准三后，又称准三官。三后，又称三官，指太皇太后、皇太后和皇后。准三后，指御赐与三后（三官）相同的待遇。

橘广相

"阿衡者,是殷世三公官名。三公者,坐而论道,无所典职。然而,以三公之贵,更烦碎之务,不再相闻。"然而,朕之本意,万政关白,欲赖其辅导,故下前诏。然奉旨作敕答之人橘广相加阿衡之词,已乖朕本意。(中略)朕甚惊异,更重述朕意,宣:太政大臣(藤原基经),自今以后,辅行众务,总赐应奏之事,可下之事,先必咨禀,朕将垂拱而仰其成。

就此了结了此事。

在藤原基经看来,自己拥立光孝天皇登基,而光孝天皇将国家大事都全权委托给自己,天皇垂拱而治,是理所当然的。说得露骨一点,天皇只不过是一个形式,天下大事应该全都按照他的意志处置。后来立太子也是一样,虽然也有人持有不同意见,但他力排众议,扶持太子登上皇位,那么也应当得到同样的待遇。而宇多天皇却有敬而远之之意,所以才会引起了这次"阿衡"事件。

因为这次事件,宇多天皇将橘广相停职,并处以重罪。

橘广相知道起因之后,心中对藤原佐世充满怨恨,发愿道:"我死后,愿化为恶犬,咬杀藤原佐世。"不久,藤原佐世的府邸附近出现了很多红色恶犬,"阿衡、阿衡"地乱吠、咬人。不久之后,橘广相就郁郁而终了。

《古今著闻集》等古书中记载:

> 当初,宇多天皇想要下诏处罚橘广相时,只有左中辨菅原道真一人主张:"橘广相无过,望天皇赦免。"拦下了处罚橘广相的圣旨。
>
> 后来菅原道真做梦,梦到橘广相向自己拜谢,并赠给自己三根金笏。菅原道真梦醒之后,觉得这是自己将来会位列三公的吉兆。

当然,这是后人杜撰的故事,不足为信。不过,菅原道真阻拦了降罪橘广相的圣旨一事,却是史实。

这件事表面上是宇多天皇为了平息藤原基经的怒气而降下了责罚橘广相的圣旨,但其实宇多天皇心中并不是真想责罚橘广相。而菅原道真替宇多天皇叫停了责罚,宇多天皇也因此知道了菅原道真的贤德。面对藤原基经,连天皇至尊也不得不违心讨好,但菅原道真却毫不畏惧地为橘广相抗争,能有这份胆识,可见菅原道真绝非寻常之人。所以前面的故事,大约也隐含了这层寓意。而菅原道真被藤原家的人敌视,应该也是从这件事开始的。

宽平二年(890年)四月十六日,橘广相离世。宇多天皇派钦差前往橘府,追赠他为中纳言从三位,并赐谷仓院绢布,作为葬礼之费。橘广相生前引起了巨大的纷争,死后却得到宇多天皇如此恩典,可见其中必然另有隐情。

由于"阿衡"事件的延误，宇多天皇即位之后，一直没有更改年号。宇多天皇在重新下诏安抚藤原基经的同时，还下诏迎娶藤原基经之女——十七岁的藤原温子入宫，并于同年，即仁和四年（888年）十一月，册封藤原温子为女御，以此缓和同藤原基经的关系。

次年，即仁和五年（889年）四月二十七日，宇多天皇下诏，改元为宽平。

《日本纪略》记载：

> 天祚之后，及三年，改元之例，始于此时。

从中也能看出"阿衡"事件的影响之大。

当时，菅原道真任赞岐守，在当地赴任，收到改元的诏书后赋诗一首：

> 明王欲变旧风烟，诏出龙楼到海壖。
> 为向樵夫渔夫祝，宽平两字岁千年。

——《菅家文草》

诗中"欲变旧风烟"一句，似乎并不单指改元一事，联想到后来宇多天皇对菅原道真的重用，或许两人之间此时已经达成了某种秘密协议。

四、藤原基经薨逝

次年，即宽平二年（890年）二月，藤原基经染病请辞。宇多天皇下诏：

> 关白之事，暂依来请。为有关视事如故。

宽平二年（890年）十月，藤原基经的病情依然没有好转。于是，宇多天皇下诏，大赦天下，并赐度僧侣三十人。

次年,即宽平三年(891年)正月,宇多天皇准备临幸藤原基经府探视病情,但因故取消了。这其中应该发生了什么事情。

四天以后,藤原基经就薨逝了。《日本纪略》记载:

宽平三年(891年)正月十三日癸亥,太政大臣从一位藤原朝臣基经(即藤原基经),薨于堀河院第,年五十六。天子哀悼,辍朝三日。

宽平三年(891年)正月十五日乙丑,警固诸卫三关,以敕命,赠故太政大臣藤原朝臣(即藤原基经)正一位,封越前国,为越前公,谥曰昭宣,食封资人,并如生存。是日,葬于山城国宇治郡。

《大镜》记载:

昭宣公(藤原基经),(中略)为公卿二十七年,身居大臣之位二十年,执掌天下十余年,世人称为堀川大人。(中略)逝世后,葬于深草山,当晚胜延僧都赋诗一首:

空蝉忧世渺,得见蜕壳心稍慰,愿见彼遗骸,还冀深草山发烟,令吾仰见慰此情。

上野峰雄赋诗一首:

深草山野边,所栖樱花若有知,还愿限今年,所笑花色作墨染,一同服丧共哀戚。

后来这两首诗都被收录进了《古今和歌集》。(中略)

藤原基经生前一般居住在堀川院和闲院。堀川院一般用来举行各种盛大庆典和宴请宾客,而闲院则多用于斋戒或招待特别亲近的人。

堀川院地形较好,大宴宾客时,贵客们的车马停放在一起,非常壮观。主宾的车辇停在堀川以东,牛则系在装饰着珠宝的桥柱上,其他客人的车辇则停在堀川以西。(中略)

京城的宅府之中，四町见方，四面都有大道的，以前只有冷泉院，随着时代的变迁，出现了地理条件更优越的府邸。

藤原基经是阳成天皇的舅父，在宇多天皇时被封为准三宫，享受年官、年爵。同时是后来的朱雀、村上两位天皇的外祖父。世人评价他："地位尊贵，举世无双。"（中略）

藤原基经有四个儿子，长子左大臣藤原时平，次子左大臣藤原仲平，四子太政大臣藤原忠平。（中略）三子藤原兼平，曾任从三位宫内卿，但英年早逝。他的母亲是式部卿忠良亲王的女儿，身份十分尊贵。

后来，藤原基经的长子、次子和四子，被世人合称为"三平"。

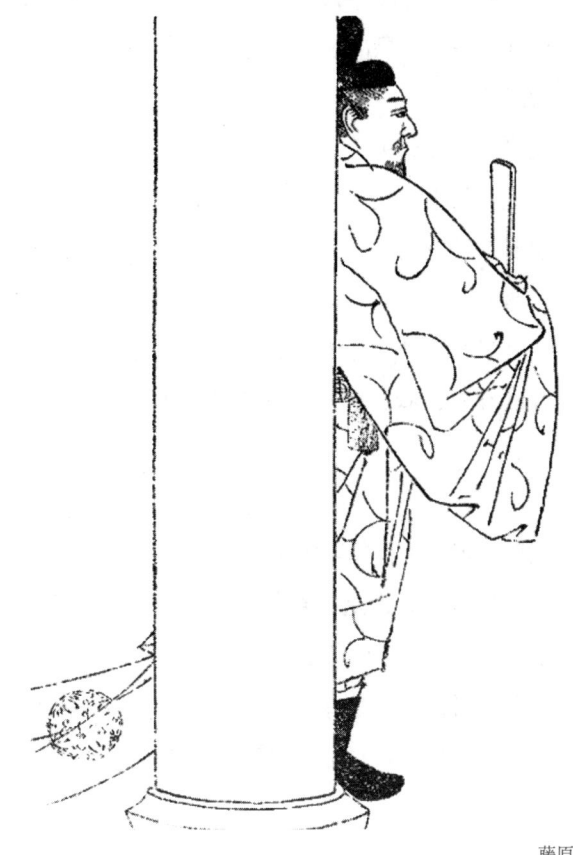

藤原忠平

藤原基经去世之后，由左大臣源融和右大臣源多（仁明天皇皇子）辅政，不设关白，政事由宇多天皇亲自裁决。源多去世之后，由大纳言藤原良世继任右大臣。宽平七年（895年），源融去世，藤原良世升任左大臣，大纳言源能有（文德天皇皇子）升任右大臣。这两人去世之后，朝中暂时不设大臣①。

第3节 宇多天皇的政绩概略（附：启用菅原道真及《宽平遗诫》）

一、宇多天皇亲政及地方政务的革新

宇多天皇不设摄政、关白，一方面是因为藤原氏嫡派中没有合适的人选，另一方面也是因为长期由摄政、关白代行国事，官场逐渐懈怠。为了匡正官场风气，宇多天皇决定亲自管理政事。宇多天皇英明的一面，可以从以下事例中看出来。

宽平元年（889年）五月，石清水八幡宫社司奏报：宝藏震动。

神祇官及阴阳寮占卜后称：祟在圣体。

宇多天皇下诏：

> 朕虽愚冲，未行非法，不为非道。即便偶犯小过，未及大罪。常敬神明，心归佛理。然今虽发咎征，必不至大故，唯任天地神祇冥鉴。

然后否定了例行的除灾祈祷。

在政务方面，像这样革新旧弊的举措，也不在少数。特别是对于地方政务，宇多天皇总是格外关心。

当时，各国租税缴纳情况多有拖沓。原本各国向主税寮缴纳正税账的期限是二月三十日，太宰府的缴纳期限是五月三十日。但许多领国都十分懒散，

---

① 大臣，日本的"大臣"，仅指太政大臣、左大臣、右大臣三个职位。

有的只交账，却没有备齐需缴之物。更有甚者，长达二十年，没有清算税账。至于调庸杂税，欠缴的就更多了。

国司交接时，如果没有继任者出具解由状，就需要申请勘解由状。最初勘解由使还会认真裁决，结果发现前任国司多有失职，即便命其清偿欠缴租税，他们因为没有私产，也无力清偿。

于是，这些领国的继任者，只能先催缴之前欠下的调庸杂税，从而导致各种事务延误，国务也无法展开。国司命郡司处理，而郡司职责不重，又是当地人，也毫无成效。后来朝廷改派其他地方的人来担任郡司，也没有任何作用。

而前国司等身负清偿职责的人，依然待在旧的辖地。尽管朝廷已经任命了新的国司，但前国司却将自己在任期间的欠缴租税交接给新国司，自己则继续留下来处理清偿自己继任之前的欠缴租税相关事宜，从而逃避回京。

这些原本应当任满归京的国司，依然滞留在旧辖地经营家业，却因为官籍在京中，不仅不向地方缴税，也不缴国租。偶尔去往其他地方，还因为官位高，要劳烦当地的人马、驿传①等，给当地带来负担。

于是，宽平五年（893年），宇多天皇下诏，严禁此类官员驻留辖地，任满后必须各自返回本乡。而郡司之类，本来负责在官与民之间处理清偿租税相关事务，却因为公务繁苦，纷纷转到别国，导致公务停滞。于是，同年，即宽平五年（893年），宇多天皇下诏：

> 郡中百姓，虽有多数，堪郡司者，不过一二。仍选定其人，差充调庸杂税等项，或为旧年调庸纲领，未究预事，或为当时租税担当，多有所负。而弥任诸国之吏，或号为亲王家司，不勤公事，专利私门，非为规避一身之宿债，抑令骚动部内百姓。

除了严禁以上这种行为，还严禁此类官员各自寻找门路，兼任左右卫门、兵卫等官职，以逃避本职。

---

① 驿传，驿站，传社，是古代供官员往来和传送公文的交通机构。

经过一段时间的整治，政务革新渐渐有了成效。然而，辖区内有诸院，即皇太后、女御，及以下的亲王、公卿等的料邑（封地）的国司郡司，却饱受料邑之苦，宽平五年（893年）《格》记载：

> 郡司杂掌入京之日，先号前分，责取官物，次称土毛，掠夺私银，纵不叶其求，遂加凌轹。郡司等，为免身危，偏忘公损，或折纳官物，充赂遗之赠，或取封户物（诸院及公卿的俸禄），送致本家（诸家领邑）之费。又杂掌所职，专在公文，不预杂物，而郡司未致之间，勘责如前。公粮竭酒食，旅费尽苞苴①，因兹不济预事，置以逃归。调物难济，公文拥滞。

尽管这份令旨禁止了邑主欺凌郡司，但被派往封地征收料邑（封地俸禄）的人，不仅不听国司调遣，还随意进入领地，搜刮百姓的田地，强征粮食，乱暴至极。宽平七年（895年）《格》记载：

> 诸院诸宫诸司诸家使等，强雇往还船车人马事，（中略）调物以驮为本，运送官米以船，而上道之日，前件诸院等使，结党路头，追妨驮马，率类津边，复夺船运，于是，（中略）官物致缺失。

除此之外，还有人犯了"私物出举"之禁，一心逐利。这些人放出出举之后，到了期限，没有丝毫宽限减免，完全不顾百姓的贫苦，给当地带来了极大的困扰。对于这些事情，朝廷也严令禁止。

此前，还有一些京城以外的百姓，为了逃避课税，于是，伪造户籍移居京城。而京城的居民，为了获取田地，离开京城去往京外。宽平五年（893年）《格》记载：

---

① 苞苴，原指包裹鱼肉的蒲包，后转指赠送的礼物，再引申为贿赂。

> 外土之民，奸附京畿，多避课役，无怀土心。（中略）顷年京贯人庶，王臣子孙，或就婚姻，或通农商，居住外国，业同土民，（中略）横行村里，对捍宰吏，或胁细民，非唯妨国务，抑亦伤风教。

宽平七年（895年），朝廷下令检查畿内人口，把畿外人士遣回原籍，同时，对王子王孙出游设立限制，规定其活动范围东至逢坂关，南至山崎、与渡，西至摄津、丹波国界，北至大江山。这个制度一直沿用到后世，堂上家①出游，都不能超过这个范围。

二、规范神领民户

多年来，神领民户一直过于泛滥。神领民户，指的是神官和寺庙领地的农民，他们上缴的地租首先上贡给神官（神职人员），然后缴纳给寺庙（僧人）。然而，随着佛法的兴起，神官渐渐成了寺庙的隶属。农户的地租也变成先上贡寺庙，然后才到神官。

宽平五年（893年），朝廷重新确认了神官与寺庙的规格（级别）。而这些神领民户，一般都是抓回来的逃跑的官户。宽平五年（893年）纪伊国《解》中规定，该国封社（神社）十一所，应有封户二百三十二烟②，正丁一千二百七十六人。这正好符合《式》中每户为五到六人的规定。

然而，现实中，神领民户的正丁达到了每户十五六人，甚至二三十人，而官户③所有课丁的数量，则每户仅有一二人，或者一户根本没人。

朝廷检查其中缘故后发现，由于神领民户需要缴纳的税比较轻，而官户税收重，所以许多官户为了摆脱重税，宁愿成为税收轻的神领民户。而各地官府出于对神祇的忌惮，没有人敢纠正。

于是，宇多天皇下诏，命各国进行肃正。

---

① 堂上家，日本贵族家世身份的一种，指有资格进入朝堂议事的世袭贵族之家。
② 烟，封户的量词，一户人家为一烟。
③ 官户，日本古代律令制下最底层的官有民的一种。一般是因罪被剥夺良民资格的人，或者是奴婢与主人所生之子，身份比官奴婢略高。官户以户为单位，拥有与良民相同的口分田，但所有收成都需上缴官府，生活必需的衣物与粮食则由官府配给。

三、启用菅原道真及废绝遣唐使

以上种种弊病,都是长年累月积累下来的,纠正起来并不容易。一件一件清理下来,固然是因为宇多天皇的英明裁决,也离不开当时的左大臣源融、中纳言在原行平等人才的辅佐。特别是对菅原道真的提拔,确实能看出宇多天皇的慧眼识人。

宽平三年(891年)三月九日,菅原道真从赞岐守升至式部少辅,同月二十九日,任藏人,兼左中辨。宽平三年(891年)四月十八日,准许穿禁色杂袍,任藏人头。然而,菅原道真上表请辞:

(前略)伏奉昨日任藏人头之敕旨,(中略)谨检近代之例,天安藤原良绳、贞观藤原家宗、藤原山阴、仁和平正范、藤原有穗、源光,当代藤原时平、藤原高经、源希等,或出资清流,或生于鼎族,其性也,堪守芝兰之种,其威也,足率凤鸾之群,未有凡夫儒士之能当其任,以遗其名。(中略)况其职之乖人望乎,况其任之违天意乎,伏愿圣主陛下,济臣不当,更选其人。云云。

菅原道真在辞表中历陈:藏人头之职,历来都是出自权贵之家,但自己出身寒微,不堪重任。然而,宇多天皇并没有应允菅原道真的辞表。

后来,菅原道真历任兼左京大夫、参议、式部大辅、左大辨、勘解由使长官等,并于宽平六年(894年),被任命为遣唐大使。左少辨纪长谷雄为副使。当时,菅原道真上表如下:

谨案在唐僧中瓘,去年(宽平五年,即893年)三月,附商客王讷等,所致之录记,大唐凋敝,载之具矣,更告不朝之问,终停入唐之人。中瓘虽区区之旅僧,为圣朝尽其诚,代马越鸟,岂非习性。臣等伏检旧记,度度使①等或有渡海不堪命者,或有遭贼遂亡身

---

① 据文意,当指遣唐使。

者，唯未见至唐有难，阻饥寒之悲。如中瓘所申报，未然之事，推而可知。臣等伏愿，以中瓘录记之状，遍下公卿博士，详被定其可否。国之大事，不独为身，且陈款诚，伏请处分。

表文中所说的"录记"，现已不存，内容不明，但从表文内容能够推出其大意。应该是报告当时唐朝正处于从唐僖宗李儇时代进入唐昭宗李晔时代，内有宦官专权，朝纲混乱，外有黄巢、李克用、董昌等举兵，自立为王，唐主屡次多方蒙尘。

当时，对于日本朝廷来说，派遣遣唐使历来都是重大事件。如果不顾大唐的状况，依然派遣遣唐使的话，可能会如菅原道真表文中所说那样，遭遇不测。所以，菅原道真根据大唐当时的国情，请求停派遣唐使。

于是，派遣遣唐使之事从此废止。

同年，即宽平六年（894年），菅家门生等在吉祥院祝贺菅原道真五十大寿。当日，有一位老者，身着便装草鞋，手中提着一卷文书和一包沙金，将文书和沙金放在案桌上就离去了，也没有告知姓名。大家觉得奇怪，打开文书一看，里面是一则祈愿书文。祈愿文内容如下：

传闻，菅家之门客，共贺知命之年，弟子虽削迹人间，无名世上，而数记淳教之风，多改愚昧之过。古人有言：无德不报，无言不酬。深感彼意，欲罢不能。故福田之地，舍此沙金，金以表申诚之不轻，沙以祈上寿之无涯。莫疑其人，可求其志。云云。

所有人都不知道这是何人所赠。后来才知道，是宇多天皇易装为世外之人前来赐金。由此可知菅原道真所受恩宠之优渥。

宽平三年（891年），宇多天皇命菅原道真编纂《日本三代实录》及《类聚国史》等。此外，宇多天皇历年游宴的诗文，多是钦点菅原道真作序。现将宽平五年（893年）菅原道真所作序文摘录如下，以供参考：

应制赋《春惜樱花》，其词曰：承和之代，清凉殿东二三步有樱树，树老代亦变，代变树遂枯。先皇驭历之初，事皆法则承和，特诏知种树者，移山木，备庭实。移得之后，十有余年，枝叶惟新，根荄如旧。我君每遇春日，遍及花时，惜红艳以叙睿情，玩薰香以回恩盼，此花之遇此时也，红艳与薰香而已。夫劲节可爱，贞心可怜，此花北有五粒松，虽小不失劲节，花南有数竿竹，虽细能守贞心，人皆见花，不见松竹。臣愿我君兼惜松竹云尔。仅序。

春物春情更问谁，红樱一树酒三巡。
绮罗切齿相同色，桃李惭颜共遇时。
欲蔓飞香凭舞袖，将缠晚带有游丝。
何因苦惜花零落，为是微臣身拾遗。

——《菅家文草》

宇多天皇命菅原道真咏花，但菅原道真不仅说花，还说松竹的劲节，哪怕是一时游宴，也不忘节义，可见其平时的品德与节操。所以君主对他的恩宠，绝不是毫无缘由。所谓"有其君必有其臣"，正是因为有了这样的君臣，才会有如此的政绩。后世总是讴歌"延喜之治"，但我们必须知道，"延喜之治"的根基，铸就于宽平年间。

四、沿海的防备及朝仪的改创

宇多天皇不仅以文治国，同时以武安邦。这同样也是宇多天皇慧眼识人的功绩。

宽平六年（894年）九月，新罗贼船四十余艘袭击对马国。宽平六年（894年）九月十七日，对马守文室善友召集郡司以下士卒等，立下军规：

若有人背部中箭，当即斩首。反之，如果正面中箭，重赏。

文室善友当即部署士兵二百人，出城迎敌，斩杀敌方大将三人、副将十一人、士兵二百八十八人，缴获敌船十一艘及大量甲胄、太刀、弓矢、箭筒、盾等物；并生擒了一个名叫贤春的俘虏，拷问之后得知，新罗国本年五谷不丰，国库空虚，所以这些人奉新罗国王之命侵袭外国，希望能掠夺一些粮食和布匹。

于是，朝廷下令太宰府及中国地区①沿海各国，严备海防。后来新罗国果然又来袭击。

此前，历代天皇曾有拜祭四方神明的惯例，后来时有停废，并未固定。

宽平元年（889年）元旦清晨，宇多天皇亲自在庭上遥拜天地四方星辰山陵，并将此定为恒例。如果没有大事故，必须每年执行。《公事根源》记载："四方拜始于此时。"

宽平二年（890年）正月元旦，朝廷将三种神器之一的神镜奉迁至温明殿。后世将神镜称为"内侍所"，便是从这时候开始的。

宽平二年（890年）正月上子日②，宇多天皇下令内膳司今日御膳为若菜③，称为"若菜御宴"，并将此定为恒例。

宽平八年（896年）正月上子日，宇多天皇临幸云林院。此为"子日御游"之始。

宽平二年（890年）上元日，宇多天皇下令主水司，上"七种御粥"，以为恒例。"七种"，指的是米、粟、豆、麦等七种粮食，意为祝愿五谷丰登。

同年，即宽平二年（890年），宇多天皇命藤原直方、源兴基、平惟范、藤原时平等从弘仁以后的鸿儒之中挑选善诗之辈，由巨势金冈将他们的画像画在皇宫南庑的东西障子④上。之后，宇多天皇又命巨势金冈将殷周以来汉土

---

① 中国地区，日本地域之一，包括现在的鸟取、岛根、冈山、广岛、山口五个县。
② 子日，天干地支纪日法中的某一天，每隔十二天就会有一个子日。上子日，指的是当月的第一个子日。
③ 若菜，原意为春天刚萌芽的野草（野菜），后来作为宫中"上子日"御膳，固定使用七种野菜，称为"春之七草"，一般指水芹、荠菜、鼠麹草、繁缕草、稻槎菜、芜菁、萝卜。
④ 障子，古代日本建筑的一部分，在房屋四壁，中国建筑中"墙"的位置。日本用木条搭成木架，然后贴上和纸，这样既能起到阻挡视线的作用，又能保持一定的光线通透。

历朝名士的画像画在紫宸殿的障子上。这些障子被称为"圣贤障子",流传后世。此为大殿装饰的一大典故。

以上种种朝仪,都流传到了后世,未曾断绝。由此可知宇多天皇的圣德。

五、立太子

宽平五年(893年),宇多天皇册立皇太子(敦仁亲王)。《日本纪略》记载:

> 醍醐天皇,讳敦仁,亭子天皇(宇多天皇)第一皇子也。母前女御从三位藤原朝臣胤子(即藤原胤子),中纳言(藤原)高藤之女也。
>
> (醍醐)天皇元庆九年(885年)乙巳,正月十八日甲戌诞生。
>
> 宽平元年(889年)十二月二十八日,诏为亲王(年五,名维城)。
>
> 宽平二年(890年)十二月十七日,改本名维城为敦仁。
>
> 宽平三年(891年),半减封户。
>
> 宽平四年(892年)十月九日,以山城国相乐郡荒废地四十一町二段二十步,赐亲王。
>
> 宽平五年(893年)四月十日,诏遣使于诸陵,告以亲王可为皇太子之由。
>
> 宽平五年(893年)四月十四日壬午,策立为皇太子(年九)。
>
> 宽平五年(893年)四月二十六日,始入御于东宫。

随后,宇多天皇任命大纳言源能有为春宫傅、中纳言藤原时平为春宫大夫、参议菅原道真为春宫亮。宽平七年(895年),菅原道真升任中纳言,为春宫权大夫。

历来兼任春宫职的,都是大纳言、中纳言,以及各官的首领,或者是名门权贵之家的子弟。然而,菅原道真门第不高,他的父亲菅原是善最高也只做

醍醐天皇

到参议刑部卿。菅原道真被封为纳言，已经是超越了他的门第，现在还越过比他先任纳言的藤原国经、藤原有实、源直、藤原有穗、源湛等，成为权大夫。可以说，菅原道真"受谗左迁"的祸根早在此时就已经埋下了。

六、醍醐天皇受禅及《宽平遗诫》

宽平九年（897年）七月三日，皇太子（敦仁亲王）举行了元服仪式。同日，宇多天皇退位。

《日本纪略》记载：

宽平九年（897年）七月三日丙子，卯二刻，皇太子（敦仁亲王）于清凉殿加元服，年十三（《皇年代略记》记载：大夫藤原卿时平[即藤原时平]加冠，权大夫菅原卿[即菅原道真]加手，左中将[藤原]定国理御发）。

午刻，（宇多）天皇御紫宸殿，让位于皇太子敦仁亲王，宣制如常仪。逊位之后，迁御弘徽殿。其时，春秋三十一，在位十二年。

该书（《日本纪略》）后面继续记载：

宽平九年（897年）七月十日，诏上太上天皇尊号于先皇（宇多天皇）。

宽平九年（897年）七月十四日丁亥，太上天皇（宇多天皇）上书辞尊号。（醍醐）天皇上状，不许之。

当时，宇多天皇亲书"治国大要"十余条，传与新帝（醍醐天皇），世称《宽平遗诫》。可惜《宽平遗诫》现存的版本多处有缺失，现将其大略摘录如下：

（前略）诸国诸家等所申，季禄衣服月料等，或入官奏，或就内给。申不动正税等，虽令勘申国中账，遗或远年账，难为实。今须不动者一切禁断。正税者随状处分。若必用不动者，即后年全令委填，不可忘。此事当时执政可进止也。虽然存于内心补万分一。努力努力。

文中"诸家"，指的是亲王、诸王、公卿等。"季禄"指的是春秋两季赏赐的官俸。"不动"指的是各国储存的不动仓。不动仓本来是为饥荒年预备的物资储备，但一些心怀不轨的国司，却瞄上这些储备物资，偷偷挪用，却不填补。这就导致到了饥荒年，无粮可用，饥民饿死。这也是当时国司的一大弊病，由此可见宇多天皇的深虑。

> 斋宫者，出在外国（伊势）。用途虽繁，料物不足。随其申请，量宜进止。唯察司能能可选任之。
> 斋院者，种种杂物藏例虽具。其于用度不足十分之一。特加相劳（中略）。
> 可明赏罚，莫迷爱憎。
> 用意平均，莫由好恶。
> 能慎喜怒，莫形于色。
> 左大将藤原朝臣时平（即藤原时平）者，功臣之后。其年虽少，已熟政理。先年于女事有所失。朕早忘却，不置于心。朕自去春加教励，令勤公事。又已为第一之臣，能备顾问，而从其辅道。新君慎之。

藤原时平的"女事之失"，指的是他夺了自己叔父大纳言藤原国经的夫人一事。尽管他做出了这么大逆不道的事情，但因为他是功臣之后，又是藤原氏嫡派，在当时的形势下，还是只能让他成为第一大臣。

> 右大将菅原朝臣（即菅原道真），是鸿儒也，又深知政事。朕选为博士，多受谏正。仍不次登用，以答其功。加以朕前年立春宫之日，只与菅原朝臣（即菅原道真）一人论定此事。（中略）又春宫初立之后，未经二年，朕有让位之意。朕以此意密密语菅原朝臣（即菅原道真），而菅原朝臣（即菅原道真）申云：如是大事，自有天时。不可忽，不可早，云云。仍或上封事，或吐直言，不顺朕言，又是正论也。至于今年（宽平九年，即897年），告菅原朝臣（即菅原道真）以朕志必可果之状。菅原朝臣（即菅原道真）更无

所申，事事奉行，至于七日可行之仪。人口云云，殆至于欲延引其事。菅原朝臣（即菅原道真）申云：大事不再举，事留则变生，云云。遂令朕意如石不转。（中略）菅原朝臣（即菅原道真）非朕之忠臣，新君之功臣乎。人功不可忘，新君慎之。（中略）

菅原氏，原本出自土师家，到菅原古人这一代，赐姓为菅原朝臣，从此成为文章世家，但家世算不上显赫。到了菅原是善这一代，做到参议刑部卿从三位，渐渐显贵。到了菅原是善之子菅原道真，任大纳言兼右近卫大将，当时与之相对的左近卫大将藤原时平，既是藤原基经的嫡子，又是朝中执政之臣（当时未设大臣），可见宇多天皇对菅原道真的破格提拔。这固然是因为菅原道真本人贤德有才，但同样也离不开宇多天皇的慧眼识人。

宇多天皇说自己"多受谏正"，说明对他菅原道真信任有加。宇多天皇在位期间，菅原道真辅佐天皇，致力于匡正政界的污浊，颇有政绩，为后世"延喜之治"打下了基础。

菅原道真不仅是一个博学的文人，更有着高超的政治才能。从立太子到宇多天皇让位，是菅原道真保证了宇多天皇的圣意得到执行。

在人才方面，除了菅原道真，宇多天皇还向新帝推荐：

（平）季长朝臣深熟公事，（纪）长谷雄博涉经典，共大器也，莫惮升进，新君慎之。

可见宇多天皇的睿智。

朕闻，未旦求衣之勤，每日整服，盥漱拜神，又近唤公卿有识，访治术。夕还本座，招召侍臣，求六经疑。圣哲之君，必依辅佐以治事。（中略）。事有持疑，必可推量以决之。新君慎之。

> 诸司诸官之言奏见参，有先例者，可下诸司，令勘旧迹。唯有旧迹，能推量可行。新君慎之。（中略）
>
> 前数事之诫，朕若忘却而有所嘱者，引此书可警。（中略）是为不可违失耳。

最后一句话，不仅是宇多天皇对新帝的训诫，也是对自己的警醒。

七、上皇削发及御室门迹

宇多上皇退位之后，就移居朱雀院。次年，即宽平十年（898年），醍醐天皇改元为昌泰。

昌泰二年（899年）十月二十四日，宇多上皇落饰出家。大僧都益信在仁和寺灌顶堂给宇多上皇进行三归、十善戒灌顶，并献上法号"金刚觉"。

当天，昌泰二年（899年）十月二十四日，醍醐天皇原本也准备临幸仁和寺，但宇多上皇派中纳言源希，以"山路鸾舆难通"为由，制止醍醐天皇出行。

宇多上皇在辞去"太上天皇"尊号的诏书中写道：

> 前年（宽平九年，即897年）之让位，是为社稷；今日之出家，是为菩提。

同年，即昌泰二年（899年）十一月二十四日，宇多法皇临幸东大寺，登坛受戒。前一天，宇多法皇特命钦差藤原定国送调布五百段、钱百贯文至该寺，作为法会的开销。

从那以后，宇多法皇遍临名山大寺，以避俗世，但对于国家臣民，依然深深关心。

延喜十年（910年）九月，宇多法皇登比叡山，跟随座主增命接受了天台灌顶。然后下诏：

> 授与增命法眼和尚位。

承平元年（931年）七月十九日，宇多法皇在仁和寺南御室圆寂，时年六十五岁。当时已出家三十五年。

《神皇正统记》记载：

> 宇多天皇在位十年，然后让位于皇太子（敦仁亲王）。（中略）两年后出家，时年三十三岁，这是宇多天皇年少时就有的志向。宇多天皇出家后，师从弘法大师三代弟子益信僧正，在东大寺接受灌顶。后又跟随智证大师的弟子增命（当时位份是法桥，次于法印、法眼。后来谥号"静观"）学法，在比叡山接受灌顶。宇多法皇开创的"弘法流"至今在仁和寺传承。
>
> "弘法流"有"广泽"（仁和寺）和"小野"（醍醐寺、劝修寺）两个分支，"广泽"是宇多法皇的弟子宽空僧正的弟子宽朝僧正（敦实亲王之子，宇多法皇御孙）的居所，因而得名。之后，"御室"（仁和寺住持）代代相传，全都由皇族担任。
>
> "小野流"是益信的同门师兄弟圣宝僧正所开创，这位圣宝僧正是位智法无双的高僧。（中略）
>
> 现在人们依然会讴歌"延喜-天历盛世"，这都得益于宇多天皇在位时实施了古人所推崇的"无为之治（圣人的政治）"。（中略）
>
> 菅原道真因为博学多才，被擢升为大纳言、大将，就是在宇多天皇时期。（中略）
>
> 宇多天皇比较长寿，一直活到了朱雀天皇时期。

第4节　藤原时平与菅原道真、菅原道真的左迁（附：天满宫）

一、藤、源两氏与菅氏的对立

前面说到，菅原道真德才兼备，因而深受宇多天皇信任。新帝（醍醐天皇）即位以后，宇多上皇下诏：

将左大将大纳言藤原时平擢升为左大臣，将右大将大纳言菅原道真擢升为右大臣。

菅原道真的位阶超过了醍醐天皇的外祖父藤原高藤与仁明天皇第十皇子源光。虽然菅原道真再三上表请辞，但醍醐天皇都没有准许。不久之后，藤原高藤升任内大臣。

宇多上皇之所以这么信任菅原道真，主要是因为藤原良房、藤原基经父子长期担任摄政，藤原氏的权势越来越盛，而皇统源氏则逐渐没落，政治上的弊端日渐凸显。所以宇多天皇在任用贤能的同时，也是为了削弱外戚的势力。

然而，在藤原氏看来，菅原氏从上一代才开始跻身公卿之列，这一代就担任纳言、大将，参与政务，甚至被任命为春宫权大夫，藤原氏一族已经在尽力隐忍了。然而，现在菅原氏竟然位居天皇外祖父之上，以大臣之名，执掌国家大事，这就难以接受了。

从皇统源氏一方来看，之前右大臣藤原基经越过左大臣（源融），担任摄政，已经让他们十分不快了。但因为是（阳成）天皇外祖父，这样的任命也不是毫无缘由，所以也就忍了。然而，现在初列公卿的菅原氏竟然超越源氏，成为大臣、大将，执掌政权。现任天皇已经十四岁，所以没有设摄政一职。而菅原氏虽无摄政之名，却行着摄政之实。对此，源氏一族的心中自然十分不满。

藤、源两氏的想法也是人之常情，无可厚非。这两家的不满渐渐统一。源氏之前对于藤原氏的不满，全都转移到了菅原氏身上。于是，藤原氏与源氏两家，一明一暗，对菅原家满怀嫉妒，一心想要打倒菅原氏。

二、菅原道真深受圣宠

然而，菅原道真深受两位天皇，特别是宇多上皇的宠信。但凡宇多上皇出行游宴，菅原道真必定随行侍奉，还不时献上应景而作的诗篇。菅原道真忙于侍驾，自然疏于公务，这就给了反对派攻击的把柄，最终导致了左右大臣相互倾轧的局面。

《大镜》中记载了这样一个故事：

（前略）当时，左大臣藤原时平才二十八九岁，右大臣菅原道真已经五十七八岁。（中略）右大臣（菅原道真）才华横溢，（中略）而左大臣（藤原时平）年纪轻轻，才学尚浅。（中略）

藤原时平有笑癖，遇到好笑的事情，就会笑得停不下来。当藤原时平与菅原道真在政事上有不同意见时，藤原时平会说一些不合逻辑的话。

（中略）菅原道真正在独自为难："左大臣（藤原时平）的意见实在不太合适，怎么办才好呢？"

一位史官说："不用担心，我有办法制止这件事。"

菅原道真不相信："怎么可能呢？你有什么办法？"

史官回答："您就等着瞧吧！"

到了议事厅，大家正在严肃地讨论政事，这位史官走了进来，用文书夹（当时，下级官员向上级官员送呈文件时，按照礼仪不能直接递）夹着文书，十分恭敬地呈给藤原时平时，非常大声地说："请。"

藤原时平手一抖，就没取下来，不由得笑了起来，一笑就停不下来，连"今天我不行了，交给你们了"这句话都不能流畅地说完。

于是，最后事情就按菅原道真的想法实施了。

藤原时平与菅原道真的冲突，由此可见一斑。在这种情况下，昌泰三年（900年）正月三日，醍醐天皇及宇多法皇行幸朱雀院，左右大臣随行侍奉。宇多法皇秘密下诏给醍醐天皇：

现左大臣藤原时平与右大臣菅原道真共同执政，时常意见不一，所以还是确定一人执政为好。朕思虑再三，藤原时平虽为昭宣公（藤原基经）嫡子，又是女御（藤原温子）的兄长，但年纪尚轻，才智不及菅原道真。而菅原道真虽然不是出身名门，但他本人德才兼备，适于执政。

于是，醍醐天皇与宇多法皇单独召见菅原道真，对他说："今后由你一人执政。"

菅原道真大为惶恐，再三请辞。

当时，藤原时平见菅原道真得到醍醐天皇与宇多法皇单独召见，觉得不太对劲，当即就要离席。菅原道真解释道：

（宇多）天皇与（醍醐）上皇单独召见微臣，或许有人觉得奇怪。其实是此前（醍醐）天皇赐臣一诗题，曰《春生柳眼中》。刚才召见微臣，是命臣传令各位，以此题作诗，各自献上诗作。

藤原时平听了之后，才恢复情绪，返回座位继续列席诗宴。

同年，即昌泰三年（900年）五月（《日本纪略》记载为八月，此处以《菅家后集》为准）十六日，菅原道真献上私家集二十八卷。宇多法皇阅览后御制汉诗一首：

见右丞相（菅原道真）献家集

门风自生是儒林，今日文华皆是金。
唯咏一联和气味，况连三代饱清吟。
琢磨寒玉声声丽，裁制余霞句句侵。
更有菅家胜白样，从兹抛却匣尘深。

平生所爱，《白氏文集》七十卷是也。今以菅家集，不又开帙。

可见宇多法皇对菅原道真何其推崇。

此前，宽平四年（892年）时，曾有渤海国使臣裴文籍，见了菅原道真的诗，赞美其诗"有白居易风骨"。因此宇多法皇的御制诗作中就提到了这件事。

于是，菅原道真和诗一首：

奉感见献臣家集之御制，不改韵，兼叙鄙情一首

反哺寒乌自故林，只遗风月不遗金。
且成四七箱中卷，何幸再三陛下吟。
犬马微情叉手表，冰霜御制遍身侵。
恩及父祖无涯岸，谁道秋来海水深。

三、三善清行劝菅原道真退避

宇多法皇为了抑制藤原氏的权势，启用贤能，甚至秘密授意菅原道真独掌政权。然而，正所谓"莫现乎隐"，越是想隐瞒的事情，越是容易从细微之处看出来。藤原氏与源氏从宇多法皇与醍醐天皇的态度中也渐渐察觉到了这一点。

不仅藤、源两氏看在眼中，不平于心，连一些文人也开始嫉妒菅原道真所获的荣宠。《江谈抄》记载：

三善清行是巨势文雄的门生。巨势文雄在举荐三善清行的奏状中写道："才名超越于时辈。"

菅原道真嘲讽这句评价言过其实，将之改为："愚鲁超越于时辈。"

三善清行向都良香询问此事，都良香不置可否。

菅原道真知道此事后，大为愤慨，因为都良香是自己先父菅原是善的门生，竟然会将这种事当成自己的所为。

三善清行

可见当时菅原道真在文人之中也颇受排挤。

当时,菅原道真虽然受到宇多法皇无比恩宠,但在朝堂之中却有不少反对者。反对者们日夜虎视眈眈。其实菅原道真此时的境况是十分危险的。

同年,即昌泰三年(900年)十月十一日,三善清行写了一篇文章赠予菅原道真,劝其急流勇退。文章内容如下:

> 文章博士三善清行言,交浅言深者妄也,居今语来者诞也,妄诞之责,诚所甘心。伏冀尊阁殊宽容。某昔游学之次,偷习术数,明年辛酉,运当变革,二月建卯,将动干戈,遭凶冲祸,虽未知谁

是，引弩射市，亦当中薄命。天数幽微，纵难握察，人间云为，诚足知亮。伏惟尊阁挺身自翰林，超升槐位，朝之荣宠，道之光华，吉备公外，无复与美。冀知其止足，察其荣光，擅风情于烟霞，藏山智于大壑，后生仰观，不亦美乎。努力努力，勿忽鄙言。（三善）清行谨言。

文中"勿忽鄙言"一词，算得上言辞恳切了。恐怕当时"谗言构陷"已经在计划中了，所以三善清行才会如此相劝。

四、菅原道真遭贬谪

次年，即昌泰四年（901年）正月二十五日，菅原道真被贬为太宰员外权帅[①]。大纳言源光升任右大臣。当时藤原时平等所进谗言的大概内容是：

> 当年宇多上皇想让位给醍醐天皇，私下跟菅原道真商谈。菅原道真劝谏道："天皇尚在壮年，退位为时过早。"
>
> 其实菅原道真内心是希望宇多天皇让位给自己的女婿斋世亲王，现在菅原道真依然暗地里谋划拥立斋世亲王。

当时醍醐天皇才十七岁，听了藤原时平的密报，也没有多想，就轻信了谗言。一想到自己也许会和阳成天皇一样，年纪轻轻就被迫让位，心中大怒，马上就下达了流放菅原道真的命令，还将菅原道真的儿子流放到各地。

菅原道真心中悲苦，写了一首诗献给宇多法皇：

> 我身几欲随流水，唯盼主君为挽澜。

[①] 太宰员外权帅，太宰权帅原本是太宰府长官太宰帅的权官，有实权。然而，后来出现了一些因特殊原因而任命的太宰权帅，比如显赫贵族因罪贬谪，或者中低层官员因功升迁等，使"太宰权帅"成为一种名誉职位，为了跟正式的太宰权帅区分开来，这些人被列为"太宰员外权帅"。

宇多法皇知晓此事后大惊，心想："天皇虽然贵为至尊，但好歹是我的儿子。"于是，亲自去找醍醐天皇，想要挽回此事。昌泰四年（901年）正月三十日，宇多法皇从上西门，经丰乐院、真言院，来到清凉殿附近，想要面见醍醐天皇。当时担当守卫的藏人头藤原菅根，原本是菅原道真的学生，但素来与菅原道真不和，因为曾在宫中的"庚申御游"时受到过菅原道真的羞辱，所以一直怀恨在心，于是，他拒绝了宇多法皇的面圣要求，没有通传，让宇多法皇空跑一趟。《日本纪略》记载：

> 昌泰四年（901年）正月三十日癸丑，太上皇（宇多法皇）御幸左卫门阵，官人以下卫士不下胡床。上皇（宇多法皇）通夜不还。
>
> 昌泰四年（901年）二月一日甲寅，上皇（宇多法皇）还本宫，今日权帅（菅原道真）向任。

这指的就是当天发生的事情。文中"官人以下卫士不下胡床"，宇多法皇作为天下至尊，通行此处时，士兵本应伏地跪拜，但他们却"不下胡床"（盘腿而坐），坚守警备，可谓无礼之至了。于是，宇多法皇得不到通传，空等一整晚，可见当时藤原氏的气焰何其嚣张。

宇多法皇一直以来推崇菅原道真，压制藤原氏。所以藤原氏心中不满，把宇多法皇看作"菅家阵营"的首领，直到菅原道真离京。完全不把宇多法皇当作主君对待，可谓十分大逆不道了。

五、身处流放的菅原道真

菅原道真被处流放时，膝下共有十二名子女。其中，男子四人被流放到其他领国，已经嫁人的女子留在京城。只有两名年幼子女，随菅原道真一同前往太宰府任职。出发之前，菅原道真看到庭前盛开的梅花，咏叹道：

> 前路迷茫远将行，临行寄言庭中梅。
> 莫因无主忘春信，尤倩东风遥送香。

这首和歌就是和歌《飞梅》的出处。此外，菅原道真还留下一首咏樱之歌：

花心可托东风便，遥寄相思慰主君。

菅原道真离开京城，行至山崎时，决意落发出家。眼看距离京城越来越远，菅原道真作诗一首，寄送给身在京城的妻子：

忍悲别君去，草舍渐依稀。辞去频回首，归期何可期。

不久之后，菅原道真来到播磨明石浦，这是菅原道真曾经担任赞岐守时到过的地方。当地的驿长对菅原道真情谊深重，惊讶之余又对菅原道真百般劝慰。于是，菅原道真作诗一首：

驿长莫惊时变改，一荣一落是春秋。

一路跋山涉水，终于到达太宰府，菅原道真作了许多诗歌排遣自己的幽愤。比如汉诗：

离家三四月，落泪百千行。
万事皆如梦，时时仰彼苍。

还有和歌：

夕烟漫山起，忧思以为薪。

同年，即昌泰四年（901年）七月十五日，醍醐天皇改年号为延喜。菅原道真见到改元的诏书后作诗述怀：

开元黄纸诏，延喜及苍生。
一为辛酉年，二为老人星。（注1）
大辟以下罪，荡涤天下清。
省徭优壮力，赐物恤颓龄。
茫茫恩德海，独有鲸鲵横。（具见于诏书）
此鱼何处在，人道汝新名。（注2）
吞舟非我口，吐浪非我声。
哀哉放逐者，蹉跎丧精灵。

（注1）阴阳家称之为"辛酉革命"，昌泰三年（900年）十月三善清行曾提过。昌泰三年（900年）十二月十一日，见老人星，是为祥瑞，因此有人提议改元。

（注2）诏书中称菅原道真之事为"谋反"。

菅原道真抵达太宰府后，也不进府履职，只在家中，闭门谢客，作了《不出门行》等长篇，收在《菅家后集》中。

《大镜》记载：

菅原道真住在太宰府中的家中，虽然大门紧锁，却能看到远处大贰家屋顶的瓦片。附近有一所观音寺，耳边时常传来寺里的钟声。于是，作诗一首：
都府楼才看瓦色，观音寺只听钟声。

古时的博士说，这句诗比白居易的"遗爱寺钟欹枕听,香炉峰雪拨帘看"一句还要妙。（中略）

昌泰四年（901年）九月九日，菅原道真看到太宰府的菊花，（中略）想到当初还在京城时，同样是九月的这个晚上，在宫廷的菊宴之上，自己的诗作让醍醐天皇大为感动，被赐御衣一件。这件御衣也被带来了太宰府。菅原道真睹物伤情，作诗一首：

去年今夜侍清凉，秋思诗篇独断肠。
恩赐御衣今在此，捧持每日拜余香。
这首诗情真意切，闻者感伤。

菅原道真在昌泰三年（900年）的宫廷菊宴上所作的诗，被收在《菅家文草》中，内容如下：

九日后朝，同赋秋思，应制

丞相度年几乐思，今宵触物自然悲。
声高络纬风吹处，叶落梧桐雨打时。
君富春秋臣渐老，恩无涯岸报犹迟。
不知此意何安慰，饮酒听琴又咏诗。

最后，摘录几首《菅家后集》中的诗作，供大家了解菅原道真在太宰府的日常。

慰小男女

众姐总家留，诸兄多谪去。小男与小女，相随得相语。
昼餐常在前，夜宿亦同处。临暗有烛灯，当寒有绵絮。
往年见穷子，京中迷失据。裸身博弈者，道路呼南助（注1）。
徒跣弹琴者，闾巷称辨御（注2）。其父共公卿，当时几骄倨。
昔金沙土如，今饭无餍饫。思量汝于彼，天感甚宽恕。
（注1）南助：南大纳言子，内藏助，博徒。今犹号南助矣。
（注2）辨御：俗谓贵女为御。盖取夫人女御之义也。藤相公兼辨官，故称其女也。

闻旅雁

我为迁客汝来宾,共是萧萧旅漂身。
倚枕思量归去日,我知何岁汝明春。

秋夜 九月十五日

黄萎颜色白霜头,况复千余里外投。
昔被荣花簪组缚,今为贬谪草莱囚。
月光似镜无明罪,风气如刀不破愁。
随见随闻皆惨栗,此秋独作我身秋。

就这样,到了延喜三年(903年)正月,菅原道真卧病,自知病重难愈,于是,将昌泰三年(900年)八月以后于太宰府所制诗文一卷,寄送文章博士纪长谷雄,这便是《菅家后集》。

延喜三年(903年)二月二十五日,菅原道真因病辞世,享年五十九岁。葬在当地,也就是现在的安乐寺。

六、藤原时平等薨逝

菅原道真由于藤原时平等人的谗言构陷,惨遭贬谪,没有等到赦免,死在流放之地。藤原氏之外的一些人,对菅原道真蒙冤被贬的遭遇深表同情,也为他的郁郁而终而悲叹。纷纷议论将来定会有祸事。在当时那种迷信的年代,大家深信不疑,一传十,十传百,慢慢变成了公开的秘密,终于也传到了藤原时平等人的耳中。《大镜》记载:

菅原道真成了北野之神,起了大雷电,落在清凉殿。藤原时平拔出太刀,大声威吓道:"你在世之时,尚且居我之下,现你虽已成神,却非此世之人,为何还要如此?"

> 雷电一时间安静了。（中略）不过，大家都说，这不是因为藤原时平的威慑，而是皇家威严的震慑。

这件事的具体年代，已不可考。不过，延喜三年（903年）六月开始，连续干旱了数十日，各地神社纷纷作法求雨。到了延喜三年（903年）七月中旬，又连续数日狂风暴雨、电闪雷鸣，于是，各地神社又开始作法祈求停雨。

次年，即延喜四年（904年）四月七日，雷电震动紫宸殿及其他各处。延喜四年（904年）七月、八月，每天都有雷雨。当时的人们都认为雷雨是菅原道真的冤魂作祟。

延喜五年（905年）八月十九日，开始有人在太宰府安乐寺为菅原道真建庙，供奉美酒，希望能抚慰菅原道真的亡灵。

然而，延喜六年（906年）四月，连续数日狂风暴雨、电闪雷鸣，还降下冰雹，冰雹足有杨梅那么大。一时间京中水流成河，无法通行，人畜死伤无数。于是，醍醐天皇命延历寺法性房僧正尊意进行停雨祈祷。醍醐天皇前后下了三道圣旨，最后甚至要求尊意入宫作法。可见当时雷雨灾害的严重。

延喜八年（908年）十月七日，参议藤原菅根去世。当天，雷雨大作，当时人们都传言，是菅原道真显灵收了他的性命。

次年，延喜九年（909年）四月四日，藤原时平去世，时年三十九岁。藤原时平因为一直与菅原道真作对，所以被民间称为"愚物"，其实并非如此。藤原时平颇有诗才，《菅家文草》中收录了菅原道真与藤原时平的和韵之作。而且，藤原时平还拥有非凡的政治才能，从下面一件小事中可以略知一二。

> 延喜年间，朝廷下令，严禁公卿及以下穿着美服华饰。但由于奢靡之风由来已久，朝廷的禁令一时之间没有奏效。当时，醍醐天皇一心想要遏制这种不正之风。有一天，藤原时平穿了一件非常华美的衣服进宫面圣。醍醐天皇坐在御座之上，从御座与大殿之间隔断上的小窗中看见了，立马就变了脸色，立刻命随侍的官员传旨：

"现在朝廷严禁穿着美服华饰,左大臣今日为何穿着如此华美?虽然你有官职在身,但以身犯禁,亦不可赦免。今日不许上朝,速速退出。"

藤原时平听到传旨,惊恐不已,赶紧退出宫廷,回到家中闭门思过。有人到府拜访,藤原时平也因戴罪之身,不敢见客。

听说这件事的人暗暗思忖:连左大臣犯了服饰之禁,都要遭受这么严厉的谴责,如果是自己犯了禁,不知道会被怎么处罚。大家心下戚戚,于是,浮华之风很快停了下来。

《大镜》等记载,其实这件事是醍醐天皇与藤原时平秘密商议好的。可见藤原时平深谙权谋之道。

设计构陷菅原道真,也是藤原时平玩弄的权术手腕。当时,不止菅原道真,菅原道真的女婿斋世亲王也于同年,即昌泰四年(901年)在仁和寺落发出家。由此可见醍醐天皇震怒之深。不过,关于斋世亲王的出家时间,《日本纪略》等记载的是延喜五年(905年),《东寺长者补任》中记载的是延喜元年(901年)二月二日,《本朝皇胤绍运录》中记载的是延喜元年(901年)十二月,可能误加了"十"字。

七、菅原道真怨灵作祟

直到藤原时平薨逝之前,菅原道真怨灵作祟的事情,都没有载入正史。《日本纪略》延喜十三年(913年)三月十二日条记载:

> 右大臣源朝臣光(即源光)薨,年六十八,号后西三条右大臣,狩猎之间,驰入泥中,其骸不见,有薨奏。

这位源光,在菅原道真被贬当天晋升为右大臣,他与藤原时平一起,是构陷菅原道真的主谋之一。由于这种死法过于离奇,当时开始有一部分人认为,这事肯定是菅原道真的怨灵作祟。

《日本纪略》延长元年（923年）三月二十一日条记载：

是日也，依皇太子（保明亲王）卧病，大赦天下。子刻，皇太子保明亲王薨，年二十一。天下庶人莫不悲泣，（中略）举世云："菅帅（指菅原道真）灵魂宿忿所为也。"

延长元年（923年）四月二十日甲子，诏，故从二位太宰权帅菅原朝臣道真（即菅原道真），本官右大臣，兼赠正二位。宜弃昌泰四年（901年）正月二十五日诏书。

这位早逝的皇太子（保明亲王）娶的女御正是藤原时平的女儿。可见到了这个时期，之前只有一部分相信的"菅帅忿怨说"已经被大多数人所接受。所以，醍醐天皇不仅恢复了菅原道真的官职，还下诏追赠。

延长元年（923年）三月二十九日，醍醐天皇册立故皇太子（保明亲王）的皇子庆赖王为皇太子。然而，延长三年（925年）六月十九日，皇太子（庆赖王，不称皇太孙）又薨逝。之后，皇太子（庆赖王）之母（藤原时平之女）也离世而去，这实在是有点诡异。

不仅如此，藤原时平的其他子女也接二连三去世。《大镜》记载：

延喜九年（909年）己巳四月四日，藤原时平薨逝，时年三十九岁，担任大臣十一年，被称为"本院大臣"。

当时，藤原时平的女儿，女御（藤原仁善子）已经亡故，外孙皇太子（庆赖王）与长子八条大将藤原保忠都已经亡故。（中略）

藤原时平卧病时，进行了各种祈祷，还请人在枕边读《药师经》，读到"所谓宫毘罗大将"一句时，他总觉得是在读"所谓攻击我大限将至"，一直想着想着，竟成了癔症，不久就气绝身亡了。（中略）

大将藤原保忠的弟弟，中纳言藤原敦忠（藤原时平第三子）

藤原敦忠

也去世了。这位藤原敦忠和歌作得极好，也十分擅长管弦之道。藤原敦忠去世之后，有一次，醍醐天皇游宴赏乐，源博雅三位原本有事不能参加（源博雅是琵琶的名手），醍醐天皇数次派人来请，说"今日的游宴开不下去啦！"后来源博雅出现了，一些宫中旧人感叹道："哎，现在也是人才凋敝，朝中寂寥啊！以前藤原敦忠大纳言还在世时，若是游宴赏乐，谁会想到竟非得源博雅来侍奉天皇呢！"（中略）

藤原时平的子女之中，只有一位藤原显忠，是大纳言源升的女儿所生，后来升至右大臣。（中略）被称为"富小路大臣"。

藤原时平其余的子女，都三十多岁就英年早逝，没能活过四十。其中缘由，恐怕别无其他，就是因为北野之神（菅原道真）的怨念吧！（中略）

因为作恶构陷，所以藤原时平的血脉早早就断绝了。

就这样，菅原道真怨灵的故事在朝野上下传得沸沸扬扬。藤原时平的弟弟藤原忠平接替兄长成为大臣之后，心中越发恐惧，渐渐生出悔意，于是，悉数赦免了菅原道真的子女，并让他们官复原职，一心致力于平息菅原道真的怨念。

然而，延长八年（930年），又有大雷电，《日本纪略》记载：

> 延长八年（930年）六月，雨不降。延长八年（930年）六月二十六日戊午，诸卿侍殿上，各议请雨之事。
>
> 延长八年（930年）六月二十六日午三刻，从爱宕山上，黑云起，急有阴泽。俄而雷声大鸣，堕清凉殿坤第一柱上，有霹雳神火。侍殿上之者，大纳言正三位兼行民部卿藤原朝臣清贯（即藤原清贯），衣烧胸裂天亡，年六十四。又从四位下行右中辨兼内藏头平朝臣希世（即平希世），颜烧而卧。又登紫宸殿者，右兵卫佐美努忠包，发（头发）烧死亡。纪荫连腹燔闷乱，安昙宗仁膝烧而卧。民部卿（藤原）清贯朝臣，载半蔀，至阳明门外载车。（平）希世朝臣载半蔀，至修明门外载车。时两家之人，悉乱入侍。哭泣之声，禁止不休。

当时，世人把这也当作菅原道真怨灵作祟，因为藤原清贯和平希世等都参与了策划构陷菅原道真。

八、北野祠①

由于以上种种，藤原忠平对安乐寺的菅原道真庙愈加崇敬。

天庆五年（942年）七月，右京七条一个叫文子的人，声称收到"菅神"宣旨。于是，和朝日寺的僧人最珍商议，在北野修建菅原道真祠。

一条天皇正历四年（993年），因为"一夜千本松"②的奇瑞，朝廷追封菅原道真为左大臣正一位及太政大臣，准许菅原道真祠使用"天满宫"宫号，并称之为"圣庙"，把菅原道真供为"文学之神"。

---

① 北野祠，在京都北野建立的菅原道真祠。朝廷准许使用"天满宫"称号，所以又称为"北野天满宫"，简称"北野宫"。

② 一夜千本松，传说中，菅原道真去世后，京都北野附近一夜间长出一千棵松树，是菅原道真神灵所化。现在京都北野天满宫中就有一个一夜松神社。

《菅家御传记》的结尾如下:

安乐寺学头安修奏状云:太宰府安乐寺者,赠大相国菅原道真公丧祭之地,(中略)延喜五年(905年)八月十九日,味酒安行,依神托立神殿,称曰天满大自在天神。

北野社家者说曰:天庆五年(942年)七月十二日,神降着右京七条坊婢文子,托曰:我菅丞相之灵也,欲居右近马场,可造神殿也。其女贱而不能营作,奉斋家边。

天历九年(955年)三月十一日,亦着近江比良神人良种子,年七岁,托曰:我昔任右大臣,先梦松生我身便折,是以我知升三公官又左迁,既尔,以故我欲居之地,必当生松也。一夜之中,松数千本生北野。

于是,朝日寺僧最珍与良种、婢文子,勠力一心,造立神殿。

天历九年(955年)六月九日奉迁。

天德三年(959年)二月二十五日,右大臣正二位藤原师辅造增神殿屋舍。(中略)

《外记日记》曰:一条天皇永延元年(987年)八月五日,始行北野圣庙祭祀。宣命云:挂畏北野坐天满宫天神云云。天满天神之敕号起始此。

以上种种尊崇,都是那些迷信人士利用人们对菅原道真怨灵作祟的惧怕大肆宣扬,导致影响力越来越大。《大镜》曾记载:

一夜之间,京都的北野突然长出许多松树,传说是因为菅原道真之灵从太宰府移居到了此地。现在这里被称作"北野宫"。菅原道真也因此成为"北野之神"。一条天皇曾行幸于此。(中略)

皇宫因为失火,曾历经多次重建。圆融天皇时期,有一次重修大内，工匠将房间顶部的木板刨好装上之后，就结束了当天的工作离开了皇宫。第二天再来时，发现头顶的木板上好像写着什么字，工匠爬上梯子一看，是夜里虫子蛀出的文字，文字的内容是：

"修好了还是会被烧毁吧！菅原（道真）的胸口之痛无法止息。"

大家都说这件事是北野之神所为。

不仅这些事，甚至连天庆年间的将门、纯友之乱，都被认为是菅原道真的怨灵作祟。这实在是胡说八道，让菅原道真冤上再蒙冤了。

九、菅原道真的悲剧，并非完全源自藤原时平的恶行

其实当时，菅原道真即便与藤原时平和睦相处，恐怕最后也难得善终。为什么这么说呢？

第一，当时实行的是"门第政治"，菅原道真一介文人出身，居然身居要职，执掌国家政权，但这是当时的时势所不允许的；

第二，藤原家是累代的外戚，皇子皇孙多是藤原家的血脉。想要削弱藤原家的势力，皇子皇孙们不会轻易答应；

第三，论功行赏是自古以来的法则。如果真有不世之功，或许可以忽略门第的限制，但菅原道真并没有立下什么不世功勋；

第四，当时有一些自诩鸿儒或文章家的文人，在文学上也不得不屈居菅原道真之下。他们也暗暗期待菅原道真失势，自己才有出头之日，所以在政治上，也会与菅原道真对立。

之前三善清行奉劝菅原道真急流勇退，固然是因为他可能知道藤原时平等人刻意构陷的计划，但根据以上几点原因，结合身边的见闻感受，其实也不难得出同样的结论——菅原道真想要建功立业，绝对是艰难重重。

然而，世人却无视以上几条客观原因，把菅原道真的悲剧全都归咎于藤原时平的恶行。碰巧藤原时平的子孙全都短命，所以摄关（摄政、关白）之职就落在了藤原时平的弟弟——藤原忠平身上，之后又通过其子藤原实赖，世世代代传承了下去。

藤原实赖

而藤原忠平父子，对"菅神"格外崇敬，从振兴太宰府的宫殿例祭，到兴建北野天满宫的神殿。在藤原忠平父子的多方经营之下，"菅神御灵"渐渐从传言被定格为史实。从而为后世制造出这样一种舆论："菅神"的怨念，因藤原忠平父子的尊崇而得到缓解，又反过来在冥冥之中护佑藤原忠平一脉的荣华。

总之，菅原道真一生的功业，因藤原家而破灭，但他的德望，也因藤原家而彰显。

第5节 《延喜格式》

一、延喜圣主及《日本三代实录》

醍醐天皇即位以后,沿袭宇多上皇的治国方针,不设摄政关白,亲自裁决政事,励精图治,锐意进取,被后世称为"延喜圣主"。

《大镜》记载:

> 虽然都是天皇,但这位(醍醐)天皇在位期间(延喜年间),连百姓的灶台,都与其他时候不同。哪怕是大小寒的时候,即便是大雪纷飞的冬夜,各国的百姓也不会寒冷,醍醐天皇还会将御衣抛出大殿之外,惠及百姓。(中略)
>
> 醍醐天皇常常面带笑容,他说:"面对严肃的人,大家都很难开口说话。面带微笑,大家才能畅所欲言,我才能听到不同的声音。"

由此可见,醍醐天皇不仅体恤百姓疾苦,而且和颜悦色,广开言路,所以被后世称为"圣主"。《神皇正统记》中,对于"菅原道真遭贬谪"一事评价如下:

> 此君(醍醐天皇)十四岁即位,未设摄政一职,由天皇亲自执掌政务。或许是因为醍醐天皇年纪尚幼,被左大臣藤原时平的谗言所蒙蔽,可谓"圣贤之人,亦有所失"。

醍醐天皇勤政爱民,即位之初,为了让先主的治国政绩流传后世,命藤原时平、菅原道真等编纂清和、阳成、光孝三朝的历史。延喜元年(901年),书稿完成,被进献给醍醐天皇。当时,菅原道真已经因罪被贬,所以书稿中没有收录他的名字。此书收录了天安二年(858年)八月至仁和三年

（887年）之间的历史，名为《日本三代实录》。然而，从此以后，日本再也没有奉旨编纂的史书了，这实在是一大憾事。

二、《延喜格式》

在编纂《日本三代实录》的同时，醍醐天皇还下令编录贞观十一年（869年）以来的诏敕官符，作为施政之便。该书于延喜七年（907年）编纂完成，上呈醍醐天皇，这便是《延喜格》。后世将此书与《弘仁格》《贞观格》合为一部，题为《类聚三代格》，流传至今。然而，中世①之后，其中数卷已经失佚，所以现存版本并不是完本，实在可惜。

后来，醍醐天皇又命人将《式》也就是官府的章程进行选定，作为执政的参考，这便是《延喜式》，同样流传至今。醍醐天皇之后，就再也没有天皇下令编纂此类文书了。现将其部分内容摘录如下。

三、《延喜式序》

上呈《延喜式》的表文暂不摘录，只将《延喜式序》摘录如下：

（前略）今上陛下，体元履正，御斗提衡。以为贞观十二年（870年）以来，炎凉已久，文案差积。加以前后之式，专条既同，卷轴斯异。诸司触事，检阅多岐。因兹延喜五年（905年）秋八月，诏左大臣从二位兼行左近卫大将藤原朝臣时平（即藤原时平），遣从三位守大纳言兼行右近卫大将春宫大夫陆奥出羽按察使藤原朝臣定国（即藤原定国）、中纳言从三位兼行民部卿藤原朝臣有穗（即藤原有穗）、参议大藏卿正四位下兼行播磨权守平朝臣惟范（即平惟范）、参议左大辨从四位上兼行赞岐权守纪朝臣长谷雄（即纪长谷雄）、从四位下行式部大辅兼春宫亮备前守藤原朝臣菅根（即藤原菅根）、从四位下行文章博士兼备中权守三善朝臣清行（即三善清行）、民部大辅正五位下兼行勘解由（使）次官但马守大藏朝臣善行（即大藏善行）、权左少辨正五位下兼行勘解由（使）次官藤

---

① 中世，日本的中世一般指镰仓时代到战国时代。大约在1192年至1573年之间。

原朝臣道明（即藤原道明）、从五位上行神祇大副臣大中臣朝臣安则（即大中臣安则）、从五位下行大内记兼周防介三统宿祢理平（即三统理平）、外从五位下行明法博士惟宗朝臣善经（即惟宗善经）等，（中略）并省两式，削成一部。撰定未毕之间，公卿大夫，频年薨卒。仍同（延喜）十二年（912年）春二月，敕从三位守大纳言兼右近卫大将行春宫大夫臣藤原朝臣忠平（即藤原忠平）、从四位下守右大辨兼勘解由（使）长官臣橘朝臣澄清（即橘澄清）等，共随先业，促其裁成。至延长三年（925年）秋八月，重遣大纳言正三位兼行民部卿臣藤原朝臣清贯（即藤原清贯），与前奉诏者大中臣朝臣安则（即大中臣安则），（中略）外从五位下行左大史臣阿刀宿祢忠行（即阿刀忠行）等，同催撰辑，责其成功。（中略）凡起弘仁旧式，至延喜新定，前后缀叙，笔削甫就。总编五十卷，号曰延喜式。（后略）

四、天神地祇

《神名账》记载：

　　天神地祇总三千一百三十二座，宫中二十二社，（中略）京中三所，畿内五百一十九所，东海道七百零二所，东山道三百六十五所，北陆道三百三十七所，山阴道五百三十一所，山阳道一百二十八所，南海道一百五十六所，西海道九十八所，总合二千八百六十一。

五、国　郡

国名县名，记载于《民部式》中（后有括号中标注"现名"的，为明治二十九年[1896年]以前的郡名）：

1.畿内

山城国。上。管：乙训、葛野、爱宕、纪伊、宇治、久世、绶喜、相乐。

大和国。大①。管：添上、添下、平群、广濑、葛下、忍海、宇智、吉野、葛上、城上、山边、高市、宇陀、城下、十市。

河内国。大。管：锦部、石川、古市、安宿、高安、河内、赞良、茨田、大县、若江、志纪、交野、涩川、丹比（现分为丹南、丹北、八上三郡）。

和泉国。下。管：大鸟、和泉（现分为和泉与泉南两郡）、日根。

摄津国。上。管：住吉、百济（现与住吉合并）、东生、西成、岛下、丰岛、河边、武库、岛上、八部、能势、菟原、有马。

2.东海道

伊贺国。下。管：阿拜、山田、伊贺、名张。

伊势国。大。管：桑名、员辨、朝明、三重、河曲、铃鹿、奄艺、安浓、壹志、饭高、多气、饭野、度会。

志摩国。下。管：答志、英虞。

尾张国。上。管：海部（现分为海东、海英两郡）、中岛、叶栗、丹羽、山田（现东春日井）、春部（现西春日井）、知多、爱智。

参河国。上。管：碧海、额田、贺茂（现分为东西两郡）、播豆、宝饫（现写作宝饭）、设乐（现分为南北两郡）、八名、渥美。

右②为近国。

远江国。上。管：滨名、敷智、引佐、粗玉、长上、长下（现

---

① 国名后的"大"字指"大国"，上、中、下亦同。
② 右，竖排版中的"右"指"以上"。

与长上合为一郡）、磐田（现分为磐田、丰田两郡）、山名、佐野、周智、山香（现与周智合为一郡）、城饲（现名东城饲）、蓁原（现改为榛原）。

骏河国。上。管：志太、益头（现改为益津）、有度（现改为有渡）、安倍、庐原（现改为庵原）、富士、骏河（现骏东）。

伊豆国。下。管：田方（现分为田方、君泽两郡）、那贺、贺茂。

甲斐国。上。管：山梨（现分为东西两郡）、八代（同上）、巨麻（现改为巨摩，分为南、中、北三郡）、都留（现分为南北两郡）。

右为中国。

相摸国（即相模国）。上。管：足上、足下（现改为足柄）、余绫（现改为淘绫）、大住、爱甲（现分为爱甲、津久井两郡）、高座、镰仓、御浦（现改为三浦）。

武藏国。大。管：久良（现久良岐）、都筑、橘树、多麻（现改为多摩，分为东西两郡）、秩父、荏原、足立（现分为南北两郡）、丰岛（现分为丰岛南北及葛饰南北四郡）、新座、入间、高丽、比企、横见、埼玉（现分为南北两郡）、大里、男衾、幡罗、榛泽、儿玉、贺美、那珂。

安房国。中。管：平群（现改为平郡）、安房、朝夷、长狭。

上总国。大。管：市原、海上（现与市原合为一郡）、望陀、畔蒜（现与望陀合为一郡）、周淮（现改为周准）、天羽、夷潜（现改为夷隅）、埴生、长柄、山边、武射。

下总国。大。管：葛饰（现分为东、中、西三郡）、千叶、印幡、匝瑳、海上、香取、埴生、相马（现分为南北两郡）、猿岛、结城、丰田（现分为丰田、冈田两郡）。

常陆国。大。管：新治（现与真壁合并）、真壁、筑波、河内、信太、茨城（现分为东西茨城及新治三郡）、行方、鹿岛、那珂、久慈、多珂（现改为多贺）。

右为远国。

3.东山道

近江国。大。管：滋贺、栗太、甲贺、野洲、蒲生、神崎、爱智、犬上、坂田、浅井（现分为东西两郡）、伊香、高岛。

美浓国。上。管：多艺、石津（现分为上下两郡）、不破、池田、大野、安八（现分为安八、海西、中岛、羽栗四郡）、厚见、本巢、席田、方县、武义（现改为武仪）、群上（现改为郡上）、贺茂、可儿、土岐、惠奈（现改为惠那）。

右为近国。

飞驒国。下。管：益田、大野、荒城（现改为吉城）。

信浓国。上。管：筑摩（现分为东西两郡）、伊那（现分为上下两郡）、安昙（现分为南北两郡）、诹方（现改为诹访）、水内（现分为上下两郡）、更级、高井（现分为上下两郡）、埴科、小县、佐久（现分为南北两郡）。

右为中国。

上野国。大。管：吾妻、碓冰、群马（现分为东西两郡）、甘乐（现分为南北两郡）、片冈、多胡、绿野、利根、势多（现分为南北两郡）、山田、那波、佐位、新田、邑乐。

下野国。上。管：安苏、足利、都贺（现分为上下两郡）、梁田、寒川、河内、芳贺、盐屋（现改为盐谷）、那须。

陆奥国。大。管：白河（现分为东西白河及石川三郡）、菊多（现分为菊多、磐前两郡）、磐城（现分为磐城、栖叶两郡）、标叶、行方、宇多、亘理、伊具、刈田（现分为刈田、田村两郡）。（以上为现磐城国。）会津（现分为南北会津及大沼、河沼四郡）、耶麻、磐濑（现改为岩濑）、安积、安达、信夫（现分为信夫、伊达两郡）。（以上为现岩代国。）柴田、名取、宫城、黑川、贺美、色麻（现并入贺美）、玉造、栗原、新田（现并入栗原）、长冈（现并入栗原、远田）、远田、小田（现并入远田）、志太（现改为志田）、桃生、牡鹿、登米、气仙（现分为气仙、本吉两郡）。（以上为现陆前国。）磐井（现分为东西两郡）、胆泽、江刺（现分为东西和贺、稗贯、紫波、闭伊东西南北中、南北严手、南北九户、鹿角等十五郡）。（以上为现陆中国）（其余分为上下北，以及三户、二户、东西南北中津轻等九郡，即现陆奥国。）

出羽国。上。管：置赐（现分为东西南三郡）、田川、出羽（现为西田川）、最上、村山（现分为东西南北四郡）。（以上为现羽前国。）饱海（现分为饱海、由利两郡）、雄胜、平鹿、山本（现改为仙北）、河边、秋田（现分为南北秋田及山本三郡）。（以上为现羽后国。）

右为远国。

4.北陆道

若狭国。中。管：三方、远敷、大饭。

右为近国。

越前国。大。管：敦贺、足羽、丹生（现分为丹生、南条两郡）、今立、坂井（现分为坂井、吉田两郡）、大野。

加贺国。上。管：江沼、能美、加贺（现改为河北）、石川。

能登国。中。管：羽咋、能登（现改为鹿岛）、凤至、珠洲。

越中国。上。管：新川（现分为上下两郡）、妇负、砺波、射水。

右为中国。

越后国。上。管：石船（现改为岩船）、三岛（现改为刘羽）、古志（现分为古志、三岛两郡）、蒲原、沼垂（现并入蒲原，并分为东西南北中五郡）、鱼沼（现分为南北中三郡）、颈城（现分为东西中三郡）。

佐渡国。中。管：杂太、羽茂、贺茂。

右为远国。

5. 山阴道

丹波国。上。管：桑田（现分为南北两郡）、船井、何鹿、多纪、永上、天田。

丹后国。中。管：加佐、与谢、丹波（现改为中波）、竹野、熊野。

但马国。上。管：城埼（现改为城崎）、出石、美含、二方、气多、七美、养父、朝来。

因幡国。上。管：巨浓（现改为岩井）、法美、邑美、高草、八上（现分为八上、八束两郡）、气多、知头。

右为近国。

伯耆国。上。管：会见、日野、汗入、八桥、久米、河村。

出云国。上。管：岛根、能义、意宇、秋鹿、楯缝、出云、大原、仁多、神门、饭石。

右为中国。

石见国。中。管：安浓、迩摩、邑知（现改为邑智）、那贺、美浓、鹿足。

隐岐国。下。管：知夫、海部（现改为海士）、周吉、稳地。

右为远国。

6.山阳道

播磨国。大。管：明石、贺古、印南、饰磨（现分为饰东、饰西两郡）、美囊、贺茂（现分为加西、加东两郡）、多可、神崎（现分为神东、神西两郡）、宍粟、揖保（现分为揖东、揖西两郡）、赤穂、佐用。

美作国。上。管：英多（现分为英田、吉野两郡）、胜田（现分为胜南、胜北两郡）、苫东（现分为东北条、东南条两郡）、苫西（现分为西北条、西西条两郡）、久米（现分为久米南条、久米北条两郡）、大庭、真岛。

备前国。上。管：邑久、赤坂、和气、磐梨、上道、御野、津高、儿岛。

右为近国。

备中国。上。管：小田、浅口、洼屋、下道（现分为下道、川上两郡）、都宇、贺夜（现改为贺阳、上房两郡）、英贺（现改为阿贺）、哲多、后月。

备后国。上。管：安那、深津、神石、沼隈、品治、苇田（现改为芦田）、甲奴、御调、世罗、三谿、三上、奴可、惠苏、三次。

右为中国。

安艺国。上。管：沙田、沼田（现两郡合为丰田）、安艺（现分为安艺、高宫两郡）、高宫（现并入高田）、高田、贺茂、山县、佐伯（现分为佐伯、沼田两郡）。

周防国。上。管：吉敷、佐波、都浓、熊毛、玖珂、大岛。

长门国。中。管：阿武、大津、美祢、厚狭、丰浦（现分为丰浦、见岛两郡）。

右为远国。

7.南海道

纪伊国。上。管：名草、海部、那贺、伊都、在田、日高、牟娄（现分为东南西北四郡）。

淡路国。下。管：津名、三原。

右为近国。

阿波国。上。管：阿波、麻殖、板野、名东、名西、美马、三好、胜浦、那贺（现分为那贺、海部两郡）。

赞岐国。上。管：大内、寒川、三木、山田、香川、阿野、鹈足、那珂、多度、三野、刘田。

右为中国。

伊予国。上。管：宇麻（现改为宇摩）、新居、周敷（现改为周布）、桑村、越智、野间、风早、和气、温泉、久米、伊予、浮穴（现分为上下两郡）、宇和（现分为东西南北四郡）、喜多。

土佐国。中。管：安艺、香美、长冈、土佐、吾川、高冈、幡多。

右为远国。

8.西海道

筑前国。上。管：志麻（现改为志摩）、怡土、早良、那珂、席田、御笠、糟屋、穗浪、夜须、下座、上座、喜麻、宗像、鞍手、远贺。

筑后国。上。管：三潴、御井、御原、山本、竹野、生叶、上妻、下妻、山门、三毛（现改为三池）。

丰前国。上。管：企救、田河（现改为田川）、京都、仲津、筑城、上毛、下毛、宇佐。

丰后国。上。管：国崎（现分为东西两郡）、速见、大分、球珠、日田、直入、大野、海部（现分为南北两郡）。

肥前国。上。管：基肆（现改为基肆）、养父、三根、神崎、佐嘉（现改为佐贺）、小城、杵岛、藤津、高来（现分为南北两郡）、彼杵（现分为东西两郡）、松浦（现分为东西南北四郡）。

肥后国。大。管：玉名、饱田、山鹿、菊池、阿苏、合志、山本、托麻（现改为托摩）、益城（现分为上下两郡）、宇土、八代、苇北（现改为芦北）、球磨（现改为球摩）、天草。

日向国。中。管：臼杵、儿汤、诸县、宫崎、那珂。

大隅国。中。管：菱苅、桑原（现分为桑原、姶罗两郡）、赠于（现改为赠呼）、肝属、姶罗（现并入肝属）、大隅、熊毛、驭谟。

萨摩国。中。管：麑岛（现改为鹿儿岛）、谿山、给黎、揖宿、颖娃、河边（现分为河边、阿多两郡）、伊作、阿多（现伊作与阿多合并，后又分为阿多、日置两郡）、日置、萨摩（现分为萨摩、依佐两郡）、高城、出水、甑岛。

壹岐岛。下。管：壹岐、石田。

对马岛。下。管：上县、下县。

右为远国。

9.边要

陆奥国。出羽国。佐渡国。隐岐国。壹岐岛。对马岛。

右四国二岛，为边要。

凡郡，不得过千户。若余五十户以上者，分隶彼郡。地势不宜分者，随状立别郡。其不满百户者，立入他郡。若不得已而应分者，别录申官。

凡诸国部内郡里等名，并用二字，必取嘉名。（后略）

六、庸调等

调庸的规定，记载于《延喜式·主计式》中：

1.畿内

山城国

调：广席二百八十枚，狭席五百九十枚，折荐八百五十八枚，叶荐四百零六枚，食荐一千五百枚。（随时损益，余国准此。）自余输钱①。

大和国（行程一日）

调：箕一百四十枚，锅二百零二口，玉手土师杯五十口，间杯百口，赘土师灶二十八口，灶子三十四口，甑三十四口，瓮三百五十八口，片杯七十二口。自余输钱。

河内国（行程一日）

调：黑山席五十枚，折荐一千三百八十三枚，叶荐二百枚，柳筥十合，蔺筥大十合，赘土师鋺形二百七十口，片盘二百七十六口，手洗盘二十二口，手汤瓮四百一十三口，水椀八十八合，锅二百口，大高盘五十口，粥盘十四合，酒盏三百二十口，汁渍杯六十口，中片杯八百六十一口，吐盘六口，杯作土师酒盏七十六合，小高盘一百二十四口，中片杯六百零六口。自余输钱。

---

① 自余输钱，其余的缴纳钱。

摄津国（行程一日）

调：叶荐五百枚，折荐一千零二十枚，明柜十合，大明柜二百三十五合，小明柜一百八十四合，麻笥三口，板笥六百零三合，圆笥一百二十四合，大笥四百五十合，陶烬瓮四口，脚短杯四十六口，筥杯二百七十二口，水椀三十九合，斋杯七十合。自余输钱。

和泉国（行程上二日，下一日）

调：蔺笠四十六枚，蔺筥十合。（大五合，小五合。）陶池由加三口，瓵二口，瓺一百十口，缶一百三十二合，由加十六口，脚短杯八十六口，酒壶八口，筥坏二十六口，多志罗加十二口，大山罂八口，叩瓷七十七口，水瓷九十二口，大罂十二口，洗盘二十口，中罂九十口，平瓶一百十口，酒壶十四口，等吕须伎九十二口，缶盖五十七口，高盘一百零四口，小罂九十八口，山罂二口，臼九十六口，水瓶九十九口，酒垂一百零六口，祭壶四百二十九口，短女杯九十二口，小杯一百四十五口，甄八口，片盘一百零六口，灯盏十二口。自余输钱。

2.东海道

伊贺国（行程上二日，下一日）

调：一窠绫三匹，二窠绫一匹，绢二百匹，（数内输白绢十匹。余输绢国，皆准此。）橡丝二十绚，练丝一百绚。（国以徭夫练染，夫练丝，余皆准此。）丝三百绚。（夏调）自余输丝、布。

庸：白木韩柜①九合②。自余输米。

中男作物：红花七斤八两、纸、茜、胡麻油、蜀椒。

---

① 韩柜，又称唐柜，指带盖的箱子，用于存放衣物、文书等。一般有四根或者六根脚，使箱子离地，可以防潮。
② 合，有盖容器的量词。

伊势国（行程上四日，下二日）

调：两面十匹，一窠绫、二窠绫各十六匹，三窠绫六匹，蔷薇绫四匹，帛二百匹，白绢百匹，白丝八百八十绚。（夏调）赤引丝一百十绚，神服丝一百绚，御调丝二十绚。自余输绢、盐。

庸：韩柜二十三合（涂漆着锁八合，白木十五合）。自余输米、盐。

中男作物：纸、木棉、麻、红花、茜、胡麻油、樱椒油、杂鱼腊、煮盐年鱼、杂鱼鲊、滑海藻。

志摩国（行程上六日，下三日）

调：御取鳆、杂鳆、坚鱼、熬海鼠、杂鱼楚割、杂鱼脯、杂腊、杂鲊、盐渍杂鱼、紫菜、海松、鹿角菜、海藻、海藻根、小凝菜、角俣菜、于期菜、滑海藻。

庸：输鲍、坚鱼、鲷楚割。

中男作物：杂鱼腊。

尾张国（行程上七日，下四日）

调：两面八匹，冠罗、鼠迹罗各一匹，二窠绫二十匹，三窠绫五匹，七窠绫三十匹，蔷薇绫五匹，帛二百匹，绯丝、缥丝、绿丝各四十绚，皂丝二十绚，练丝二百四十二绚七两二分，生道盐一斛六斗。（与调盐共进）自余输绢、丝、盐。

庸：韩柜十五合（涂漆着锁五合，白木十合）。自余输米、盐。

中男作物：麻一百斤、黄蘗二百斤、纸、红花、胡麻油、雉腊、杂鱼腊、煮盐年鱼、杂鱼鲊。

参河国（行程上十一日，下六日）

调：襷罗、藻罗各一匹，一窠绫十五匹，二窠绫五匹，犬头白丝二千约。（夏调）杂鱼楚割二千五百五十一斤，鲷脯一百十斤，鲷楚割九十斤，贻贝鲊三斛六斗。自余输白绢。

庸：韩柜十合（涂漆着锁二合，白木八合）。自余输米、盐。

中男作物：麻一百斤、黄蘖三百斤、纸、红花、席、胡麻油、雉腊、杂鱼腊、海藻。

远江国（行程上十五日，下八日）

调：一窠绫十三匹，二窠绫八匹，三窠绫二十匹，七窠绫二十五匹，小鹦鹉绫二十七匹，蔷薇绫二十四匹，瓜核绫白十匹、赤二十匹，吴服绫白二十匹、赤十五匹。御袜料白绢十二匹，绯帛四十匹，缥帛十五匹，橡帛二十五匹，赞布十二端。自余输绢。（但山香郡调庸输布）

庸：韩柜二十合（涂漆着锁十合，白木十合）。自余输丝。

中男作物：木棉、胡麻油、与理等鱼腊。

骏河国（行程上十八日，下九日）

调：一窠绫六十匹，二窠绫五十匹，三窠绫四十匹，小鹦鹉绫一匹，蔷薇绫三匹，帛一百二十匹，橡帛十三匹，缥帛八匹，皂帛十匹，倭文三十一端，煮坚鱼二千一百三十斤十三两，坚鱼二千四百十二斤。自余输绝。

庸：白木韩柜二十合。自余输布。

中男作物：手纲（坚鱼尾）鲊三十九斤十三两二分、纸、红花、火干年鱼、煮盐年鱼、坚鱼煎汁、坚鱼。

伊豆国（行程上二十二日，下十一日）

调：一窠绫三匹，二窠绫二匹。冠罗一匹，绯帛十五匹，皂帛十匹。自余输绝、坚鱼。

庸：输布。

中男作物：木棉、胡麻油、坚鱼煎汁。

甲斐国（行程上二十五日，下十三日）

调：绯帛三十匹，绀帛六十匹，皂帛二十五匹，橡帛十匹。自余输绝。

庸：输布。

中男作物：纸、熟麻、红花、芥子、胡桃油、鹿脯、猪脂。

相摸国（行程上二十五日，下十三日）

调：一窠绫五匹，二窠绫三匹，三窠绫五匹，七窠绫五匹，橡帛十三匹，黄帛八十匹，绀布六十端，缥布四十端。自余输绝、布。

庸：输绵、布。

中男作物：纸、熟麻、红花、茜、短鳆、坚鱼、海藻。

武藏国（行程上二十九日，下十五日）

调：绯帛六十匹，绀帛六十匹，黄帛一百匹，橡帛二十五匹，绀布九十端，缥布五十端，黄布四十端。自余输绝、布。

庸：输布。

中男作物：麻五百斤、纸、木棉、红花、茜。

安房国（行程上三十四日，下十七日）

调：绯细布十二端，细贽布十八端，薄贽布九端，缥细布二百五十端，乌子鳆、都都伎鳆各二十斤，放耳鳆六十六斤四两，着耳鳆八十斤，长鳆七十二斤。自余输细布、调布、丸鳆。

庸：输海松四百斤。自余输布。

中男作物：纸、熟麻、菜、红花、坚鱼、鳆。

上总国（行程上三十日，下十五日）

调：绝二百匹，绯细布二十端，薄赀布一百十四端，细赀布六十三端，小坚赀布五十一端，绀望陀布五十端，缥望陀布七十三端，缥细布三百零八端，望陀赀布百端，（长八丈，广一尺九寸）赀布一百四十八端。自余输望陀布、细布、调布、鳆。

庸：输布。

中男作物：麻二百斤、纸、熟麻、白暴熟麻、蒬、红花、漆、芥子、杂腊、鳆、凝海藻。

下总国（行程上三十日，下十五日）

调：绝二百匹，绀布六十端，缥布四十端，黄布三十端。自余输布。

庸：输布。

中男作物：麻四百斤、纸、熟麻、红花。

常陆国（行程上三十日，下十五日）

调：绯帛七十四，绯缬绝三十四，绀帛七十四，黄帛一百六十四，绝一千五百二十五匹，长幡部绝七匹，倭文三十一端。自余输绝、暴布。

庸：输布。

中男作物：麻四百斤、苎、纸、熟麻、白暴熟麻、红花、茜、麻子、杂腊、鳆。

3.东山道

近江国（行程上一日，下半日）

调：二色绫三十四，九点罗二四，白绢十四，绿帛二十四，帛一百三十四，柳筥一合，缶六十口，酒壶八合，烬瓮四口，水椀四百八十口,大笥杯一千三百六十口,小笥杯一百六十口,深杯六十口,麻笥盘二十四合。自余输绢。

庸:韩柜三十三合(涂漆着锁五合,白木二十八合)。自余输米。

中男作物:黄蘖三百斤、纸、胡麻油、酱鲋、阿米鱼鲊、煮盐年鱼。

美浓国(行程上四日,下二日)

调:白绢十四,绿帛二十四,广纯十四,帛三百匹,长绢百匹,丝二十二绚,长席三百七十五枚,瓯二口,甀十六口,由加十二口,缶二十七口,酢瓶八十口,水椀二十五合,深杯四十四口,箸壶十四口,麻笥盘十四口,片盘四十六口,洗盘十二口,手白发瓶四口,水钵二十五口,罂四十四口,瓯十口,油瓶二口,大瓶七口,有盖碗三十五口,高盘十七口,杂杯二十口,甘壶十一口,酒壶十口,臼六口,清杯二十口,足下杯五十口,油杯三十六口,斐杯六十口,乳户四口,炉瓷八口,笥瓶十口,后盘四十四口,酒杯四十八口,比太为瓶五口,大盘三十五口,池由加一口,小杯十口,叩户二十二口。自余输绢。

庸:韩柜三十四合(涂漆着锁五合,白木二十九合)。自余输米。

中男作物:纸、金漆、胡麻油、荏油、煮盐年鱼、鲊年鱼、鲤、鲋鲊。

飞骍国(行程上十四日,下七日)

调:不输。但浮浪人输商布。

庸:输商布。

信浓国（行程上二十一日，下十一日）

调：绀布六十端，缥布三十端，绯革五张。自余输布。但浮浪人调庸输商布。

庸：输布。

中男作物：纸、红花、麻子、芥子、猪膏、脯、雉腊、鲑楚割、冰头、背肠、鲑子。

上野国（行程上二十九日，下十四日）

调：绯帛五十匹，绀帛五十匹，黄帛八十匹，橡帛十三匹，絁三百十匹，绀布五十端，缥布十五端，黄布三十端，榛布三十五端，绯革十五张。自余输布。

庸：输布。

中男作物：麻一百五斤、细町席、漆、纸、红花。

下野国（行程上三十四日，下十七日）

调：绯帛五十匹，绀帛六十匹，黄帛五十匹，橡帛二十五匹，絁二百匹，绀布八十端，缥布十五端，榛布十端。自余输布。

庸：输布。

中男作物：麻一百五斤、纸、红花、麻子、芥子。

陆奥国（行程上五十日，下二十五日）

调：广布二十三端。自余输狭布、米、谷。

庸：广布十端。自余输狭布、米。

出羽国（行程上三十七日，下二十四日，海路五十二日）

调、庸：输狭布、米、谷。

4.北陆道

若狭国（行程上三日，下二日）

调：绢、薄鳆、乌贼、熬海鼠、杂腊、鳆甘鲊、杂鲊、贻贝保夜交鲊、甲蠃、凝菜、盐。

庸：输米。

中男作物：纸、蜀椒子、海藻、鲷楚割、杂鲊、杂腊。

越前国（行程上七日，下四日，海路六日）

调：两面十匹，九点罗二匹，一窠绫三匹，二窠绫五匹，白绢十匹，帛一百九十匹，绯帛二十匹，橡帛二十五匹，绿帛、黄帛各二十匹，丝一百绚（夏调）。自余输绢。

庸：韩柜二十一合（涂漆着锁五合，白木十六合）。自余输绵、米。

中男作物：纸、熟麻、麻、红花、茜、黄蘗皮、黑葛、胡麻油、荏油、吴桃子、并油、姜、海藻、杂鱼腊。

加贺国（行程上十二日，下六日，海路八日）

调：小鹦鹉绫二匹，蔷薇绫四匹，绯帛十匹，黄帛二十匹，橡帛十二匹三丈，帛八十匹，白绢十匹。自余输绢。

庸：白木韩柜八合。自余输绵、米。

中男作物：纸、茜、红花、熟麻、吴桃子、荏油、海藻、杂鱼腊。

能登国（行程上十八日，下九日，海路二十七日）

调：一窠绫二匹，吴服绫一匹，白绢十匹，熬海鼠三百四十五斤，海鼠肠六十二斤八两。自余输绢。

庸：白木韩柜十七合。自余输绵。

中男作物：席、韩荐、折荐、菅荐、漆、胡麻油、杂鱼醋、鲭。

越中国（行程上十七日，下九日，海路二十七日）

调：白叠绵二百帖。自余输白细屯绵。（浮浪人别输商布四段）

庸：韩柜四十六合（涂漆着锁五合，白木四十一合）。自余输绵。（中略）

中男作物：纸、红花、茜、漆、胡麻油、鲑楚割、鲑鮨、鲑冰头、鲑背肠、鲑子、杂醋。

越后国（行程上三十四日，下十七日，海路三十六日）

调：白绢十匹，绢、布、鲑。

庸：白木韩柜十合。自余输狭布、鲑。

中男作物：黄蘖三百斤、布、纸、漆、鲑内子、并冰头背肠。

佐渡国（行程上三十四日，下十七日，海路三十九日）

调、庸：并输布。

中男作物：布、鲅。

5.山阴道

丹波国（行程上一日，下半日）

调：两面五匹，小许春罗一匹，一窠绫七匹，二窠绫、七窠绫各五匹，白绢十匹，绿帛十匹，帛二百二十匹。自余输绢、绵。

庸：韩柜四十二合（涂漆着锁五合，白木三十七合）。自余输米。

中男作物：黄蘖四百斤、纸、黑葛、漆、胡麻油、蜀椒、平栗子、捣栗子。

丹后国（行程上七日，下四日）

调：两面五匹，二窠绫五匹，三窠绫、七窠绫、蔷薇绫各三匹，小鹦鹉绫一匹，白绢十匹，绯帛、缥帛各二十匹。自余输绢、绵。

庸：白木韩柜二十合。自余输绵、米。

中男作物：纸、黑葛、漆、胡麻油、椎子、乌贼、杂鱼腊、海藻。

但马国（行程上七日，下四日）

调：九点罗二匹，一窠绫十三匹，二窠绫九匹，三窠绫三匹，蔷薇绫四匹，白绢十匹，绯帛三十匹，缥帛十五匹，皂帛五匹，帛三百三十匹。自余输绢。

庸：韩柜十合（涂漆着锁五合，白木五合）。自余输绢。

中男作物：黄蘗二百斤、纸、胡麻油、椶椒油、捣栗子、煮盐年鱼、杂腊、鲊皮、海藻。

因幡国（行程上十二日，下六日）

调：白绢十匹，绯帛四十匹，缥帛、黄帛各十匹，橡帛十二匹，皂帛十五匹，帛二百匹。自余输绢。

庸：白木韩柜八合。自余输绵。

中男作物：纸、席、红花、胡麻油、黑葛、漆、海石榴油、平栗子、火干年鱼、鲊皮、杂醋、海藻。

伯耆国（行程上十三日，下七日）

调：白绢十匹，绯帛、缥帛各二十五匹，橡帛十二匹三丈，皂帛二十匹，帛二百六十匹。自余输绢、绵、锹、铁。

庸：白木韩柜九合。自余输绵、锹。

中男作物：纸、红花、席、椎子、鲊皮、煮干年鱼、杂腊。

出云国（行程上十五日，下八日）

调：白绢十四，绯帛二十四，缥帛十四，纁帛八十四，橡帛十二匹三丈，帛一百匹，绯丝十五绚，缥丝、绿丝、橡丝各五绚，皂丝五绚，乌贼二十斤，鲲二十四斤。自余输绢、丝。

庸：白木韩柜十二合。自余输绵。

中男作物：纸、海石榴油、荏油、胡麻油、薄鲍、杂腊、紫菜、海藻。

石见国（行程上二十九日，下十五日）

调、庸：并输绵。

中男作物：纸、红花、薄鲍、杂腊、紫菜。

隐岐国（行程上三十五日，下十八日）

调：御取鲍、短鲍、乌贼、熬海鼠、鲭腊、杂腊、紫菜、海藻、岛蒜。

庸：输布。

中男作物：杂腊、紫菜。

6.山阳道

播磨国（行程上五日，下三日，海路八日）

调：两面十四，九点罗二匹，一窠绫十四，二窠绫、三窠绫、小鹦鹉绫、蔷薇绫各二匹，吴服绫四匹，白绢十四，绯帛四十匹，缥帛、皂帛各十匹，绿帛二十匹，帛一百五十九匹，池由加五口（受五石），中由加五口（受一石），瓱二口，瓸四十八口，小由加十六口，酒壶四合，缶一百七十五口，着乳瓷十八合，洗盘七十七口，有柄大瓶三十九口，大壶、中壶各八合，负瓶二口，大高盘九十九口，有柄中瓶四十口，叩瓷八十七口，麻笥盘四口，大盘七十五合，白三十六口，钵三十二口，有柄酢瓶二十口，无柄酢瓶四十口，筥杯二百九十口，样筥杯、凡杯各八十口，椀五百五十合，片椀一百五十二口，小罂二十口，小盘有盖八十合，无盖椀五十口，片盘六十七口，椀、下盘各五十口，深杯五十九口，大筥杯三十口，小筥杯、菜杯各七十一口，斋杯八十合，灯盏八十口，赤土五斛一斗。自余输绢、布、盐。

庸：韩柜三十二合（涂漆着锁五合，白木二十七合）。自余输米。

中男作物：纸、薄纸、簀、黑葛、蜀椒、胡麻油、杂腊、煮盐年鱼、鲊年鱼。

美作国（行程上七日，下四日）

调：白绢十匹，绯帛二十五匹，绯丝三十绚、绿丝、缥丝、皂丝各五绚，黄丝、橡丝各二十绚，练丝二百绚。自余输绢、锹、铁。

庸：白木韩柜九合。自余输绵、米。

中男作物：茜、苔、黑葛、捣栗子、胡麻油、樱椒油。

备前国（行程上八日，下四日，海路九日）

调：白绢十匹，橡丝二十绚，瓯一口，爬八口，由加八口，瓷六十六口，水瓷八十四口，烬瓷八口，陶瓷三十三口，御碗二百口，猴膝研十八合，小罂二十四口，瓿十二口，臼二十四口，负瓶六口，水瓶、大酒瓶、平瓶、筥瓶各二十四口，大壶二十四口，中壶三十二口，小壶六十口，酢瓶四十口，麻笥盘十六口，洗盘六十口，片盘二百十四口，椀四百六十口，片椀三十口，脚短杯二十六口，样足短杯二百八十口，筥杯四百二十六口，凡片杯一千五百六十口。自余输绢、丝、盐。

庸：白木韩柜十三合。自余输米、盐。

中男作物：绢、苫、胡麻油、许都鱼皮、押年鱼、煮盐年鱼、杂鱼鲊。

备中国（行程上九日，下五日，海路十二日）

调：缥帛十五匹，绯丝六十绚，绿丝、缥丝各十绚，黄丝四十绚，皂丝五绚，练丝五十绚。自余输绢、锹、铁、盐。

庸：白木韩柜六合。自余输米、铁。

中男作物：黄蘗三百斤、茜、胡麻油、榠椒油、漆、捣栗子、许都鱼皮、押年鱼、煮盐年鱼、大鰯、比志古鰯。

备后国（行程上十一日，下六日，海路十五日）

调：白绢十匹，帛一百匹，丝九十绚，缥丝二十绚。自余输绢、锹、铁、盐。

庸：白木韩柜三合。自余输米、盐、铁、锹。

中男作物：纸、红花、黄蘗皮、黑葛、漆、胡麻油、押年鱼、煮盐年鱼、许都鱼皮、大鰯、杂腊。

安艺国（行程上十四日，下七日，海路十八日）

调：两面五匹，一窠绫十七匹，二窠绫、三窠绫各四匹，蔷薇绫三匹，白绢十匹，帛四百匹，绯丝四十绚，绿丝十绚，缥丝二十绚，橡丝三十绚，练丝二百五十绚，丝五百绚（夏调）。自余输绢、丝、盐。

庸：白木韩柜十合。自余输丝、盐。

中男作物：纸、木棉、红花、茜、黑葛、胡麻油、脯、比志古鰯。

周防国（行程上十九日，下十日）

调：短席六百三十枚。自余输绵、盐。

庸：输绵、米。

中男作物：纸、茜、黄蘗皮、海石榴油、胡麻油、煮盐年鱼、鲭、比志古鳎。

长门国（行程上二十一日，下十一日，海路二十三日）

调：绵、丝、杂鳆。但大津、阿武两郡浮浪人调，充采铜铅料。

庸：输绵、米。

中男作物：纸、胡麻油、薄鳆、杂腊、海藻。

7.南海道

纪伊国（行程上四日，下二日，海路六日）

调：两面五匹，鼠迹罗二匹，一窠绫四匹，二窠绫五匹，蔷薇绫三匹，白绫二十匹，纁帛三十匹，绿帛十匹，绯丝四十五绚，缥丝、绿丝各二十绚，橡丝十绚，皂丝五绚，自余输绢、丝、绵、盐、鲊鳆、坚鱼、久惠腊、滑海藻。但浮浪人调庸输钱。

庸：白木韩柜五合。自余输绵、米。

中男作物：黄蘗三百斤、龟甲十七枚、绢、绵、红花、胡麻油、鹿鲊、猪鲊、坚鱼、押年鱼、煮盐年鱼、鲷楚割、大鳎、海藻、滑海藻。

淡路国（行程上四日，下二日，海路六日）

调：杂肉一千斤，杂鱼一千三百斤。自余输盐。

庸：输米。

中男作物：杂鲊。

阿波国（行程上九日，下五日，海路十一日）

调：两面五匹，四点罗二匹，一窠绫九匹，二窠绫五匹，七窠绫、蔷薇绫各四匹，白绢四十匹，绯丝五十五绚，绿丝、缥丝各二十绚，皂丝五绚，练丝二百五十绚，丝一千五百绚（夏调），御取鳆二百斤，细割鳆三百三十三斤，横串鳆三十九斤，坚鱼五百三十五斤八两。自余输绢、丝。

庸：白木韩柜十二合。自余输米。

中男作物：纸、黄蘗三百斤、龟甲十三枚、苦、麻子、闭弥油、椴椒油、胡麻油、短鳆、猪脯、久惠鱼干、鳆肠渍、鮨鳆、鮨年鱼、煮盐年鱼、杂鱼鮨、海藻、鹿角菜、凝海菜。

赞岐国（行程上十二日，下六日，海路十二日）

调：两面五匹，二窠绫十二匹，七窠绫、小鹦鹉绫各八匹，蔷薇绫四匹，三窠绫五匹，白绢十匹，绯帛、缥帛各三十匹，陶瓮十二口，水瓮十二口，瓮八口，壶十二合，大瓶六口，有柄大瓶十二口，有柄中瓶八十五口，有柄小瓶三十口，钵六十口，碗四十合，麻筒盘五十口，大盘十二合，大高盘十二口，椀下盘四十合，椀三百四十口，斋杯一百口，大筥杯三百二十口，小筥杯二千口。自余输绢、盐。（阿野郡输熬盐）

庸：白木韩柜二十合。自余输米。

中男作物：黄蘗一百五十斤、纸、胡麻油、干鲭、鲷楚割、大鳎、鮨、鲭、海藻。

伊予国（行程上十六日，下八日，海路十四日）

调：两面五匹，九点罗二匹，二窠绫、三窠绫各六匹，小鹦鹉绫二匹，七窠绫八匹，蔷薇绫四匹，绯绫四匹，绯帛四十五匹，缥帛十匹，皂帛五匹，白绢十匹，长鳆三十六斤，短鳆三百三十斤。自余输帛、绢、盐。

庸：白木韩柜二十八合。自余输米。

中男作物：黄蘗一百五十斤、纸、胡麻油、砥、短鳆、鲐鳆、煮盐年鱼、贻贝鲊、鲭、海藻根、海藻、杂海菜。

土佐国（行程上三十五日，下十八日，海路二十五日）
调：绯帛三十四匹、缥帛十五匹、坚鱼八百五十五斤。自余输绢。
庸：白木韩柜十四合。自余输棉、米。
中男作物：龟甲十枚、纸、胡麻油、坚鱼、杂鱼干、煮盐年鱼、鲭。

8.西海道
太宰府（行程上二十七日，下十四日，海路三十日）

筑前国（去府行程一日）
调：丝三十九绚、赀布三十五端、绵䌷五匹、席三百六十三枚、大瓮九口、小瓮一百九十五口、瓮一百九十五口、麻筥盘五十六合、水椀三百二十口、海石榴油一斛四斗六升四合、御取鳆二百六十斤、羽割鳆六斤、葛贯鳆一百零八斤、荫鳆一百三十五斤、鞭鳆二十四斤、腐耳鳆一百八十二斤、酱鲋一百二十八斤、鲊鲋二百零八斤、海藻三百六十八斤二两。自余输绢、布、锹、铁、短鳆、薄鳆、鲐鳆、火烧鳆、盐。
庸：熬海鼠八百二十八斤、盐三斛九斗七升五合。自余输绵、布、铁、米、盐、薄鳆、火烧鳆、杂鱼腊。
中男作物：木棉、谷皮、麻、席、防壁、蒲荐、韩荐、苫、䈽、漆、胡麻油、海石榴油、荏油、鹿脯、鹿鲊、押年鱼、乌贼、鲷腊、杂鱼楚割、腐耳鳆、鲐鳆、肠渍鳆、鲊鲋、酱鲋、酱渍年鱼、海藻。

筑后国（行程一日）

调：绵𬘯十八匹，赀布三十二端。自余输绢、丝、绵、布。

庸：输绵、米。

中男作物：谷皮、席、防壁、苦、荏、蒲荏、簀、漆、胡麻油、海石榴油、荏油、樱椒油、酱鲋、杂鱼楚割、杂腊、押年鱼、煮盐年鱼、醋年鱼、渍盐年鱼、鲊鲋。

肥前国（行程上一日半，下一日）

调：绵𬘯十八匹，赀布二十六端，御取鳆三百六十四斤，短鳆五百三十四斤，长鳆二十四斤，羽割鳆二十四斤，熬海鼠三百零一斤十四两，盐三十五斛。自余输绢、丝、绵、席、薄鳆。

庸：输绵、米、薄鳆。

中男作物：斐皮、叶荏、苦、防壁、韩荏、蒲荏、折荏、簀、闭弥油、荏油、鲊鳆、肠渍鳆。

肥后国（行程上三日，下一日半）

调：绢二千五百九十三匹，绵𬘯二十五匹，赀布三十七端，布一百二十端，耽罗鳆三十九斤，熬海鼠二百三十二斤十四两，鲷腊三百三十二斤八两，干鲭一百六十六斤十三两，杂鱼腊四百零三斤。自余输绵、丝。

庸：布八十端。自余输绵、米。

中男作物：木棉、麻、熟麻、席、韩荏、蒲荏、防壁、折荏、苦、簀、黑葛、胡麻油、海石榴油、荏油、鹿脯、押年鱼、鲛楚割、蛎腊、煮盐年鱼、鲊年鱼、渍盐年鱼、破盐。

丰前国（行程上二日，下一日）

调：绵𬘯十七匹。自余输绢、绵、丝、赀布、乌贼、杂鱼楚割。

庸：输绵、米。

中男作物：防壁、韩荐、折荐、黑葛、黄蘖皮、海石榴油、胡麻油、荏油、乌贼、杂鱼楚割、鹿鲊、猪鲊、渍盐年鱼、鲊年鱼。

丰后国（行程上四日，下二日）

调：丝四十八绚，绵绌十七匹，赀布二十端，御取鳆五十二斤，短鳆七十二斤，荫鳆三十斤，羽割鳆十二斤，葛贯鳆十二斤，耽罗鳆十八斤，坚鱼三十四斤十四两，小町席二十张。自余输绢、绵、布、薄鳆。

庸：输绵、布、米、薄鳆。

中男作物：熟麻、谷皮、黑葛、漆、榠椒油、海石榴油、胡麻油、荏油、鹿脯、押年鱼、坚鱼、杂鱼腊、鹿鲊、鲊年鱼、煮盐年鱼。

日向国（行程上十二日，下六日）

调：丝十八绚。自余输绵、布、薄鳆、坚鱼。

庸：输绵、布、薄鳆。

中男作物：斐纸、麻、熟麻、茜、胡麻子。

大隅国（行程上十二日，下六日）

调：绵、布。

庸：绵、布。

中男作物：纸。

萨摩国（行程上十二日，下六日）

调：盐三斛三斗。自余输绵、布。

庸：绵、纸、席。

中男作物：纸。

壹岐岛（海路行程三日）

　　调：大豆二十三斛，小豆十一斛，小麦二十斛二斗。自余输海石榴油、薄鲍。

　　对马岛（海路行程四日）

　　调：银。

从上述记录可以知道，当时各国往返京都的行程及当地物产的大概状况。然而，完全按照以上规定缴纳的十分少见。多半都是欠缴，或者所缴物品以次充好，无法使用——天皇曾多次下达圣旨（格）进行告诫。这中间虽然也有百姓的奸猾，但更多的是因为国司怠慢，放任不管。还有一些国司和百姓相互勾结，只管把账目做好，以逃避责罚。这种弊病延绵许久，难以根治。

七、正税公廨等

关于各国正税、公廨的规定，记载于《延喜式·主税式》中：

　　凡勘租账者，皆据当年账，即通计国内，十分以得七分以上为定。若有不堪佃者（指无法耕种之地），听除十分之一。如过此限者，各申官听裁。其神田、寺田、布萨戒本田、放生田、敕旨田、公廨田、御巫田、采女田、射田、健儿田、学校田、诸卫射田、左右马寮田、饲户田、赒急田、劝学田、典药寮田、节妇田、易田、职写户田、膂力妇田、悖独田、船濑功德田、造船濑料田，并为不输租田。其位田、职田、国造田、采女田、膂力妇女田、赐田等未授之间，及遥授国司公廨田、没官田、出家得度田、逃亡除账口分田、乘田，并为输地子田。自余皆为输租田。（中略）

　　诸国出举正税公廨杂稻：

　　山城国：正税、公廨各十五万束。国分寺料一万五千束，嘉祥寺料一千七百三十六束四把，海印寺料三千束，元庆寺料一千束，圆觉寺料一千束，东光寺料一千束，文殊会料二千束，修理驿家料一千束，池沟料三万束，救急料六万束，交易刍直八千三百三十三束三分也。

大和国：正税、公廨各二十万束。国分寺料一万束，丰山寺料二千四百束，壶坂寺料三千束，松尾寺料二千八百束，灵安寺料四千束，八岛寺料一万束，子岛寺料四百束，文殊会料二千束，修理官舍料二万束，池沟料四万束，救急料六万束。

河内国：正税、公廨各十四万九千四百七十七束，国分寺料一万束，文殊会料二千束，修理池沟料二万束，堤防料一万束，救急料六万束。

和泉国：正税、公廨各八万束。国分寺料五千束，文殊会料一千束，卷尾寺观音堂料五百束，敕旨庄御税一千束，修理官舍料一万束，池沟料二万束，救急料三万束。

摄津国：正税、公廨各十八万五千束。国分寺料一万五千束，大日寺料五千束，修理池沟料三万束，救急料六万束。

伊贺国：正税、公廨各十三万五千束。国分寺料五千束，文殊会料一千束，修理池沟料一万束，堰河防料一千束，救急料三万束。

伊势国：正税、公廨各三十万束。国分寺料四万束，修理志摩国国分寺料三千束，文殊会料二千束，修理池沟料四万束，救急料四万束，俘囚料一千束。

志摩国：正税谷一千二百斛。救急料五百斛。

尾张国：正税、公廨各二十万束。国分寺料二万束，文殊会料二千束，修理池沟料三万束，救急料二万束。

参河国：正税、公廨各二十万束。国分寺料二万束，修理志摩国国分寺料三千束，文殊会料二千束，修理池沟料三万束，救急料二万二千束。

远江国：正税、公廨各二十八万束。国分寺料三万束，大安寺料四万九千束，文殊会料二千束，修理池沟料三万束，救急料六万束，夷俘料二万六千八百束，白羽官牧马直①四千四百六十束，药分料一千束。

骏河国：正税二十三万束，公廨二十五万束。国分寺料二万束，大安寺料四万一千束，药师寺料八千束，文殊会料二千束，修理池沟料三万束，救急料六万束，俘囚料二百束，官牧牛直一千三百三十四束。

伊豆国：正税、公廨各六万五千束。三岛神料二千束，国分寺料一万束，大安寺料三千束，禅院料一千束，国分二寺供养料一万束，三神寺料二千束，文殊会料一千束，修理池沟料一万束，救急料一万束。

甲斐国：正税、公廨各二十四万束。国分寺料二万束，大安寺料一万二千束，文殊会料二千束，堤防料二万束，救急料八百束，俘囚料五万束。

相摸国：正税、公廨各三十万束。国分寺料四万束，大安寺料二万六千九百束，文殊会料二千束，药分料一万束，镇守府公廨五万四千三十七束，修理池沟料三万束，救急料七万一千束，俘囚料二万八千六百束，官牧马牛直五千五百八十三束。

武藏国：正税、公廨各四十万束。国分寺料五万束，药师寺料四万二千束，梵释四王料七千七百束，文殊会料二千束，药分料一万束，修理池沟料四万束，救急料十二万束，悲田料四千五百束，俘囚料三万束，敕旨系饲御马秣料二千二十束，神埼牧牛直五千五百三十四束。

安房国：正税、公廨各十五万束。药师寺料二万束，文殊会料一千束，安居僧供料一千束，修理池沟料二万束。

上总国：正税、公廨各四十万束。国分寺料四万束，药师寺

---

① 直，折算后支付的钱或物。官牧马直四千四百六十束，即本应缴纳的官牧马，折合成稻米，应缴纳四千四百六十束。

料三万四千束，文殊会料二千束，药分料一万束，修理池沟料四万束，救急料十二万束，俘囚料二万五千束。

下总国：正税、公廨各四十万束。国分寺料五万束，药师寺料三万五千束，文殊会料二千束，药分料一万束，修理池沟料四万束，救急料七万束，俘囚料二万束。

常陆国：正税、公廨各五十万束。国分寺料六万束，大安寺、药师寺料各五万束，文殊会料二千束，药分料一万束，交易料四十二万束，大学寮料五万四千束，修理池沟料四万束，救急料六万束，俘囚料十万束。

近江国：正税、公廨各四十万束。大学寮料一万束，国分寺料六万束，崇福寺修理料五千束，同寺传法会料一万束，梵释寺料六百七十六束，国兴寺修理料一千束，净福寺料七千束，延历寺定心院料三万束，西塔院料一万五千束，文殊会料二千束，造院料二万束，修理国府料四万束，势多桥料一万束，池沟料四万束，救急料五万一千七百束，俘囚料十万五千束。

美浓国：正税、公廨各三十万束。国分寺料四万束，药师寺料二万七千束，延历寺总持院料四万束，同寺四王堂料四万束，文殊会料二千束，药分料一万束，修理官舍料二万束，池沟料四万束，救急料二万束，俘囚料四万一千束。

飞驒国：正税、公廨各四万束。国分寺料五千束，文殊会料一千束，救急料二万束。

信浓国：正税、公廨各三十五万束。国分寺料四万束，兴福寺料四万束，文殊会料二千束，修理池沟料三万束，救急料八万束，俘囚料三千束。

上野国：正税、公廨各三十万束。国分寺料五万束，兴福寺料三万束，文殊会料二千束，药分料一万束，学生料一万束，修理池沟料四万束，救急料十二万束，俘囚料一万束，敕旨御马秣料四千七百二十束，同系饲御马秣料五千九百束，占市牧牛直四千三百十五束。

下野国：正税、公廨各三十万束。国分寺料四万束，兴福寺料二万二千束，文殊会料二千束，修理池沟料三万束，救急料八万束，俘囚料十万束。

陆奥国：正税六十万三千束，公廨八十万三千七百十五束。（国司料六十四万一千二百束，镇官料十六万二千五百十五束。）祭盐灶神料一万束，国分寺料四万束，学生料四千束，文殊会料二千束，救急料十二万束。

出羽国：正税二十五万束，公廨三十四万束。月山大物忌神祭料二千束，文殊会料二千束，神宫寺料一千束，五大尊常灯节供料五千三百，四天王修法僧供养并法服料二千六百八十束，健儿粮料五万八千四百十二束，修理官舍料十万束，池沟料三万束，救急料八万束，国学生食料二千束。

若狭国：正税、公廨各九万束。国分寺料一万束，京法华寺料一万束，文殊会料一千束，修理池沟料一万束，救急料三万束。

越前国：正税、公廨各四十万束。国分寺料三万束，京法华寺料二万束，文殊会料二千束，药分料六千束，修理池沟料四万束，救急料十二万束，俘囚料一万束。

加贺国：正税、公廨各三十万束。京法华寺料一万五千束，国分寺料二万束，文殊会料二千束，药分料四千束，修理池沟料一万束，救急料三万束，俘囚料五千束。

能登国：正税、公廨各十五万束。国分寺料五千束，京法华寺料一万束，文殊会料一千束，修理池沟料一万束，救急料六万束。

越中国：正税、公廨各三十万束。大学寮料一万束，国分寺料三万束，京法华寺料二万五千束，文殊会料二千束，修理池沟料三万束，救急料十三万束，俘囚料一万三千四百三十三束。

越后国：正税、公廨各三十三万束。国分寺料二万束，京法华寺料一万八千四百五十五束，西隆寺料一万束。神宫寺观音院料四千束，文殊会料二千束，修理池沟料三万束，救急料八万束，俘囚料九千束。

佐渡国：正税三万八千束，公廨八万束。国分寺料一万束，同寺新造药师佛灯分料五百束，文殊会料一千束，修理池沟料一万束，救急料三万束，俘囚料二千束。

丹波国：正税二十三万束，公廨二十五万束。国分寺料四万束，文殊会料二千束，圆成寺料一千束，鸡园寺料一千束，修理池沟料三万束，救急料四万束，修理驿家料二万束，官舍料四万束，造院料一万束。

丹后国：正税、公廨各十七万束。国分寺料二万束，文殊会料一千束，大学寮料八百束，修理池沟料一万束，救急料六万束。

但马国：正税、公廨各三十四万束。国分寺料二万束，文殊会料二千束，修理池沟料二万束，救急料一万八千束。

因幡国：正税、公廨各三十万束。国分寺料三万束，文殊会料二千束，修理池沟料三万束，救急料四万二千八百七十八束，俘囚料六千束。

伯耆国：正税、公廨各二十五万束。国分寺料三万束，药分料一万束，文殊会料二千束，修理池沟料二万束，救急料八万束，俘囚料一万三千束。

出云国：正税二十六万束，公廨三十万束。国分寺料四万束，文殊会料二千束，药分料一万束，修理池沟料三万束，救急料四万束，俘囚料一万三千束。

石见国：正税、公廨各十五万五千束。国分寺料二万束，文殊会料一千束，修理池沟料二万束，救急料四万束。

隐岐国：正税二万束，公廨四万束。国分寺料五千束，文殊会料一千束，修理池沟料三千束，救急料一千束。

播磨国：正税、公廨各四十四万束。国分寺料四万束，文殊会料二千束，平等寺料一千束，施药院料一万束，药分料一千五百束，学生料一万五千束，修理驿家料四万束，池沟料四万束，道桥料一万束，救急料一十二万束，俘囚料七万五千束。

美作国：正税、公廨各三十万束。国分寺料四万束，文殊会料二千束，修理池沟料三万束，道桥料一千束，救急料八万束，俘囚料一万束，施药院料一千束。

备前国：正税、公廨各三十八万一千一百五十束。国分寺料四万束，净福寺料七千束，文殊会料二千束，造院料一万束，大学寮料一万一千束，修理池沟料三万束，救急料八万束，俘囚料四千三百四十束，修理驿家料一万束。

备中国：正税、公廨各三十万束。国分寺料三万束，莲严寺料一千束，文殊会料二千束，修造堰沟料一万七千束，驿家料一万束，救急料八万束，俘囚料三千束。

备后国：正税、公廨各二十四万束。国分寺料二万束，文殊会料二千束，铸钱司俸料二万八千束，修理池沟料一万五千束，救急料八万束。

安艺国：正税二十三万束，公廨二十二万八千八百束。国分寺料三万束，文殊会料二千束，修理池沟料一万束，救急料十万束，驿子粮料三万一千二百束。

周防国：正税、公廨各二十一万束。国分寺料二万束，文殊会料二千束，铸钱司俸料二万八千束，修理池沟料一万束，救急料八万束。

长门国：正税、公廨各十一万束。国分寺料一万束，文殊会料一千束，修理官舍料二万束，池沟料一万束，救急料六万束，兵粮料四万束。

纪伊国：正税、公廨各十七万五千束。国分寺料二万束，金刚峰寺料五千六百十六束，同寺灯分并佛圣料二千八百束，祐河寺料四百束，文殊会料二千束，修理池沟料三万束，救急料六万束。

淡路国：正税三万五千束，公廨四万五千束。国分寺料五千束，大和大国魂神祭料八百束，文殊会料一千束，修理池沟料一万束，救急料三万束。

阿波国：正税、公廨各二十万束。国分寺料一万四千束，文殊会料二千束，修理池沟料三万束，道桥料五百束，救急料六万束。

赞岐国：正税、公廨各三十五万束。国分寺料四万束，弥勒归敬寺灯分料五百束，五大菩萨供养料二千束，文殊会料二千束，药分料一万束，造院料一万束，修理池沟料三万束，救急料八万束，俘囚料一万束。

伊予国：正税、公廨各三十万束。大学寮料一万束。国分寺料四万束，文殊会料二千束，铸钱司俸料二万八千束，修理池沟料三万束，救急料八万束，俘囚料二万束。

土佐国：正税、公廨各二十万束。国分寺料一万束，文殊会料一千束，修理安祥寺宝塔料五千束，修理池沟料二万束，救急料六万束，俘囚料三万二千六百八十八束。

筑前国：正税、公廨各二十万束。国分寺料修理观世音寺料一万束，文殊会料二千束。府官公廨十五万束，卫卒料二万二千四百束（随日数有增减，下皆同之），修理府官舍料六千束，池沟料三万束，救急料八万束，俘囚料五万七千三百七十束。

筑后国：正税、公廨各二十万束。国分寺料一万三千三百九十四束，修理观世音寺料一万束，文殊会料二千束，府官公廨十万束，卫卒料一万八千一百零五束，修理府官舍料六千束，救急料三万束，俘囚料四万四千八十二束。

肥前国：正税、公廨各二十万束。国分寺料三万三千三百九十四束（当国壹岐岛各一万六千六百九十七束）。文殊会料二千束，府官公廨十五万束，卫卒料一万八千一百束，修理府官舍料六千束，池沟料三万束，救急料四万束，俘囚料一万三千九十束。

肥后国：正税、公廨各四十万束。国分寺料四万七千八百八十七束，文殊会料二千束，府官公廨三十五万束，卫卒料三万五千七百九十五束，修理府官舍料一万束，池沟料四万束，救急料十二万束，俘囚料十七万三千四百三十五束。

丰前国：正税、公廨各二十万束。国分寺料一万四千二百七十四束，文殊会料二千束，府官公廨十万束，卫卒料一万七千五百五十四束，修理府官舍料六千束，池沟料三万束，救急料四万束。

丰后国：正税、公廨各二十万束。国分寺料二万束，文殊会料二千束，府官公廨十五万束，卫卒料一万六千四百七十二束，修理府官舍料六千束，池沟料三万束，救急料八万束，俘囚料三万九千三百七十束。

（筑前国以下六国属太宰府）

以上六国，出举府公廨总一百万束。若不堪举，随即减之。

日向国：正税、公廨各十五万束。国分寺料一万束，文殊会料一千束，修理池沟料二万束，救急料四万一千束，俘囚料一千一百一束。

大隅国：正税八万六千四十束，公廨八万五千束。国分寺料二万束，文殊会料一千束，修理池沟料二万束，救急料三万束。

萨摩国：正税、公廨各八万五千束。国分寺料二万束，同寺十一面观世音菩萨灯分料一千五百束，文殊会料一千束，修理官舍料二万束，救急料三万束。

壹岐岛：正税一万五千束，公廨五万束。修理池沟料五千束，救急料二万束。

对马岛：正税三千九百二十束。（中略）

凡国司处分公廨差法者，大上国长官六分，次官四分，判官三分，主典二分，史生一分。中国无介则长官五分，下国无掾则长官四分。员外司者，各准当员。其国博士、医师准史生，但陆奥国博士、医师、阴阳师并准目，镇守府将军准守，军监准掾，军曹准目，医师、弩师准史生。若带国者（兼任两国），不须两给。其按察使准当国守，记事准掾。（中略）

凡太宰府处分公廨帅十分，大贰六分半，少贰五分，监三分，典二分，主神、主工、博士、明法博士、音博士一分大半，主城、阴阳师、医师、算师、主船、主厨一分半，大唐通事一分少半，史生、弩师、新罗译语、傔仗一分。（中略）

凡公田获稻，上田五百束，中田四百束，下田三百束，下下田一百五十束。地子各依田品，令输五分之一。若总计国内，所输不满十分之九者，勘出令填。但不堪佃田，听除十分之二。

根据以上记载可知，各国寺院的花费之大，令人咋舌。有人说日本美术水平的精湛，得益于佛教的兴盛。这话确实没错，但其根本在于，国家给佛教的供奉，也不可谓不大。所以这也是理所当然的结果。

虽然各国的应缴如上所示，但其实欠缴甚多。国司为此所困，也不是毫无缘由。

此外，上述税收的方法，以及"束稻"和"斗升"之间的换算标准，《延喜式·主税式》中也有规定：

其租一段谷一斗五升，町别一石五斗，皆令营人输之。（中略）凡进官年料，并国中杂用等米，（中略）白米五斗稻二束。

关于打包及运送方法，《延喜式·杂式》中规定：

凡公私运米，五斗为俵，仍用三俵为驮，自余杂物亦准此。

关于驿路，《延喜式·杂式》中规定：

> 凡诸国驿路边，植果树，令往还人得休息，若无水处，量便掘井。

可见朝廷对行路之人的体恤。

八、供御料

关于当时供奉皇室的"供御料"，《延喜式·内膳式》中记载的"供御月料"如下：

> 糯米二斗四升七合五勺，粟三斗四升五合，糯糒一斗二升七合五勺，粟糒三升七合五勺，米三斗六升四合，秫米①一斗五升，黍子三斗，糖一斗四升二合五勺，小麦一石四斗一升，蓳子②七升五合，大小豆各二斗二升五合，胡麻子、荏子各一斗一升二合五勺，大角豆一斗三升五合，酒七斗五升，捣糟六斗七升五合，汁糟六斗，醋三斗七升七合五勺，胡麻油一斗五升，未酱一斗五升，酱八斗三升，滓酱七升五合，盐一石一斗八升五合，脯九斤，鸟腊、押年鱼各十六斤八两，东鲣四十五斤，薄鲣十一斤四两，盐渍鲣四十五斤，酱鲣二十一斤，坚鱼二百二十五斤，煮坚鱼、熬海鼠各八斤四两，蛸、乌贼各二十三斤四两，鲑四十五只，腊四斗五升，乞鱼皮二十斤十三两，坚鱼、煎海鼠肠各四升五合，安房杂鲣二十三斤四两，肠渍鲣二斗三升二合五勺，久惠脯十三斤八两，杂　二斗三升二合五勺，鲍皮二十一斤十二两，能登鲭一百四十二只，紫菜十二两，海松二斤四两，滑海藻十三斤八两，海藻二十二斤八两，大凝菜四斤八两，于期五斤四两，鹿角菜十二斤，伊祇须九斤，芥子、

---

① 秫米，即高粱。
② 蓳子，古代日本用来煮"七种粥"的一种野生谷物。

豉各四升五合，酱瓜二十三颗，干枣子一斗四升二合鲭勺，捣栗子二斗九升三合五勺，干栗子七斗五升，生栗子二石二斗五升，干柿子二十九连，椎子四斗五升，吴桃子一斗五升，橘子四十五荫，掇橘子、菱各二斗二升五合，莲子一斗五升七合五勺，帛七尺（拭金银朱漆御杯料），灯油六升（盛所、进物所各三升），箸竹四百五十株（九十株山城国乙训园，三百六十株相乐郡鹿鹭园）。

右，月料，小月减三十分之一。

炭一石四斗（盛所四斗，进物所并果子所各五斗），松明三把（盛、进物、果子所各一把），薪一百二十斤（大炊所并煮杂物所各六十斤），造杂饼料甘醴一升。

右，日料。（后略）

以上"御用料"虽然种类繁多，但并不是每个月都能按规定备齐。特别是远处运送来的物品，恐怕常有缺欠。而这个规定，也并没有持续很多年，后世的文书中偶尔能看到相关记载。

第6节 三善清行的《意见封事》及《古今和歌集》的编撰

一、三善清行的《意见封事》与当时的世态

上一节说到，醍醐天皇体恤民情，政绩斐然。然而，洪水、暴风、疫病、火灾等天灾人祸，从京都到地方，接二连三，频频发生，甚至需要天皇"减御膳"共度时艰。醍醐天皇开始考虑如何进一步改善政务。于是，延喜十四年（914年），醍醐天皇下诏公卿、大夫，对政事各抒己见。当时，既有藤原时平之类的名臣，也有纪长谷雄之类的硕儒，他们应该也提出了自己的见解，可惜都没有流传下来。唯独式部大辅文章博士三善清行所上《意见封事》，被收入《本朝文粹》，流传至今。现摘录如下：

臣某言：伏读去（延喜十四年，即914年）二月十五日诏，遍令公卿、大夫、方伯、牧宰，进谠议、尽谟谋，改百王之浇醨，拯万民之涂炭。（中略）臣伏案旧记，我朝家神明传统，天险开疆，土壤膏腴，人民庶富。（中略）上垂仁而牧下，下尽诚以戴上。（中略）

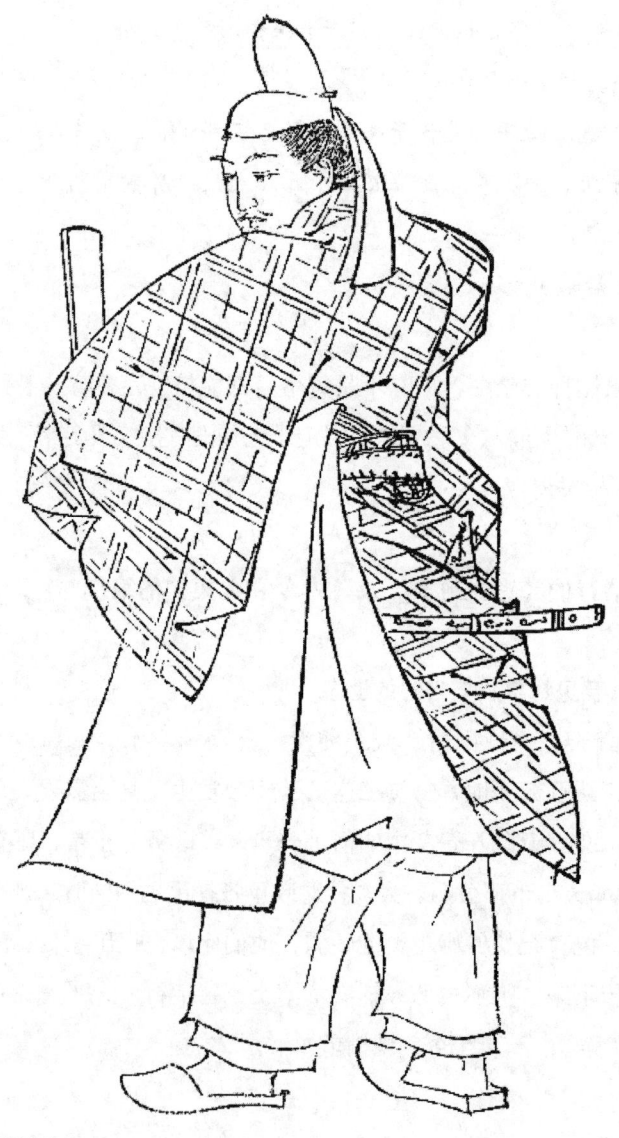

纪长谷雄

自后风化渐薄，法令滋彰，赋敛年增，徭役代倍，户口月减，田亩日荒。既而钦明天皇之代，佛法初传本朝，推古天皇以后，此教盛行。上自群公卿士，下至诸国黎民，无建寺塔者，不列人数。故倾尽资产，兴造浮图，竞舍田园，以为佛地，多买良人，以为寺奴。降及天平，弥以尊重，遂倾田园，多建大寺。其堂宇之崇，佛像之大，工巧之妙，庄严之奇，有如鬼神之制，似非人力之为。又令七道诸国建国分二寺，造作之费，各用其国正税。于是，天下之费，十分而五。

至于桓武天皇，迁都长冈，制作既毕，更营上都，再造大极殿，新构丰乐院。又其宫殿楼阁，百官曹厅，亲王、公主之第宅，后妃、嫔御之宫馆，皆究土木之巧，尽赋调庸之用。于是，天下之费，五分而三。仁明天皇即位，尤好奢靡，雕文刻镂，锦绣绮组。伤农事，害女功者，朝制夕改，日变月悛。后房内寝之饰，饫宴歌乐之储，丽靡焕烂，冠绝古今。府帑由是空虚，赋敛为之滋起。于是，天下之费，二分而一。

贞观年中，应天门及大极殿，频有灾火。傥依太政大臣昭宣公（藤原基经）匪躬之诚，具瞻之力，庶民子来，万邦虋至。修复此宇，期年而成。然而，天下之费，亦失一分之半。然则当今之时，曾非往世十分之一也。

臣去宽平五年（893年），任备中介。彼国下道郡，有迩磨乡。爰见彼国风土记，皇极天皇六年①，大唐将军苏定方，率新罗军伐百济，百济遣使乞救。（皇极）天皇行幸筑紫，将出救兵。时天智天皇为皇太子，摄政从行。路宿下道郡，见一乡户邑甚盛。（皇极）天皇下诏，试征此乡军士，即得胜兵二万人。（皇极）天皇大悦，名此邑曰"二万乡"，后改曰"迩磨乡"。其后（皇极）天皇崩于筑紫行宫，终不遣此军。然则二万兵士，弥可蕃息。而天平神

---

① 皇极天皇六年，此处指皇极天皇重祚为齐明天皇六年，即660年。

护年中，右大臣吉备朝臣（即吉备真备），以大臣兼本郡大领。试计此乡户口，才有课丁千九百余人。贞观初，故民部卿藤原保则朝臣，为彼国介时，见旧记此乡有二万兵士之文，计大帐之次，阅其课丁，有七十余人。某到任，又阅此乡户口，有老丁二人、正丁四人、中男三人。去延喜十一年（911年），彼国介藤原公利，任满归都。（三善）清行问：“迩磨乡户口当今几何？”（藤原）公利答曰：“无有一人。”谨计年纪，自皇极天皇六年庚申，至延喜十一年（911年）辛未，才二百五十二年。衰敝之速，亦既如此。以一乡而推之，天下虚耗，指掌可知。（中略）谨录如左，伏待天裁。

一、应消水旱求丰禳事

（前略）安民之道，足食之要，唯在水旱无殄，年谷有登也。故朝家每年二月四日、六月十一日、十二月十一日，于神祇官，立祈年、月次之祭，严加斋肃，遍祷神祇。（中略）每年正月，始自大极殿前，至于七道诸国，修吉祥悔过。又圣代每年修仁王会，遍为百姓，祈祷丰年，消伏疾疫。（中略）然犹所以水旱不休，灾殄屡发者，何也？僧徒修之者，多非其人也。（中略）持戒者少，违律者多。如此薰修者，三尊岂可感应乎。（后略）

一、请禁奢侈事

（前略）明王之御世也，崇节俭、禁奢盈，（中略）而今浇风渐扇，王化不行。（中略）衣服饮食之奢，宾主飨宴之费，日以侈靡，（中略）今略举一端，指陈事实。臣伏见贞观、元庆之代，亲王公卿，皆以生筑紫绢，为夏汗衫。曝绝为表绔，东绝为袜，染绝为履里。而今诸司史生，皆以白缣为汗衫，白绢为表绔，白绫为袜，茜褐为履裏。其妇女，则下至侍婢，裳非齐纨不服，衣非越绫不裁。染红袖者，费其万钱之价。捣练衣者，裂于一砧之间。自余奢靡，不能具陈。（后略）

一、请敕诸国随见口数授口分田事

（前略）诸国大帐，所载百姓，大半以上，此无身者也。（中略）牧宰空怀无用之田籍，豪富弥收并兼之地利。（中略）今须令诸国阅实见口，班给其口分田。（后略）

（以下"请加给大学生徒食量事""请减五节妓员事"等条省略）

一、请停止依诸国少吏并百姓告言诉讼，差遣朝使事

（前略）比年任用之例，或结私怨，以诬告官长。所部之民，或矫公义以怨诉国宰，或陈犯用官物之状，或诉政理违法之由。此等条类，千绪万端。于是，朝家收其告状，发遣使人。使人到国，未问事之虚实，不辨理之是非，偏依使式，每事准拟，（中略）以官长之贵，与小吏贱民，比肩连口，受其推鞫。若辞对之间，纤芥有违，则立加缧绁，便填牢狴。若亦虽告诉之旨，事皆不实，而威权已废，政令不行。爰邻境百姓，转相见闻，即各轻侮其官长，不肯服从其政教。伤化之源，无甚于此。（后略）

（以下"请置诸国勘籍人定数事"条省略）

一、请停以赎劳人，补任诸国检非违使及弩师事

（前略）检非违使，掌纠境内之奸滥，察民间之凶邪。然则国宰之爪牙，兆庶之衔策也。必须明习法律，兼详决断。而今任此职者，皆是当国百姓，纳赎劳料者也。徒批公俸，不堪差役。空带其名，曾非其器。亦犹如画饼不可食。（中略）诸国各置弩师者，为防寇贼之来犯也。（中略）而今件弩师，皆充年给，许令斥卖。唯论价值之高下，不问才技之长短。故所充任者，未知军器之有弩，况晓机弦之所用乎。（后略）

一、请禁诸国僧徒滥恶及宿卫舍人凶暴事

（前略）去延喜元年（901年）官符，已禁权贵之规锢山川，势家之侵夺田地。（中略）但犹凶暴邪恶者，恶僧与宿卫也。伏以诸寺年分及临时得度者，一年之内，或及二三百人也。就中半分以上，皆是邪滥之辈也。又诸国百姓，逃课役，遁租调者，私自落

发，猥着法服。如此之辈，积年渐多。天下人民，三分之二，皆是秃首者也。此皆家蓄妻子，口啖腥膻，形似沙门，心如屠儿。况其尤甚者，聚为群盗，窃铸钱货。（中略）前年攻围安艺守藤原时善，劫略纪伊守橘公廉者，皆是滥恶之僧，为其魁帅也。（中略）又六卫府舍人，皆须每月结番，晓夕警备。当番陪侍兵栏，他番休宁京洛（东西带刀町，此其住所也）。若有机急者，又须当番、他番具勤防卫。而今件等舍人，皆散落诸国。或在千里邮驿之外，百日行程之境，岂得门籍编名，宿卫分番乎。（后略）

（以下"重请修复播磨国鱼住泊事"条省略）

延喜十四年（914年）四月二十八日

从四位上行式部大辅臣三善朝臣清行（即三善清行）上奏

品读以上文章，就如同目睹当时的世态一般。在佛法昌隆的时候，肆无忌惮地直指其弊，敲响警钟；明知六卫舍人出身公卿贵族之家，背后必然有家族的庇护，依然敢于揭露其缺勤宿卫、远遁他乡的渎职行为。这在当时，一般人是不敢言及的，可见这封《意见封事》，必然倾注了三善清行满腔的热血，不过，他应该还是有所控制的。

然而，这样的建议，似乎并没有得到采用施行。三善清行所说的弊病，不仅没有任何一项得到匡正，反倒愈演愈烈。想来应该是醍醐天皇不久之后就驾崩了的缘故。

醍醐天皇勤政爱民，励精图治。《今昔物语集》中记载了这样一个故事：

延喜年间，一天晚上，醍醐天皇在清凉殿的寝殿中，将一名藏人召到御前吩咐道："东南方有个女人在哭泣，你速去将她找来。"

这位藏人马上命杂役点起火把，出门寻找。找遍了后宫，没有找到。又找遍了前朝的朝堂，依然没有找到。于是，藏人返回清凉殿向醍醐天皇回奏。

醍醐天皇回复："那就出宫去找。"

于是，这位藏人从马寮借了御马，命杂役在前面拿着火把，出宫来到京城中。（中略）藏人朝城中清凉殿的东南方向走，一路寂静，悄无人声，一直走到九条堀河边，才听见一个小屋里传来女子哭泣的声音。

于是，藏人命杂役回宫向醍醐天皇禀报。不久，杂役返回说："天皇下令，将这名女子绑回宫去。"于是，藏人进入女子家中，要将女子绑走。女子哭嚎不止："今夜，我家来了强盗，杀害了我的夫君，我才伤心痛哭。"然而，天皇有令，不可违逆，所以藏人还是将她绑回了宫中，向醍醐天皇复命。

醍醐天皇说："此女身犯大罪，她的痛哭并非出自本心，只是想掩盖罪行。速速审问清楚，将她论罪处刑。"

于是，检非违使将女子带出宫审讯。（中略）后来女子招认：她与人私通，合谋杀死了亲夫。为了掩人耳目，她才故意悲痛大哭。

检非违使审问清楚之后，回宫向天皇禀报。醍醐天皇说："果然如此！我正是听到她的哭声并非出自本心，所以才让你们把她找出来。现在去将她的奸夫绑来，一同问罪。"（中略）

世人听说此事，纷纷议论："天皇果然不是凡人！"（后略）

虽然传说故事不足为信，但能在某种程度上作为一种佐证，让读者感受到醍醐天皇聪明过人、勤于政务这一点。

二、三善清行的人物形象

关于三善清行，《今昔物语集》中也有一个故事：

延喜年间，有一位名叫三善清行的参议（宰相）。当时，中纳言纪长谷雄，颇有文才，曾与（三善）清行宰相发生过一些争执。

三善清行对纪长谷雄说："从古至今，从来没有无才的博士。你是第一个。"纪长谷雄听了之后，什么都没有说。

其他人听说这件事后，议论道："纪长谷雄这么有学问，而（三善）清行宰相居然这么说他，看来（三善）清行宰相一定更有才华。"

当时，还有一位名叫惟宗孝言的大外记，也是一位博学的才子。他听说这个故事后，说："二龙相争时，即使一方伏卧，并不表示它弱。即便它伏卧在地，其他兽类也无法靠近！"也就是说，虽然纪长谷雄被三善清行这么说，但他还是比其他人优秀得多。

其他人听了之后，都说："原来如此！"

由此可见，纪长谷雄确实是才学过人，但还是略逊于（三善）清行宰相。

从这个故事中可以看出，三善清行是当时首屈一指的鸿儒，不仅自视甚高，而且颇有才名。正是由于这份自信，所以他才会肆意评议，不管是之前对菅原道真急流勇退的劝谏，还是向醍醐天皇进献的《意见封事》，都是自信满满，毫无顾忌。然而，他的一腔热情没能付诸实施，也是当时的政治形势使然。

三、敕撰集之始及纪贯之之序

前面说到醍醐天皇励精图治，也涉及文化领域。延喜初年，醍醐天皇便下令御书所预[①]纪贯之等人，挑选从古至今的优秀和歌并集结成集。于是，四位领命官员便日日埋首于大内承香殿东面的曹司，精挑细选，终于在延喜五年（905年）四月十八日完成，将其进献给醍醐天皇。这便是敕撰二十一代集[②]之首——《古今和歌集》。

这本诗集原名《续万叶集》。醍醐天皇阅览后更名为《古今和歌集》。纪贯之为《古今和歌集》所作的序文，被世人称为"假名序"，用的是日本国

[①] 御书所预，御书所，宫中保管及编撰书籍的地方。预，御书所的次官。
[②] 敕撰二十一代集，敕撰，奉天皇御旨进行编撰。二十一代集，从《古今和歌集》（延喜五年，即905年）到《新续古今和歌集》（永享十一年，即1439年）五百三十四年间二十一部敕撰和歌集的总称。

纪贯之

的"国文体"。在此之前,日本国内流行汉学,记录、文书等全都模仿汉文,逐渐形成了一种汉文体。而纪贯之却抛开这种汉文体,使用当时的口语体进行写作,形成了最初的"国文体",是日文文体的一大革新。

当时另有纪淑望撰写了汉文体的序,世人称之为"真名序"。有人说是纪淑望将纪贯之的假名序译成了汉文,也有人说是纪贯之将纪淑望的真名序译成了假名文。这两种说法自古以来就争论不休,尚无定论。

最初进献给醍醐天皇的奏览本中是没有真名序的,嘉禄本中也没有。但在这之前的贞应本中,真名序被写在稿纸背面。宗祇[①]法师在《古今相传书》中说:"真名序为本派所不传。"而这位纪淑望,是纪长谷雄的儿子,也是同时代的人。两篇序文虽然文体不同,但内容却一样,所以应该是同时完成的。现将两种文体的序文部分摘录如下,以供读者对比研究。

[①] 宗祇(1421—1502),室町时代连歌师,"古今传授"的传人。"古今传授",师徒秘传的对《古今和歌集》的解释。

宗祇法师

　　やまと歌は、人の心を種として、萬の言の葉とぞなれりける。世の中にある人、ことわざしげきものなれば、心におもふ事を、見るもの聞くものにつけて、いひいだせるなり。（假名序）
　　夫和歌者，托其根于心地，发其花于词林者也。人之在世，不能无为，思虑易迁，哀乐相变。感生于志，咏形于言。（真名序）
　　力をもいれずして、天地を動かし、目に見えぬ鬼神をもあは

れとおもはせ、をとこおみなのなかをもやはらげ、たけきもののふの心をもなぐさむるは歌なり。（中略）

是以逸者其声乐，怨者其吟悲。可以述怀，可以发愤。动天地，感鬼神，化人伦，和夫妇，莫宜于和歌。（中略）

いにしへの世々のみかど、春の花のあした、秋の月の夜毎に、侍らふ人々を召して、事につけつつ歌を奉らしめ給ふ。あるは花をそふとて、たよりなきところに迷ひ、あるは月を思ふとて、しるべき闇にたどれる。心々を見たまひて、さかし、おろかなりと、しろしめしけむ。しかあるのみならず、さざれ石にたとへ、筑波山にかけて君をねがひ、よろこび身に過ぎ、たのしみ心にあまり、富士の煙によそへて、人をこひ、松虫の音に友をしのぶ。（下略）

古之天子，每良辰美景，诏侍臣预莚者献和歌。君臣之情，由斯可见，贤愚之性，于是相分。所以随民之欲，择士之才也。（中略）及彼时变浇漓，人贵奢淫，浮词云起，艳流泉涌，其实皆落，其花孤荣。至有好色之家，以此为花鸟之使，乞食之客，以此为活计之谋。故半为妇人之右，难进丈夫之前。（后略）

当时的和歌传情，多半流于男女爱恋这一点。纪贯之在《假名序》中，虽然并不否认，但用词婉转，表达柔和。而纪淑望在《真名序》中，则用露骨而愤慨的语气道破时弊，毫不留情，果然是继承了纪长谷雄的家学风气。然而，这不太适合这本诗集，所以才没有被载入奏览本之中吧！因为该诗集的第十一卷到第十五卷，收录的都是恋歌。

关于醍醐天皇下令编纂这本诗集的目的，序文中说：

（大意）自《万叶集》以来，已有百年，对于古人之事，古人之歌，当世之人，多已不知。为了再兴文翰，将今人之词，传于后世，特命大内记纪友则、御书所预纪贯之、甲斐少目凡河内躬恒、右卫门府生壬生忠岑，征集《万叶集》漏选的古歌、各家家集、咏草等，挑选其中秀逸的诗篇，编纂成集。

所以，编者纪友则、纪贯之等人，各有十余首诗歌被选入集，最多的甚至达到二十首。其他《万叶集》以后的天皇、公卿、僧祝、女流等所作诗歌，也各有收录。《万叶集》中的诗歌，也有几首被选了进去，应该是特别优美的缘故。最后，按照春夏秋冬、恋、贺、离别、哀伤等主题，编成二十卷，共一千一百一十一首。所以，序文中说的"歌道废弛"并不是真的"废弛"，而是指诗歌的风体衰颓，大多流于爱恋之作。

凡河内躬恒

壬生忠岑

四、《古今和歌集》与《万叶集》的比较

从整体上来说，《万叶集》收录了从皇室贵族到山野村夫的和歌作品，秉承的是一种"社会的观点"；而《古今和歌集》的视野则略狭隘，秉承的是一种"贵族的世界观"，不仅较少采集下层人民的作品，而且和歌风格也渐渐有了雅俗之别。随着日语语言词汇的丰富，贵族文学与平民文学之间的差异越发显著。不过，反复品读这本诗集，还是能了解到当时的世态风俗。

从收入此集的作品所带"词书"（小序）来看，宽平年间的作品数量最多，可见历代天皇之中，宇多天皇对和歌之道更加倾心。宇多天皇在位期间，和歌的发展更显著。所以后世将纪贯之与柿本人麻吕相提并论，并且认为，日本和歌的体例在《古今和歌集》中得到了固定。

五、当时的作家

除了纪贯之，凡河内躬恒也是和歌的高手。《大和物语》等记载：

延喜年间，醍醐天皇下令编纂古今和歌，以纪贯之为首，壬生忠岑、凡河内躬恒等，都被天皇召集到御书所。

四月二日，还是黄莺低鸣的时节，醍醐天皇觉得黄莺低鸣的声音非常有趣，便把纪贯之召来，命他赋诗一首。纪贯之咏道：

莺啼声婉转，夜静尤动人。不知从前夏，听者是何人。

实在是一首妙诗。

还有一次，醍醐天皇夜宴游乐，将凡河内躬恒召至殿下，出了一道诗题：都说月如弓张，此为何意？请以此为题，赋诗一首。于是，凡河内躬恒答道：

皆言弦月似弯弓，望山边，箭离弦。

醍醐天皇非常满意，于是，赏赐了凡河内躬恒一件长褂。

凡河内躬恒当即按规矩将长褂披在肩上，谢恩道：

白云缘何至双肩？恐乃天风拂面过。

真是绝妙。

像凡河内躬恒这样身份低微的人，居然能近侍天皇，并得到天皇亲自赏赐，却无人异议，这固然是因为天皇的威仪，当然也因为凡河内躬恒诗才卓越。

延长四年（926年），醍醐天皇行幸大堰川，出了九个诗题，命纪贯之等六位歌人依题赋诗。纪贯之等人每人每题赋诗一首呈上。唯独凡河内躬恒，除了《鹤立江》一题，其余每题都赋诗两首呈上，被醍醐天皇评为当日魁首。后来，白河天皇向当时的"歌仙"藤原基俊询问纪贯之与凡河内躬恒的优劣对比，藤原基俊回答："纪贯之难居凡河内躬恒之上。"

关于壬生忠岑，后世后鸟羽天皇时期，后鸟羽天皇询问当时的"歌仙"藤原定家及藤原家隆："《古今和歌集》中最优秀的和歌是哪首？"

两人都回答："壬生忠岑的'晨曦有明月，徒留空中迎朝晓，伊人甚无情，相别不予再相会，以故忧莫胜晓许'应为第一。"

藤原基俊

不过，壬生忠岑在《和歌十体》中称纪贯之为"先师土州刺史"（指土佐守），可见他应该是纪贯之的门人。

此外，六人中的纪友则，在诗集完成之前，同年，即延喜七年（907年）二月去世，去世时六十岁，诗集还没完成。纪贯之作了一首悼念之辞：

> 时至明日者，孰知我身将何如，然在生暮间，今日悲汝撒手去，无暇顾念此余事。

这首悼念之辞被收入《古今和歌集》的"哀伤部"中。

另外，当时的女诗人中，也有伊势御息所①之类杰出的歌者。伊势御息所多才多艺，尤其擅长和歌，《今昔物语集》等记载了这样一则故事：

  醍醐天皇时，有一次，皇子的着袴②仪式需要准备一扇屏风。于是，醍醐天皇命各位歌者根据屏风中的图画作诗，然后由小野道风③写到屏风上。然而，屏风"春之帖"中有一幅图，画的是一辆贵族女子乘坐的牛车行走在樱花盛开的山路上。可能是向歌者展示时漏掉了这幅画，所以小野道风写着写着就发现：这幅画没有相应的和歌可用。

  醍醐天皇知道后说："这可如何是好？谁能在今天之内献上一首和歌呢？这么有情致的图画，却没有合适的和歌，真是太可惜了！"醍醐天皇思索片刻，便将少将藤原伊衡召入殿内，吩咐道："你赶紧去伊势御息所府中替我传旨，请她按此图意境，作和歌一首。"（中略）

  这位伊势御息所颇富才情，曾得到宇多天皇的宠幸，成为御息所。她不仅品貌优雅，在和歌上，也毫不逊色于当时的才子凡河内躬恒、纪贯之等人。然而，宇多天皇出家以后就引遁山林，潜心修行，所以这位伊势御息所只能独居家中，寂寥度日。（中略）

  藤原伊衡奉命来到伊势御息所五条附近的家中。（中略）当时正是三月，庭院中樱花盛开，寝殿南边卷着布边的竹帘已有一些破败，反倒显得古趣盎然。

  藤原伊衡站在中门侧面的廊下，让自己的随从进去通报："天皇使者藤原伊衡前来拜访！"（中略）

---

① 伊势御息所，平安中期女歌人，三十六歌仙之一，伊势守藤原继荫之女，曾受到宇多天皇的宠爱。御息所，指的是天皇、皇太子、亲王等的配偶，也指侍寝过的宫女，或者生下皇子、皇女的女御、更衣等。
② 着袴，古代皇子或贵族子弟三岁（或五岁）第一次穿着正装的仪式。是为了庆祝从婴儿成长为幼儿。
③ 小野道风，小野篁的孙子，有名的书法家。

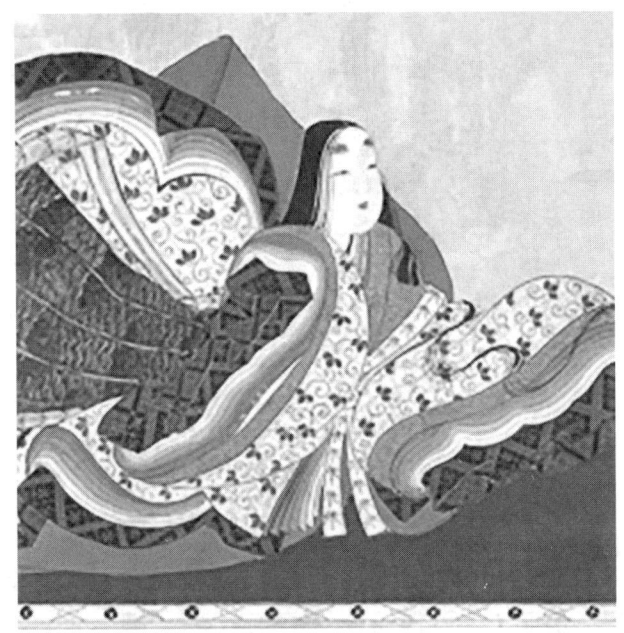

伊势御息所

藤原伊衡靠近竹帘禀报道："皇子的着袴仪式，需要一扇屏风。天皇命歌者赋诗，写在屏风之上。然而，漏了一幅图，没有出示给歌者，所以这一幅图还没有适合的和歌。原本应该让凡河内躬恒、纪贯之等人来作歌，但这些人今日正好不在，天皇无人可召，而屏风又必须今日完成，所以天皇才命我前来。"

伊势御息所闻言大惊："这怎么可能？即便是让我提前准备，我也作不出凡河内躬恒和纪贯之那样的作品，何况是临时受命？一时之间，我也想不到该写什么好。"（中略）

过了很久，一位女子从帘中走出来，手上拿着一卷写着和歌的紫色稿纸，用同样颜色的薄纸包了起来。（中略）

而醍醐天皇这边，一直焦急地等待着："怎么还没回来？怎么还没回来？"不停地派人去看。（中略）

藤原伊衡回报："我回来了！"

醍醐天皇说："快！快！"小野道风也润好了笔，等候在御前。

藤原伊衡将伊势御息所的书卷呈给醍醐天皇。醍醐天皇打开书卷，只见纸上文书字迹清秀，竟不输小野道风的笔法，书卷中写道：

　　樱花尚开否？欲问故乡归来者，可惜或难逢。

　　醍醐天皇看了之后，大为赞叹，然后将其展示给当时殿前侍奉的贵族们看。众人朗诵起来，越发觉得与屏风中的画相得益彰。朗诵数次之后，小野道风才将这首和歌写在屏风之上。

　　这位伊势御息所，果然是一位极富才情的歌者。

　　可见当时的女性歌者中，也是人才辈出。

六、纪贯之的散文与国文

　　纪贯之在撰写了《古今和歌集》序文之后，又在延长四年（926年）用假名文创作了《大堰川行幸和歌序》。这是纪贯之第二次用假名文体写作。

　　延长八年（930年），纪贯之担任土佐守，至土佐赴任。承平五年（935年）十二月，任满归京。他模仿当时的妇人，用假名文记录旅途中的见闻，并将之命名为《土佐日记》。他在这本日记的卷首写道："世间日记多为男子所写，吾虽为女子①，亦欲一试。"然后写下了日本第一部假名文日记。

　　从此以后，假名文风气大开，给日本的文体带来了一次巨大的革新。之后，《伊势物语》《源氏物语》等名媛所作的假名文作品层出不穷，流传至今。

　　现在日本的"国文"——假名文，便是以《古今和歌集序》《大堰川行幸和歌序》和《土佐日记》为规范。这也是宇多、醍醐两代天皇的功绩之一。

七、醍醐天皇多才多艺

　　醍醐天皇不仅热爱文学，而且擅长围棋、管弦等。关于醍醐天皇下围棋的故事，《古事谈》等记载：

---

① 在纪贯之创立假名文体之前，日本使用汉文体，日记一般是男性公卿贵族记录的朝堂事宜。此处，纪贯之假托自己是一名女子，使用当时日本的口语体进行文学创作，以假名文体记叙日常见闻。

延喜圣主（醍醐天皇）召棋圣法师（本名宽莲），以御金枕为注，要与棋圣一决高下。然而，胜负久久未决，后来，棋圣终于获胜。棋圣拜领御金枕后出宫。醍醐天皇命藏人想将棋圣召回。棋圣回答："贫僧素有建一佛堂的愿望，今日有幸获此赏赐，定要完成夙愿。如若此时返回，金枕说不定会被收回。"还是坚持出宫了。

第二天，棋圣就将金枕拿去换钱建寺，所建之寺就是现在的仁和寺以北的弥勒堂。

还有一次，一条摄政（藤原忠平）还是藏人头的时候，奉命与醍醐天皇对弈，并以玉带作为赌注，结果他越输越多，于是，咏了一首和歌：

意仿潮头浪，退去复又起。奈何滩偏浅，白砂积愈多。

除此之外，醍醐天皇还十分喜爱放鹰等活动。《大镜》中记载：

醍醐天皇在政事上十分看重源公忠，同时，对于源公忠喜爱放鹰这一点，也十分宽容。

源公忠酷爱放鹰。（中略）每天忙完政事，就会骑马去中山猎场狩猎。太政官厅中辨官房间的墙壁上，恐怕现在都还留着这位大人饲养的苍鹰的粪便呢！（中略）

于是，有人上奏醍醐天皇："源公忠这种几乎专职放鹰的人，居然也能上殿议事，实在是不成体统啊！"

醍醐天皇回答道："如果沉湎放鹰，导致政事出现疏漏，自然是罪不可恕。但源公忠勤于政务，从无疏漏，其余的时间，他爱做什么，不都是他的自由么？"

从中也能看到醍醐天皇明理厚德的一面。

源公忠

第7节 重置摄政与"将门、纯友之乱"

一、醍醐天皇退位

《日本纪略》延长八年（930年）六月二十六日"清凉殿落雷"一条（全文在本书第六章第四节）后面，接着就说"自是天皇不豫"。到了延长八年（930年）七月，记载：

> 延长八年（930年）七月二日甲子，（醍醐）天皇避清凉殿，移御常宁殿。依去月雷震之事也。

> 延长八年（930年）七月十五日，皇上（醍醐天皇）御咳病发给。

延长八年（930年）七月二十一日，请天台阿阇梨五人于常宁殿，调备五坛法。

可见醍醐天皇患病，应该是延长八年（930年）七月十五日之后的事情。

（大意）延长八年（930年）八月十九日，为了替醍醐天皇祈福祛病，赐度僧人一千人。

延长八年（930年）八月二十九日，右大臣藤原定方于比叡山读《金刚般若经》一百卷，祈求圣体安康。

到了延长八年（930年）九月，醍醐天皇退位。《日本纪略》记载：

延长八年（930年）九月二十二日壬午，（醍醐）天皇逃位，让于皇太子宽明亲王（朱雀天皇）。诏曰："左大臣藤原朝臣（藤原忠平）保辅幼主，摄行政事。"内侍执剑玺，参宣耀殿（皇太子御殿）。先帝（醍醐天皇）御春秋四十六。今上八。

延长八年（930年）九月二十六日丙戌，新皇（朱雀天皇）拜觐先帝（醍醐天皇）御所。

延长八年（930年）九月二十七日丁亥，先帝（醍醐天皇）欲迁座朱雀院之间，御病甚重。移坐右近卫府大将曹司。

延长八年（930年）九月二十八日戊子，今日，依太上皇（醍醐天皇）不豫，大赦天下。（中略）未一刻，太上皇（醍醐天皇）崩给。或云，落御发，尊意（天台座主）为戒师。（中略）天下谅阴，法名宝金刚。

延长八年（930年）十月十日庚子，奉葬大行皇帝（醍醐天皇）于山城国宇治郡山科陵，醍醐寺北，笠取山西，小野寺下（因此谥号醍醐天皇）。依遗诏，从俭约。

二、朱雀天皇

《日本纪略》记载：

朱雀院（朱雀天皇），讳宽明，醍醐天皇第十一子也。母皇后藤原稳子，太政大臣昭宣公（藤原基经）之女也。（朱雀）天皇延长元年（923年）七月二十四日丙寅，晓，生于右大臣藤原朝臣（忠平）五条第。

延长元年（923年）十一月十八日戊午，为亲王。

延长三年（925年）十月二十一日庚辰，为皇太子。年三。

延长八年（930年）十一月二十一日壬午，（朱雀）天皇即位于大极殿。

（《扶桑略记》记载，醍醐天皇曾留下遗戒。但前人对此存疑，故不予采信。）

《天祚礼祀职掌录》记载：

奉行：官方：左中辨纪淑光
藏人方：藏人头右中将藤原实赖朝臣
内辨：右大臣右近卫大将藤原朝臣（定方公）
外辨：三品贞真亲王
中纳言右卫门督藤原恒佐卿
参议弹正大弼橘公赖朝臣
治部卿藤原当干朝臣
右大辨平时望朝臣
左侍从：四品元平亲王
右京大夫从四位下源庶明
少纳言从五位上良岑远视

朱雀天皇（坐于正位者）

右侍从：四品元长亲王

前摄津守从四位下藤原忠文

少纳言代右马助藤原近光

典仪：少纳言从五位下源兴平

大将代：（名缺）

褰帐：左：研子女王（故兵部兼明亲王女）

右：明子女王（兵部元良亲王女）

《大镜》记载：

> 朱雀天皇，（中略）御母，皇太后宫（藤原）稳子，太政大臣藤原基经第四女。（中略）
>
> 朱雀天皇于承平七年（937年）正月四日元服，时年十五岁。（中略）
>
> 然而，这位天皇从出生到三岁，一直被藏在房间里，没有出过门。房间里连窗户也不打开，昼夜都是用烛火照明，这是因为害怕北野神（菅原道真的怨灵）的报复。
>
> 这位天皇出生的时机刚刚好，如果他没有出生，那么藤原氏也不会有这么繁荣。

朱雀天皇出生于延长元年（923年）。那一年，皇太子保明亲王薨逝，皇孙庆赖王被立为皇太子，这一方面是为了保持嫡传血统，另一方面也是因为女御藤原稳子还没有产下别的皇子。朱雀天皇出生之后，延长三年（925年），皇太子庆赖王薨逝。朱雀天皇被立为皇太子。《大镜》记载：

> 母后（藤原稳子），延喜三年（903年）癸亥，生前太子（保明亲王），时年十九岁。延喜二十年（920年），被封为女御，时年三十六岁。延喜二十三年（即延长元年，923年）癸未，生朱雀帝，同年闰四月二十五日，被封为皇后，时年三十九岁。（中略）四十二岁生村上天皇。
>
> 藤原稳子立后当天，大家怕不吉利，没有人敢在宫中提起已经去世的前太子。只有保明亲王的乳母之女，曾经受过保明亲王宠爱的大辅君作了一首和歌：
>
> 心欲远伤情，不意泪满襟。

当年，保明亲王的七七法事作完，众人退出山中寺院那天，这位大辅君也作过一首和歌：

前尘俱与断，或别出深山。莺啼声声泪，明日泣何方。

对于藤原稳子而言，就在保明亲王离世而去，倍觉伤感的那一年，朱雀院（朱雀天皇）却降临人间，而自己也因此被立为皇后，各种哀伤与喜悦的心情夹杂在一起，真是一言难尽啊！后来世人将藤原稳子称为"大后"。

三、重置摄政及藤原忠平

醍醐天皇在位期间，没有设摄政、关白，但他病重退位时，新帝（朱雀天皇）才八岁，于是，他任命藤原忠平为摄政。醍醐天皇驾崩的第二年，宇多法皇也驾崩了。因此，天下政事全都掌握在藤原忠平一人手中。从此，藤原家族进入全盛时期，也开启了后世藤原家族横行天下的局面。

《古事谈》记载：

延喜年间，有善相之人进宫面圣，相士听到帘后醍醐天皇的声音，说："此人为国主，其声正合国体。"

之后，醍醐天皇让相士为皇太子保明亲王、左大臣藤原时平、右大臣菅原道真相面，相士答道："太子容貌艳于国体，左大臣思虑重于国体，右大臣才华超于国体，均与此国不相合，恐不得长久。"

当时藤原忠平还未发迹，位列末席。相士远远望见他，说："那边那个人，才能、心性、容貌皆与国体相适，能够长久奉公。"

宇多法皇听闻此事后说："那三个人暂且不说，关于藤原忠平，我的看法和相士一样。"于是，不仅将藤原忠平升为大辨参议，还将第一皇女均子内亲王嫁给他，并让他们在朱雀院西边举行了婚礼。

《大镜》也记载：

藤原基经将高丽相士召到府中，请他为三个儿子看相。

相士说："（藤原）时平容貌端正，聪慧过人，有定大国之才，却不适于本国。（藤原）仲平品性纯良，诚恳正直，亦不适小国。"

相士看到藤原忠平时，叹道："定国安邦、继承家业并发扬光大，唯赖此子也！"

这两则故事的内容大同小异，尽管相士的话语不足为信，但故事的传播还是为藤原忠平在朝野上下获得了更多支持。

《大镜》还记载：

不记得是哪个朝代了，（中略）藤原忠平奉旨办事，前往官厅途中，经过南殿（紫宸殿）寝宫后面时，突然感觉周围空气有些异样，自己的刀鞘似乎也被什么东西抓住。藤原忠平觉得奇怪，伸手一摸，发现是一只毛乎乎的爪子抓着自己的刀鞘。藤原忠平心下暗道："不好，是鬼！"马上转念一想，千万不能在鬼面前露出怯色，于是，大声喝道："本官奉旨办事，何物阻挡？若不速速放手，休怪本官无情！"随即拔出大刀，捉住那只毛手。鬼赶紧松开手，慌慌张张朝东北方向逃去。

这种鬼怪的故事，在现代人看来或许有些可笑。不过，当时的贵胄公子多半柔弱娇气，如同女子一般。藤原忠平这样的举动，无疑是其中的英雄豪杰了。

《大镜》还记载：

仁明天皇时期，（中略）（仁明）天皇行幸芹川，昭宣公藤原基经作为侍童在旁侍奉。仁明天皇准备弹琴。弹这种琴的时候，需要在手指上套上特制的指甲。（中略）但仁明天皇带来的指甲途中弄丢了，一时间也没法重新制作。（中略）于是，仁明天皇命年幼的藤原基经返回寻找。藤原基经骑上马，原路返回，寻找指甲。（中略）

藤原基经发下誓愿："请佛祖保佑我找到指甲，小人将来定会在寻到指甲之处，建立寺庙，以谢佛祖恩德。"就这样，藤原基经如愿找到了指甲，就在极乐寺所在的位置。

后来，藤原基经身居高位，终于开始建造寺庙。他驱车前往视察寺庙建造情况时，还带上了儿子藤原忠平，当时贞信公藤原忠平还是一个小孩。

二人经过现在的法性寺时，藤原忠平突然说道："父亲大人，此地建寺甚好！请在此建寺吧！"

藤原基经闻言颇觉诧异："这个孩子看到了什么？为什么会这么说？"于是，下车查看，发现这块地确实很适合建造寺庙。（中略）

于是，藤原基经对孩子说："这块地确实很适合建造寺庙，将来你就在此建寺吧！为父也是因为当年那件事（找琴指甲之事），才会去建那座寺庙。"（中略）

后来藤原忠平修建的寺庙，就是法性寺。

从这个故事能够看出，藤原忠平从小就不同凡响。他后来成为摄政，也与其他人不同。因为当时既没有上皇，朱雀天皇也年纪尚幼，所以藤原忠平承平六年（936年）就升任太政大臣，后来成为准三宫，继承了藤原基经以来的基业。

四、京畿与南海之乱

由于朱雀天皇年幼，又没有太上天皇，朝中大事全部由藤原忠平一个人掌管，所以国内难免出现了一些以下犯上的事情。

当时京中盗贼横行，承平二年（932年）正月二十日，左大史坂上经行在皇嘉门前遭遇强盗，被剥了衣裳，只剩下一件单衣逃了回去。于是，朝廷命令左右卫门、兵卫、马寮，每晚在京中巡逻。然而，承平二年（932年）正月二十三日夜晚，近卫卫士大泽有春与近卫卫士小槻滋连，在阳明门内争斗。大泽有春身负重伤，可见他平时若是抓捕盗贼，恐怕也难以立功。连京师都如此治安混乱，更不要说边陲远国了。

因此，伊予大掾藤原纯友任满之后，却没有如期归京，而是占据伊予国日振岛，成为海盗头领，在沿海地区劫掠百姓。

于是，承平四年（934年）五月，朝廷派奉币使前往山阳、南海二道，向诸神祈祷平定海盗，并派遣兵库允在原相安前往追捕，却无功而返。

承平六年（936年）三月，朱雀天皇召小栗栖的泰舜法师于丰乐院修大元帅法。后又在治部省修大元帅法，都是祈求平定海贼。同时，朝廷还任命从四位下纪淑人为伊予守（《扶桑略纪》记载为伊予大掾），追捕海贼。

纪淑人就任之后，海贼倾慕他的宽仁，小野氏彦、纪秋茂、津时成等三十余人，束手归降，并呈上二千五百人名簿。纪淑人赏赐他们衣食田地，作为招抚。

五、将门之乱

由于各地动乱，承平八年（938年），改年号为天庆。天庆二年（939年），出羽国驿使多次来报：俘囚叛乱。之后常陆国也奏报：平将门与兴世王等，相互勾结，劫掠百姓财物。信浓国也奏报：下总国丰田郡武夫投靠平将门、兴世王等劫掠东国。上野介藤原尚范、下野守藤原弘雅、下野前守大中臣定行等也发来类似急报。

当时，备前介藤原子高（《今昔物语集》中为藤原于高）为了向朝廷奏报藤原纯友劫掠南海、山阳各国的状况，举家返京的途中，被藤原纯友围困，虽然竭力迎战，然而，终究寡不敌众，藤原子高长子战死，藤原子高被俘。播磨介岛田惟干也被盗贼所俘。

当时京中的贵族，过惯了太平安稳的日子，只知游宴玩乐，突然听到东西两面同时发生叛乱的消息，惊愕万分。于是，接到奏报当天，朱雀天皇就将

藤原纯友

兵符发往信浓国，下令征集军士，命其严守国境，并命东山、东海各国，各守要害。天庆二年（939年）十二月二十九日，武藏守百济贞连等逃回京城，朱雀天皇马上召见他们询问东国的情况。

六、叛乱的经过

关于这次叛乱，许多书籍都记载：

> 平将门与藤原纯友相偕登上比叡山。平将门遥望皇宫，野心勃发，道："我乃皇孙，应为天子。卿自藤家，当为关白！"于是，相约起兵谋反，东西呼应。

不过，这种说法十分可疑。因为平将门起兵叛乱，妄图倾覆朝政，原本就是一件痴人说梦的事情，他本人虽然有皇室血统，但毫无威望，不过就是东国的一介武夫。如此口出妄言，藤原纯友就算再愚笨，也不可能信以为真。想必只是因为当时东西两边同时起兵，过于凑巧，后人才编造了这样的故事。

所以，撇开这些"传说"的部分，《将门记》（收录于《群书类丛》）《今昔物语集》等叙述该事件如下：

桓武天皇皇孙高望王，生有六子①，后成为常陆、上总、下总等

平将门

---

① 平将门的出身及经历相关的确凿史料较少，后人附会的传说、演义居多，所以关于高望王子孙的说法也多有出入，比如有考证说不止六子，名气较大的六子排序也不一致，此处仅根据本著作原文进行翻译。

国显贵。即长子平良望，后改名为平国香，任常陆大掾。后来坂东平氏中的大掾氏，就是他的后代。次子平良将，为镇守府将军，也就是平将门的父亲。三子平良兼，任下总介。四子平良广，任镇守府将军。接下来就是村冈五郎平良文，最后是有子六郎平良持。

平将门自弱冠之年，就上京从仕，跟随在藤原忠平身边，希望借助藤原忠平的扶持，升任检非违使。然而，他的愿望没有实现，只担任了宫中警卫，便悻悻返回了家乡。回乡之后，平将门因故与前常陆掾源护之子源扶起了冲突。源护便向姻亲平良正等人求援。平良正虽为平将门同族，但因为此事，与平将门起了冲突。此外，平将门还曾因为庄园领地的问题与叔父平良兼发生争执，又因为一个女人与伯父平国香结下仇怨。

于是，平将门大怒，与其他平氏大战了一场。最开始，他打了败仗，但很快又卷土重来，居然大获全胜，将源护等人赶到了外地。源护将平将门之乱上奏朝廷，朝廷命平将门与源扶进京对质。平将门在命令还没送达之前，就主动上京申诉。朝廷以平将门"私斗"为由，免除了他的官职，并责令返乡。

当时，平国香的儿子平贞盛正好在京都任职，日常也能出入王公大臣的府邸。所以平将门认定，是平国香父子故意进谗，目的是夺取自己名下的庄园。于是，平将门一心等着平贞盛回乡，伺机报仇。

天庆二年（939年）十二月，平将门带领弟弟御厨三郎平将赖、大苇原四郎平将平、五郎平将为、六郎平将武等一族部将，攻入常陆国府，平贞盛得以逃脱。随后，平将门等人占据了平国香的庄园（领地），考虑到平贞盛如果入京禀报朝廷，自己肯定难逃责罚，于是，派人四处搜查平贞盛的下落，却没有找到。

当时，武藏权守兴世王（从四位下村田之子）、武藏介源经基二人，也因国务与武藏国足立郡郡司判官代武藏武芝发生冲突。平将门前往武藏国打算进行调停，谁知武藏武芝的部下趁机突袭源经基。于是，平将门顺势占领了国司府衙。这时候，兴世王劝说平将门："掠一国，与掠坂东，其罪同也。"平将门十分赞同，于是，先后攻入上野、下野，将国司赶走，夺取印鉴。于是，附近各国纷纷将此兵变奏报朝廷。

在此之前，源经基已经前往京城，上奏平将门叛乱之事。朝廷派出右卫门权佐源俊、左卫门尉高阶良臣、勘解由使主典阿苏广远三人作为"东国推问使"前往东国。可三人左右推托，迟迟没有出行，大约是心生畏惧，不敢前往吧。

源经基

后来叛乱越发严重，天庆三年（940年）正月，朝廷解除了三位"东国推问使"的职务，另外任命了东海、东山、山阳三道追捕使，东海道是从四位下藤原忠舒，东山道是从五位下小野维干，山阳道是正五位下小野好古。同时，还派遣使者前往神宫，祈求早日平定东国。

《太神宫诸杂事记》中记载：

天庆三年（940年）二月九日，被进于二所太神宫种种宝物等，是东贼平将门、西贼藤原纯友，可被追讨之由。依祈愿也，使参议从三位大中臣祭主赖基（即大中臣赖基）也。

指的就是这件事。

同年，即天庆三年（940年）二月十一日，朝廷向东海、东山各国，下发了如下公文：

太政官符
东海、东山诸国司应拔有殊功辈加不次赏事。
右平将门，积恶弥长，宿暴暗成，猥招乌合之众，只宗狼戾之事，窘国宰而夺印玺，领县邑而事抄掠。轻狭之党，愚蠢之徒，或欲免一朝之辱，自赴劝诱之属，或拟延片刻之命，多入劫掠之中。（平）将门不顾微分，还忘朝宪，遂恣逆乱之意，更挟窥觎之谋，纵有带甲之千万，何犯画象之化？纵有骁勇之数百，何越纤带之城？独知井底之广，空忘海外之守。开辟以来，本朝之间，叛逆之甚，未有此比。适怀异心之志，空愚殄灭之诛，皇天自可施天诛，神明何有秘神兵。抑一天之下，宁非王土，九州之内，谁非公民。官军黠虏之间，岂无忧国之士乎？田夫野叟之中，岂无忘身之民乎？

> 左大臣宣：奉敕，宜仰国宰，若杀魁帅者，募以朱紫之品，赐以田地之赏，永及子孙，传之不朽。又斩次将者，随其勋功，赐官爵者。诸国承知，依宣行之，普告遐迩，令知此由。符到奉行。
> 天庆三年（940年）正月十一日
> 右少辨正五位下兼内藏头源朝臣相职（即源相职）、员外从五位下左大史尾张宿祢言鉴（即尾张言鉴）奉

然而，在远江、伊豆等国国司签署接收之后，公文使卜部松尾在骏河国境内被叛贼夺取了官符。此外，卜部松尾见到骏河国叛民还破坏了岫崎关，并围困国分寺，抢夺财物，滥杀平民，于是，赶紧写了急报上奏朝廷。

于是，朝廷重新安排参议修理大夫藤原忠文为右卫门督，任征夷大将军。天庆三年（940年）二月八日，朱雀天皇驾临紫宸殿，赐藤原忠文节刀。《古事谈》等记载：

> 当日，藤原忠文还在用餐，听说朝廷下了追讨叛贼的圣旨，赶紧扔下筷子，进宫面圣。受了天皇赐下的节刀后，他没有回府，直接领兵出发。

藤原忠文为征夷大将军，其弟刑部大辅藤原忠舒、从五位下源经基为副将，其他还有右京亮藤原国干、大监物平清基、散位源就国等同行相助。

海贼追捕那边，以太宰大贰小野好古为首，藤原庆幸、大藏春实等为副，率领兵船二百余艘，向伊予国进发。小野好古在出发之前，向命妇清子赠了一首和歌：

> 相知日已久，临别何依依。唯愿此身存，或可再逢君。

天庆三年（940年）正月二十二日，朱雀天皇命净藏贵所（三善清行之子，出家为僧）在比叡山楞严院，修大威德法二十一日，祈求平定叛贼。

藤原忠文

七、平贞盛与藤原秀乡

当时,下野有个叫俵藤太秀乡(即藤原秀乡)的押领使①,是左大臣藤原鱼名的后代、藤原村雄的儿子,延喜十六年(916年),因罪与同族藤原兼有等十八人一起,被处流放。后来得到赦免,得以归乡。当他听说平将门叛乱,劫掠邻国的消息,想去打探一下虚实,就去拜访平将门,发现平将门并没有将帅之才,心中便起了领兵平叛的想法。

---

① 押领使,平安时期设置的镇压各国动乱的官员。

俵藤太秀乡听说平贞盛为报父仇，已经潜入下野国，正在召集兵马，打算讨伐平将门，于是，他迅速与平贞盛会合，在下野、陆奥等地集结了一万九千余兵力。天庆三年（940年）二月一日，俵藤太秀乡与平贞盛宣布起兵，打算次日对平将门的军队发起总攻，前一天晚上就让士兵好好休息。

有人将这个消息告诉了平将门，于是，平将门在各处安置好伏兵，亲自率领两千士兵夜袭平贞盛与俵藤太秀乡大军，先是放火烧营，后又放箭乱射。两位大

俵藤太秀乡

将的部队猝不及防，四下逃散。两位大将虽然坚持防守，但各处伏兵齐发，到底难以抵挡，最终还是败下阵来。平贞盛的妻子，以及源护、源扶的妻子都沦为了俘虏。平将门悯恤她们因俘受辱，不仅赠送她们衣物，还附上和歌一首：

一朝花零落，枝离叶纷纷。或乘晚风便，犹可觅芳踪。

并将她们放了回去。

平将门首战告捷，大破敌军，于是，乘胜想要攻入下总国要害之地。而他的部将被胜利冲昏了头脑，特别是先锋多治经明、藤原玄茂等，大意轻敌，没做任何防备。平贞盛和俵藤太秀乡探听到这个消息，暗中集结兵力，轻松攻破了多治经明、藤原玄茂等的部队，接下来就是与平将门对决。

平将门的弟弟平将平、平将赖等人，虽然能征善战，但带领着一些残兵败将，最终还是不敌。于是，平将门趁着夜色，带领七百余骑遁入下总，占据了岛广山要害之地。

天庆三年（940年）二月十三日，平贞盛与俵藤太秀乡进入下总，包围岛广山。平贞盛亲手在要害的风口上放火，烧毁平将门和他手下部将的房屋。平将门见状，亲自出阵迎敌。当时，朝廷的追讨大将藤原忠文、副将藤原忠舒、源经基等率领数万大军，已经抵达骏河国。平将门的部众闻讯后，纷纷四处逃散，或者投降，兵力只剩下不足千人。所以平将门只得亲自上阵杀敌。他的箭百发百中，其他人难以靠近。

平将门乘势杀入敌阵之中。俵藤太秀乡的部将太田资方等百余人挺身相迎。眼见平将门形势危急，其弟平将平、平将武等五十余人赶来支援。于是，平贞盛带领五百余人从侧面拦截。俵藤太秀乡则带领三百余人守住敌方退路。

这时，平贞盛一箭射穿了平将门的左眼。平将门尽管勇猛彪悍，也登时从马背上翻落下来。俵藤太秀乡迅速赶过去，一刀斩下了平将门的头颅。其余的贼兵见状，顿时溃不成军，四下逃窜，当场被射杀的就多达一百九十七人。平将门的弟弟平将赖及藤原玄茂在相模国被杀，兴世王在上总国被杀，阪上玄

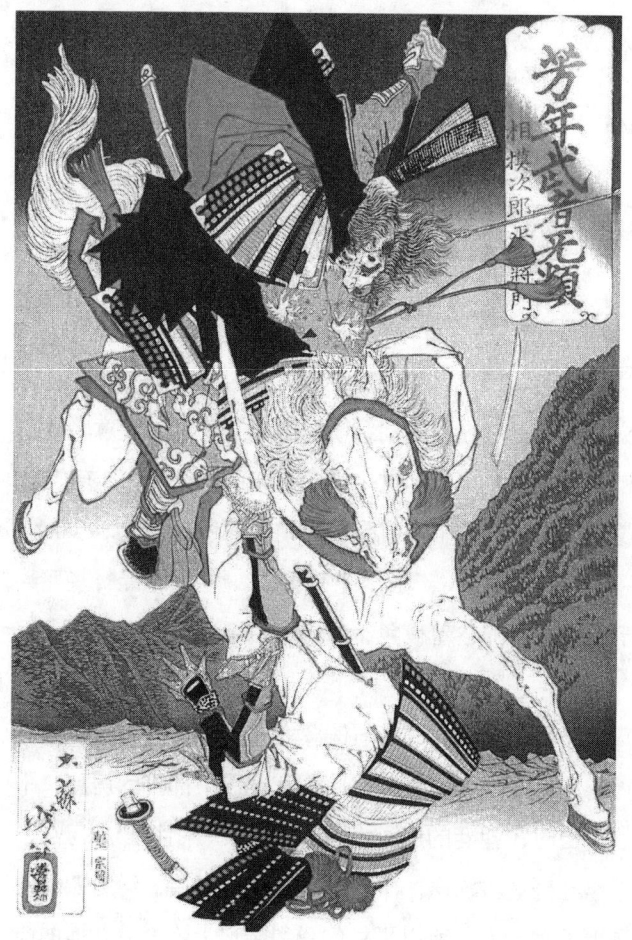

战斗中的平将门

明在常陆国被杀，其他人也各自伏诛，于是，东国之乱就此平息。这一天，《今昔物语集》等记载为二月十四日。《日本纪略》二月二十五日条记载：

> 今日，信浓国驰驿来奏云："凶贼平将门，今月十三日，于下总国幸岛（猿岛）合战之间，为下野陆奥军士平贞盛、藤原秀乡等被讨杀之由。"

所以，正确的日期应该是二月十三日。

《日本纪略》还记载：

> 天庆三年（940年）三月五日辛未，藤原秀乡飞驿言上杀害平将门之由。
> 天庆三年（940年）三月九日乙亥，以下野掾藤原秀乡，叙从四位下。以常陆掾平贞盛，叙从五位下。依讨平将门之功也。
> 天庆三年（940年）三月十八日甲申，征东大将军解状云："兴世王为藤原公雅所杀。"
> 天庆三年（940年）四月二十五日，藤原秀乡差使（献上）平将门首。

东国平定的战报，用的是藤原秀乡的名义，且藤原秀乡的册封在平贞盛之上，可见此战首功，在于藤原秀乡。而且平将门的首级也是由藤原秀乡的使者献上，所以一些书籍中"藤原秀乡射中平将门，首级为平贞盛所取"的记载，应该有误。

东国之乱因此得以平定。天庆三年（940年）五月十五日，藤原忠文等悉数归京，返还节刀。

八、藤原纯友伏诛

由于南海的海贼尚未平定，同年，即天庆三年（940年）八月二十二日，朝廷命近江国征集士兵百人，派往阿波国。

天庆三年（940年）八月二十六日，赞岐国驿使传来急报。

同日，即天庆三年（940年）八月二十六日，阿波国传来国境被海贼劫掠、备后国的船被海贼烧毁的急报。

天庆三年（940年）八月二十七日，朝廷下令各国征兵，又命各神社进行海贼平定的祈祷，并确定了各国警固使。

次日，即天庆三年（940年）八月二十八日，朝廷向伊势神宫等派遣奉币使，并向石清水八幡宫进献封户二十五家，作为海贼平定祈祷之费。

当时，藤原纯友在四国沿海一带出没。阿波介藤原国风与之对战，却兵败逃往淡路。藤原纯友攻入阿波国府，劫掠财物，之后又转战附近各国府，大肆劫掠，甚至波及安艺、周防等国。藤原纯友打败追捕使在原相安等，攻占并劫掠了周防国铸钱司。

于是，朝廷加派源经基为追捕次官前往支援。源经基与追捕使小野好古兵分两路，各自带领二百余艘兵船，前往伊予。在此之前，藤原国风已经抵达赞岐，等待官兵到达。

听到平叛大军抵达的消息，藤原纯友方一个叫藤原恒利的人，害怕兵败问罪，于是悄悄来到藤原国风帐前投降，并将贼众的名单、据点等和盘托出。藤原国风以此为向导，突袭贼巢，大获全胜。

于是，贼军转入太宰府，到处放火，劫掠财物。朝廷听到这个消息后，封藤原忠文为征西大将军，派往西国，当时是天庆四年（941年）五月。

当时，因为藤原纯友已经逃往九州，所以追捕使小野好古走陆路，判官藤原庆幸、主典大藏春实走水路，兵分两路向太宰府进发，并在筑前博多港与海贼相遇，大战一场，终于攻破了贼军。

藤原纯友集合败兵，乘船出逃。官兵紧随不放，短兵相接，放火烧船。贼军大败，死伤无数，其余的纷纷逃走或者投降，只剩下藤原纯友父子带领少量亲兵，乘坐小船，逃往伊予。伊予国警固使橘远保探听到这个消息，马上带兵前往拦截，斩杀了藤原纯友及其子藤原重太丸，并将这二人首级送往京城。

天庆四年（941年）七月七日，藤原纯友父子的首级被送至京城，放置于右近马场，由使者将此事上奏朝廷。当时，京中男女老少纷纷前来围观，一时间附近道路被围得水泄不通。

次日，即天庆四年（941年）七月八日，朝廷派画工左卫门府生扫部在上，描摹此二人的首级，供朱雀天皇御览。画完之后，按照平将门的先例，由检非违使左卫门府生若江善邦将二人首级悬挂在左狱门上。

九、论功行赏与谢神还愿

小野好古

天庆四年（941年）八月七日，追捕使小野好古等归京，由于山阳、南海各国均已平定，所以军中上下，一律论功行赏，唯独藤原忠文虽然领命出兵，却未曾参战，所以没有封赏。

朝中大臣纷纷议论，觉得此事不应如此，应该将藤原忠文也加入封赏名单之中。但参议藤原实赖（藤原忠平长子）却不肯答应。大约是在藤原忠平的授意之下，藤原实赖之弟藤原师辅为之抗辩道："藤原忠文奉命出征，虽然他还没到战场，战争就已经胜利，但他没有功劳也有苦劳，应该听从百官意见，一并封赏。"然而，藤原实赖依然固执己见，不肯退让，最后此事不了了之。

天庆四年（941年）十二月，由于天下安宁、海内清平，朝廷赐神祇官诸神、左右京职、宫内省等各有升阶，并大赦天下。

藤原师辅

天庆五年（942年）四月，朝廷派奉币使前往伊势神宫等谢神还愿，并赐祢宜①加爵一级。《太神宫诸杂事记》记载：

> 二所宫祢宜赐各一阶，是则依（平）将门追讨之御祈祷也。又七道诸国神社，奉赠神阶。

此外，朝廷还派奉币使前往宇佐神宫、香椎庙、石清水八幡宫等，为东西贼徒的平定还愿。特别是石清水八幡宫，还举行了临时祭。《江家次第》记载：

> 八幡临时祭，平将门乱逆之报赛②也。

---

① 祢宜，神宫、官币神社、国币神社中遵照官司命令进行祭祀的神官。
② 报赛，还愿酬神。

《古事谈》记载：

> 天庆五年（942年）四月二十七日，八幡临时祭举行。其时，以播磨守高元朝臣为使，舞者歌者各十人。纪贯之赋诗一首：
> 青松岁岁老，苍苔年年新。八幡石清水，岁远势益兴。
> 又次月（天庆五年即942年五月）二十九日，（朱雀）天皇行幸贺茂社，进献神宝、币帛、走马等，以为贼徒平定之报赛。且祢宜等，各赐加爵一级。
> 天庆五年（942年）六月二十一日，祇园社举行赛马与东舞[①]等祭祀庆典。

从以上记录可以看出，当时朝野上下对此事的重视，以及这件事对朝廷的巨大影响。

十、"将门、纯友之乱"的概括

简单概括一下上述"将门、纯友之乱"。"将门之乱"最初是源于平将门与叔父平良兼、源护等的领地之争。当时有个陋习，就是家中男子死亡，孤儿寡母继承家业时，会遭受族中有势力者的抢夺强占，这样的事时有发生，稀松平常，一直到南北朝之后，还依然存在。

当时，平将门正逢父丧，在一族之中势单力薄。《今昔物语集》等记载：

> 一天，平贞盛拜访式部卿敦实亲王府邸，途中遇到平将门带领着一大群武士。平贞盛到了敦实亲王府，禀报道："微臣今日来此途中，路遇平将门。微臣观其样态，觉得他将来必然为害家国，想要趁早将他收拾掉。但当时微臣随从不多，对方人多势众，只得放弃，委实可惜。"

---

① 东舞，又名东游，原指东国地区和着民谣跳的民族舞，后来成为一种宗教仪式。

可见平贞盛虽然与平将门出自同族，却早已对平将门的强悍心怀嫌恶，二人不和已久。在这种情况下，平国香也好，平良兼也好，一旦有机会，必然会除之而后快。

平将门察觉到族人的恶意，双方反目。天长日久，因为庄园，或者是女人的事情，引起争端。最后，平将门杀死了伯父平国香，并占据了他的庄园。其实这不过是一族之中的财产纷争，十分寻常。

至于劫掠常陆国府，这在当时其实也是稀松平常。本应专心念佛，普度众生的僧徒，也常常以兵力劫掠国府（可参看上一节三善清行《意见封事》）。所以平将门原本也并没将这种事情当成什么大恶之事。

然而，兴世王的一番话让平将门觉得自己可能死罪难逃，于是，平将门开始自暴自弃，索性将临近各国的国府也劫掠一番。他还在下总国建立伪政权，册立大臣百官，有人说"东百官"[①]就是平将门的创作，但这应该是后世好事之人的杜撰。

平将门当时册封的文武百官，都是和他臭味相投的乌合之众。这些人占领上野、下总、安房等国国府，以国司自称，还拥戴平将门自立，建立伪朝廷，称呼平将门为"新皇"。

《将门记》落款为"承德三年（1099年）正月二十九日于大智房云云"，此书应该是由僧人创作完成的，文中大量使用汉字，却不是汉文体，晦涩难懂。天庆二年（939年）二月十九日处记载：

> 于时有一娼妓云者，吒语道："八幡大菩萨（即八幡神）使，奉授朕位于荫子平将门，其位记左大臣正二位菅原朝臣（道真）灵魂，表者右八幡大菩萨，起八万军奉授朕位，今须以三十二相音乐，早可奉迎之。"爰（平）将门捧顶再拜，况四阵举而立欢，数千并伏拜。

---

① "东百官"，在关东地区流行的百官官名。关东的武士之间有模仿朝廷官员，在自己的姓氏和名字之间加入"官名"的风气。

一名娼妓手持八幡神的宣旨，连菅原道真的灵魂都俯首参拜，简直是可笑至极。众人对这则宣旨信以为真，奉旨迎立"新皇"，这是十分可疑的。

当时，摄政藤原忠平任太政大臣。朱雀天皇年纪尚幼，自然无法亲自处理政务，只不过是在同为藤原一族的皇太后（藤原稳子）及藤原氏大臣的拥戴之下才能成为天皇。所以平将门恐怕是误以为，只要有人拥护，就可以自立为王，他自己有皇室血统，所以自称"新皇"。（不过，平将门自称"新皇"一事，史书中并没有详细记载。）

至于藤原纯友，其实只不过是自古以来就在西南海域出没，为害官民的海贼而已。之所以能稍占上风，仅仅是因为朝中久享太平，耽于享乐的贵族公子把他当成了试图倾覆朝廷的叛军乱党。而奉旨前往追讨的将士，为了彰显自己的功绩，刻意渲染战况；僧巫等也趁机宣扬自己祈祷灵验。在这样层层推波助澜之下，"纯友之乱"就变成了一个历史大事件，影响后世。

第8节　朱雀天皇禅让与藤原忠平父子、天历之治

一、藤原忠平任关白、立太子及朱雀天皇禅让

随着朱雀天皇年岁渐长，天庆四年（941年）十一月，藤原忠平辞去摄政之职。于是，朱雀天皇下诏，朝中大小事务，百官均需关白太政大臣（藤原忠平）[①]，然后再行下达，一切均仿仁和旧例。

天庆七年（944年）四月，朱雀天皇册立皇弟三品太宰帅成明亲王为皇太子（不称皇太弟）。当时朱雀天皇膝下尚无皇子，这应该是藤原忠平的决定。

天庆九年（946年），朱雀天皇举行禅让大典。《日本纪略》记载：

> 天庆九年（946年）四月十九日己卯，于宜阳殿，行固三关并警固事，依明日有（朱雀）天皇御让位也。

[①] 其实只是因为天皇成年，摄政改称关白而已，实质的掌权者依然是藤原忠平。

在这条记录之前,并没有朱雀天皇身体抱恙,或者是商议退位的记载,所以这一条记载显得十分突兀。与历代天皇退位的先例对比,此次退位显得有些奇怪。朱雀天皇退位的原因,大约是即位以来,各国凶歉疫病、京都大风等异象频频发生,以及东西兵乱,虽然后来平定,但依然天灾不绝。《大镜》记载:

朱雀天皇性情温和,深受百姓爱戴。然而,"将门之乱"以后,朱雀天皇总是提心吊胆,不久就退位了。退位的过程,也颇奇怪。

据说有一天,朱雀天皇行幸至母后(藤原稳子)处。母后(藤原稳子)对天皇(朱雀)说:

"如今动乱平息,天皇一切顺遂,本宫深感安慰。"

然后接着说:

"接下来,我也想看看东宫(成明亲王)当上天皇的样子呢!"

朱雀天皇心想:

"看来母后想要太子即位,等得很心急了呢!"

朱雀天皇很快就提出了退位的想法。母后(藤原稳子)听后叹息道:

"哎,我并不是这个意思!我只是遥想了一下很久以后的场景而已!"

不久之后,朱雀天皇退位,众人皆叹。于是,朱雀天皇作了一首和歌,抒发退位当天的心情,并将这首和歌赠予了母后(藤原稳子):

日出东山,光耀四方。时雨霖霖,浸染何方。①

母后(藤原稳子)也作和歌相和:

时雨侵染,白云降处。晴也此山,阴亦此岭。②

朱雀天皇退位以后很长一段时间,都居住在宫中的绫绮殿。据

---

① 这首和歌的意思是:新皇即位,天下欢喜。不知何处,却有人垂泪。
② 这首和歌的意思是:垂泪的人,自然是退位的你,母后心中知道。不管是新继位的新皇,还是退位的上皇,都是先帝和本宫的孩子啊!

说是对退位有了后悔的想法，所以在这里祈祷复位。也不知道是真是假。

朱雀天皇从小体弱多病，藤原忠平虽然辞去了摄政之职，改任关白，但这只是形式上的调整，实际上国家政务还是由藤原忠平一人裁决。然而，藤原忠平担任摄政以来，连年灾祸频发，而且发生了"将门、纯友之乱"。特别是平将门，曾经在藤原忠平身边从仕，希望能得到藤原忠平的提携成为检非违使，但被藤原忠平拒绝，继而回到东国，起兵作乱。

当时的日本，深受中国"国之灾祸，责在朝臣"等儒家思想的影响，所以必定有一部分皇统源氏，背后对藤原忠平有所议论，甚至也有人希望他因为平将门的事情引咎辞职。然而，藤原忠平本人却完全没有这种意思，甚至还将自己的儿子藤原实赖晋升为右大臣。父子同朝，显赫一时。其他人看在眼里，心中更是不快。渐渐有人议论，说他们父子趁朱雀天皇病弱，把持朝政，作威作福。

这些议论传到藤原忠平父子耳中，父子二人开始思量：肯定有人在暗中筹谋天皇废立之事，即便事情不成功，也会造成朝廷纷乱，难以收拾。不如趁朱雀天皇还没驾崩之前，提前册立自己中意的皇子，才能阻绝这种祸乱。

于是，藤原忠平父子迅速册立朱雀天皇同母弟太宰帅成明亲王为皇太子。然而，即使如此，他们依然无法放松警惕。因为朱雀天皇年近二十，眼看就能拥有自己的皇子，到时候事态就会变得复杂，说得过分一些，就会造成阳成天皇一样的遗憾。

然而，劝朱雀天皇主动退位，本就不是一件容易的事。即便朱雀天皇同意，也难保其他大臣不会出言反对，从而导致事态不稳。幸好皇太后藤原稳子是藤原忠平的胞妹，于是，藤原忠平父子向皇太后（藤原稳子）进言："（朱雀）天皇、皇太子（成明亲王），都是太后所生，现在（朱雀）天皇皇位不稳，不如让位给皇太子（成明亲王），这样对皇室和藤原家族，都更安全。"这也是藤原氏经常使用的权谋之策。

对于藤原忠平父子的建议，皇太后藤原稳子大约也十分赞同，所以才会在对朱雀天皇说完"如今动乱平息，天皇一切顺遂，本宫深感安慰"这番话之后，突然急转直下，说起"接下来，我也想看看东宫（成明亲王）当上天皇的样子呢"！这恐怕就是皇太后藤原稳子接受了藤原忠平父子的建议，暗示朱雀天皇退位的意思。从自己的母后口中听到这样的话，朱雀天皇心中不知做何感想。

所以，与历代天皇退位不同，这次退位之前并没有天皇患病等相关记录，而是非常仓促唐突地直接退位了。皇太后藤原稳子知道消息后，虽然叹息说"我并不是这个意思"，但退位已成事实，无法更改了。

正是因为这次退位太过突然，所以朱雀天皇身边侍奉的人都惊愕不已，才会有《大镜》中那句"众人皆叹"。朱雀上皇将自己的感受和身边人的反应写进诗中，赠给太后（藤原稳子）。太后（藤原稳子）回赠的"白云降处"，指的就是退位的朱雀上皇，所谓的"时雨"，指的就是人人叹息的声音。

《日本纪略》记载：

> 天庆九年（946年）四月二十日庚辰，（朱雀）天皇让位于皇太弟成明亲王，诏止太上天皇号，迁御绫绮殿（年二十四，新帝年二十一）。新帝（村上天皇）上表，再谢推让，敕不许。
>
> 天庆九年（946年）四月二十六日丙戌，诏上太上天皇尊号，又皇太后（藤原稳子）为太皇太后。

后来，天历六年（952年）三月，朱雀上皇御体有恙，天历六年（952年）三月二十六日落饰出家，法名佛陀寿。同年，即天历六年（952年）八月十五日驾崩，时年三十岁（《大镜》记载为三十七岁，有误），葬于山城国来定寺北野陵。朱雀上皇膝下没有皇子，只有一名皇女，即昌子内亲王。《大镜》记载：

朱雀上皇病重，而太皇太后宫（冷泉天皇皇后昌子内亲王）年纪尚幼，朱雀上皇不舍幼女，心中悲苦，随即咏和歌一首：

今欲往彼国，所眷唯此女。幸得君为种，吴竹世绵长。

此情此景，令人慨叹。

二、村上天皇与藤原忠平父子的极盛

《日本纪略》记载：

村上天皇，讳成明（第六十二代），醍醐天皇第十四子也，母同朱雀院（朱雀天皇）。

延长四年（926年）六月二日丁亥，降诞生于桂芳坊。

延长四年（926年）十一月二十二日，为亲王，御年一岁。

承平二年（932年）二月二十二日甲戌，初读书。

天庆三年（940年）二月十五日辛亥，加元服，叙三品，御年十五。

天庆五年（942年）十二月十三日，任上野大守。

天庆六年（943年）十二月八日壬子，任太宰帅。[①]

《践祚部类抄》记载：

村上天皇，天庆九年（946年）四月二十日庚辰受禅（新主承香殿，旧主弘徽殿），南殿节会毕有拜表事，上卿右大臣左大将藤原朝臣（实赖公），（中略）宣命使中纳言藤原元方卿。

此外，《天祚礼祀职掌录》记载：

---

① 其后立太子及受禅即位相关记录，前文已写。另外，《大镜》《皇代记》《皇年代略记》等记载受禅日期为天庆九年（946年）四月十三日，应有误。

村上天皇

村上天皇，天庆九年（946年）四月二十八日即位，大极殿

奉行：官方：左中辨大江朝纲朝臣

　　　藏人方：藏人头修理大夫平随时朝臣

内辨：右大臣左近大将藤原朝臣（实赖公）

外辨：中纳言藤原元方卿（宣命）

　　　参议藤原师氏朝臣

　　　藤原师尹朝臣

左侍从：三品中务卿重明亲王

　　　　刑部卿从四位上源清远

　　　　少纳言从五位下橘实利

右侍从：四品行明亲王

　　　　　　右京大夫从四位下源宽信

　　　　　　少纳言从五位下藤原村荫

　　典仪：少纳言从五位上源泉

　　大将代：左：大和守忠干朝臣

　　　　　　右：内膳正有融

藤原忠平依然担任关白。但新帝（村上天皇）登基后第一次朝会之时，藤原忠平称病不出，由长子右大臣藤原实赖代为执掌。

次年，即天庆十年（947年）四月，改元为天历。同月，藤原实赖升任左大臣，其弟藤原师辅升任右大臣，且左右大将也由这兄弟二人兼任。于是，朝廷政局完全在藤原忠平父子三人的掌控之下。《大镜》记载：

　　这位大臣（藤原忠平）本人身居太政大臣高位，长子（藤原）实赖，时任左大臣，人称"小野宫大人"，次子右大臣（藤原）师辅，人称"九条大人"，四郎（藤原）师氏，任大纳言（中略），五郎（藤原）师尹，后来也做到左大臣。（中略）这四位公子，占据了左右大臣和大纳言之位，藤原一家，可谓荣华至极。

可见当时藤原忠平一家权势之盛。

三、宫廷的风雅与文坛的兴盛

如上文所述，朝中政局完全由藤原忠平父子把持。村上天皇只需垂拱而治，奉行所谓的"无为之治"，更何况其他公卿、贵族。

前文也说到，朱雀上皇的退位另有内情。所以朱雀上皇退位以后，便不问政事，只管纵情山水。这一方面是为了避嫌，显示自己对于皇位毫无留恋，另一方面大约是为了排遣心中的积郁之情吧！朱雀上皇退位后不久，就移驾宇治院，游猎散心。

而村上天皇在宫中施行着"无为之治",同时受到朱雀上皇游宴气氛的感染,从即位后首次内宴开始,就邀请亲王、大臣等一同游宴,共赏诗歌、管弦。

内宴原本的目的在于君臣和乐,方便天皇从群臣之中挑选人才,有时也会因故停办。然而,尽管内宴当天是村上天皇的"衰日"(大凶之日),但宫中还是举办了盛大的内宴,君臣同乐。

在那之后,村上天皇也和朱雀上皇一样,寄情诗歌、管弦等,消磨闲暇时间,除每年固定的花宴、藤花宴之外,还频繁举行各种诗会等。男女诗人、歌者等,被分为左右两队,各自吟诗作赋,并一同评议,以定胜负,败者需要交出赌注。这样的游戏,在当时十分盛行。

这种诗会,在宽平法皇时期,曾流行过一段时间,不过,当时多在皇后宫、上皇御所及亲王府邸举行。在宫廷内殿举办这样的歌会,是从村上天皇即位后才开始的。当时著名的文人有:左大辨大江朝纲、式部大辅大江维时、大内记菅原文时(菅原道真之孙,后升至三位,世称"菅三品")、文章博士橘直干等。

天历年间①,村上天皇下诏,命大江朝纲从《坤元录》(《宋史·艺文志》中有"魏王泰坤元录十卷"的记载,藤原佐世《日本国见在书目录》中有"坤元录百卷"的记载,应为后者)诸题中选出和歌二十首,由采女正巨势公忠(巨势金冈之孙)按照诗意作画,绘成屏风八帖。此外,村上天皇还向大江朝纲、橘直干、菅原文时、大江维时征集诗文,令右卫门佐小野道风书写。当时,左卫门尉藤原能盛及卫府卫士二人也被选为诗人,只是由于此前没有六位(指官阶)诗人的先例,所以被取消了。由此可见当时文坛的兴盛。

在此之前,天庆五年(942年)十月,朝廷置和歌所,由藏人左少将藤原伊尹(藤原师辅长子)任别当,源顺、大中臣能宣、清原元辅、纪时文、坂上望城等为"寄人"(职员),负责为《万叶集》标注读音。之后,村上天皇又将此五人召集于宫中梨壶曹司(官厅),命其编纂古今秀歌选集。所以,世人

---

① 《江谈抄》记载为天历十年(956年),《枕草纸》等记载为天历十一年(957年)。

大江朝纲

将这五人称为"梨壶五歌仙"。书成之后,被献给村上天皇,这便是《后撰和歌集》。

《古事谈》等记载:

> 一天,小野宫左府藤原实赖上朝,看到南殿前庭樱花盛开,微风吹过,花瓣漫天飞舞,美不胜收,不禁驻足欣赏。这时,中纳言土御门经通(《今昔物语集》为敦忠)路过。藤原实赖知道土御门经通是有名的歌人,随即开口问道:"此景如何?"
>
> 土御门经通略沉吟,便开口咏道:
>
> "持帚扫清尘,不知君何人。愿得君怜意,勿扫今春晖。"
>
> 藤原实赖听闻,赞叹不已。

还有一次，是在天德年间一次歌会上，左方为平兼盛，右方为壬生忠见，双方以"初恋"为题作诗，平兼盛咏了一句：

"欲藏心中意，虽隐却仍现于色，色现程如何，虽隐既为人所察，来问吾恋何恼哉。"①

壬生忠见吟了一句：

"人云吾恋汝，浮名已传天下闻，唯吾不识噂，以为此情方萌芽，窃思恋慕无人知。"②

壬生忠见

---

① 该和歌被收录为《百人一首》第四十首。
② 该和歌被收录为《百人一首》第四十一首。

两诗各有千秋，难分高下，于是，当时的评判藤原实赖便向村上天皇询问意见。村上天皇在竹帘内低吟了一声"欲藏心中意"，于是，藤原实赖便认为村上天皇更中意这首，便判平兼盛获胜。壬生忠见十分失落，竟致卧床不起。

当时宫廷生活，远离人间愁苦，仿若仙境。

宫中贵人皆等闲，簪樱扶鬓又一天。①

这首和歌，便是这个时代贵族生活的写照。

后来，这种附庸风雅的习气，慢慢泛滥到僧侣之间。各寺的法会，各竞芳华，以求夺人眼目。在众多法会之中，仁和寺"花之会"等，渐渐演变成为每年例行的仪式。

以上，就是后世所倾慕的"天历盛世"的概况。然而，公卿贵族与宫中女官的文才飞扬，竟慢慢酿就了淫逸放荡的宫廷之风，其影响一直持续到寿永乱世。

四、诸国骚乱及京中强盗

当时，虽然国内风调雨顺，似乎已是"盛世"，但其实并非如此。

天历元年（947年）二月，伯耆国上奏：藤原是助等率领四百余人，放火烧毁百姓物部高茂、物部忠明等的居所。于是，朝廷下令，命伯耆、因幡、出云、美作四国出兵平乱。

不久，镇守府将军平贞盛上奏：狄坂丸等正在召集人马，筹集兵粮。于是，朝廷下令出兵平叛，并于天历元年（947年）三月命延历寺进行千僧供养，祈求东西凶乱平定。

然而，当时京中也是盗贼横行。天历元年（947年）四月，盗贼

---

① 该和歌据传为山部赤人作品。

进入兵库寮夺取武器。次年（天历二年，即948年），盗贼进入右近卫府曹司（官厅）夺取财物。于是，天历二年（948年）三月二十九日，左大臣藤原实赖对外记下令："京中强盗横行，夺人掠物，宜令四府、马寮实施夜巡。"

天历二年（948年）四月三日，又命近卫府、兵卫府、卫门府等轮流执勤，严防强盗。

以上内容，《日本纪略》等史书中均有记载，由此可知当时的情况。

天历二年（948年）五月十三日白天，强盗抢劫西河边人家。天历二年（948年）六月一日，有强盗进入劝学院。于是，朝廷将诸卫官兵分派到京城之中，严加搜捕。

《日本纪略》天历二年（948年）十二月四日条记载：

今夜（天历二年即948年十二月四日夜），盗人取直忠朝臣衣，走出殿上，总殿上盗人及五个度云云。

天历元年（947年）十二月十日条记载：

今夜（天历元年即947年十二月十日夜），群盗入左少辨（橘）好古曹司，掠取杂物。仍自今夜，仰诸卫，令夜行。

可见之前的搜捕行动，并没有将盗贼全部抓获。

这种情况一直持续。天历三年（949年）六月，朱雀上皇的下人与诸卫的舍人发生冲突，袭击了诸卫的府衙。于是，数百名舍人一拥而上，袭击并毁坏了朱雀上皇御厨预中务丞佐忠的府邸。

天德元年（957年）十一月，强盗进入大藏省长殿，夺取财物。

次年，即天德二年（958年）四月，强盗打破右大狱，抢走囚犯。九名囚犯，除一名被守卫杀死之外，其余的都顺利逃脱。于是，六卫及兵库的士兵，全面展开搜捕，等等。

以上记录，便是当时治安的大概状况。

五、灾疫与寺院

天历元年（947年）六月，连降大雨数十日，随后痘疮流行。《日本纪略》天历元年（947年）八月条记载：

> 去（天历元年，即947年）六月间，年三十以下男女烦小疮。今月（天历元年即947年八月）以后，尤炽盛。其疮为体，或如粟或如豆。去延喜十五年（915年）有此疮，世俗号曰疱疮云云。
>
> 天历元年（947年）八月十七日，可攘除疱疮，诸社奉币读经。官符给五畿七道诸国也。（村上）天皇、（朱雀）上皇共恼疱疮也。
>
> 天历元年（947年）八月十九日，赈给各米百斛、盐三十笼于东西京，是依疱疮及赤痢事也。

天历元年（947年）十月五日条记载：

> 女御藤原述子，卒东三条第，年十五。依疱疮之间产生也。号弘徽殿女御，左大臣（藤原实赖）女也。

由此可见当时疫情的惨状。

至于水旱、大风等，几乎年年都有，各国不堪租税，诸事不顺。于是，天历十一年（957年）十一月二十七日，改年号为天德。《日本纪略》记载，这一年谷价奇高，可以想象当时百姓生活的艰难。

然而，每次发生天灾、疫病或者兵乱，朝廷都会让僧侣修法祈祷。所以只有僧侣越来越富裕，甚至开始沾染奢华风流的习气。寺院的法会变成了一种表演，而寺院本身则变成了男女共游的俱乐部。

正所谓"利之所在，民之所争"，天历三年（949年）正月，东大寺僧众不满别当宽救的所为，五六十人进京告状。其中，十余人被安排居住在式部少录贺阳真正府邸，突然间起了争执，相互殴杀，丑态百出。

六、村上天皇与藤原忠平父子及菅原文时《意见封事》

朝廷迫切希望改善国内民生的现状，于是，频频请寺院、神社进行祈祷，却毫无效果。于是，僧徒建议：每次祈祷的同时，还要大赦天下。所以尽管当时京中盗贼横行，还是频频释放囚犯。在当时那种迷信的年代，赦免囚犯被认为是"仁政"。这被当作"天历盛世"进行歌颂。

或许村上天皇对此也心知肚明，但藤原忠平父子把持朝政，村上天皇也无能为力。所以一些人就会觉得村上天皇慷慨大度。《大镜》记载：

> 大家都说，村上天皇（中略）在性情温和、举止优雅这一点上，犹胜于醍醐天皇。村上天皇向臣子询问："百姓对我有何评议？"
>
> 臣子回答："百姓认为天皇您十分宽厚。"
>
> 村上天皇说："这是百姓在赞扬我。如果君主严苛的话，百姓的生活会多么艰难！"

关于村上天皇皇后的事，《大镜》记载：

> 右大臣藤原师辅，（中略）长女（藤原安子）为村上天皇女御。在后宫众嫔妃之中，藤原安子品貌出众，于天德二年（958年）十二月二十六日被册立为皇后。（中略）村上天皇对这位女御（藤原安子）非常顾忌，即便她提出了无理的要求，村上天皇也无法拒绝。至于其他事情，就更不用说了。世人都说她善妒，脾气不太好。她对村上天皇也并不恭顺。（中略）村上天皇在政事上作出任何决策之前，都会先和皇后藤原安子商议。

内有宠后，外有权臣，可以想象当时的政局是什么样子。

天历三年（949年），藤原忠平患病，朝廷赐度僧人五十名，请十五大寺为其病愈祈祷。之后又请十六寺进行祈祷，赐度三十人，大赦天下。

后来藤原忠平薨逝，被追赠为正一位，封信浓公，赐谥号贞信公。藤原忠平之子藤原实赖继任关白之职，权势不逊其父。且藤原师辅的弟弟藤原师尹之女，也入宫侍奉，成为村上天皇女御。《大镜》记载：

> 左大臣藤原师尹，为藤原忠平第五子，（中略）其女（藤原芳子）为村上天皇宣耀殿女御，姿容绝美。藤原芳子进宫之时，她人已经坐到车辇之中，但长发的发梢还在主屋的门柱之下。（中略）村上天皇对她十分宠爱。
>
> 村上天皇曾作了这样一首和歌：
> 生愿同衾，死愿同穴，若有来世，比翼齐飞。
> 于是，女御（藤原芳子）回复：
> 春不改颜，秋不易色，情意悠远，连理永结。

然而，康保元年，即应和四年（964年）（因逢甲子而改年号）四月，皇后藤原安子驾崩，其妹藤原登子入宫。关于此事，《大镜》记载：

> 皇后（藤原安子）的二妹藤原登子，原为重明式部卿亲王（村上天皇皇兄）的夫人。（中略）后来藤原安子皇后去世，重明式部卿亲王也去世了。村上天皇对藤原登子越发恋慕，便时常将她召入宫中侍奉，还将她封为贞观殿内侍，极尽宠爱。从此六宫粉黛，尽失颜色。

关于此事，还有一种说法是：当时村上天皇已经开始厌倦朝政，颓于政事。这种说法其实并不公允。

天德元年（957年），菅原文时进献《意见封事》。他提出的三条意见，与三善清行提的意见大致相同。其一，是禁止奢靡；其二，是任官唯贤；其三，是重兴文学。然而，这三条意见并没有得到采纳与执行。这封奏折只是作为一篇"名文"流传后世（收录于《本朝文粹》）。

可见村上天皇也曾打算广开言路，励精图治，然而，遭遇挫折阻力，不得已只能将政事委以臣宰，垂拱而治。世人讴歌村上天皇"宽仁"的圣德，却不知，皇权衰落的种子在此时就已经埋下了。

第7章

平安京的衰兆

第1节 皇宫大火及冷泉天皇退位（附：源高明失势）

一、皇宫大火

《日本纪略》天德四年（960年）记载：

天德四年（960年）九月二十三日，今夜亥三刻，内里烧亡。火出自宣阳门内方北掖阵，不出中隔外。（村上）天皇先御中院，次御朝所。顷之，御职曹司。（中略）累代珍宝多以烧失。（中略）丑刻火止。

天德四年（960年）九月二十四日辛酉，废务三日。又昨夜，镜三（和名：加之古止古吕；汉字：贤所）并太刀契不能取出。今日（天德四年，即960年九月二十四日），依敕令搜求余烬之上，已得其实。但调度烧损，其真犹存，形质不变，极其神异。即令大藏省奉韩柜纳之。

天德四年（960年）十月三日己巳，缝殿大允藤文纪参申云："去月二十四日，依宣旨，御坐内里贤所三所，奉迁缝殿寮之间，内记奉纳。"咸所三所。一所镜，件镜虽在猛火上，而不涌损。即云"伊势御神"云云。一所真形，无破损，长六寸许。一所镜，已涌乱破损，"纪伊国御神"云云。太刀三十八柄之中，四柄自清凉殿求出之。三十四柄自温明殿求出之。其中有节刀契七十四枚，皆鱼形也。自背中别两，各有铭，并全不损，长各二寸余许。八枚金，十四枚银，五十枚银涂物。又有金银涌乱一斗余也。左近少将源伊陟、将监藤原佐理、左近少将藤原助信、将监源时中、藏人主殿助藤原为光、出纳雀部有方，女官等同以祗候云云。

天德四年（960年）十月八日甲戌，外记史等，见宫中灰烬之上有木印一面，其文有"天下太平"四字。参议好古①云："其蕃客来时所用也。"

藤原佐理

---

① 此处可能指橘好古。但不能确定，因为小野好古在960年也是参议。

> 天德四年（960年）十一月一日丁酉，（村上）天皇自职曹司，幸八省院。发遣伊势以下诸社奉币使。（中略）去（天德四年，即960年）九月二十三日内里烧亡，累代宝物烧损之由，被告申之。
>
> 天德四年（960年）十一月四日庚子，（村上）天皇自职曹司迁御冷泉院。

从延历十三年（794年）到天德四年（960年），平安皇宫在建成一百六十余年后，终于发生了这次大火。累代宝物悉数烧毁，实在可惜。而御镜却安然无恙，着实令人敬畏。

《神皇正统记》记载：

> 天德年间，平安皇宫第一次遭遇火灾，内侍所被烧毁。但神镜被从灰烬之中找出。《天历御记》记载："神镜毫无损伤，观者无不惊叹。"
>
> 也有人说，当时，神镜挂在紫宸殿的樱花树上，被小野宫藤原实赖大臣亲自用袖子接着取了下来。这也是误传。

其实，无论是从灰烬中找出来的说法，还是大臣用袖子接住取下来的说法，都是以讹传讹。

在此之前，天历四年（950年）十一月，冷泉院曾失火。之后，神祇官厅、大舍人寮等，也频频发生火灾。

天德四年（960年）九月二十九日，劝学院厅失火烧毁。天德四年（960年）十月五日，大学寮南堂东曹司、算堂①等失火烧毁。虽然这些有可能是盗贼蓄意放火，但值守人员也难逃失职之责。

天德四年（960年）十月七日，开始重建大内，由大纳言藤原在衡上卿负责。天德四年（960年）十一月二十八日，开始做木工。天德五年（961年）

---

① 算堂，大学寮中教授算道的学堂。

二月十六日，立柱。立柱当日，因为之前的宫内大火和辛酉革命①，所以改年号为应和（961年），大赦天下。

应和元年（961年）五月，因为重修皇宫，劳民伤财，所以朝廷下旨减免当年田租一半。应和元年（961年）十一月二十日，村上天皇自冷泉院移驾至新建皇宫。应和元年（961年）十二月十七日，皇后（藤原安子）、太子（宪平亲王）移驾新建皇宫。

康保四年（967年）五月，村上天皇御体违和。于是，康保四年（967年）五月二十日，朝廷下令近畿五国及伊贺、伊势等二十六国，各造六千座"卒塔婆"②，要求高七尺，宽八寸，以祈求村上天皇病愈，并大赦天下。

康保四年（967年）五月二十五日，村上天皇驾崩，时年四十二岁，在位二十一年。根据村上天皇遗诏，朝廷下令各国：无须素服举哀，葬礼一切从简。

康保四年（967年）六月四日，村上天皇葬于山城国葛野郡田邑乡北中尾村上山陵。随后，皇太子（宪平亲王）即位。

二、冷泉帝登基

《日本纪略》记载：

> 冷泉院③，讳宪平，村上天皇第二子也。母故皇后藤原安子，故右大臣（藤原）师辅朝臣之女也。
>
> 天历四年（950年）五月二十四日辛酉，诞生于丹后守藤原远规宅。（中略）
>
> 天历四年（950年）七月十五日庚辰，为亲王。
>
> 天历四年（950年）七月二十三日戊子，于外祖右大臣（藤原）师辅第，立为皇太子。（中略）

---

① 辛酉革命，根据中国的谶纬说，每逢辛酉年便会发生革命，所以日本朝廷用改元来化解。
② 卒塔婆，梵语stu^pa，音译为"卒都婆"，原意为塔，后指在坟墓建立的雕刻成塔形的木石。后又写作"卒塔婆"，指竖立在死者坟墓上的木制碑柱。
③ 冷泉院，即冷泉天皇。冷泉天皇之后一段时间，天皇使用"院"的称号，后文有提及。

应和三年（963年）二月二十八日辛亥，于紫宸殿加元服。年十四。（中略）

康保四年（967年）五月二十五日癸丑，巳时，（村上）天皇崩。（中略）子刻，奉玺剑于皇太子直曹袭芳舍（或云凝华舍）。

冷泉院即位后，封左大臣藤原实赖为关白，并册立朱雀上皇皇女昌子内亲王为皇后。康保四年（967年）十月十一日，在紫宸殿举行即位大典。参加即位大典的官员有：内辨右大臣源高明、外辨中纳言左卫门督藤原师氏、参议橘好古、参议左近中将源延光、右大辨藤原文范。在紫宸殿①举行即位大典，便是从冷泉院开始的。

《古事谈》记载：

冷泉院即位大典，于紫宸殿举行。这次即位大典，颇不同寻常。这位天皇与其他天皇不同，不宜在大极殿举行即位大典。是小野宫大人（藤原实赖）促成了这件事。

关于文中提到的"不同寻常"，《大镜》等认为是"冤魂作祟"。《日本纪略》康保四年（967年）二月十七日条曾记载：

皇太子（宪平亲王）始恼心，非寻常，自今日（康保四年，即967年二月十七日）及（康保四年，即967年）四月。

可见皇太子（宪平亲王）在父皇村上天皇在位期间，就已经有恙在身。可以想象，"废太子"一事应该也被讨论过。这在后面会详细叙述。

---

① 紫宸殿是皇宫内殿。天皇个人的仪式，如"元服"或者"立太子"就比较适合在紫宸殿举行。然而，紫宸殿并不是"王权"的中心，不应该用来举行天皇即位大典等仪式。天皇即位大典应该在朝堂正殿大极殿举行。

三、立太弟、安和之变、清和源氏与藤原氏

前一小节说到,冷泉院以病弱之躯即位。所以,康保四年(967年)九月一日,便册立了皇弟守平亲王为皇太子——天皇即位大典举行之前先立储的规矩,就是从这时候开始的。这是因为冷泉院病体羸弱,恐怕不堪大位。

村上天皇的皇后藤原安子,除冷泉院以外,还生了为平、守平两位亲王。其中,为平亲王最受父皇村上天皇宠爱,所以本应当为平亲王被册立为皇太弟。所以,册立守平亲王为皇太弟,应该是藤原实赖等人的独断专行。

为平亲王娶了左大臣源高明(醍醐天皇皇子)之女为妃。为平亲王如果成为皇太弟,那么登基即位后,藤原氏沿袭数代的外戚血脉及权势将不复存在。所以藤原氏才越过为平亲王,让年幼的守平亲王成为皇太弟。《大镜》记载:

> 当时世间百姓、宫中贵族,哪知道藤原氏有这样的想法呢!(中略)大家都说应该按照长幼之序,册立为平亲王为皇太弟。然而,藤原兼家(藤原师辅三子)马上向乳母们下令:"赶快把小皇子的头发梳好。"然后带着小皇子坐着御驾,直奔宫中去了。(中略)发生这样的事情,源高明等人又会怎么想呢?

由于此次立太弟极其匆忙,所以三公、纳言之中,除了藤原实赖一家,全都毫不知情。由于事情太过意外,公卿大臣无不惊愕诧异。特别是源高明,他的失望之情,应该可想而知。

源高明这个人,即便在皇族之中,也是出类拔萃。他学涉和汉,尤其精通皇朝典故(他的著作《西宫记》流传至今,"西宫"是他的住所)。他深受先帝村上天皇信任,被提拔至大臣之位。先帝(村上天皇)还特地让源高明的女儿嫁给了自己钟爱的为平亲王。这几乎就是钦定源高明为未来的国丈。

谁料藤原氏抓住时机,抢先册立了皇太弟,实现了家族的心愿。然而,尽管这件事暂且无人驳斥,但无论是为平亲王的德望,还是源高明的才学,都让藤原氏无法就此安枕无忧。

安和元年（968年，康保五年八月改年号为安和），关白藤原实赖患病，京都强盗出没。在此之前，安和元年（968年）五月，摄津介在原义行被盗贼所杀。于是，朝廷下令，搜查京中及周边东西山野，抓捕强盗。式部省隐瞒省内有死者不上报的事情暴露，省中下等官员全部被拘禁，从而导致该年（安和元年，即968年）文章生的考试因省中官员不足而取消。《日本纪略》中称此事为"古今未曾有之事也"。

就这样，一时之间人心惶惶。前相模权介藤原千晴（藤原秀乡之子）与武藏权介平义盛（平贞盛同族）发生纠纷。信浓国司上奏：藤原千常（藤原千晴弟）无端生事，意图不轨。

安和二年（969年）二月，右大臣藤原师尹的下人与大纳言藤原兼家的下人发生械斗，相互殴杀。

藤原兼家

源满仲

当时还有流言，说左大臣源高明意图谋反。右马助源满仲（源经基之子）、武藏介藤原善时等密报右大臣藤原师尹，说左大臣源高明意图废黜冷泉院，拥立他的女婿为平亲王为帝，中务少卿源连及橘繁延等，都是源高明的同党。

于是，安和二年（969年）三月二十五日，左大臣左大将源高明突然被贬为太宰权帅；右大臣藤原师尹升任左大臣，大纳言藤原在衡升为右大臣。同时，朝廷还派检非违使，逮捕橘繁延及僧人莲茂等。源满季（源满仲之弟，检非违使）也派兵捉拿藤原千晴及其子藤原久赖与随从兵士，并将其拘于大狱。朝廷随即下令诸卫固守宫门，左右马寮各备鞍马十匹等。《日本纪略》说此时"禁中骚动，殆如天庆之大乱"。

参议左大辨藤原文范、参议右大辨源保光负责审问犯人，并由明法博士为犯人父母兄弟等定罪。随后，源满仲、藤原善时因密告源高明谋反一事有功，各升官位一级，源满仲升为正五位下，藤原善时升为从五位下。源高明等人的府邸均被烧毁，橘繁延被发配至土佐国，藤原千晴被发配至隐岐国，僧人莲茂被发配至佐渡国。朝廷下令各国，继续追捕源连、平贞节等人。此外，朝廷还下发公文至下野国，命藤原秀乡教谕其子。

然而，事情的真相，并不是源高明密谋废立天皇，而是藤原师尹故意安排源满仲等人告密，然后借题发挥，清除政敌。《大镜》记载：

> 左大臣藤原师尹，（中略）藤原忠平大人第五子，人称"小一条大臣"。（中略）藤原师尹能当上左大臣，是因为西宫源高明被贬到太宰府，所以他才接替了源高明的职位。世人都说，这件事从头到尾都是藤原师尹的谋划。

策划构陷，然后马上接替被陷害之人的官职。这种手段，其实是非常卑劣的。这与菅原道真被贬离京当日，进谗构陷者源光就接替了菅原道真职位的旧事如出一辙。其实源高明对藤原一族，一直都诚意十足。《宇治拾遗物语》等记载：

> 当年源高明宴邀群臣时，奉小野宫藤原实赖为上宾。藤原实赖以年事已高、行礼不便之由婉谢。源高明心想：如果当天下雨，就不用行礼了。于是，便诚心祈祷当日下雨。

藤原氏对这样一个人恶意构陷，让他蒙冤被贬，实在是无情至极。不过，其实当时藤原氏已经权倾朝野，无人能敌。

从"将门、纯友之乱"开始，藤原秀乡、平贞盛、橘公赖等，就开始以勇武之名闻名于世。藤原秀乡、平贞盛一族则更是作为镇守将军显赫一方。而源经基之子源满仲原本只是区区右马助或者是检非违使之类的小官，他一心想通过立功，出人头地，于是，攀附上藤原师尹，成为源高明贬谪事件中的告密者。自此以后，源满仲一门成为藤原氏最亲密的盟友。例如，藤原兼家剃发出家，人称"入道大人"，于是，源满仲也随之剃发出家，因避讳藤原兼家，自称"新发意"；还有，藤原兼家在京极二条府邸宴请百官时，源满仲之子源赖光准备了马驹三十匹，献给各位大臣，以壮大宴会的声势；等等。后来，源满仲的子孙世代担任镇守府将军，威名远播。这其中，固然有源氏一族本身的勇武，也少不了藤原氏一族的庇护提携。

四、冷泉帝退位

安和二年（969年）八月十三日，冷泉院让位于皇太弟（守平亲王），移驾冷泉院，被尊为太上天皇。冷泉院在位时间仅两年，退位时年仅二十岁，三十多年后，于宽弘八年（1011年）十月二十四日驾崩，葬于樱本寺乾原，谥号冷泉院。从这一代天皇开始，不再称"天皇"，改称"院"。《神皇正统记》记载：

> 从此帝开始，不称"天皇"尊号。又，从宇多天皇之后，不再使用谥号。（中略）不使用尊号，是臣子的不义。

确实是这个道理。《大镜》评述："冷泉院之治世，世衰之始也。"便是对皇威衰颓的慨叹。

五、圆融帝

《日本纪略》记载：

> 圆融院，讳守平，村上天皇第五子也。母赠皇太后藤原安子。（中略）天德三年（959年）三月二日寅时诞生。天德三年（959年）十月二十五日为亲王。（中略）
>
> 安和二年（969年）八月十三日戊子，冷泉院逊位，让于天皇

（圆融院）。于时，新帝（圆融院）年十一。新主（圆融院）于袭芳舍受禅。诏令太政大臣藤原朝臣（实赖）辅佐幼主，摄行政事，如贞信公（藤原忠平）故事。又立先帝（冷泉院）第一皇子师贞亲王为皇太子，年二。在一条第。

《天祚礼祀职掌录》记载：

圆融院，安和二年（969年）九月二十三日即位。奉行：官方右大辨藤原为光，藏人方藏人左少辨藤原佐理，内辨右大臣藤原朝臣（在衡），外辨中纳言藤原兼家卿，参议左大辨藤原文范朝臣。

藤原在衡

六、藤原伊尹摄政

安和三年（970年）三月，改元天禄。安和三年（970年）五月，摄政藤原实赖病重。安和三年（970年）五月十二日，圆融院赐度僧人四十人，并大赦天下，以祈求藤原实赖病愈。安和三年（970年）五月十八日，藤原实赖薨逝，享年七十一岁。圆融院追赠其为正一位，封尾张公，赐谥号清慎公。《大镜》记载：

> 太政大臣藤原实赖，（中略）居大臣之位二十七年，执掌天下，担任摄政、关白二十余年。（中略）他处事稳妥，为人诚实。（中略）藤原实赖大人从来不会披散着头发走到府邸小野宫的南面。问其原因，竟然是因为从府中能看到稻荷神社的杉树，所以这是神明能够看到的地方，披散头发对神明不敬。

可见他平时的性格。

安和三年（970年）五月二十日，藤原师辅的长子右大臣藤原伊尹开始摄政。当时，藤原在衡虽然高居左大臣之位，但因为是中纳言藤原山荫之孙、但马守藤原有赖之子，以他的家世出身不足以担任摄政之职。藤原在衡学涉和汉，通晓国朝典故，多次升迁，才终于到了这个位置。以文人出身，升至三公之位的，历史上只有吉备真备、菅原道真与藤原在衡三人而已。安和三年（970年）十月，藤原在衡也去世了。

天禄二年（971年）十一月，右大臣藤原伊尹升任太政大臣，大纳言源兼明（醍醐天皇皇子）升任左大臣，大纳言藤原赖忠（藤原实赖之子）升任右大臣。

天禄三年（972年）十月，藤原伊尹患病，上表请辞摄政之职，继而薨逝。圆融院追赠其为正一位，封三河公，赐谥号谦德公。《大镜》记载：

> 太政大臣藤原伊尹，（中略），世称"一条摄政"。（中略）

藤原伊尹

著有诗集一册，署名"大藏史生丰景"。这位大臣荣升大臣之位仅三年，就于天禄三年（972年）十一月一日薨逝，时年四十九岁。（中略）其父九条大人（藤原师辅）临终前曾留下遗言，要求薄葬。但藤原伊尹却说："怎能如此随意？"于是，还是按礼制举办了葬仪。世人都说，正是因为他违背了先父的遗言，所以才英年早逝。（中略）

不过，也有人说，这位大人姿容卓绝，才华横溢，处处出类拔萃，优于常人，所以才会在寿命这件事上留有遗憾吧！

这位大人经常创作和歌，留下了许多优美的作品。有一次，他被天皇册封为春日祭的敕使，使命完成，归京之日，他给心爱的女子送去了这样一首和歌：

连日驻远地，今日始归京。急欲至君处，尽诉苦相思。

还有一次，（藤原）助信少将担任宇佐八幡宫的奉币使。出发之前，在宫中清凉殿的饯别宴上，藤原伊尹大人以"菊花色变"为题，作了一首和歌相赠：

闻君远将行，折菊赠临别。残菊色易变，思君情不移。

藤原伊尹大人既是冷泉、圆融两位天皇的舅父，同时是东宫（花山院）的外祖父。他身居摄政高位，所以世间万事，无不随心所欲，吃穿用度，也是极尽奢华。他在准备升任大臣的庆贺宴时，无意中看到正厅屋檐的背面有一块黑色污迹，就命人将整面墙都贴上陆奥出产的上等壁纸，于是，整个大厅焕然一新。（中略）举办那场宴会的府邸，就是现在藤原伊尹一脉的氏寺——世尊寺。（中略）现在还能看到当时所贴的壁纸。

这位大人膝下子女众多。其中，长女藤原怀子是冷泉院的女御、花山院的生母。（中略）次女是法住寺大臣（藤原为光）的夫人。（中略）九女是冷泉院皇子弹正宫（为尊亲王）的夫人。

藤原伊尹大人与代明亲王的女儿（惠子女王）之间有藏人前少将（藤原举贤）和后少将（藤原义孝）两位公子。这两位公子本也是风流雅致一对妙人，可惜在天延二年（974年），藤原伊尹大人去世后的第三年，京中疱疹流行，两位公子竟一朝一夕，在同一天里去世了。

七、藤原兼通与藤原兼家的权力之争

藤原伊尹去世之后，本应由藤原实赖之子右大臣藤原赖忠继任关白之位。然而，藤原师辅（藤原忠平次子）第三子大纳言藤原兼家，深受父亲喜爱，在冷泉帝时就已经超越兄长藤原兼通，成为藏人头。后来数次升迁，藤原兼家的官职都在藤原兼通之上。这时，藤原兼家已经是大纳言，他仗恃冷泉院上皇与圆融院的宠信，秘密上奏，请求让自己升任内大臣关白。

谁料，藤原兼家的兄长藤原兼通早已从胞妹村上天皇皇后，也就是圆融院生母藤原安子手中拿到过一份"关白之职，不论官位高低，应遵长幼之序"

的遗诏，一直秘密收藏在手中。现在藤原兼家竟然越过藤原家族中官位最高的藤原赖忠，自请为关白，让人实在无法接受。藤原兼通虽然官位低下，却也不能默然不语，便拿着藤原安子的遗诏想要进宫面圣。藤原兼通的官职只是中纳言，受到弟弟藤原兼家的阻挠，很难有机会面见天皇。但此事关系到一生的境遇，所以他还是想尽办法要见天皇一面。终于有一次，圆融院坐在清凉殿西厢南边的一个房间里，看见藤原兼通走来。因为平时也不太熟悉，所以圆融院很快起身准备走到里间去。这时，藤原兼通快步走过去，说："臣有要事禀报。"于是，圆融院又坐下，问是什么事。藤原兼通从怀中拿出皇太后藤原安子留下的遗诏呈给圆融院。圆融院打开遗诏一看，果然是母后藤原安子的笔迹，圆融院看清内容之后，大吃了一惊，说了一句"这确实是故皇太后的笔迹"，就拿着遗诏匆匆走进内室去了。于是，藤原兼通也退出了大内。

其实当时圆融院已经内定了由藤原兼家继任关白，只是还没宣旨。现在圆融院发现这个任命与母后的遗诏相悖，于是，马上下令右大臣藤原赖忠，命他将藤原兼通越级擢升至内大臣从二位，并让藤原兼通担任关白。天延二年（一年之后，974年）二月，遵循旧例升藤原兼通为太政大臣正二位。

从此之后，藤原兼通与藤原兼家之间的倾轧愈演愈烈，二人逐渐势同水火。天延二年（974年），藤原兼通按照家族惯例，将自己的女儿（藤原媓子）送入宫中，成为皇后。当时左大臣源兼明，才华出众，见识过人，在百官之中颇有威望。有这样一个人在朝中，藤原兼通便不能任意而为。于是，贞元二年（977年），藤原兼通特地上奏圆融院，将左大臣源兼明与右兵卫督源昭平一同升为亲王①。藤原赖忠继任左大臣，大纳言源雅信升任右大臣。如此格局，藤原兼通就能独断专权了。

贞元二年（977年），藤原兼通在堀川营造府邸。府邸规模宏大，装饰华丽，竟超过了皇宫的规格。贞元元年（976年），藤原兼通参拜春日大社及贺茂神社时，命公卿、群臣相伴随行，仿若天皇行幸。然而，贞元元年（976年），藤原兼通患病，后又痊愈。于是，藤原兼通升法性寺（藤原忠平所建）

---

① 按惯例，亲王不能处理政务。升为亲王，就是架空权力。

座主遍敷为少僧都，典药头清原滋秀为正五位下，侍医藤原忠信为从五位上，以奖赏其祈祷及医治之功。

八、京师盗贼横行

当时京中时常发生强盗入室抢劫的案件。天禄三年（972年），纪伊守藤原栋和宅被强盗袭击，施药院判官犬养常行被盗贼射杀。天延元年（973年）四月，强盗袭击源满仲府邸并放火，火势蔓延至三百余家。当时，越后守官道弘氏被盗贼射杀。

于是，朝廷下令召集武艺精湛之士，警固诸司，并搜捕盗贼。天延二年（974年）十月，施药院仓库被破坏、朔平门被放火等事件依然频频发生，无法断绝。此外，当时大风、地震等天灾屡屡发生。神社佛寺的祈祷一如从前，却毫无作用。

就这样，到了天延三年（975年）六月，六卫府官人以下舍人以上卫士，身着朝服，手持弓箭，齐集阳明门，向朝廷申述：各国租税迟迟不交，导致卫士俸禄欠发。在等候裁决期间，众卫士约定：所有人不得中途退却。并在阳明门前设立棚帐，成屯集之势，形势危急。当时，由于各国凶歉连连，本就贡纳不齐，再加上灾害频发，神社寺庙祈祷所费巨大，于是，卫士的俸禄自然就被拖欠了下来。

在这之前，天延三年（975年）五月，大炊寮御仓被破，被盗走三车粮食。后来这件事被查出，正是六卫府卫士所为。这些人应该是为了逃脱罪责，所以才策划了这起申述事件吧！连守卫宫门、维持京中治安的六卫府官人都做出这样的事情，可见当时群盗何其嚣张跋扈。

天延三年（975年）九月，又有强盗进入施药院抢劫。天延四年（976年）三月，朝廷命诸卫全城搜捕。

在这期间，还出现过彗星和日食。《日本纪略》记载：

（大意）天延三年（975年）六月，有彗星出现于艮方，其形如团扇，长五六尺。

天延三年（975年）七月一日，发生日食，卯辰时，太阳被完全遮住，其色如墨，光亮全无，群鸟乱飞，众星尽现。

在当时那个迷信的时代，这算是最严重的天象异变。于是，圆融院下诏，大赦天下，大辟①以下，按旧例全部赦免。此外，为避天责，停止一切节庆活动。七大寺的读经，各神社的奉币、祈祷等，依然频频举行。

九、天延大火

天延四年（976年）五月十一日子刻，宫中仁寿殿西面起火，圆融院从玄辉门移驾至桂芳坊。后来火势渐大，圆融院再次移驾至职曹司。皇后（藤原媓子）、皇太子（师贞亲王）从缝殿寮大厅移驾至左近卫府，一品资子内亲王从缝殿寮移驾至乳母命妇藤原辅子府邸。

由于宫中起火，朝廷照例向各神社进献奉币，请求祈祷。

天延四年（976年）六月九日，圆融院下诏裁减天皇、皇后日常服饰、膳食等，并免除各国天禄三年（972年）以前欠缴的调庸，当年徭役全部减半。

天延四年（976年）六月十八日，京都发生大地震。《日本纪略》记载：

> 天延四年（976年）六月十八日，申刻，地大震。其响如雷，宫城诸司，多破坏颠倒，两京舍屋，其数甚多。其中，八省院、丰乐院、东寺、西寺、极乐寺、清水寺、圆觉寺等颠倒。地震之甚，未曾有矣。

> 今日，即天延四年（976年）六月十八日，寄御舆于南庭，立幄（帐篷）为御所。中宫厅前，同以立幄。

> 今日，即天延四年（976年）六月十八日，清水寺地震之间，缁素（僧俗）压死之者，其数五十。

> 天延四年（976年）六月十九日甲寅，地震十四次。左卫门阵后厅、堀川院廊舍、闲院西对屋、民部省舍三宇颠倒。

---

① 大辟，即死刑。

从天延四年（976年）六月十八日到天延四年（976年）七月二十三日之间，一直余震不绝。每日震动多则十余次，少则二三次，可见这次地震十分剧烈。

于是，天延四年（976年）七月十三日，改年号为贞元。随后，圆融院与皇后（藤原媓子）全都移驾至藤原兼通的堀川宅邸。贞元元年（976年）七月二十六日，开始重建宫城。贞元元年（976年）十一月二十八日，立柱上栋。

贞元二年（977年）五月，圆融院下诏：为酬谢百姓重建宫城之劳，当年田租减半。贞元二年（977年）七月六日，朝廷特派奉币使前往各神社，告知迁入新宫之事。随后，圆融院命左中辨藤原佐理书写各宫匾额。藤原佐理是故关白藤原实赖长子藤原敦敏之子，是当时仅次于小野道风的大书法家。

贞元二年（977年）七月二十九日，圆融院迁入新宫。随后，圆融院下令赏赐重建新宫的有功之臣。不过由于当时新宫的营建还没完全竣工，所以九月九日的重阳宴停办一次。

贞元二年（977年）九月二十八日，皇后（藤原媓子）迁入新宫，新宫营建至此全部完成。

第2节 藤原兼通的急"除目"[①]与花山院出家

一、关白藤原兼通最后的"除目"与藤原兼家的贬谪

此前，关白藤原兼通患病，上表请求辞去关白之职。贞元二年（977年）十月十一日，藤原兼通重病之中匆匆进宫参见圆融院，主持了"除目"仪式。《日本纪略》记载：

> 今日（贞元二年即977年十月十一日）早旦，太政大臣（藤原兼通）自桂芳坊，参御在所。已刻，还着同坊。午时，左大臣（藤原）赖忠参入。次权中纳言藤原济时参入，着桂芳坊，权大纳言

---

① 除目，平安中期以后，朝廷每年春秋两次举行的官员任免的仪式。

（藤原）朝光召外记，令固诸阵于桂芳坊，有除目。右近大将藤原兼家（原为大纳言）任治部卿，权中纳言藤原济时任右近大将。（中略）奏除目了。太政大臣召大内记菅原资忠，仰云："以左大臣（藤原赖忠）可为关白万机者。"奏览诏书之后，召中务卿辅给之。

文中的藤原济时是故藤原师尹之子，藤原朝光是藤原兼通的次子。

随后，贞元二年（977年）十一月四日，圆融院封藤原兼通为准三官。贞元二年（977年）十一月八日，藤原兼通愈加病重，圆融院下诏大赦天下。同日，藤原兼通薨逝。圆融院追赠藤原兼通为正一位，封远江公，赐谥号忠义公。

前面说到，藤原兼通坚持重病进官，强行主持"除目"仪式，还将弟弟藤原兼家从大纳言大将贬为治部卿。其中，还有一段缘故。

本来，藤原兼通与藤原兼家两兄弟向来不睦，时常针锋相对。当时，藤原兼通病重，自觉时日无多。有一次，他听到门外传来为贵人开道时轰赶路人的声音，便问侍从："何人来访？"

侍从回禀道："小人看到了东三条大将大人（藤原兼家）的车辇。"

藤原兼通心想："虽然我们俩素日不和，到底是同胞兄弟，现在我身患重病，难得他有心前来探病，修复兄弟之情。既然如此，那我就把关白之职让给他，把身后之事托付给他吧！"

谁知，藤原兼家的车马，并没有在宅前停下，而是快速从门前过去，往官中方向而去。

藤原兼通的侍从大惊，马上报给了藤原兼通。藤原兼通闻言，瞪大了眼睛立马坐了起来，并命人准备车辇、服饰，要马上进宫面圣。

弟弟藤原兼家早年就希望越过兄长担任关白，却被藤原兼通阻挠，后来虽然晋升到大将之职，却无法升任大臣。现在藤原兼家听说藤原兼通病重，痊愈无望，并主动上呈了辞表，而且已获得圆融院准许，所以马上进宫面见圆融院，希望能继任关白之位。

这时，藤原兼通进宫面圣，藤原兼家慌忙退下。藤原兼通上奏圆融院，请求进行最后一次除目。随后，藤原兼通从圆融院面前退下，召见藏人头，下达了前文中的任命。

现将《大镜》中"藤原兼通略传"中的一节抄录如下：

这位大臣（藤原兼通）是九条大人（藤原师辅）的二公子，人称"堀川关白"，担任关白六年。（中略）

藤原兼通大人幼年举行"着袴"仪式时，前往拜见祖父贞信公（藤原忠平），贞信公（藤原忠平）请纪贯之代作和歌一首，将其作为送给孙儿的贺礼。于是，纪贯之作了这么一首和歌：

琴声无言，直抵心间。我为君祷，永承祖荫。

藤原兼通身姿优雅，容貌俊美。（中略）他晚上喝酒时，会用刚刚杀死的雉鸡做下酒菜。（中略）

藤原兼通大人的子女中，式部卿宫元平亲王女所生的长女藤原媓子，是圆融院的女御，人称"堀川皇后"。（中略）另一位女儿（藤原妧子），是圆融院的尚侍，现在还在世。（中略）藤原兼通大人的长子藤原显光，人称"堀川左大臣"，（中略）次子左大将藤原朝光，是兵部卿有明亲王的女儿所生。

二、关白藤原赖忠与藤原兼家

如前文所述，藤原兼通素来厌恶弟弟藤原兼家。此外，他还乘势阻止其他大臣将女儿送入宫中。

然而，藤原兼通薨逝之后，次年（贞元三年，即978年）四月，关白藤原赖忠便将次女藤原遵子送入宫中。当天，圆融院下诏，封藤原遵子为女御，准其乘坐车辇入宫。随后，圆融院摆驾至女御藤原遵子的御所——承香殿。右大臣源雅信以下，群臣拜见，并有擅长丝竹之人奏乐助兴，极尽盛宴。

于是，藤原兼家也坐不住了。贞元三年（978年）八月，他也将次女藤原诠子送入宫中,居住在梅壶院。后来,藤原诠子也被封为女御,她就是一条院的生母——东三条院。而藤原赖忠的女儿藤原遵子却没有生育,世称"四条皇后"。

关于这两位女御的入宫之事,《大镜》等记载:

> 藤原赖忠之女藤原遵子入宫当日,圆融院准许其乘坐御辇入宫,其兄大纳言藤原公任随御辇入宫途中,经过东三条藤原兼家府邸。藤原兼家一族颇感不快。藤原公任还故意在藤原兼家府邸门口停马驻足,大声夸耀道:"此女御他日必为皇后。女御诞下皇子之日,便是荣升皇后之时。"
>
> 当时藤原兼家的心情,可想而知。特别是看到承香殿游宴等事,藤原兼家心中必定难以忍受。于是,他也将自己的女儿藤原诠子送入宫中。后来藤原诠子因为生下一条院,被立为皇后。藤原兼家就故意任命藤原公任为皇后亮。
>
> 有一天,皇后(藤原诠子)外出行幸。藤原公任随行侍奉。同行的女车之中,有人招呼藤原公任靠近。藤原公任以为有事吩咐,走上前去。一位名叫进内侍的女官从车中探出头来问道:"令妹素腹皇后,今日可还好?"——这是对他当年口出狂言的羞辱。

由此可见藤原氏权势争夺的一斑。"素腹"这个词,是嘲笑不能生育的女子的俗语。在这种情况之下,四条皇后(藤原遵子)又是何境遇呢?《大镜》记载:

> 这位皇后(藤原遵子)没有皇子,人称"四条皇后"。(中略)这位皇后心思沉稳,颇有见地,佛心笃诚,多行功德。每年春秋二季的读经,都会诚请二十名僧人进宫供养四日。皇后(藤原遵子)为僧人安排的住宿饮食,无不精致清雅。(中略)皇后(藤原

遵子）本人也会沐浴更衣，极尽赤诚。赏赐给僧人的物品，都会先放在皇后（藤原遵子）面前。皇后（藤原遵子）礼拜过后，再交付僧人使用。

可见四条皇后（藤原遵子）已经完全是一种与世无争的状态了。

另外，此前藤原兼家被贬为治部卿。藤原赖忠觉得藤原兼家可怜，不久后就让他官复原职，出任大纳言。同年（贞元三年，即978年）十月，藤原赖忠升任太政大臣，源雅信任左大臣，藤原兼家升任右大臣。贞元三年（978年）十一月，改年号为天元。

天元三年（980年）六月，藤原兼家女藤原诠子产下第一皇子（怀仁亲王，一条院）。在第一皇子（怀仁亲王）出生五十日那天，圆融院在清凉殿大宴群臣，作为庆贺。天元三年（980年）八月一日，第一皇子（怀仁亲王）被封为亲王。

当年，藤原兼家因为兄长藤原兼通的缘故被贬谪时，时常幽居宅中，郁郁寡欢。那时有人做梦梦到：许多箭从藤原兼通的堀川府宅中射出，落到藤原兼家的东三条府中。那人将此梦告知藤原兼家，藤原兼家十分惧怕，便请了高人前来解梦。高人占卜后告知："这是吉兆，天下大势将会从那位大人身上转移到大人您身上。"

当时还有一位有名的巫师，自称是贺茂神之子转世。由于他转达贺茂神宣旨时，需要伏地跪拜，所以世人又将他称为"伏打巫"。藤原兼家时常将这位巫师请到家中，向他询问凶吉，每每言中。后来，藤原兼家总是着正装与之相见，并让巫师头枕在自己膝盖上，占卜凶吉。如此深陷迷信，可见当时藤原兼家忧虑之深。

藤原兼通去世之后，藤原赖忠继任关白之位。藤原兼家依旧屈居人下，想必也是十分不快。直到第一皇子（怀仁亲王）诞生，藤原兼家骤然得势，甚至可以凌驾于藤原赖忠之上。

三、天元大火及官人盗贼

天元三年（980年）十一月二十二日，贺茂临时祭举行。当天，宫中正在宣读圆融院给贺茂神社的宣旨时，主殿寮突发大火，火势蔓延甚广，只有采女町、御书所、桂芳坊等几处宫殿幸免于难。

众人护卫圆融院避难，先是移驾至太政官僚，后来火势蔓延到采女司厅，于是，圆融院又移驾到藤原赖忠四条坊门的府中。随后，按例裁减天皇御服、御膳等，并减免各国未进的调庸，并免除各国一半徭役。又因为新建宫舍，减免全国田租一半。各节会等全部停办。

天元四年（981年）七月，新造皇宫立柱上栋。

天元四年（981年）十月二十七日，圆融院迁回新宫。

天元五年（982年）五月，皇后（藤原遵子）、皇太子（师贞亲王）迁回新宫。后来，朝廷在皇宫内修行"不断读经法"五日，以祈求皇宫平安。

然而，天元五年（982年）十一月十七日夜晚，皇宫内又起大火，各宫悉数烧毁。《日本纪略》记载：

> （大意）天元五年（982年）十一月十七日寅时，皇宫起火，众人匆匆护卫天皇（圆融院）避难。随侍之人都来不及穿戴整齐，大臣等着布袴①相从，诸卫官人则穿乌帽子布衣。

可见当时匆忙之状。

随后，圆融院、皇后（藤原遵子）、皇太子（师贞亲王）移驾至堀川院。

宫中连续失火，明显是盗贼故意纵火。前文中说到，这些盗贼之中，也有诸卫的官人。早在天元三年（980年）九月，就有一个名叫藤原景澄的春宫带刀侍卫，进入弘徽殿曹司盗取财物。天元五年（982年）六月，有盗贼在式乾门宿值所盗取财物并放火。此外，还有人在皇宫重建期间放火。连皇宫大内尚且如此，其他地方就更不必说了。

---

① 布袴，天皇近侍在紧急时候的穿戴，正式程度次于"束带"。

天元三年（980年）十二月，强盗数十人袭击但马守藤原尧时的住宅，掠夺财物，还在中纳言藤原重光的一条大官府邸、右大臣藤原兼家的东三条府邸放火。于是，朝廷命检非违使逮捕京中、畿内没有武职却携带弓箭之人，并处以杖刑八十。

　　当时，有个名叫左兵卫尉藤原齐明的人，用兵刃伤了播磨介藤原季孝和弹正少弼大江匡衡之后逃跑，后在近江国高岛郡被前播磨掾惟文王捉拿。藤原

大江匡衡

齐明与其弟散位藤原保辅集结盗贼之事败露，藤原齐明被斩首示众，藤原保辅被捉拿下狱，死在狱中。

总之，当时各国连年歉收，京畿地区尤甚。《日本纪略》说"此间米值腾跃，饥渴之甚也"。平民百姓苦不堪言，而贵族阶层却依然骄奢淫逸，这也是盗贼横行的重要原因。

由于皇宫再次失火，加上当时旱灾频发，于是，次年（天元六年，即983年）四月，改年号为永观。

永观二年（984年）八月，圆融院在临时皇居堀川院中让位于皇太子（师贞亲王）。宽和元年（985年），圆融上皇落饰出家。正历二年（991年）二月，圆融上皇驾崩，时年三十三岁。圆融上皇的遗体在圆融寺北原火化后，葬于村上山陵。

四、花山院受禅

《日本纪略》记载：

> 花山院，讳师贞。冷泉院天皇第一之子也。母故女御从三位藤原怀子，故太政大臣谦德公（藤原伊尹）之女也。
>
> 安和元年（968年）十月二十六日诞生。（中略）
>
> 永观二年（984年）八月二十七日，先皇（圆融院）让位于今帝（花山院）。先皇（圆融院）二十六，今帝（花山院）十七。诏令太政大臣藤原朝臣（赖忠），百官总己，万机关白。先皇（圆融院）留御堀川院。今帝（花山院）自闲院第移堀川院，受禅。即日入新造内里，行幸仪也。（中略）以先皇（圆融院）第一怀仁亲王为皇太子。（中略）
>
> 永观二年（984年）九月九日，诏上太上天皇号于先皇（圆融院）。（中略）
>
> 永观二年（984年）十月十日，天皇（花山院）即位于大极殿。（中略）

> 永观二年（984年）十一月七日，宣旨："以大纳言藤原为光卿（故关白藤原师辅第九子）第二女（藤原）怟子为女御者，以弘徽殿为休所。"

永观三年（985年），改元为宽和。

五、藤原兼家的诡计

前一小节中提到的藤原怟子，世称"弘徽殿女御"。据说她容貌艳丽，因此也被称作"一丽女御"。花山院对她十分宠爱，到了"六宫粉黛无颜色"的程度。然而，宽和元年（985年）七月，弘徽殿女御（藤原怟子）去世。《日本纪略》记载：

> 宽和元年（985年）七月十八日辛酉，未刻，女御藤原怟子卒。（中略）怀孕之间，日来病恼。天下哀之。（中略）
> 宽和元年（985年）七月二十二日乙丑，赠故女御（藤原）怟子从四位上。

《大镜》记载：

> 女御（藤原怟子）孕子八月而逝。

此后，花山院悲恸不已，遁世出家。《古今著闻集》《古事谈》等记录此事概况如下：

> 当时，右大臣藤原兼家为了让自己的外孙——皇太子怀仁亲王能够早日即位，日夜筹谋。花山院自弘徽殿女御（藤原怟子）去世之后，日夜悲叹。当时，藤原兼家次子藤原道兼任藏人左少辨，与藏人头左中辨藤原惟成、护持僧严久和尚等同为花山院近侍。藤

原兼家通过这三人知道，花山院与故女御（藤原忯子）十分喜爱鸟类。于是，藤原兼家便悄悄养了一只鹦鹉，还教这鹦鹉说"妻子珍宝及王位，临命终时不随者"之类的佛经。等到鹦鹉学会之后，有一天，藤原道兼进宫面圣，退出之时，故意将扇子遗忘，命藤原惟成取回。藤原惟成在御前将扇子展开，扇子上便写着这两句话。于是，花山院便向严久询问诗句的意思。严久知道时机到了，便向花山院进言："抛下凡尘恩爱，只身入道，才是真正的佛道修行。妻子儿女、王位珍宝，全都是身外之物，生不带来，死不带去。"云云。

花山院闻言，悲恸不已，觉得对这世间已经无所留恋，只想遁世出家，无奈天皇之位，不能轻易辞退，烦恼不堪。这时，藤原兼家暗中将鹦鹉放入宫中，鹦鹉飞到花山院近旁，就开始念那些"弃恩入无为"之类的诗句。花山院听了之后，突然就下了出家的决心，便秘密召见藤原道兼，说了这件事。

藤原道兼声称对于花山院道心坚定十分感动，涕泪俱下，并进言道："既然天皇心意已决，那就迅速完成此事吧！"于是，马上就要将剑玺送往东宫。当时已经夜深，藤原道兼哄着花山院从藤壶院的小门出了宫。当时，月色明亮，花山院觉得天色太亮，略生踌躇。然而，藤原道兼说："神玺、宝剑都已经送往东宫了，天皇不必再踌躇。"这时，乌云蔽月，夜色稍暗，花山院又说："朕即将离宫出家，竟忘了带上从不离身每日观览的故女御诗文。"说完就要回宫去取。藤原道兼催促道："现在回去，难免中途出现什么变数，还是赶紧走吧！"于是，带着花山院从土御门离宫，去往皇宫东边的花山寺。

《荣花物语》《百练抄》《扶桑略记》等记载这一天为宽和二年（986年）六月二十二日，但《日本纪略》《外记日记》《大镜里书》等记载的宽和二年（986年）六月二十三日应该才是正确的日期。《日本纪略》记载：

（宽和二年，986年）六月二十三日庚申，今晓丑刻许，天皇（花山院）密密出禁中，向东山花山寺落饰。于时，藏人左少辨藤原道兼奉从之。先于天皇（花山院）密奉剑玺于东宫。出宫内，云云。年十九。翌日，招权僧正询禅，剃御发。御僧名入觉。

在花山院剃发之前，藤原道兼欺骗花山院说自己必将追随花山院一同出家。然而，花山院剃发之后，藤原道兼却逃了回去。《大镜》记载：

抵达花山寺之后，花山院剃发完毕，粟田大人（藤原道兼）说："我要回家一趟，以俗世之人的身份再见我父亲最后一面，并向他禀告我将随天皇出家之事。我定会回来。"于是，抛下花山院回去了。花山院这才知道被藤原道兼骗了，伤心得哭了出来，真是可悲可叹！

在此之前，藤原道兼总对花山院许诺："我会和您一同成为佛陀的弟子的！"一心诱导花山院出家。这份心机，真是可怕！

东三条大人（藤原兼家）担心儿子藤原道兼真的追随花山院出家，便派了一些思虑周全、处事谨慎的家仆和一些孔武有力的源氏武者跟随在藤原道兼身边充当护卫。藤原道兼在京城内行走时，这些人就隐蔽到看不见的地方，藤原道兼走到贺茂川的堤上时，他们就会以护卫身份公然现身。进入花山寺以后，如果有人想强行让藤原道兼出家，这些人就会拔出一尺余长的大刀进行威吓。

藤原道兼为了家族的荣华，竟然深夜和花山院两个人跑到遥远的东山，实在是胆大包天。更何况当时强盗横行，这是何其危险！而藤原兼家担心儿子出于君臣之义而被迫出家，甚至派了武士随行护卫，真可谓是老谋深算。

这次成功诓骗花山院退位出家，全是藤原道兼一人之功。这可以从他平时在父亲藤原兼家面前的自夸，以及父亲去世时的言论知晓。《大镜》记载：

（藤原兼家去世之后，藤原道兼说：）"我以一人之力，哄骗花山院退位出家。父亲去世前，本就应将关白之位让与我，没想到他将关白之位却让与了兄长藤原道隆，我实在心有不甘！"

关于花山院的突然逊位之举，《大镜》记载：

（民部卿源俊贤感叹：）"比起冷泉院，花山院的错乱之举更让人手足无措！"

其实不止源俊贤，除了藤原兼家一门中人，世人无不惊愕慨叹。第二天，藤原惟成与花山院舅父中纳言藤原义怀（藤原伊尹之子）就赶赴花山寺，剃发出家。藤原义怀法号悟真，藤原惟成法号悟妙。《大镜》记载：

花山院在位时，他的舅父藤原义怀身居中纳言之位。（中略）花山院在位期间，藤原义怀也曾有权有势，但花山院出家后，他迅速赶到花山寺，（中略）出家做了和尚。（中略）这位中纳言虽然不识字，但熟知朝仪和规范。花山院在位时，就是藤原义怀和藤原惟成辅佐他处理政务，实在是令人钦佩！

关于藤原义怀的出家，《大镜》记载：

据说（藤原）义怀中纳言的出家，是因为藤原惟成的劝诱。（中略）藤原惟成对藤原义怀说：

"现在朝廷中，以天皇外戚身份而得势的，只有你一个人。之后新皇登基，你可能处境会比较艰难。"

藤原义怀听到藤原惟成这么说，心里也十分担心，于是，就跟随花山院出了家。当时世人都觉得，出家不是藤原义怀的本意，恐怕他也坚持不了多久。没想到藤原义怀为人笃诚踏实，从此也潜心修佛，毫无懈怠。

虽说这件事完全是藤原惟成在旁推动，但这背后，恐怕也少不了藤原兼家的操控。

六、逊位后的花山院

花山院剃发之后，很快就在比叡山戒坛受了戒。花山院出家后，就开始遍览名山古寺。《大镜》记载：

> 花山院在位时就颇有向佛之心，退位之后，更是潜心修佛，遍览诸国灵山道场。有一次，他在参拜熊野权现的路上，经过一个叫作"千里之滨"的地方，突然觉得有些不适，于是，以海滨砂石为枕，躺下稍作休息，只见眼前有袅袅青烟缓缓升起，腾空而去——原来是海边的渔民在烧制海盐。花山院突然有感，作了一首和歌：
>
> 孑然旅途中，入化夜升空。故友遥相望，盐田焚海东。
>
> 经过长年苦心修佛，花山院逐渐成为一位佛法灵验的高僧。他借宿熊野权现中堂那晚，那儿正举行法验大赛，他也想试一下自己的法力，随即参加了比赛，在心中默默祷念。这时，一位正在操纵护法童子的法师被一种无形的力量吸到花山院所在屏风的面前，无法动弹。很久之后，比赛结束，花山院解除了法术，这位法师才能起身，回到操纵护法童子的法师之间。大家都感叹："这位法师操纵的护法童子比其他童子都更优秀，所以才能被花山院选中啊！"（中略）
>
> 是啊！普通人无论怎么修行，又怎么可能比得上天皇呢！正是因为前世的十善修行，才能今生为帝，现在舍帝位而出家，就更加功德无量啊！

此外，关于花山院的"怪行"，《大镜》还记载：

然而，正如之前民部卿源俊贤所说，这位天皇（花山院）时有失态之举。（中略）其中有一次，父帝冷泉院居住的府邸南院失火，花山院前往探视时的举动，十分滑稽。

当时，冷泉院为避大火，已经移驾至二条大路与町尻小路交叉的路口。这时，花山院骑着马，头上戴着一顶镶有圆镜的斗笠，逢人就问："父皇现在何处？父皇现在何处？"

有人告知了他冷泉院所在的位置，他骑马赶到之后，先下了马，然后将马鞭缠在手臂上，来到父皇的马车前，整理好衣袖之后，扑通一声，十分夸张地跪在了马车前。（中略）

这时，冷泉院突然在马车里大声唱起了神乐歌，随行侍奉的人大感滑稽，竟笑了出来。（神乐歌是篝火晚会时助兴的乐曲，冷泉院是开玩笑把火灾当作篝火晚会。）（中略）

还有一次，有一年贺茂祭的第二天，花山院御览斋院还朝队列时的荒唐举动，也有很多人看到。（中略）当时，以花山院宠臣——耀武扬威的高帽赖势法师为首，许多僧人集结在花山院的车辇之后，那种趾高气扬的气势，简直一言难尽。

特别是花山院手中的念珠，更加有意思。他将小蜜橘当成佛珠串成一串，然后用大蜜橘作主珠，他把手伸出车外向百姓打招呼时，手上就挂着这串蜜橘串。这样的举动，简直是世所未见。

然而，花山院的车辇走到斋院御所紫野附近时，百姓前来围观。突然，检非违使前来抓捕昨日闹事的人。（中略）权大纳言藤原行成卿当时还很年轻，（中略）他派人对花山院说：

"昨日之事如何如何，还请尊驾先行回府。"

听到这话，花山院车辇后的僧众一时之间作鸟兽散。只剩下车辇前的几个人，偃旗息鼓地驾车回去了。（中略）太上天皇的名号，也因此蒙污。

所以，民部卿大人源俊贤那句话，真的是所言非虚！

史书上把花山院这些行为称为"怪诞"或者"失态"，但这都是表象而已。事实上，想必是花山院因为受到藤原兼家玩弄，退位出家，心怀愤懑，所以才故意放浪形骸，作出种种怪异举动吧！从花山院御制的和歌中，就能窥见端倪。《大镜》记载：

> 花山院所作的和歌，受到当时人们的喜爱，广为传唱。比如这一首：
> 试从他所览明月，是否一如吾宅中？
> 这首和歌文辞优美，意境幽远，不像是心智紊乱之人的作品。
> 此外，他还曾向父皇冷泉院献上过这么一首和歌：
> 青笋出泥时尚浅，出落成竹待光阴。纵得长生又何益，愿以吾寿赠父君。
> 冷泉院则回复：
> 经年老竹半枯朽，不若返儿令寿长。

关于花山院的"心智"，《大镜》记载：

> 花山院还是一位风雅之人，他在设计自己的府邸时，把正殿、偏殿用回廊连接起来，桧树皮屋顶也连成一片，十分雅致。在此之前的房屋，都是一栋一栋独立修建，只有屋檐下的导水管是连起来的。（中略）
> 他还将车库设计成里面高、外面低的样式，并且把门扉做得很大，这样一来，如果时间紧急，只要把车库门一开，车子就会自动滑出来，真是十分巧妙的设计！
> 除此之外，花山院的日常用具，无不华美精巧。（中略）比如砚台盒，（中略）上面绘有海上蓬莱仙山和长手长脚的妖怪的漆画，（中略）盒子上的漆绘、盒子边缘的镶金，全都精美绝伦。

府中移栽庭木时，花山院说："樱花虽美，但枝丫粗糙，凹凸不平，树干也毫无风骨，唯独树梢颇具风情。"

于是，命人将樱花树种在庭院外侧，从屋内往外正好能看见树梢。真是独具意趣！人们都十分佩服。

花山院还命人将瞿麦花种随意撒到院子的土墙上，鲜花盛开时五颜六色，相映成趣，整个宅府如同披上了唐锦帷帐，惊艳四方。

可见花山院的心智绝对没有问题，他退位出家时，年纪不满二十岁，思虑未定。出家一事，与其说受到当时佛教鼓吹的"修今生、修来世"思想的影响，倒不如说更多是受了藤原兼家的哄骗。

宽弘五年（1008年）二月八日，花山院驾崩，时年四十一岁，葬于纸屋川上法音寺北。

第3节 藤原兼家父子的摄政与藤原伊周的贬谪

一、一条院登基及藤原兼家摄政

花山院出家之后，藤原兼家便拥立皇太子（怀仁亲王）即位。《日本纪略》记载：

> 一条院，讳怀仁，圆融天皇第一之子也。母女御正四位下藤原诠子，摄政右大臣（藤原）兼家之女也。（中略）
>
> 宽和二年（986年）六月二十三日庚申，花山天皇偷出禁中，奉剑玺于新皇（一条院）。年七。外祖右大臣（藤原兼家）参入。令固禁内警备。
>
> 翌日，即宽和二年（986年）六月二十四日，行先帝（花山院）让位之礼。右大臣藤原朝臣（兼家）摄行万机，如忠仁公（藤原良房）故事。（中略）

宽和二年（986年）六月二十八日乙丑，诏上太上天皇尊号于花山法皇。敕赐摄政右大臣（藤原兼家）内舍人二人，左右近卫各四人，为随身。（中略）

宽和二年（986年）七月五日，以母仪女御藤原诠子为皇太后。（中略）

宽和二年（986年）七月十六日壬午，冷泉院第二居贞亲王，于外祖摄政（藤原兼家）南院第，加元服。年十一。今日，即宽和二年（986年）七月十六日，立（居贞）亲王为皇太子。

藤原兼家不仅马上罢免了藤原赖忠，自己担任了摄政，还将长女藤原超子所生冷泉院第二皇子居贞亲王册立为皇太子。如此一来，皇太子竟然比天皇还要年长，藤原兼家此举真是无所顾忌。

宽和二年（986年）七月二十二日，一条院在大极殿举行即位大典。藤原兼家沿袭藤原良房的先踪，成为准三宫。当时，虽然同时有冷泉、圆融、花山三位太上天皇，但三位太上天皇都不问政事。朝中大事全由藤原兼家一人把持。

一条院即位当天，官人在大极殿布置即位大典的会场时，有人在天皇宝座上发现了带血的人头，便慌慌张张赶紧去报告藤原兼家。然而，藤原兼家却佯装打盹，仿佛没听到一般。禀报者提高声音叫他，他还是没有醒。很久之后，他才一副恍然惊醒的样子，询问身边的人大极殿是否已经布置好。这样重大的仪式，绝不能因其他干扰因素而中止，所以藤原兼家才假装睡着没有听见之前的奏报。如果有人贸然说"不祥"之类的话，藤原兼家也会说："一派胡言！"然后将其斥退。从这件事就能看出藤原兼家的魄力。

藤原兼家行为处事，往往旁若无人，气魄胆量，都不同凡响。藤原兼家一族，也都狐假虎威，仗势欺人。《大镜》记载：

一条院即位以后，藤原赖忠因为不再是外戚，被罢免了摄政之

一条院

职，仅保留太政大臣的官位，和他的女儿圆融院皇后藤原遵子一同居住在四条院府邸。当时，前权帅藤原隆家，是首席大臣藤原兼家之孙，向来横行无忌，目中无人。（中略）所有人经洞院大路向北通行时，都会避让，选择别的路通行，唯独藤原隆家，骑马经过皇太后藤原遵子和太政大臣藤原赖忠居住的四条院府邸时，从不下马行礼，而是大摇大摆地骑马而过。

　　藤原赖忠对此十分不满，却又无可奈何。他想知道藤原隆家到底是怎么路过的，便从正门北边回廊的窗格中往外窥视。只见藤原隆家得意扬扬，骑着高头大马，衣服也没有扣好，前后拥簇着二三十人，高声吆喝着为他开道，他本人眼睛扫过四条院府邸的大门,一只手收紧缰绳,一只手摇着折扇,慢悠悠地从门口走过。藤原赖忠见状,心中暗暗气愤:真是个无礼之徒!

然而,如果出言责备,也只是自取其辱,因此,藤原赖忠也没有多说,只讪讪说了一句:"真是无趣!"

关于藤原赖忠,《大镜》记载:

> 这位大臣(藤原赖忠),曾制定了许多很好的制度。比如,贺茂祭时,安排检非违使随行在车队之后,维持治安。还有,配置骑马随行侍卫左右各二人,也是从这位大人开始的。(中略)
>
> 不过,这位大臣有的地方也有点过于细致。比如,这位大人的府中,每晚用剩的灯油,第二天早上都会派人收集起来,装在瓶中,第二天晚上再用。甚至女眷房中的灯油,也是如此。(中略)
>
> 藤原赖忠大人担任摄政之职时,从来不会穿着"直衣"(常服)进宫面圣。他有事要向天皇上奏时,都是穿着"布袴"(正装)。而且到了清凉殿上,也只是站在隔帘以外,通过藏人向天皇上奏或者接受天皇的命令。只有在天皇偶尔走到清凉殿西南的房间面见群臣时,他才会走到御前。他虽然身为摄政,但依然对天皇保持着恭谨的距离。

通过以上描述,我们能够看到藤原赖忠勤俭节约、谨遵法度、谦恭自重的一面。

宽和三年(987年)四月,改元永延。

永延元年(987年)七月,藤原兼家东三条新府建成。藤原兼家迁居新府,大兴管弦,宴饮三日。这座东三条府所有陈设都是模仿清凉殿建造而成,时人惊其僭越。后来,皇太后(藤原诠子)、天皇(一条院)都曾临幸这座宅邸。藤原兼家在宅中举办诗宴、乐宴等,无不盛大至极。

永延二年（988年）三月，藤原兼家六十大寿。一条院在长宁殿赐宴群臣，以为庆贺。此后，朝廷还向六十座神社派遣奉币使，为藤原兼家祝寿祈福。

在此之前，藤原兼家还在二条京极营建新宅。永延二年（988年）九月，藤原兼家入住新宅，设宴庆贺。《日本纪略》记载：

> 永延二年（988年）九月十六日庚子，摄政（藤原兼家）新造二条京极第，有兴宴事。左右大臣（源雅信、藤原为光）以下，多以集会。池头钓台，杯酌数回。春宫大进源赖光，牵贡驹三十匹，大臣以下颁之有差。会者诵诗句，唱歌曲。河阳游女等群集，给绢四十匹，米六十石云云。今日之游，希代之事也。

可见当时盛况之空前。

永延三年（989年）八月，又改年号为永祚。然而，同月，畿内刮大风。《日本纪略》记载：

> 永祚元年（989年）八月十三日，辛酉，酉戌刻，大风。宫城门舍多以颠倒。承明门东西廊、建礼门、弓场殿、左近阵、前轩廊、日华门御舆宿、朝集堂、应天门东西廊十四间，会昌门、同东西廊三十七间，仪鸾门、同东西廊三十间，丰乐殿东西廊十四间，美福、朱雀、皇嘉、伟鉴门、达智门、真言院，并诸司杂舍、左右京人家，颠倒破坏，不可胜计。又鸭河堤，所所流损，贺茂上下社御殿，并杂舍、石清水御殿，东西廊颠倒。又祇园天神堂，同以颠倒。一条北边堂舍、东西山寺等，皆以颠倒。又洪水高潮，畿内海滨河边民烟、人畜、田亩，为之皆没。死亡损害，天下大灾，古今无比。
>
> 永祚元年（989年）八月十四日，壬戌，右大臣（藤原为光）、内大臣（藤原道隆）以下诸卿参仗座，定昨日颠倒门廊等修造诸

国。至于料物，用正税稻。若不有正税，用不动谷，且申闻用之。且宛行不动正税，共以用尽。随其申请，特以裁下者。

灾情惨状，由此可见一斑。

此后，朝廷又举行了例行的祝祷。当时，天台座主寻禅辞任，座主位空缺。永祚元年（989年）九月二十九日，朝廷命大僧都余庆补缺，由宣命使少纳言源能远进入比叡山中。然而，由于余庆不是圆仁（慈觉大师）一派的弟子，所以比叡山僧人之中，慈觉大师一派的恶僧数百人，集结成党，在半途把宣命使拦下，夺取宣旨，还把御使赶了回去。

于是，朝中百官商议，如何对恶僧定罪。然而，朝廷顾及比叡山护国灵寺的地位，并没有作出惩处，只是派遣右大辨藤原在国前往询问山僧为何要夺取宣旨，驱赶御使。后来又因为涉事恶僧都是慈觉大师的弟子，所以朝廷宽恕了他们的罪行，只是进行了训诫。

正是朝廷每次都对僧人格外开恩，才导致后来僧人越发肆无忌惮，甚至欺辱朝廷，这真是令人叹惜。后来余庆辞去座主之职，改由前僧都阳生担任。余庆则被任命为权僧正。

二、藤原道隆摄政

永祚二年（990年）正月五日，一条院加元服，时年十一岁。藤原兼家为一条院加冠。永祚二年（990年）二月，藤原兼家病倒，上表请辞摄政之职。于是，一条院下旨，由藤原兼家之子内大臣藤原道隆继任摄政之职，并赐随身兵仗及牛车等，与藤原兼家在位时相同。随后，藤原兼家剃发出家，并将他的二条京极府改建为佛寺，名为积善寺。一条院下诏，御赐一百人剃度，并大赦天下，减免调庸等，还在积善寺赐封阿阇梨。永祚二年（990年）七月，藤原兼家薨逝。《大镜》记载：

这位大臣（藤原兼家），（中略）是冷泉院与圆融院的舅父，一条院与三条院的外祖父。（中略）他位列公卿二十年，摄政五

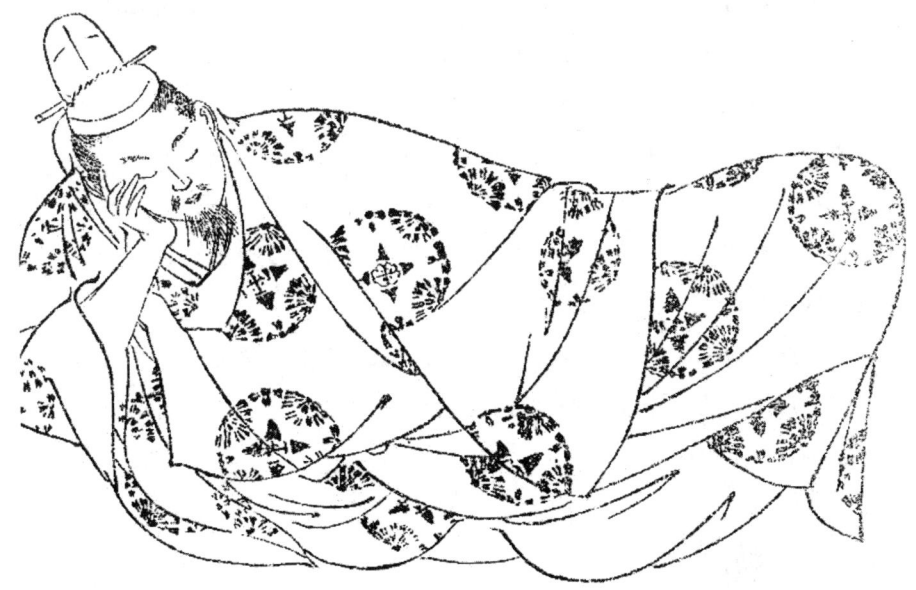

藤原道隆

年，担任太政大臣两年。五年之间，他执掌天下，极尽荣华。（中略）后来因为出家，所以去世之后没有谥号。

藤原兼家每次进宫，（中略）都是乘坐牛车直到朔平门，从朔平门到清凉殿之间一小段路，他总是敞开着衣襟，十分随意。（中略）

有一年七月，一条院观览相扑的时候，东宫（三条院）也一同观览。在天皇和东宫面前，本应举止谨慎，小心侍奉，但藤原兼家却嫌天热，将衣物都脱掉，只留一件贴身汗衫，真是前所未见，一言难尽。

藤原兼家晚年，夫人已经去世，他一人鳏居，便将自己东三条院府邸的西面厢房（这个房间一般是家中女主人居住）改造成清凉殿的模样，（中略）供自己居住，世人都认为他过于僭越了。（中略）

后来，藤原兼家经常居住在他的别院——法兴院，他的侍从都觉得那座别院晦气，但藤原兼家却十分喜欢这里，也没有听从近侍的劝说，依然经常前往。不久之后，藤原兼家就去世了。（中略）

因为这个缘故,所以藤原兼家去世以后,这个别院也没有由他的子女继承,而是变成了寺院的领地。(中略)

藤原兼家十分疼爱他的三个皇孙(藤原超子所生的三条院、为尊亲王、敦道亲王),但凡发生什么事情,比如打雷或者地震,他都会马上到皇太子(三条院)身边侍奉,并对他的三个儿子(藤原道隆、藤原道兼、藤原道长)说:"你们快去天皇身边侍奉,皇太子这儿有我。"

藤原兼家曾献给三条院一条名叫"云形"的著名石带(玉石镶嵌的腰带),腰带扣背面"敬献东宫"几个字,是他亲自用小刀刻上去的。(中略)

藤原道长

当年昭宣公（藤原基经）的三个儿子被世人称为"三平"。藤原兼家的三个儿子则被世人称为"三道"（道隆、道兼、道长）。

以上，就是藤原兼家的大致介绍。

三、第一位女院及淫乱的风气

永祚二年（990年）十一月，改年号为正历。次年，即正历二年（991年），藤原道隆上表辞去大臣之职。他的弟弟藤原道兼被任命为内大臣。正历二年（991年）九月，皇太后藤原诠子因身体抱恙而落饰出家，于是，辞去皇太后封号，改用东三条院的名号，世人称她为"女院"——这是日本历史上第一位女院。

在此之前，一条院元服时，藤原道隆长女（藤原定子）被送入宫中，成为女御，随后被册封为中宫。后来（正历六年，即995年），藤原道隆又将次女（藤原原子）送入太子（居贞亲王）后宫，藤原原子成为太子妃。于是，藤原道隆就成了女院（东三条院藤原诠子）的兄长、天皇（一条院）与东宫（居贞亲王）的岳父，权倾朝野。

同年（正历六年，即995年），藤原道隆将淑景舍作为自己的宿值所，并让一条院也迁到这里。从那以后，皇宫大内对于藤原氏而言，几乎已经没有公私之分。藤原道隆的儿子也经常留宿宫中。

自早年嵯峨天皇、仁明天皇时期开始，世风已经有些淫乱的迹象，到了一条院时期，淫乱之风不仅没有任何改善，反倒愈演愈烈：后宫中侍奉的女官几乎成了公卿、贵族的侍妾，甚至到了没有一个公卿不与后宫女官私通，也没有一个女官不与公卿私通的程度，实在是不成体统。

特别是女院（藤原诠子），因为出家人的身份，得以摆脱皇太后尊号的束缚。她与从前的皇太后都不一样，像法皇一样，自由临幸各地寺庙，比如近江石山寺，她就曾多次亲临。京都境内的寺庙，特别是藤原家建立的寺庙，她则更是来去自如。因此，女官和僧都之间也开始私通。这样的风气渐渐弥漫开来，导致丑闻遍地。

正历四年（993年）正月，一条院行幸东三条院，举行管弦之宴。一条院亲自吹笛，右大臣源重盛吹笙，大纳言藤原济时弹奏筝，权中纳言源时中弹奏倭琴，参议藤原实资弹奏琵琶，可见当时宴会的盛况。

正历五年（994年），应藤原道隆申请，一条院御封积善寺为敕愿寺。积善寺供养当天，不仅女院（藤原诠子）与中宫（藤原定子）都御驾亲临，亲王、公卿等也都纷纷前往，可以想象当时场面的盛大。

四、藤原道隆薨逝

正历四年（993年）四月，藤原道隆重新开始摄政，并升任关白。正历五年（994年），其子权大纳言藤原伊周升任内大臣。这等于是藤原道隆将自己的儿子内定为自己的接班人。

长德元年（995年）三月，藤原道隆病倒，他奏请一条院让自己的儿子藤原伊周代行关白之职。一条院应允，并赐藤原伊周随身兵仗。长德元年（995年）四月，藤原道隆病重，于是，剃发出家。藤原道隆剃发当日，中宫（皇后藤原定子）及东宫女御（太子妃藤原原子）驾临藤原道隆府探望。不久之后，藤原道隆病逝，时年四十三岁。关于他患病的缘由，《大镜》记载：

> 这位大臣（藤原道隆），是东三条大臣（藤原兼家）的长子，与女院（藤原诠子）是一母所生，后来成为关白，享受荣华才六年，在疫病暴发那年（长德元年，即995年）去世。不过，他去世并不是因为疫病，而是因为嗜酒。有些男子，将饮酒当作人生一大快事，但饮酒过量，也常常误事。
>
> 有一年，公卿大臣去参加贺茂祭斋院回京的典礼。藤原道隆与小一条大将（藤原济时）、闲院大将（藤原朝光）乘坐同一辆牛车，前往紫野①。当时，藤原道隆刚得到一个小鸟栖于瓶身形状的瓶子，他十分喜爱，便把这当作酒器，随身携带。参加典礼当天，他也带上了这个酒瓶。由于酒器正是合意之物，同行之人也是合心之

---

① 紫野，京都市内地名，附近有大德寺和今宫神社。

藤原伊周

人，于是，一路上，藤原道隆时不时拿出酒瓶，与好友小酌一番。后来，三个人都喝多了，便把牛车前后的帘子都卷起来，三人扯下发冠，露出发髻，实在有失斯文。（中略）

不过，藤原道隆即便喝得大醉，醒酒也比一般人快些。参拜贺茂神社时，按规定要在下贺茂社前向神明献酒三杯。藤原道隆拜献时，神社的祢宜和神主知道他好酒，便让他使用大号酒杯。（中略）藤原道隆一连饮了七八杯，从下贺茂社前往上贺茂社的途中，他就醉卧在牛车后座，睡得不省人事。当时，第一大纳言，后来的御堂大人（藤原道长）也一同随行。（中略）到了晚上，随行侍从们手中拿的松枝火把的光可以照出车内的人影，但同行的藤原道长在牛车外却看不见车里藤原道隆的身影，觉得十分奇怪。

到了上贺茂社，随行侍从解开驾车的牛，取下辕轭，藤原道隆依旧没有醒。（中略）随行的侍从不知如何是好。这时，藤原道长也下了车，他也不能坐视不理，便在车外大声叫着："喂！喂！"并用扇子拍打手掌发出声响。然而，藤原道隆依旧没有醒来。藤原道长无奈，只得走近，大力拉扯藤原道隆的衣衫。藤原道隆这才清醒过来。藤原道隆不慌不忙将发髻、衣装都整理妥当，然后才走下牛车，一点儿也看不出是大醉初醒。（中略）

这位大人的嗜酒之心，直到临终之前依然不忘。在他弥留之际，身边侍奉的人都劝他面朝西边念佛，而他却说："我与酒友（藤原）济时、（藤原）朝光是否还能在极乐世界相见啊？"可见他对酒的执着，这也算一件美谈吧！

藤原道隆重病期间，头辨[①]民部卿源俊贤大人来到藤原道隆府替一条院传旨，让藤原道隆的嫡子藤原伊周接替父亲执掌天下。藤原道隆当时已经病重，无法穿着正装，却依然坚持身着常服，出到帘外，跪拜接旨，（中略）并按照惯例[②]，将用作赠礼的女装交到御使手上，实在是可叹可佩。

五、七日关白

藤原道隆的弟弟藤原道兼，因为早年诱使花山院退位的功绩，时常居功自矜，因而遭到父亲和兄长的嫌恶，官位迟迟没能得到升迁。因此，藤原道兼在父亲藤原兼家的丧期，竟然毫无哀悼之色，还与友人一同游乐。

藤原道隆成为摄政以后，藤原道兼也从内大臣升至右大臣。藤原道隆因病辞去摄政之职时，藤原道兼以为藤原道隆会推荐自己继任摄政之职，没想到最后一条院竟任命藤原道隆之子藤原伊周为摄政。藤原道兼大失所望，愤恨不已，正好他那时也卧病不起，因此越发焦灼。藤原道兼一心想在生前实现担任

---

① 头辨，辨官兼任藏人头的意思。兼任藏人头的辨官一般是大辨或中辨。
② 平安时代，天皇或贵族，对于传来御旨或者好消息的使者，会赠送女式礼服表示感谢。

关白的夙愿，于是频频向一条院奏请。一条院碍于情面，便在藤原道隆下葬当天，下旨停了藤原伊周的关白之职，改由藤原道兼担任。同日，藤原道兼还奏请一条院，将自己身兼的左大将之职让给弟弟藤原道长——这是因为之前藤原道隆不将关白之位让给藤原道兼，而藤原伊周也没有谦让的意思。所以藤原道兼怀恨在心，决意让弟弟藤原道长成为自己的接班人。

不久之后，藤原道兼薨逝，时年三十五岁。他去世之前，曾奏请一条院，让弟弟大纳言藤原道长接替自己右大臣和关白的职位。藤原道兼担任关白仅七天，被世人称为"七日关白"。

六、藤原道长出任关白及藤原伊周遭贬谪

当时，藤原伊周的关白之位被藤原道兼夺取，藤原道兼去世以后，藤原伊周以为自己能重新当上关白。谁知，一条院下旨，藤原伊周的叔父藤原道长不仅从大纳言一跃成为右大臣，官位跃居藤原伊周之上，而且还被任命为关白，并被赐随身兵仗。藤原伊周大为不满，叔侄之间顿时成了仇敌。同时，藤原伊周还对朝廷心生怨恨，所以故意胡作非为。因此藤原道长对藤原伊周也越发疏远。

当时，藤原伊周与故太政大臣藤原为光第三女有私情。而花山法皇与藤原为光第四女有私情，所以时常微服临幸藤原为光府邸。藤原伊周因为遭遇族内的倾轧，所以性格有些扭曲，他一心认为花山法皇是去密会自己的情人（即藤原为光第三女），只是对外谎称密会藤原为光第四女。藤原伊周为了恐吓花山法皇，让他远离自己的情人，长德二年（996年）正月十六日夜晚，藤原伊周与自己的弟弟中纳言藤原隆家带领随从，趁花山法皇临幸藤原为光府时，向花山法皇射箭。《日本纪略》记载：

> 今夜，即长德二年（996年）正月十六日夜，花山法皇密幸故太政大臣恒德公（藤原为光）家之间，内大臣（藤原伊周）并中纳言（藤原）隆家从人等，奉射（花山）法皇御所在。

藤原隆家

《今昔物语集》中说，花山法皇骑马返回之时，藤原隆家的箭射中了花山法皇的衣袖。而《古今著闻集》则说射进了衣袖。

总之，花山法皇受惊逃走，却因为顾及皇室声誉，没有宣扬声张。然而，这件事后来还是传到了朝廷。明法博士受命审理此案时，从法琳寺处听说藤原伊周秘密修行大元帅法的事。明法博士审问僧人仲祚后得知，藤原伊周作法是为了诅咒东三条院（藤原诠子）。大元帅法是只有朝廷才能修的大法，因此，藤原伊周被贬为太宰权帅，其弟藤原隆家被贬为出云权守。身为人臣，却做出行刺法皇这样大逆不道的行为，本来应该是死罪，但由于花山法皇的行为也有失体统，所以藤原伊周兄弟才得以罪减一等，免于死罪。

然而，右卫门佐平孝道等人揭发，藤原伊周兄弟秘密返回京城，潜藏在中宫（藤原道隆之女藤原定子）御殿之中。于是，朝廷派检非违使搜查中宫

（藤原定子）御殿。中宫（藤原定子）大惊，命权大夫源扶义驾车，匆忙离开御殿。检非违使搜查中宫御殿，发现藤原隆家果然潜藏其中，当即将之逮捕，却没有发现藤原伊周的踪迹。检非违使审问藤原伊周的亲信右少辨高阶信顺，高阶顺信却让检非违使去询问藤原伊周的近侍右京少进藤原赖行。检非违使审问藤原赖行得知，前些日子，藤原伊周和高阶道顺一同前往爱宕山，藤原赖行只随行到爱宕山脚，藤原伊周所骑的马匹也在那附近被放生。于是，检非违使让藤原赖行带路，来到爱宕山脚，却只找到藤原伊周的马鞍。

检非违使从爱宕山回来之后，在京中到处搜查藤原伊周的踪迹。长德二年（996年）五月四日，左卫门志藤原为信在清和院附近发现可疑车辆，想要扣押，却发现里面是藤原伊周。左卫门尉季雅、右卫门府生伊远等追捕并扣押了藤原伊周，并把他兄弟二人各自遣送回了流放地。同时，还将其同伙文章博士大江以言贬为飞驮权守、右少辨高阶信顺贬为伊豆权守、右兵卫佐高阶道顺

大江以言

贬为淡路权守，藤原伊周兄弟二人也被剥夺了上殿的资格。而中宫（藤原定子）在惊恐之余，加上自己的宫殿曾被检非违使搜查，深感屈辱，于是，愤而落饰出家。

另一边，藤原道隆当年担任关白时，曾对人说："我能担任这个职位，自然是因为我是嫡长子。当上关白之后，我就能报复藤原在国①了，真是令人欣喜。"随即，藤原道隆就免除了藤原在国父子上殿议事的资格。

然而，藤原道长继任关白之职以后，不仅赦免了藤原在国的罪责，恢复了他上殿议事的资格，还任命他为太宰大贰。

藤原伊周被贬为太宰权帅后，反倒成了藤原在国的下属。藤原在国感叹：自己当年无罪却被藤原伊周的父亲藤原道隆贬谪，如今藤原道隆之子却被贬到了自己的管制之下，实在是因果循环，荣枯报应啊！不过，藤原在国不计前嫌，厚待藤原伊周，让藤原伊周免于困苦。

七、赦免藤原伊周

长保元年（999年）十一月，中宫藤原定子产下皇子敦康亲王。长保二年（1000年）二月，一条院下旨赐封藤原定子为皇后，同时赦免了藤原伊周兄弟，准许他二人归京，还让藤原伊周位列大纳言之上，相当于大臣，食封千户，号称"仪同三司"。"三司"就是"三公"，藤原伊周成为日本历史上首位"仪同三司"。藤原隆家也官复原职。

然而，藤原道长表面上厚待这两位兄弟，实际上却十分疏远，所以后来藤原伊周与藤原隆家的官位也没有十分显赫。

长保元年（999年）十一月，藤原道长将长女藤原彰子送入后宫。藤原彰子成为一条院的女御，时年十二岁，后来晋升至中宫。宽弘五年（1008年），中宫藤原彰子产下皇子（后一条院）。在此之前，一条院曾想册立皇后藤原定子所生第一皇子敦康亲王为太子，然而，藤原彰子生下皇子之后，藤原道长一心扶持自己女儿所生的皇子为太子，所以一条院的心愿一直无法实现。

---

① 藤原在国，早年曾是藤原兼家的亲信。藤原兼家去世前，曾与藤原在国和平惟仲商议继承人的人选。平惟仲推举嫡长子藤原道隆，而藤原在国却推荐诱导花山院退位有功的藤原道兼。最后藤原兼家选择了藤原道隆。藤原道隆也因此对藤原在国怀恨在心。

藤原彰子生下皇子

后来，这个消息泄露到宫外。宽弘六年（1009年）正月，阴阳法师源念因作法诅咒中宫藤原彰子及所生的皇子还有藤原道长之事败露而被捕。朝廷审问后得知，这件事是散位佐伯公行及其妻高阶光子、民部大辅源方理等人所托。僧人圆能也参与了此事。于是，朝廷对其一一拘捕，并处以流放之刑。藤原伊周也因为嫌疑被停止了上朝议政的资格。而第一皇子敦康亲王最终也没能被册立为皇太子。

第4节 灾异、文学的昌隆、藤原道长的专横

一、疫病及私斗

一条院登基之后，灾异频发。其中，最严重的莫过于疫病。《日本纪略》记载，正历五年（994年）正月至十二月，疫病暴发，从镇西（九州）到七道，疫民遍地。关于京都的状况，《日本纪略》正历五年（994年）四月二十四日条记载：

被下官旨云，京中路头病人甚多，宜令安置之。

正历五年（994年）五月十六日条记载：

左京三条南油小路西有小井，狂夫云："饮此水之者，可免疾病。"仍都人士女，举首来汲。

正历五年（994年）五月二十六日条记载：

依宣旨，诸司诸家起石塔，依救疾疫也。今日，即正历五年（994年）五月二十六日，被行大赦，依疾病也。

正历五年（994年）六月十六日条记载：

公卿以下，至于庶民，闭门户不往还，依妖言也。

这就是当时那种迷信年代应对疫病的方式。

正历五年（994年）六月二十六日，朝廷修御灵会，以消除疫病。木工寮、修理职建造神舆两驾，置于北野船冈。然后请僧人来讲《仁王经》，并请伶人奏乐。京城中男女老少，不计其数，纷纷涌来进献币帛。礼拜完成之后，神舆被送到难波海上，希望能将祛除疫病的祈祷送到边缘之地。

在正历五年（994年）四月到七月之间，京中死者过半，五位以上官员去世之人多达六十七人。

次年长德元年（995年）五月条记载：

今年（长德元年，即995年）四五月，疫疠殊盛，中纳言以上薨者八人。

长德四年（998年）七月条记载：

　　今月，即长德四年（998年）七月，天下庶众，烦于疱疮，世人称之为稻目疮，又名赤疱疮。天下无人免于此病。

长德四年（998年）十二月条记载：

　　今年（长德四年，即998年），天下自夏至冬，疫疮遍发。长德四年（998年）六七月之间，京师男女，死者甚多，四位以下人之妻尤甚。始自主上，至于庶人，上下老幼，无人幸免。

长保三年（1001年）记载：

　　自去冬至今年（长保三年，即1001年）七月，天下疫死大盛，道路死骸，其数不知，况于殓葬之辈，不知几万人。

长保三年（1001年）五月九日条记载：

　　于紫野祭疫神，号御灵会，依天下疾病。神殿三宇、瑞垣等，为木工寮修理职所造。御舆，为内匠寮所造。京中上下，多以会集，号之今宫。

　　类似的法事、祈祷等频频举行，却毫无效验，而祭祀等迷信活动却愈演愈烈。祈祷修法的流行，导致僧侣暴富，其弊端便是僧徒变得更加跋扈，动辄对抗国司，甚至来到京城强行申诉。

　　而疫病、凶歉的流行，也导致国力衰颓，盗贼横行；各地豪族四起，对抗国司，私斗频繁。其中，下野守平维衡与其同族平致赖之间的私斗，延绵数月。于是，长保元年（999年），朝廷下令，将平维衡流放到淡路，将平致赖流放到隐岐。

此外，藤原致忠杀害前相模守橘辅政之子，被处流放佐渡；平维茂与泽胯四郎诸任（藤原秀乡的子孙）因为庄园地界的问题发生争斗，平维茂杀害泽胯四郎诸任后逃逸；宽弘四年（1007年），大隅守菅野重忠归京途中，于太宰府被大藏满高杀害；因幡守橘行平与因幡介藤原千兼发生私斗；等等。类似事件层出不穷。

二、长保、宽弘大火及神镜烧损

长保元年（999年）五月十四日亥时，修理职起火，蔓延到整个皇宫。以天皇（一条院）为首，后宫上下全都迁幸到一条大官院。

长保元年（999年）八月十四日，开始重修大内。长保元年（999年）十一月十九日，开始做木工。长保二年（1000年）三月，立柱上栋。长保二年（1000年）十月十一日，天皇（一条院）迁幸新造大内。

长保三年（1001年）十一月十八日亥时，新建大内再次遭遇火灾。于是，天皇（一条院）再次迁幸至一条大官院。长保四年（1002年）六月九日，开始做木工。长保四年（1002年）七月十九日，立柱上栋。长保五年（1003年）十月八日，天皇（一条院）迁幸新建大内。

次年，即长保六年（1004年），改年号为宽弘。然而，仅仅间隔一年多，宽弘二年（1005年）十一月十五日，新建大内再次起火。《日本纪略》记载：

> 宽弘二年（1005年）十一月十五日子时，宫中起火，殿上皆烧亡。天皇（一条院）先御中院，次驾腰舆，御职曹司。破坏殊甚，仍御朝所，神镜同烧损。
>
> 宽弘二年（1005年）十一月十六日庚辰，因内里烧亡，诸司废务。左近卫少将（藤原）重尹，奉宣旨奉求贤所之间，自灰烬中，奉求出镜二面。

藤原行成（右）

就这样，四五年之间，皇宫三次起火，特别是内侍所神镜被烧一事，实在是一大凶兆。到底是应该新铸一面神镜呢，还是可以继续使用旧神镜呢？明经、明法等各位博士勘察典籍后奏报一条天皇：继续使用旧神镜即可。于是，朝廷派参议右大辨藤原行成前往神官，呈上天皇（一条院）御笔亲书的叙述神镜烧损缘由的宣旨。

宽弘三年（1006年）二月十五日，新建皇宫开始做木工。宽弘三年（1006年）三月十日，立柱上栋。不过，这一次的大内修在了一条院中。大概是因为之前皇宫的位置数次发生火灾，所以这次干脆改换了皇宫的地址。其中当然也有经济上的原因——朝廷已经无力修建同样壮大规模的宫殿——这就是"坊间大内"①的由来。

宽弘三年（1006年）十二月，天皇（一条院）迁入新建大内，世人称之为"一条院皇居"。然而，宽弘六年（1009年）十月五日，一条院皇居发生火灾。《日本纪略》记载：

> 宽弘六年（1009年）十月五日寅刻，一条院皇居起火，天皇（一条院）暂御织部司，二代（冷泉、圆融两代天皇）御记化为灰烬。
>
> 宽弘六年（1009年）十月十九日庚子，午刻，天皇（一条院）自织部司迁幸左大臣（藤原道长）枇杷府邸。酉刻，奉渡贤所。
>
> 宽弘六年（1009年）十月二十二日戊刻，东宫（居贞亲王）自丹波守高阶业远（乳父）朝臣宅，迁御故左大臣（源）雅信宅。

这次起火之后的重建相关事宜，诸如开始造宫、立柱上栋等，史书中都没有记载。估计是因为坊间大内的缘故，所以一切从简。由此也能看出，这次重修大内，应该不如之前隆重和正式。

宽弘七年（1010年）十一月二十八日，天皇（一条院）自藤原道长府邸枇杷府迁幸至新建大内。同日，藤原道长向天皇（一条院）进献御马十匹、唐摺本《文选》、文集等。

三、才媛辈出

如前面几个小节所述，一条院在位期间，灾害频发。当时人们应该是生活在惊恐阴郁之中的。然而，生活困苦的，只有平民。王公大臣的生活依然优渥富庶，他们沉湎于文艺优雅。特别是晚唐、宋初的文学传到日本以后，讽喻、浮艳的文风影响了日本的文坛。自纪贯之创立假名文体以来，日本的女流

---

① 坊间大内，日文写作"里内里"。"里"与皇宫相对，是市井坊间的意思。"内里"是皇宫大内的意思。由于这一时期皇宫中火灾频繁，朝廷无力重建皇宫，于是，在民间修建临时皇居，供天皇居住，就是坊间大内。

紫式部

文学得到了极大的发展,上至宫中的女眷、下至公卿大夫的妻室、女儿等,一时之间,才媛辈出。

其中,越前守藤原为时的女儿紫式部、紫式部的女儿大贰三位及辨之局、越前守大江雅致的女儿和泉式部、和泉式部的女儿小式部、大和守赤染时用的女儿赤染右卫门、正四位下藤原伦宁的女儿右大将藤原道纲母、从三位高阶成忠的女儿高阶贵子(仪同三司藤原伊周之母)、祭主大中臣辅亲的女儿伊势大辅、中务卿敦庆亲王的女儿中务、清原元辅的女儿清少纳言、源赖光的女

小大君

儿相模、重明亲王的女儿小大君、出羽守平秀信的女儿出羽辨、参议藤原广业的女儿新宰相、文章博士大江匡衡的女儿江侍从、左京大夫藤原道雅的女儿中将、信浓守藤原隆信的女儿兵卫内侍等，都是女流文人之中的杰出人才。

女流文学都如此兴盛，杰出的男性文人就更加多不胜数了。这一时期的文坛如此兴盛，有好几个原因。首先，藤原氏的骄奢，波及世间其他事物，比如寺塔的供养、法会等，都是极尽奢华。无论是喜事的庆贺，还是灾疫的祈愿，都寄托于佛门的法力。法会中的讽诵、愿文等，都是由长于文辞的公卿大夫们撰写，受托撰文的公卿大夫们无不巧饰文藻，各竞风流。

其次，当时朝廷还定期或不定期地举办各种游宴诗会，每次都会命男女诗人献诗应和，并为诗作征集序辞。这也是推动当时文坛兴盛的一个重要原因。

此外，显密佛教的僧侣之中，历来都是学者辈出。而后世称颂的高僧，多半都是出自这个时代。因此，一条院也欣然自得："朕得才子，更甚延喜天历盛世。"

四、一条院退位

宽弘八年（1011年）五月二十二日，一条院御体有恙。宽弘八年（1011年）五月二十八日，一条院下诏，大赦天下。宽弘八年（1011年）六月十三日，一条院退位，并于同日下诏，册立第二皇子敦成亲王为皇太子。不过，这并不是出自一条院的圣意，而是藤原道长的意志。《大镜》记载：

> 藤原隆家卿一心期待着式部卿宫（敦康亲王）被册立为皇太子，然而，一条院逐渐病重。于是，藤原隆家进宫面圣，询问一条院对于太子人选的看法。一条院叹息道：
> "唉，这件事，恐怕不能如我所愿了。"
> 藤原隆家后来提起这事时说：
> "我当时差点就想说，这家伙（藤原道长）真是无情无义，简直不配为人！"
> 后来，藤原隆家退出皇宫，回到自己府中。他坐在自家的屋檐下，心烦意乱地拍打着手掌。
> 当时，世人都期待着："如果敦康亲王即位，藤原隆家大人成为辅政大臣，那么天下政治就复兴有望了。"
> 然而，入道大人（藤原道长）又怎么会轻易将自己的荣华分给旁人呢？

一条上皇去世前一天，曾下旨将敦康亲王升至一品，并在他原本的封户之外，加封一千户，同时还将敦康亲王位列准三宫，赐为年爵等。

宽弘八年（1011年）六月十九日，一条上皇病重，落发出家，御法讳精进觉。宽弘八年（1011年）六月二十一日，一条上皇在中殿驾崩，时年三十二岁，在位二十五年。宽弘八年（1011年）七月八日，一条上皇葬于北山长坂野。根据一条上皇遗诏，无须素服举丧，只停止奏乐五日。

五、三条院

三条院，讳居贞，冷泉院第二皇子。御母为故女御从四位上藤原朝臣超子（即藤原超子），故入道太政大臣藤原兼家朝臣之女。贞元元年（976年）正月三日，诞生于藤原兼家东三条府邸。宽和二年（986年）七月，被册立为皇太子。直到宽弘八年（1011年）一条院退位，才即位成为天皇，即位时三十六岁。

宽弘八年（1011年）八月十一日，三条院自东三条府迁幸至大内。宽弘八年（1011年）十月十六日，三条院于大极殿举行即位大典，并下旨由右大臣东宫傅藤原显光（藤原兼通之子）担任内辨，左大臣藤原道长依旧担任内览。

三条院

宽弘九年（1012年）十一月，大尝会举行。宽弘九年（1012年）十二月，改元为长和。

六、长和大火

长和三年（1014年）二月九日，皇宫发生大火。《日本纪略》记载：

> 今夜（长和三年即1014年二月九日夜）亥刻，火起登华殿，殿舍多皆为灰烬，天皇（三条院）并中宫（藤原妍子）御大极殿。此间，左大臣（藤原道长）骑马驰入自阳明门，被申云，渡御太政官朝所，仍御此所。中宫（藤原妍子）同御坐，东宫（敦成亲王）御辨曹司。
>
> 长和三年（1014年）二月十日，丙寅，左大臣（藤原道长）仰云："今日以后三日，可废朝务。"（中略）
>
> 长和三年（1014年）二月二十日，丙子，天皇（三条院）自朝所迁御松本曹司，东宫（敦成亲王）同以行启。（中略）
>
> 长和三年（1014年）三月十二日，丁酉，大宿人家皆以烧亡，火延内藏寮扫部寮等。
>
> 长和三年（1014年）三月十四日，己亥，神镜渡御松本曹司。（中略）
>
> 长和三年（1014年）四月九日，甲子，天皇（三条院）自松本迁御枇杷殿，东宫（敦成亲王）行启权大夫藤原朝臣（赖通）上东门家。

长和三年（1014年）六月十九日，开始重修大内。

长和三年（1014年）十二月二日，立柱上栋。上卿大纳言藤原教通以下拜见三条院，三条院赐宴群臣。申刻，上栋，雅乐寮举行奏乐等仪式。同日，三条院召阴阳寮官员至枇杷殿，命其为次年（长和四年，即1015年）三月御迁入宫挑选良辰吉日。当时，阴阳博士加茂光荣上奏："三月是五星月，不宜搬迁。"但阴阳博士安倍吉平却说："五星月也无妨，桓武天皇迁都、一条天皇御迁都是在五星月。"加茂光荣反驳："桓武天皇迁都时，虽然是五星月，但因为是荧惑直月，所以才不需忌讳。"

由于二人的争议，御迁之事被延后至长和四年（1015年）九月。长和四年（1015年）九月二十日，天皇（三条院）御迁至新宫。然而，仅仅过了一个多月，长和四年（1015年）十一月十日戌刻，主殿寮起火，新宫全部被烧。于是，天皇（三条院）及皇后（藤原娍子）、东宫（敦成亲王），携带内侍所，前往桂芳坊、太政官松本曹司等避火。最后，天皇（三条院）暂居藤原道长枇杷府，皇后（藤原娍子）暂居皇后亮藤原为任府，东宫（敦成亲王）暂居藤原道长上东门府。

七、三条院退位

此前，三条院罹患眼疾，于是，朝廷按照惯例，举行了许多修法祈祷，并于长和四年（1015年）大赦天下，以祈求三条院病愈。然而，祈祷并没有生效，加上再次发生大内失火的事件，三条院渐生退位之心。终于在长和五年（1016年）正月二十九日，三条院于枇杷府退位。也有人说，三条院忌惮藤原道长的权势，有意压制，而藤原道长借三条院罹患眼疾的机会，劝说三条院"静养"。"静养"的言外之意，就是退位。

三条院在位仅五年，退位时年仅四十一岁。长和五年（1016年）二月十三日，三条院获太上天皇尊号。长和六年（1017年）四月十九日，三条上皇落饰出家，御法讳金刚净。长和六年（1017年）五月九日驾崩，长和六年（1017年）五月十二日葬于船冈西边。关于三条院的眼疾，《大镜》记载：

> 三条院退位以后，眼睛就看不见了，十分可怜。不过，旁人看来，只觉得他和普通人没有什么两样，甚至会觉得三条院并不是真的眼睛看不见。三条院的瞳孔十分清澈，好像有时候也能看见一些，这时候三条院就会说"我能看到竹帘的纹理哦"之类的话。
>
> 有一次，一品祯子内亲王来探望三条上皇，祯子内亲王的乳母

也随侍在旁。乳母将发簪插在了左边，三条上皇看到了就说："你怎么把簪子插在这个地方啊？"三条上皇十分疼爱祯子内亲王。祯子内亲王有一头美丽的秀发，有一次，三条上皇抚摸着祯子内亲王的秀发说："这么美丽的头发，我却看不见，真是令人难过啊！"说着说着，竟潸然泪下，泣不成声，真是可怜啊。

祯子内亲王每次来探望三条上皇，三条上皇总会赏赐她许多礼物。有一次，祯子内亲王带着三条上皇赏赐的地契回去的时候，被藤原道长（祯子内亲王的母亲三条院中宫藤原妍子是藤原道长的女儿，所以藤原道长是祯子内亲王的外祖父）看见了，藤原道长开玩笑说："哎呀，真是聪明的孩子呀！小小年纪，竟然没把地契当废纸扔掉，好好地带了回来呢！"（中略）

三条上皇为了治好眼疾，尝试了各种方法，却没有任何效果，也因此吃了不少苦头。

三条上皇患有神经性慢性疾病，医师建议，用冰寒的水浇到头上进行治疗。于是，三条上皇就在天寒地冻的时候，用大量冰水浇到头上。据他的近侍说，他冻得全身发抖，连脸色都变了，实在是可怜极了。据说三条上皇为了治疗这种疾病，曾服食一种叫作"金液丹"的药。有人说，服食"金液丹"的人，都会和三条上皇一样眼睛出现问题。（也有人说，这种治疗方法是出自藤原道长的授意，可参照后面"废太子"相关内容。）（中略）

三条上皇退位，就是为了祈求病愈。然而，三条上皇退位以后，曾亲自登上比叡山延历寺根本中堂祈愿，却没有任何效果。

《百人一首》中收录了三条院一首御制和歌：

不能如所愿，若致苟活忧世间，莫得脱苦海。今顾此世可恋者，唯有夜半清月哉。

读者从中可以略微了解三条院的心境。

八、后一条院

后一条院，御讳敦成，一条院第二皇子。宽弘五年（1008年）九月十一日午刻诞生于藤原道长上东门院府邸。长和五年（1016年）于藤原道长上东门院府邸受禅，时年九岁。后一条院即位后，册立三条院第一皇子式部卿敦明亲王为皇太子，左大臣藤原道长摄政，一如故忠仁公（藤原良房）故事。

长和五年（1016年）二月七日，后一条院在大极殿举行即位大典。长和五年（1016年）六月，摄政藤原道长被擢升为准三宫，赐年官、年爵，并在原本封户之外，加封食邑三千户，并赐随身兵仗及带刀资人三十人。藤原道长夫人源伦子被赐食封百户。

长和六年（1017年）四月，改元为宽仁。

后一条院

在此之前一个月，摄政藤原道长辞去左大臣之职。因此，右大臣藤原显光升任左大臣，内大臣藤原公季升任右大臣，藤原道长之子大纳言藤原赖通升任内大臣。随后，藤原道长上表请求将摄政之职让与自己的儿子藤原赖通。后一条院应允，并赐随身兵仗、牛车、自由出入宫门等，一切都仿照前朝旧例。

后来，藤原道长被赐封为从一位。藤原赖通虽然名为摄政，但朝中事务还是由藤原道长把持。所以藤原道长被称作"前摄政"，权倾朝野。

九、东宫辞位及藤原道长

当初，三条院退位之时，按照之前一条院的安排，册立三条院第一皇子敦明亲王为皇太子。后一条院即位时年仅九岁，而皇太子敦明亲王已经二十三岁。一条院之所以强行作出这样不合时宜的决定，是想将皇统传回冷泉院一脉，但藤原道长父子却对这样的决断心怀忌惮。

藤原道长父子之所以会这样，一是因为藤原道长的专横已经让三条上皇心生不快，而太子敦明亲王体察父亲的不快，恐怕难以与藤原道长父子融洽相处。其次，太子敦明亲王的王妃，是故关白藤原兼通之子——堀川左大臣藤原显光之女藤原延子。如果敦明亲王即位，那么外戚的权势将会转移到藤原兼通一脉。而藤原兼通、藤原兼家两脉素来不和，相互倾轧。如果藤原兼通一脉得势，对于藤原兼家之子——藤原道长来说，必然是十分不利的。

由于以上原因，所以藤原道长先是不顾一条院的圣意，拥立自家的外孙（后一条院）为皇太子，后来又借故三条上皇的眼疾，强行逼其退位，到了册立太子时，实在不便继续反对，所以才让敦明亲王当上了皇太子。敦明亲王当上皇太子之后，藤原道长父子心中一直郁郁寡欢，忧虑不已。

谁知，宽仁元年（1017年）五月，三条上皇御崩。于是，藤原道长父子的野心顿时显露，开始明目张胆地排挤东宫（敦明亲王）。一些见利忘义的宵小之辈，察觉到藤原道长的心意，为了讨好藤原道长父子，昨日还侍奉在东宫身侧的公卿贵族，忽然就无一人前往侍奉，连担任东宫职的大臣也不再出现，甚至连主殿（守卫）、扫部（打扫）的下臣也疏于值守，导致东宫庭院无人打扫，杂草丛生、尘埃堆积，无人看顾。

而东宫敦明亲王顿觉人情冷暖，只能追忆感慨前尘往事，他从偶尔前来侍奉的人口中得知：藤原道长及皇太后（一条院皇后，藤原道长之女藤原彰子）担心后一条院在得到皇子之前发生什么状况，所以想提前册立三皇子（一条院第三皇子，后一条院同母弟，后朱雀院）为皇太子，但碍于东宫敦明亲王而无法如愿，所以时常叹息。

于是，敦明亲王觉得，与其等待被废，不如主动让出太子之位。他将这个想法同母后——皇太后（藤原济时之女藤原娍子）说了，却被皇太后（藤原娍子）制止。皇太后（藤原娍子）还听说，藤原道长要将自己与高松殿夫人（源明子）所生的女儿藤原宽子（皇太子倾心的女子）送入皇太子（敦明亲王）后宫，因此皇太子（敦明亲王）更不应该主动让位了。皇太后（藤原娍子）觉得皇太子（敦明亲王）想要让位，是受了妖物的蛊惑，所以还请了高僧为皇太子（敦明亲王）驱邪。

然而，皇太子（敦明亲王）已经决定让位，他需要将此事告知藤原道长。藤原道长之子中宫权大夫藤原能信正好住在东宫御所附近，于是，皇太子（敦明亲王）便命东宫藏人为御使，请藤原能信前来参见东宫。藤原能信十分诧异，询问御使皇太子（敦明亲王）召见自己有什么事，御使只说是重要的事。藤原能信回复御使，自己先去禀报父亲藤原道长，然后再去东宫御所参见。

随后，藤原能信来到藤原道长府，告知了皇太子（敦明亲王）召见自己一事，并询问："如果皇太子是要求娶（藤原）宽子小姐，该如何回复？"藤原道长说："如果是要求娶（藤原）宽子，倒也不好拒绝。不管怎样，你先去看看再说。"于是，藤原能信来到东宫御所拜见皇太子（敦明亲王）。当时，皇太子（敦明亲王）正在接见左大臣藤原显光。藤原能信在等候藤原显光离开时发现，太子御所的庭院之中，杂草丛生，宫殿内部也是一片荒凉，简直不像皇太子的居所。

到了日暮时分，藤原显光终于离开了太子御所（藤原显光大概也是来和太子商议退位之事的）。藤原能信在东宫藏人的引领下来到皇太子（敦明亲王）御前。皇太子（敦明亲王）对藤原能信说："你不是东宫藏人，我却召你前来，是因为我有要事需要告知前摄政大人（藤原道长），却没有合适的人选可以代为通传。因为你住得比较近，所以将你召了过来。我担任东宫太子之位，并非出自我的本意，而是故上皇（三条院）的圣意。如今我想违背故上皇（三条院）的圣意，心中多有惶恐。然而，我思虑已久，天皇（后一条院）年纪尚幼，必能在位长久，而我已至壮年，不知能存命到几时。现我唯愿退却东宫之位，以便能够尽心修佛。不过，如果只有'前东官'的称号，还是有些不体面，希望能赐我院号，不知是否可行？劳烦你将这些话传达给前摄政大人（藤原道长）。"

藤原能信答应之后，就退出了太子御所。

由于当时已经夜深，所以藤原能信第二天（宽仁元年即1017年八月六日）一早，就来到藤原道长府。当时藤原道长正准备进宫议事，已经有许多公卿大臣候在藤原道长府，准备陪同他一同进宫。藤原能信正在迟疑之时，民部卿源俊贤看见了他。藤原能信说有要事要禀报藤原道长，源俊贤便将藤原能信带到藤原道长面前。藤原道长问藤原能信太子召见他说了什么，藤原能信便将太子的话转述给藤原道长。藤原道长大喜，他一直想让三皇子敦良亲王当皇太子，但不能随便废黜现任皇太子，现任皇太子愿意主动让位，实在是再好不过了。于是，藤原道长说："这真是太好了！这都是皇太后（藤原道长之女藤原彰子）的福报啊！"

藤原道长当即与源俊贤商议，源俊贤说："此事应及早决断，最怕事迟生变。"藤原道长觉得他说得有道理，于是，取下历书一看，当天的日子也不坏，便马上带着儿子摄政藤原赖通等一门公卿，前往皇宫参见皇太后藤原彰子，告知了可以册立三皇子（敦良亲王）为皇太子的事之后，马上又前往东宫御所参见皇太子（敦明亲王）。

东宫御所常年人迹罕至，昨日刚有中官权大夫突然造访，大家已经觉得奇怪，今日位极人臣的藤原道长竟然带领全族亲自造访，世人无不大惊，甚至有人揣测是不是天皇驾崩，藤原道长是来迎接新皇即位的。

藤原道长来到东宫（敦明亲王）御前，东宫（敦明亲王）对藤原道长说了自己的心愿。藤原道长先是劝慰了一番，然而，东宫（敦明亲王）再次说出了自己要退位的决心。于是，藤原道长说："既然如此，那么今日便是吉日。"

　　于是，皇太子（敦明亲王）当即辞去太子之位，被赐等同太上天皇，享有年官、年爵等，配备随身侍卫左右近卫各五人，封邑与之前相同，封号为"小一条院"，中宫权大夫藤原能信任院别当。

　　藤原道长前往东宫御所时，担心皇太后藤原娍子派使者前来阻挠，便提前派人阻塞了日常往来的通道，由此可见藤原道长处事的周详。

　　果然，皇太后藤原娍子派来的女官被藤原道长的守卫阻拦，无法靠近，于是，大声悲泣："怎么会这样？"

　　藤原道长安排妥当之后，就离开了东宫御所。前东宫（敦明亲王）马上派人将让位之事告知了皇太后藤原娍子。皇太后（藤原娍子）及太子后宫的女眷们听说这件事之后，无不悲伤哭泣。太子妃藤原延子，悲伤之余，作了这么一首和歌：

　　静候轻烟起，或可上青云。未料烟尘绝，梦去了无痕。

　　当天，后一条院同母弟敦良亲王被册立为皇太子。于是，藤原道长终于成了天皇、太子两代君主的外祖父，而其女皇太后藤原彰子也因此成为两朝国母。

十、藤原道长得势

　　如前一小节所述，在藤原道长的谋划之下，皇太子敦明亲王主动退位。这自然是他苦心经营的结果，但在那个迷信的时代，也会被认为是神佛的庇佑。于是，在敦良亲王被册立为皇太子之后，藤原道长便前往石清水八幡宫参拜，表达对神明的感谢。《日本纪略》记载：

　　宽仁元年（1017年）九月二十二日，丁巳，前摄政（藤原道长）为遂凤愿，被参石清水宫，公卿以下多被参。又室家（源伦子），同被参给。渡淀川之间，沉平驮船一艘。乘人四十余人，存命者十余人。

宽仁元年（1017年）九月二十四日，己未，前摄政（藤原道长）还向之间，游女五十余人参向，有缠头事。

早些年，有一次贺茂祭中，后一条院和皇太弟敦良亲王都还年幼，还只是普通的亲王，两人坐在藤原道长膝上观看庆典。斋院选子内亲王（藤原师辅的外孙女）的车辇经过时，藤原道长对选子内亲王说："快看看这两位皇子！"于是，选子内亲王将红扇伸出车窗外，表示致意。后来，斋院（选子内亲王）向中宫藤原彰子（皇子生母）赠和歌一首：

今见双叶葵，光耀照四方。唯待双叶长，欢喜报君恩。

藤原彰子回赠一首：

二叶得逢君，亦需谢神恩。得君赠一言，二叶福泽绵。

当时，世人都说，两位皇子相继为帝，藤原家盛极一时，这都是贺茂神明的护佑，并对斋院（选子内亲王）的行为赞誉有加。唯独藤原隆家嘲讽斋院（选子内亲王）为"谄媚的老狐狸"。

敦良亲王被册立为皇太子那年（宽仁元年，即1017年）十一月二十五日，后一条院行幸贺茂神社。皇太后藤原彰子与后一条院乘坐同一车辇，来到山城国爱宕郡。后一条院下诏：

爱宕郡可奉寄之由，先年祈申（册立敦良亲王为太子之事），而件郡，或帝王城都，或明神镇地，皆是万代相传之处，非一人由

> 之地。仍南限皇城北大路，东限郡界，西限大宫东大路末，北限郡界。但此内有凌室藏冰之邑，是百王之职事，难致一时之改易。纵在神郡内可除此一邑，抑上下御社平均所进分也。

藤原道长对贺茂神社给予了超出常规的供奉，祈愿自己的外孙能够顺利继位。

后来，藤原道长晋升为太政大臣，其子摄政藤原赖通为传旨御使。

宽仁二年（1018年），后一条院加元服，时年十一岁，由藤原赖通理发，藤原道长加冠。宽仁二年（1018年）四月，后一条院迁幸新建大内；同日，藤原道长将第三女藤原威子送入后宫，藤原威子成为女御。宽仁二年（1018年）十月，藤原威子被册立为皇后。于是，藤原道长兼具了天皇外公和天皇岳父双重身份。

面对这样的政局，一条院第一皇子敦康亲王心中郁积，终于在宽仁二年（1018年）十二月薨逝，时年二十一岁。《大镜》记载：

> 式部卿（敦康）亲王，故一条院第一皇子。（中略）数次错失太子之位，最后郁郁而终。

第5节 藤原道长出家及无量寿院的建立

一、藤原道长出家

宽仁三年（1019年），藤原道长因病剃发出家。《大镜》记载：

> 宽仁三年（1019年）三月十八日夜半，藤原道长突然胸口疼痛。（中略）不知他是出于怎样的想法，宽仁三年（1019年）三月二十一日未时（下午两点左右），他突然起身，头戴发冠，身着绢衣、布袴，还用清水洁净双手。以关白藤原赖通为首的藤原道长众

多子女都不知所措之时，藤原道长出到寝殿西面的回廊，朝南面开始礼拜。这是向春日明神道别的意思。

随后，藤原道长将庆明僧都和定基律师请来为自己剃度。关白藤原赖通及其余众人全都目瞪口呆。（中略）由于事发突然，谁都来不及制止。（中略）院源法印为藤原道长授戒，信惠僧都则为藤原道长披上袈裟和法衣。由于事出突然，什么都没有来得及准备。藤原道长受戒后，法号行观，后来又换掉了第二个字，更名为行觉。

一切仪式完成之后，藤原道长才派人向后一条院、皇太子（敦良亲王）和皇太后（藤原彰子）禀报。（中略）后一条院、皇太子（敦良亲王）、皇太后（藤原彰子）、皇后（藤原威子）等，无不愕然无措，忐忑不安。

申时许（下午四点左右），小一条院（敦明亲王）前来探视。他在大门口解开牛车，由侍从抬到中门，然后下车进屋探望。这种谨慎谦恭的态度，真是十分优雅。

傍晚时分，皇后（藤原威子）和皇太后（藤原妍子）乘坐同一驾车辇前来探视。由于事发突然，所以也没有按照平时的礼仪接驾。

宽仁三年（1019年）五月八日，藤原道长被封准三宫，年爵、封户等一切如故。

宽仁三年（1019年）九月，藤原道长前往东大寺受戒。摄政藤原赖通及公卿贵族纷纷跟随同行。当时的排场，甚至远超上皇巡幸，几乎和天子行幸差不多了。

宽仁三年（1019年）十二月，藤原道长参拜比叡山，接受了回心菩萨戒。在此之前，藤原道长还修建了一座寺庙。《大镜》记载：

> 藤原道长建造的佛堂（法成寺）规模宏大，和当年藤原镰足公修建的多武峰、藤原不比等公修建的山阶寺、藤原基经公修建的极

乐寺、藤原忠平公修建的法性寺、九条大人藤原师辅公修建的楞严院等一样，（中略）都置有巨大的佛像。不过，所有佛像，都无法与藤原道长公修建的无量寿院（法成寺）相提并论。（中略）

说到日本有名的寺院大安寺——当年，天竺模仿兜率天第一院修建了祇园精舍，而大唐模仿祇园精舍修建了西明寺，日本的天皇则模仿西明寺修建了大安寺。然而，现在无量寿院的规模，竟然超过了大安寺。（中略）

恒德公（藤原为光）建造的法住寺也十分宏大，（中略）还有圣德太子发愿建造的难波天王寺等等，都不如这座无量寿院。（中略）看到无量寿院，就会觉得，极乐净土就在这个世上。（中略）

为了营造这座佛堂（法成寺），藤原道长频繁征发人夫。人们都觉得这个工程无法完成。

根据以上记录，可以想象这个工程何其浩大。

宽仁四年（1020年）三月，佛堂落成供养时，两位太后（藤原彰子、藤原妍子）和皇后（藤原威子）都亲临参拜。所以这次落成供养，被御赐规格准同皇宫的御斋会。藤原道长将封户三百五十户赐给寺院，作为寺院的资产。从此以后，世人都称藤原道长为御堂大人。

次年（1021年，正月改年号为治安），藤原道长的夫人也在无量寿院落发出家。

同年，即治安元年（1021年），法成寺金刚堂建成，并于治安二年（1022年）七月十四日举行落成供养。后一条院、小一条院、太皇太后藤原彰子、皇太后藤原妍子和皇后藤原威子都亲临参拜，被御赐规格准同皇宫的御斋会。后一条院下诏，大赦天下。《大镜》记载：

大御堂落成供养当天的法会，（中略）三天前就开始试乐。（中略）法会当天盛况空前。（中略）四位娘娘坐在同一驾牛车上，前面是太皇太后（上东门院藤原彰子）和皇太后（藤原妍子），（中略）后面是中宫（藤原威子）和东宫尚侍（藤原嬉子）。（中略）四位娘娘下车以后，恭敬地跪行至佛前参拜。（中略）太皇太后（藤原彰子）的秀发，比拖在地上的裙裾还要长些。中宫（藤原威子）的长发也比自己的身高更长。（中略）皇太后（藤原妍子）的秀发比裙裾还要长上一尺，发尾像扇子一样铺开在裙裾之上。东宫尚侍（藤原嬉子）的秀发比自己的身高长上七八寸左右。（中略）看着这金堂供奉的盛大典礼，完全能感受到入道大人（藤原道长）此刻无上的尊荣。（中略）

这时，传来了随从为贵人开道的声音，原来是关白大人（藤原赖通）。大家都在感叹："果然是天下第一人，气势不同寻常。"谁知，关白大人（藤原赖通）进来后，就恭恭敬敬地坐在入道大人（藤原道长）面前。大家恍然大悟："果然还是入道大人的气势更胜一筹。"这时，有人通传："天皇驾到！"古乐《乱声》①响起。大家看着入道大人（藤原道长）和关白大人（藤原赖通）恭恭敬敬迎驾的样子，不禁感叹："果然天子的气势才是最具震慑力的！"天皇（后一条院）从御辇中走下来，走到阿弥陀堂的正殿大佛前坐下，然后开始礼拜。观礼的高僧们不禁感慨："果然佛陀才是至高无上的啊！"

后一条院钦点天台座主权僧正院源担任这次供养大典的主持，并赐食封五十户。

次年（治安四年，即1024年，因甲子革命而改年号为万寿），藤原道长在法成寺内新建一座十五间②大小的佛堂，内置七佛药师、六观音等，名号为净琉璃院。净琉璃院的落成供养，也被赐准同御斋会。藤原道长如此频繁地修

---

① 《乱声》，雅乐的曲名。
② 间，长度单位，一间等于六尺，约一点八米。

建佛寺佛塔，虽然也有为今生和来世修行的意味，但他仗势弄权，必然也有不少忧心之事，按照当时的迷信思想，他恐怕也是想要借助神佛的力量，消除自己的业障吧。关于藤原道长的迷信，《日本纪略》万寿二年（1025年）五月十七日记载：

> 入道大相国（藤原道长）至关寺，彼牛自称为迦叶佛所化，云云。

《今昔物语集》记载：

> 从前，有一个名叫左卫门大夫平朝臣义清（即平义清）的人，（中略）他的父亲叫平中方。平中方担任越中守时，从任地得到一头黑色的牛。平中方经常乘坐这头牛交通往返。（中略）后来，平中方将这头黑牛送给了清水寺相熟的僧人，僧人又将牛转送给了大津的周防守正则。当时，高僧关山正在修建关寺，却没有供杂役拉车的牛，于是，正则便将这头黑牛赠与了高僧（关山）。高僧（关山）得了这头牛，十分高兴，便用这头牛来拉建造寺庙的木材。
>
> 后来，有一天，圆城寺的明尊前僧正做梦梦到自己在关寺参拜，（中略）遇上了那头牛，明尊僧正问牛有多大年纪了，牛说自己是迦叶佛，为了相助关寺的佛法，所以化身为牛，云云。明尊僧正梦醒之后，十分诧异，便带领了许多僧人一同前来参拜关寺。那头黑牛当时正从山里回到寺中，绕着佛堂转了三圈，然后在前庭朝着佛像伏下身躯。明尊僧正见到这头牛绕着佛堂转了三圈，觉得十分稀奇，故而愈加尊崇。因此，京中贵人无不争相前来拜谒，有入道大相国藤原道长、闲院太政大臣藤原公季公等。女眷则有鹰司殿夫人（藤原道长夫人源伦子）、关白夫人（隆姬女王）等。
>
> 后来，关寺的高僧（关山）做梦梦到这头牛对他说："我在此

寺的任务已经完成，后日傍晚便将归去。"随后，高僧（关山）便醒了。（中略）圆城寺的明尊僧正也做了同样的梦。于是，到了那一天，关山和圆城寺的僧人来到关寺，高声诵读阿弥陀佛的声音响彻山谷。（中略）到了晚上，一直伏卧的黑牛突然站起来，绕着佛堂走了三圈，然后，（中略）如同睡着一样，伏地而逝。前来为神牛送行的僧俗男女，无论贵贱，全都泣不成声。

现在看来，这样的故事简直可笑。

万寿二年（1025年）八月，藤原道长第六女——东宫尚侍藤原嬉子去世。后一条院下诏追封她为正一位，并从谷仓院中拨出绢百匹、调布二百端赏赐她的家人。藤原道长修建了三昧堂，为藤原嬉子祈求冥福。

次年，即万寿三年（1026年），藤原道长第一女——太皇太后藤原彰子落饰出家，时年三十九岁，法名清净觉。随后，藤原彰子辞去太皇太后封号，并因居所而被称为"上东门院"。她是日本历史上第一位被称作"门院"的女院。

万寿四年（1027年）九月，藤原道长第二女——皇太后藤原妍子驾崩，时年三十四岁。

万寿四年（1027年）十一月，藤原道长患病，后一条院下诏大赦天下，同时免除未进的调庸，御准一千僧人剃度，为藤原道长祈福。上东门院藤原彰子请求诸寺转读《金刚寿命陀罗尼经》二万六千余卷；中宫藤原威子诵读《金光明经》《涅槃经》《维摩经》等；关白藤原赖通进行万僧供养，以祈求藤原道长病愈。

随后，法成寺僧人百名，聚于五大堂，诵读"不动明王真言"百万遍，并转读《观音经》。中宫藤原威子又令请僧人百名，诵读《仁王经》。

然而，所有的祈祷没有任何作用，藤原道长逐渐病重。

万寿四年（1027年）十一月二十一日，后一条院行幸法成寺，探视藤原道长，并向法成寺布施封户五百户，同时还请南都、北岭僧人万名为藤原道长祈福。后一条院还应藤原道长的请求,将藤原道长的亲信因幡守庶政提拔为美浓守、左卫门少志丰原为长提拔为检非违使,以褒奖他们建造佛塔的功绩。后来东宫(敦良亲王)也来探视。总之就是全国上下,为了藤原道长的病而一片骚然,连上皇患病都不曾有这么大的动静。由此也能看出,藤原家的权势,到了藤原道长时期,算得上是到达巅峰了(《荣华物语》里有详尽的描述)。

万寿四年(1027年)十二月四日,藤原道长在法成寺无量寿院薨逝,时年六十二岁。

二、藤原道长其人

《大镜》记载:

> 这位大臣,是法兴院大臣(藤原兼家)的第五子,其母是从四位上行摄津守右京大夫藤原中正朝臣的女儿。(中略)长德元年(995年),疫病横行,第二年,两三个月之内就有七八名朝中重臣去世。这样的事情,实在是古来少有。但这对藤原道长来说,却是天赐的良机。(中略)如果去世这几位重臣都能长寿,那么论资排辈,藤原道长怎么可能这么顺利地登上权力的顶峰呢?
>
> 首先,帅殿大人(藤原伊周)聪慧贤明,在他父亲(藤原道隆)患病期间,就已经得到天皇诏命,执掌天下。然而,藤原道隆公病逝以后,藤原伊周经验尚浅,关白之职也因此被粟田大人(藤原道兼)夺走。(中略)
>
> 然而,仿佛如同一场春梦,粟田大人(藤原道兼)当上摄政没几天,就溘然长逝。(中略)现在的入道大人(藤原道长)当时还是大纳言中宫大夫,还十分年轻,正在满怀热忱地等待着自己的出头之日,他在三十岁那年,(中略)开始处理宫中事务,并接受了内览关白的宣旨,迈出了走向荣华的第一步。(中略)
>
> 后来,他成为三位皇后(藤原彰子、藤原妍子、藤原威子)、关白左大臣(藤原赖通)、内大臣(藤原教通)及众多纳言(藤原

赖宗、藤原能信、藤原长家）的父亲，以及天皇（后一条院）与东宫（敦良亲王）的外祖父，执掌天下长达三十一年。（中略）在这期间，天下之大，竟没有藤原道长大人的光彩无法照到的地方。（中略）

这位大臣遇事感怀，便喜欢作诗，他创作的汉诗、和歌，与白居易、山部赤人、柿本人麻吕、凡河内躬恒、纪贯之等相比，恐怕也毫不逊色。

春日的行幸，始于一条院时期。现在的天皇（后一条院）虽然还年幼，但会遵循古例，亲自前往，皇太后（藤原彰子）每次都会与天皇（后一条院）乘坐同一车辇。春日行幸的盛大场面，言语难以尽述。藤原道长公作为天皇（后一条院）的外祖父一同随行，自然也是风光无限。

前来围观的百姓，（中略）如同见了神佛一般，将手放在额头上诚心叩拜。（中略）

藤原道长大人与皇太后（藤原彰子）见到这样的场景，心中十分满足。于是，藤原道长大人向皇太后（藤原彰子）献和歌一首：

先祖奉君行，祈愿春日神。重走昔时路，步步敬神恩。

皇太后（藤原彰子）回赠道：

重走昔时路，步步忆神恩。神恩耀四海，无处蔽阴霾。

大家以歌述情，十分尽兴。其中，皇太后（藤原彰子）还作了这么一首：

今人循旧迹，重访三笠山。得入春神域，何辞路遥迢。

（中略）

话说四条大纳言（藤原公任）多才多艺，才华过人，大入道大人（藤原兼家）曾叹息："一个人怎么能如此杰出呢！真是让人羡慕啊！可惜我的儿子之中，没有一个能步其身影啊！"

中关白大人（藤原道隆）、粟田大人（藤原道兼）都心生惭愧，觉得父亲说得没错，便一言不发。唯独入道大人（藤原道长）年纪最小，却无所畏惧，说："没错，谁要踩他的身影啊？我只会踏其面而上。"（中略）

花山院在位期间，（中略）有一年梅雨时节，连日阴雨绵绵。一个雨夜，（中略）花山院来到清凉殿，（中略）和众人闲话古时候的鬼怪故事。这时，花山院说："今晚的气氛如此恐怖，大家聚在一起，都觉得阴气森森。如果一个人走出去，不知道会多可怕。有人胆敢一个人出去走走么？"

大家都不敢应承，这时，入道大人（藤原道长）说："我哪儿都敢去。"

花山院顿时来了兴致，直道："有趣有趣！那你们就出去走走吧！（藤原）道隆去丰乐院，（藤原）道兼去仁寿殿，（藤原）道长去大极殿。"（中略）

领受皇命的藤原道隆、藤原道兼面露难色，而藤原道长却毫无惧色，说："我不带随从，只请天皇派一名近卫府卫士或者泷口武士把我送到昭庆门，然后我自己走到大极殿里面去。"

然而，花山院却说："但这样没有证据啊。"

于是，藤原道长说："确实。"于是，便向花山院借了一把装在盒子里的小刀，就出发了。

另外两位大人也带着一脸苦相各自出发了。

"子时四刻"的奏报响起时，大家开始谈论这件事，七嘴八舌。最后直到丑刻（凌晨两点），才真正出发。花山院还亲自安排了他们各自的行进路径："（藤原）道隆从右卫门阵走，（藤原）道长从承明门走。"（中略）

中关白大人（藤原道隆）硬着头皮走到右卫门阵时，对面的宴松原传来一些不明声响，于是，他再也不敢往前走了，灰头土脸地回去了。

粟田大人（藤原道兼）战战兢兢走到紫宸殿北面的露台外时，看见仁寿殿东侧石阶上站着一个巨大的人影，足有屋顶那么高，顿时吓得魂飞魄散。（中略）

看到藤原道隆和藤原道兼被吓回了清凉殿，花山院拍打着折扇哈哈大笑。但过了很久，都没有看到藤原道长返回，花山院不禁心中疑惑："这是怎么回事呢？"

正在这时，藤原道长神色泰然地走了进来。于是，花山院问："怎么样？"

藤原道长不慌不忙，将此前借走的小刀和一些木屑一类的东西献到御前。花山院问道："这是什么？"

藤原道长面不改色地回答："我想，如果什么都不带回来，那就不能证明我去过。所以，我就用这把小刀，从大极殿宝座南边柱子下方削了一些木屑下来。"花山院大为赞叹。（中略）

藤原道长的胆色，让花山院和满殿大臣赞不绝口。（中略）但花山院心中依然存有疑虑，于是，第二天早上，便命藏人前往查看。藏人查看之后回复说果然有切痕。（中略）

为故女院（藤原诠子）祈愿期间，饭室权僧正来到宫中参见，同行的僧人之中有一位擅长相面的高人。于是，后宫女眷将他召来，让他看相。其中一个人问："内大臣大人（藤原道隆）面相如何？"

相人回答："贵人之相，他日必能执掌天下。不过，中宫大夫大人（藤原道长）的面相，可谓贵不可言。"

然后又有人问："粟田大人（藤原道兼）面相如何？"

相人回答："也是贵人之相，将来会成为大臣。"接着又说："不过，还是中宫大夫大人（藤原道长）面相更尊贵啊！"

接下来，又有人问："权大纳言大人（藤原伊周）面相如何？"

相人回答："这位大人也是尊贵之相，有雷电之相。"

大家好奇道："雷电之相，是什么意思？"

相人回答:"雷鸣一时,转瞬即逝啊!这位大人也能盛极一时,但恐怕难得善终。倒是中宫大夫大人(藤原道长),定能繁荣长久。"

就这样,不管后宫女眷问谁,相人都会提及藤原道长,并大肆夸赞,于是,大家都很好奇:"这到底是什么面相,让你每次都要提一番?"

于是,相人回答:"第一等的面相,叫作'虎子如度深山峰',(中略)所以,这位大人的面相堪称无人能及。"(中略)

有一次,藤原伊周在父亲藤原道隆公的二条府邸南院召集众人射箭比试,藤原道长也去了。(中略)中关白大人(藤原道隆)对于藤原道长的到来十分意外,十分热情地迎接了他。(中略)一番比试之后,藤原伊周比藤原道长少中两发,于是,藤原伊周的父亲和近侍纷纷嚷嚷着要加试两支。(中略)藤原道长说:"加试就加试。"

开弓之前,藤原道长在心中默念:"如果我藤原道长能得上天护佑,家中将来能出天皇和皇后,那就让我射中此箭。"结果,箭羽离弦而去,正中靶心。

接下来,轮到藤原伊周,他大约是心生怯意,所以手脚发抖吧,他的箭射出去之后,不仅没有朝箭靶飞去,反倒射偏了很远。他的父亲藤原道隆顿时脸色铁青。

接下来,又是藤原道长。这次开弓前,他在心中默念:"如果我藤原道长他日有幸能登摄政、关白之位,那就让我射中此箭。"箭羽离弦而去,再次射中靶心。这下子,之前还热情招待的藤原道隆完全没了兴致,败兴而归。(中略)

还有一次,故女院(藤原诠子)行幸石山寺,藤原道长骑马、帅殿(藤原伊周)乘车随行。走到粟田口附近时,藤原伊周突然有事想要回京,于是,靠近女院(藤原诠子)的车辇,准备跟女院(藤原诠子)禀报。

好不容易等到女院（藤原诠子）的牛车停了下来，藤原伊周刚走到女院（藤原诠子）车前，藤原道长就调转马头，来到藤原伊周身后，催促女院（藤原诠子）的车夫："还不赶紧赶路？马上就要天黑了。"

藤原伊周觉得十分诧异，便回过头去看藤原道长，而藤原道长却仿佛没有看到一般，没有丝毫收敛，继续催促车夫："时间不早了！赶紧上路！"

藤原伊周十分不快，却又无可奈何，只得退了下去。

通过以上几则小故事，可以了解藤原道长的大致性格。他英勇果敢，不同于寻常的纨绔子弟。正因为如此，他才能将摄关之职长久地传给自己的子孙后代。然而，"盛之极，即衰之始也"，从藤原道长这一代开始，藤原家的声势逐渐走向衰微，不复从前的繁荣。

第6节 刀伊入寇、平忠常之乱及源平倾轧的起因、后一条院禅位与立太子、前九年之役

一、地方的状态

前面提到，京城之中，只有藤原氏争权、佛事三昧和诗歌管弦之乐。花费用尽之后，朝廷就命国司进贡，再根据进贡多寡决定国司的任免及升迁。此外，朝廷还不时下发赏赐，以资鼓励。于是，国司、郡司等为了向朝廷邀功，便对治下百姓横征暴敛，朝廷对此也不闻不问。三善清行的《意见封事》中的"卖官"，就是指此事。

平民百姓为苛捐杂税所苦，穷人越来越穷，最终沦为山贼、强盗，劫掠良民。于是，各地庄园主（大地主）从良民中挑选壮丁，作为护卫。一年年下来，这些地主的护卫队势力越来越强，各国的领主（大地主）俨然一方霸主。神社、寺庙见状也纷纷效仿，招募壮丁编成自卫队，势力庞大，不仅可以欺压

乡民，甚至足以对抗官府国卫。于是，国司也募集壮丁，充实军队，但依旧不敌神社、寺庙的自卫队。

就这样，各地壮丁渐渐不屑于农耕渔猎，而是一心习武，以勇武为尊，街头械斗比比皆是。这种风气渐渐蔓延到京都，杀人、械斗、抢劫等频频发生，《日本纪略》也时有记载。

二、刀伊入寇

朝廷之上，藤原道长荣华正盛，对于世间乱象，全然不知。然而，宽仁三年（1019年）四月，太宰府传来急报。不过，这次事件，前期的奏报来势汹汹，后面却烟消云散，不了了之。

《日本纪略》记载：

> 宽仁三年（1019年）四月十七日，太宰府飞驿使乘马驰入左卫门阵，是刀伊（指女真）国贼徒五十余艘起来，虏壹岐岛，杀害（壹岐）守藤原理忠，并掳掠人民，来筑前国怡土郡。
>
> 宽仁三年（1019年）四月十八日乙巳，摄政（藤原赖通）以下定申飞驿事。仍赐太宰府敕符，并五条：警固要害、防御凶贼、祈祷佛神、可守当境之由也。
>
> 宽仁三年（1019年）四月二十一日戊申，奉币伊势太神宫以下十社，依刀伊国贼徒事也。伊、石、贺、松、平、稻、春、原、神、住①。
>
> 宽仁三年（1019年）四月二十七日甲寅，给官符于太宰府，防御刀伊贼。
>
> 宽仁三年（1019年）五月二十六日壬午，仁王会。（中略）又祈刀伊国事。
>
> 宽仁三年（1019年）九月二十二日乙亥，右大臣（藤原公季）以下，定申太宰府言上刀伊贼事。

---

① 指伊势、石清水、贺茂、松尾、平野、稻荷、春日、大原野、神明、住吉十所神社。

此后，《日本纪略》中再没有任何相关记载，可算是虎头蛇尾了。于是，笔者翻阅其他书籍，发现《大镜》"藤原隆家（与其兄藤原伊周一起，因对花山上皇大不敬之罪，被处流放）传"中记载：

藤原隆家在太宰府时，施政有方，百姓无不信服。他担任太宰府大贰（此处记录有误，应为权帅）十年，任满后返回了京城。

他在太宰府期间，曾有刀伊国贼寇突然来袭。太宰府（九州）没有任何防备，而藤原隆家大人原本不习兵马，对于这种事情毫无头绪，幸好他机敏能干，才智过人，马上召集筑后、肥前、肥后等九个领国的武士，连同太宰府内的文官，一起出海迎敌，敌军死伤惨重。（中略）

藤原隆家将战事中杀敌最多、战功卓著的人的名单上报给朝廷。这些人都得到了朝廷的封赏。（中略）

当时，刀伊贼寇掳走了许多壹岐岛、对马岛的平民。新罗国王出兵将日本俘虏全都截下，并派使者将他们送回了日本。藤原隆家拿出黄金三百两酬谢新罗国使臣，然后将他们送了回去。

《日本纪略》中没有封赏战功的记载，《日本纪略》"藤原隆家略传"中也只有"长和三年（1014年）任太宰权帅，长和四年（1015年）四月二十一日叙正二位。宽仁三年（1019年）十二月辞权帅"寥寥数语，对这件事没有任何记录。

根据以上情况来看，这次战事必然不是"元寇来袭"之类的大事件。那么，当时的战况及赏罚情况又如何呢？

《日本纪略》中记载的"五十余艘"中，"十余"二字应该是多余的。至于"刀伊国"，有人认为是女真族。但根据《大镜》中"从新罗送还（俘虏）"的记载，这些贼寇应该是朝鲜釜山或者东莱①的商船、渔民等，漂流到

---

① 东莱，现在的山东烟台、威海一带。

壹岐岛附近，被岛民误认为海盗，从而引发争斗。由于斗争中壹岐守身亡，又有岛民被掳，所以太宰府认为形势危急，从而引发了骚乱。

自古以来，芝麻小事被边陲远民夸大其词上报朝廷的事情，中国历史上也时有记载。在日本，百余年前（德川幕府时期），曾有俄罗斯猎虎船漂流到虾夷北部边境，鸣放空炮作为求救的信号。但幕府的官兵却以为是敌国入侵，便以火炮回攻。猎虎船靠岸后，当地官兵慌忙向幕府报告，引发了一场混战。当时的情景，被记录在《休明光记》和一些野史之中，至今被传为笑柄。

所以，这些军情报告的背后其实常常暗含着旧时官吏邀功请赏的私心。《大槐秘抄》[①]评论：

> 如果（太宰）帅和大贰是勇武好战之人，就必然会发生"异国来犯"的事件。比如小野好古担任太宰大贰，以及藤原隆家担任太宰帅的时候，都发生了"异国来犯"的事件。这都是因为他们本身的"好武"之心。

他们虽然数次发回军情警报，但史书上却没有过多记载。他们的"好武"之所以会引发"异国来犯"，是因为没有选择"远人不服，则修文德以徕之"，而是动用武力，引发纷争。

《八幡愚童训》里有这么一段：

> 后一条院御宇，长元年间，异国出兵来犯，大菩萨现神通力，大地忽然震动，敌军所造的船破损，异国贼军无力进犯而止。

这个故事虽然不足为信，但太宰府（九州）位于日本西部，各国商船往来，彼此争利，也会引发争斗吧。

[①] 《大槐秘抄》，平安时代中期政治评论，一卷。太政大臣藤原伊通（1093—1165）著，完成于应保二年（1162年）。

三、平忠常之乱及源平倾轧的起因

其后，长元元年（1028年，万寿五年七月改元），东国（关东地区）发生平忠常之乱。《日本纪略》记载：

> 长元元年（1028年）六月二十一日，右大臣（实藤原资）以下著仗座，定申下总国住人前上总介平忠常等事。即遣检非违使右卫门少尉平直方、少志中原成道等征讨之。给官符等于东海、东山道。
>
> 万寿五年（1028年）八月五日丁卯，今日，右卫门少尉平朝臣直方（即平直方），同少志中原成道，发向下总国，随兵二百余人，追讨前上总介平忠常。
>
> 长元二年（1029年）六月十三日庚子，遣检非违使搜求平忠常卿等住宅。
>
> 长元二年（1029年）十二月八日壬辰，停检非违使志中原成道，依不言上（"不言上"三字或有误，可能是"首途"）追讨（平）忠常之事也。
>
> 长元三年（1030年）三月二十七日庚辰，安房守藤原光业，依（平）忠常乱逆，弃印镒上洛。
>
> 长元三年（1030年）三月二十九日壬午，除目，平政辅任安房守。
>
> 长元三年（1030年）九月二日壬子，仰甲斐守源赖信，并坂东诸国司等，可追讨平忠常之状，依右卫门尉平直方无勋功，召还之。

笔者综合其他书籍记载，将这件事的来龙去脉整理如下：

> 首先，下总国国司上奏："前上总介平忠常，居住于下总国内，却不遵法令，还带兵袭击国卫。"
>
> 于是，检非违使右卫门少尉平直方、右卫门少志中原成道等奉

皇命，领兵二百，前往追讨。此外，朝廷还下令东海道与东山道，出兵协作。

次年，官兵进入坂东，却一战败北，无功而返。

平忠常对于检非违使未问案情就直接发兵攻打这一点十分愤慨，便越发暴乱，侵扰近邻。安房守藤原光业不堪其扰，便弃国卫大印于不顾，直接逃回了京城。

于是，朝廷另派甲斐守源赖信（源赖光之子）出兵讨伐平忠常，并下令坂东各国提供粮草，支援源赖信。

听到消息之后，平忠常在海岛上建城设防，将所有船集中在岛下，做好迎战的准备。

源赖信派人查探敌情，得知平忠常隔海相守，占据险要地势，整列战船，严阵以待，官兵根本无法靠近。

源赖信决定，无论如何也要渡海，于是，下令全军："我等虽是初涉东国，但家中父祖曾言，浅海之中，都有一处，如同海中堤坝，地势高于左后，水深不过马腹而已。军中如果有人知道这个位置的所在，请速速下水告知！"

于是，有几个士兵骑着马就往海里冲。源赖信见状，大呼："大家跟上！"自己也身先士卒冲进了海里。就这样，五六百人的大军，在源赖信的鼓舞之下，纷纷冲进海里，顺利向对面攻去。

平忠常以为自己在海中，对方如果没有船，定然无法靠近，所以只做好了船舶对战的准备。没想到官军竟然骑马攻来，平忠常措手不及，想到己方恐怕难以抵挡，于是，直接宣告投降，奉上一族男子名册及降书，派使者前往乞降。

源赖信当即应允，并押解平忠常等俘虏，班师回朝。途中，平忠常因病于长元四年（1031年）六月六日死于美浓国野上驿。于是，源赖信携带平忠常首级，于长元四年（1031年）六月十六日抵达京都。

源赖信

根据以上概述,可见几乎没有发生战斗。《日本纪略》记载:

> 长元四年(1031年)四月二十八日乙巳,甲斐守源赖信申平忠常进(应是"遁"字的误写)来。仍随身可参上之状。
>
> 长元四年(1031年)六月十六日壬辰,(源)赖信朝臣枭平忠

常首入京。件（平）忠常受病死去，但有议定给彼（平）忠常从类，依为降人也。

"降人"就是削其户籍，将其户编入源赖信家充当家奴。所以坂东平氏多自称源氏家臣，就是出于此。

自高望王以来，平氏子孙在常陆、两总（上总、下总）等地繁衍。因为平氏一族平定"将门之乱"的功绩，平贞盛被朝廷任命为镇守府将军。后来这个职位基本都是平氏子孙担任。坂东平氏和京师藤原氏一样，族人团结一致，成为坂东地区最强大的力量，他们的势力还渐渐扩张到武藏、相模、伊豆等国。

然而，平忠常之乱以后，朝廷任命源赖信为镇守府将军。平忠常一族成了源赖信的下属。估计朝廷是想用勇武之将来压制跋扈的平氏吧！这也是朝廷的权谋。

这样一来，坂东平氏中，凡是与源赖信作对的，都被视作叛贼。所以，即便不是"降人"的坂东平氏，也全都归入源赖信门下，成为源氏家臣。于是，在坂东平氏之上，源氏也确立了自己的地盘。

坂东平氏之中，唯独号称平氏嫡流的平贞盛之子平维衡及其养子平维茂等，不愿屈居源氏之下，便离开了坂东，移居到近江、伊势等地，他们任官之国也多在中部、西部，也就是后来的平清盛一脉。

就这样，源平相争的情况一直延续到后世，两族武士相互倾轧，甚至引发了保元之乱以后的巨大冲突。

四、后一条院禅让

长元九年（1036年），后一条院退位。《日本纪略》记载：

> 长元九年（1036年）四月十三日，止贺茂祭，奉币伊势大神宫，并诸社十一社，祈天皇（后一条院）不豫可平愈之由。
>
> 长元九年（1036年）四月十六日，献御马于十一社，使殿上侍臣，依天皇（后一条院）不豫也。以殿上侍臣为使，左右马十一匹。

长元九年（1036年）四月十七日戌刻，天皇（后一条院）落饰，崩于清凉殿，春秋二十九，在位二十年。（去长元九年即1036年三月以来，御体不豫。）

长元九年（1036年）四月十七日子刻，诸卿近卫以剑玺奉皇太弟（后朱雀院）于昭阳舍，依有遗诏，暂秘丧事，以如在之仪。

今日（长元九年即1036年四月十七日），让位于皇太弟（后朱雀院）。（大床子、并小御厨子、时简、殿上御椅子等，运新帝御所。）

先帝（后一条院）留下遗诏，秘不发丧。按照先帝（后一条院）犹在之礼举行禅让大典，这种做法其实十分奇怪。当时肯定发生了什么事情，以致不得不采用这种方式。

长元九年（1036年）四月二十二日，先帝（后一条院）灵柩迁至上东门院东偏殿。长元九年（1036年）五月十九日，在神乐岗以东，净土寺西原进行火葬，将先帝（后一条院）遗骨安置于净土寺。

《今镜》记载：

> 后一条院没有留下皇子，这真是十分可惜。有一年秋天，后一条院曾以"菊若星辰"为题，作了一首汉诗，其中有一句：
>
> 司天记取葩稀色，分野望看露冷光。
>
> 可见这位天皇文才也是十分出众的。
>
> 菩提树院中，有这位天皇的画像。出羽辨①曾作和歌咏叹：
>
> 皓月云中隐，英姿入画中。
>
> 这菩提树院，是二条院（后一条院第一皇女章子内亲王）的佛堂，二条院（章子内亲王）出于对父帝（后一条院）的敬爱，绘制了后一条院的画像，供奉在佛堂之中。

---

① 出羽辨，平安时代中期女诗人，出羽守平季信之女，曾侍奉后一条院第一皇女章子内亲王。

权中纳言源显基,在后一条院在位期间,曾颇受圣宠。后一条院驾崩以后,他去天皇灵柩前祭拜,发现灵堂的蜡烛竟然是熄灭的,大为惊讶。他向宫人询问后得知,女官们都去参见新帝(后朱雀院)了,所以没人顾得上先帝(后一条院)灵前的烛火,熄灭了也没人知道。源显基深感人心凉薄,十分悲愤,于是,在长元九年(1036年)四月二十二日(后一条院驾崩第六天)剃发出家,时年三十七岁,时人颇感其志。

五、后朱雀院、关白藤原赖通、长历-长久大火、神镜化为灰烬

皇太弟(后朱雀院)受禅后,于长元九年(1036年)七月十日在大极殿举行即位大典,时年二十八岁。立第一皇子亲仁亲王为皇太子。关白依旧是藤原赖通。当时,藤原赖通膝下没有女儿,于是,便将故关白藤原道隆之女一条院皇后藤原定子所生第一皇子敦康亲王的女儿嫄子女王收为义女,将其名改为藤原嫄子,并送入后宫。藤原嫄子后来成为皇后。

藤原赖通

本来，后朱雀院还是皇太子时，就已经有了女御——三条院皇女祯子内亲王（生母是藤原道长的女儿，中宫藤原妍子）。只因为这位女御不姓藤原，所以藤原赖通才会让藤原嫄子入宫成为皇后。

随后，藤原赖通的弟弟藤原教通也将女儿（藤原生子）送入后宫并成为女御。同时，藤原教通的异母兄藤原赖宗也将女儿藤原延子送入后宫并成为女御。而早在长元七年（1034年），祯子内亲王就已经生下了皇子（尊仁亲王，后三条院），而且颇受宠爱。藤原氏的人，因此而暗暗不快。

藤原赖通义女藤原嫄子在长历（后朱雀院即位后第二年改元）二年（1038年）生下皇女祐子内亲王，长历三年（1039年）又生下皇女禖子内亲王后薨逝。如此一来，藤原赖通想当外戚的梦想就破灭了。后朱雀院为了安抚藤原赖通，特别郑重地举办了藤原嫄子的御菩提法会（葬礼）。次年，即长历四年（1040年），在藤原嫄子忌日那天，后朱雀院又作了一封追思的悼文赐给藤原赖通，还附上了一首御制和歌：

牵牛织女犹相逢，我泣空枕到天明。

可见，当时天皇无力压制权臣，只得百般示好。

长历三年（1039年）六月二十七日，皇宫失火，后朱雀院移驾东北院（后朱雀院生母、藤原道长女儿上东门院藤原彰子建造的佛寺）。当时，神镜被移至上东门院京极府。次年，即长久元年（1040年）九月，京极殿发生火灾，神镜在大火中化为灰烬。于是，朝廷将神镜的灰烬供奉起来，并由后朱雀院御笔亲书圣旨，将其供奉于伊势神宫。

次年，即长久二年（1041年），新建皇宫完工，后朱雀院移驾回宫。然而，第二年（长久三年，即1042年）十二月、第三年（长久四年，即1043年）皇宫内再三发生火灾。于是，后朱雀院先是移驾东北院，后来又移驾东三条院。次年，即长久五年（1044年），改年号为宽德。

当时，后朱雀院御体有恙，于是，宽德二年（1045年）正月十六日退位，尊号太上天皇。随后，后朱雀上皇病重，宽德二年（1045年）正月十八日落饰出家，同日驾崩，时年三十七岁，在位九年。宽德二年（1045年）二月二十一日，葬于高隆寺乾原，谥号后朱雀院。

六、后冷泉院受禅、立太子及藤原赖通

后冷泉院，讳亲仁，先帝（后朱雀院）第一皇子。御母故尚侍赠皇太后藤原嬉子，是藤原道长第六女。万寿二年（1025年）八月[①]，后冷泉院诞生于藤原道长京极府邸。

宽德二年（1045年）四月八日，后冷泉院于大极殿即位，时年二十一岁。同时，立先帝（后朱雀院）第二皇子尊仁亲王为皇太子。

后冷泉院

---

① 此处原文与史实有出入，已根据《今镜》等史书修正。

先帝（后朱雀院）退位之时，原本没有颁发立太子的诏书。按照当时的惯例，一般会在让位的同时颁发立太子的诏书。先帝（后朱雀院）原本想立尊仁亲王为太子，他跟关白藤原赖通说时，藤原赖通却说"立太子之事无须着急"，没有接旨。所以先帝（后朱雀院）最初只颁发了让位的诏书。

而春宫大夫藤原能信假装对圣意一无所知，故意说第二皇子（尊仁亲王）要出家，并向后朱雀院奏请应该去哪所寺庙。后朱雀院回复："这位亲王要被立为太子，怎么能出家呢？"

关白藤原赖通有意延迟册立东宫，说："以后再说。"藤原能信大惊说："关白何出此言？如果现在不立，日后恐怕有变。"于是，后朱雀院大喜，当即留下了立太子的诏书，并任命藤原能信为春宫大夫。

藤原赖通不愿意立第二皇子（尊仁亲王）为太子，只因为第二皇子（尊仁亲王）不是藤原家女儿所生，所以藤原赖通打算让新帝（后冷泉院）先行即位，等到藤原家的女儿为新帝（后冷泉院）诞下皇子之后，再册立太子。然而，藤原赖通的弟弟藤原能信，仿佛对兄长的心思全然不知，直接推动了先帝（后朱雀院）第二皇子（尊仁亲王）立太子之事——作为藤原氏子孙，这个举动实在让人费解。之前父亲藤原道长一手遮天、专横肆意，已经引起了世人的议论，现在兄长藤原赖通也想沿袭父亲的做法，藤原能信恐怕招致世人更大的非议，所以才这样做的吧。

后来，后朱雀上皇召见藤原赖通，十分恳切地将新帝（后冷泉院）和皇太子（尊仁亲王）托付给他。对于托付新帝的诏书，藤原赖通恭谨拜领，但对于托付皇太子的诏书，藤原赖通却故意顾左右而言他，没有拜领。

当年，藤原基经担任摄政时，曾将家传的宝剑——壶切献上，它作为代代东宫的庇佑。然而，虽然皇太子尊仁亲王是名正言顺的东宫，但藤原赖通却因为他不是藤原家的外孙，于是，将宝剑秘藏在宫中储物殿，没有献给太子（尊仁亲王）。（《续古事谈》记载，后冷泉院命藤原赖通将宝剑献给东宫，应是误传。直到后来尊仁亲王即位，才由藤原赖通之弟藤原教通献上。）

后冷泉院即位当天，便下诏依旧由藤原赖通担任关白。宽德二年（1045

年)十月,后冷泉院迁入新建皇宫。次年,即宽德三年(1046年)四月,改元永承。同年,右大臣藤原实资(藤原实赖孙,世称小野宫大人,博学好文,其日记《小右记》百余卷流传至今)薨逝。于是,内大臣藤原教通升任右大臣,大纳言藤原赖宗升任内大臣,藤原赖通任左大臣——也就是说,兄弟三人,位列三公,政局完全被这兄弟三人所把控。

后来,到了康平三年(1060年),藤原赖通辞去左大臣之职,次年出任太政大臣。于是,藤原教通升任左大臣,藤原赖宗升任右大臣,藤原赖通之子权大纳言藤原师实升任内大臣。朝中政权,全在藤原一门父子兄弟手中。

七、前九年之役

本节开始说到,当时各地豪族自恃武力,欺辱国司,拒缴田租,动辄武力对抗。其中,陆奥国有一个名叫安倍赖时的夷俘首领,他的祖先在齐明天皇时,曾带领虾夷族人起兵造反。齐明天皇派安倍比罗夫前往征讨。安倍赖时的祖先归顺了安倍比罗夫,并跟随安倍比罗夫作战,立下了战功。安倍比罗夫一是为了表示恩赏,二是为了表示征服,便将安倍的姓氏赐与了他。于是,安倍赖时的祖先便在陆奥地区定居,成为当地夷俘的首领,繁衍生息,扩张势力,逐渐成为当地一大豪族。远近的虾夷族人,纷纷表示归服。

到了安倍赖时这一代,族人逐渐开始不遵法纪,不仅吞并邻郡,还唆使当地居民不缴田租,将那些田租据为己有。国司对其训诫,但安倍赖时不仅不遵国司的命令,甚至还屡屡反抗。

于是,永承六年(1051年),朝廷命源赖义(源赖信之子)出任陆奥守,兼任镇守府将军,前往征讨。陆奥的民众,对于源赖信征讨平忠常的战绩早有耳闻。而源赖义自弱冠之年就随军出征,勇名远播,现在被任命为镇守府将军,麾下全是来自坂东的勇武之士。陆奥的壮丁惧于源赖义的威名,纷纷表示归降,安倍赖时察觉到形势有变,不敢抵抗,也表示臣服。

然而,安倍赖时之子安倍贞任,向来粗野,不明事理,曾仗着自己家大势大,屡屡违规犯法。于是,源赖义想要召安倍贞任入府,进行审问,但安倍赖时却拒不从命。安倍赖时本以为,自己表示顺服,就能保妻子儿女平安,没

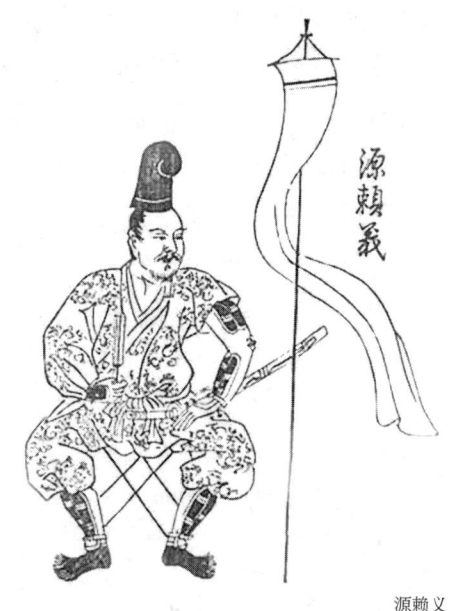

源赖义

想到源赖义却要向自己的儿子问罪，他实在咽不下这口气，宁可战死，也不愿服从。

源赖义见安倍赖时抗命不从，勃然大怒，于是，发兵围攻安倍赖时府邸，想要捉拿安倍赖时父子。这时，安倍族中一个名叫平永衡的人前来乞降，希望能以带路之功，抵消自己的罪责。然而，源赖义怀疑他是假降，当即就诛杀了他，并领兵进攻安倍赖时的衣川营地。

安倍一族听说平永衡被杀的消息，心知降也是死，战也是死，不如拼死一战，也留个不屈的名声。于是，一族父子兄弟，勠力同心，奋力顽抗。就这样，双方激战数年，源赖义也没有攻下安倍一族。终于，源赖义担任陆奥国司的任期已满，依然没有取得战果。于是，朝廷便任命了新的陆奥国司。然而，新任国司惧怕陆奥的暴徒，竟不敢领命赴任。朝廷无奈，只得任命源赖义继续担任陆奥国司。

天喜五年（1057年），源赖义暗中说服安倍一族中的安倍富忠，诱之以利，让他进攻安倍赖时。安倍赖时听说这件事以后，决定亲自前往安倍富忠处，说服他改变志向。安倍富忠听到消息后，提前设了伏兵，等到安倍赖时前来，直接兵戎相见。安倍赖时慌忙迎战，却中了流箭，落马而死，随行之人顿时兵败逃散。安倍贞任召集残兵，退守河崎城。源赖义屡屡发兵攻打，历时数月，安倍贞任却固守不出，官兵也无可奈何。

随着天气逐渐转寒，风雪频至，源赖义一方粮草渐尽，人马多有冻死，士兵纷纷逃亡，残留士兵越来越少，源赖义不得已只能暂时退兵。安倍贞任趁势追击，相模人佐伯经能在撤退中阵亡。源赖义之子源义家，射术精湛，于乱

源义家

军之中,依然能百发百中,贼军慑于其势,不敢穷追。官军历尽艰难,终于回到了国府。

回府之后,源赖义派遣使者前往同族出羽守源齐赖处请求支援。源齐赖却借故没有应允。这位源齐赖是源满仲的弟弟源满政之孙①,由于源满政与源赖光不和,所以波及子孙辈。

经此一战,安倍贞任兵威大振,再次获得了临近郡县的支持。源赖义无力进攻,只能固守。

康平五年(1062年),出羽国仙北地区的豪族清原武则领兵一万前来支援,源赖义大喜。这位清原武则不仅熟悉奥羽地区的地形,也熟知叛军的军情,他用计先攻破安倍贞任的叔父僧人良昭驻守的小松寨。然后,安倍贞任的弟弟安倍宗任领兵前来支援,也因不敌而败走。安倍贞任闻讯大怒,随即亲率

清原武则

---

① 此处原文与史实有出入,已根据《今镜》等史书修正。

大军前来应战，谁知也一战即败，只得退守磐井川。官军攻破磐井川后，继续向前进攻衣川寨。安倍贞任从衣川寨逃走，退守鸟海寨。官军攻破鸟海寨，继续向前围攻厨川城，日夜奋战。这个厨川城占据险要地势，固守要害，官兵死伤数百。于是，源赖义下令，挖山填沟，毁坏村屋，收集杂木，积于一处，等到大风来临，就点燃杂木，趁势攻城。火焰、浓烟逼向城内，守城士兵无法继续坚守，四处逃散。安倍贞任出城迎敌，守候在外的官兵一拥而上，当即将他斩杀，并用盾牌将他的尸首抬到源赖义跟前。这位安倍贞任，年方三十四，身长六尺有余，腰围七尺四寸，没有五六个人，都抬他不动。他的儿子千代童丸，年方十三，与他一同出城作战，受伤被俘。源赖义感其英勇，心生怜悯，想要宽恕他的死罪。但清原武则担心，他长大以后必然为祸一方。在清原武则

安倍贞任

安倍宗任归降

的强烈要求下，千代童丸还是被处死了。安倍贞任的弟弟安倍重任、安倍家任，及其党羽安倍经清等，全部伏诛。安倍贞任的弟弟安倍宗任、安倍则任，族人安倍为元等，全都归降，于是，陆奥地区终于平定。

源赖义带着叛贼首级和俘虏，凯旋归京。这次叛乱，从永承六年（1051年）开始，直到康平五年（1062年）才结束。因为源赖义的征讨是从天喜元年（1053年）开始的，前后历时九年，所以这场战争也被称为"九年之役"。朝廷为了表彰他们的功绩，册封源赖义为正四位下伊予守，源义家为从五位下出羽守，清原武则为镇守府将军，其他将士也都论功行赏。源赖义向朝廷奏请，在相模国鹤冈地区修建石清水八幡宫，以感谢神佛的庇佑。从此以后，源赖义父子的威名，从坂东地区远播到了奥羽地区。

第7节 后冷泉院禅让、关白变更、设置记录所

一、行幸平等院、后冷泉院与关白之职

藤原赖通担任关白之职多年,已经年逾古稀。其弟左大臣藤原教通也到了古稀之龄。按照以前的惯例,关白年纪大了,都会主动上表请辞,将关白之职让给自己的弟弟,但藤原赖通却没有这样做。他在宇治营建平等院,以养病为托词,长居于此。国家大事都是由职事官将公文送到平等院,给藤原赖通阅览。

治历三年(1067年),后冷泉院行幸平等院。《今镜》记载:

> 治历三年(1067年)十月十五日(一说七月七日),天皇(后冷泉院)行幸宇治平等院。关白藤原赖通二三年间,均在此养病,所以天皇(后冷泉院)亲往探视。为了迎接天皇(后冷泉院),藤原赖通安排乐人在宇治川上,乘舟奏乐助兴。天皇(后冷泉院)站在宇治桥上,遥遥望见,感叹此地竟有如此风情。(中略)
>
> 平等院中,河流上修建了亭台,池塘中漂浮着中式游船,船中传来悠扬的笛声。天皇(后冷泉院)面前所用的物品,全都是金雕玉饰,十分华美。
>
> 天皇(后冷泉院)原本应该治历三年(1067年)十月十六日回宫,但因为大雨,就留了下来。治历三年(1067年)十月十七日举行诗宴,天皇(后冷泉院)御制一首:
>
> 忽看乌瑟三朝影,暂驻鸾舆一日踪。
>
> (中略)
>
> 天皇(后冷泉院)这次行幸中,在宇治院封藤原赖通为准三宫。

藤原赖通受到如此荣宠,已经完全承袭了祖先曾经的荣耀,但他却依然迟迟不愿让出关白之位。藤原赖通曾将义女藤原嫄子送入宫中,不久之后藤原

嫄子薨逝，他又将次女（其实是长女）藤原宽子送入宫中。永承六年（1051年），藤原宽子被立为皇后，藤原赖通一心希望这位皇后诞下皇子。皇子一旦出生，马上就会被册立为皇太子。当时，藤原赖通的弟弟藤原教通也将自己的三女儿藤原欢子送入宫中成为女御。如果此时藤原赖通将关白之位让给藤原教通，那么藤原教通的女儿一旦生下皇子，这个皇子就会因为关白外孙的身份被立为皇太子。到了那个时候，即使皇后（藤原宽子）同时生下皇子，也很难被立为储君了。如果皇后（藤原宽子）比女御（藤原欢子）晚生下皇子，皇太子之位就更不用想了。然而，只要自己还在关白之位，即使女御（藤原欢子）生下皇子，自己也能以关白的身份阻止立储，等待皇后（藤原宽子）的皇子出生。其次，藤原教通年纪渐老，如果在这期间薨逝，虽然三弟藤原赖宗是右大臣，但自己的儿子藤原师实也是内大臣，完全可以以关白嫡子的身份，超越藤原赖宗，继任关白之职，朝中也无人敢有异议。所以，出于这样的野心，藤原赖通绝不会轻易让出关白之位。

至于藤原教通，他完全明白兄长藤原赖通的想法，但他不争不抢，只管向天皇（后冷泉院）表达恭顺。他心知，自己的兄长任意而为，比如在平等院处理政务等，迟早会导致上下离心，到时候天皇（后冷泉院）自然就会任命自己为关白。（藤原赖通没有献上"壶切"宝剑，而藤原教通献了，想必也是出于对天皇的恭顺。）

后冷泉院也洞察到了这对兄弟的心思，他一边收揽双方人心，一边将历代藤原氏对朝廷采取的利己谋略施用在他们兄弟之间，想要趁此机会，将藤原氏的权威收归朝廷。

在这种情况下，关白的任命完全取决于天皇的信任。所以，后来后三条院时期关白权势突然衰落，其实在这个时期就已经埋下了种子。这个时期对藤原氏而言，正是由盛转衰的过渡期。

二、左右的贤臣

如此巧妙的政治手段，虽然肯定是出自后冷泉院的圣意，但少不了贤臣的助力。这里的贤臣，第一位就是右大臣源师房。源师房是村上天皇第七皇子

源经信

具平亲王之子，他学通和汉，颇受朝臣推崇。他的妻子是藤原道长的义女，熟知藤原氏的内情。源师房之下，还有年轻的源经信、大江匡房等。他们都是当时的鸿儒，才华卓著，颇有名望。源经信是宇多天皇皇孙六条右大臣源重信之子权中纳言源道方第六子。此人多才多艺，以刚决果敢为后冷泉院所重，以下是他的几个小故事。

承历四年（1080年），高丽国因为国王重病，想从日本国招募名医，于是委托商人传书至太宰府。日本朝廷认为国书中"奉圣旨访问贵国"等字句十分无礼，于是讨论需不需要回信。源经信直言:"即便高丽国王因恶疮而死,对日本又有什么影响呢?"直接否定了对方的请求。

还有一年,有人在一个供奉狐狸神的神社附近杀了一只狐狸。众人评议此人该如何定罪。源经信说:"中国有句古谚语,叫'彼白龙鱼服,挂豫且之密网',贵人微服出巡,自然会给自己带来危险。"满座闻言,无不信服,于是,此人无罪释放。

大江匡房是文章博士大江匡衡的曾孙,自幼博闻强记,因此受到后冷泉院重用。

关白藤原赖通营建宇治平等院时,大江匡房陪同源师房前往宇治。当时藤原赖通正在修建佛堂,他希望寺门朝北,于是,向源师房请教是否有先例。源师房回答:"鄙人不知是否有此旧例,但江

大江匡房

冠者（大江匡房）或许知晓。"于是，将大江匡房招来询问。大江匡房回答："天竺那兰陀寺、唐土西明寺、日本六波罗密寺，都是山门朝北。"藤原赖通深感佩服，于是，佛堂按照原计划建成。

还有之前提到的回复高丽国国书的时候，由大江匡房草拟文书内容，文中"双鲤难达凤池之波，扁鹊岂入鸡林之云"一句，后来成为世人传唱的名句。

还有一次，源义家平定安倍赖时之乱后胜利回京，在藤原赖通府向关白大人禀报战况，当时大江匡房也在场。源义家退出之后，大江匡房评议道："果真是勇武无双的猛将，却不懂兵法，真是可惜了！"后来源义家听到这话，恍然大悟，于是，向大江匡房行弟子之礼，跟随他学习兵书。后来，永保后三年之役中，源义家攻打金泽城时，发现一行大雁往田间飞来，却突然散乱飞走，源义家马上想到大江匡房教授的兵书《孙子兵法》里有"鸟起者，伏也"一句，意识到那里有伏兵，于是，迅速出击，大胜而归。

后来大江匡房出任东宫侍读，与太子（尊仁亲王）尤其亲密。

源经信与大江匡房二人，官位都超过了父辈，可见他们深受后冷泉院的信任。后冷泉院巧妙运用政治手腕，让关白之职在后三条院时期完全失去了原本的威势，但藤原赖通依然对天皇圣恩感恩戴德，后冷泉院驾崩时，他还叹息这是国家的大不幸！

三、藤原赖通辞官

治历三年（1067年）十二月，藤原赖通上表请辞关白之职。《今镜》记载：

> 藤原赖通大人是法成寺入道大人（藤原道长）的长子，（中略）其母从一位源伦子，是一条右大臣源雅信的女儿，人称"鹰司殿夫人"。

藤原赖通大人身居大臣之位五十一年。（中略）宽仁元年（1017年）三月十六日，以二十六岁之英年出任摄政之职。（中略）后将关白之位让给藤原教通。后三条院即位后，藤原赖通由于官场失意，所以长期蛰居宇治。延久四年（1072年）正月二十九日，藤原赖通出家。延久六年（1074年）二月二日，藤原赖通以八十三岁高龄离世。

四、后冷泉院驾崩

治历四年（1068年）二月以后，后冷泉院御体违和，尽管各大神社寺庙举行了各种祈祷，却没有任何效果。治历四年（1068年）四月十九日，后冷泉院于高阳院驾崩，享年四十四岁。治历四年（1068年）五月七日，葬于船冈乾原。《今镜》记载：

后冷泉院在位二十三年，（中略）却没有留下一位皇子或者皇女，实在令人惋惜。

后冷泉院热心文艺，且喜好华美，《今镜》记载：

永承六年（1051年）九月九日菊花宴，后冷泉院以"菊开水岸香"为题，命众人作诗。永承七年（1052年）十月，后冷泉院在钓殿（池边垂钓阁）游宴，命群臣作文。据说这都是常有的事。（中略）

还有一年，九月十三日夜，在高阳院行宫，岩间流水叮咚，沁心透凉，明月倒映在流水之中，分外可爱。后冷泉院见到此景，御制和歌一首：

岩间细浪奔流去，水中映月犹有闲。

真是妙趣横生。（中略）

治历元年（1065年）九月二十五日，在高阳院行宫，后冷泉院沿袭村上天皇时的做法,用金粉亲自抄写佛经,并举行了"法华八讲"。第一位法师是胜范座主。(中略)讲法华经第五卷那天,各位亲王、贵族、大臣等,都带上贡品,乘上雕龙刻凤的中式画舫来到湖中,在水面上读经,希望能将功德送达佛的国度。当时,红叶似锦,水波如绫,真是一时盛景。

五、后三条院即位

治历四年(1068年)四月十六日,后三条院于闲院受禅,时年三十五岁。治历四年(1068年)七月二十一日,由于当时大极殿尚未完工,后三条院在太政官厅举行即位大典。治历四年(1068年)十月二十二日,举行大尝会。

后三条天皇

次年，即治历五年（1069年）四月，改元延久。同月，册立第一皇子贞仁亲王为皇太子。皇太子（贞仁亲王）的母亲是大纳言藤原能信的养女、中纳言藤原公成之女。关白左大臣藤原教通、右大臣藤原师实，与前朝相同。随后，藤原教通升任太政大臣，其他大臣顺次晋升，藤原教通之子藤原信长出任内大臣。《扶桑略记》记载藤原教通升任太政大臣当天的情况如下：

> 白太臣（藤原教通）参入宇治别院，被申庆贺于前太政大臣（藤原赖通），有拜谢之礼，人以叹美。未闻有人臣乍居堂上，受关白太政大臣之拜之例矣。

藤原赖通没有将关白之位让给自己的儿子，而是让给了弟弟，藤原教通感念兄长的逊让之德，所以才行了如此不合常理的大礼。

六、禁止新立庄园及设置记录所

先帝（后冷泉院）在位时，就有意抑制摄关的权势，试图亲政。后三条院在即位以后又更进了一步，亲自主持政务改革。长期以来，权门势家、寺庙神社等特权阶级与地方豪族相勾结，大量开垦私田，国司等也纷纷效仿，导致田租调庸等都无法按时缴纳。

治历四年（1068年），后三条院即位。治历五年（1069年）二月二十三日，后三条院下诏各国：

> （大意）废止宽德二年（1045年）以后各国新立庄园（私垦田地）。在此之前开垦的庄园，如果券契不分明，于国务有妨碍者，也需废止。

治历五年（1069年）闰二月十二日，朝廷设记录所。记录所负责征集各国庄园的券契，检验真伪。这样的圣旨，对于朝野内外，无异于晴天霹雳。可以想象，当时上至关白，下至各地豪族，无不震惊错愕。《愚管抄》记载：

延久年间，朝廷始设记录所。因为后三条院意识到，日本各地的庄园，没有天皇或官府颁发的合法文书，就将国家的土地圈为私有，这已成为国家一大弊害。特别是藤原赖通担任关白时，全国到处都是摄关家的庄园，给国司追缴田租造成了很大的妨碍，这些事情也渐渐传到后三条院的耳中。

然而，后三条院下令所有庄园必须提交合法文书供记录所查验时，藤原赖通十分干脆地回答道："我家的庄园好像都没有这些东西啊。我辅佐天皇五十年间，各地领主因为种种原因，把领地赠送给我，我也就答应一声收下而已。那些文书什么的，我全都没有。我名下的庄园，如果你们觉得哪里不合法，就全部没收好了！既然天皇下令整顿庄园，我作为关白，自然要率先支持。不合法的庄园，那就要全部没收。"（中略）

后三条院思索良久，重新追加了一条圣旨，下令记录所查验全国庄园的所有凭证，但藤原赖通的庄园无须查验。这样一来，这条命令就完全失去了效力。（中略）

当时，藤原教通担任藤原家的家督。延久年间，藤原氏氏寺兴福寺与当地国司发生争议，双方僵持不下，闹到了御前，请求天皇圣裁。后三条院打算准许国司的请求。这时，藤原教通说："我藤原氏一族之长颜面无存，不知氏神做何感想。一切但凭圣裁。我只等氏神降旨。"说完，当即就离席而去。满朝文武瞠目结舌，不知所措。

最后，后三条院还是准许了兴福寺的申诉。于是，兴福寺开坛讲授《法华经》，祈求国泰民安。

《续古事谈》记载：

后三条院，居太子之位二十年，静心学问，不仅才通和汉，更能执掌天下之政。这位天皇即位后，便进行了各种政治改革。其中，对于各国官员捐功连任（其实就是花钱买官）的现象，后三条院严令禁止。但关白藤原教通却以修建兴福寺南圆堂为由，向后三条院申请准许官员捐功。这样一来，就触到了后三条院的逆鳞，后三条院怒斥道：

"摄政关白这样的重职，原本只有天皇外祖父才能担任，朕毫不犹豫地任命你担任这个职位，你却如此违逆朕的法令！朕十分生气，请马上出去！"

不仅如此，后三条院还大声叫所有藤原氏大臣全都出去。春日明神的威仪，在这一刻完全堕入了尘埃。满殿的藤原氏朝臣，纷纷起身，跟在藤原教通身后退出了大殿。

由于事情太过激化，后三条院最终还是作出妥协，将关白藤原教通及其他藤原氏臣子召回，并准许了藤原教通提出的用官员捐功来修建南圆堂。

以上两种说法孰是孰非暂且不管，但即使是在那种场合下，还会提"春日明神的威仪"云云，可见藤原家族在朝廷中的绝对优势力量。这也成为后来"神木入洛"①的导火索。

当年藤原赖通不肯献上"壶切"宝剑，已经能看出藤原氏权势之盛。在此次整治庄园事件中，面对验收田地券契的记录所，藤原赖通竟放言说："那些文书什么的，我全都没有。我名下的庄园，如果你们觉得哪里不合法，就全部没收好了！"最后，后三条院也因为与藤原家代代的纠葛，准许藤原赖通免于提交券契，完全保留了原有的庄园。然而，谁能想到，这些庄园流传到后世，却成为藤原氏子孙不睦的源头，具体状况，可以参看后文藤原基通、藤原基房之争。

---

① 神木入洛，指平安末期到室町时代，奈良兴福寺的僧众为了逼迫朝廷答应己方的无理要求，将春日神社的神木抬入京城强行申诉的行为。

七、石清水放生会

延久二年（1070年）八月十五日，石清水八幡宫举办放生会，以权大纳言源隆国为上卿，此外还有参议源经信及辨、外记、史等数人参加，盛大程度几乎可以媲美伊势神宫的奉币庆典，并从此被定为恒例。《今镜》记载：

> 石清水放生会，上卿、宰相、诸卫卫士等均参加，便是源自此时。

这样的记载，看起来似乎只是单纯的信仰问题。然而，前面已经介绍过，石清水八幡宫是因清和天皇的发愿而建造，被后世清和源氏奉为氏寺。当时皇统源氏之中，以右大臣源师房官位最高，他见藤原氏尊崇自己的氏神春日明神，将春日神社抬高到与伊势神宫差不多的级别，因而更受朝廷的尊崇，所以大概也是有意模仿，一方面是为了抬高石清水八幡宫的地位，一方面也是为了淡化春日明神崇拜的影响，于是，举办了这样一场盛大的庆典。

后来，伊势神宫、石清水八幡宫、春日神社被民间并称为"三社"，备受尊崇。

八、村上源氏女子进入后宫

后三条院即位后，一直致力于削弱藤原氏的权势。延久三年（1071年），新宫建成，同年八月，后三条院迁入新宫。大极殿自先帝（后冷泉院）康平元年（1058年）失火之后，一直没有再建，直到这次才重新修建。

同年，即延久三年（1071年），左大臣藤原师实将养女藤原贤子送入东宫（后三条院第一皇子贞仁亲王）。《愚管抄》记载：

> 宇治大人（藤原赖通）（中略）虽然蛰居在宇治，却教导其子左大臣京极大人（藤原师实）："定要每日进宫侍奉。即便没有大事，也必须每日进宫。"于是，藤原师实遵从父命，每日进宫，在大殿上侍奉。

当时，后三条院时常向近侍的藏人询问："今日有谁在殿上？"每日都要问两三次。藏人每次都回答："左大臣（藤原师实）在殿上侍奉。"（可见藤原氏大臣对于朝中政务事无巨细全都参与。）数月过后，有一天傍晚，后三条院照例向近侍的藏人询问谁在殿上，藏人回答："左大臣（藤原师实）在殿上。"后三条院对藏人说："召他进来！"于是，藏人走到藤原师实面前通传："主上宣您进去。"藤原师实心想："这真是少见，不知道天皇召见所为何事啊！"心中十分紧张，于是，整理好衣装，才进去参见天皇。

后三条院对他说："到近前来。"然后开始和他闲聊，一直聊到深夜。聊到差不多结束的时候，后三条院突然问道："你有女儿么？"藤原师实回答："有一个用心养育的女儿。"藤原师实自己虽然没有女儿，但他将源师房之子源显房的女儿收为义女，自幼抚养。（中略）

后三条院听他这样说，就说："既然你有女儿，那就将她送入东宫（贞仁亲王）去吧！"藤原师实当即应允，然后就退出去了。在此之前，藤原氏的命运一直明暗未定，前途难测，现在终于大势初定，可以放心了。藤原师实只想尽快告知父亲藤原赖通，便连夜从皇宫向宇治赶去。他吩咐下人："先去通知沿路换牛处，准备好拉车替换的牛。"（中略）

当晚，藤原赖通在宇治别院小松殿中，不知为何辗转难眠，总觉得心中难以平静，便命人点上灯火，喃喃自语道："不知道京城发生了什么事？"

当时宇治一带人烟还不多，（中略）大家远远就看到有许多火把从京城方向过来，都不知道发生了什么事，（中略）只隐约听到前面开道的护卫的议论声。（中略）

藤原赖通见到藤原师实衣冠齐整，便问道："怎么了？发生什么事了？"藤原师实回答："孩儿遵从父亲教导，每日进宫侍奉。

今日,天皇突然将我召至御前,跟我说了许多闲话,后来还问我有没有女儿,如果有,就送入东宫。我领了皇命,马上就到宇治来禀报父亲了。"听到这话,藤原赖通顿时老泪纵横,说:"原本以为藤原氏命运难测,没想到这位天皇终究还是明君啊!那你们就赶紧去准备吧!"

于是,藤原师实遵照后三条院的圣谕,将养女(藤原贤子)送入了东宫成了女御。东宫(贞仁亲王,白河院)即位以后,女御(藤原贤子)被立为皇后,就是贤子皇后,堀河院的生母。

在此之前,一直都是摄政、关白的女儿才能成为皇后。然而,这个时期开始有源氏的女儿成为皇后。到了堀河院时期,(村上)源氏一族有多位女子进宫侍奉。

这件事,表面上是藤原师实的女儿藤原贤子进入宫中,让藤原赖通高兴到落泪,还称赞后三条院是明君。藤原氏眼前的危机似乎可以就此一扫而空。然而,事实上,是右大臣源师房的孙女进入了宫中。后三条院此举,一方面是对藤原氏的示好,另一方面则是完成了将拥有皇室血统的女子送入宫中的任务,实在是一举两得的妙招。关于后三条院对藤原氏权势的压制,该书还称赞:

后三条院这样的明君,处理政务时都十分有远见,又怎会毫无缘由地厌憎摄关家呢?这都取决于对方人格、才能的高低,以及是否明理罢了。到了后来末世,天皇与臣子关系恶化,都是因为任用愚臣的缘故,才让国势倾颓的呀!

第8章

院 政

第1节 后三条院的政绩及白河院

一、禁止奢靡与启用人才

后三条院登基以后，十分注重节俭。延久元年（1069年），后三条院下旨，始进精进（斋素）料理。之后，后三条院行幸石清水八幡宫时，看到行幸的车辆全都雕金画银，于是，停下御辇，下令将车上的金银装饰全都撤下，仅天皇乳母的车辆可以免于撤除。后来，后三条院行幸贺茂神社时，出行所用车辆上全都有撤除装饰的痕迹。因此，这位天皇在位期间，朝廷令旨的执行力度，远超之前历代。

后三条院不仅注重节俭，而且注重提拔有才能的官员。宇治大纳言源隆国（醍醐天皇皇孙），由于在先帝（后冷泉院）在位期间颇受恩宠，所以对当时的东宫（后三条院）态度有些怠慢。源隆国引退之后，后三条院登基，他总担心新任天皇会为难自己的儿女。然而，有一天，源隆国的长子权中纳言源隆俊在殿上候命时，后三条院从隔帘缝隙中看见源隆俊衣冠整齐，肃然端坐，目不斜视，仪容出众。源隆俊每天都是如此。后三条院对此深感钦佩，觉得这样的勤恪之臣，正是朝廷所需的栋梁。源隆俊的弟弟源隆纲，担任参议中将，负责给嫌疑人断罪。当时有人射杀了斋宫寮的狐狸，源隆纲的断案词这样写道：

"虽闻引羽之由，未知首丘之实"①——后三条院也觉得这样的评判十分睿智，于是，将他提拔为御前的近臣。说到源隆俊的三弟少将源俊明，有一次，后三条院正想为难他一下，结果遇上皇宫大火。后三条院御驾离宫之时，许多闲杂人等聚集在南院。一片混乱之中，源俊明赶来护驾，手持弓箭斥退杂人，保证了后三条院的安全。后三条院回宫之后心想："今日幸得源俊明卿护驾及时，才让朕免于受辱，可见他也是气运未尽。"于是，也将他提拔为身边近侍之臣。

当时，朝廷对于官员的任命十分严格。藤原实政曾担任东宫学士，近侍于当时的太子（后三条院）身旁。他被任命为甲斐守，前往赴任之时，太子（后三条院）曾御制汉诗一首相赠："州民纵作甘棠咏，莫忘多年风月游。"

藤原实政任满归京，已经是后三条院登基以后了。当时，左中辨职位正好有空缺，藤原实政向后三条院申请这个职位，但后三条院说："朕身为天皇，不能做不合法度的事情。你明明知道，却为何会提出这样的要求？左中辨这个职位，是不能任命没有一点经验的人来做的呀！"

这时，在旁侍奉的藏人头藤原资仲进言道："藤原实政大人说，是因为当年木津渡的事情，才让他想要早日当上左中辨……"

听到这话，后三条院沉思良久，向天照大神请示了之后，才让藤原实政担任了左中辨之职。

当年"木津渡"的事情，指的是先帝（后冷泉院）在位时，藤原实政作为东宫御使前往春日祭参拜。左少辨藤原隆方作为辨官代表也要去参加春日祭。藤原实政在木津渡正要登船，结果藤原隆方却因为东宫（后三条院）不得势，假借辨官的官威阻挠藤原实政登船，还说了一些羞辱的话语。

现在，藤原实政终于如愿以偿，超过藤原隆方，当上了左中辨。

二、院政之始

延久四年（1072年）十二月八日，后三条院退位。延久四年（1072年）

---

① 引羽，指射箭。首丘，指狐死。这句话的意思是：虽然有射箭这件事，但没有确认狐狸死亡。

十二月十二日，后三条院被尊为太上天皇，依然执掌朝政。这就是"院政"的起源。《愚管抄》记载：

> 随着世风日下，人心不古，日本逐渐进入道义衰败的末世，后三条院执政时期便是最大的分水岭。在此之前，朝中政务都是由臣子处理，比如摄政、关白等，天皇则幽居深宫之中。然而，随着世风变化，人心不稳，已经不能再继续这样执政了。后三条院认为，自己不能像以前的天皇那样，退位之后就不再管理政务。（中略）
>
> 在这末世之中，在位的天皇都是幼主，四十岁以上的天皇竟然一个都没有。（中略）而且还有许多像宇治大人（藤原赖通）一样满怀私心的人。于是，后三条院决定，让自己的儿子继承天皇的位置，而自己则作为太上天皇执掌朝政。
>
> 不久之后，延久四年（1072年）十二月八日，后三条院退位。延久五年（1073年），后三条上皇出宫参拜住吉神社，阳明门院（母后祯子内亲王）、关白藤原教通等随行，一行人还参拜了四天王寺、石清水八幡宫等。

《今镜》记载：

> 这位天皇执掌天下政务，海内升平，（院政）的影响，一直延续至今。这位天皇不仅有承担天下的勇气，而且有怜悯众生的仁爱之心。

在此之前的研究学者一般认为，院政是从白河上皇开始的。但笔者认为，根据以上史实，院政应该始于后三条院。

三、后三条院驾崩

就在新皇（白河院）登基，百废待兴之际，延久五年（1073年）四月，后三条上皇御体有恙，同月二十一日落饰出家，法讳金刚行。延久五年（1073年）五月七日，后三条上皇驾崩，时年四十岁。延久五年（1073年）五月十七日，葬于神乐冈南原。《今镜》评述后三条院生平如下：

  治世之才，无愧于先贤圣祖，（中略）博学多识，不逊于当世鸿儒。后三条院还是东宫太子时，中纳言大江匡房还是下级官员。大江匡房愤世嫉俗，曾想隐居山林，不与世人往来。中纳言藤原经任百般劝导，才使他放弃了这个想法。尽管摄政藤原赖通并不认可，但大江匡房还是去拜见了太子（后三条院），太子（后三条院）也十分欢喜。后来大江匡房被准许上殿议事，于是，向人借来朝服和笏板上殿侍奉。从那以后，大江匡房还经常陪同太子（后三条院）一起学习诗文。后三条院即位之初，大江匡房还没有官位，后来慢慢升至五位藏人、藏人式部大夫、中务少辅等。（中略）

  从这个时期开始，佛、道两道蓬勃发展，盛会接连举行。圆宗寺二会①的讲师，（中略）比叡山（延历寺）、圆城寺的高僧，都得到很高的地位。（中略）后三条院还曾前往日吉神社行幸。（中略）

  后三条院治理国家，无愧于历代先贤圣祖。只要天下太平，国家就能延续千年。后三条院一心只希望国泰民安。（中略）然而，若说治理国家，天皇之位，反倒有诸多束缚，如果放弃天皇之位，便可以随心而为。于是，后三条院在位四年之后，便将皇位让给了白河院。后三条院退位之后，便带着母后阳明门院（祯子内亲王）、皇女一品聪子内亲王等，前往住吉神社参拜。当时，后三条院还御制了和歌一首：

    空舟②自在游至此，住吉神明或亦喜。

  （中略）

---

① 圆宗寺二会，指法华会和最胜会。
② 空舟，指退位的天皇。

后三条院退位之后，次年决定出家。（中略）这位天皇还是东宫太子时，就醉心佛法，当时天台山的座主胜范大师参见太子（后三条院）时，太子（后三条院）对他说："请帮我寻找一位兼学真言、止观两道，而且精通俗世诗文的僧人来。寻找这样的人，我须得亲自拜托你。"

胜范大师回答："兼学显密两道的僧人，倒是寻常。倒是精通唐土诗文的人，比较难得。不过，贫僧还是会尽心寻找。"

后来，胜范大师找到了一位名叫药智的僧人。由于没有借到像样的牛车，这位僧人便身着狩袴（便装）骑着马去面见太子（后三条院），并说："是天台座主让我来的。"

太子（后三条院）将僧人召入屋内，隔帘相对。漆绘的砚台盒上，放着一本《摩诃止观》。太子（后三条院）拿给药智诵读，并向他提问。药智非常清晰地给太子（后三条院）作了讲解。太子（后三条院）身边没有真言宗的书籍，所以只是口头询问，药智也将太子（后三条院）想知道的告诉了他。最后是俗世诗文。药智结合佛家的观点进行了一番讲述。（中略）关于太子（后三条院）顺利即位的祈愿，药智回答道："太子祈祷时，（中略）只管诚心请求，随心而为，将祈愿写在心中即可。"（中略）

后三条院还是太子时，曾受到许多政治上的压制。有一次，检非违使别当源经成穿着直衣，头发用柏木夹着，身上背着箭筒，带领士兵从太子府的中门走过时，太子府中的侍女都惊恐万状，纷纷逃散。（可见当时太子一直生活在随时可能被废的担忧之中。）太子（后三条院）当时身在二条东洞院，那附近已全被源经成带领的士兵包围了。（中略）于是，太子（后三条院）也穿上直衣准备应对。

然而，源经成召来部下检非违使，开口问道："犯人都抓到了么？"部下回答："都抓到了。"于是，源经成没有跟太子打一声招呼，就径直走了。

当时好像是有重犯逃到了太子府附近，也许藏进了太子府中，所以检非违使才会闯入太子府中。当时的政局就是如此，所以太子一直生活在被废的危机之中。

当时有一位有名的相士卫门权佐行亲，他断言说："太子一定是治国的明君。"后来果然如他所言。

后三条院的生母被称为阳明门院，是三条院的皇女祯子内亲王，也是后朱雀院为太子时的太子妃。她在二十二岁时生下了后三条院，长元十年（1037年，后朱雀院即位次年）二月三日被立为皇后，当时才二十五岁。江侍从[①]曾作诗咏叹：

闻君登紫云，寄喜遥同心。

宽德二年（1045年，后朱雀院去世那年）七月二十一日，阳明门院出家。（中略）阳明门院是御堂入道大人（藤原道长）的次女皇太后藤原妍子所生。

四、白河院与夜关白

白河院是后三条院第一皇子，他的母亲是赠皇后藤原茂子。藤原茂子名义上是权大纳言藤原能信的养女，但其实是闲院中纳言藤原公成之女。藤原公成是藤原能信的妻舅。延久四年（1072年）十二月二十九日，白河院于大极殿即位，时年二十岁。同时，后三条院第二皇子实仁亲王被册立为皇太子。关白藤原教通、左大臣藤原师实、右大臣源师房、内大臣藤原信长，一如前朝。

延久六年（1074年），改元为承保。承保二年（1075年），藤原教通薨逝。《今镜》记载：

（藤原教通）居大臣之位五十五年，治历四年（1068年）四月十七日，后冷泉院在位期间，因兄长让出关白之位，以七十三岁高

[①] 江侍从，平安中期女诗人，大江匡衡与赤染卫门之女，曾侍奉过藤原妍子，后侍奉阳明门院。

白河院

龄继任关白。不久之后，后冷泉院退位，后三条院即位，藤原教通继续担任关白。（中略）延久二年（1070年）三月，升任太政大臣。承保二年（1075年）九月二十五日薨，享年八十岁。

藤原教通去世后，由左大臣藤原师实继任关白之位。藤原师实当时三十二岁，他虽然也模仿藤原氏先祖，将养女藤原贤子送入皇宫并被册立为皇后，但他本人却不能像藤原氏先祖一样以外戚的身份独揽朝政。后三条院时期由于天皇亲政，关白成了一个挂名的头衔，政事都由后三条院信任的源师房、大江匡房等人把持。

承历元年（1077年），源师房薨。于是，大纳言藤原俊家（藤原赖宗之子）升任右大臣，内大臣藤原信长（藤原教通之子）升任太政大臣，藤原能信之子藤原能长升任内大臣。

永保二年（1082年），藤原俊家、藤原能长相继薨逝。随后，藤原师实辞去左大臣之职。源俊房继任左大臣，源显房升任右大臣（源俊房、源显房均为源师房之子）。藤原师实之子藤原师道升任内大臣。源显房便是当时的皇后藤原贤子（藤原师实养女）的生父。至此，左右大臣皆由源氏兄弟占据。

白河院曾做梦梦见暗夜之中被藤原显赖牵着手前行，因此对藤原显赖父子格外倚重。藤原显赖之父中纳言藤原显隆近侍于白河院身侧，与白河院十分亲昵，被人称为"夜关白"，由此可见其权势之盛。

五、白河院事略

《今镜》评述：

> 这位天皇（白河院）承担天下的勇气与关爱百姓的仁心，都与后三条院如出一辙。（中略）这位天皇在位期间开创了很多事情，对后世影响深远。

《今镜》记载：

> 白河院对臣子授予官职时，总有自己特别的考量。比如，修理大夫藤原显季深得圣宠。文章博士藤原敦光向藤原显季进言："大人为何不向天皇请求担任参议之职？担任参议之职，有七条规定，其中有两条是'三位以上'及'担任过五国国守'，大人正好满足这两个条件。"藤原显季回答："我也是这么想的，所以参议之职有缺时，我曾询问过天皇的意见。但天皇却说：'参议需要擅长写诗作文啊！'所以我只得放弃了这个想法。"
>
> 还有一次，藏人藤原显赖希望担任辨官之职，他的父亲藤原显隆便向白河院提出了请求。白河院回答："不会写诗作文，恐怕很难当上辨官啊！"藤原显赖十分惊讶，然后开始学习诗作。
>
> 这位藤原显赖担任五位藏人时，深受白河院宠信。有一次，由他负责草拟除目时的官员任用名单，白河院御览后，将那份名单揉成一团还给了他。藤原显赖战战兢兢地从御前退下，直接来到父亲

藤原敦光

中纳言藤原显隆处,讲述了事情的始末。其父藤原显隆入宫觐见。白河院说:"大外记中原师远提交的摄津国的公文(纳税报告)还没查验清楚,怎么能把他放进名单里呢?"

还有一次,白河院去寺院祈祷,要赏赐僧众。白河院觉得,寻常的布施无法表达自己的诚意,所以还想赐封阿阇梨,但没有这样的先例,不知道如何是好,便同藤原显赖商量。藤原显赖回答:"如果主上有这样的心愿,不如就赐封个一日阿阇梨,一日有效,不必长久供奉。"白河院觉得这个办法不错,就下旨赐封了"一日阿阇梨"。

通过以上事例,可以看出白河院在任用官员时十分严格。

有一年,百姓私自在京都的街头修建神殿、鸟居等,并挂上"福德神""长福神""白米神"之类的匾额。百姓扶老携幼,在匾额下饮酒作乐。后来,白河院派遣检非违使拆除了这些非法设立的神殿和牌匾。

白河院十分重视皇统,他曾赐封三条院皇子仁和寺性信入道亲王为二品亲王。皇子出家之后依然能有品级，就是从这时候开始的。后来康和元年（1099年），白河院第三皇子觉行成为仁和寺住持之前，就先接受了二品亲王的赐封，成为第一位法亲王，即入道亲王。这个惯例，一直延续到明治维新之前。《今镜》记载此事如下：

> 这一时期，出家入道的皇子依然很多。仁和寺的觉行法亲王，是白河院的皇子。他幼年出家，成年之后，越发踏实稳重，还被赐封为亲王。
> 　人称"大御室"（仁和寺住持）的，是三条院的皇子师明亲王（性信）。（中略）他出家之前就被封为亲王，出家之后也没有改变。继承大御室衣钵的，是他的弟子觉行法亲王。觉行法亲王出家时，还是孩童，还没有亲王的名号，出家之后，才被赐封为法亲王。后二条大臣（藤原师通）上奏说："从来没有出家后再赐封亲王的惯例。"然而，白河院却说："既然有内亲王，为什么不能有法亲王？"从此以后，皇子出家后也能被赐封为亲王。

出家后也能封亲王的规定，就是从白河院时期开始的。
白河院兼通文武之道，《今镜》记载：

> 白河院自小善弓箭，射池中之鸟时，还被人教育："此举恐遭父皇（后三条院）不喜。"（中略）
> 　白河院十分喜爱和歌，即位以后，便命人编撰《后拾遗和歌集》。退位以后，还命人编撰《金叶和歌集》。这两本和歌集中，都收录了大量白河院的御制和歌。

《后拾遗和歌集》由藤原通俊奉白河院之命进行编撰，应德三年（1086年）完成并进献白河院。《宇治拾遗物语》记载：

藤原通俊

　　当年，治部卿藤原通俊奉皇命编撰《后拾遗和歌集》，秦兼久去拜访藤原通俊，（中略）藤原通俊与他谈了许久，然后问他："你作过什么和歌？"

　　秦兼久回答："我作的都是一些拙劣之作，后三条院驾崩之后，我去圆宗寺参拜，看到盛开的樱花与先帝在世时毫无二致，便作了这首和歌：

　　陌上花又发，此色去岁同。无情方永寿，故此绝愁思？"

　　听完秦兼久的和歌，藤原通俊说："这首和歌确实不错，不过，'此'字重复出现，不是很好。还有，这个'花'字，用在这里，像是女孩子的名字。"

藤原公任

秦兼久听到自己的诗作并没有得到藤原通俊的赞赏,心中十分不悦,没说话就走了,来到藤原通俊家侍卫们聚集的地方,发起了牢骚:"你们家主人,根本就不懂和歌!这样的人,居然能奉旨选诗,什么世道啊!四条大纳言(藤原公任)所作的和歌'风晴春日暖,客宿此山中。此间主何在?山花俏枝头'脍炙人口,深受大家喜爱。这首和歌里'此'字也重复出现,也用了'花'字——这两点,和我所作的和歌又有什么不同?为什么藤原公任的和歌就是好的，我的就不好呢？真是不知所谓！这样的人，居然能奉旨选诗！真是想不通！"

秦兼久嘟嘟囔囔一通之后，就离开了。

于是，藤原通俊的侍卫来到藤原通俊面前，将秦兼久的话复述了一遍。藤原通俊听完之后恍然大悟："啊！原来如此！我明白了。这件事就不必外传了。"

这个故事，当时就已经被人质疑是杜撰了。大纳言源经信（当时的歌仙）所作《难后拾遗》中就提到过这件事。

不过，白河院可能确实对《后拾遗和歌集》不太满意，所以才会出现同一位天皇两次下令编撰和歌集这种前所未有的状况。堀河院天治二年（1125年，白河上皇院政期间），白河上皇命左京大夫源俊赖（源经信之子）编撰和歌集，编撰的就是《金叶和歌集》。《今镜》记载：

承保三年（1076年）十月二十四日，白河院行幸大井川（又名大堰川），在嵯峨野狩猎，当时御制了一首和歌：

重登大井川，遥忆故人①游。红枫千古韵，岚山竞风流。

（中略）

承历二年（1078年）四月二十八日，白河院在宫内举行歌会，由六条右大臣、皇后宫大夫（源显房）裁定优劣。歌人们恰逢其时，吟唱了许多优美的和歌。（中略）当时歌会规模之大，比赛形式之多，简直难以尽述，所以后世把村上天皇时期的"天德歌会"和白河院时期的"承历歌会"并列为歌会的典范。

白河院不仅热衷于和歌，而且十分喜爱汉诗。他曾命大江匡房收集没有编入《和汉朗咏集》的零散诗句，并按照四韵进行整理。

---

① 故人，此处指宇多天皇。宇多天皇曾临幸大井川（大堰川）。纪贯之也留下著名的《大堰川行幸和歌序》。

其中有一句"五月蝉声送□秋"①的残句,(中略)后来大江匡房从仁和寺收藏的《和汉朗咏集》手抄本中找到了这句诗的出处。

此外,为了让《本朝秀句》以后的汉诗流传后世,白河院还命法性寺入道大臣(藤原忠通)进行整理,(中略)完成了《续本朝秀句》三卷。

白河院不仅政务清明,而且精通文墨,这固然是因为他天资聪颖,也少不了良师的教导。

当时,内大臣之位有空缺,候补者是大纳言源俊房与其弟大纳言左大将源显房二人。源俊房博学多识,又是兄长,自然是最适合的人选。但弟弟源显房是皇后的生父,也不得不考虑。然而,如果提拔弟弟超过兄长,势必会造成兄弟不和,也会对朝廷产生不好的影响。白河院将自己的担忧对大江匡房说了之后,大江匡房回答:"请让堀河大纳言(源俊房)担任内大臣之职。"

白河院说:"源显房虽然是弟弟,但他是皇后的生父,如果他这次当不上大臣,可能会出家。此外还有两位大纳言,也在等待成为大臣,朕实在是难以取舍。"

大江匡房说:"任命大臣,不一定非要遵循一二三的顺序,而是要挑选有才能的人担任。特别是担任过国司后再担任大臣的,都有哪些人呢?"

白河院说:"菅原道真就曾经担任过赞岐守。"

大江匡房说:"菅原大人应该另当别论。再说了,怎么会有人因为才华过人的兄长当上了大臣就出家呢?"于是,哥哥源俊房当上了大臣。②

---

① 《和汉朗咏集》中收录的李嘉祐的诗句:"千峰鸟路含梅雨,五月蝉声送麦秋。"
② 出自《今镜》。

由此也可以看出大江匡房对白河院的辅佐。

应德元年（1084年），皇后藤原贤子薨逝。《今镜》记载：

> 延久三年（1071年）三月九日，十五岁的藤原贤子被送入东宫，成为太子（白河院）妃。延久五年（1073年）七月二十三日，成为女御（皇妃），（中略）承保元年（1074年），被册封为皇后。（中略）承保三年（1076年）四月五日，生下长女郁芳门院（媞子内亲王），后来又生了二条大后（令子内亲王）。三十二岁那年，生了堀河院。应德元年（1084年）九月二十三日，于三条行宫薨逝，时年二十八岁，（中略）真是令人伤感。尽管她当时年纪还不满三十，却已经诞下好几位皇子皇女，白河院也悲恸不已，天下仿佛瞬间就黯淡了。当时白河院还在位，皇后（藤原贤子）去世时，白河院因为伤心过度，废朝三日，每日只是枯坐叹息，不理朝政，和中国的李夫人、杨贵妃的故事一样。
>
> 白河院在悲痛之余，下令修建了许多佛殿和佛像，为皇后（藤原贤子）祈求冥福。比叡山脚的圆德寺的祈愿文中，还有中纳言大江匡房"只因七夕结深契，骊山层云勿眺望"的诗句。
>
> 就在白河院深陷悲恸之中还没走出来之时，次年（应德二年，即1085年）[①]十一月，皇太子（敦文亲王）也不幸薨逝，白河院越发痛楚。于是，在次年（应德三年，即1086年）十一月，白河院将皇位让给第二皇子（善仁亲王），自己则成了太上天皇。但国家大事还是由白河院亲自裁决。
>
> 嘉保三年（1096年）八月十日，白河院落饰出家，法讳融观。
>
> 大治四年（1129年）七月七日，白河院于三条乌丸府驾崩，享年七十七岁，葬于神乐冈山陵。

---

① 此处时间记载有误，敦文亲王是承历元年（1077年）去世的。

第2节 特殊的立后及白河上皇的奢靡

一、堀河院受禅

堀河院是先帝白河院第二皇子①,诞生于承历三年(1079年)七月九日,生母是皇后藤原贤子。承历三年(1079年)十一月,堀河院被册封为亲王。永保三年(1083年)二月九日,举行"着袴"仪式。应德三年(1086年)十一月二十六日,堀河院即位,时年八岁。应德三年(1086年)十二月十九

堀河院

---

① 第一皇子早逝。——原注

日，于大极殿举行登基大典，由关白藤原师实摄政。然而，朝中政务还是由白河上皇亲裁，关白只是徒有虚名而已。左大臣源俊房、右大臣源显房、内大臣藤原师通等，依旧如故。

次年，即应德四年（1087年），改元宽治。宽治三年（1089年）正月五日，堀河院加元服，时年十一岁。由于当时天皇生母藤原贤子已经薨逝，所以白河上皇第一皇女媞子内亲王代行母后之仪，尊号"郁芳门院"。皇女可以拥有"门院"尊号，就是从这时候开始的。

宽治七年（1093年）三月，原贺茂斋院笃子内亲王入宫，成为女御，之后被立为中宫。当时，堀河院才十五岁，中宫二十四岁。笃子内亲王是后三条院第四皇女。《今镜》记载：

> 堀河院的皇妃，是父帝白河院的妹妹，即堀河院的姑母——前斋院笃子内亲王。前斋院先成为女御，后来又成为皇后。虽然二人年龄相差悬殊，但堀河院自幼就十分恋慕笃子内亲王，一心希望笃子内亲王能成为自己的皇后。笃子内亲王入宫那晚，（中略）迟迟无人奉驾送笃子内亲王进宫，堀河院一直等到快要天明。

其实撇开上古的历史，在近代社会，让姐姐代行母仪，立年长的姑母为皇后等，都是不循常例的。

后来，权大纳言藤原实季的女儿藤原茨子入宫，成为女御，后诞下鸟羽院。当年笃子内亲王入宫之时，直到黎明都无人奉驾，可见藤原师通父子对此事十分不快，所以故意不配合。

二、院宣号令天下

如前文所述，白河院退位以后，成为太上天皇，却依然亲理朝政。《今镜》记载：

> （白河院）在位十四年，（中略）三十四岁时退位，直到

七十七岁去世。五十六年之间,把持朝政。(中略)之前数代的影响,导致关白专政,肆意横行。白河院自少年时就开始亲政,成为太上天皇之后,在堀河院、鸟羽院、赞岐院①等几位皇子皇孙在位期间,依然把持朝政,致使三代帝王的政治,都由法皇一人掌控。白河院统治长久,世态安然,前所未有。

《神皇正统记》记载:

(白河院)退位之后,以太上天皇的身份治理国家,这是前所未有的事情。(中略)白河院执政期间,由太上天皇处理国家政务,摄政、关白都只是挂名而已。(中略)

在此之前,朝廷都是通过宣旨②和官符③治理国家。但院政时期,院宣④和厅御下文⑤更具效力,天皇也成了摆设。这正是国运衰颓的表现啊!

白河院在城南一个叫鸟羽的地方大兴土木,修建离宫。以前退位的天皇都是居住在朱雀院或者冷然院,(中略)但白河院都不住。从白河院开始,鸟羽离宫就固定成了太上天皇的居所。(中略)

"院中之礼"也是在这个时期固定下来的。

从此之后,圣旨、公文都成了象征性的东西,国家大事全都"院宣如此,悉之如状",由院中藏人⑥奉旨执行。世人把太上天皇的宣旨称作"院宣",把太上天皇的统治称作"院政",一直延续到后世。

---

① 赞岐院,即崇德院。
② 宣旨,天皇的圣旨。
③ 官符,太政官签署的公文。
④ 院宣,太上天皇的圣旨。
⑤ 厅御下文,太上天皇直属行政机构签署的公文。
⑥ 院中藏人,太上天皇近臣。

三、白河上皇的奢靡

《今镜》记载：

> 白河院性喜华美壮大。白河御寺（法胜寺）规模就十分宏大，寺内有一座九层高的八面宝塔，里面供奉了一百尊佛像。
>
> 白河院想要感受百盏佛灯齐明的壮观景象，便在寺院前庭放置了点火的用具，命百名僧人同时点火。众僧最初不得要领，行动参差不齐。白河院心生不悦，让他们重新再点了一次。
>
> 还有鸟羽离宫，也是蔚为壮观，不仅宽阔，而且亭台楼阁，应有尽有。
>
> 后来，白河院为父皇后三条院举行五坛修法，考虑到国家财政的负担，所以没有大肆铺张，圆宗寺等也没有修建得很宏伟。（中略）
>
> 白河院因为皇后藤原贤子薨逝，不胜悲伤，修建了许多佛堂、佛像，（中略）还在饭胜这个地方建了一座叫胜乐院的寺庙，并于次年（宽治二年，即1088年）二月进行了供奉。宽治二年（1088年）八月，白河院在法胜寺内修建常行堂。（中略）同一天，还在醍醐的圆光寺举行了供养。

白河院大修寺庙，最初是为了给先皇后藤原贤子祈求冥福，后来就渐渐变成满足自己的喜好了。《百练抄》中有多处记载：

> 白河法皇的乌丸御所，由播磨守藤原家保造进（进献）；
> 白河院三重塔的供养，由纪伊守藤原显长造进；
> 新建室町殿，又称泉殿，由藤原显隆造进；
> 新建春日殿，由伊予守藤原基隆造进；
> 白河五重塔的供养，由但马守藤原敦兼造进；

白河御堂及百体爱染王供养，御堂由伊豆守源盛雅造进，并在高野山举行了供养，御塔则由越中守德大寺公能造进；

贺茂御祖社东塔的供奉，由播磨守藤原家保造进……等。

而这些事，都集中在大治元年（1126年）之后的两三年间，引文中提到的"某某守造进"指的是将修建的费用摊派到这个国守身上，从国司的收入中拿出经费进行修建的意思。而这位国守则会因"造进"的功绩而得到升迁。这一时期，国司的"连任"（买官）情况非常普遍。其中就有很多本来没有资格当国司的人，向白河院申请，通过"造进"佛堂等，获得连任或者晋升的机会。还有一些人，为了尽快积攒政绩，在一国任期还没满的时候，就申请调往新的任国，有时甚至会出现父子同时担任一国国司这样有失体面的事情。

在这种情况之下，这些国司除国家规定的课税之外，还向百姓收取临时课役，导致地方经济混乱。后三条院当年治理庄园的成果也全都付诸东流。

其中，有一个叫藤原为忠的人，造进二条大官时晋升了一次，造进佛堂晋升了一次，造进白河院御所又得到了晋升。他因为数次"造进"的功绩，晋升到正四位下，被左京大夫源显辅嘲笑为"木匠大夫"。

白河上皇喜欢四处游幸，曾临幸高野四次、熊野八次。这在历代天皇之中，是绝无仅有的。其他京都及附近的游幸，就更可想而知了。

白河上皇喜爱书法，曾用金粉书写一切经，这样的事情连僧侣都未曾做过。白河上皇晚年皈依佛门，笃信佛法，于天治元年（1124年）五月，下令诸国禁止渔猎，并要求将渔网等上缴朝廷。首先是纪伊国收缴的渔网，在上皇御所前面烧掉。其后各国收缴的渔网五千余张，全都丢弃。宇治、桂川等地禁养鸬鹚，所有鸬鹚全都放生。官中的猎鹰等，也都如此。只有神社寺庙中供神的渔网可以免于上缴。《今镜》记载：

所有动物全部放生，这一规定一直执行到白河上皇去世。初夏时节，已经没有猎户上山捕猎了，暮秋时分，已经没有渔民打鱼了。如果有人私藏渔网被发现，渔网就会被搜出来烧掉，渔网的主人也要受罚。（中略）宫中的饮食，也以斋素为主。

白河上皇还喜爱民艺田乐，时常观览。皇宫、上皇御所等的风气也渐渐趋同于民间。《百练抄》永长元年（1096年）七月十二日条记载：

殿上侍臣有田乐之事，凡近日上下所所，莫不玩田乐。禁里仙洞，无他营。侍臣传傅，至庶官，预此事。

连官员大臣，都沦落到演习此等低俗民艺。出现这样的弊政，大约是大江匡房等辅政贤臣都已先后离世的缘故吧！

第3节 后三年之役及南都北岭的僧乱

一、后三年之役

后冷泉院康平年间，陆奥豪族安倍赖时作乱，出羽豪族清原武则出兵协助陆奥守源赖义平叛。清原武则因平乱之功，被封为镇守府将军，他同时还吞并了安倍氏的领地，一时之间，声势居于奥羽两国之冠。

清原武则之子清原武衡、清原家衡①及其养子藤原清衡等，皆以勇武而闻名。源赖义之子源义家出任陆奥守时，藤原清衡前往迎接，极尽殷勤。但清原武衡与清原家衡则占据出羽、仙北、金泽等寨，没有前来拜谒。因为此前，同国藤原实清劫掠清原武衡在河内国的庄园，引起了纷争。当时清原武衡远在出羽国，而居住在京都的藤原实清则巴结陆奥守源义家，企图将庄园据为己有。因此，清原武衡等对源义家心怀不满，所以才无礼相待。另外，清原武衡还与同族吉彦秀武发生了矛盾，准备诉诸武力。

源义家听说了这些事以后，首先下令命双方停战，然后召清原武衡、清

---

① 一说清原家衡是清原武则孙。——原注

原家衡至国府问话。但清原家衡误以为源义家是要诱捕他，所以没有从命，反倒继续修建工事积极备战。

宽治四年（1090年），源义家假托游猎之名，想要进入出羽境内，却被樵夫告知，清原家衡已经率众守在了要害之处，准备袭击源义家。源义家听说之后，马上返回了国府。清原武衡从陆奥国回来后，听说了这件事，大大奖赏了清原家衡，说他能让鼎鼎有名的"八幡太郎"源义家闻风而逃，实在是家族的荣光。还说，当年源义家之父源赖义征讨安倍赖时，屡战屡败，幸得清原家相助，才能平定叛乱，立下战功。现在看来，源义家也不过如此，将弱兵寡，不足为惧。于是，清原武衡和清原家衡一起，不仅不遵从国司的命令，还在金泽修起了兵寨。

奥羽地区的豪强们听说了这件事情，有的纷纷归顺于清原武衡麾下，还有的则占据领地与国司对抗等，一时之间，国内大乱。

源义家听说后大怒，亲自领兵征讨，却败绩而归。于是，源义家上奏朝廷，说当时天寒地冻，士兵多有逃散，加上自己没有官符，才导致了这次失败，向朝廷请求许可和支援。然而，朝廷认为这不过是助长私斗之风，没有准许。

当时，源义家的弟弟源义光，在官中担任检非违使右兵卫尉。源义光听说这件事之后，大吃一惊，赶紧上奏朝廷，说要前往陆奥，加入兄长的军队。但朝廷依然以"助长私斗"为由拒绝了他的奏请。

于是，源义光将朝廷的弓箭卸下，留在官厅后，悄悄离开了当值处，骑马前往陆奥。据说当时还有一个名叫丰原时秋的人，追随源义光一同前往关东，然后在相模国足柄山接受了笛笙秘曲的传授。这个故事在很多书中都有记载，被传为佳话。《今镜》记载：

> 右大臣源雅定，（中略）擅长笛笙，曾师从当时的笛笙名手丰原时元。当时有一只名为"交麻吕"的名笛，是选取中国竹子和日本竹子中最好的材料制成的，拥有最美的笛音。（中略）这支名笛据说是丰原时元的兄长丰原时忠所制。（中略）

源义光

丰原时忠曾向一位名叫源义光的爱好笛笙的源氏武者传授吹笛的技艺。这支名笛"交麻吕"也在源义光手上。源义光要前往关东时，丰原时忠对他说："因为这些年来的情谊，就让我送你一程吧！"就和他一起出了京城。

后来源义光揣测，丰原时忠大约是惦记着名笛才一路相送，便对丰原时忠说："我乃一介武夫，早已将生死置之度外。然而，我这样的爱笛之人，绝不能让这样的名笛失传。"便将"交麻吕"还给了丰原时忠。丰原时忠这才告别源义光，返回京城。

根据这个片段,可以看出丰原时元的兄长丰原时忠是为了要回名笛"交麻吕"才跟随源义光一同离京。至于秘曲传承,《今镜》记载:

丰原时元年轻时,有一位名叫武能的老者,能吹奏十分美妙的乐曲。武能晚上从宫中回家时,丰原时元总是十分小心地搀扶着送他回家。武能十分高兴,便向丰原时元传授了非常美妙的笛笙秘曲。

《时秋物语》中说:

甲斐守源义光担任右兵卫尉时,在京中听到了兄长陆奥守源义家进攻清原武衡、清原家衡的消息,于是,向朝廷请求准许前往助阵,朝廷不允。于是,源义光将兵甲卸下,辞去兵卫尉之职,离开了京城。源义光行至近江国时,(中略)有一个青年男子骑着马赶来,源义光十分诧异,来人近了,定睛一看,原来是丰原时秋前来助阵。(中略)二人一同赶路来到相模国足柄山时,(中略)源义光想到丰原时秋的前途,(中略)于是,下了马,取出两张盾牌,一张放在自己面前,一张放在丰原时秋面前,(中略)还拿出一卷文书放到丰原时秋面前,说:"这是令尊丰原时元大人亲自谱写的《大食调》和《入调》的曲谱,我是令尊的弟子,跟随令尊修习管弦的奥义。令尊去世时,你才十岁,所以没能传授给你。你带笙了么?"丰原时秋将随身的笙拿出来。(中略)于是,源义光将秘曲传授给了丰原时秋,还说:"这样一来,我就算战死沙场,也死而无憾了!"于是,将两首秘曲传授给了丰原时秋。

《时秋物语》把"追随源义光离京"这件事安到了丰原时元的儿子丰原时秋身上。不过,想必《今镜》中的叙述才是史实,而《时秋物语》则是根据《今镜》中的两则故事进行加工所创作的文学作品。

源义光（右）与丰原时秋（左）

总之，源义光最终还是到达了陆奥。源义家大喜，感动到涕泪俱下，他说："我看到你，就像看到已经去世的父亲！"

连远在京都的源义光都不辞路远，率先赶来，所以源赖信的后代中，居住在坂东的其他源氏勇士也纷纷加入源义家的阵营。于是，源义家自立为大将，率领源氏大军攻向出羽国，双方大战两场，一胜一负，没有很快取得胜利。源义家为了激励将士，将伙食分为甲乙两等，以勇怯为评判标准。于是，将士们争先恐后上阵杀敌，士气为之一振。

这时，清原家衡同族的吉彦秀武投降源义家，并向源义家献言道："如果双方长期对峙，敌方关寨的粮草势必会消耗殆尽，到那时，他们就只能束手投降了。"源义家觉得有理，便修建防守工事，固守不战。清原武衡等多次前来挑战，但源义家就是不应战。果然，不久之后，敌寨之中粮草渐尽。于是，一些残兵弱将出寨投降，但源义家将他们全都斩了。随后，是一些老幼妇孺出寨投降，源义家依旧将他们全都斩了。最后，关寨之中粮草殆尽，清原武衡等派遣使者来到源义家阵中乞降，源义家也没有答应。

有一天夜晚，天寒地冻，将士寒苦。源义家下令，让将士将营地拆毁，烧了取暖。天明时分，敌营之中也亮起了火光，火焰滔天。源义家马上下令，全军出击，斩获无数。清原家衡逃遁，清原武衡藏匿在池塘里的水草之中，都被找了出来。源义家讥笑道："你们的父亲，追随家父，才有了立功的机会。家父为你们的父亲奏请朝廷，才让他得到封赏。但你们却忘了这旧日恩情，与我反目为仇。我还听说，前日你等夸耀，说家父向你们父亲递交名册，行臣下之礼。敢问这名册何在？"

清原武衡仆伏在地，不敢应答，只是苦苦哀求。源义光说，应当赦免投降的人，这样才能安稳人心。但源义家不肯答应，他说："像当年的安倍宗任那样真心臣服的，可以宽恕，但清原武衡不是真心投降，他只是因为被抓住了，想要活命而已。"于是，源义家下令，将清原武衡与其党羽藤原千任等一并斩杀。后来，清原家衡假扮成仆从模样，想要逃走，被县小次郎次任射杀后，其首级被献给了源义家。至此，奥羽之乱全部平定。

源义家凯旋，并向朝廷奏请下发官符。他命藤原清衡负责留守，自己则携带清原武衡等的首级前往京师领赏。但朝廷认为这是私斗，没有准许，还下令五畿七道："前陆奥守源义家，随军入京，沿路百姓不得向源义家进献田地。此事的起因是藤原实清、清原武衡在河内国的领地之争。源义家与其弟源义纲分别支持两方，逞凶斗狠，兴兵作乱，引起天下骚动。"

如此一来，拼死作战的将士不仅没有得到朝廷的封赏，反倒被视为乱民，他们的失望之情，可想而知。坂东勇士愤恨之余，从此以后，眼中不再有朝廷，只有源氏一族。而坂东作为源氏立足的根据地，越发坚不可摧。后来源赖朝之所以能成就霸业，也是因为源义家在这次战斗中打下的基础。

这次动乱，始于宽治三年（1089年），终于宽治五年（1091年），与之前的康平之役相对，被称为"后三年之役"。

二、僧侣的跋扈及神舆神木的动座

这个时期，南都北岭僧乱频起。南都的兴福寺，作为藤原氏的氏寺，备受摄关家的尊崇。北岭即比叡山延历寺，作为镇护国家的祈愿灵寺，备受朝廷尊崇。从这一点来看，两寺地位优劣，本应一目了然。然而，兴福寺自平城京时代起，就开始为朝廷祈愿，后来与代代摄关之家联系紧密，所以无论是在朝廷中的分量，还是拥有的庄园等领地，都凌驾于北岭之上。

北岭的僧徒为了打击对方的气势，曾在后冷泉院时期，借口慈觉、智证两大流派之争，竟然将朝廷的御使赶了回去，借此向世人显示自家的威势。

一直以来，兴福寺与延历寺处处明争暗斗。延久三年（1071年），后三条院任命祇园社别当时，比叡山僧人一千余人，有的手捧经卷，有的身披甲胄，聚集在祇园社感神院，向朝廷示威。朝廷只能派遣武士，前往维持治安。《嗷诉记》①记载："于社转经之后，无故归山，叫唤之声满天。"可见当时的混乱，这是首次出现僧人乱入京城的现象。

白河院永保元年（1081年）六月九日，比叡山僧人数百人，包围圆城寺，在寺院僧舍内放火。《嗷诉记》记载："拂地为灰烬。"这件事情，表面上是比叡山僧人报复圆城寺妨碍了四月日吉祭时的供神和役夫，但其实是因为有谣传说白河院给圆城寺赐了戒坛御使等宣旨，所以比叡山的僧人才暴乱蜂起。两寺之间的不和，也因此彻底爆发。

永保元年（1081年）九月十四日，圆城寺的僧人向比叡山挑衅，失败而归。永保元年（1081年）九月十五日，比叡山的僧人再次袭击圆城寺，将上次破坏后残余的庙堂佛像全部烧毁。关于这次两寺相争的缘由，《愚管抄》记载：

> 白河院即位以后，十分希望中宫藤原贤子能够产下皇子。于是，请圆城寺僧人赖豪阿阇梨为其祷祝，并承诺，如果皇后能如愿产下皇子，便会满足赖豪阇梨的一切愿望。于是，赖豪阿阇梨倾心竭力为皇后祝祷。后来果然如白河院所愿，藤原贤子皇后顺利产下皇子。赖豪阿阇梨十分高兴，便向白河院请求："希望能在圆城寺建立戒坛，实现多年来的夙愿。"然而，白河院却回答："这怎么行呢？朕没想到你会提这样的要求啊！朕以为你的愿望是让朕赐

---

① 嗷诉，哀诉，悲伤地诉说。

你僧正之位一类。如果如你所说，在圆城寺建立戒坛，那势必会引起比叡山僧人的不满，引发佛门内部的斗争，毁坏佛法啊！"于是，拒绝了赖豪阿阇梨的请求。

《愚管抄》后面还写到，赖豪阿阇梨因此心怀怨恨，在佛堂内闭门不出。白河院派大江匡房前去抚慰，但赖豪阿阇梨依然固执己见，最后愤恨而死。因赖豪阿阇梨的祈愿而降生的皇子不久也薨逝了。后来白河院向比叡山西京座主良真说了这件事，并请求良真代为祷祝。这才有了堀河、鸟羽两位天皇的诞生。所以前面提到的比叡山、圆城寺的争斗，应该是比叡山方面误以为白河院准许了在圆城寺建立戒坛而引起的吧。

早在淳和天皇时期，天台座主义真圆寂前，将座主之位传给了圆仁（慈觉）的弟子圆修。义真的弟子不服，于是，两派相争不下。后来义真的弟子大多进入了圆城寺。

后朱雀院时期，长历三年（1039年），圆城寺的明尊成为天台座主，比叡山僧众不服，于是，两派之争达到了顶点。朝廷查明了两派斗争的原因后进行了裁断。然而，在当时那个迷信的时代，佛教势力极其强大，他们将朝廷的判决视若无物，争斗越发激烈。

永保元年（1081年）十月十四日，白河院行幸八幡宫，由于担心恶僧的破坏，派源义家率领众多武士在御前护驾。从那之后，比叡山的恶僧越发猖獗。嘉保二年（1095年），由于美浓守源义纲斩杀了日吉神社的神官，比叡山僧徒竟然抬着神舆进入皇宫申诉。守卫中务少丞源赖治负责防守，放箭射杀了申诉的僧人。其他僧人马上放下神舆，返回山门，集合全寺所有僧人，一起修五坛大法，诅咒国家。朝廷大为恐慌，马上下旨命祇园神社的神官将神舆抬回比叡山。

南都的恶僧眼见比叡山僧人如此作为，又怎会安分守己呢？宽治七年（1093年），兴福寺的僧人带领春日大社的神官，抬着神木、锋、镜、铃等，围困劝学院，申诉近江守高阶为家擅自捕杀春日大社神官的事件。于是，藤原氏的大臣、纳言等，纷纷聚集到关白藤原师通的宅府，将事件始末上奏白河上皇，最后高阶为家被处流放土佐国，其余连坐之人均被解除官职。

长治二年（1105年），比叡山僧人向朝廷申诉，太宰府权帅藤原季仲与八幡宫别当光清射伤灶神的神舆并射杀日吉神社的神官。随后，祇园神社的神官也向朝廷申诉检非违使中原范政的部下制止御灵会修行时射伤了神官。于是，祇园神社、日吉神社的神官和比叡山的僧人一起，抬着日吉神社的神舆，围堵大内阳明门，要求朝廷对藤原季仲、中原范政、八幡宫别当光清等定罪。

就在朝廷准备对八幡宫别当光清等人定罪的时候，八幡宫的神官也来到待贤门，申诉光清无罪。八幡宫的神官听说朝廷决定免除光清神宫寺司之职时，便打算将八幡宫的神舆抬到京城来。朝廷听说之后，便决定对其妥协，承诺不处置光清。

最后，以藤原季仲流放常陆、其子刑部少辅藤原怀季及少纳言藤原实明等免职而收场。

南都兴福寺由于路途遥远，往往在半途中就收到圣旨打道回府。而北岭比叡山则是稍有不顺就打下山门，威胁朝廷。所以，白河上皇有一句著名的感叹就是："天下之事，唯有三不如意：比叡山的法师、鸭川的水，以及骰子的点数。"

第4节 堀河院事略、关白的任免、清和源氏的衰落

一、堀河院事略、藤原师实及藤原师通

前节说到，当时朝中大事，都由白河上皇亲裁，堀河院只是垂拱而治。宽治四年（1090年）七月，堀河院为了祈愿，将不输田①六百余丁进献给了贺茂上下社②。他还做梦梦见由于神税不足，神官们日常膳食供给不足。于是，

---

① 不输田，即不输租田，指日本律令制下，不用向国家缴纳田租的田。一般是寺田、神田等神属领地，以及位田、功田等皇族、贵族的世袭封地。
② 贺茂上下社，即贺茂别雷神社（上贺茂神社）和贺茂御祖神社（下贺茂神社，又称下鸭神社），合称为贺茂神社。

堀河院将贺茂神社的膳食花费分摊给各国，下令各国无论是否丰年，都不可短缺贺茂神社的粮食。

堀河院的祈愿，大约是因为中宫原贺茂斋院（笃子内亲王）的请求。不过，之前将纪伊国两郡田地百余町进献给熊野山，则是出自白河上皇的安排。

关于堀河院的生平事迹，《今镜》记载：

> 这位天皇，心性仁和，高贵典雅，擅长吹笛，朝夕游宴玩赏，（中略）有时直至天明。
>
> 当时擅长吹笛的大臣和乐师，都声称自己有堀河院御赐的秘曲，十分珍视，并代代相传①。
>
> 当时有一位吹笛的名手，名叫丰原时元，他的吹奏技艺十分精湛，深得堀河院的喜爱。夏天炎热的时候，堀河院会御赐他御厨的冰块解暑，有时没有冰块了，堀河院便赐他风凉的扇子。
>
> 太政大臣藤原宗辅早年担任近卫中将、少将时，曾在御前彻夜吹笛，直至天明。
>
> 堀河院还十分喜欢和歌。到了五月，堀河院闲来无事，便召集擅长和歌的男女歌者，命他们作诗应和，供自己御览。当时，大纳言藤原公实、中纳言源国信、源俊赖等一众歌人，将和歌写在精制的薄纸上，与女歌人比如周防内侍②、四条宫（藤原宽子）筑前③、高仓一宫④纪伊、前斋宫家百合花⑤、皇后宫肥后⑥、摄津君⑦等，相互赠答。

---

① 据说许多神乐笛曲都是堀河院所作。——原注
② 平栋仲之女。——原注
③ 筑前守高阶成顺之女。
④ 后朱雀院皇女祐子内亲王。——原注
⑤ 堀河院女御的侍女。
⑥ 肥后守藤原定成之女。——原注
⑦ 摄津入道藤原实宪之女。

女歌人创作的闺怨、思慕类和歌，被收录在《堀河院艳书歌合》[①]中，流传后世，其中很多还被收录进了敕撰歌集之中。

　　堀河院命有名的歌人十四人进献和歌，并编成《堀河百首》[②]。其中包括男女歌者和僧人。诗题由中纳言大江匡房进献。这些和歌流传至今，成为后人学习创作和歌的范本。

　　堀河院在位期间，朝中人才济济，那是一个十分繁荣的年代。堀河院曾说："我朝中有左大臣源俊房，学者宰相大江匡房、源通俊，藏人头藤原季仲，可谓群星璀璨，毫不逊色于上古贤君的时代。"当时确实各个领域都人才辈出，文化繁荣。

堀河院对文学的热心，由此可见一斑。和歌、和文等"平安文学"，起源于凡河内躬恒、纪贯之等人所编纂的《古今和歌集》，并在堀河院时期，达到了顶峰。《神皇正统记》评述：

　　这位天皇，兼具和汉之才，特别是管弦、郢曲、舞乐等，造诣颇深。堀河院所作的神乐曲目至今仍在神乐世家传承。

《今镜》记载：

　　康和四年（1102年）三月十八日，堀河院行幸鸟羽离宫，为父帝白河院庆贺五十大寿。当日的舞者由朝中大臣及近卫中将、少将等担任，左右乐府的乐师负责奏乐。童子舞者三人，表演了《胡饮酒》《陵王》《纳苏利》等曲目。

　　其中，《胡饮酒》由源氏小公子源雅定表演。他挥舞衣袖的样子，俊雅飘逸，仿若仙童，实在是精妙绝伦。

[①] 收录在《群书类丛》中。——原注
[②] 收录在《群书类丛》中。——原注

次年，即康和五年（1103年），堀河院第一皇子宗仁亲王诞生。《本朝世纪》记载：

> 康和五年（1103年）正月十六日丙申，今夜子刻，女御（藤原苡子）有御产事。（中略）一天之欢，何事如之哉！
>
> 康和五年（1103年）正月二十五日乙巳，（白河）上皇为令奉见皇子，御幸于女御殿。（中略）途路之间，世为壮观。（中略）亥刻，女御（藤原苡子）俄卒去①。一日之哀乐相变，视听之所，莫不悲叹者。（白河）上皇忽又御幸，令奉迎皇子给毕。

同年，即康和五年（1103年）六月，小皇子（宗仁）被册立为亲王。康和五年（1103年）八月十七日，被册立为皇太子。在此之前，藤原师实已经辞去了关白之职，由其子藤原师通接替。《今镜》记载：

> 藤原师实接替叔父大二条大人藤原教通成为关白，他不仅容貌出众、品行高洁，而且子孙繁荣。（中略）身居大臣之位四十二年。
>
> 承保二年（1075年）九月，担任"内览"之职。（中略）承保二年（1075年）九月十五日成为关白，当时三十四岁。（中略）
>
> 嘉保元年（1094年）三月，辞去关白之职，但随身侍卫的规模，依旧如前。（中略）
>
> 康和三年（1101年）正月二十九日，落发出家。康和三年（1101年）二月十三日，于宇治薨逝，享年六十岁。人称"大殿大人"，后又称"宇治入道大人"或者"京极大人"。

堀河院还没有皇子之前，朝臣们都暗暗希望册立白河上皇的异母弟辅仁

---

① 春秋二十八，四位下也。——原注

亲王为皇太子。有一天，藤原师通提及此事，白河上皇回答："若是天皇（堀河院）万一有所不测，朕将重祚再为天皇。"藤原师通直言白河上皇不可重祚。从此以后，白河上皇就疏远了藤原师通，于是，藤原师通的官位就止步于内大臣，不再有晋升。

辅仁亲王与白河上皇素来不和。不过，《今镜》记载：

> 后三条院第三皇子辅仁亲王，（中略）这位皇子年少多才，擅制汉诗，堪比当年的中务宫兼明亲王。不仅如此，他还精通和歌，有一次，他看到圆宗寺中的樱花，随即咏歌一首：
>
> 昔日种花人①，抛身绝红尘。徒留花与我，岁岁忆君恩。
>
> 后来木工头源俊赖奉命编撰《金叶和歌集》时，将辅仁亲王所作和歌收录其中，署名为"辅仁亲王"。白河院看到后说："供我御览的歌集，为何要使用这个称呼？"于是，源赖俊将署名改成了"三皇子"。可见，白河上皇与辅仁亲王虽然关系并不融洽，但到底还是亲兄弟啊！
>
> 辅仁亲王还作了许多优美的汉诗。其中"无喜无忧世上心"一句，觉行法亲王曾评价说："忧肯定是有的呀！因为无法继承大位啊。"不过，并不是身为天皇之子，就一定能够继承帝位，只要明白这一点，就没有什么好叹息的。所以觉行法亲王的评价，只不过是他自己的想法罢了。而辅仁亲王恐怕并没有这样的遗憾。

康和元年（1099年），藤原师通因病辞去关白之职，不久后薨逝。《今镜》记载：

> （藤原师通）永保三年（1083年）正月二十六日，升任内大臣，时年二十一岁。嘉保元年（1094年）三月九日，出任关白，时年

---

① 种花人，指父帝后三条院。

三十三岁。嘉保三年（1096年）正月（五日），升至从一位，被赐准许列席于左大臣上首。承德三年（1099年）六月二十八日离世，时年三十八岁，居大臣之位十七年。

这位大臣性格诚实刚迈，姿容卓绝，才华出众。有一次，大约是在天皇的即位大典上，中纳言大江匡房当面称赞他："真想让中国人看看我们这位关白大人，不知道他们会怎么夸赞呢！"

藤原师通弹奏琵琶名器"玄上"时，由于他仪表堂堂，十分大气，连"玄上"这样的名器在他手中，都被衬托得小巧了呢。（中略）

藤原师通曾在六条府邸举办三月三日的"曲水之宴"。（中略）当年，御堂关白藤原道长也曾在东三条府邸举办过这样的"曲水之宴"，藤原师通是在追寻古时的风雅。这次诗会的序文由惟宗孝言撰写。

藤原师通去世后，其子大纳言藤原忠实担任"内览"[①]。《百练抄》记载：

> 康和元年（1099年）八月二十八日，官中上下文书，触左大将（藤原）忠实卿，可奏下之由宣下。
>
> 康和元年（1099年）十月八日，（藤原忠实）为（藤原）氏长者。
>
> 康和元年（1099年）十二月十三日，京官除目，左大臣（源俊房）执笔，左大将（大纳言藤原忠实）着关白座，稀代例也。延喜御宇，右大臣（源光）执笔，贞信公（大纳言藤原忠平）候关白座之例也。

---

① 内览，原意是文书上呈天皇之前，先由这位官员概览。由于藤原师通去世时，其嫡子藤原忠实资历尚浅，还没有出任关白的资格，所以就暂时担任内览。

藤原忠实

藤原忠实当时二十二岁。次年，即康和二年（1100年），右大臣源显房去世，藤原忠实升任右大臣，源显房之子大纳言源雅实升任内大臣。

嘉承二年（1107年），天皇（堀河院）病重，同年七月十九日，于堀河院（地名）驾崩，时年二十九岁，在位二十年。以其皇居为谥号。嘉承二年（1107年）七月二十四日，葬于高隆寺。

二、鸟羽院即位

堀河院驾崩的同日，皇太子（宗仁亲王）即位。《皇年代略记》记载：

> 鸟羽院，讳宗仁，堀河第一子，母赠皇后女御藤原苡子，大纳言赠太政大臣正一位藤原实季女。（中略）
>
> 嘉承二年（1107年），丁亥，七月十九日，癸卯，践祚，年五，于大炊殿。今度无让国之议。太上天皇（白河院）诏，可为宣命主之由，被仰之。其后摄政以下公卿诸卫，供奉神玺宝剑，献皇太子。

以皇太孙的身份即位,在历代之中也算罕见。

嘉承二年(1107年)十二月一日,鸟羽院在大极殿举行即位大典。次年,即嘉承三年(1108年),改元天仁。

三、白河上皇与藤原忠实、藤原忠通

天永四年(1113年)(天仁三年,即1110年,因天文异象等原因改元)正月一日,鸟羽院御元服,时年十一岁。摄政藤原忠实为鸟羽院加冠,左大臣源俊房为鸟羽院理发。鸟羽院元服以后,按照藤原家的惯例,摄政藤原忠实希望能将女儿藤原泰子送入宫中成为女御,因为当时皇室女子中并没有适合送入后宫的人选。然而,当时白河上皇宠爱白川殿夫人,白河上皇听从白川殿夫人的劝说,将大纳言藤原公实的女儿藤原璋子收为义女,抚养在上皇御所。关于这位白川殿夫人,《今镜》记载:

鸟羽院

白川殿夫人曾将待贤门院①收为义女，与白河上皇一起将她养大。这位白川殿夫人因为宿世福泽，虽然并没受到正式册封，但世人都称她为"祇园女御"。她原本只是白河上皇御所内的一名侍女，无意中被白河上皇看到她的容颜，从此深受白河上皇喜爱，集三千宠爱于一身。

　　这样一位深得圣宠的夫人，她的势力自然可想而知。藤原忠实希望能让自己的儿子藤原忠通迎娶白川殿夫人的义女藤原璋子，然而，白川殿夫人希望义女能成为鸟羽院的中宫，便暗中向白河上皇进言。自后三条院以来，数代天皇一直致力于削弱藤原家的势力，于是，白河上皇同意了将藤原璋子送入后宫，并立为中宫。藤原璋子身为白河上皇的义女，也就是先帝的义妹，按辈分来说，应该是鸟羽院的姑母。

　　不久之后，藤原璋子诞下大皇子，即崇德院，藤原忠实的失望可想而知。然而，保安元年（1120年），藤原忠实趁白河上皇行幸熊野之际，向鸟羽院提出了进献女御的请求。不久之后，白河上皇回官，听说了这件事后，龙颜大怒。保安元年（1120年）十一月十二日晚，白河上皇命左大臣源俊房为御使，前往藤原忠实府邸，下旨停了藤原忠实关白及内览之职，并责令其闭门思过。

　　保安元年（1120年）十二月除目，关白之职空缺，右大臣由藤原家忠担任。由于藤原家忠不是出自摄关之家，家世不够，所以只得由藤原忠实之子藤原忠通担任内览。白河上皇说："父亲是父亲，儿子是儿子，虽然父亲有罪，但儿子不一定有罪。"

　　然而，藤原忠通回答："自古以来，从无父亲蒙罪，儿子一人任官的先例，特别是内览、一族长者之类，都必须从父亲或者兄长手中继承。所以，如果父亲不能免罪，我也不能接受这个官职。"

　　白河上皇无奈，只得撤销了对藤原忠实闭门思过的责罚。然而，从此以后，藤原忠实、藤原忠通父子之间开始有了嫌隙。

---

① 藤原公实之女藤原璋子。——原注

藤原忠通

因为藤原忠实认为,如果藤原忠通真的在乎家族的惯例,就应该向白河上皇请求让父亲官复原职,自己再从父亲手上继任内览之职。然而,藤原忠通只要求了白河上皇免除父亲的责罚,实在是不孝。

后来,鸟羽院退位,成为鸟羽上皇。藤原忠实将女儿藤原泰子送入后宫成为女御,后来藤原泰子又被立为皇后。天皇退位之后依然可以收纳女御进入后宫并册立为皇后,就是这时候开的先河。后来,鸟羽上皇给皇后藤原泰子赐了院号,即高阳院。直到这时,藤原忠实才终于得以回归政界,而父子之间的嫌隙,则越发深重。

藤原忠实被白河上皇罢免内览之职时,鸟羽院生母的兄长——大纳言藤原公实以九条藤原师辅后裔及天皇外戚的身份,向鸟羽院请求出任内览。《愚管抄》记载,商议此事时,鸟羽院为了确保商议内容不外泄,特地派人里外围了三层。

在这种情势之下，保安二年（1121年）正月，藤原忠实被再次任命为内览。不久之后，藤原忠实辞去内览之职，藤原忠通又被任命为内览。短短数月之间，父子二人数次交替担任内览之职，这也是空前之事。最终，藤原忠实大势已去，挽回无望，而父子之间也最终反目。

四、清和源氏的沉沦

和藤原氏一起走向衰落的，还有清和源氏。

清和源氏之祖源经基，因为在"天庆之乱"①中立下战功，成为首位"武辨"，闻名天下。其子源满仲，追随关白藤原实赖，于冷泉院安和二年（969年），因密告左大臣源高明而得势，也因此与藤原家的关系越发紧密。其子源赖光，与关白藤原兼家仿若主仆，因此而得到提携，声名显赫一时。源赖光的弟弟源赖信，以及源赖义、源赖家等，勇武之名遍布坂东、陆奥、出羽等地。而且自源满仲以来，源氏代代侍奉于摄关之家，官位节节高升，几乎成了全国武士的首领。

然而，源义家之子源义亲，嘉承年间，因为比叡山僧众的事件被连坐，被处流放淡路国。他认为刑罚不公，便愤而作乱，与国司对抗。还集结党羽，自号国司，进攻出云国，劫掠国卫，抢夺公私财物，肆意乱行。朝廷下令因幡守平正盛出兵征讨。平正盛是平贞盛五世孙，是当年不愿臣服源赖信而从坂东移居到伊贺、伊势地区的平维衡的后裔，世称"伊势平氏"。

平正盛奉旨讨伐源义亲，天仁元年（1108年），平正盛携带源义亲及其党羽四人首级上京，朝廷命检非违使在河原接收了四人首级，并将其悬挂于狱门之上。平正盛的勇武之名，由此而起。

永久五年（1117年），前下野守源仲政逮捕了自称源义亲的人，并将其押解回京。检非违使查验后证实，此人系奸僧冒名，在边远地区行骗而已。

源义家及三弟源义光，与二弟源义纲素来不和。由于源义家嫡子源义亲因罪被诛，所以源义家打算让第二子源义忠继承家业。当时，源义忠任河内守。而源义家的三弟源义光，一路追随源义家征战，虽然军功显赫，声名远

---

① 天庆之乱，即"将门、纯友之乱"。

播，但官位不过区区五位刑部丞。这时，源义光暗中有了夺嫡的想法。于是，他派出心腹鹿岛三郎，暗中杀害了源义忠，后来又杀死了源义家第三子。

由于源义家第二子、第三子相继遇害，最终由源义亲之子源为义继承了源氏家业。同时，朝廷派人调查杀害源义忠的凶手。于是，源义光为了陷害二哥源义纲父子，故意在源义忠暗杀现场留下一把大刀。检非违使查验后，确认这把大刀是源义纲之子源义明的佩刀，因而认定暗杀事件是源义明所为，诛杀了源义明。

源义纲悲愤不已，率领父子兄弟，占据了近江国甲贺山。白河上皇随即命令源为义出兵征讨。源为义当时才十岁，他带领将士进攻甲贺山。源义纲防守数日，最终不敌，于是削发投降，被处流放佐渡国。源为义的勇武之名，因此而起。后来，他又担任左卫门尉、检非违使。南都北岭的僧人进京作乱时，源为义每每负责守卫皇宫，或者在途中拦截，多次立下战功，他的勇武之名，逐渐可以与平正盛父子比肩。

当时，白河上皇喜欢大兴土木，修建佛寺和行宫，朝中大臣也纷纷投其所好，通过"造进"，获取国司之职的任命。大治二年（1127年），源为义向朝廷请求担任陆奥守，但因为源赖义、源义家担任陆奥守期间，曾发生"前九年""后三年"的兵乱，朝廷认为此事不祥，所以没有应允。后来源为义请求担任伊予守，朝廷依然没有准许，而是让他选择其他领国。

然而，源为义却认为，陆奥守是自己的祖父及曾祖曾经担任过的职位，伊予守也是曾祖源赖义曾经担任过的官职，除这两国之外，其他属国都不是他心中所愿。于是，源为义的官位就止步于五位左卫门尉，没能扬名立万，也没能挽回家族的名声，整个家族从此慢慢走向衰落。

第5节 鸟羽院退位、崇德院与鸟羽上皇、藤原忠通与藤原赖长

一、鸟羽院退位

保安四年（1123年）正月二十八日，鸟羽院退位，传位于第一亲王（显

仁亲王，崇德院）。由于之前还没举行过立太子的仪式，所以先立太子，并在同一天举行了禅让大典。这也是白河上皇的安排。

保安四年（1123年）二月二日，鸟羽院获得太上天皇尊号，时年二十一岁。此后，白河上皇为"本院"，鸟羽上皇为"新院"。

保延七年（1141年）三月十日，鸟羽上皇落饰出家，御法讳空觉，时年三十九岁。《今镜》记载：

> （鸟羽院）在位十六年，后让位于第一皇子（显仁亲王）。白河法皇在世期间，鸟羽院未得亲政。（中略）白河法皇与鸟羽上皇分别被称作"本院"和"新院"，一同居住在三条室町御所之内。
>
> 待贤门院藤原璋子被称为"女院"，这三人合称"三院"，居住在一起，过着奢华的生活。皇子、皇女们也和他们生活在一起。白河院、鸟羽院出行时总是乘坐同一驾车辇，虽然是上皇的车辇，但配备了随行的护卫人员。
>
> 大约是在保安五年（1124年）吧，就是有闰二月那一年，三院在白河举办赏花大会，盛况空前。白河法皇与鸟羽上皇乘坐同一驾车辇，随行侍从都穿着锦缎刺绣的华服，朝中贵族和官员也穿着华美的服饰，当时的胜景，简直无以言表。随行的太政大臣源雅实也身着华冠美服，骑着高头大马，气宇轩昂。（中略）
>
> 白河法皇的车辇之后，便是待贤门院（藤原璋子）的车辇。为了更好地展示女子华美的裙裾，宫中贵妇们的车辇都特设了金银镶嵌的车窗。女院藤原璋子的车辇后面，摆放着她鲜红的裙裾，足有十余层。她身着红色内衬，然后是萌黄（浅绿）的上衣，最外面披着红色的唐衣（外套），唐衣上绣有窠纹（木瓜纹），还镶着金箔银箔。裙摆上不仅镶有金箔银箔，还折出龟鹤、波浪等造型。腰上系着银色的飘带，腰上结绳的配饰上则镶着宝石。（中略）
>
> 当时，装有金银车窗的贵妇车辆有十辆之多，所以一同出行的

贵妇应该有四十人。大家的衣装全都尽态极妍，估计当天大家都被准许可以暂时不管禁止奢靡的禁令。所以有人甚至按照色彩浓淡依次穿了紫、红、萌黄（浅绿）、山吹（土黄）、苏芳（暗红）五套单衣，一共二十五层，内衬、上衣、唐衣全都镶着带花纹的金箔银箔。还有人将樱、柳颜色的布，捶打出光泽，做成腰带，然后用宝玉作装饰，装扮出古诗中"露凝柳叶丝串玉"①的情趣。还有人穿着葡萄染（紫色）的长裙，上面绣着大海的风景，长裙的下摆处绣着海中明月的倒影，营造出古诗中"水镜映花似有云"②的意境。还有人在唐衣上绣上太阳的花纹，营造出古诗中"芳草何萋萋，唯可任春光"③的气氛。还有人用锦缎做成唐衣，然后插上樱花，再点缀上浅黄色的薄绵，装饰出古诗中"纵有新绿若云霞，香气如丝露芳踪"的意象。（中略）

车辇旁随行的侍从全都穿上有花纹的美服，争奇斗艳。拉车的牛马，用的都是四色彩丝搓成的缰绳。车辇上各色的帷幔摇曳生姿，美丽绝伦。摄政藤原忠通坐在车内，身边自然也带着衣着华美的侍从。（中略）

三院首先来到法胜寺观赏了一番樱花，然后又来到白河南院参加花宴。三院不断将御杯传到臣子们的宴席，给他们赐酒，臣子们也纷纷应景作诗，献给三院。花园大臣源有仁（辅仁亲王之子）写下了这次诗会的序文。鸟羽院创作的和歌还被收录进了《金叶和歌集》。随行的女官也创作了不少应景的和歌，比如这一首：

白川之水清且浅，宜映花色漾千年。

法胜寺中一大片盛开的樱花，如同皑皑白雪。宫人们还将别处

---

① 《古今和歌集》春歌上，第二十七首，作者僧正遍昭。全诗如下："新芽发翠绿，柳犹纺丝垂枝上。白露似玉珠，露凝柳叶丝串玉，婀娜春柳好风光。"
② 《古今和歌集》春歌上，第四十四首，作者伊势。全诗如下："经年累月间，水镜映花似有云，不似惹尘埃。花落水中零波上，能谓落尘云镜乎。"
③ 《新古今和歌集》春歌第七十八首，作者壬生忠见。

采来的樱花铺在法胜寺的庭院之中。厚厚的花瓣甚至能没过拉车的牛的蹄子，牛车走过也不会留下车辙的痕迹。枝头的樱花瓣随风飘落，仿佛真的下雪一般。（中略）

还有一次，三院打算出门赏雪，结果等了很多天都没有下雪。后来终于下雪了，于是，三院马上决定去西山、船冈方向赏雪。在京城之中，白河院、乌羽院依然乘坐同一车辇。出城之后，乌羽院穿着大红色直衣，骑马走在雪地之中，身姿矫然，这样难得的场面，真应该找人画下来。

二条大宫令子内亲王（白河院皇女）的侍女们，坐在设有金银车窗的车辇内，露出菊色和枫叶色重叠的裙裾，裙裾上下都衬着白色的衣物，（中略）里面填着棉花，远远望去，仿佛菊花和枫叶飘落在皑皑白雪上一般。这样的车辇一共有五辆。（中略）

乌羽院品行端正，没有好色的毛病，样貌也十分俊美，佛教的修行十分深厚，时常请法师们念经祝祷。

乌羽院还十分擅长吹笛，毫不逊色于先帝堀河院。他在音乐方面，也有浓厚的兴趣。（中略）据说，当时的内大臣藤原公教、右大臣德大寺公能、中纳言藤原伊实、藤原成通等都是跟随乌羽院学习吹笛的弟子。

根据以上记载，可以看出新院（乌羽院）也十分喜欢奢侈华美。《今镜》左大臣源有仁的小传中记载：

花园左大臣源有仁，所谓的光源氏，应该就是这样的人吧。（中略）

这位大臣，对于衣服的设计有自己的独到见解，他不仅要求服装尺寸精准，而且对于纹饰也有自己的喜好。在那之前的人，对于服饰没有这么多讲究，所以有时下裙长长地拖在地上，乌帽子也不知道涂漆加固。但从这时候起，开始流行褶皱乌帽子、光泽乌帽子等款式。不过，据说宫人将最新流行的款式变更的服装推荐给白河院时，曾遭到白河院的斥责。（中略）

鸟羽院及这位花园大臣（源有仁），两人都身量颀长，容貌俊美，会对服装细节作出详细要求，于是，世人也纷纷模仿，在衣服里加上肩垫、腰垫、乌帽子夹、发冠夹一类的东西。或者说必须这样做吧！因为当时流行将帽冠做得十分高耸，如果不做这些加工，帽子就会塌下来。（中略）还有袖子的下摆、裙裾的下摆等，都会被整理得服服贴贴，一丝不乱。在源有仁大人家中，还有专门负责衣装的藏人，被称作"衣纹杂色"①。

日本的服饰仪容，在鸟羽上皇时期，发生了巨大的变化，其影响一直延续到后世。

大治四年（1129年），白河法皇驾崩，进入鸟羽上皇院政时期，这一时期，鸟羽上皇内宠颇多，朝政荒废。保延七年（1141年）三月十日，鸟羽上皇落饰出家，御法讳空觉，时年三十九岁。康治元年（1142年）五月，鸟羽上皇于东大寺受戒。保元元年（1156年）七月二日，鸟羽上皇驾崩，享年五十四岁。葬于鸟羽安乐寿院，因其居所而奉鸟羽院为其谥号。

二、崇德院与鸟羽上皇

崇德院，讳显仁，保安四年（1123年）正月二十八日被册立为皇太子，时年五岁，同日受禅继位。保安四年（1123年）二月二十九日，于大极殿举行即位大典。由关白藤原忠通摄政，但朝中政务全部由白河法皇亲裁。白河法皇驾崩后，由鸟羽上皇把持朝政，摄政关白都是徒有虚名。

次年，即保安五年（1124年），改元天治。天治三年（1126年），因为疱疮等流行，改年号为大治。大治四年（1129年），崇德院加元服，时年十一岁，藤原忠通为其加冠，右大臣源家忠为其理发。次年，大治五年

---

① 杂色，官职名，是负责杂务的下层官员。

崇德院

（1130年），藤原忠通将女儿藤原圣子送入后宫。藤原圣子成为中宫，就是后来的皇嘉门院。然而，崇德院与鸟羽上皇之间素有嫌隙。《古事谈》记载：

> 待贤门院（藤原璋子）以白河上皇义女的身份被送入后宫。入宫之后，仍与白河上皇私通，当时人尽皆知。世人都说崇德院是白河上皇的私生子。鸟羽上皇也知道这件事，他还故意把崇德院召至御前，挖苦地称呼他为"叔父子"，双方都十分不快。

不过，笔者认为，"叔父子"之说不足为信。《今镜》记载：

> 待贤门院藤原璋子小时候，会在午睡时把脚放到白河上皇怀中取暖。藤原忠实等人觐见时，白河上皇竟回答："没办法，现在不能跟你们谈事啦！"待贤门院藤原璋子长大之后，也是备受宠溺。

待贤门院藤原璋子得到白河上皇如此宠溺，必然会妨碍藤原氏将女子送入后宫，所以他们才会编造这样的流言吧！

不过，关于鸟羽上皇与崇德院的不和，《今镜》中记载：

> 鸟羽院统治天下有很长一段时间，在这期间，他基本上是随心所欲、独断专行。中院大臣源雅定担任大将之职，（中略）是在崇德院在位期间——当时他一直得不到担任大将的任命。（中略）近卫院始食荤腥①当晚，鸟羽院突然驾临宫中，朝臣们赶忙穿戴整齐来到朔平门接驾。权大纳言源雅定当即奏请："大纳言源雅定向太上天皇请旨，希望能担任大将之职。"于是，当晚他就当上了大将。

源雅定

---

① 婴儿二十个月大左右，始食荤腥，会举行仪式。

当时，大将德大寺实能虽然比源雅定官阶要低，但他比源雅定先当上大将，所以他认为源雅定没资格担任左大将。大纳言藤原实行也认为："我的官阶比源雅定高，担任左大将的应该是我。"这兄弟二人坚决反对源雅定越过自己担任大将，所以各自将理由陈述给崇德院。崇德院面对二位舅父，不便拒绝，所以才一直压着，没有将源雅定晋升为大将。

由此可见，崇德院的裁断基本没有什么权威，但他又想早日亲政。《今镜》记载：

崇德院一心想要复兴那些早已丢失的古代风雅。

上皇把持朝政，天皇和摄政关白都只能垂拱相望——这是古时从未有过的局面——所以崇德院自然想要恢复当年天皇亲政的传统。然而，因此对父帝产生不满，却不是一件好事。

三、崇德院与藤原忠通

至于崇德院与关白藤原忠通，藤原忠通似乎也开始对崇德院不满。藤原忠通将女儿藤原圣子送入崇德院的后宫成为皇后。然而，不久之后，崇德院就开始宠幸其他女子，还诞下第一皇子，这是藤原忠通不满的第一个原因。《今镜》记载：

赞岐院（崇德院）第一皇子重仁亲王，（中略）其母是关白藤原忠通的女儿皇后皇嘉门院（藤原圣子）身边的侍女。该侍女因受到崇德院宠爱，而被皇后一方的人排挤，而她又没有有力的家人做后盾。只有年过七旬的大藏卿源行宗因为和歌的缘故与她关系亲厚，还将她认作义女，她也因此被称为兵卫佐局，除此之外，她并没有别的可以依靠的亲人。她的生父信缘法印是出家人，在白河院

御愿寺法胜寺担任执行，但已经去世多年了。信缘法印原本也出身尊贵，但已经出家，所以即便在世，也帮不上什么忙。（中略）

然而，面对崇德院的宠爱，她也无法拒绝，后来便有了第一皇子重仁亲王。当时中宫（藤原圣子）尚未产下皇子，因此也越发焦虑不安。小皇子（重仁亲王）的祖父鸟羽上皇听说皇子降生，便将皇子接走，让女院（美福门院藤原得子）抚养。后来，崇德院的乳母之子播磨守藤原隆教和伯者守等人负责照顾兵卫佐局等后宫女子。小皇子（重仁亲王）的乳父是刑部卿平忠盛，乳母大贰局的丈夫。

关于崇德院与皇后（藤原圣子）的关系，《今镜》记载：

皇嘉门院（藤原圣子）刚进宫时，与崇德院十分和睦，经常昼夜同游。然而，在崇德院退位前一段时间，时常宠幸一位名叫兵卫佐局的侍女，很少去皇后藤原圣子处。有一次，崇德院突然驾临皇后（藤原圣子）的居所，从矮屏风后往屋内看，看见皇后（藤原圣子）穿着十五重白色单衣，重重叠叠的袖口和裙摆仿佛层层海浪，便称赞道："这袖口仿佛层层海浪，十分美丽。"

谁知藤原圣子皇后吟了一句古诗回赠道："纵使袖无恨，妾心浪不平。"

这个片段是一个隐喻，可见崇德院与皇后因兵卫佐局而疏远。"将女子送入后宫"可以说是藤原家唯一的家训，如果是以往，遇到这种情况，像藤原兼通之类，就会完全禁止自己女儿之外的女人进入后宫，但藤原家的权势今非昔比，藤原忠通的感受也可想而知。

不过，这时，藤原忠通还有妹妹高阳女院藤原泰子在鸟羽上皇身边侍奉。当时，身份低微的女子，即便生下皇子，也必须将皇子送入宫中抚养。于是，兵卫佐局产下的第一皇子重仁亲王被送往崇德院生母待贤门院藤原璋子处抚养，并由大贰局担任乳母。大贰局是平正盛之子平忠盛的后妻。待贤门院藤原璋子的养母——白河上皇第一盛宠白川殿夫人（祇园女御）一直以来都是平正盛的后盾。因为这层关系，待贤门院藤原璋子才将养育第一皇子的重任交给了平忠盛夫妇①。

鸟羽上皇将第一皇子接走，这也是崇德院对鸟羽上皇不满的地方。不过，崇德院对藤原忠通似乎没有什么不满，先是将藤原忠通从摄政升至关白，又因他是皇后的父亲而对他礼遇有加。

四、藤原忠通与藤原忠实、藤原赖长

藤原忠通的弟弟藤原赖长，天性聪颖，深受父亲喜爱。《今镜》记载：

> 左大臣藤原赖长相貌堂堂，博学多才。（中略）他曾跟随堀河大纳言源师赖学习《前汉书》。这本书是大江匡房大人传下来的，很少有人能读懂。
>
> 就这样，藤原赖长博览群书，此外，他还遍览佛经，据说他曾听奈良的僧侣讲授"因明"②的学问。
>
> 据说他还曾在宫廷宴会上吹奏过笙笛。
>
> 在书法方面，他尝试着改变字体进行书写，却总是自觉不如兄长，所以后来就不太喜欢书法。
>
> 他遍览古籍，熟知朝廷旧仪，并且致力于恢复古代礼法。对于朝堂议事时缺席的官员，他会催促其按时出席。无论于公于私，他都是一个十分严格的人。

藤原赖长学通和汉，尤其精通王朝典故。他的日记被后世称为《台记》，是研究王朝典故最具价值的资料。这也是他得到父亲喜爱的最重要的原

---

① 此处与史实有出入，重仁亲王应该是被送往鸟羽上皇宠妃美福门院处抚养。不过，大贰局人脉宽广，不仅深得待贤门院信任，而且也深得美福门院信任，所以被美福门院任命为重仁亲王的乳母。
② 因明，古印度逻辑学。

因。然而，他对兄长藤原忠通却不够尊重——藤原忠通性格温和，他视之为软弱，藤原忠通精通和歌、管弦、书法，他却嗤之以鼻，认为这些都是雕虫小技，不是经国之大略，所以兄弟二人向来不和。

白河法皇驾崩后的第二天，鸟羽上皇因为藤原忠实是皇后（高阳院藤原泰子）的父亲，所以特地将他召入上皇御所，从此圣宠不衰。《百练抄》记载：

> 天承元年（1131年）十一月十七日，前太政大臣藤原忠实因鸟羽上皇召见，进宫拜见。藤原忠实自保安元年（1120年）十一月触怒圣颜之后，至今方得恢复君臣之谊，藤原氏一门皆感欢喜。从此以后，朝中大事，鸟羽上皇都与藤原忠实商议，并于保延元年（1135年）将他赐封为准三宫。

然而，藤原忠通对此却悻然不悦，自己虽然名为关白，但实权却在父亲藤原忠实手中。而藤原忠实隔在藤原忠通与鸟羽上皇之间，藤原忠通无奈，只得转而近侍于崇德院身侧，充当游宴的陪臣。《今镜》记载：

> 崇德院自幼喜爱和歌，终日与身边的人作诗游乐，比如制作藏字诗、在纸烛燃尽之前成诗、在敲击金碗声停之前成诗，等等。
>
> 不过，光举办诗会，崇德院也渐渐觉得乏味，于是，他又举办了一场以"青松遥定万年约"为主题的赏花宴。以藤原忠通为首的一众大臣参加了赏花宴。
>
> 赏花宴首先是奏乐，由关白藤原忠通抚琴，右大臣源有仁弹奏琵琶，中院大纳言源雅定吹奏竹笙，卫门佐藤原季兼被临时准许上殿，演奏筚篥①，中御门大纳言藤原宗忠打拍子，大约还有藤原成通和藤原实衡等人吹笛，藤原季成中将演奏和琴。
>
> 诗会的序文由堀河大纳言藤原师赖撰写，由藤原实光在众人面

---

① 筚篥，竹制吹奏型乐器。源自古代龟兹，由中国传入日本，在日本是宫廷雅乐的一种。

藤原成通

前朗诵。崇德院平日制作的和歌,都十分普通,不过,这次歌会咏了许多优美的和歌。比如《远山寻花》这一首,崇德院咏的是:

远涉山深处,樱花次第开。山风似有信,为我送香来。

崇德院年幼时,曾咏过这么一首和歌:

原以此间为云上,未知明月益高朗。

还有一次,大约是天承二年(1132年)三月,宫中临时举行赏乐会,为临时祭试乐。侍从们将清凉殿的竹帘放下,然后在荫蔽处放上椅子。崇德院穿着常服坐在那儿观赏。清凉殿往北的回廊上的隔窗,全都被撤了下来,帘子也被拉了起来,后宫的女子聚集在那儿,如同繁花盛开,争奇斗艳。皇后藤原圣子也在侧厅观赏。

左右乐府的舞伎都穿着正式表演的服装,齐集在月华门。赏乐会由中将藤原重通和藤原季成主持。作为预热,乐师们先演奏了一曲《春之调》，随后又演奏了《春庭乐》，然后才是乐师和舞伎同时登场表演正式的曲目。

崇德院驾到，关白藤原忠通、右大臣源有仁和其他大臣坐在外廊的长凳上侍奉，参议们循例坐在清凉殿通往紫宸殿的长廊上。崇德院给表现出众的舞伎和乐师都下发了赏赐，笛师大神基政被赐从五位。（中略）

在这次赏乐会上，崇德院让众人朗诵了《久安百首》，还说要命人编撰敕撰集（《词花和歌集》）。

就在藤原忠通陪着崇德院悠游度日期间，藤原赖长作为藤原忠实的爱子，得到鸟羽上皇的庇护，一路扶摇直上，官至左大臣，凌驾于兄长藤原忠通之上。于是，藤原忠通与父亲和弟弟之间的矛盾越来越深。

第6节 崇德院禅位及平氏的崛起

一、藤原得子及立太弟

此前，鸟羽上皇将藤原得子收入后宫，十分宠爱。不久之后，藤原得子（美福门院）诞下了皇子。《今镜》记载：

鸟羽院对于后宫众人似乎都没有特别宠爱。后来美福门院（藤原得子）被悄悄送入后宫，从此得到鸟羽院圣宠。鸟羽院不管去哪儿都带着她，政务上也慢慢有了懈怠。（中略）

美福门院（藤原得子）的出身不算十分高贵，她的父亲是中纳言藤原长实，母亲是源氏堀河大臣源俊房的女儿。（中略）她的父母对她十分宠爱，不愿将她嫁给寻常男子。藤原长实去世一年以后，美福门院（藤原得子）或许是因为之前就对鸟羽院有意，所以悄悄进入宫中，渐渐得到鸟羽院的宠爱，还有了身孕。鸟羽院十分高兴，命令各寺为美福门院（藤原得子）平安生产祝祷。后来美福门院顺利产下皇女（叡子内亲王），鸟羽院时隔多年再次当上父亲，异常欣喜，但还是有点遗憾生下的不是男子。后来美福门院（藤原得子）第二次怀孕，生下的依然是皇女（暲子内亲王）。（中略）

鸟羽院因为宇治皇后（高阳院藤原泰子）膝下无子，再加上对她父亲藤原忠实十分信赖，便将美福门院（藤原得子）生下的第一位皇女（叡子内亲王）送到宇治皇后（藤原泰子）处抚养，第二皇女（暲子内亲王）则留在身边亲自抚养。这时，美福门院（藤原得子）还没有封号，被称作"夫人"，位阶是三位。鸟羽院对美福门院（藤原得子）宠爱有加，令人咋舌。后来，美福门院（藤原得子）再度怀孕，如果这次再生下皇女，那真是十分可惜。鸟羽院为了让她能产下皇子，命各寺僧众进行了数次祈祷。

当时，石清水八幡宫会举行般若会，邀请延历寺和圆城寺的高僧参加，一同究极佛法奥义并为国家祝祷。权中纳言藤原显赖作为鸟羽院的代理，长期居住在石清水八幡宫中，每天穿着正装参加法会，敦促高僧在为国祈福的同时，也为鸟羽院和美福门院（藤原得子）顺利产下皇子而祈祷。（中略）

法会的最后一天，朝中大臣全都前往参拜，奉上布施，还献上了神乐。朝臣、贵族们纷纷献上自己精心准备的才艺，比如和歌，或者吹笛。（中略）

就在各种热烈的祝祷之中，保延五年（1139年）五月十八日，美福门院（藤原得子）产下一名举世无双的如玉男子（近卫院）。宫中自然是一片沸腾，民间也是普天同庆。

当时，鸟羽上皇除崇德院之外，还有第二皇子通仁亲王、第三皇子君仁亲王、第四皇子雅仁亲王。但第二皇子通仁亲王被称为"目皇子"，第三皇子君仁亲王被称为"瘘皇子",都是病弱之躯,只有第四皇子雅仁亲王(后白河院)身体康健。然而,鸟羽上皇如此热烈地期盼美福门院藤原得子诞下皇子,并在保延五年(1139年)七月下达了赐封亲王的宣旨,又在保延五年(1139年)八月十七日将小皇子体仁亲王(近卫院)册为皇太弟。这完全是出自对美福门院的异常宠爱。随后,鸟羽上皇封堀河大纳言源师赖(源俊房之子、藤原得子的舅父)为东宫大夫。《今镜》记载:

> 由于崇德院已经有好几位皇子了,撇开这几位皇子,让小皇子(体仁亲王)即位不合礼法,于是,有人提议,让小皇子(体仁亲王)成为崇德院的养子。于是,保延五年(1139年)六月二十六日,小皇子(体仁亲王)被送入皇宫。鸟羽院为小皇子(体仁亲王)精心挑选了随行的臣子。(中略)
>
> 小皇子(体仁亲王)进宫时,崇德院命藏人传达了准许乘坐车辇入宫的宣旨。小皇子(体仁亲王)进宫以后,被送到皇后皇嘉门院(藤原圣子)处抚养。(中略)
>
> 保延五年(1139年)八月十七日,小皇子(体仁亲王)被册立为东宫太子,赐居昭阳殿。(中略)太子(体仁亲王)从小就聪慧机敏,如果有事需要觐见天皇,就由东宫大夫抱着,从来不哭。到了能坐的时候,他就一个人坐在垫子上,像大人一样,气质不凡,简直让人看着感动到落泪。

因为诞下皇子,藤原得子被立为中宫皇后。后来鸟羽上皇还下令,藤原得子及其所生皇女暲子内亲王所拥有的庄园,无须缴纳田租和赋税。

二、连年凶歉及崇德院退位

崇德院即位以后,国内天灾、病疫不绝。

大治五年(1130年),畿内疱疮流行,不少人因此死亡。次年,即大治六年(1131年),改年号为天承。然而,各地旱灾、水灾不断,很多地方颗粒无收。于是，天承二年（1132年），又改年号为长承。长承三年（1134年），各地疫病流行，京师附近也天灾频起。《百练抄》记载：

> 长承三年（1134年）九月十二日，大风殊甚。（中略）诸司官舍、京中人屋，一宇不全。今年，风、水、火三灾并起。（中略）今年以后，天下饥馑。

于是，次年，即长承四年（1135年），又改年号为保延。

保延元年（1135年）三月，鸟羽上皇于法胜寺赐米千石，用来赈济饥民。一千石不够，于是，鸟羽上皇又追加三千石，分赐东西京，用来救济贫民。

同年，即保延元年（1135年），由于饥荒，西国有海盗作乱，劫掠官物、私财。由于海盗势力强大，国卫不敌，于是，朝廷派备前守平忠盛前

平忠盛

往追讨。保延元年（1135年）八月，平忠盛平定了海盗，并捉拿了为首的三十余人。

保延四年（1138年）二月，二条东洞院行宫失火。崇德院移驾至东三条御所，随后又移驾至白川小皇宫。保延四年（1138年）三月，京中发生大火。《百练抄》记载：

> 京中大烧亡，公卿以下，烧亡之家，不计其数。
> 保延四年（1138年）十一月二十四日，皇居土御门殿（室町）烧亡，（崇德）天皇移驾小六条府邸。累代御笏（象牙、绘蝶丸）全部烧失。

中国的儒家观点认为，天灾频发，是因为帝德有亏。于是，朝中有人开始暗中议论此事。当时，鸟羽上皇将第五皇子体仁亲王册立为皇太弟，并于永治元年（1141年）因"辛酉革命"而改元，并借此希望崇德院让位。然而，由于当时朝中有诸如藤原赖长之类博学而有能力的大臣，所以鸟羽上皇尽管十分宠爱藤原得子，但仅仅因为这个原因就要废除崇德院的帝位，势必会引起朝中大臣的异议。于是，鸟羽上皇以"连年凶歉"为由，下达了崇德院让位的宣旨。

而崇德院虽然身居帝位，但朝中大事全是鸟羽上皇亲裁，他自然认为所谓的"凶歉"与自己无关。况且上皇、天皇素来不和，鸟羽上皇强行册立皇太弟时，崇德院已经十分不快，如今还被逼让位，他心中的积郁，也是可想而知。《今镜》记载：

> 让位当天，朝中百官自辰时起就齐集宫中。崇德院数次派遣御使藏人中务卿少辅源师能前往鸟羽上皇处，又派遣六位藏人将公文送往鸟羽上皇处。到了日暮时分，神玺与宝剑被朝臣谨慎地护卫着送往东宫居所昭阳舍。

东宫以天皇养子的身份即位，是前所未有的事情，所以让位的圣旨中还是写成了皇太弟。在让位的过程中，崇德院一直说："还是再推迟一些时间吧！"然而，鸟羽上皇说："都已经开始了，为什么要推迟？"于是强行于当天，即永治元年（1141年）十二月七日完成了让位仪式。（中略）

新帝登基，即为近卫院。近卫院一方，近侍的藏人和朝中大臣等确立完毕后，按部就班举行了即位后的各种仪式。而崇德上皇则于永治元年（1141年）十二月九日移驾三条西洞院，被尊为太上天皇。

从此之后，鸟羽上皇被称为"本院"，崇德上皇被称为"新院"。崇德上皇退位时，才二十三岁。此后，鸟羽上皇与崇德上皇之间的矛盾更深了。而藤原得子因为皇子即位，也以"国母"的身份，得到"美福门院"的封号，被世人称为"女院"，成为鸟羽上皇后宫之中最有权势的一位。

三、平氏的崛起及平忠盛

上文提到，从白河上皇时期起，平正盛依附宠姬白川殿夫人，最初只是淡路守，后来慢慢被提拔为中部地区大国的国守。平正盛之子平忠盛，也在白川殿夫人的庇护之下不断晋升，直至四位，被白河上皇准许进入上皇御所议事，成为"殿上人"及"五节会"的舞者。

鸟羽院在位期间，由于白河上皇的恩宠[1]，平忠盛被准许进入上皇御所议事，却没能进入皇宫议事。在平忠盛被允许进入上皇御所议事那年，与他同为"五节会"舞者的藤原为忠，因天皇乳母家人的身份而得到了进入皇宫议事的资格。平忠盛为此慨叹不已，还作了一首和歌，抒发心中的失意：

堪怜宫中月，已无再见时。不意逢此节，心中常戚戚。[2]

---

[1] 鸟羽院在位期间，掌权的是白河上皇，所以是由于白河上皇的恩宠。
[2] 这首和歌后来被收入《金叶和歌集》。——原注

白河上皇怜悯平忠盛的境遇，于是封他为备前守。平忠盛感恩戴德，于大治四年（1129年），在白河殿造进五层塔。长承元年（1132年），平忠盛体察鸟羽上皇的心愿，造进了得长寿院。此外，他还因为迎娶大贰局，即白川殿夫人近侍女官，进一步拉近了与皇室的关系。后来，在待贤门院藤原璋子的举荐之下，平忠盛成为崇德院第一皇子重仁亲王的后援，在崇德院在位期间获得了上殿议事的许可[①]。

后来，平忠盛奉旨追捕西国的海贼，平定了西国之乱。先是父亲平正盛因诛杀源义亲立功，之后儿子平忠盛又因平定西国而立功，于是，平氏一族的勇武之名，开始响彻四海。特别是西部、中部地区，成为平氏父子的武力基

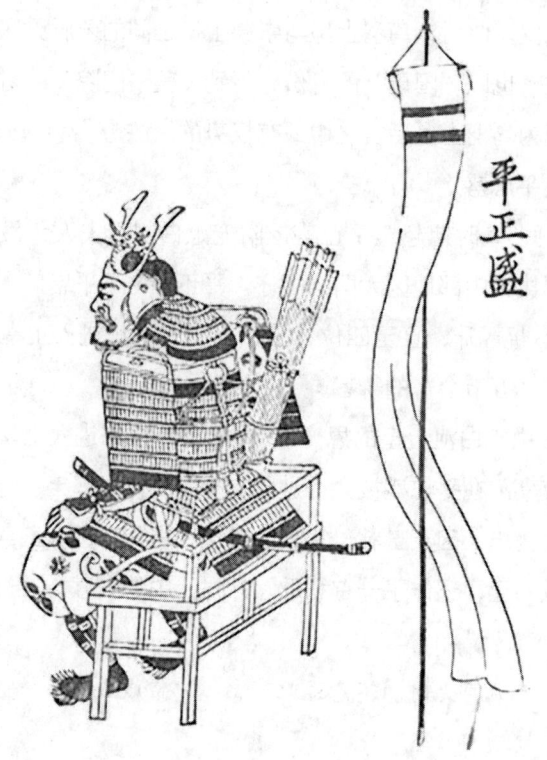

平正盛

---

① 崇德院在位期间，掌权的是鸟羽上皇。所以他讨好的是鸟羽上皇，进献得长寿院，却是在崇德院在位期间得以上殿议事。

平清盛

础，如同当年源赖义父子在奥羽、坂东地区一样。平忠盛数次升迁后，升至正四位下刑部卿。其子平清盛，也得到白川殿夫人和父母的荫庇，因为随侍在关白藤原忠实身侧，所以得到高阳院藤原泰子的赏识。因为高阳院藤原泰子是美福门院藤原得子第一皇女叡子内亲王的义母的关系，所以他也得到了美福门院藤原得子的信任，慢慢晋升至四位，被准许进入上皇御所议政。短短数十年间，平氏的家声名望竟然跃居清和源氏之上，以往的源平势力对比也被彻底打破。后来平治年间的源义朝叛乱，也是在这一时期埋下的隐患。

第7节　内览及藤原氏长者的异例、诅咒事件

一、近卫院、本院及新院

近卫院，讳体仁，鸟羽院第五皇子①，永治元年（1141年）十二月七日受禅。永治元年（1141年）十二月二十七日，于大极殿举行即位大典，时年三岁。关白藤原忠通任摄政，而朝中大事依然由鸟羽上皇裁决。次年，即永治二年（1142年），改元康治。

崇德上皇原本没有退位的想法，只是迫于鸟羽上皇的压力，无奈退位。近卫院即位以后，崇德上皇依然抱有一线希望，希望自己的第一皇子重仁亲王能够被册立为皇太子。然而，最终希望落空，崇德上皇及其近臣无不失望至极。

重仁亲王的生母兵卫佐局出身低微，毫无权势，而崇德上皇又没有其他皇子，如果发生特别状况，根本无力应对，所以重仁亲王根本不可能被册立为太子。崇德上皇因此而怨恨鸟羽上皇，其实是没有道理的。而崇德上皇的这个误解，也成为后来一大兵乱的源头，其中孰是孰非，实在难以论断。

崇德上皇的近臣，都认为重仁亲王没被册立为皇太子，是美福门院藤原得子谋划的结果。于是，康治元年（1142年），发生了这样一件事情。《百练抄》记载：

> 待贤门院（藤原璋子）近侍散位源盛行及其妻津守岛子被流放至土佐国，罪名是受待贤门院（藤原璋子）指使，诅咒国母美福门院（藤原得子）。

所谓"待贤门院指使"，大概是由于新任天皇近卫院即位，待贤门院藤原璋子国母的尊荣被美福门院藤原得子取代，待贤门院忽而失势，心中愤懑。而随侍的源盛行夫妇则出于主仆之间的情义，做了这样的事情。

---

① 《今镜》写作第四皇子，是把崇德院除外。还有一书写作第八皇子，是把皇女也计算在内。——原注

康治元年（1142年）二月二十一日，待贤门院藤原璋子于仁和寺落饰出家，大概也是因为受到这件事的牵连。从此以后，本院（鸟羽上皇）与新院（崇德上皇）之间的关系就完全笼罩在互相猜忌的阴翳之下了。

久安四年（1148年）正月，朝廷规定左右卫门、左右兵卫尉人数为各二十人，左右马允二十五人，内舍人六十人，并定为恒例。这应该是因为当时南都、北岭的恶僧等动辄入京强诉，加上本院、新院不和，波及皇宫的安全。

久安六年（1150年）正月，近卫院于东三条行宫加元服，由藤原忠通加冠，左大臣藤原赖长理发，当时近卫院十二岁。藤原忠通的官职从摄政改为关白。

二、关白之争及朱器台盘

同年，即久安六年（1150年），藤原赖长将大炊御门内大臣德大寺公能三女藤原多子收为义女并送入后宫。而后藤原多子成为皇后。德大寺公能是藤原赖长的妻舅。藤原赖长希望能从兄长藤原忠通手中接过关白之职，并沿袭藤原家的祖训，将女子送入后宫，成为外戚——这应该是父亲藤原忠实的指点。

不过，藤原忠通也将权大纳言藤原伊通的女儿藤原呈子收为义女，并将其送入后宫成为女御。此时，二人的父亲藤原忠实依然侍奉在本院（鸟羽上皇）近侧，在朝中颇有权势。

此前，藤原忠通被迫辞去太政大臣之职，同年，即久安六年（1150年），右大臣藤原实行升任太政大臣，内大臣源雅定升任右大臣，大纳言德大寺实能升任内大臣。德大寺实能就是德大寺公能的父亲，藤原赖长义女藤原多子的祖父，所以自然和藤原赖长父子关系亲厚。由于此时，朝中大权掌握在本院（鸟羽上皇）手中，所以朝中大臣之位一旦有了空缺，都是由鸟羽上皇和藤原赖长亲近的人担任。而藤原忠通则成了孤家寡人，在朝堂之中孤立无援。

藤原忠通尽管四面受敌，还被逼着让出关白之位，但他却坚持不让。于是，藤原忠实继续施压，不仅将藤原氏家督之位从藤原忠通手中夺回，交给藤原赖长，还奏请鸟羽上皇赐封藤原赖长为"内览"，又将藤原氏家督代代相传的庄园，以及每年宴请群臣时使用的独一无二的"朱器台盘"赠予藤原赖长。当年藤原赖通倾心营建的宇治别院，以及藤原氏家督代代相传的豪宅，也被藤原忠实赠予了藤原赖长。藤原赖长被世人称为"宇治左府"，就是因为他继承了藤原赖通的宇治别院。

身为关白，却被剥夺了藤原氏家督之位，这是从来没有的事情。而"关白"与"内览"并立，也是史无前例。这固然是藤原忠实的失当，但鸟羽上皇竟然同意了，也是有失体统的。《吉记》（藤原经房日记）记载：

> 两人内览，延喜御宇，（藤原）时平、菅相（菅原道真）。当时崇德院御时，知足院入道殿（藤原忠实）、前关白法性寺殿（藤原忠通）。近卫院御时，法性寺殿（藤原忠通）、宇治殿（藤原赖长）等也。

《百练抄》久安六年（1150年）九月二十六日条记载：

> 入道大相国（藤原忠实），取藤原长者印，并朱器大盘，渡左大臣（藤原赖长），此间喧哗多端。仁平元年（1151年）正月十日，左大臣（藤原赖长）内览宣旨（与摄政相并）。

文中"喧哗多端"的用词，十分值得玩味。藤原赖长自己的日记《台记》则记载：

> 久安六年（1150年）九月二十六日，参西殿（禅阁居处）。（中略）禅阁（藤原忠实）曰："摄政（藤原忠通）不孝于我，我心深悲之，年来忍让，从无以怨相报。好言请其让出关白（给藤原赖长）之事数次（十余次云云）。而其非但不允，反以不义相报，是以我欲与之绝父子之义。摄政之职，天子所授，我不可夺之；氏

之长者，我之所让。（中略）然则，我欲收其氏长者之官，授之于汝，汝无须忌惮。"

予（藤原赖长）且谏且辞，禅阁（藤原忠实）不听，随即召（藤原）仲行、（藤原）赖贤、（藤原）仲贤等，命其取出长者之官、庄券、朱器、台盘、权衡等。（藤原）赖贤曰："此物纳所仓库之匙，置于摄政殿下（藤原忠通）家司宅中，该当如何？"

禅阁（藤原忠实）勃然色变曰："速破其锁。"

于是，（藤原）仲行等相率而往，须臾之间，（藤原）赖贤归来，云："我试视仓边，得其旧匙，仍以此得开仓。"

禅阁（藤原忠实）大悦曰："此乃天授！"

戌时许，（藤原）成赖持朱器等归来。禅阁（藤原忠实）以此相授，予（藤原赖长）谢之。

此前，禅阁（藤原忠实）上书（鸟羽）法皇曰："摄政（藤原忠通），不从愚臣之命，不孝尤甚。是以既绝父子之义，以氏长者官授左大臣（藤原赖长）。"

由此可见当时冲突之激烈。《愚管抄》记载：

藤原赖长公，日本第一大学生，学通和汉，但性情易怒，处事极端，深得父亲知足院大人（藤原忠实）的喜爱。由于藤原赖长曾数次提及"哪怕只有一日，也想担任一次摄政、内览"，知足院大人（藤原忠实）也想满足爱子的心愿，便对长子法性寺大人（藤原忠通）好言相劝，说："你就先将关白之位让给你弟弟吧！将来他会将关白之位还给你的子孙的！"数次请其让出关白之位。然而，法性寺大人（藤原忠通）不置可否。

知足院大人（藤原忠实）最终无法忍受，便向鸟羽院上书陈情，请求鸟羽上皇代为询问法性寺大人（藤原忠通）的心意。而后，法性寺大人（藤原忠通）回复鸟羽上皇："臣以为，以（藤原）赖长的性格和政治才干，如果让他辅佐天皇，恐怕天下将难以太平。如果我对父亲如此直言，必定会惹恼父亲。所以我才有此不孝之举。况且，如果父亲让我让出关白之位，我马上遵从，这又将天皇置于何地呢？这是对天皇的不忠啊！唉，我唯有仰天叹息了！"

鸟羽上皇将法性寺大人（藤原忠通）的回复转达给知足院大人（藤原忠实）后，知足院大人（藤原忠实）越发气恼，心想："我问的话，为什么偏偏不肯直接回答我呢！"由于藤原氏长者的任免与天皇无关，于是，久安六年（1150年）九月二十五日，知足院大人（藤原忠实）将藤原氏长者之位从法性寺大人（藤原忠通）手中收回，于东三条府邸，将朱器台盘等授予左府（藤原赖长）。

然后，知足院大人（藤原忠实）又通过谄媚鸟羽上皇，并笼络一些大臣，力证古时也有两位内览并立的先例，于是，久安七年（1151年）正月，鸟羽上皇下旨，封藤原赖长为内览。

这一时期，藤原忠实近侍于鸟羽上皇身侧，参与朝政。他以为假借天威，便能轻易罢免藤原忠通关白之职。加上此时，美福门院藤原得子权势正盛，其所生第一皇女叡子内亲王是藤原忠实之女高阳院藤原泰子的义女。因为这层关系，藤原忠实已经在暗中成为美福门院藤原得子的助力。然而，尽管如此，藤原忠实还是没能撼动藤原忠通的关白之位，最终也只是争取到关白、内览并立的局面而已。

三、恶左府及少纳言藤原通宪

藤原赖长掌权后，致力于恢复世风、礼法。对于违背律令法制的人，处罚起来毫不留情。《今镜》记载：

> （藤原赖长）凡事严苛。听说很多人路上遇到他，都会被他指出失误，当场羞愧不已。

朝堂议事时，如果有人迟到或者托词缺席，藤原赖长会对其处以严惩，有时甚至会烧毁对方的家宅。奈良高僧济圆僧都曾借故推托朝廷的召见，藤原赖长便命人毁坏了他在京都的住所。

《愚管抄》记载：

世人称他为"恶左府"，这可以从他的日常行事中得到印证。鸟羽法皇临幸法胜寺时，藤原赖长破坏了中纳言藤原实衡的车辇，还派人闯入鸟羽法皇第一宠臣中纳言藤原家成府中抓捕犯人，于是，鸟羽法皇也渐渐疏远了藤原赖长，并在心里认为："他兄长对他的评价，可一点都没错。"

可见藤原赖长确实待人严苛。正如古语所言"过犹不及"，他的行为，不仅招致群小怨恨，而且给自己带来了"恶左府"的骂名。当时，也有人对此表示反抗。《百练抄》久寿元年（1154年）条记载：

久寿元年（1154年）二月二十一日，左大臣藤原赖长于途中，遭左卫门尉平信兼射伤，问责之间，及至斗乱也。

《宇治拾遗物语》记载：

从前，有一位叫作大膳亮大夫橘以长的五位藏人。（中略）宇治左大臣藤原赖长召他觐见时，他回复："今明两日，我需在家斋戒。"
然而，藤原赖长说："有公职在身的人，说什么斋戒，不可借故缺席。"
橘以长虽然觉得中断斋戒不妥，但迫于藤原赖长的威势，所以还是去履行了公务。

十余天后，宇治左大臣藤原赖长府中举行一次盛大的斋戒。不仅在居所高阳院的门后立起木牌，贴上写有"物忌"的白纸，连讲经僧侣随行的童子都被拦在门外，只有僧侣准许入内。

橘以长听说这件事之后，匆匆忙忙就赶了过去。他要进门时，被两个舍人拦住说："大人吩咐了，任何人不得入内。"

橘以长说："是大人要召见我。"

两个舍人知道橘以长也是经常出入藤原赖长府的朝臣，就放他进去了。

橘以长进府以后，就来到藏人聚集的地方，跟人高谈阔论起来。

藤原赖长听到声音后向身边人询问道："斋戒之日，何人在此喧哗？"

平盛兼回答："是橘以长。"

平盛兼

藤原赖长说："不是说了要斋戒，不让人进来么？你去问问看，他是不是昨天进来的？"

平盛兼走过去一看，尽管藏人所就在藤原赖长的寝殿附近，橘以长却在毫无顾忌地高声谈笑，他说："前几天我斋戒的时候，大人命我觐见。我跟大人告假说我在斋戒。但大人说，我们又不是出家人，管什么斋戒，依然命我觐见。于是，我听从了大人的吩咐，前来觐见了。从那以后，我就不管什么斋戒啦！"

平盛兼将听到的内容向藤原赖长禀报，藤原赖长也无言以对。

当时，鸟羽上皇家的乳母纪伊局（从二位藤原朝子）是少纳言藤原通宪[①]的妻子。藤原通宪也因为这层关系成为鸟羽上皇的近臣。鸟羽上皇时常向他咨询国事。藤原赖长也经常与藤原通宪探讨经国之道。藤原赖长恐怕也是因为过于期待肃正风纪，所以才会如此严苛吧！

与此相对，藤原忠通虽然空有关白之名，却毫无存在感。《今镜》记载：

> 藤原忠通被其弟藤原赖长压制，甚至被剥夺了藤原氏家督的身份，幼帝近卫院也为他叹息。

不只近卫院，当时不少朝臣、贵族心里都更倾向于藤原忠通。

四、近卫院驾崩及爱宕山天公事件

近卫院无故罹患眼疾，于久寿二年（1155年）七月二十三日在近卫室町御所驾崩，时年十七岁。《今镜》记载：

> 近卫院仪表堂堂，性情温和，令人景仰。他在位末期，突然双目失明，祈祷与药石都毫无效力。最后那段时间，正月朝觐也无法正常举行，摄政藤原忠通也十分为近卫院担心。近卫院与藤原忠通

[①] 藤原通宪后来出家，法号信西。——原注

素来亲近。（中略）尽管藤原忠通为近卫院担忧不已，但近卫院还是在十七岁那年初秋七月，突然病情加重，英年早逝。天下也顿时陷入一片黑暗。

然而，国不可一日无君，鸟羽上皇必须确定下一任天皇的人选。（中略）鸟羽上皇怜惜美福门院（藤原得子）失子之痛，甚至想过让皇女（八条院暲子内亲王）即位成为女帝，（中略）也想过让已经在仁和寺出家的觉性法亲王（守仁亲王）还俗继承帝位，然而，左思右想，迟迟无法作出决断。

近卫院驾崩，实在令人惋惜。他自幼年起，就十分擅长和歌。或许是因为宿世因缘，他自小就倾心佛教经文，能用和文诵读经书，还以《法华经》二十八品为题，分别作了和歌。（中略）

近卫院留下许多和歌，其中有这么一首：

人言秋悲寂，虫鸣声渐希。我怜秋逝早，因恐身先了。

此外还有一首以"唐萩"为题的藏字诗：

松立于岸，风浪摧之。摧之不绝，松根亦现。

心若如溏，秋夜啼之。啼之不掩，放声若宣。

近卫院在位十四年后去世，下葬那晚，原藏人平实重不忍拜别近卫院，留下一首和歌：

虫吟声凄然，蓬草乱如堆。弃君长留此，何忍独自归。

藤原忠通大人之子觉忠大僧正看到近卫院当年种植的菊花，心中感伤，咏了一首和歌：

人言菊多寿，惜未共主分。主去菊空瘦，垂泪待露生。

还有一位名叫备前御的侍女，怀念近卫院生前的种种，于是，在七夕那天，作了一首和歌，赠给当年一同侍奉近卫院，现在已经出家为尼的土佐内侍：

云汉还如旧，二星岁岁逢。人去朱颜改，惟忆去年秋。

久寿二年（1155年）八月一日，近卫院的遗体在松冈西野火化。因居住在近卫御所而得谥号"近卫院"。当时朝中传言，说近卫院驾崩，是因为藤原赖长等人诅咒。《台记》久寿二年（1155年）八月二十七日条记载：

（藤原）亲隆朝臣来语曰："所以（鸟羽）法皇恶禅阁（藤原忠实）及殿下余者，先帝（近卫院）崩后，人寄帝巫口，巫曰，先年人为诅朕，打钉于爱宕山护山天公像目，故朕目不明，遂以即世。"

（鸟羽）法皇闻食其事，使人见件像，既有其钉，即召爱宕山住僧问之。僧申云："五六年之前，有夜中□□□□□□□□。"

美福门院（藤原得子）及关白（藤原忠通），疑入道（藤原忠实）及左大臣（藤原赖长）所为，□法皇恶之。虽难取信，天下道俗所申如此。

先日（藤原）成隆朝臣略□此事，今闻两人说，□畏不少。但禅阁（藤原忠实）及余（藤原赖长），唯知爱宕护山天公飞行，未知爱宕护山有天公像，何况祈请乎？苍天在上，白日照□□怖怖。

（后恐有阙文）

当时的人们，包括藤原忠通都认为：先帝（近卫院）宠信藤原忠通，藤原忠实父子因此心怀嫉妒，所以诅咒害死了近卫院。这种说法当然是无稽之谈，但在那种迷信的年代，人们都信以为真。后来鸟羽上皇也渐渐疏远了藤原忠实父子，很难说清是不是因为相信了这种说法。当然，鸟羽上皇也有可能认为，是崇德上皇诅咒害死了近卫院，然后嫁祸藤原忠实父子。因为两位上皇素来不和，这样的猜忌也在情理之中。这也是"保元之乱"爆发的第二个原因。《古事谈》记载：

宇治左府藤原赖长准备对近卫院行诅咒之事时，向人询问有没有近代被朝廷忘却，不再供奉的古代神明，最后找到了爱太子（即

"爱宕")神明四所权现。于是,宇治左府(藤原赖长)便供奉爱太子神明行诅咒之事,近卫院也因此驾崩。

当然,这只是传说,不足为信。

第8节 后白河院践祚及保元之乱

一、后白河院践祚及立太子

后白河院,讳雅仁,鸟羽院第四皇子,先帝(近卫院)皇兄,其母为待贤门院藤原璋子,生于大治二年(1127年)九月十一日,同年十一月十四日被册封为亲王。保延五年(1139年)十二月二十七日加元服,时年十三岁,由左大臣源有仁加冠,藏人头右中将藤原教长理发。同日,被赐封为三品亲王。源有仁将义女源懿子送入亲王府,源懿子成为御息所。源懿子其实是大纳言藤原经实的女儿。

后白河院

久寿二年（1155年）七月，近卫院驾崩，由于近卫院没有留下子嗣，所以鸟羽上皇下诏命后白河院继位。久寿二年（1155年）十月二十六日，后白河院在大极殿举行即位大典，时年二十九岁。藤原忠通继续担任关白。久寿二年（1155年）九月二十三日，后白河院第一皇子守仁亲王被封为亲王，同日被册立为皇太子。《今镜》记载：

> （守仁亲王的）生母（大纳言藤原经实之女藤原懿子）生下他之后，就去世了。他被送到美福门院（藤原得子）处抚养，很小的时候就被送到仁和寺，成为觉性法亲王的弟子。他在寺庙中，读了许多颂扬佛法的经文，成为一名颇具智慧的小和尚。
>
> 后白河院即位以后，守仁亲王是当今天皇的第一皇子，又是美福门院（藤原得子）的养子。美福门院（藤原得子）希望他能够替代早逝的儿子近卫院，成为下一任天皇。（中略）于是，守仁亲王被册立为皇太子，以确保他将来能够顺利继位。

由于守仁亲王生母早逝，便由美福门院藤原得子所生第二皇女暲子内亲王代行母仪，内大臣德大寺实能担任东宫傅。久寿二年（1155年）十二月九日，守仁亲王加元服，由德大寺实能加冠，权中纳言藤原忠雅理发。随后，守仁亲王迎娶美福门院藤原得子所生皇女姝子内亲王为女御。当时，美福门院藤原得子位同国母，于是，后白河院便奉同母姐前斋官上西门院（统子内亲王）为国母，与之分庭抗礼。

次年，即久寿三年（1156年），改元保元。

二、保元之乱

崇德上皇自从退位后，一直郁郁寡欢。近卫院驾崩后，崇德上皇即便自己无法重祚，但依然希望自己的第一皇子重仁亲王能够继承大位。后来，不仅继位之事落空，连立太子也变得遥不可及。崇德上皇十分愤慨，便开始秘密谋划和祈愿，让自己重祚，然后让位给重仁亲王，并将这件事告知了一部分心腹。

左大臣藤原赖长曾觊觎兄长藤原忠通的关白之位，却未能如愿。近卫院驾崩以后，他又因涉嫌诅咒而被鸟羽上皇疏远。后白河院即位后，藤原忠通继续担任关白，藤原赖长也因此对鸟羽上皇心生怨恨。特别是太子妃定下来以后，藤原赖长已经完全失去了成为关白的可能。就在藤原赖长心中满是不平之时，他察觉到了崇德上皇意图重祚的苗头，于是，频频造访崇德上皇的御所，希望通过辅佐崇德上皇，达成自己的夙愿。

当时天下第一的学者，众人畏惧的藤原赖长愿意辅佐自己，崇德上皇又怎么会拒绝呢？于是，崇德上皇毫不犹豫接受了藤原赖长的投诚，并委托他进行谋划。

保元元年（1156年）夏天开始，鸟羽上皇开始卧病，病情日重，朝中局势变得敏感，朝臣们也变得小心谨慎。就在这个时期，与关白不和，且素有"恶左府"威名的藤原赖长却频频造访与鸟羽上皇不和的崇德上皇。这个举动自然就变得十分惹眼。于是，内大臣藤原宗能秘密上书鸟羽上皇。《愚管抄》记载：

> （鸟羽上皇病重之际）内大臣藤原宗能（中略）秘密上书鸟羽上皇："不知法皇可曾试想，自己闭眼之后，世事将会有何变化？现天下已有大乱之兆，望法皇早做安排。"

可见崇德上皇与藤原赖长的谋划，已经被一部分人知晓了。鸟羽上皇收到上书之后，认为确实如此，便马上召集平清盛等北面武士十余人，命他们递交誓书，交由美福门院藤原得子保管，并嘱咐信西要尽心协助关白藤原忠通，还秘密交代后白河院，如果发生万一之事，便与藤原忠通、信西商议，并命平清盛等人守卫。

这时，崇德上皇听说鸟羽上皇病重，来到鸟羽殿。而鸟羽殿这时正是非常时期，大门紧闭，守卫森严，所有人非召不得入内。尽管是崇德上皇亲临，但因为没有鸟羽上皇的召见，所以守卫没有准许崇德上皇入内。

崇德上皇大怒,却无可奈何,他想:到鸟羽南殿应该没有人守卫,于是,打算从那边进入。崇德上皇在前往鸟羽南殿的途中,路遇一个十七八岁的无礼小辈。崇德上皇的随从将这无礼小辈教训了一顿,还打坏了他一只眼睛。

谁知,这个无礼小辈是土佐守藤原亲家的儿子藤原亲范,他的母亲土佐局是鸟羽上皇身边的侍女,他当时正是替母亲出门办事后返回。于是,他回到家中,马上将事情告知了母亲。土佐局十分气愤,便将这件事告诉了鸟羽上皇。

鸟羽上皇大怒道:"朕在世时,尚且如此。朕若归天……"鸟羽上皇气得眼睛圆瞪,咬牙切齿,话没说完,当时[①]就驾崩了。

崇德上皇听说鸟羽上皇驾崩的消息,打算从鸟羽南殿进去,结果右卫门权佐藤原雅方却奉遗诏,禁止崇德上皇入内。崇德上皇大怒,马上返回白河殿,打算秘密号令各国发兵。当时,藤原赖长还在宇治别院,他听说鸟羽上皇驾崩的事情后,正准备进京,崇德上皇也派了使者来催促他尽快进京。

朝廷方面已经知道崇德上皇谋反的事情,所以安排了安艺守平清盛等人守卫宫门。关白藤原忠通、内大臣德大寺实能等,则将剑玺献给后白河院,表明对后白河院的支持。同时,他们还召集了之前递交誓书的武士,命检非违使平基盛把守宇治、检非违使平维繁把守粟田口、检非违使平实俊把守苦集灭道、检非违使平资经把守大江山、检非违使源季实把守淀,负责抓捕各国进京的士兵。当时,平基盛抓获了一个名叫源亲治的人,拷问后得知,他是奉崇德上皇之命进京。平基盛赶紧将他囚禁起来,并派平信兼前往宇治逮捕藤原赖长。

然而,藤原赖长早已秘密从小路进京,并潜入白河殿参见崇德上皇。以藤原赖长为首,崇德上皇一方召集了参议中将藤原教长、左中将源成雅、右马权头藤原实清、前山城守藤原赖辅、少纳言藤原成隆等朝臣,以及武士左卫门尉平家弘父子、能登守藤原家长、右马助平忠正、藏人源赖宪等人。崇德上皇还派藤原教长招揽前检非违使源为义。《愚管抄》记载:

[①] 保元元年(1156年)七月二日。——原注

源为义马上带着两个儿子,即四郎左卫门源赖贤、八郎源为朝去参见崇德上皇。而嫡子源义朝则坚定地站在后白河院一侧。源为义、源义朝父子二人也长年不和,这也说来话长。

源为义完全是因为与源义朝不和,才站在了崇德上皇一侧,所以后面才会发生源义朝亲手将源为义斩首的事情。

当时崇德上皇一方召集了一千余人。于是,源为义提议:"众人应该马上护卫崇德上皇前往宇治,然后斩断宇治桥,稍微拖延一下时间。或者进入近江国,背靠甲贺山与敌方抗衡,同时召集坂东平氏前来助阵。又或者直接往关东方向转移,守在足柄山要害,以逸待劳。"

藤原赖长却主张:"我们先等明天大和国的援兵到了再说。"不肯撤退。

源为义的儿子源为朝则建议:"我们应该今晚就夜袭东三条皇居,并在上风放火,出其不意,攻其不备,这样定能取胜。"

藤原赖长却认为这不是万全之策,没有采纳,只一心等待大和国的援兵到来。

后白河院一方,除平清盛之外,还有兵库头源赖政、左马头源义朝、式部少卿源重成、检非违使平维繁、平资经、平信兼、源义康、源光信、源季实等负责防卫。源义朝建议:"我们要这么守到什么时候?大人们在商议作战方略吗?所谓作战,不是这样的!兵贵神速,我们应该先发制人,一举将敌方击溃。我父亲源为义带领我的兄弟源赖贤、源为朝加入了上皇的阵营,他们虽然是我的亲人,但我既然加入了这一方,必然会竭力打败对方。我们现在就应该出动!"

保元元年(1156年)七月十一日清晨,藤原忠通终于下令:"那我们就马上出动吧!先下手为强!"

《愚管抄》记载:

> 源义朝大喜,挥舞着绘有红日的圆扇感慨道:"我源义朝,也

是久经沙场。此前每次出战，无不心怀忐忑，不知是否会因此（私斗）蒙罪。然而，此次奉旨出征，心中坦荡，神清气爽！"

于是，源义朝和平清盛兵分两路，从三条皇居出发，往中御门方向攻去。

由此可见，当时"私斗"盛行。

敌方突然大军压顶，出乎藤原赖长的意料。他大惊失色，不知所措。只有源为义父子马上聚众防守，特别是八郎源为朝，他是有名的神箭手。平清盛、源义朝见一时之间难以取胜，便在上风处点火，烟雾弥漫了整个白河殿。崇德上皇一方最初还能勉强支撑，后来渐渐落于下风。在此之前，崇德上皇、藤原赖长早已从御所逃走。《愚管抄》记载：

崇德上皇穿上直衣，乘上御马，身后坐着右马助平信实，一起往仁和寺觉性法亲王（崇德上皇御弟）处逃去。左大臣藤原赖长外衣里面穿上铠甲仓皇逃命，结果脸上中箭，落下马来。被身边的侍从抬走。（中略）

藤原赖长在藤原经宪等人的护卫下，从桂川的梅津乘坐小船逃往宇治，试图向藤原忠实求助。但这一次，藤原忠实拒而不见，藤原赖长无奈，只得继续往大和国般若道方向逃去。次日，藤原赖长身亡。

据高阶仲行回忆："当时左府大人（藤原赖长）还没来得及上马，正站在大炊御门御所（白河殿）正堂敞开的大门内发号施令，一支流箭飞进来，射中了左府大人（藤原赖长）耳朵下方。当时门边正好有辆马车。于是，藏人大夫藤原经宪就扶着左府大人（藤原赖长）上马，从桂川乘坐渔船，沿着木津河下行。左府大人（藤原赖长）知道知足院大人（藤原忠实）已经前往南都避难，于是，派遣使者传话，请求一见。但知足院大人（藤原忠实）回答，已经无须再见。左府大人（藤原赖长）在船内听到这个消息，当时就气绝身亡了。于是，藤原经宪与图书允利成、监物藤原信赖等几人，在般若寺大道下船，搬着左府大人（藤原赖长）的遗体前行了三十余米，就在那儿为他举行了火葬。"

我①从很多人口中听说了这件事的不同版本，对照下来，这个版本应该是可信度最高的。

后一种说法应该就是实情。

三、崇德上皇被处流放

当晚，藤原忠通恢复了藤原氏家督的地位，平清盛、源义朝等从战场归来后，详细奏报了战况。朝廷派检非违使搜检崇德上皇的三条乌丸御所、藤原赖长的壬生府邸等，搜捕余党，烧毁房屋。京师也重新归于平静。朝廷还派检非违使源季实等前往大和国，搜捕逃犯。

早在保元元年（1156年）七月十日清晨，崇德上皇就已经仓皇逃出，后来逃到仁和寺投奔觉性法亲王，但觉性法亲王拒不相见。于是，崇德上皇只得暂居宽遍法印的禅房，之后在此落饰出家。

由于仁和寺的奏报，朝廷派崇德上皇的藏人式部大辅源重成等人前往仁和寺看守崇德上皇，并派遣检非违使平实俊将崇德上皇的两位皇子幽禁在东洞院府邸。

保元元年（1156年）七月二十四日，崇德上皇被处流放赞岐国，只有宠妃兵卫佐局等三人随行。两位皇子被送往仁和寺，落发出家。

此外，朝廷还派遣泷口卫士（宫中卫士）前往查验藤原赖长墓的真伪。藤原赖长之子藤原兼长、藤原师长、藤原隆长、藤原范长等，均被处流放。

四、朝臣的死刑

平忠正、源为义等人，从保元元年（1156年）七月十一日的对战中退败之后，各自逃入深山之中。后来，他们听说京中已经恢复平静，藤原赖长的儿子也没有被判处死刑，于是，纷纷剃发投降，只希望能够活命。

---

① 我，《愚管抄》作者慈圆，即藤原忠通之子。

朝廷认为，他们在鸟羽上皇大丧期间，不仅不服丧，还与朝廷作对，本来罪不可恕，但念在他们也是被崇德上皇强行要求，所以减罪一等，免于死罪。

但信西却认为他们罪大恶极，古今罕见，强烈要求处以极刑。最后，他们全都被处以斩刑。

平清盛与叔父平忠正虽然素来不和，但他眼见自己的叔父被交到检非违使手中，沦为阶下囚，还要公开处刑，心中不忍，于是，向朝廷奏请，由他亲自带人夜半处死了平忠正。

于是，朝廷也命令源义朝亲自处死源为义等人。源义朝不忍手刃生父，不愿领命。但朝廷回复："平清盛不忍叔父被拉到河原，公开处刑，死于他人之手，所以主动申请亲自处死了平忠正。难道你源义朝愿意看着自己的父亲被拉到河原，公开处刑，死于他人之手么？"

源义朝无言以对，只得领命，亲手斩杀了源为义、源赖贤等人。唯独源为朝，被免除死罪，流放到伊豆大岛。《百练抄》记载：

> 保元元年（1156年）七月二十九日，源为义以下，被处斩刑。
> 自嵯峨天皇（药子之乱）以后，死刑废除已久。此乃信西之谏也。

当时被处斩的有：平忠正、源赖宪、平家弘、源为义、源赖贤、源赖仲、源为家、源为成、大炊助平度弘、平盛弘、平时弘、平光弘（平家弘之子）、平安弘（平家弘之子）、平赖弘（平家弘之子）、崇德上皇藏人平长盛（平忠正之子）及其他二人。物语本（《保元物语》等）记载有七十余人，不足为信。

五、对平清盛与源义朝论功行赏

战后，朝廷对功臣论功行赏，安艺守从四位上平清盛被封播磨守，左马助从五位下源义朝被封左马权头。

源义朝对此十分不满，他说："这个官职是先祖多田满仲（即源满仲）曾经担任过的官职，算得上光宗耀祖，但我原本就是左马助，现在仅仅升了一级，实在令人灰心。我背弃父兄，拼死一战，也算古今罕有，这都是因为我重视皇命。古语有云，'平朝敌者，当以半国赐之'，如今我却只是受封区区权头。"

朝廷无奈，只得将左马头中御门中纳言藤原家成之子藤原隆季从左马头迁至左京大夫，让源义朝担任左马头。但从此以后，后白河院、关白藤原忠通都因源义朝的无礼而心生嫌恶。

六、赞岐院父子

关于崇德上皇，《今镜》记载：

> 崇德上皇即将远流赞岐国。公卿、贵族无一人相从，只有第一皇子的生母兵卫佐局及侍女一二人随行。由于没有男子侍从同行，所以崇德上皇每日都惶恐不安，胆战心惊。原先与崇德上皇亲厚的近臣们，因为各自都被判处了流放，所以只得在渡口告别。而有幸能够继续留在京中的，也因为害怕获罪，不敢出门相送。皇后皇嘉门院（藤原圣子）及御弟仁和寺觉性法亲王也只是私下里偷偷探望了一下，当时的场景，真是十分悲凉。
>
> 崇德上皇在边鄙远地生活了九年，由于日夜忧心，病情年年加重，眼看返回京城无望，于第九年（长宽二年，即1164年）秋八月二十六日在赞岐国驾崩。

关于崇德上皇的皇子，《今镜》记载：

> 崇德上皇第一皇子（重仁亲王），（中略）其母随崇德上皇一同远赴赞岐。（中略）第一皇子（重仁亲王）也落饰出家，跟随仁和寺宽晓大僧正（堀河院皇子，鸟羽院御弟）修习真言宗的佛法。（中略）后来，他因为脚气性心脏病，于应保二年（1162年）亡故，当时才二十二三岁。（中略）
>
> 崇德上皇由于忧思深重，病体沉沉，于赞岐驾崩之后，第一皇

子御母兵卫佐局返回京都，剃发出家，住在劝修寺附近，与青灯古佛相伴度日。（中略）兵卫佐局归京之后，有故人前来探视，她便作了这样一首和歌：

犹忆失君日，沧海妾独行。浪打衣襟湿，泪下袖不干。

崇德上皇还有一位皇子，即仁和寺亲王元性，他后来成为法印，跟随觉性法亲王修习真言宗的佛法，（中略）是上西门院（统子内亲王）的义子。其母是大藏卿源师隆之子三河权守源师经的女儿，崇德上皇在位时曾担任典侍，并生下皇子。

崇德上皇驾崩时，觉性法亲王曾询问皇子（元性）："你什么时候为法皇服丧？"

皇子（元性）以和歌作答：

朝夕复暮旦，思亲终不还。松若亲犹在，为之着藤裳。

七、藤原赖长的子嗣

关于藤原赖长的子嗣，《今镜》记载：

藤原赖长的长子是右大将藤原兼长，他的母亲是中纳言源师俊的女儿。藤原兼长容貌俊美，体型微胖，（中略）仪态大方。

次子中纳言中将藤原师长，是陆奥守源信雅的女儿所生。（中略）

其弟中将藤原隆长，也是中纳言源师俊的女儿所生。

他们都因"保元之乱"而被处流放，分别被发配到不同的海边（藤原兼长被发配到出云，藤原师长被发配到土佐，藤原隆长被发配到常陆），过着凄苦的生活。

后来，中纳言中将藤原师长被召回京城，并升任大纳言、大将。听说他从小就才学过人，（中略）还擅长弹奏琵琶。藤原师长离开京城，前往土佐的时候，一位名叫源惟盛的神乐侍从前来送行。于是，藤原师长在路上向他传授了琵琶的秘曲。秘曲曲谱的背面，写着这么一首和歌：

将赴青海波，赠君临别曲。唯愿常弹奏，长忆无相忘。

经年之后，藤原师长得到赦免，返回京城。二条天皇喜爱琵琶，所以召他觐见。于是，藤原师长奏了一曲《贺王恩》。（中略）后来，藤原师长被晋升为大纳言，并继续兼任大将。（中略）而其他几位公子，则一直留在边地，终生未能回京。

八、五部大乘经

民间传说，崇德上皇流放赞岐期间，曾亲自书写五部大乘经①，送往京都，却被退回。崇德上皇大怒，将经文投入海中，供奉"三恶道"，并发愿让自己化身"大魔王"，等等。这些都是不足为信的野史秘闻。

《吉记》寿永二年（1183年）七月十六日条记载：

崇德上皇御笔亲书五部大乘经，并于经书背后书写"我非修行现世后生之料，惟愿天下灭亡"等内容。该经文几经辗转，被送往元性法师（崇德上皇第二皇子）处。于是，后白河院将右少辨藤原光长封为左少辨，命他起草供养文，让崇德上皇在成胜寺中接受供养，希望崇德上皇的怨灵能够得道、解脱。

然而，即便崇德上皇御笔亲书五部大乘经，并发下灭亡天下的誓愿是事实，但将经书送往京都又被退回的插曲，就完全是杜撰了，至于经书辗转至皇子手中，就更是无稽之谈了。那些军记物语（《保元物语》等）、盛衰记（《源平盛衰记》）之类，都是取材于此。

寿永二年（1183年）②的第二年，即元历元年（1184年），后白河上皇下

---

① 五部大乘经，指《法华经》《严华经》《涅槃经》《大集经》和《大品般若经》。
② 即平氏没落那年。——原注

令在保元之战的战场——大炊殿（白河殿）的旧址建造寺庙，设立神位，供奉崇德院赐给兵卫佐局的御镜——粟田，并以此作为寺庙的名号。《吉记》中所说的"供养"，应该就是指建庙镇魂。

在此之前，安元三年，即承治元年（1177年），高仓院也曾下诏为崇德院追奉谥号，并给藤原赖长追赠官位。九条兼实（藤原兼实、月轮禅阁）的日记《玉海》①安元三年（1177年）七月二十九日条记载：

> 安元三年（1177年）七月二十九日巳刻，后白河院御使右中辨（平）亲宗来访，（中略）因赞岐院（崇德院）院号，及宇治左府（藤原赖长）追赠官位事宜，定于下月三日，此事申闻左府。（中略）后闻，今日行赠官位并院号等事，云云。使惟基（中略）诏："宥过而后优者，圣代之彝训；褒贤而追赏者，明时之旧踪也。故左大臣从一位藤原朝臣（藤原赖长），器韬珪璋，才叶廊庙，阴阳燮理之昔，汉牛无春喘焉，胪句奏宣之时，胡马不南牧矣。（中略）故可赠太政大臣正一位。（中略）安元三年（1177年）七月二十九日。"

崇德上皇此前被称为"赞岐院"，这时起改用"崇德"谥号。

军记物语（《保元物语》等）中都说，是崇德院怨灵作祟，才导致了后来的平氏之乱。

其实，那个时代原本就十分迷信，人们也确实会敬畏鬼神。但当时频频发生火灾，导致朝廷大量典籍被烧毁，朝廷也不知道到底是哪里的神灵作祟。早在仁平三年（1153年）四月十五日，《台记》就曾记载：

> 后闻，今日炎上卿家，书籍皆为灰烬。天之丧文，呜呼哀哉。
> （摘自《宇槐记抄》）

---

① 《玉海》，又名《玉叶》。——原注

《兵范记》（平信范的日记）也曾记载：

> 就中樋口町尻江家文库（大江家）不能开阖，万卷图书片时化为灰烬，本朝之遗恨，人之愁闷也。

然而，万幸的是，日本宫廷自古以来的典礼沿革，以及贵族家的家风仪则，都被藤原赖长记录进了他的日记《台记》之中，给后世留下珍贵的文化宝典。正所谓"恶其罪，不恶其人"，所以诏书中形容他"器韬珪璋，才叶廊庙"，也是出于对他功绩的表彰。

第9节 大政革新及后白河院让位、平治之乱

一、重设记录所、兴建大内、信西

前面提到，后三条院曾意图亲政，匡正朝纲，然而，事业未半，却离世而去，从此政纲松弛。后白河院即位以后，也试图重振朝纲。

信西自鸟羽上皇时起，就深受鸟羽上皇信任，时常与鸟羽上皇探讨国事。后白河院也将他当作经世之才，对他寄予厚望。于是，信西开始辅佐后白河院。信西以天下为己任，不断推出各种新的举措：保元元年（1156年）兵乱平定之后，重设记录所，并亲自出任"寄人"（职员）；同时，他还向五畿七道征收课税，用于营建大内、重兴御宴等。《今镜》记载：

> 后白河院时期的政治，毫不逊色于上古贤君的时代。后白河院模仿后三条院设置记录所，下设长官藤原公教、辨三人及寄人（职员）无数，处理财政上的事情。
>
> 次年（保元二年，即1157年）（中略）十月，大内建成，后白河院移驾新宫。宫中各门的匾额，都由关白大人（藤原忠通）书写。有七十二人因造进大内而得到封赏。最近几代天皇的政治都没

有如此清明，正如古语"千年待河清"所言，众人都因生逢其时而欣喜。

后白河院居住在清凉殿的藤壶院，女眷们也各自有自己的庭院。皇太后（上西门院统子内亲王）居住在弘徽殿，她的侍女们则居住在登华殿。中宫藤原忻子居住在承香殿，她的侍女们则居住在丽景殿。（中略）女御内大臣藤原公教之女藤原琮子居住在梅壶院，她的侍女们居住在袭芳舍。（中略）东宫太子（守仁亲王）居住在桐壶院，他的侍女们居住在北舍。太子妃（高松院妹子内亲王）居住在梨壶院，她的侍女们也居住在北舍。关白藤原忠通在宣耀殿值宿。前几代天皇都居住在皇宫以外的行宫（坊间大内），那些皇居都没有这么完备，新造皇宫可算是相当气派。

此外，人们在大路上行走时，都不会将武器暴露在外，而是用东西将武器包裹起来佩戴。马路上洁净如新，秩序井然。尽管已经是末法之世[①]，但还能有这样的光景，实在是难能可贵。

可见当时确实是民安国治。

关于修建大内的事情，《愚管抄》记载：

当时信西入道手握大权，或许是为了完成一直以来的夙愿，所以重修了大内。（中略）鸟羽天皇时期，法性寺大臣藤原忠通担任关白，一直想重建大内。但白河法皇却不赞成，说："现在这末法之世，如何能兴建如此巨大的工程？你这个人啊，就是太古板了！"于是，藤原忠通就进入半隐退的状态了。

---

① 末法之世，佛教中认为，世界将先后经历正法、像法、末法三个时代。其中，末法是远离佛祖在世的时代，所以佛法教义的影响越来越弱，再也没有人能领悟真正的佛法。一般认为正法千年、像法千年、末法万年。日本的《末法灯明记》认为永承七年（1052年）开始进入末法时代。

后来信西不断抓住各种机会,没有给国家增加任何负担,仅仅两年时间,就完成了大内的营建。在这期间,信西手上随时都拿着算盘计算,有时甚至彻夜不眠,(中略)他也因此广受好评。后来,营建工事告一段落,各国的课税也越来越轻,这实在是大功一件。

可见信西确实是有非凡的才干。

《百练抄》记载：

保元二年(1157年)十月八日,后白河院迁入新建大内。保元三年(1158年)正月,后白河院在皇宫内举办御宴。自长元七年(1034年)至今,宫廷御宴已经中断一百二十三年。保元三年(1158年)六月二十九日,举办相扑节。自保安年间以来,相扑节也已停办三十余年了。

《今镜》记载：

次年(保元三年,即1158年),后白河院行朝觐皇太后之礼。虽然近卫院已经驾崩,后白河院也不是皇太后美福门院(藤原得子)亲生,但美福门院(藤原得子)还是被尊为国母。(中略)

保元三年(1158年)元月二十日(应为二十二日),后白河院举办御宴。这是百年不遇的盛事,场面十分盛大。这次御宴的主题是"春生圣化中",(中略)关白藤原忠通等七位朝臣献上了诗作。青色的衣衫,与春日的御宴相得益彰,于是,十余人扮成舞姬的样子,穿着青衫在绮绫殿上翩翩起舞,仿佛汉家仕女。由于今年(保元三年,即1158年)准备仓促,所以来不及找到真正的舞姬,由仁和寺觉性法亲王献上的童子①替代。众人在仁寿殿诵读新作的诗句，还欣赏到了"尺八"这种少见的乐器的吹奏。

保元三年（1158年）六月，举办相扑节。相扑节也曾停办多年。这次相扑节一共有十七场比试。能够再现上古盛世的场景，实在是可喜可贺的事情。这也是后白河院的宿世福泽，有少纳言藤原通宪（即信西）这样的贤臣辅佐，致力于恢复上古盛世，才得以呈现这样的局面。（中略）

少纳言藤原通宪（即信西），不仅博学多才，心性古雅，熟知天文，而且具有卓越的政治才能。可惜寿数却不长。

《愚管抄》记载：

> 后白河院在新宫举办御宴，还有舞姬献舞等，盛况空前。
> 后白河院住进新宫之后，信西又提议："可以在宫内举办法华盛会。"于是，宫中又开始筹办法会。

可见这时候，信西得到了朝中上下的认可。

二、后白河院禅让

保元三年（1158年），后白河院退位。《今镜》记载：

> 保元三年（1158年）八月十六日，后白河院让位于东宫（守仁亲王），在位三年。他大约是想以上皇的身份亲政，所以才选择让位吧！以前的天皇，虽然退位以后也以"院"自居，但能够施行"院政"的，却并不多见，但这位天皇却不同寻常。

---

① 御宴的舞蹈，指的是雅乐，带有祭祀、祝祷等宗教意味，所以可以由寺庙的童子替代。王公贵族也会在正式场合献舞，这也是地位和能力的展示。

可见后白河院退位是因为他另有想法。

保元三年（1158年）八月十七日，后白河院获太上天皇尊号，时年三十二岁。同日，移驾高松殿。嘉应元年（1169年）六月十七日落饰出家，御法讳行真。嘉应二年（1170年）四月二十日，于东大寺受戒。安元二年（1176年）四月二十七日，于比叡山再次受戒。承安二年（1172年）十月，成为"一身阿阇梨"①。文治三年（1187年）八月二十二日，于天王寺接受灌顶。建久三年（1192年）三月十三日，于六条殿驾崩，享年六十六岁。建久三年（1192年）三月十五日，葬于莲华王院东法华堂，谥号"后白河院"。

三、二条院

二条院，讳守仁，先帝（后白河院）第一皇子。御母赠皇太后藤原懿子，大纳言藤原经实女。保元三年（1158年）八月十一日践祚，时年十六

二条院

---

① 一身阿阇梨，皇族及摄关家子弟特许的封号。——原注

岁。保元三年（1158年）十二月二十日，于大极殿举行即位大典。保元四年（1159年）四月，改元平治。后白河上皇亲理朝政，朝中大事依旧由信西主持。《今镜》记载：

> 次年（平治元年，即1159年）正月三日，二条院向后白河上皇行朝觐之礼。平治元年（1159年）正月二十一日，依旧举办皇宫御宴，公卿七人、四位五位大臣十一人献诗。（中略）式部大辅藤原永范作序，题为"花下歌舞催"，据说诗题是法性寺大臣藤原忠通奉上。（中略）
>
> 今年的御宴，有正式的舞姬献舞，此前已经练习了多日。（中略）据说信西亲自挑选了通晓舞乐的舞姬，并在神社陪同她们一起练习。（中略）
>
> 平治元年（1159年）二月二十四日，举行立后大典。鸟羽院皇女高松院（姝子内亲王）是二条院东宫时期的太子妃，因此被册立为皇后。后白河院的皇后藤原忻子，升为皇太后。
>
> 这一年（平治元年，即1159年）十一月二十三日，举行大尝会。由于二条院年纪尚轻，后妃不多，也没有皇子女，所以他在清凉殿中，一切如常。中宫皇后（姝子内亲王）则待在藤壶院中。关白值宿的地点依然在宣耀殿。各处宫殿都宽敞华丽。

四、少年关白

二条院即位以后，藤原忠通就辞去了关白之职，由他的儿子藤原基实接替。当时藤原基实才十六岁，他是第一位少年关白。其实，自从院政开始以后，关白已经是徒有虚名，到现在，更是暴露无遗。当时实际行使关白职权的，依然是藤原忠通。关于藤原忠通的生平，《今镜》记载：

> 法性寺大臣藤原忠通，（中略）其母是六条右大臣源显房之女

源师子。他与仁和寺觉法法亲王（白河院皇子）是同母兄弟，所以他的母亲当年应该还侍奉过白河院，（中略）并生下皇子。那时，富家大臣藤原忠实还很年轻，他无意中看到源师子，心生恋慕，相思成疾。（中略）后来他把这件事跟白河院说了，白河院便将源师子赐给了他。（中略）

保安二年（1121年），藤原忠通成为关白，时年二十五岁。（中略）保安四年（1123年）正月，崇德院即位，藤原忠通任摄政。崇德院成年后，藤原忠通改称关白。近卫院即位以后，藤原忠通又担任摄政。（中略）后白河院即位后，藤原忠通继续担任关白，（中略）连续担任四代天皇的关白，两次担任摄政，可谓前无古人。（中略）

二条院即位时，藤原忠通将关白之位让给了藤原基实，自己则引退，被称为大殿①大人。应保二年（1162年），藤原忠通落发出家，时年六十六岁。（中略）长宽二年（1164年），藤原忠通以六十八岁高龄辞世。

藤原忠通幼年时曾被选为春日祭的使者。周防内侍作为女使者也一同前往，她写诗给这次春日祭的主管藤原为隆夸赞藤原忠通道：

藤氏千秋业，劲松次第出。神明今又见，心下或亦欢。

或许是祝祷应验，藤原忠通果然在位长久。他还在先祖贞信公藤原忠平建立的法性寺旁修建别院，所以被称为法性寺大人。（中略）

藤原忠通多才多艺，能作汉诗，（中略）也善制和歌，他的诗歌颇有古人典雅之风。他喜爱音乐，精通管弦，犹善古筝，曾在宫中游宴时献艺。在书法方面，他也颇有造诣，毫不逊色于古时名手。不管是汉字还是假名，都信手拈来，落笔成趣。新宫重建时，之前损毁的匾额，都是他模仿古风重新书写的。至于各处宫殿庙堂等的屏风诗，他也写了不知道多少。（中略）

---

① 大殿，对引退的摄政或关白的尊称。——原注

藤原忠通从小就经常出入各种歌会，与当时的歌学大家源俊赖、藤原基俊等一同参加匿名诗歌评议会。（中略）他曾咏过这样一首和歌：

吉野山樱已开否？花气满溢漾春风。

藤原忠通对于汉诗也颇有见解，他曾向白河院献上三卷诗集（《续本朝秀句》），还曾受藤原基俊所托，将中国与日本的诗歌对照编排。（中略）他将自己创作的汉诗仿照中国的《白氏文集》之类编撰而成的诗集，在汉诗爱好者之间非常受欢迎。（中略）

在佛法方面，藤原忠通也深得佛学奥义。比叡山延历寺、圆城寺、东大寺、兴福寺等的高僧来宫中讲经时，藤原忠通都会在帘后认真倾听。他在自家府邸中举办法华八讲之类的法事时，也会尽力吸收佛法的奥义及其壮阔的精神世界。

可见藤原忠通虽然政治才干不如其弟藤原赖长，但确实多才多艺，绝非平庸之辈。也正因为如此，他才能稳坐关白之位这么多年，虽然这只是一个虚名而已。

五、平治之乱

二条院即位第二年，即平治元年（1159年），中纳言右卫门督藤原信赖、前下野守源义朝为首，起兵叛乱。起兵的原因是，保元之乱以后，在平叛中立下战功的平氏已经位列朝堂，而清和源氏始终处于下风，源义朝一直为此愤愤不平。

当时，平清盛娶了兵部少辅平时信的女儿平时子[①]。平时信是葛原亲王[②]大纳言平高栋的后裔[③]。平时子的妹妹平滋子[④]是后白河上皇的内侍——小辨夫人，深得圣宠。平清盛也因此被任命为中部大国的国守，直至太宰府大贰，

---

① 后来被封为从二位，出家后被称为二位尼。——原注
② 桓武天皇皇子。——原注
③ 周防内侍、祐子内亲王侍女纪伊都是出自这一支。——原注
④ 高仓院生母建春门院。——原注

后来还奉皇命造进了许多宫殿、寺庙，因此被加官到三位，位列公卿，声名赫赫。其子平重盛，其弟平赖盛等，也都位列朝堂。

然而，同为保元之乱功臣的源义朝，却因为要求恩赏，招致朝中上下的厌恶，一直屈居五位，庸庸碌碌，愤世嫉俗。

另一边，信西作为藏人藤原时兼之子，虽然出身不高，但他迎娶了后白河上皇的乳母纪伊局（藤原朝子），从而得到后白河上皇的青睐。他的儿子也因为母亲的关系得到破格提拔，长子藤原俊宪任参议右大辨，次子藤原贞宪任右中辨，三子藤原成范任右近卫少将。信西一门成为当时炙手可热的家族。

于是，源义朝一心想要依附信西，便想将自己的女儿嫁给信西的第四子。然而，信西见源义朝不受待见，自然不愿与他结为姻亲，便谢绝了这门亲事。不久之后，信西转而与平清盛结成了亲家，可见信西也是十分会盘算的人。这样一来，信西就招致了源义朝的怨恨。

至于藤原信赖，他原本是关白藤原道隆的八世孙，因为自幼侍奉后白河上皇，与后白河上皇关系亲厚，还被封为中纳言右卫门督，时常近侍在后白河上皇左右。有一次，近卫大将的职位有空缺，藤原信赖便向后白河上皇请求让自己担任。后白河上皇询问信西的意见。信西认为：大将之职，非比寻常，而藤原信赖虽然有门第，但他本人却不是大将的材料。后白河上皇认为信西说得有道理，便没有准许藤原信赖的请求。因此，藤原信赖也对信西心怀怨怼，一心想要伺机报复。

不知何时，源义朝和藤原信赖一拍即合，乘着平清盛一家远赴熊野参拜的机会，于平治元年（1159年）十二月九日夜晚，起兵叛乱。二人攻入后白河上皇御所放火，执勤的卫士大惊，慌忙迎战，右卫门少尉平康忠、左兵卫大尉大江家仲等，奋力迎战，在乱军之中战死。当时的战况，《愚管抄》记载：

> 后白河院将皇位让给太子（守仁亲王）后，自己就仿照白河、鸟羽两位上皇的做法，以太上天皇的身份亲理政务。当时，后白河上皇对藤原忠隆之子藤原信赖十分宠信。

平治之乱

后白河上皇的北面武士之中，平信成、平信忠、为行、为康等人结成兄弟，刚刚崭露头角。藤原信赖则被封为中纳言右卫门督。

信西的儿子也被越级提拔。藤原俊宪担任大辨宰相、藤原贞宪担任右中辨，藤原成范担任近卫府官员。他们无论才智文章，都出类拔萃。信西还模仿延久旧制，重设了记录所。他子女众多，自己都数不过来，而且全都十分优秀。因此，藤原信赖对信西满怀嫉妒。

当时，源义朝、平清盛分别是源平两氏的首领，在保元之乱以后，他们开始互相竞争。而源义朝与藤原信赖是肝胆相照的关系，源义朝也对信西心怀怨恨，于是，两人合谋，决定起兵造反。

当时，信西在朝中权势盛极一时，而武士之中则是源义朝、平清盛平分秋色。信西有个儿子叫藤原是宪，也就是后来的信浓入道，他因在西山吉峰往生院中（中略）往生极乐而被世人称作"圣僧"。藤原是宪出家之前，源义朝想让他做自己的女婿，然而，信西十分傲慢地一口回绝："我家儿子是习文之人，不适合做武家的女婿。"谁知道不久之后，信西却让自己与纪二位（藤原朝子）之间的儿子藤原成范做了平清盛的女婿。这样一来，自然会引起源义

朝的怨恨。可见即便是信西这样思虑周全的人，也会有失算的时候！（中略）

平治元年（1159年）十二月九日夜晚，信西和他的儿子像往常一样在三条乌丸行宫后白河上皇身边侍奉。藤原信赖和源义朝包围了上皇御所并放火，想要除掉信西。

藤原信赖一方的中纳言源师仲在上皇御所门口备好车辇，将后白河上皇与上西门院（统子内亲王）接走。当时，信西的妻子也就是藤原成范的母亲纪二位（藤原朝子）因为身材小巧，所以趁人不注意偷偷藏在上西门院（统子内亲王）的裙裾中跟他们一起乘上了车辇。上西门院（统子内亲王）与后白河上皇都是待贤门院（藤原璋子）所生，上西门院（统子内亲王）以后白河上皇长姐的身份被尊为国母，所以这二人关系十分亲密，平常都居住在同一座宫殿之中。

这辆车被源重成、源光基、源季实等人看守，转移到了一本御书所（朝廷将世间流传的书籍全都抄写一份存放于此，因而得名）中。这个源重成后来为了掩护主君源义朝，曾自毁容貌后自杀，想替源义朝一死，他也因为这份忠义之心，得到了世人的好评。

藤原俊宪、藤原贞宪都从上皇御所中逃脱。（中略）信西戴着斗笠，带上左卫门尉藤原师光、右卫门尉成景、兵卫尉田口四郎兼光、右马允斋藤清实，悄悄坐上小轿，往大和国田原方向逃去，并在地上挖了坑躲了进去。这四人自愿剃发，于是，信西便帮他们剃发，并给他们起了法名，分别叫西光、西景、西实、西印，其中西光和西景后来也成为后白河上皇的近侍。（中略）

藤原信赖政变成功，挟持了当时的天皇——二条院，自己把持朝政，并把后白河上皇幽禁在宫中的御书所。藤原信赖马上举行了除目，晋升源义朝为四位播磨守，任命源义朝之子——十三岁的源赖朝为右兵卫佐。

虽然信西隐藏得很好，但当初抬轿的轿夫却将这件事说了出去，最后传到了武士源光康耳中。源光康是源义朝帐下的武士，他马上前往田原，想把信西找出来。

信西的随从藤原师光爬上高高的大树值夜。信西则在洞穴之中高声念佛。这时，藤原师光看到远处有火把往这边过来，于是，马上爬下树朝洞中大喊："有火把过来了，请小心些。"然后又爬上了大树。这时来了许多武士，到处找寻。藤原师光本以为信西躲在洞穴之中，就会万无一失，没想到武士们还是发现了洞口的木板。武士们挖开洞口后发现，信西已经将佩刀刺入胸口，自尽而亡。武士们斩下信西的头颅，兴高采烈地回去了。

物语本（《平治物语》等）说藤原信赖派了前出云守源光保去捉拿信西，与史实不符。

当时平清盛刚到熊野，还没参拜，就收到了京中使者传来的政变的消息，便慌忙回京。关于当时的状况，《愚管抄》记载如下：

当时平清盛（中略）身边只有儿子越前守平基盛、十三岁的淡路守平宗盛和十五名随身侍卫，所以打算先回九州集结兵力（平清盛是太宰府大贰，而且在西国有领地）。一位名叫汤浅权守宗重（即汤浅宗重）的纪伊国武士带领三十七骑精锐前来助阵并向平清盛进言："请大人赶快回京！我愿助大人一臂之力！"还有熊野别当湛快，他虽然不是武士，但毫不犹豫将七件铠甲和弓箭等武器交给平清盛。汤浅宗重十三岁的儿子还将自己紫色皮革的精制铠甲赠给了平宗盛。

于是，平清盛即刻返回京城，并在路上遇上了领兵前来迎接的部将平家贞等人。平治元年（1159年）十二月十七日，平清盛抵达京都。然而，藤原信赖、源义朝等挟持着天皇、上皇，盘踞在皇宫之内。平清盛投鼠忌器，束手

藤原公教

无策。而源义朝一方,由于在兵力上不占优势,也不会主动去挑衅平清盛。但内大臣藤原公教等人,心知藤原信赖、源师仲等人不是治世之才,便暗中劝说平清盛讨伐逆臣。平清盛为了卸下对方防御,便让藤原公教为中介,向藤原信赖献上平氏一族的名册,表明自己绝无二心(《愚管抄》里说名册是藤原公教所写)。藤原信赖大喜,回信说:"你有此心,我心甚悦,求之不得。"《古事谈》记载:

> 平治合战之时，六波罗入道（平清盛）自南山归洛，次日，便将女婿藤原信亲（藤原信赖之子）送回其父处，随侍武者四人，均于布衣之下着铠甲，此四人为难波三郎经房、馆太郎贞安、平次郎马允盛信、伊藤五景纲。下野守（源义朝）见之叹曰："此四人，均为以一当千的猛士。此四人若回平氏阵营，我方必定不敌。"

虽然故事书里这么写，但各种史料、族谱中并没有记载平清盛有这么一个女婿，所以这里应该是误传。

藤原信赖拿到了信西的首级，便将之悬挂示众，还烧毁了信西在姊小路西洞院的府邸，并将其子藤原俊宪、藤原成范、藤原贞宪、藤原长宪、藤原维宪、法眼净宪、法桥宽敏、大法师盛宪、藤原澄宪、藤原宪观、藤原觉宪、明遍分别发配到出云、下野、隐岐、阿波、安房、丹波、上总、安艺、信浓、陆奥、伊予、越后等国，并褫夺了其中僧人的度牒。大纳言藤原忠雅负责裁断，藏人右中将藤原成赖负责执行。如此一来，藤原信赖心中对信西的怨愤终于一扫而空。

源义朝也因为平清盛向藤原信赖上交了平氏一族的名簿，表明了归属之意，而自己作为藤原信赖的参谋，自然位居平清盛之上，于是，多年的不快也烟消云散。再想到如果从关东招揽一些将士，压倒平氏也不在话下，源义朝也开始大意起来。

大纳言藤原经宗、检非违使别当藤原惟方、右中将藤原成亲等，最初因惧于藤原信赖的气势而曲意逢迎，负责监管上皇和天皇。现在，眼看着藤原信赖嚣张跋扈，凌驾于群臣之上，心中逐渐生出悔意，渐渐放松了对上皇和天皇的看管。平清盛窥探到这些变化，于是，伺机将上皇、天皇救了出来。《愚管抄》记载：

> 平清盛不日归京，（中略）近卫院时期的东宫学士藤原知通之

藤原尹明

子，大内非藏人①藤原尹明，是藤原惟方的岳丈。（中略）那段时间，藤原尹明正好因为受二条院斥责，不准进宫执勤，所以没人注意到他。平治元年（1159年）十二月二十五日乙亥，丑时，二条院行幸六波罗。这是藤原尹明在平清盛的授意下完成的。根据平清盛的计划：白天，提前准备好一辆只有一个牛童的女用牛车；深夜，安排人在二条大街放火，吸引守卫的武士去救火，二条院就趁这个时候乘坐牛车出宫。（中略）

藤原尹明本来就是二条院身边侍奉的人，（中略）内侍所女官伊予内侍和少辅内侍二人，事先就知道这个计划，所以提前就将装有神玺的宝箱和宝剑装入牛车中，等到火烧了起来，就若无其事地将牛车送出了宫。

---

① 大内非藏人，官中杂务官。

火灭了之后，藤原信赖让伊予内侍向二条院传话说："请告诉天皇，火情并不严重。"伊予内侍回答："遵命。"便默默退了出去。藤原尹明那边，则静静地准备了一个大箱子，将装有玄象①、铃鹿②和御笛的盒子，以及装有大刀契③的盒子、清凉殿上皇位的象征之一的宝剑和宝座等装了进去，随后也出宫去了六波罗府。

当时，六波罗府门前，武士们手持弓刀，防卫森严，厉声呵斥道："来者何人？"藤原尹明大声回答："请代为通传，进士（文章生）藏人藤原尹明，携带大内宝物求见。"卫士通传之后，平清盛让卫士赶紧放他进来。

这时，天已经蒙蒙亮了。不久之后，后白河上皇、上西门院（统子内亲王）、美福门院（藤原得子）的御驾也纷纷抵达六波罗府。

这次营救成功，固然是因为平清盛巧妙的计谋，但藤原信赖、源义朝等人的愚笨，也是一目了然。

于是，平清盛将公卿大臣全都召集到六波罗府，前关白藤原忠通与其子关白藤原基实也一同前来。由于藤原基实是藤原信赖的妹婿，所以其他大臣都对他父子心怀戒备。内大臣藤原公教去询问平清盛的意见，平清盛却说："摄关之臣，即便没来，我们也要去请，何况他们主动来了，我们又有什么理由不接纳呢！"其他大臣也纷纷表示赞同。

如此一来，平清盛就没有了后顾之忧，他马上奉诏发兵，讨伐逆臣。《愚管抄》记载：

当晚，平清盛派人在京中散布"天皇行幸六波罗"的流言，引起了轩然大波。（中略）

---

① 玄象，仁明天皇时期唐朝传来的琵琶名器。
② 铃鹿，宫中代代相传的和琴名器。
③ 大刀契，大刀和鱼形的符契，仅次于三种神器的天皇代代相传的宝物。

这时，宫中的藤原信赖、源义朝、源师仲等人顿时成了无头的苍蝇，不知如何是好。后来据源师仲说，当时源义朝冲着藤原信赖吼："你真是天下第一没脑子，居然把事情搞成这个样子！"藤原信赖一句话都说不出来①。

藤原信赖站在紫宸殿的大厅中，穿着铠甲，正准备将大刀契宝盒的钥匙系到自己的佩刀上。源师仲怀里抱着神镜，对藤原信赖说："你把钥匙给我，我把它和神镜放一起，你把它系到你大刀上也没什么用。"藤原信赖觉得有道理，就把钥匙扔给了源师仲。源师仲一边说着"这两样东西，我死都不会放手"，一边穿上了蓝摺的直垂（常服）。不一会儿，源义朝穿好甲胄，带着一众将士，出了宫，往京城里去了。

六波罗一方也开始进攻大内。源义朝一边想着"我哪怕战死在六波罗，也要跟他们决一高下……"，一边往六波罗进攻。平家一方有平清盛之子左卫门佐平重盛、平清盛之弟三河守平赖盛驻守，这两人都颇具大将之风。平重盛的马中了箭，他丝毫没有畏惧，马上在堀河的木材上用箭撑着站起来，换了一匹马继续作战，真是英姿飒爽。平家的武将们即便是身上带着断箭回到六波罗，也因是得胜归来而显得威风凛凛。

源义朝一方曾一度逼近六波罗的围墙，府内的人也开始有些骚动不安。大将军平清盛在藏青色的直垂外面套上黑色皮革的铠甲，身背朱漆箭柄的箭羽，身骑黑马，站在六波罗府邸的大门内，戴上锹形的头盔，系上绳结，出门迎敌。随身步兵二三十人，紧跟在马后。尽管当时形势万分危急，但平清盛轻轻一句："外面怎么有点吵，我去看看就来！"顿时让人觉得安心可靠。

源义朝一方战到只剩十余人，已经回天无力。或许是想着"留得青山在，不愁没柴烧"，源义朝带上残存的十余人，往关东方向逃

---

① 由此可见当时藤原信赖和源义朝的狼狈。——原注

去。给自己留下一线生机，他日才能卷土重来，一雪"会稽之耻"。源义朝等人经大原的千束崖，朝近江国方向仓皇逃去。（中略）

平清盛来到大内藤原信赖的住所，笑着对他说："我昨日交上的家族名册，今日想要取回。"

藤原信赖逃到仁和寺，向鸟羽院第五皇子觉性法亲王求助，第二天就被觉性法亲王交到六波罗府。平清盛在六波罗府后设立幕帐，让平氏武士齐集帐中。藤原信赖和右中将藤原成亲被带到帐前，藤原信赖拼命为自己开脱，丑态尽现。（中略）平清盛只摇着头说了一句："为什么要做这种事情呢？"他的部将马上明白了他的心意，便把藤原信赖拉到河原斩了。

藤原成亲是鸟羽法皇宠臣藤原家成之子，（中略）他只是屈从于藤原信赖，与这件事并没有很深的关联，所以也没有受到重罚。藤原信赖一方的武士，则按照各自罪过大小，受到了惩处。

《百练抄》记载：

平治元年（1159年）十二月九日夜，右卫门督（藤原）信赖卿、前下野守（源）义朝等谋反，放火上皇三条乌丸御所，奉移上皇（后白河院）、上西门院（统子内亲王）于一本御书所。

平治元年（1159年）十二月十七日，少纳言入道信西首，廷尉于川原请取，渡大路，悬于西狱门前树。此信西，（中略）前出云守（源）光保所寻出也。

平治元年（1159年）十二月二十五日，夜，主上（二条院）、中宫（姝子内亲王），偷出御（平）清盛朝臣六波罗亭，上皇（后白河院）御渡仁和寺。

平治元年（1159年）十二月二十六日，遣官军于大内，追讨（藤原）信赖以下之辈。官军分散，（藤原）信赖兵乘胜袭来。六

平经盛

条河原合战，（藤原）信赖、（源）义朝等败北。（藤原）信赖至仁和寺，（平）清盛遣常陆守（平）经盛，召取（藤原）信赖，斩首，其外被诛者多。

以上基本就是当时的实况报道了。

六、处置叛党

朝廷下令，命平清盛搜捕叛军余党。藤原信赖之子藤原信亲、藤原信赖兄长兵部大辅藤原家赖及民部权少辅藤原基成、弟弟尾张少将藤原信俊等，全部被处革职查办。其中，中纳言源师仲，先将内侍所（神镜）从宝盒中取出，揣在怀里，和源义朝一起从皇宫出来之后，就分道扬镳，径直前往六波罗府投诚。《百练抄》记载：

> 永历元年（1160年），奉纳内侍所神镜于新造唐柜，去年（平治元年，即1159年）十二月二十六日，（藤原）信赖卿逆乱之间，（源）师仲卿破唐柜，取奉御体，于桂边经一宿。其后，奉渡（平）清盛朝臣六波罗亭。

源师仲因为进献神镜有功，而得到赦免。其余藤原经宗、藤原惟方、藤原成亲等人，虽曾一度加入叛军阵营，但因为参与了营救天皇、运送神玺与宝剑等行动，将功折罪，所以被恕无罪。

清和源氏之中，源赖政等人，最初因为从属源义朝麾下，曾一同出发前往围攻六波罗府。后来知道天皇、上皇都在六波罗府中，便中途退出，没有参加合战，因此也被恕无罪。而源义朝之子源赖朝，曾追随父亲一同进攻后白河上皇御所，并在藤原信赖擅自举行的那次除目中被任命为右兵卫佐。源义朝逃离京都时，源赖朝本来也一同逃亡，途中被山匪冲散，独自一人藏匿在近江国浅井郡的村中，后来被平赖盛的部将右兵卫尉平宗清擒获，被判处死，年仅十三岁。然而，他因为容貌酷似平赖盛的同母弟——早逝的平家盛，平赖盛之母池禅尼心怀不忍，便向平清盛求情，让他免于一死。最后，源赖朝被处流放伊豆国蛭岛（村庄名，不是岛屿）。《愚管抄》记载：

> 源义朝之子源赖朝，（中略）平治之乱时，他年方十三，官至右兵卫佐。兵乱发生于十二月，次年正月改元永历。永历元年（1160年）二月九日，源赖朝被平赖盛部将右兵卫尉平宗清擒获。平赖盛之母，是修理大夫平宗兼之女（池禅尼），敦厚贤良，对夫君平忠盛助益颇多。保元之乱时，池禅尼是崇德上皇第一皇子（重仁亲王）的乳母，所以平赖盛本来应该加入崇德上皇的阵营，但池禅

尼却说："此事上皇一方必会落败，他们毫无胜算。"并嘱咐平赖盛："你就好好跟着你的兄长清盛。"这样一位夫人，见到平赖盛擒回的源赖朝时，怜惜他年纪轻轻，不忍见他就此送命，于是，哭着向平清盛求情。源赖朝因此被免于死刑，被流放到了伊豆国。

由此可见池禅尼的慈悲之心。当年平忠盛能够出人头地，固然是因为他自己立下的功勋，但这背后，池禅尼与朝廷、后白河上皇之间的关系，也对他助益不少。所以面对这位夫人的求情，平清盛自然是难以拒绝。

这些年来，平氏在日本的中部、西部都有自己的势力范围，唯独在关东地区势力微薄。将源赖朝发配到源氏数代经营的关东地区，无异于放虎归山。当时就有人议论，这对平清盛来说，无疑是一个十分不明智的选择，恐怕这也是出自池禅尼的请求。尽管平氏在伊豆国东乡有庄园，还有平氏的亲信伊东祐亲、山木兼隆等驻扎在附近，可以作为平氏的眼线监视源赖朝。然而，这个决定无疑是平清盛一生之中最大的失策。

源义朝的长子源义平，自幼因粗鲁豪放而被父亲疏远，被驱逐到他的领地武藏国大藏乡，后来与叔父源义贤发生争执将叔父杀死，回到京城后，被世人称为"恶源太"。平治之乱中，源义平跟随父亲作战，兵败之后就马上回到关东，试图集结兵力不成，又潜回京师暗中窥视平清盛，结果行踪暴露被逮捕，于六条河原被处斩刑。关于源义朝之死，《愚管抄》记载：

源义朝不能骑马，徒步走到尾张国时，已经筋疲力尽，他的部下镰田次郎正清的岳父、大矢左卫门平宗恒后裔、内海庄司平忠致正好就在附近，于是，源义朝与镰田次郎正清一起前去投奔。平忠致十分热情地接待了源义朝主从二人，还烧了热水让二人沐浴。镰田次郎正清突然察觉到情况不太对劲，便对源义朝说："糟糕，我们可能出不去了。"源义朝说："没错，我明白。你送我上路吧。"于是，镰田次郎正清砍下主君的头颅之后，随即自尽追随主君而去。

后来，源义朝的首级被送往京城，悬挂在狱门示众。在源义朝首级下方，不知道是谁写了一首和歌：

下野守又兼狱门官，如此兼官恐非宜。①

人们都说这首和歌十分巧妙。当时坊间流传九条大相国藤原伊通喜欢悄悄写些这类的匿名诗，所以大家都说这首和歌肯定也是他作的。

平治之乱至此完全平息，可以说完全是平清盛的功劳。于是，永历元年（1160年）六月，朝廷论功行赏，封平清盛为正三位，平重盛为伊予守，平基盛为大和守，平赖盛为尾张守，其余众将也各得恩赏。

第10节 两宫近臣的倾轧及平氏的繁荣、藤平二氏的冲突

一、两宫近臣的倾轧及二代后

平治之乱，全因后白河上皇近臣藤原信赖和信西之间的争权而起。因此，二条院的近臣认为上皇执政不祥，希望能够实现天皇亲政。于是，他们凡事都想尽办法压制后白河上皇。比如封赏平治之乱的功臣时，后白河上皇怜悯信西无辜被杀，其子被处流放，想要赦免他们归京，但源师仲、藤原经宗、检非违使别当藤原惟方等人，担心信西之子藤原俊宪、藤原贞宪归京复职后，知道他们曾投靠藤原信赖，必然会对他们逐一弹劾。而藤原俊宪等作为后白河上皇亲信，后白河上皇极有可能采纳他们的意见。当初，源师仲因为进献神镜、藤原经宗等因为营救天皇的功劳，好不容易得到赦免，如果藤原俊宪等沿袭他们父亲信西严正刑罚的作风，自己恐怕难以脱罪。于是，他们密奏二条院，言辞恳切地说："平治之乱，全因信西执政太严，导致人心尽失，才酿成如此大祸。现在信西刚死，就赦免其子归京，恐怕朝臣会人人自危，担心招致报复，

---

① 狱门官，字面是官职名，其实指悬首示众，语义双关。"非宜"的"宜"是"义朝"的"义"的谐音。这首和歌运用了双关和谐音的表现手法，将源义朝被悬首示众开玩笑说成兼任了官职，十分诙谐，被认为是一首制作巧妙的和歌。

难保不会再生事端。所以信西之子万万不可赦免。"他们言之有理，后白河上皇也无法反驳，也就听之任之了。

先皇近卫院的中宫藤原多子，原本是大炊御门右大臣德大寺公能之女，后作为藤原赖长的义女，被送入后宫。近卫院驾崩以后，藤原多子既不是继任天皇的母亲，也不是继任天皇的祖母，所以身份尴尬，也没有得到"女院"（皇太后）的封号。二条院倾慕藤原多子的美貌，想要召她入宫。然而，此事实在有违伦常，加上近卫院中宫藤原呈子是藤原忠通的养女，所以后白河上皇和藤原忠通都劝谏二条院放弃这个想法。但藤原经宗、藤原惟方却想办法将藤原多子送入了后宫。于是，藤原多子被世人称为"二代后"。这位皇后，与二条院同龄。

《愚管抄》记载：

> 永历元年（1160年）正月六日，后白河院临幸八条堀河藤原显长卿府邸。藤原显长在家中架设栈道（观览通道），让后白河上皇可以站在栈道上御览八条大路的街景。此外，他还召集民众，让他们可以瞻仰圣容。
>
> 然而，藤原经宗和藤原惟方却派人在堀河栈道两侧钉上木板，使之与外界视线隔绝，还大肆宣扬："不能让上皇把持朝政，应该还政于天皇。"
>
> 后白河上皇知道这件事后，把平清盛召来，声泪俱下地说："我的政权，全在这二人手中，你去帮我把他们绑来吧！"当时，法性寺大臣藤原忠通也在场。平清盛也有自己的考量，他派部将平忠景、平为长二人，将藤原经宗和藤原惟方绑了送到后白河上皇御前，进行拷问。（中略）后来，藤原经宗被发配到阿波国，藤原惟方被发配到长门国。

二、两宫不和及平清盛

当时，平滋子在后白河上皇的后宫之中十分得宠，她的兄长平时忠因此得势。平清盛因为与他们的姻亲关系，也逐渐得到后白河上皇的信任。

《愚管抄》记载：

> 二条院亲理政务，并在押小路东洞院修建皇居。平清盛一门都在新宫附近建造值宿所，朝夕侍奉。①因为在当时的人看来，当时后白河上皇正当权，二条院也试图参政，前景未明，所以平清盛只得小心行事，对上皇、天皇双方都尽心侍奉。

由此可见平清盛的谨慎，以及上皇、天皇之间的对立。
该书后面继续写道：

> 后白河上皇多年以来，一直有建造千手观音像堂的夙愿。于是，平清盛领命，从备前国筹措经费，进献了这样一座佛堂。
> 长宽二年（1164年）十二月十七日，举行落成供养。后白河上皇希望二条院也能行幸观礼，但二条院却置之不理。后白河上皇请二条院封赏寺院众僧，二条院也置若罔闻。藏人平亲范作为二条院的代表，奉命出席了供养法会，但只是出席而已。
> 这座佛堂被命名为莲华王院②，（中略）后白河上皇将平亲范召到御前询问："这是怎么回事？"平亲范回答："天皇没有御旨。"后白河上皇顿时眼泛泪光，说："唉！他为何对我如此憎恶？为何啊！"
> 平亲范后来说："当时我真担心上皇将罪责怪到我头上，我害怕得不得了。"

---

① 《平家物语》等小说中，说平清盛修建值宿所，是为了让手下的少年暗探在京中搜捕非议平氏之人。——原注
② 莲华王院，即现在的京都三十三间堂。

就这样，到了永历二年，即应保元年（1161年），平滋子诞下皇子宪仁亲王（高仓院），而当时二条院还没有皇子，为此还引发了一起疑案，因而引发了一些事端。《愚管抄》记载：

> 平治元年（1159年）至应保二年（1162年）的三四年间，后白河上皇与二条院政见一致，关系融洽。但有流言说后白河上皇暗地里诅咒二条院。有人说看见权中纳言藤原实长卿在上贺茂宫绘制了二条院的御像，暗中行诅咒之事。二条院命人将神宫中的人抓来询问后得知，是后白河上皇近侧的源资贤卿等人所为。于是，应保二年（1162年）六月二日，源资贤被解除修理大夫的官职。
>
> 此外，应保元年（1161年）高仓院诞生时，平时忠曾因自己的胞妹小辨夫人，即建春门院平滋子诞下皇子，犯下失言之过，被解除了官职。①
>
> 由于两件事的叠加，应保二年（1162年）六月二十三日，源资贤、平时忠二人被处流放。

长宽二年（1164年）十一月，二条院第一皇子诞生。后白河上皇为避嫌，便将平滋子所生第五皇子宪仁亲王过继给平滋子的侄女——关白藤原基实的夫人平盛子。这位平盛子，是平清盛与平时子的女儿，她被平清盛嫁给关白藤原基实，后来居住在东三条府邸。作为此前平正盛、平忠盛等人依附的白川殿夫人（祇园女御）义子平清盛之女，平盛子有望继承白川殿夫人的领地及封号，因此才得以成为关白藤原基实的夫人。当时藤原基实已经有儿子藤原基通，后白河上皇又让平盛子收第五皇子宪仁亲王为义子。

于是，平盛子之父平清盛成为皇子（宪仁亲王）的外祖父，并因此从参议升至中纳言、大纳言，一路扶摇直上。自平清盛父亲平忠盛一代起，平氏一

---

① 在《平家物语》等小说中，平时忠曾口出狂言，说："平氏之外，皆非人也。"的片段，应该就是从这段记录加工而来。——原注

族不仅军功卓著，而且进献了大量御所、寺塔、府宅等，如今平清盛又在天皇、上皇面前竭力尽忠，所以才得到后白河上皇如此恩宠。

三、二条院退位

前一小节说到，后白河上皇和二条院之间隔阂逐渐消除。然而，永万元年（1165年）夏，二条院病重。永万元年（1165年）六月二十五日，二条院让位于第二皇子顺仁亲王，即六条院。永万元年（1165年）六月二十九日，二条院获太上天皇封号。永万元年（1165年）七月二十八日，二条上皇于二条皇居驾崩，在位七年，存年二十三岁。《皇代记》记载："依日来邪气御崩。" 永万元年（1165年）八月七日，二条上皇葬于高隆寺，以皇居名为其谥号。《今镜》记载：

> 二条院被称为"末世贤王"，确实名副其实。他意志坚定，绝不轻易改变信念。二条院二十三岁那年病重，让位于皇子（六条院）之后，不久就去世了。（中略）二条院贤明有德，他去世时，天下为之悲戚。

二条院由于在位时间短，所以没有留下什么事迹。

四、天皇两岁、立皇叔为太子、平氏的荣华

六条院，讳顺仁，先帝（二条院）第二皇子。他的养母中宫藤原育子，是前关白藤原忠通之女。他的生母是宫女伊岐氏，大藏大辅伊岐善盛之女①。

六条院诞生于长宽二年（1164年）十一月十四日，永万元年（1165年）六月二十五日，因父帝二条院病重而被立为亲王，旋即被册立为皇太子，同日受禅，当时年仅两岁。当天，公卿、大臣奉剑玺等，前往土御门高仓御所参拜，奏请践祚相关事宜。

永万元年（1165年）七月二十七日，六条院于大极殿举行即位大典，关白藤原基实摄政。永万二年（1166年）八月，改元仁安。

---

① 《广显王记》记载为致远法师之女。——原注

仁安元年（1166年）十月十日，后白河上皇第五皇子宪仁亲王被册立为皇太子。当时，皇太子（宪仁亲王）六岁，比六条院年长三岁，按辈分来说，是六条院的皇叔。皇太子（宪仁亲王）生母平滋子获"建春门院"封号。关白藤原基实正妻平盛子也因为皇太子（宪仁亲王）义母的身份，获封准三宫。平盛子之父平清盛则因皇太子（宪仁亲王）外祖父的关系，升任内大臣。

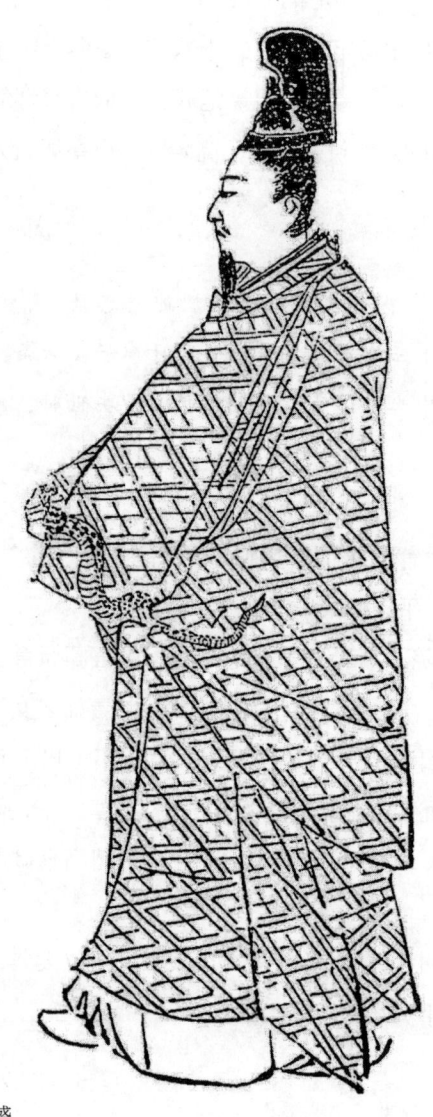

平重盛

平宗盛

次年,即仁安二年(1167年),平清盛升任太政大臣,赐带随身兵仗、牛车等。不久之后,平清盛辞去太政大臣之位。平清盛之子平重盛等人,与皇太子(宪仁亲王)本来就是表兄弟,又因为建春门院平滋子义子的身份,与皇太子(宪仁亲王)情同手足。因此,平重盛从中纳言晋升至大纳言,平宗盛从右兵卫督晋升至参议,平知盛从少将晋升至三位中将。他们的领邑,和藤原氏外戚一样,被列为功田,不仅可以世代传承,而且可以免于租税。

五、藤原基实薨逝、藤原基房摄政、藤平二氏的冲突与后白河上皇

前一小节说到,平氏一门模仿藤原氏,以皇太子外戚的身份而得到破格提升。特别是平盛子,因为居住在东三条御所亲自抚养皇太子(宪仁亲王),以皇太子(宪仁亲王)义母的身份得到准三官的封号,被世人尊称为"白川殿夫人"。而摄政藤原基实也因此成为皇太子的"义父",这份尊荣甚至超过了藤原氏历代先祖,因此他也喜不自禁。而其他藤原氏,则在暗中愤愤不平。

仁安元年(1166年)七月二十六日,摄政藤原基实薨逝。关于他的生平事略,《今镜》记载:

摄政前左大臣（藤原基实），法性寺大臣藤原忠通长子。其母从二位源信子，是中纳言源国信之女。（中略）二十四岁去世，居大臣之位十年。这位大人容貌清丽，犹善书法，其字颇有古人之风。这位大人贤俊雅致，却英年早逝，如同一场春梦，令人感伤。（中略）后被追赠太政大臣正一位。

藤原基实英年早逝，平清盛一家也伤感不已。仁安元年（1166年）七月二十七日，其弟左大臣松殿基房（藤原基房）继任摄政之职，同时接替他成为藤原氏家督，时年二十二岁。《今镜》记载：

兄长摄政藤原基实（中略）由于未能长寿，所以即使身为摄关家的子嗣，也没能荣升大臣之位，继承家族正统。（中略）由于藤原基实早逝，所以藤原基房才能天降好运，年纪轻轻就当上摄政及藤原氏的家督。

与平氏交好的藤原基实去世以后，藤原氏与平氏之间的矛盾开始凸显，这也是后来平氏招致怨恨的起因。这件事，在九条兼实（藤原兼实）的日记《玉海》中，有详细的记录。笔者将其大略概述如下：

原本，作为藤原氏代代相传的家规，无论是从父亲还是兄长手上继承藤原氏家督的身份，只要成为一族之长，便是春日明神的化身，可以全面接手家族的象征——朱器、台盘、官印，以及历代的文书和庄园。（可参看藤原赖长继任家督一节）

藤原基房继任藤原氏家督之后，便打算遵照祖制，继承族中宝物及庄园等。然而，藤原家祖传的东三条府邸，当时却是故关白藤原基实的"政所"（正妻）——皇太子义母白川殿夫人（平盛子）与皇太子一同在里面居住。藤原基房想接手族中宝物和庄园时，后白河上皇却不同意。然而，藤原基经时流传下来的规矩也不便破坏。于是，后白河上皇心生一计，他让藤原基房迎娶亡兄留下的寡嫂白河川夫人（平盛子），和白川殿夫人（平盛子）共享藤原家祖传的文书和庄园。这样一来，就一举两得，既能让藤原氏家产继续保留在白川殿夫人（平盛子）手中，也解决了不符藤原氏祖制的问题。

然而，后白河上皇颁下宣旨后，不仅平清盛不愿接受，藤原氏也不肯遵从。而如果按照藤原氏的家规分配，则平清盛不会罢手，后白河上皇也不肯同意。但不能因为这样的事情轻易劳烦天皇圣裁，后来是按曾辅佐过故关白藤原基实的中宫亮藤原邦纲（后晋升至大纳言从二位）的建议解决了这件事。

《愚管抄》记载[1]：

仁安元年（1166年）七月二十六日，摄政藤原基实突然亡故。据说平清盛悲痛万分，难以自抑，只不断地悲泣："怎么会这样？"

藤原邦纲原本是法性寺大臣藤原忠通的近侍，曾历任伊予守、播磨守，直至中宫亮。他来到平清盛府中，向平清盛进言道："关于殿下（藤原基实）的身后事，其实藤原氏的家督，并不一定要摄政或关白才能担任。（中略）北政所[2]（平盛子）还在世，故摄政大人（藤原基实）的公子（藤原基通）虽不是北政所（平盛子）所生，但故摄政大人（藤原基实）既然还有公子，那么北政所（平盛子）管理藤原氏的财产，也没有什么不可以。"

听了藤原邦纲的话，沉浸在悲痛之中的平清盛顿时清醒过来，他十分高兴，并马上开始着手实施。他首先安排左大臣松殿基房

---

[1] 《玉海》中也有同样记载。——原注
[2] 北政所，原指三位以上公卿的正室（正妻）。后来特指获得皇室册封的摄政、关白的正室（正妻）。

（藤原基房）马上继任摄政，并将兴福寺（藤原氏氏寺）、法成寺（藤原道长建造）、平等院（藤原赖通建造）、劝学院（藤原氏学校），以及鹿田庄、方上庄等明确规定由摄政关白管理的财产划到松殿基房（藤原基房）名下。然后，将以九州的岛津庄为首的大部分家族领地，包括鸭居殿（阳明门院旧宅）中藤原氏代代相传的日记、宝物，以及东三条御所（藤原氏重要屋舍）等藤原氏大部分财产，全都划到了北政所（平盛子）的名下。并由藤原邦纲担任北政所（平盛子）的保护人，一同抚养故摄政大人（藤原基实）的公子近卫大人（藤原基通）。朝中政务则由后白河上皇执掌。

就这样，平清盛按照藤原邦纲的指点，只将藤原氏家产中明确规定必须由摄政关白继承的部分划给了藤原基房，其余部分则交由白川殿夫人（平盛子）管理，以后传承给故摄政大人藤原基实的儿子藤原基通。后白河上皇对此也没有异议。

后白河上皇原本就不打算把藤原基实名下的财产全部转给藤原基房，而是留一部分在白川殿夫人（平盛子）手中。白川殿夫人（平盛子）身为皇太子（宪仁亲王）义母，他日一旦亡故，朝廷就可以以"皇太子继承义母财产"的名义，将藤原氏的家产收归皇室。现在虽然说将来由藤原基通继承，但皇太子（宪仁亲王）还是有希望继承其中一部分的，所以后白河上皇对于这个分配也没有提出异议。

在这件事情上，出乎后白河上皇意料的是，藤原氏的中心人物，即关白藤原基房、其弟右大臣藤原兼实之类，始终坚持按照藤原氏旧例划分家产，甚至不惜对抗后白河上皇的宣旨。这让后白河上皇意识到，藤原氏并不能随意欺辱。于是，后白河上皇也更加倚重平清盛，试图以武力压制藤原氏。

而藤原氏一方，眼看着就要打破后白河上皇的无理谋划，没想到却因为藤原邦纲突如其来的建议，让藤原家代代相传的旧例被平清盛破坏。所以藤原氏众人一方面在心中怨恨后白河上皇，另一方面对平氏越发不满。可见人与人之间的纷争，无论表面理由多么堂而皇之，归根究底还是利益问题，在这一点上，古今相通，研究历史时，尤其要注意。

六、上皇未冠

后白河上皇为了进一步抑制藤原家的权势，于仁安三年（1168年）二月十九日，让六条院退位。《今镜》记载：

> 六条院在位三年后，在后白河上皇的策划下，让位给皇太子（高仓院），年纪轻轻，就被尊为太上天皇。

仁安三年（1168年）二月二十八日，六条院获太上天皇封号，时年五岁。《愚管抄》记载为四岁，应属谬误。还没元服就获得太上天皇尊号，这是史无前例的。《玉海》记载，少纳言信西曾评价后白河上皇：

> 圣念所及，必不顾人言，必遂行之。

可见确实如此。

安元二年（1176年）七月十七日，六条上皇驾崩，时年十三岁，尚未元服。安元二年（1176年）七月二十日，葬于东山边，获"六条院"谥号。

七、高仓院及平资盛乘逢事件

高仓院，仁安三年（1168年）二月十九日受禅。仁安三年（1168年）三月二十日，于大极殿举行即位大典。摄政继续由藤原基房担任。次年，即仁安四年（1169年）四月，改元嘉应。《今镜》记载：

> 高仓院即位时，年仅八岁，虽然同为天皇，但由他继任天皇，最合乎当时的政治需求。他的父皇后白河上皇执掌天下，母后建春门院（平滋子）圣眷正浓，所以高仓院也尊贵无比。（中略）母后平滋子在生下高仓院五年后，被封为女御，仁安三年（1168年）三月

三日，被尊为皇太后。现在又成为女院，给平氏带来无上荣光。后白河上皇后宫妃嫔众多，但能生下天皇的妃嫔，才是最幸运的。

此前，代代天皇的母后，身上都有藤原氏的血统。（中略）现在，平氏的女儿也当上了国母，平氏一族也因此荣显。平氏出身的高官、近臣、近卫官等越来越多，平氏一门迎来了最繁荣的时期。

藤原氏代代以天皇外戚的身份，获得无上荣光，如今却因平氏的崛起而失去了往日的光辉，他们心中的愤懑，自然是可想而知。新旧势力之间的抗衡与角力，终于以直接碰撞的形式爆发了出来。《玉海》记载：

嘉应二年（1170年）七月三日，摄政（藤原基房）（中略）于途中，越前守平资盛（平重盛嫡子）乘女车相逢，而摄政舍人居饲等，打破彼车，事及耻辱，云云。

摄政（藤原基房）归家之后，以右少辨（藤原）兼光为使，相具舍人居饲等，遣（平）重盛卿之许，任法可被勘当，云云。

亚相（平重盛）返上云云。

嘉应二年（1170年）十月二十一日，（中略）此日，依可有御元服议定，（中略）摄政（藤原基房）参给之间，于大炊御门堀河边，武勇者数多出来，前驱等，悉引落自马了，云云。

《愚管抄》也记载：

小松内府（平重盛）素来为人正直，但不知为何，却在没有父亲平清盛唆使的情况下，做了一件令人不可思议的事情。

平重盛之子平资盛，（中略）年轻时曾在路上与松殿摄政（藤原基房）的车辇仪仗相遇，平资盛没有下车行礼，被摄政大人（藤原基房）的随从以失礼为由，殴打了一顿，他随行车辇的竹帘也被撕破。

平资盛

　　平重盛对此事一直耿耿于怀。嘉应二年（1170年）十月二十一日，关白藤原基房乘坐车辇前往宫中商议高仓院元服之事途中，被平重盛安排的武士伏击。骑马走在队列最前面的领路之人也被抓住，强行剃掉了头发。高仓院元服的议事也因此被延后。

　　然而，不可思议的是，尽管发生了这样的事情，却没有人对平重盛的所作所为有所议论，而摄政大人（藤原基房）第二天也若无其事继续进宫议事。

《源平盛衰记》等小说类作品中，将这件事说成是平清盛所为，而平重盛则出言劝谏。然而，参考各种史料，当时平清盛正在福原轮田海边的别院之中，所以这件事无疑是平重盛所为。

由此可见，藤原氏众人对平氏心怀不满，连随从之人，都为之切齿扼腕。而平资盛乘坐女车①，路遇摄政大人的车辇，却不下车行礼，也是因为平日骄纵，才会有这样的不敬之举。藤原氏的怒火因此被点燃，引发了后面的暴行。

事后，藤原基房考虑到大局情势，况且女车确实有路遇贵人不必下车的惯例，把羞辱了平资盛的侍从交由平重盛发落，希望能平息对方的怒火。平重盛也顾虑到藤原基房的示好，于是，把侍从送还了回去，维持了表面上的礼仪。

至于后面会采取那么狂暴的手法进行报复，想必是因为藤原氏特别是藤原基房的下人，动辄在摄政权威的庇护下，不断对平氏发出挑衅。因此，平重盛终于意识到藤原氏上层对平氏的不满，而之前的事情也不单纯是下人的疏漏，根本就是藤原基房本人的授意，所以他才采取了如此剧烈的方式进行回击。

八、后白河院皇女入宫

后白河上皇对平氏一族依然圣宠不绝，承安元年（1171年）正月三日，高仓院加元服。承安元年（1171年）十二月十四日，平清盛三女平德子以后白河上皇义女的身份进宫。《玉海》记载的"院姬君入内"，指的就是平德子。平德子不是皇女，却用了"姬君"的称呼，可见她不是被当作平清盛女儿，而是以后白河上皇义女的身份进入后宫。

承安元年（1171年）十二月二十六日，平德子被封为女御。承安二年（1172年）二月十日，平德子被册立为中宫。侍奉中宫的官员，均由平氏或平清盛的女婿，以及其他与平氏交好的官员担任。

在此之前，中宫都是出自藤原氏，即便有其他姓氏的女子或皇女被册立为中宫，但侍奉中宫的官员，也是由藤原氏担任。在此，藤原家的惯例再次被打破。其中，花山院大纳言藤原兼雅，是平清盛的大女婿，所以他虽然姓藤原，事实上也算是平氏一方的人。

之所以会形成这个局面，一方面是后白河上皇对当年处理藤原基房遗产

---

① 女车在路上遇到贵人，可免于下车行礼。——原注

问题时藤原氏众人强势态度的报复，另一方面则是平清盛不希望外戚的荣光有藤原基实一脉以外的人分享。从此以后，世人开始把平氏当作朝中第一显贵。

第11节 攻击平氏、平重盛之死、后白河上皇与平清盛的冲突

一、山门的嗷诉与后白河上皇的嬖臣

前一节说到，平清盛深得后白河上皇盛宠，从此一门显贵，几乎与从前的藤原氏无异。因此，其他人的嫉妒、怨恨也全都集中到平氏一族。

此前，二条院驾崩时，在送葬的法会中，延历寺的席标被置于兴福寺之前。兴福寺众僧因此大怒，直接拔刀斩断了延历寺的席标，并当场念咒，扰乱现场，行为极其恶劣。延历寺众僧也因此大怒，在清水寺放火，烧毁了大量佛堂佛塔。于是，两寺之间的倾轧越发激烈。

兴福寺一方，由于藤原氏失势，已经不复当年的威势。而平氏得势后，延历寺座主明云僧正，原为大纳言源显通之子，因为其母的关系得到平清盛的支持，对兴福寺处处压制。

延历寺的僧人原本分为学侣和行人（又叫堂众）两派，学侣是指以僧纲（僧官）为目标而修行的僧人，这类僧人一般都德行高尚，行事谨慎。行人则负责打扫佛堂佛塔，处理日常杂事、俗务等，法会时也会进入佛堂负责一些协助工作，也就是所谓的半僧半俗。俗务指的是金钱布帛等的收支，所以这些行人也逐渐在寺中获得权势，甚至可以和一般僧侣一起列席法事。他们本来只是半僧半俗，后来渐渐也能兼行佛事，成为所谓的"山法师"，连座主都无法制约他们。

这样的恶劣风气逐渐影响到其他僧侣，偶尔有人对其表示反抗，也会被其党羽用武力压制。最后导致学侣、行人相互争斗，镇护国家的灵寺，变成了无赖恶僧群集的场所。兴福寺也是同样的状况。有一种观点甚至认为，当时朝廷的一部分祈祷，其实也是一种安抚恶僧的手段。

嘉应元年（1169年）十二月，延历寺恶僧等，再次抬着日吉神社的神舆

前往大内，将神舆放在建礼门的台阶上，申诉权中纳言藤原成亲的暴行，要求朝廷惩处。然而，藤原成亲是后白河上皇的嬖臣，后白河上皇不忍责罚，于是，下旨命恶僧返回。然而，恶僧执意不从，后白河上皇无奈，只得解除了藤原成亲的官职，并将他流放到备中国，同时还解除了连坐者数人的官职。恶僧这才终于接受。

当时，后白河上皇的近侧有一位名叫西光的法师。西光原本是检非违使左卫门尉藤原师光，依附于少纳言信西，得以接近后白河上皇。信西逃亡时，西光一直随侍在侧，并剃发出家。平治之乱平定后，西光重新回到京城，来到后白河上皇近侧侍奉。而藤原成亲在平治之乱中曾依附藤原信赖，与信西为敌，后来得到赦免，也留在后白河上皇近侧侍奉，并成为后白河上皇的嬖臣。于是，西光又依附藤原成亲，才逐渐得势。西光知道，如果藤原成亲失势，自己必然会受牵连，所以他一心想要救回藤原成亲。由于此次的山门嗷诉全是出自权中纳言平时忠的谗言构陷，才令藤原成亲蒙冤，于是，西光暗中将事情原委奏请后白河上皇。藤原成亲原本就是后白河上皇的嬖臣，所以在受罚仅仅四天之后，就获得了赦免，官复原职。当天，平时忠被解除官职，发配到出云国，其子藏人权中辨平信范被发配到后备国，其余涉事官员全都被解除了官职。

嘉应二年（1170年）正月，藤原成亲被任命为检非违使别当。于是，山门的恶僧又提出抗议。因此，藤原成亲被罢免了检非违使别当之职，平时忠则官复原职。

承安元年（1171年）十月十五日至十七日三天，平清盛发愿，请僧人修千檀阿弥陀佛供养法，以及四十八座护摩供养，并在福原轮田的海滨读经，安镇海岛。后白河上皇特批这次供养为御敕法会，并以大阿阇梨的身份驾临现场。这场法会只邀请了圆城寺的僧纲、有职①，而没有邀请比叡山的僧众，于是，山门恶僧又开始不安分。

承安二年（1172年）四月，后白河上皇临幸比叡山受戒，就是为了安抚这些恶僧。

---

① 已讲、内供、阿阇梨被称为有职。——原注

此外，西光之子藤原师高曾担任加贺介，与其弟藤原师经一起，肆意横行，侵扰平民。加贺国白山的僧众对此十分愤慨，屡次与之对抗。藤原师高兄弟对其痛恨不已，便在安元二年（1176年），假托狩猎之名，纵容随从肆意蹂躏神社寺庙的领地。山门僧众大怒，但实力不济，无力对抗，随即大举进京，通过比叡山向朝廷申诉。

这样一来，即便是肆意妄行的藤原师高等人，也大惊失色，于是，赶紧派遣使者，向朝廷上奏白山僧众日常的恶行。朝廷也收到比叡山发来的"藤原师高横行，白山僧徒进京"的奏报。于是，朝廷派座主明云传达朝廷承诺惩处藤原师高，请白山僧徒先行返回的宣旨，这才熄灭了白山僧众的怒火。

然而，朝廷（后白河上皇）承诺惩处藤原师高，让白山僧众返回，却一直没有给出惩处方案。这就变成明云座主及比叡山僧众欺骗了白山僧众，而朝廷与明云座主约好会惩处藤原师高，却不履行承诺，可见朝廷更偏袒国司而轻视山门。这不仅是比叡山的耻辱，更是镇护国家的佛法的尊严的丧失。于是，比叡山全体僧人无比愤慨，以明云座主为首，于安元三年（1177年）四月十三日，照例抬上神舆前往皇宫申诉。这一次的声势比以往都要猛烈。朝廷命兵库头源赖政、检非违使平盛国等负责防卫。官兵的箭偶尔射中神舆，射伤僧人。山僧等马上把神舆丢下，回到寺庙开始修"咒压国家大法"。

这样一来，不仅后白河上皇深觉惶恐，满朝文武全都大惊失色。于是，朝廷先是下令祇园社别当将神舆抬回神社，然后派御使前往比叡山抚慰僧众。当时，朝廷御使的使命极其艰难，时常发生被山僧折辱、遣返的状况。由于平时忠与座主明云素来交好，所以朝廷派平时忠为敕使，前往比叡山告知：朝廷已经将藤原师高革职发配到尾张国，将藤原师经革职发配到备后国，并将向神舆放箭的官员关进大狱等。比叡山僧众听到这些，方才善罢甘休。

可见当时平时忠的影响力远在藤原成亲之上。

安元三年（1177年）三月五日，平重盛任内大臣，平氏一族的权势越发炙手可热。藤原成亲钦羡不已，于是，向后白河上皇请求升为近卫大将。当时的左大将是大纳言藤原实定，这个官职在他们家已经传承数代，不便轻易变

平德子

更。而右大将中纳言平宗盛是建春门院平滋子的义子，又是高仓院中官平德子的兄弟，一旦任命，如果没有过错，自然不能随便替换。藤原成亲求官不得，便心生不满。这样的庸人，早就忘记了平治之乱中平清盛对他的搭救之恩，一心只知道嫉妒平氏的荣华。

另一边，西光也觉得，自己当年依附于信西——信西的子嗣，原本官职在平清盛之上，现在虽然得到赦免回到京城，官职却远不如平氏。于是，他更加嫉恨平清盛。

于是，这两方嫉妒平氏的势力就暗中勾结了起来。现在西光之子藤原师高等，因为山门僧众的强诉，被褫夺了官位，处以流放。这样一来，平氏一族的优势就更明显。藤原成亲与西光等人对平氏的嫉恨就更加深重，一心想要打倒平氏。而藤原师高等人的流放之刑，也是因为天台座主明云的诉讼，所以明云也成了藤原成亲与西光等人复仇的目标。

安元三年（1177年）四月二十八日，樋口富小路起火，殃及大内。大极殿、小安殿、八省院、神祇官等，宫中三分之一都被烧毁。世人都说，这次大火是日吉山王的阴灵作祟，是日吉神火。

此前，兴福寺僧人觉兴与多武峰僧人等相争，放火烧山，朝廷将觉兴流放至播磨国。结果兴福寺的恶僧又故技重施，抬着春日神社的神木来到官中，要求朝廷赦免觉兴，并惩处天台座主明云。朝廷不仅没有应允，反倒将主谋之人捉拿下狱，而天台座主明云却因西光的谗言，被检非违使拷问。谗言的详情现在已不可考，笔者参阅诸书，发现大约是说明云身居天台座主之位，却不知训诫僧徒，反倒支持僧众嗷诉。对于日吉神火的谣传，明云听说了却不理睬，所以说不定是比叡山僧众放的火。总之，朝廷因此认为明云不堪重任，上不敬朝廷，下惑乱人心云云。其实，这只是西光为了替儿子报仇而使用的诡计。

安元三年（1177年）五月五日，明云被褫夺天台座主之职，并于同年五月二十一日被发配到伊豆国。明云出发当天，山门众僧为之愤怒不已。五千僧众齐集粟津渡口，企图夺回明云座主。《皇帝纪抄》记载："朝威如无"，可见当时暴乱之严重。

《历代皇记》等记载：其后，天台座主之职由鸟羽院第七皇子觉快法亲王接任。明云被发配至摄州远地，闭门不出，等等。

二、鹿谷事件

发生了前一小节末尾的大事件之后，朝廷为了镇压山僧，召集检非违使及武士等。这时，八条院藏人源行纲来到福原向平清盛告密，将藤原成亲等人的密谋大白于天下。《愚管抄》记载：

> 藤原成亲在藤原信赖政变之时，险些丧命。当时，本来已经被判处流放的源师仲竭力护卫神镜并进献大刀契宝盒的钥匙，因忠君之心而得到赦免。于是，与源师仲一样戴罪立功的藤原成亲等人也都得到了赦免。后来，藤原成亲还得到后白河上皇圣宠。
>
> 另外，信西死前一直追随在侧的藤原师光、成景，出家后更名

为西光、西景，被后白河上皇召为近侍。平康赖等热衷猿乐①的人，也在后白河上皇近侧十分活跃。此外，还有法胜寺执行俊宽僧都，对平家的繁荣也是心怀嫉妒。或许是为了试探后白河天皇的心意，他们聚集在东山附近静贤法师的鹿谷别院。静贤法师是法胜寺前代执行信西之子，也是莲华王院的现任执行，此人对很多事情都有高明的见解，所以后白河上皇和平相国（平清盛）遇事都经常与他商议。（中略）然而，在后白河上皇临幸过之后，藤原成亲、西光、俊宽等人也时常聚集在这个幽静的山庄，策划打倒平氏的阴谋。

　　《愚管抄》后面继续记载，藤原成亲等人将宇治布三十段交给多田行纲（源行纲），用于制作起义的白旗②。结果多田行纲（源行纲）拿着这三十段布前往福原，向平清盛告密。平清盛一把火把这三十段布烧了之后，马上进京，逮捕并拷问西光，得到西光的认罪书后，便把他拉到朱雀大路斩首。在这之前一日，藤原成亲就已经被捕。

　　平清盛拿着西光的认罪书来到后白河上皇的御所，把右兵卫督藤原光能叫出来告知："由于这些原因，所以我做了这些处置，这都是为了国家，为了君主，而我的得失则是第二位的"，云云。

　　说完之后，平清盛就径直返回了福原。《愚管抄》中并没有《源平盛衰记》之类小说中描述的平清盛大怒起兵，平重盛竭力劝解等情节。

　　当时，为了镇压比叡山的僧众，朝廷在宫中及后白河上皇御所集结了大量武士。藤原成亲等人以为平清盛身在福原，京中平氏武士不多，便乘乱策划半夜去平清盛宅府放火。结果运气不好，被平重盛及手下武士抓获，阴谋破产。问及主谋，都说是西光，其中还有《愚管抄》中所说热衷猿乐的检非违使平康赖等人；至于武士，则只有多田行纲（源行纲）一人，并没有《源平盛衰记》等文学作品中所说的那么多。

---

① 猿乐，日本古代传统艺能，主要是动作模仿的滑稽戏或者歌舞之类。
② 白旗，此处指源氏的军旗。

据说多田行纲（源行纲）并不同意这样的做法。《皇帝纪抄》中也有记载：

> 治承元年（1177年）六月一日，六波罗禅门（虽然当时平清盛已经迁居福原别院，但世人还是这么称呼他）召取大纳言（藤原）成亲卿以下祇候院中诸人，召问世间风闻之说。其中西光法师，依有承伏之子细，忽被斩首了。（藤原）成亲卿以下，或处远流，或解官停任。事起院中诸人相议，可诛平家之由，结构之故云云。依多田藏人大夫行纲中言，此事出来。（中略）
>
> （藤原）成亲卿被禁武士之诉，遂以夭亡。子息少将（藤原）成经被流鬼界岛。（中略）彼（藤原）成亲卿，去平治元年（1159年）十二月九日夜，右卫门督（藤原）信赖，为可搦取少纳言入道信西并室家（伊纪二位），追捕院御所，放火之时，与力人也，着甲胄追从。后（藤原）信赖被斩首之日，已与同罪者也。而六波罗禅门（平清盛），依劝赏扛申请，令存命之处。忘彼深恩，欲诛平家之间，禅门（平清盛）殊成幽愤，逢此灾云云。

所谓"世间风闻之说"，应该只是捕风捉影夸大其词，至于"依行纲中言"，则是中间人的挑拨离间，"三十段布"的真伪也是一个疑问。至于对藤原成亲"忘彼深恩"的评述，可见当时除少部分人对他心存同情之外，大部分人不仅不同情，甚至还对他的不义感到不齿。

而平清盛因平重盛的劝谏而放弃前往后白河上皇御所陈词等情节，则是物语小说等的虚构，不是实情。事实上，平清盛去了后白河上皇御所陈词，然后才返回福原。

当时的事实是，藤原成亲原本被判处发配肥前国，后来因为抱病在身改为发配备前国，不久病逝。其子藤原成经与平康赖、俊宽僧都一起被发配到鬼界岛。两年以后，由于中宫平德子喜诞皇子言仁亲王（安德天皇），天下大赦，藤原成经与平康赖被赦回京，而俊宽僧都却死在了鬼界岛。俊宽僧都应该是在大赦以前就病死了，或者是因为重病无法返回京城，才死在了岛上。物语小说中的情节都是虚构，不足为信，从这件事上就能看出来。

三、平盛子与平重盛之死、后白河上皇与平清盛的冲突、平清盛解官除目

前一小节说到，后白河上皇第一宠臣藤原成亲，以及依附于他的其他上皇近臣都被处革职流放。于是，后白河上皇开始厌恶平清盛，而平清盛自然也开始猜忌后白河上皇。二人之间冲突爆发也是迟早的事情。

然而，治承二年（1178年）十一月十二日，高仓院中宫平德子产下皇子（言仁亲王）。治承二年（1178年）十二月八日，小皇子（言仁亲王）被封亲王。治承二年（1178年）十二月十五日，被立为皇太子。左大臣藤原经宗①被任命为东宫傅，大纳言左大将平宗盛任东宫大夫，中纳言藤原兼雅被任命为东宫权大夫，左马头平重衡任东宫亮，右中将源通亲被任命为东宫权亮。

平重衡

① 一书记载为平重盛，有误。——原注

源通亲

之所以会这么快立太子，是平清盛希望高仓院能早日退位，然后以太上天皇的身份主理朝政，停止后白河上皇的院政。然而，后白河上皇很快就察觉到了平清盛的意图。所以，同年，即治承二年（1178年），中纳言一职有空缺，平清盛向后白河上皇奏请让故关白藤原基实之子、十九岁的从二位右中将藤原基通担任，但后白河上皇却积压不批，并于治承三年（1179年）正月让关白藤原基房之子、八岁的三位右中将松殿师家（藤原师家）超越藤原基通，当上了中纳言。《皇帝纪抄》评议此事为"天下惊之"，可见这个任命确实有失妥当。

然而，也正因为这件事，让后白河上皇对平清盛的厌憎体现在了实事上。这不仅让平清盛颜面扫地，想必藤原基通也是失望至极。

同年，即治承三年（1179年），平重盛因病辞官，后来又剃发遁入空门，法号证空。治承三年（1179年）六月，白川殿夫人平盛子薨逝。紧接着，治承三年（1179年）八月，平重盛薨逝。

关于平重盛之死，物语小说之类都说，平重盛为父亲平清盛的自大犯上而悲哀，所以向熊野权现祈愿，请求速死。《愚管抄》也记载：

> 据闻，小松内府（平重盛）为人正直仁厚，见父亲入道大人（平清盛）渐生谋逆之心，但求自己早逝。

可见平重盛死后不久，世间就已经有了这样的舆论。不过，根据前面的史料分析，至少在平重盛去世之前，平清盛并没有任何恶逆、谋叛之类的举动。

至于平重盛的病情，《山槐记》①治承三年（1179年）五月条记载：

> 平重盛依病出家，日来不食，云云。去治承三年（1179年）二月东宫御百日出仕，其后笼居。治承三年（1179年）三月被参熊野□申后世事，云云。于精净屋，食事颇复例之间，及呕血。其后又不食，逐日枯槁，云云。

治承三年（1179年）六月条记载：

> 入道内府（平重盛）辰刻许绝入，顷之被□②，出家之后不食，虽似事宜，此间犹殊重，云云。

可见平重盛确实死于疾病。平重盛身为外戚，却不再看顾皇太子（言仁亲王）的前途，甚至辞官剃发，也是不得已而为之。所以"祈愿求死"之类的说法，应该是在后白河上皇与平清盛矛盾激化之后，后人附会上去的。

白川殿夫人平盛子与平重盛死后，关于这两人名下的领地划分问题，激起了平清盛的强烈抗议，以及京中众人的骚动。《愚管抄》记载：

---

① 中山忠亲日记。——原注
② 或为"苏"。——原注

先摄政（藤原基实）北政所白川殿夫人（平盛子），曾于延胜寺西建立豪华宅院。治承三年（1179年）六月十七日，白川殿夫人（平盛子）薨逝。一个多月过后，八月一日，小松内府（平重盛）薨逝。后白河上皇没有和入道大人（平清盛）打招呼，就把小松内府（平重盛）的越前国领地收了回去。而白川殿夫人（平盛子）薨逝以后，松殿大人（藤原基房）也向后白河上皇申请收回摄关家祖传的庄园和文书等。

平清盛听说了这些事情之后，马上身着甲胄，带着武士从福原来到京都。于治承三年（1179年）十一月十九日（应为十四日），举行了解官（免官）的除目，又于治承三年（1179年）十一月二十一日（应为十六日）举行了任官的除目，将二十岁的近卫大人（藤原基通）从二位中将直接晋升到内大臣，补平重盛内大臣的空缺。不久之后，又将其升至关白内览。当时，法性寺大臣藤原忠通第三子九条右大臣藤原兼实任右大臣，时常与上皇、天皇商议朝中政务，还以大臣的身份，被赐了随身侍卫。然而，在这次除目中，内大臣藤原基通却超越右大臣藤原兼实成为关白。

平清盛请右大臣藤原兼实对藤原基通多加扶持，作为交换，他将藤原兼实的儿子，十二岁的中将藤原良通破格提拔至中纳言右大将。而前关白藤原基房，没有直接判处流放，而是由藤原邦纲送到备前国。藤原基房在前往备前国的途中，突然在鸟羽请大原的本觉房（缘忍）替自己剃度出了家。

前文叙述过白川殿夫人平盛子与藤原基房的庄园之争。白川殿夫人平盛子薨逝以后，藤原家的庄园和文书就应该传承给白川殿夫人平盛子的义子藤原基通，这是之前后白河上皇也认可的分配方案。然而，藤原基房见后白河上皇与平清盛关系恶化，便趁机向后白河上皇奏请，按照藤原氏的家规，由身为一族之长的自己继承白川殿夫人平盛子的家产。

平维盛

另外,平重盛出家之后,他在越前国的领地,应该作为功田传给嫡子平维盛。然而,后白河上皇却一言不发直接将之划入了自己的领地。

这两件事,后白河上皇都没有和平清盛商议——当然,即便商议,平清盛也不会答应。所以后白河上皇不和平清盛商议,也是无可奈何的事情。

然而,平清盛知道之后,马上进入京城,完全不和后白河上皇商议,而是向高仓院奏请举行了除目。

按照藤原家的惯例,如果罢免了藤原基房的关白之职,就应该任命其弟右大臣藤原兼实担任关白。但平清盛却以嫡流血脉为由,让故关白藤原基实之子藤原基通升任内大臣,继任关白之职。因为从私情上来说,藤原基通既是女儿白川殿夫人平盛子的义子,也是自己的女婿①。平清盛为了安抚藤原兼实,

---

① 藤原基通的政所是高仓院中宫平德子的妹妹平完子。——原注

将他年幼的儿子破格提拔至中纳言右大将。由此可以看出平清盛在权力制衡上的策略。关于这次政局动乱，《玉海》记载：

> 治承三年（1179年）十一月十四日，今日入道相国（平清盛）入洛。（平）宗盛卿，去（治承三年即1179年十一月）十一日首途，今参严岛，而自路呼还。相共上洛武士数千骑，不知何事。凡京中骚动无双。今夜出仕，虽非无所恐，尚勘公事出仕。（中略）凡洛中人家，运财于西东，诚以物总乱世之态也。

平清盛以武力威吓后白河上皇的场景，仿佛就在眼前。平清盛对朝廷的不敬，就是从这时候开始的。这恐怕是因为藤原成亲事件之后，平清盛心中的幽愤和猜忌逐渐增加，最终以这样的形式爆发了出来。《玉海》后面继续记录：

> 治承三年（1179年）十一月十五日乙巳，天晴。凡世间物态，无极云云。无闻实说。子刻人传云，天下大事出来云云。不闻委事之间，寅刻大夫史（小槻）隆职注送云："关白藤（原）基通、内大臣同、氏长者同。止关白藤（原）基房，止权中纳言中将等。同（藤原）师家、上卿权中纳言（源）雅赖、职事中宫权亮（源）通亲、诏书宣命等，权辨（藤原）兼光作，云云。"
> 余（藤原兼实）见此状之处，仰天伏地，犹以下信受梦欤非梦，无所辨存。此事由来者，法皇（后白河）收公越前国①（故入道内大臣[平重盛]知行国，[平]维盛朝臣传之），并被补白川殿仓预②（前大舍人头[藤原]兼盛）。以上两事，法皇（后白河）过怠云云。
> 三位中将（藤原）师家，超二位中将（藤原）基通任中纳言。

---

① 故入道内大臣知行国，（平）维盛朝臣传之。——原注
② 可见白河上皇也收取了一部分白川殿夫人的领地。——原注

（藤原）师家年仅八岁，古今无例，是博陆（关白藤原基房）之罪科也。凡此外法皇（后白河）与博陆（藤原基房）同意被乱国政之由。入道相国（平清盛）攀缘云云。

然之间，昨日夕，禅门（平清盛）率数千骑随兵入洛之后，天下鼓骚，洛中剧动。（中略）今日及昏黑，中宫（平德子）东宫（言仁亲王）两宫，忽欲幸八条亭，自被奉相具，可赴镇西方之由风闻。既两宫行启供奉诸司，出车已下，参集禁中骚动云云。

爰禅门（平清盛）使（平）重衡朝臣奏内里云："近日愚僧（平清盛）偏以弃置，见朝政之体，不可安堵。世间蒙科罪之后，悔而无益，不如赐身之暇，隐居于边地，仍为奉具两宫，所催诸行启者也者。"

忽遣敕使，被仰此仪可被行之状，即以召上卿以下。（后略）

由于后白河上皇厌憎平清盛，藤原基房及其他嫉恨平氏一族之人乘虚而入，行迹完全显现。平清盛不堪郁愤，便以兵威相迫，威吓朝廷，说要奉中宫、东宫退居西国。高仓院无奈，只得派遣御使前往平清盛处，认可平清盛对藤原基房等人的处置，以平息平清盛的怒气。于是，朝中政权脱离了后白河上皇的控制，转而落入高仓院手中。后来平氏一门在西海沉没，也算是践行了平清盛的这句话，绝不是平宗盛一人的责任。

如上文所述，平清盛用计胁迫朝廷，终于如愿以偿。在那之后的状况，《玉海》记载：

治承三年（1179年）十一月十六日，（中略）（藤原）定能卿来云，院边之事，如只今者无闻事，于世间沙汰被谈示了。昨日，自院（后白河）以法师静贤（信西之子）为御使，被陈子细①，云云，其后颇事似和气。

---

① 向平清盛传旨。——原注

关于藤原基房，《玉海》后面继续记载：

> 抑此关白（藤原基房）之时，家贻瑕瑾，职付大疵，于乱代者，天子之位，摄箓之臣，太以无益云云。（中略）
>
> 治承三年（1179年）十一月十八日，（中略）（小槻）隆职注送闻书，解官辈三十九人，（中略）关白（藤原基房）（中略）被任太宰权帅，有宣命，云云。又太政大臣（藤原）师长解官，被追越关外了云云。（中略）
>
> 天皇（高仓院）诏旨敕大命于亲王诸王诸臣百官人等，天下公民众闻食宣，从一位藤原朝臣基房（藤原基房），坐事退给太宰权帅，敕天下人闻此旨以见惩，众闻食宣。治承三年十一月十八日

自从藤原氏创立关白之职以来，代代荣华，几乎已成共识。而藤原基房竟然沦落至此，藤原兼实心中的愤慨也可想而知。世人也开始对平清盛的霸道感到不满，平氏的衰兆便在此时开始显露。

平清盛大约也是忌惮人心，所以向高仓院请求免除了三十九人的官职，然后请求高仓院任命自己的女婿藤原基通为关白，其余官员全部由自家亲近之人担任。根据《公卿补任》等可以看到，当时平氏一门没有一个人不升迁。而藤原基通作为藤原氏的家督，按照藤原氏的家规继承了朱器、台盘，以及历代文书和庄园等。

藤原基通的叔父藤原兼实，作为法性寺大臣藤原忠通的第三子，官居右大臣从一位，年龄是三十二岁。按照藤原氏惯例，原本应该是由他继承藤原氏家督之位。而侄儿藤原基通，虽说是嫡流，但官位更低，年龄也更小，却越过藤原兼实成为关白及藤原氏家督。所以，平清盛为了抚慰藤原兼实，特地嘱托他"扶持"藤原基通，其实也是暗中将关白的实权交到了藤原兼实手上。不仅如此，平清盛还越级提拔藤原兼实十二岁的儿子藤原良通，将他从二位右中将升为中纳言右大将，以换取藤原兼实的支持。

第12节　高仓院退位与高仓宫亲王谋反

一、幽禁后白河上皇

前节说到，近卫氏（即藤原基通）与平氏的领地问题，引发了一场朝局动荡。其结果，平清盛终于如愿以偿，让后白河上皇停止了院政，还将其迁入了鸟羽的离宫。当时的状况，《愚管抄》记载：

> 后白河上皇近侧的侍臣，都被发配到各地。治承三年（1179年）十一月二十日，后白河上皇移驾至鸟羽殿离宫，不准任何人跟随，只有一位名叫琅庆的僧人相随。后白河上皇后来的宠妃净土寺二位①，当时被称作"丹后局"，也在后白河上皇身边侍奉。

《皇帝纪抄》记载：

> 依禅门（平清盛）之计，奉追笼法皇（后白河）于鸟羽殿。

其实这真的是大逆不道啊。

当时平清盛顾虑的是，如果让有官位的人留在后白河上皇身边侍奉，最后肯定也会和藤原成亲一样，所以他只允许出家人和女人留在后白河上皇身边。

对于这样的境遇，后白河上皇的不满全都写在脸上，所以当时世人都说，肯定会有人起兵对抗平氏。《玉海》治承三年（1179年）十一月二十日条记载：

> 午刻人来云，法皇（后白河）御幸鸟羽云云。为伐（平）赖盛卿（在六波罗云云）御所近之故，所渡御也云云。

---

① 藤原范季之女高阶荣子。——原注

> 未刻人来云，已寄六波罗，被合战云云。凡梦欤，非梦欤，未觉悟。
>
> 又云，伐（平）赖盛卿事，总无实云云。
>
> 今日未刻，禅门（平清盛）被归福原了。

可见当时，流言蜚语漫天飞也是常态，后文高仓宫亲王谋反之事也是如此。《玉海》治承四年（1180年）正月二十五日除目条记载：

> 法皇（后白河）御给无之，犹可怜事也。

"御给"指的是下发给侍奉之人的赏赐。根据当时的情况，后白河上皇可以赏赐的人，应该还是存在的。后白河上皇大概是出于对平清盛的忌惮，而不敢有所动作吧！

二、高仓院退位

治承四年（1180年）二月二十一日，高仓院由于身体抱恙，于闲院殿退位。治承四年（1180年）二月二十七日，获太上天皇尊号，被尊为"新院"，主理朝政。

《玉海》等记载，当时高仓院"御温疾也"，可见确实是御体有恙。还有一个原因是当时世人已经习惯于"院政"[①]，天皇亲政反倒很稀奇。平清盛考虑到大众的接受程度，所以逼停了后白河上皇的院政，让高仓院退位并以上皇的身份主理朝政。这也是为了迎合当时大众的心理。

此外，由于当时不断出现反对平氏的势力，所以，平清盛让自己的外孙早日当上天皇，便能更安稳地继续巩固自家的势力。

三、安德天皇

安德天皇，御讳言仁，先帝（高仓院）第一皇子。治承二年（1178年）十一月十二日，于平氏六波罗府诞降。治承二年（1178年）十二月八日，被

---

① 院政，上皇主理朝政。

安德天皇

封为亲王。治承二年（1178年）十二月十五日，被册立为皇太子。承治四年（1180年）正月二十日，举行着袴典礼。《玉海》记载当天皇太子的举止："进退之仪，非为幼稚之态，兼具成人之质，可贵可贵。"当时皇太子才三岁，可见天资不凡。

承治四年（1180年）二月二十一日，安德天皇受禅。承治四年（1180年）四月二十二日，举行即位大典。由于大极殿自安元三年（1177年）被烧毁之后，就没有重建，所以即位大典在紫宸殿举行。《天祚礼祀职掌录》记载：

> 奉行：（官方）左中将藤原经房朝臣，（藏人方）藏人左卫门权佐藤原光长、内辨左大臣藤原朝臣（经宗）、外辨大纳言藤原实房卿、藤原宗家卿、中纳言皇太后宫大夫藤原朝方卿，（宣命）右卫门督藤原实家卿、参议左大辨藤原长方卿、藤原定能朝臣、左侍从参议右兵卫督藤原家通卿、治部卿正四位下源显信、少纳言正五位下平信国、右侍从正三位右近中将藤原赖实卿、木工头从四位

下源师兼、少纳言从五位上藤原惟基、典仪少纳言从五位上藤原仲家、大将代左河内守高阶资泰朝臣、右前上野介藤原隆信朝臣、褰帐左仲子女王①、右典侍藤原辅子②。

关白内大臣藤原基通摄政，左大臣为藤原经宗，右大臣为藤原兼实，依旧如故。

四、抗议严岛御幸及以仁王③

承治四年（1180年）三月，新院（高仓上皇）病愈后，决定临幸严岛神社感谢神明——因为治承元年（1177年），高仓院曾在平清盛的建议下临幸过严岛神社。然而，延历寺及南都的僧众听到这个消息，突然发生暴乱。《玉海》记载：

> 承治四年（1180年）三月十六日，秉烛，有新院（高仓）藏人为御使，带来金泥御经二卷（《寿量品》一卷、《心经》一卷，以上新院御笔。又《心经》一卷，中宫御笔），传旨说："上皇（高仓）明日御幸严岛，会将这些御经供养在严岛神社，请大人在经文外面题字。"于是，我（藤原兼实）便下笔题字，交付御使。（中略）
>
> 戌刻有人传话说："明日御幸延后云云。"山门僧众蜂起，不知何事，所以御幸延后。现僧众云集于前大将（平宗盛）及禅门（平清盛）府前。京中遍布武士等云云。
>
> 承治四年（1180年）三月十七日己巳，阴晴不定。（中略）入夜，藏人左卫门权佐（藤原）光长来语云，御幸延后之事。昨日申刻，因有事前往大理（平时忠）府，从而得知此事。圆城寺僧众蜂起，延历寺及南都僧众相约，前往参见法皇（后白河）及上皇（高仓），密谋将两位君主盗出。

---

① 入道神祇伯显广王三女。——原注
② 前大纳言藤原邦纲卿女。——原注
③ 以仁王，即高仓宫亲王。

此前，于承治四年（1180年）三月八日评议会上，已将此事传达前幕下（平宗盛），当日无有反对。今日准备御幸之时，犹以为可，事以为定，也有证人。

　　因此，昨夜，检非违使平季贞奉命前往摄州（福原平清盛处）告知此事，言及承治四年（1180年）三月二十一日出发事宜。

　　大理（平时忠）又云，此事，法皇（后白河）曾亲自授命前幕下（平宗盛），以为实说，云云。

　　承治四年（1180年）三月十八日，庚午，天晴。有传言，说摄州使者平季贞昨日归京，上皇（高仓院）依旧明日出发御幸严岛神社。法皇（后白河）自鸟羽离宫行幸至五条大宫边藤原为行府邸，身侧有众多武士护卫，有人说是因为担心僧人暴乱，所以转移到京中。也有人说，法皇（后白河）会和上皇（高仓院）一起前往严岛参拜。众说纷纭，难以辨识。

　　承治四年（1180年）三月十九日，今晨，上皇（高仓院）进发前往严岛。

　　军纪物语（《平家物语》等）中说，僧众的抗议，是自延历寺而起，因为根据惯例，上皇退位后，理应先参拜南都、北岭。然而，高仓上皇却反其道而行之，先前往严岛神社参拜，有违古例，所以延历寺才发起了抗议。南都、圆城寺等，也是因为相同的原因。但根据以上记录，圆城寺才是发起抗议的主谋。

　　至于严岛御幸，连右大臣藤原兼实都不以为怪，反倒是听说山僧抗议时觉得不明就里。因为根据历代先例，上皇临幸南都、北岭，多半都是为了受戒。如果不是为了出家，并没有规定必须先参拜哪所寺庙。所以，在山僧没说暴乱的原因之前，大家都不知道是因为什么事。圆城寺说了原因之后，大家也觉得莫名其妙。

　　至于暴乱的真正原因，恐怕是此前关白藤原基房被处流放之后，南都的僧众就对平清盛怀恨在心，至今余恨未消。恰巧高仓上皇决定行幸严岛神社，严岛神社与春日神社差不多，春日神社是藤原氏的氏社，严岛神社则是平氏的氏社。南都兴福寺的僧众担心的是，严岛神社得到皇室的尊崇，将来地位会超过春日神社。于是，圆城寺的僧众从旁煽风点火，才引发了这样一场暴乱。

然而，兴福寺和圆城寺两寺的力量还不足以震慑朝廷，所以，尽管他们平时与延历寺水火不容，但这次，他们以权势利益为切入点，撺掇延历寺说护国灵寺、日吉山王的神威，将会被严岛神社取代等等，将延历寺也拉拢到抗议的阵营之中。

那么，圆城寺的恶僧，为什么要在这件事上大做文章呢？这背后，则是因为高仓宫亲王①的密旨。这件事表面上是南都、北岭的恶僧对高仓上皇御幸严岛表示抗议，实际上是高仓宫亲王借僧众之手压制平氏的势力，以图实现自己的野心。高仓院退位前，一直病体孱弱。《玉海》承治四年（1180年）三月十八日条曾记载：

> 参新院（着御小直衣小袴）拜龙颜，御憔悴，气力衰微。去春以来，御病不断加重，积旬月之间，筋力疲惫。

可见，高仓院当时已经不堪政务。因此，高仓宫亲王觉得，高仓院迟早会退位禅让，而太子年幼，距离诞下皇子还很遥远，因此自己说不定能成为下一任天皇。这份野心，在下一小节讲述的"令旨"中，就表现得十分明显。

如果朝政依然由后白河上皇把持，那么，高仓宫亲王的愿望还是很有可能实现的。然而，在平清盛的推动下，后白河上皇被迫停止了院政，并移居鸟羽离宫。就在高仓宫亲王为此愤愤不平之际，高仓院退位，将皇位传给了太子，自己虽然拖着病体，却依然在平清盛的支持下展开了院政。这样一来，高仓宫亲王的愿望就彻底化为了泡影。

或许是出于一种"破罐破摔"的意气用事，高仓宫亲王策划了这起僧众暴乱事件。圆城寺一方占据上风，还得到北岭延历寺的支持，打算将后白河上

---

① 后白河上皇第三皇子，高仓院皇弟。

皇和高仓上皇偷出宫外——这可能也是出自高仓宫亲王的策划——如果能将后白河上皇从鸟羽离宫中救出，那么自己因为营救之功，说不定能够如愿以偿。

谁知，暴乱的僧众却是毫无头脑，因为难得遇到这样的机会，所以纷纷趁乱而起，任性而为，将"夺取两位上皇"的密谋漫天宣扬。朝廷和平氏都意识到，作为僧人，提出这样的口号，其实十分怪异。延历寺座主明云僧正与平氏交往甚密，而圆城寺的圆惠法亲王也是关白近卫基通（藤原基通）的近亲，他们应该都派了使者询问或者告知。所以《玉海》里记载"有证人"，可见是得到了确凿证据的。

结果，延历寺不敢轻举妄动，兴福寺也左右观望，一时之间，事态归于平静，仿佛事件已经平定下来。于是，承治四年（1180年）三月十九日，高仓上皇出发前往严岛神社参拜，平清盛等人随行侍奉。

至于通报的"证人"，根据《玉海》后面的记载，应该就是少纳言源宗纲。平清盛一方，明知敌方的谋划，却若无其事继续前往严岛参拜，这或许是为了暂时离京，远观众僧的动向并讨论如何处置高仓宫亲王。然而，平清盛倚仗自己的兵威，不把对方放在眼里，确实是一大疏忽。

五、追讨平氏的令旨

如前一小节所述，僧众的暴乱，表面是僧人对高仓上皇参拜严岛神社表示不满，背后则是高仓宫亲王对皇位的野心。而这个计划，也不是出自高仓宫亲王本人，而是出自源赖政。《吾妻镜》承治四年（1180年）四月条记载：

> 承治四年（1180年）四月九日辛卯，入道源三位赖政卿，可讨灭平相国禅门（清盛）之由，日者有用意事，却以私计略，太难遂宿愿。今日入夜，相具子息伊豆守（源）仲纲等，潜参于一院第二宫之三条高仓御所，催前右兵卫佐（源）赖朝以下源氏等，诛彼氏族，可令执天下给之由。申行之，仍仰散位宗信被下令旨，而陆奥十郎（源）义盛（廷尉源为义末子），折节在京之间，带此令旨向东国。先相触前兵卫佐（源赖朝）之后，可传其外源氏等之趣，所

被仰合也。（源）义盛补八条院（八条女院是高仓宫亲王养母）藏人（名字改行家）。

承治四年（1180年）四月二十七日壬生，高仓宫令旨，今日到着于前武卫将军（源赖朝）伊豆国北条馆，八条院藏人（源）行家所持来也。

关于"令旨"的内容，《吾妻镜》记载：

下东海东山北陆三道诸国源氏并群兵等所
应早追讨（平）清盛法师并从类叛逆辈事

右，前伊豆守正五位下源朝臣仲纲（即源仲纲）宣，奉最胜王敕称：（平）清盛法师并（平）宗盛等，以威势，起凶徒，亡国家，恼乱百官万民，掳掠五畿七道，幽闭皇院，流罪公臣。断命流身，沉渊入楼，盗财领国，夺官授职，无功许赏，非罪配过。或召钩于诸寺之高僧，禁狱于修学之僧徒，或给下于叡岳绢米，相具谋叛粮米。断百王之迹，切一人之头，违逆帝皇，破灭佛法，绝古代者也。

于时天地悉悲，臣民皆愁，仍吾为一院第二皇子，寻天武皇子旧仪，追讨王位推取之辈，访上宫太子古迹，打亡佛法破灭之类矣。唯非凭人力之构，偏所仰天道之扶也。因之，如有帝王三宝神明之冥感，何忽无四岳合力之志。然则源家之人、藤氏之人，兼三道诸国之间堪勇士者，同令与力追讨。若于不同心者，准（平）清盛法师从类，可行死流追禁之罪过。若于有胜功者，先预诸国之使，御即位之后，必随思可赐劝赏也。诸国宜承知，依宣行之。

治承四年（1180年）四月九日
前伊豆守正五位下源朝臣仲纲

在这份"令旨"之中,高仓宫亲王觊觎皇位的意图已经十分明显,文中对平清盛的控诉也十分夸张,"断百王之迹,切一人之头"——平清盛并没有这样的举动。至于"破灭佛法"之类,更是无稽之谈,平清盛十分尊崇佛法,他本人也出家入道,甚至时常放下武士首领的架子,向南都、北岭的僧人表达敬意。

六、源赖政

关于源赖政对平清盛的恨意的起源,《平家物语》《源平盛衰记》等文学作品中是这样描述的:

源赖政

源赖政之子源仲纲有一匹名叫"木下"的爱马。平宗盛想要这匹马，但源仲纲不愿割爱。源赖政知道后，认为不能违逆平氏的意志，便命令源仲纲马上将爱马赠予平宗盛。源仲纲无奈，只得忍痛割爱，由于实在不舍，还作了一首和歌：

既生爱马意，大可常来视。缘何夺人好，偏取我鹿毛。

平宗盛见源仲纲如此不情愿，心中大怒，便把名马"木下"改称"仲纲"，每次用马时，都说"把仲纲牵过来""把仲纲的辔头戴上"之类，用来羞辱源仲纲。

源仲纲知道后大怒，将这件事告诉了他的父亲源赖政。源赖政听说后心想：我还活着，都会发生这样的事情。如果我死了，不知道我的子孙会怎么受欺压。于是，便下定决心，辅佐高仓宫亲王继位。

然而，即使平宗盛确实如文中所说的那样愚蠢、无礼，但源赖政仅仅因为这样一件小事，就决心拥护高仓宫亲王即位，也是十分荒唐的。关于源赖政升至三位的过程，《平家物语》《源平盛衰记》等文学作品中记载：

源赖政原本只是五位，没有上殿议事的资格，于是，他作了一首和歌，抒发心中的积郁：

久卫大内山，林深人不知。心欲向明月，叶茂蔽青天。

后来这首和歌被传到高仓院耳中。高仓院将他升至四位，准许他上殿议事。源赖政高兴之余，又作了一首和歌：

虽云树高难攀登，有幸拾得树下草。

这首和歌又被传到高仓院耳中。高仓院被他的志向所感动，将他升至三位。

然而，真实的状况并不是这样，源赖政能够升到三位，完全是因为平清盛的推荐。《玉海》治承二年（1178年）十二月二十四日条记载：

今夜（源）赖政叙三位，第一之珍事也。是入道相国（平清盛）奏请云云。其状云："源氏平氏，共为国之栋梁。而于平氏者，朝恩普照一族，威势满于四海，此均因族人之功勋。然源氏勇士，多因参与谋逆，获罪受罚，独（源）赖政品行正直，勇名传世，却官不及三品，亦无缘上殿。现已年过七旬，尤可哀怜，况近日又有重病缠身之传闻。恳请于其身赴黄泉之前，特授紫绫之恩。"

因此一言，（源）赖政被叙三位。入道（平清盛）奏请之状，虽曰贤明，然时人闻之，无不惊诧。

《玉海》治承三年（1179年）正月十二日条记载：

以侍中资康，访（源）赖政卿疾。自旧年，亦痫病，及获鳞云云。

藤原兼实当时已经是右大臣，对于源赖政升任三位一事，连他都惊叹为"第一之珍事"，还说平清盛的奏请"虽曰贤明，然时人闻之，无不惊诧"，可见这件事确实不同寻常。这件事完全是因为平清盛见源氏武士多因谋叛而人才凋零，所以心生怜悯，而源赖政年过七旬，疾病缠身，所以希望源赖政能在有生之年官至三位，才一番好意，让源赖政得了这样的恩典。所以源赖政能够升任三位，并不是因为和歌。文学作品中"因和歌而获得晋升"的情节，和"源赖政勇斗鵺妖""源赖政与菖蒲姬的故事"一样，都只是民间传说而已。

平清盛为什么要大发善心，让源赖政升任三位，其中的缘由，现在已经无从知晓。然而，清和源氏之中，官至从三位的，源赖政是第一人。由于平氏的好意，源赖政原本与皇室非亲非故，却能史无前例地位列公卿，所以向平氏进献一两匹好马，根本就不足为道。就算因对方不愿献马而大怒的平宗盛是个蠢货，那么因平宗盛的愚蠢而生出叛逆之心的源氏则比平宗盛还要愚蠢。

不过，源赖政起兵或许并不仅仅是因为私怨。高仓宫亲王觊觎皇位，但普天之下，能够对抗平氏的，除了源赖政并没有第二人选，所以他一心想要依靠源赖政。这和当初崇德上皇依靠源为义如出一辙。因此源赖政才走到这么一个骑虎难下的地步。再加上当初平治之乱时，源赖政原本从属于源义朝一方，后来见官军（平氏）占据上风，便偃旗归顺，才得以免罪。高仓宫亲王拉拢源赖政成为同党，这可能也是一个原因吧。

七、以仁王流放的宣旨

如前一小节所述，平清盛对源赖政心存善意，所以此时对源赖政也完全没有戒心。不仅平清盛如此，朝廷和世人也对源赖政的反叛之心一无所知。承治四年（1180年）四月九日，即高仓宫亲王发出令旨当天，高仓上皇参拜完严岛神社，回到京城，当时平氏还不知道高仓宫亲王谋反的事情，注意力全都集中在南都、北岭的僧众上。

承治四年（1180年）五月十五日，高仓宫亲王谋反的事情终于暴露。于是，朝廷马上任命三条大纳言藤原实房为上卿、藏人右少辨藤原行隆为执行，传达将高仓宫亲王流放土佐的宣旨，并派检非违使源兼纲（源赖政养子）、藤原光长为流放使，前往高仓宫亲王的府邸。高仓宫亲王迅速逃走。这应该是源赖政等人提前告密。关于当时的情况，《玉海》中记载：

> 承治四年（1180年）五月十日，今晓入道相国（平清盛）入洛，武士满洛中，世间又物怱。
>
> 承治四年（1180年）五月十三日，传闻，法皇（后白河）至京中。
>
> 承治四年（1180年）五月十四日戌刻，法皇（后白河）自鸟羽入京，以内藏头（藤原）季能朝臣府为御所云云。①乘坐八叶御车，另有两车相从，武士三百骑许，围绕前后左右。

《山槐记》承治四年（1180年）五月记载：

---

① 后白河上皇原来的御所，自火烧之后，一直没有修复。——原注

承治四年（1180年）五月十四日，及深更，自鸟羽，奉渡法皇（后白河）于八条坊门南乌丸西亭云云。

藤原季能的府邸在八条坊门南，就在平氏府宅附近。这应该是为了防止前面所说的恶僧抢夺上皇一类的事件，不过，当时朝廷并没有对恶僧出兵。

关于高仓宫亲王，《玉海》承治四年（1180年）记载：

承治四年（1180年）五月十五日，今夜三条高仓宫配流云云。该亲王，八条女院（暲子内亲王）义子也。此外纵横之说虽多，难取信。

承治四年（1180年）五月十六日，（小槻）隆职宿祢注送，三条宫（高仓宫）配流之事，其状如此：

源以光（本御名以仁，忽赐姓改名了），宜处远流，令退出畿外。（中略）

传闻，高仓宫，去夜检非违使未向其家以前，窃已逃向圆城寺，彼寺众徒守护，奉为将军，天台山两寺大众，谋叛云云。

该亲王（高仓宫）之子（北陆宫），为八条院（暲子内亲王）女房所生，自幼养育于女院（八条院）御所。亲王（高仓宫）逃亡之时，有武士围守女院（八条院）御所，意图搜求亲王（高仓宫）。（中略）（源）赖盛卿父子参入①，奉命搜求云云。

此外，《山槐记》承治四年（1180年）记载：

承治四年（1180年）五月十五日，高仓宫（一院御子，故高仓三位腹，新院御兄也）有配流事。只今检非违使（大夫尉）（藤原）光长，向三条北高仓西之亭，武士围之。（中略）晚头参向彼宫

---

① 参入，意为进宫参见天子。

长谷部信连

之处，皆闭门无人应答。（藤原）光长遂踏开高仓西面门，左兵卫尉（长谷部）信连射之，被疵者有两三人。高仓宫不在，早已令遁出给毕云云。今夜武士围之，女房等裸行，东西驰走，可悲可悲。

抑彼宫（高仓宫）御名以仁也，而仁字有悼之由，改仁字为光字，被仰下云云。

高仓宫乘张蓝摺轿，如参拜之人，令向南都云云。或着净衣，骑御马，又乘马者二人，随行四五人云云。未一定，渡御平等院也。

可见，高仓宫亲王在源赖政等人的谋划下秘密出逃。至于后面的事情，《玉海》承治四年（1180年）五月记载：

承治四年（1180年）五月十七日，传闻，昨日巳刻许，八条宫（圆惠法亲王）①以使者示（平）宗盛、（平）时宗等卿云："高仓宫在圆城寺、平等院，可被出京之由，有沙汰也云云。"

因兹，（平）时忠卿，为御迎进人，又（平）宗盛卿，武士五十骑许，差副彼使。（中略）

八条宫，下法师原三人相具之，秉烛首途，子刻许到彼寺，但不入寺，群集寺关之外，先以件之下法师，传达御迎参之由。即归来云，今日之以前，大众三十人许相率，渡御京之御所毕，早可被归云云。

仍别当（平时忠）使，并武士等，被参八条宫，先申此由，（八条）宫被答云，可被出洛之由。众徒相越所申也。忽而变凶徒，未归我房，其事无隐。于今者非力之所及，自上任法可有沙汰云云。（中略）

以使者遣（藤原）邦纲卿之许，（中略）示送云："高仓宫登山，可被引笼无动寺之由，件寺僧纲等，进请文了。或者云，散在诸国之源氏末胤等，多以为（高仓）宫方之人。又近江国勇武之辈，同以与力，云云。"

承治四年（1180年）五月十九日，昨日所遣圆城寺僧纲之中，房觉僧正一人，入夜归洛，他之僧纲不出京云云。彼宫（高仓宫）犹不可奉出之由，大众申切了。凶徒七十人许，其中伴上房、尊上房，此两人为张本云云。此由奏院云云，山门不可与力之由，频被制止。

承治四年（1180年）五月二十日，留寺之僧纲，子细示众徒，众徒等承诺可奉出（高仓）宫之由。仍自八条宫为御迎被进人。（有职二人，并房宫等被相副云云）就彼宫（高仓宫）在所，欲奉出之处，（高仓）宫作色云，汝等欲搦我，更不虚手云云。爱着甲胄恶

---

① 这位法亲王是高仓宫亲王的御弟，圆城寺长吏。——原注

平教盛

僧七八人出来,追放彼有职以下,殆及凌轹云云。仍空以归洛。事之体,僧纲未能制止云云。

承治四年(1180年)五月二十一日,今日可攻圆城寺之由,被仰武士等,明后日可发向云。前大将以下十一人,所谓大将军(平)赖盛、(平)教盛、(平)经盛、(平)知盛等卿,(平)经资、(平)清经、(平)重衡等朝臣,(源)赖政入道(当时源赖政还没有暴露,可见其谋略之深沉)云云。

人语云,大众一同,不可奉出(高仓)宫之由,议定申了。(高仓)宫曰:"众徒纵虽放我,我于此地可终命,更不可为人手云云。"意气无衰损,太以勇立云云,见者莫不感叹。

承治四年（1180年）五月二十二日，去夜半，（源）赖政入道，引率子弟等，向南都。先笼圆城寺云云。以天下之大事欤。

《山槐记》承治四年（1180年）五月记载：

承治四年（1180年）五月十七日，去夕，召圆城寺僧纲十人，前大僧正觉赞、僧正房觉、权僧正觉智、权僧正公显、法印实庆、权大僧都行案、权少僧都真圆、法眼宽忠，七人参入。（中略）罢向本寺可仰众徒之由被仰下。

承治四年（1180年）五月二十三日，时时雨下，今晓，源三位入道（赖政），率男伊豆守（源）仲纲以下五十余骑，向圆城寺，参高仓宫云云。闻可蒙罪之由，仍逃去，云云。行舜律师来云："昨日，朝，圆城寺僧纲等，赴如意岭逃归，众徒全不用敕定，不奉出（高仓）宫云云。"

可见，最初是高仓宫亲王煽动恶僧等，从而得到恶僧的拥护。如前面引文所示，这不过是一种保全自己的手段而已。就在这样的拖延之中，朝廷，也就是高仓上皇身边有一部分人渐渐知晓了高仓宫亲王谋反的真相，于是，朝廷开始采取行动。

高仓宫亲王谋反的事情败露之初，源赖政还被朝廷任命为追捕使。可笑的是，《山槐记》记载，源赖政知道可能会被问罪之后，竟然逃走。源赖政担心两兵相接，自己的立场暴露，于是，乘夜逃入了圆城寺。

根据下小一节《愚管抄》等记录的战况可知，其实这时候，源赖政完全可以假装不知，然后潜伏在京中，等待恶僧被押送回京，再里外呼应。然而，源赖政错过了机会，所以只能带着五十余人，匆匆往圆城寺逃去。

八、平等院合战

关于当时的战况，《山槐记》承治四年（1180年）五月记载：

承治四年（1180年）五月二十六日，去夜半，高仓宫出圆城寺，令向南都驮给。日来延历寺众徒，有同心之疑，而昨朝座主僧正明云登山，制止此事，一同承伏。（高仓）宫闻此旨，被向南都云云。（中略）依其告飞　守（藤原）景家、上总守（藤原）忠清等，发向宇治之间，（高仓）宫先渡桥给，彼方之甲兵忽引桥，（藤原）景家攻寄于桥上，合战之间，忽（平）忠景等又追来，伴类十余骑，打入马于河中，桥上方有步渡濑，或虽深渊，以马筏、郎等二百骑渡河，于平等院前合战。

（藤原）景家得（源）赖政入道颈，（藤原）忠清得（源）兼纲（大夫尉）颈，平等院廊自害者有三人，其中一人着净衣，无颈，有疑，（源）赖政男伊豆守（源）仲纲死生不详。又（高仓）宫遁入南都给云云。

藏人头（平）重衡朝臣、左少将（平）维盛朝臣，追向宇治，各不构城郭之前，可进着，（藤原）忠清等云："临晚着南都之条，可有思虑。"（中略）

仍相具首三十余，归洛。（中略）予（中山忠亲）着直衣，辰终刻驰参新院（高仓上皇）。（中略）公卿五六辈、殿上十余人参入，（中略）七条边有武士五十余骑。（中略）

午刻，（平）维盛朝臣衣冠，依重服，着橡袍，自东门方参入。（平）重衡朝臣（着甲胄），自西方门参入。（平）维盛朝臣所语子细大抵如右。

巳刻顷，山门众徒参御方，在祇园，随仰可发向之由申之云云。（中略）

今夕，入道相国（平清盛）自福原入洛云云。传闻，被切颈辈，检非违使左卫门大尉藤原景高切七人：（源）赖政法师、源仲宗（八条带刀先生源义贤子）、源劝学、佐知源太、内藤量助（内藤马允守贞男）、藤重助（同男）、安房太郎（下总国住人）。检非违使藤（原）忠纲切四人：（源）兼纲（大夫尉源赖政男）、源义清（足利判官代源义康子云云）四人（后闻，此颈非[源]义清云云）、唱法师（长七入道）、源副（字源八，竟养子，马允贞政男）。美浓国住人左兵卫尉源重清切五人：源加（字坊门，源次）、不知名者四人，此内法师一人。

《玉海》承治四年（1180年）五月记载：

承治四年（1180年）五月二十六日，予（藤原兼实）着直衣，参上皇（高仓）。（中略）午刻，检非违使（平）季贞为前大将使参院，（平）时忠卿相逢，申云："（源）赖政党类并诛杀了，切彼入道、（源）兼纲并郎从十余人首了。于宫①者，虽仓促不见其首，同伐得了。"

其次第，寅刻许，得逃去者之告，即检非违使（藤原）景高（飞驒守藤原景家嫡男）、同（藤原）忠纲（上总介藤原忠清一男）等以下，相率三百余骑追责，时彼军等于宇治平等院，着餐之间也。依引宇治桥，（藤原）忠清以下相率十七骑，先打入河水，河水不深，遂得渡。暂于合战之间，官军不得进，彼得其隙而逃去。官军犹追之，于渟川原，打取（源）赖政、（源）兼纲等。期间，彼是逃者甚多，蒙痍者不计其数，敌军仅五十余骑，皆以不顾死，而无乞生之色，甚以勇也，云云。其中无人能遁于（源）兼纲矢者，宛如八幡太郎，云云。稍时，平等院执行良俊，奉使被申云："殿上廊内自杀者三人，其中一人无首，疑为宫（高仓宫），云云。王化犹不堕地。"（中略）

未刻，左大臣参入。未几，（平）重衡、（平）维盛等朝臣（平重衡着甲胄，依仰也，平维盛改着衣冠）参院御前，语战场子细。②

---

① 指高仓宫亲王。
② 下与《山槐记》大致相同，故省略。——原注

《愚管抄》记载：

治承四年（1180年）五月十五日，平清盛要流放高仓宫亲王，便派源赖政三位之子检非违使源兼纲前往捉拿。这位高仓宫亲王是后白河上皇宠姬高仓三位所生，这位亲王学问精进，后有心于皇位。

源兼纲抵达高仓宫亲王三条御所时，（高仓宫）亲王已经离去，潜入圆城寺之中。圆城寺僧众全力支持高仓宫亲王，竭力阻拦追兵。

源赖政虽然已经出家，但还是放火烧毁了自己在近卫河原的宅院，带上自己的儿子伊豆守源仲纲和源兼纲，前往支援高仓宫亲王，一心想要帮助（高仓宫）亲王逃脱追捕。由于斯人已逝，所以其中缘由，现已不得而知。

高仓宫亲王不能在圆城寺中坐以待毙，打算从吉野逃往奈良。

治承四年（1180年）五月二十二日，源赖政抵达圆城寺后，打算从圆城寺出发夜袭六波罗。然而，由于出发较晚，到达松阪时，天就亮了。于是，夜袭之事，只能作罢。

治承四年（1180年）五月二十四日，高仓宫亲王抵达宇治，在宇治停留一夜。

治承四年（1180年）五月二十五日，平氏的追兵抵达宇治，双方展开合战。高仓宫亲王一方只有源赖政支持，所以兵力极少。平氏一方大军攻来，骑着战马跳入河中，把战马当竹筏渡过了宇治川，高仓宫亲王一方束手无策。

不久之后，源仲纲就在平等院大殿的回廊上自尽身亡了。平氏的追兵在赞野池往前一点的地方追上了高仓宫亲王，并将其斩杀。源赖政也在战斗中身亡。为了确定高仓宫亲王的尸首，朝廷请了许多人前来辨认。高仓宫亲王的老师宗业（清原宗业，明经家）看过之后，确认了确实是高仓宫亲王。

综合以上几份史料，当时的战况可以说历历在目，如在眼前。然而，《平家物语》等文学作品中，却说源赖政的首级没有找到[①]，其实源赖政确实是战死，被枭首，反倒是源仲纲的首级去向不明。源仲纲在平等院内自尽，他的首级好像被人偷偷带走了。所以，后人根据源赖政去世的情节创作的《扇之芝》等曲目，以及传说中的源赖政辞世之句"身如枯木难逢春，自起干戈叹无果"等，都是后人的伪作。特别是这首和歌，应该是后人追悼之作，这已经有学者论证过。如果不是这样，那后半句"自起干戈叹无果"，就不是惋惜，而是自得。这也是有学者分析过的。这些情节，都只是物语故事的牵强附会罢了。

源赖政已经超过祖先源经基，被封三位，位列公卿。当时的右大臣九条兼实（藤原兼实）的日记中都将源赖政称作"赖政卿"，所以他绝不是"枯木"，也不是"难逢春"。在研究历史时，绝不能轻信民间杂书，就体现在这些地方。

根据以上摘录的史料，可见《平家物语》等文学作品中描述的宇治桥的战况是不足为信的。

至于高仓宫亲王的后续，《皇帝纪抄》记载：

> （高仓）宫颈入洛，于新院（高仓上皇）御所，有叡览。

这与《愚管抄》的记载相符。《玉海》《山槐记》中没有明言，或许是出于对皇家秘事的忌惮。

由于源平之争的最后是源氏获得了胜利，所以后来的记载，恐怕多半是误传或者粉饰。比如《吾妻镜》承治四年（1180年）记载：

> 承治四年（1180年）五月十九日，高仓宫去十五日，密密入圆城寺，众徒于法轮院构御所之由。风闻京都，仍源三位入道

[①] 《吾妻镜》也抄录了这种说法，下文会说到。——原注

（赖政），近卫河原亭自放火，相率子侄家人等参向宫（高仓宫）御方。

承治四年（1180年）五月二十六日，卯刻，宫（高仓宫）御令赴南都，圆城寺无势之间，依恃御令也。三位入道（源赖政）一族并寺众徒等共御候。仍左卫门督（平）知盛朝臣、权亮少将（平）维盛朝臣以下，入道相国（平清盛）子孙，率二万官兵，追竟于宇治合战。三位入道（源赖政）同子息（源仲纲、源兼纲、源仲介）

平知盛

及足利判官代义房（即足利义房）等枭首（三品禅门首非彼面由讴歌云云）。

宫（高仓宫）又于光明山鸟居前有御事（御年三十云云）。

可见源赖政首级相关的谬传，很早就已经出现了。

第13节 福原迁幸与源氏举兵

一、南都征伐之议及藤原兼实

前一节说到，高仓宫亲王的叛乱很快就平息了。然而，接下来的难题是：如何处置恶僧？《愚管抄》记载：

> 不久之后，平家武士攻入圆城寺内。除佛堂之外，僧舍等都被破坏和烧毁。
>
> 高仓宫亲王原本打算从圆城寺逃往奈良，奈良-吉野方面也做好了接驾的准备。然而，平清盛不愿善罢甘休，便决定发兵攻打奈良，并召开了公卿会议。藤原隆季、源通亲等公卿对平清盛唯命是从，主张即刻出兵。但担任左右大臣多年的藤原经宗、藤原兼实则表示反对。右大臣藤原兼实斩钉截铁地说："没有明确谋反的证据，怎么能轻易攻打这么重要的大寺呢？何况奈良还有日本第一大守护神春日明神。"（中略）
>
> 左大臣藤原经宗（中略）也赞成右大臣的意见。左右大臣言之有理，所以攻打南都的行动就此取消。

《玉海》承治四年（1180年）记载：

> 承治四年（1180年）五月二十七日，此日于院殿上，被定两寺

凶徒罪科之趣。（中略）左大臣（藤原经宗）示云："源以光（高仓宫）巧谋叛，逃难圆城寺，彼寺凶徒同意之间，自其所赴南都。兴福寺恶徒又以与力，未遂前途之间，于路虽诛杀（源）赖政入道以下军兵等，（中略）若住南都欤。但此条不分明者，彼寺众徒谋叛之事，何样可被计哉！"（中略）

宰相中将源通亲发语申云："圆城寺事，如风闻者，众徒退散，云云。付师缘者，寻召张本，可有沙汰者。兴福寺事，与谋之贼同意，其罪不轻，何况其人移住哉。早遣官兵，可被攻彼寺，其上末寺庄园并可停废。"

（藤原）实宗卿云："圆城寺同之欤。（中略）兴福寺事，须被遣官兵也，但一宗废灭之条，可有思虑，仍先可被召张本，惜申之时，可被遣官军欤。"（藤原）赖定、（藤原）实守、（藤原）实家、（藤原）朝方、（源）雅赖、（中山）忠亲、（藤原）宗家、（三条）实房，以上同之。

（藤原）隆季卿申云："圆城寺事，尤召张本可沙汰，就中日来被召置之辈同之云云。被寻次第，无其隐者，早付彼辈，寻与力张本之辈，可有沙汰欤。兴福寺事，日来再三经沙汰了，而凌轹长者使院宣，有官别当既及耻辱，谋反非一，罪科惟重，加之于今者，一切不拘制止，任法可有沙汰之由。"

别当、权别当等申之："其上不可及异议欤。然则若可被追讨者，虽片时可被早遣也。彼寺兵强之地也，徒经日数，定其势万倍者欤。此上之事可在敕定。"

予（藤原兼实）申云："圆城寺事，同帅大纳言（藤原实宗）申，兴福寺事，与力于逆贼，欲奉危国家，凌轹长者之使，不通往返之路，谋反之至，罪涉绞斩，可被遣追讨使之条，尤可然。但以宣旨若院宣，一旦可被寻子细欤。所以何者，若被遣官兵者，寺悉可为灰烬。一宗之磨灭，更不可疑，纵虽不进宣旨请文追归其使，经次第之沙汰，被遣官军，为后鉴，可宜欤。为之佛法亡灭之条，可有御思虑也。何况源以光（高仓宫）移住彼寺之条，未分明，云云。"

只依同意之过怠，不顾彼寺之破网，遣追讨使，可被攻败者，更非此限。若依贼徒之在否，可有追讨之有无者，闻食彼之左右，可被进退欤。是理之所至也。纵塞路次虽禁往返，彼人慌于逃笼者争不达其趣哉。谋反者凶恶徒之所令然也。（中略）

以上宜在圣断者，左大臣（藤原经宗）同予（藤原兼实）申状，但虽有被申存意趣，不过之。（中略）

数刻之后，示仰左大臣（藤原经宗）云："圆城寺事，被召置之恶徒，且寻彼张本，可有沙汰。兴福寺事，任两丞相定申状，先遣使者，寻仰谋反之子细，寻以光（高仓宫）之在否，随状可被遣官军者。"左大臣（藤原经宗）以下退出。

可见当时朝中大臣虽然有各种意见，但兴福寺到底是藤原氏的氏寺，所以最终还是没有人对藤原兼实的意见提出抗议。

二、福原迁都

其实当时，兴福寺的恶僧已经和高仓宫亲王达成谋叛的共识，犯上作乱的行迹也十分明显。在平氏看来，正好可以借战胜的余威，一举将兴福寺击破，以绝后患。然而，如前一小节所述，在朝臣商议之下，最后只能作罢。

然而，如前一小节所述，南都僧兵势众，势力强大，朝廷即便在京城也无法高枕无忧。于是，平清盛为防万一，决定将御驾西迁，并将西迁之地定在了福原。平清盛为了避免非议，没有使用"迁都"这样的字眼，而是非常秘密地进行迁都的准备。《玉海》承治四年（1180年）记载：

承治四年（1180年）五月三十日，未刻许，（藤原）邦纲卿示送云："来月三日，天皇（安德）行幸福原，上西门院（统子内亲王）亦同行之由，有其闻，仰天之外无他，云云。"

由此可见，这是一个突然的决定。没有使用"迁幸"的表达，而是使用"行幸"，而且连左右大臣都不知道内情，大家都以为只是短期的出行。然而，从后面的发展来看，这绝不是一个短期的出行。一般人怎么看暂且不管，关于朝中重臣的看法，《玉海》后面有记载：

> 承治四年（1180年）五月三十日，申刻，大外记（清原）赖业示送此由。又晚头，（藤原）行隆示送云："三日行幸，忽被缩二日了，云云。"非言语之所及，留京洛之辈，并以可恐事也。公卿仅两三人，殿上人四五人许，可候御供云云。天狗之所为，实非直事。
>
> 承治四年（1180年）六月一日，明晓福原迁幸。行幸及两院御幸云云。已以一定云云。予（藤原兼实）以使者问可参福原哉否于入道相国（平清盛）。报云："无可寄宿之所，仍急不可参。自彼地可案内云云。"
>
> 先是候上皇（高仓）之圣容之处，仰云："参御供之辈，多以禅门（平清盛）之左右云云。"一切不被仰是非，只闻食许也。

可见，即便是公卿重臣，但如果不是平氏亲信，都没有资格跟随安德天皇同行。可能平清盛是担心一些群小蒙蔽圣听，所以才做了这样的安排。关于当时行幸的场景，《玉海》承治四年（1180年）记载：

> 承治四年（1180年）六月二日，天晴。卯刻，行幸于入道相国（平清盛）福原别业，法皇（后白河）、上皇（高仓）同以渡御。城外之宫，往古虽有其例，延历以后，都无此仪，诚可谓稀代之胜事欤。敢无知由绪之人，疑可被攻南都（大众犹蜂起，敢无平和之义）之间，可有不虑之恐欤。又余党犹不休，为御彼恐怖欤。或说可有迁都云云。（中略）
>
> 迁幸之仪，（中略）自八条区至草津，武士数千骑，二行并

銮夹幸路，先入道相国（平清盛）驾屋形舆，次女车一辆，次女房舆二，（一品及摄政之室家云云。）次行幸凤辇，供奉人人，公卿四人，左大将（藤原）实定卿、别当（平）时忠卿、宰相中将（藤原）实守、（源）通亲卿等。近卫司中将（藤原）秦通朝臣、右中将（藤原）隆通朝臣、职事头前亮（平）重衡朝臣、头辨（藤原）经房朝臣等。（中略）次摄政（藤原基通）乘车，前驱二人，殿上二人，骑马在车后。次内侍所，藏人左少辨（藤原）行隆、右少辨（源）有房等也，各骑马云云。次御灶神，上卿右卫门督（藤原）实家、辨右少辨（源）兼忠，各乘车。（中略）次御幸，公卿大纳言（藤原）隆季卿、前大纳言（藤原）邦纲卿、殿上人左少将（源）通资朝臣、（平）时实朝臣、左中辨（藤原）兼光朝臣、中宫权大夫（藤原）经家朝臣、左京权大夫（藤原）信行朝臣、安艺守在雅（中略）。次出车二辆、次前大将（平）宗盛，驾手舆，今

藤原信行

夜就大物，明晓御福原内里（平中纳言赖盛家）、上皇（禅门之别业）、法皇（平宰相教盛家）、摄政（安乐寺别当安能房）。

三、平氏着手扫荡恶僧及征服诸源

前一小节说到，平清盛将安德天皇及后白河、高仓两位上皇护送到了福原。然后，就开始着手扫荡恶僧。《玉海》承治四年（1180年）六月二十二日条记载：

> 圆城寺僧徒罪科之仪，被下宣旨了，其状如此：
> 圆城寺恶僧等，违背朝家，忽谋反，仍门徒僧纲以下，皆悉停止公请，解却现任并纲位。又末寺庄园及彼寺僧私领，仰诸国宰吏，早令收公。但于有限寺用者，为国司沙汰，直付寺家所司，使其间用途，莫令退转。（中略）天台座主明云补天王寺别当。
> 山僧补此寺别当，往古有例。近代多被附圆城寺，而今遏绝彼寺，抽赏叡山之间，有此恩欤。

平氏同时还开始着手征服各国源氏。《吾妻镜》承治四年（1180年）六月十九日条记载：

> 散位康信①使者参着于北条，于闲所与武卫（源赖朝）对面。使者申云："去月②二十六日二十六日，高仓宫有御事之后，请彼令旨之源氏等，皆以可被追讨之旨。有其沙汰。"（中略）
> 此康信之母，武卫（源赖朝）乳母之妹也，依彼好，其志偏有源家。（中略）今可被追讨源氏之由，依为殊重事，相与弟康清（称所劳，止出仕），所差进也云云。

---

① 后来转而侍奉源赖朝，以三善康信之名，成为镰仓幕府的权臣。——原注
② 承治四年（1180年）五月。

源赖朝

除此之外，承治四年（1180年）六月二十七日，三浦义澄、千叶胤宗等坂东平氏也从京都回到关东，告知了源赖朝同样的内容，所以源赖朝才会突然举起反叛的大旗。

四、还幸旧都

然而，此时，平氏对源氏的动向依然一无所知，所以还在继续经营福原新都。《玉海》承治四年（1180年）七月四日条记载：

> 迁都之事，不可弃故阙之由，被仰下了。福原为离宫，暂可有经回，云云。

然而，营建离宫的事情向大众公开之后，随行侍奉的公卿之中自然就出现了反对者。《玉海》承治四年（1180年）七月十二日条记载：

> 去顷可有迁御之义，粗出来，（藤原）隆季、（平）时忠等卿

相议，被仰禅门（平清盛）之许之处，尤可然。但于老法师（平清盛）者，不可参御共，云云。人人忽以（中略）复都议停止了。

迁都福原一事，突然招致反对，根据《玉海》及《山槐记》的记载，大致有以下几个原因：

第一，本年度为安德天皇的本命年，阴阳道推算后奏文中说"新都方位凶恶"。

第二，公卿商议后觉得，福原官面积狭小，不便举行大尝会等祭典，也没有足够的土地营建八省院及公卿府宅等。

第三，延历寺的反对。《玉海》承治四年（1180年）九月二十日条记载：

传闻，延历寺众徒炽盛蜂起，以奏牒付职事了，是可止迁都由也。若无裁许者，可抽领山城、近江两国之由，成支度云云。

承治四年（1180年）九月二十八日条记载：

延历寺众徒，诉迁都奏牒，披见之处，颇口美，所申得道理之故欤。

当时的"奏牒"内容不详，但可以推测其中的大致内容。

第四，东国源氏、镇西及近江与源氏有关系的武士纷纷起兵[①]，朝廷需要派遣追讨使。

第五，南都等恶僧蜂起。延历寺原本是平氏防御南都的同盟，现在也站在了平氏的对立面，可谓祸起萧墙，内外受敌。

这样的局面，即便是平清盛也难以控制。于是，平清盛马上传令告知延历寺：朝廷即刻返回旧都，请为国家安全祝祷。

---

① 下一小节详述。——原注

《玉海》承治四年（1180年）十一月十九日条记载：

　　迁都（中略）可有御入洛之由，被仰延历寺，众徒大悦，始种种御祈等云云。

关于"还幸"，《玉海》承治四年（1180年）记载：

　　承治四年（1180年）十一月二十五日（有些史料记载为二十二日或二十三日，有误），今夕行幸，御幸，共着木津殿，云云。（中略）
　　承治四年（1180年）十一月二十六日，院入夜御入洛御（平）赖盛卿六波罗之第（号池殿）。法皇（后白河）未刻许入洛，御故内大臣（平重盛）六波罗第（号泉殿）。武士数十骑，路次之间奉围绕云云。

《皇帝纪抄》承治四年（1180年）记载：

　　承治四年（1180年）十一月二十三日，去福原新都有还幸平安古京，今夜宿寺江，承治四年（1180年）十一月二十四日宿辛崎，承治四年（1180年）十一月二十六日（应为二十五日）入洛，主上（安德天皇）还幸五条内里。

《续古事谈》记载：

　　六波罗太政入道（平清盛）在福原建立新京，移居新都一段时间之后，平清盛召集了一些貌似依旧留恋旧都的公卿，让他们说新都和旧都哪个更好。①

---

① 《玉海》等资料里并没有相关记载。——原注

> 公卿们对平清盛心怀畏惧，所以都不敢说真话。唯独藤原长方卿一人，说了很多新都不好的地方。（中略）
>
> 事后，当时在场的公卿纷纷指责藤原长方说："你真是思虑不周啊！平清盛这样霸道的人，一心修建的新都，你为什么要说它不好呢？现在能够迁回旧都固然是好，但回去之后，如果他大发雷霆，又该如何是好呢？"
>
> 藤原长方回答："我自然有我的道理。（中略）平（清盛）相国当初做决定的时候，有跟谁商量过？他这是心里后悔了，才会找人商量啊！（中略）既然如此，我又何必吝惜我的言辞呢？"

平清盛走错了这一盘棋，最终导致了平氏的灭亡。

五、追讨使败归

在此之前，源赖朝起兵的消息已经传到京城。《玉海》记载：

> （承治四年，1180年）九月四日，传闻：谋叛人（源）义朝子①，年来在配所伊豆国，而近日行凶恶事，去顷凌轹所司之先使（[平]时忠卿知行之国也）②，凡伊豆、骏河两国押领了。又（源）为义息③（源行家），一两年来，来往熊野边。而去五月乱逆之刻，赴坂东了，与力彼（源）义朝之子，大略企谋叛欤，恰如（平）将门云云。

《玉海》中，仅将源赖朝称为"（源）义朝之子"，可见当时公卿大臣们早已忘记了"源赖朝"的名字，并且也没有把他的起兵看作一件大事。不过，源赖朝起兵，对平氏而言却是一大威胁。于是，福原行宫发出官符（公文），派出追讨使前往坂东平乱。

---

① （源）义朝子，指源赖朝。
② 即山木兼隆。——原注
③ 息，指儿子。

《山槐记》承治四年（1180年）九月条记载：

　　承治四年（1180年）九月三日，今日或者云，故（源）义朝子兵卫佐（源）赖朝发义兵云云，掳掠伊豆国，坂东骚动。（中略）

　　承治四年（1180年）九月五日，今日被下东国追讨使宣旨了，藏人左少辨（藤原）经房朝臣，仰左大将（藤原）实定：

左辨官下　东海道诸国

应追讨伊豆国流人源赖朝并与力辈事

　　左大将藤原朝臣实定宣，奉敕，件（源）赖朝，忽相语凶徒凶党，欲掳掠当国邻国，叛逆之至，既绝常篇，宣令左近卫权少将平维盛朝臣、萨摩守平忠度朝臣、三河守平知度、追讨彼（源）赖朝及与力辈，兼又东海又东山两道堪武勇士，同令循追讨，其中拔有殊功辈，加可以重赏者，诸国宜承知。依宣行之。

　　治承四年（1180年）九月五月　左大史

　　（中略）义重入道（故义国之子）（即新田义重）以书状申大相国（平清盛）云，（源）义朝子领伊豆国，武田太郎领甲斐国，（新田）义重奉前右大将之严命，相率彼坂东国国家人，可追讨之由被仰下，仍所下向也者。

　　伊豆国流人兵卫佐（源赖朝）企谋反合战事。治承四年（1180年）八月二十二日寄合辈，相模国小早川、伊豆国伊东入道（被打取）、同伊东四郎、相模国大庭三郎（被打取）、甲斐国平井冠者，以上御方，兵卫佐（源赖朝）同心辈，骏河国小泉庄二郎（被打取）、伊豆国北条四郎（兵卫佐舅也，被打取）、同□藤用光、新□次郎、兵卫佐残少被讨成，箱根山遁笼毕。

不过，北条[①]之死是纷乱之中的误传。

---

① 北条，即引文中的"伊豆国北条四郎（兵卫佐舅也，被打取）"，指源赖朝的岳父北条时政。

承治四年（1180年）九月二十九日，朝廷的追讨使前往坂东，当时满朝上下，除了源氏一族，都在期待追讨使的胜利。然而，结果与期望相反，追讨使大败而归。《玉海》承治四年（1180年）记载：

> 承治四年（1180年）十一月一日，传闻，追讨使（平）维盛朝臣以下被归了。既欲赴近江之间，风闻山僧等可相御之由，仍更向伊势了云云。凡逆党余势，不知几万骑，东山、东海诸国，并以与力。官军之势，本五千余，被追落之间，仅不过三四百骑云云。凡不及左右。往昔以来，追讨使空敷被追归之例，未曾闻事也。
>
> 承治四年（1180年）十一月五日，传闻，追讨使等，今日及晚景入京，（平）知度一人仅二十余骑，（平）维盛逃入，又不过十骑云云。
>
> 先去月①十六日，着骏河国高桥宿，自是先，彼国之目代，及有势武勇之辈三千余骑，寄甲斐、武田城之间，皆悉被伐取了。目代以下八十余人，切颈悬路头云云。
>
> 同十七日②朝，自武田方，以使者（相副消息）送（平）维盛馆，其状云："年来虽有见参之志，于今不遂其思，幸为宣旨使有御下向，虽须参上，程远（隔一日云云）路峻，辄难参，又渡御可有烦，仍于浮岛原（甲斐、骏河之广野云云）相互行向，欲遂见参云云。"（藤原）忠清见之大怒，使者二人切颈了。
>
> 同十八日③，富士川边构假屋，晓十九日④，可寄攻之支度也。而其间，计官军势之处，彼是相并四千骑。（中略）各休息之间，官兵之方数百骑，忽以降落，向敌军了。（中略）所残之势，仅不及一二千骑。武田方四千余云云。仍不可及敌对，窃以引退，是则（藤原）忠清之阵略也。于（平）维盛朝臣者，敢无可引退之心，

---

① 承治四年（1180年）十月。
② 承治四年（1180年）十月十七日。
③ 承治四年（1180年）十月十八日。
④ 承治四年（1180年）十月十九日。

云云。而（藤原）忠清立次第之理，再三教训，士卒之辈，多以同之，仍不能默止。自赴京洛以来，军兵之力气，并以衰损，适所残之辈，过半逐电。凡事之次第，非直事云云。

今日着势多，先以使者（马允满季）示子细于禅门（平清盛）。禅门（平清盛）大怒云："承追讨使之日，奉命于君了，假令虽曝骸于敌军，岂为耻哉？未闻承追讨使勇士徒令归洛事。若入京洛，谁人合眼忽？不觉之耻贻家，尾笼之名流世，早自歧路暗趾，更不可入京洛云云。"

而窃入洛，寄宿于（藤原）忠纲之宅云云。于（平）知度者，先以入洛，在禅门（平清盛）八条之家云云。（中略）此为军阵同行之辈所说也。

以上应是实情。

《山槐记》承治四年（1180年）记载：

承治四年（1180年）十一月六日，或者云，追讨使右少将（平）维盛朝臣，今晓入旧都六波罗。

承治四年（1180年）九月十八日，着骏河国，承治四年（1180年）九月十九日，（源）赖朝党，营于不二川，送使，不知其状。（平）维盛朝臣问所为于（平）忠景，（平）忠景曰："兵法不斩使者，然而此条，私合战之时事也。今为追讨使，不可及返答哉。先问彼子细可斩者。"

（平）维盛朝臣依此言，令寻问使者云："军兵有数万，敢不可为敌对（夸示己方兵力）者。"闻之后斩首了。或难此事云云。而官兵才千余骑，更不可及合战。兼又诸国兵士，内心皆有（源）赖朝，官兵互企异心，暂逗留者，欲闭塞后路云云。

（平）忠景等闻此事，无欲战之心之间，宿傍池鸟数万俄飞去，其羽音如雷，官兵皆疑军兵之寄来，夜中引退，上下竞走，自烧宿宿屋形持杂具等。（平）忠度、（平）知度不知此事追退，归（平）忠景于伊势国。元帅（平）维盛朝臣入京，著近州、野州之时，有五六十骑云云。此事或感之，兵法引退随事，无难之故也。或又谤之，近日户户门门虚言甚多，定少实欤。

一仗未打就全线崩溃，简直可笑至极。从最初的三千兵力到仅剩二三十人，可见平氏当时已经人心尽失。

第14节　平氏西逃及源义仲入京

一、四面楚歌的平清盛及后白河上皇的院政复兴

前一小节追讨官兵溃败的消息传来，引发了各地叛乱的爆发。镇西地区的反贼被平贞能一举镇压。然而，近江国方面，山本兵卫尉山本义经（源义经）起兵，与南都的恶僧联手，一同对抗平氏；北方的信浓国，则有木曾义仲（源义仲）起兵，劫掠近邻等。各地急报频频传至京城。

这位源义经又称石川义经，自诩为源义家嫡流；而源义仲则是源为义之子源义贤的儿子。他二人各自得到当地豪族的扶持，逐渐得势猖狂。另一边，伊贺国的源行家也蠢蠢欲动。

朝廷一边派遣追讨使前往各地平乱，同时还向各大神社进献奉币，请求祝祷，并让延历寺修法祈福。一时之间，局势混乱无比。《玉海》承治四年（1180年）十二月二日条记载：

承治四年（1180年）十二月二日，辰刻，追讨使下向近江国。越前守（平）通盛、左兵卫督（平）知盛等为大将军，其外一族之辈数辈相从。（中略）伊贺国者，左少将（平）资盛朝臣为大将军，前筑前守（平）贞能相具云云。

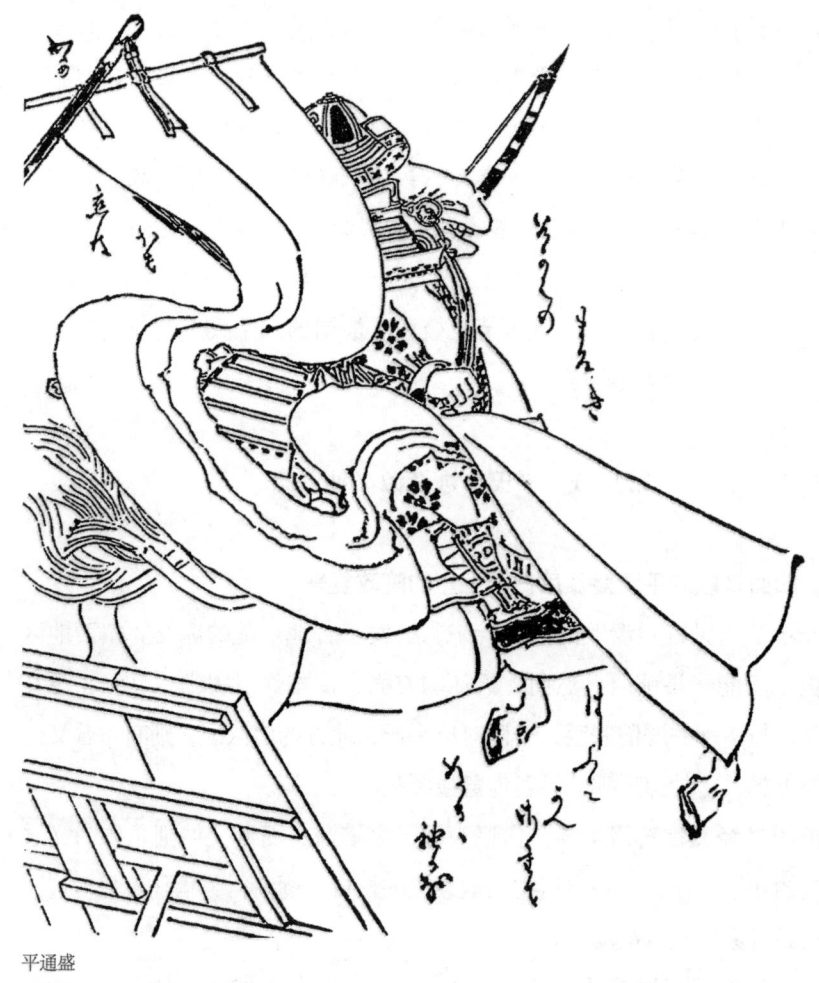

平通盛

可见这时朝廷已经提起了足够的重视，将之前溃败的怯懦之徒完全排除在了出征将领之外。《玉海》后面继续记载：

> 今日还都御祈，被发遣十六社奉币使，上卿三条大纳言（藤原）实房卿。后闻，依使不足，被立十三社云云。使皆殿上人也。（中略）自今夜，延历寺始御祈二擅（不空羂索毘沙门）云云。

这里的"还都御祈"只是平清盛安排的表面名目。祈愿其实是为了"降服源氏"。所以最初决定十六家神社，最后因"殿上人不足"而改为十三家。其实并不是殿上人不足，而是平氏心腹不足。

之前源平之间的第一战，平氏嫡流平维盛出师不利，落败而归，丑态毕露。而迄今为止一直与平氏紧密合作的比叡山也举起了反对平氏的大旗。《玉海》承治四年（1180年）十二月十二日条记载：

> 近间，延历寺众徒中，凶恶之党众三四百人许，得山本兵卫尉义经（近江国逆贼之张本，甲斐入道与件义经也），语以圆城寺为城，六波罗可入夜打，又所进向近江国之官军等之塞其后，自东西可攻落之由，令结构云云。皇后宫亮（平）经政朝臣，（平）清房（禅门息，淡路守）等，追可被遣云云。
>
> 又兴福寺众徒逐日蜂起，称"宫大众"①云云，（中略）关东之贼徒攻来近国之时，自南京又可伐入洛中由成支度云云。
>
> 承治四年（1180年）十二月十三日，自南都脚力到来，众徒既欲入洛。（中略）大众势以外云云。今日为追讨山恶僧等，官兵行向之间，于山科边众徒蜂起。已及合战②，未事切云云。及申刻，大众等引退笼城等。

此前，朝廷曾向圆城寺下达了断罪的宣旨，圆城寺拒不接受。兴福寺一方对于朝廷"是否有参与叛乱的贼徒"的盘问也表示反抗。加上一些人对明云座主不满，于是，兴福寺与圆城寺合为一体，扰乱京城。延历寺中不服座主明云的恶僧也加入乱僧阵中。这样一来，南都、北岭的恶僧联合作乱，不仅座主明云的命令已经完全失效，连之前不执兵刃、只管认真理佛的僧人，现在也开始给予增援。平氏之前倚赖的延历寺，完全成了平氏的对立势力。

---

① 高仓宫亲王部下之意。——原注
② 已及合战，是"已经到了开战的程度"的意思。

而此时，高仓上皇病重，无法处理政务，平清盛也束手无策，而安德天皇年纪尚幼，朝臣无奈只能请后白河上皇重开院政。但后白河上皇并没有马上应允。朝臣再三请求之后，后白河上皇才渐渐开始管理朝政。

承治四年（1180年）十二月十八日，后白河上皇重开院政。赞岐、美浓两国被献给后白河上皇。外有强敌，内失政权。平清盛的煎熬，可想而知。在这样的局势之下，朝廷为维持京城附近的安定已经焦头烂额，自然无暇追讨远在坂东的源赖朝。于是，源赖朝乘机侵吞劫掠，扩张势力，渐渐壮大起来。

二、南都烧讨及平清盛愤死

承治四年（1180年）十二月十五日，平知盛传来了大破山本义经（源义经）的捷报。平氏一族士气大振，决意乘势一举平定恶僧之乱。

承治四年（1180年）十二月二十五日，藏人头平重衡领兵发往南都。然而，山本义经（源义经）败亡之后，恶僧的势力不减反增。《玉海》承治四年（1180年）十二月二十七日条记载：

> 河内地方，被寄官兵之处，为大众被射危，三十余人被打取了，其后被追归了。

然而，平重衡出兵之后，一改以往平氏对僧徒的顾忌态度，痛下狠手。僧徒一方虽然人多势众，也顿时溃不成军。

承治四年（1180年）十二月二十八日，东大寺、兴福寺两寺的禅房被大量烧毁。败亡的僧众逃往北方——这些人后来成为木曾义仲（源义仲）入京的向导。这也是平氏北部战线落败的导火索。

次年，即养和元年（1181年，七月十四日改元）正月十四日，高仓上皇驾崩，时年二十一岁。葬于清闲寺，谥号高仓院。

不久之后，平清盛也薨逝。《愚管抄》记载：

源义仲

平相国入道（清盛），同（承治）五年（养和元年，即1181年）闰二月五日，热病愈重，不久薨逝。

《皇帝纪抄》记载：

大相国禅门（平清盛）病恼，才六七日薨。

可见平清盛之死事发突然，想必平氏一门也措手不及。

养和元年（1181年）三月十日，此前出征讨伐源氏的平重衡、平维盛、平通盛、平知度、平忠度等官军，在尾张国洲俣河附近与源行家对战获胜。源行家仓皇败走。捷报传到京师时，一方面因为京城附近的僧乱已经平定，可以暂享太平，另一方面，根据《玉海》《皇年代略记》等记载，当时水旱虫害等自然灾害导致饥荒饿死，无法提供军粮，所以朝廷不再向外发兵征讨。

养和元年（1181年）八月，朝廷下旨任命藤原秀衡为镇守府将军，征讨源赖朝。并任命越后国城四郎平资长为越后守，征讨源义仲。

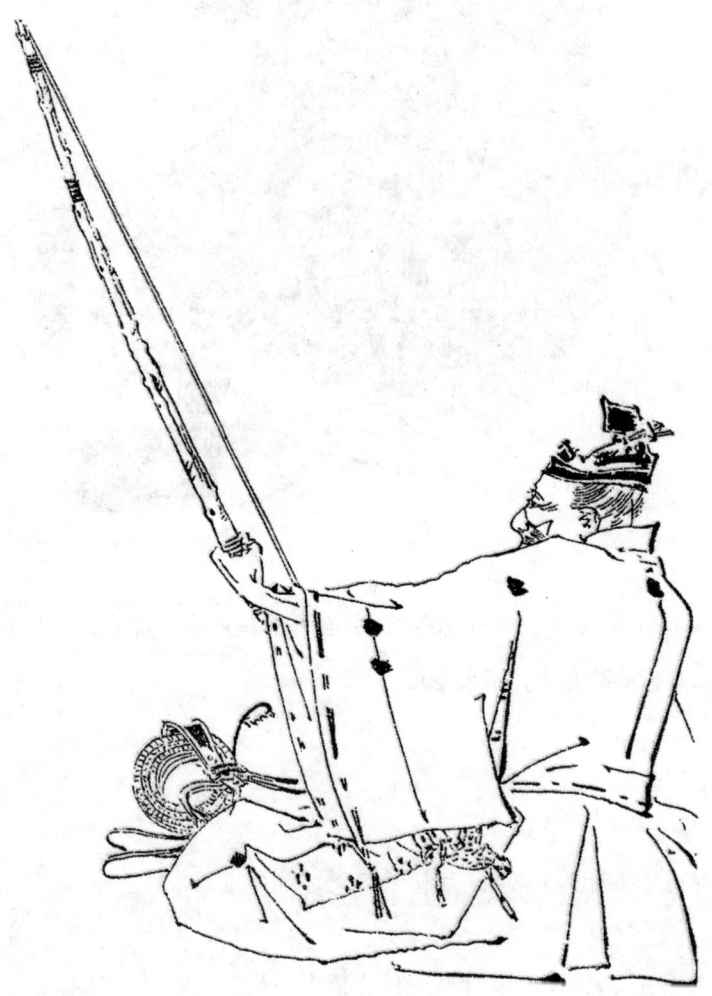

藤原秀衡

养和元年（1181年）八月十六日，平通盛被任命为大将军、平知度等为副将军，一同征讨源义仲。伊势守平清纲则奉命征讨源赖朝。

三、平氏西逃

次年，寿永元年（1182年，五月十七日改元），平资长进攻源义仲，却被源义仲所破（具体战况将在下一册《镰仓时代》中讲述）的消息传到京师。于是，朝廷派平维盛前往增援。寿永二年（1183年）四月十七日，平维盛在加贺、越中等地被源义仲所破，仓皇归京。短暂安定的京师附近又再次骚乱起来。《皇帝纪抄》记载：

> （平）维盛卿以下，济济及十万骑云云，为木曾冠者义仲（即源义仲）、十郎藏人行家（即源行家）等，拂底被诛罚了。其后源氏等乱入江州，不令通人迹。

随后朝廷派平知盛、平重衡前往多口，平资盛、平贞能前往宇治进行防守。源义仲大军乘势攻入比叡山坂本地区，驻守在总持院，眼看就要肆意蹂躏京师。平氏众人自知不敌，随即撤离了京师。关于当时的状况，《愚管抄》记载：

> 随着局势恶化，关东、北陆地区变得无法通行，尽管平氏频频发兵，但朝中上下的人心都渐渐倾向于源氏。源氏大军距离京师越来越近，从入道（平清盛）去世之后，直到寿永二年（1183年）七月，不到三年的时间，北陆地区的源氏一路逼近，现在已经遍布近江国。（中略）
>
> 寿永二年（1183年）七月二十四日夜，军情告急，安德天皇被护送至六波罗府邸。平氏一门齐聚六波罗，并派遣大纳言平赖盛前往山科，防卫京城。然而，平赖盛再三推辞，并说："治承三年（1179年）冬，我曾被怀疑与松殿大人（藤原基房）同谋，当时就有不好的传言。于是，我对故入道大人（平清盛）保证，我以后再也

不掌军权，不参与军事。"（中略）然而，内大臣平宗盛却不管这些。平赖盛拗不过众人，只得领兵前往山科。

就这样，京中的人们都在担心，恐怕旦夕之间，源义仲或者关东的武田氏就会攻入京城，在京中展开大战。

然而，寿永二年（1183年）七月二十四日半夜，后白河法皇突然潜出法住寺御所，经鞍马抵达比叡山的横川，与近江国的源氏取得了联系。（中略）

六波罗方面知道后白河法皇的动向之后，一时哗然，辰巳午之间（早上八点到中午），平氏一族无奈，只能带着安德天皇，在内大臣平宗盛的带领下，撤离到鸟羽方向，然后乘船往四国逃去。六波罗府邸被平氏放火烧毁。京中的强盗纷纷冲入火中，夺取财物。（后略）

《皇帝纪抄》寿永二年（1183年）记载：

寿永二年（1183年）七月二十五日，晓，法皇（后白河）伴摄政殿，窃御登山。平氏等闻之，即时各烧年来宿馆，奉具主上（安德天皇）并国母（建礼门院平德子），取神玺、宝剑、内侍所三种重宝。内大臣（平）宗盛以下，皆悉赴镇西。其中，故太政入道（平清盛）舍弟大纳言（平）赖盛一人，别一族留洛中。

纵横天下二十余年的平氏，一朝成为天涯沦落人。平氏最终沦落到这个境地，有多方面的原因。最直接的原因便是驱使东北地区的"士人"（武士）征讨东北地区的源氏。因为这些"士人"的妻子儿女全在敌军之中，如同人质一般。在平氏看来，国家大义在前，甚至不惜父子、兄弟相残。但这些"士人"没有这种观念，他们对于骨肉亲情始终无法割舍。何况他们要攻打的地方，正是自己的家乡。因此，倒戈投敌的人层出不穷。原本决意死战的勇士也受到影响，无所作为。所以后来平氏举家西逃，连源义仲也为之惊愕。

四、后白河上皇及源义仲

关于平氏西逃之后的状况,《愚管抄》记载:

> 当时(平氏撤离期间),京中一片混乱,似乎是平氏源氏在相互争斗,后来传闻"平氏已经全部撤出,完全不用担心了"。于是,寿永二年(1183年)七月二十六日(应为二十七日)清晨,后白河法皇离开比叡山回到京中。之前屯兵近江的武田军(应为源行家)率先前来拜见后白河法皇。寿永二年(1183年)七月二十八日,源义仲入京[①],被赐居住在六条堀川附近八条院女房伯耆尼的宅中。

《玉海》寿永二年(1183年)八月十日条记载:

> 源氏等恶行不止,天下忽欲亡,可悲。

可见当时源氏横行无忌。

寿永二年(1183年)八月十一日,后白河上皇下诏,封源义仲为从五位下左马头兼越后守,源行家为从五位下备后守。然而,这二人并不满足,强烈申诉。于是,后白河上皇重新下诏,封源义仲为伊予守,后又将他的官阶提升至从五位上,并加封源行家为备前守。然而,二人依然不满足。

当时,安德天皇被平氏带离了京城,京中皇位空虚。关于新帝即位的问题,源义仲的意见没有被采纳,导致他愈加不满,最终发展成肆意凌虐京城。《愚管抄》记载:

> 安德天皇携神玺、宝剑、神镜逃往西国,京中皇位空虚。朝臣就要不要拥立新帝的问题进行了一番争议。有人认为:京中还有后白河法皇,所以等到确认安德天皇的安危之后再立新帝也不迟。

---

① 《皇帝纪抄》说他有兵力六万。——原注

当时，后白河法皇召集左右大臣（藤原经宗及藤原兼实）、松殿入道（藤原基房）等商议此事，由于右大臣所说的合理又细致，所以最后采纳了右大臣（藤原兼实）的意见——先扶持新皇登基，以稳定政局。

新皇的候选人，也就是高仓上皇的三位皇子。其中，守贞亲王一直由六波罗的二位尼（平清盛之妻平时子）抚养，当时已经被平氏带离了京城，另外两位皇子则依然留在京城。后白河法皇召见三皇子（惟明亲王）与四皇子（尊成亲王）。四皇子（尊成亲王）仪态大方，毫不怯场，见到后白河法皇也是一脸微笑。阴阳师占卜的结果也是四皇子更好。于是，寿永二年（1183年）八月二十日，四皇子（后鸟羽院）即位。

由于这次新皇即位的一切都是从未有过的状况，所以后白河法皇凡事都会和众大臣商议，特别是右大臣（藤原兼实）。新皇（后鸟羽院）即位，从此开始了新的王朝时代。

然而，源义仲认为，此次平氏败亡，起因是高仓宫亲王的令旨。所以源义仲再三奏请，让高仓宫亲王的皇子（北陆宫亲王）即位。但后白河上皇认为，连高仓宫亲王本人都没有成为天皇，更何况他的皇子，就没有采纳。

源义仲无法理解这个逻辑，对后白河天皇充满怨恨，因此在京中肆意乱行。于是，后白河上皇暗中派太政厅官员为御使，催促源赖朝尽快进京。源义仲听说这件事之后，勃然大怒，越发肆意扰乱京城，如同盗贼一般。《玉海》寿永二年（1183年）记载：

寿永二年（1183年）九月五日，今日京中物取今一重倍增，一尘之物，不能持出途中。（中略）义仲，院御领以下押并领，日日倍增。凡缁素贵贱，无不拭泪，所凭只（源）赖朝之上洛云云。

可见当时源义仲行为恶劣的程度。

然而，朝廷试图抚慰源义仲，希望他能停止暴行，结果却无济于事。《玉海》寿永二年（1183年）九月二十二日条记载：

> 以法印静贤，申通（源）义仲，（中略）（源）义仲申条云："（中略）奉怨君事二个条。其一，被召上（源）赖朝事，虽申不可然之由，无御承引，犹以被召遣了。其二，东海、东山、北陆等之国国所被下之宣旨云，若有不随此宣旨之辈，随（源）赖朝命可追讨云云。此状为（源）义仲生涯之遗恨也，云云。"

在源义仲看来，自己是奉高仓宫亲王的令起兵，率先攻入京城，并拥护高仓宫亲王之子，将平氏逐出京城，自然是首功。如果高仓宫亲王之子能够继承皇位，那么自己作为首席辅政大臣，便能如当年的平氏一般执掌天下。没想到，自己没有得到嘉奖，反倒是源赖朝更受推崇。而在决定继任天皇人选一事中，自己的意见也没有被采纳，可谓"劳而无功"。所以他才想通过武力威慑达到目的。

然而，后白河上皇已经忍无可忍，最终决定下旨讨伐源义仲，虽说是出于无奈，但多少算是被左右群小所误。《愚管抄》记载：

> 这时，率先攻入京城的源义仲，已经完全将源赖朝视为仇敌。而平氏虽然已经逃往九州，但在伺机返回京城。（中略）然而，后白河法皇身边的北面武士友康（左兵尉藤原知康）、公友（左兵尉藤原公知）等人，一心想确立武士之世，并认为源赖朝才是最理想的武士形象，将所有的希望都寄托在源赖朝身上，只希望他能早日进京。他们不知道源义仲会做出什么举动，于是打算把后白河法皇居住的法住寺御所像城池一般防卫起来，并召集源氏武士、延历寺和圆城寺的僧众前来护驾。于是，天台座主明云也带着比叡山的恶僧们迅速赶来。

源义仲则想着先下手为强，由山田①、樋口（次郎兼光）、楯（六郎亲忠）、根井（行亲）四员大将，率领总兵力一千人中的五百人，于寿永二年（1183年）十一月十九日，攻往法住寺御所。源义仲一方有一名人称三郎先生②的源氏武士，虽然源义仲与朝廷为敌的立场导致许多人离他而去，但这位三郎先生（源义广）依然坚

樋口次郎兼光

---

① 山田，指山田次郎。但此处应该是今井四郎兼平。
② 源义广，源义仲的叔父。——原注

定地跟随源义仲一方行动，带领武士进攻驻守最胜光院①的天台座主明云的部队。一阵乱箭射击过后，僧兵全都落荒而逃。御所内的公卿、贵族、亲王等，全都被源氏武者擒获。公卿之中，美浓守信行被当场杀害，其余贵族并没有人被杀。（中略）后白河法皇打算移驾至清净光院时，被源义仲的部将截获并带往六条西洞院源义仲住所附近的信成府邸。（中略）

另一边，天台座主明云和圆城寺人称八条宫亲王的后白河法皇皇子（圆惠法亲王）在混战中身亡。明云的首级在西洞院河边被发现，被延历寺显真接收。据最后跟在明云身边的人说："明云座主听说自己负责的防线被攻破时，正在法皇御所护驾。他当时身着长绢的法衣，身披香②的袈裟，（中略）骑着马，带着少许随从，经莲华王院以西的土墙往南逃去。然而，突然间箭如雨下，一支箭穿过马鞍后方隆起的部分射到了座主的腰上，把箭拔出来时，血流如注。土墙南边有一块为了灌溉农田而储水的地方，明云座主就在那儿从马上翻落了下来。（中略）明云座主的弟子——承仁法亲王，也就是后来的梶井宫亲王，（中略）当时才十五六岁，自报家门道'我是亲王'，结果被生擒，然后被带到武士家中，让他坐在大木箱上。"

至于八条宫亲王，则是由于随从的误判，让他脱掉了法衣袈裟，披上藏青色的单衣，结果源氏武者冲着他就砍过来。据说当时八条宫亲王身边一个名叫少将房的僧人，（中略）张开双臂护住亲王，结果被冲过来的源氏武者斩断了手臂。（中略）

源义仲将松殿基房（藤原基房）的儿子——十二岁的中纳言藤原师家③升为内大臣，并任命他为摄政和藤原氏家督。由于当时大臣之位并没有空缺，于是，源义仲就对藤原实定说暂借大臣之位，强

---

① 最胜光院，法住寺御所的一部分。
② 香，织物的名称，深黄色。
③ 由于他八岁就当上了中纳言，所以又被戏称为"八岁中纳言"。——原注

行完成了这次任命。因此，藤原师家又得到了一个戏称——"借来的大臣"，而朝中政务则由他的父亲松殿基房（藤原基房）执掌。松殿基房（藤原基房）当初被平家剥夺了摄政之职，却在此时暂时地恢复了权力。（后略）

《玉海》寿永二年（1183年）记载：

寿永二年（1183年）十二月十九日，及申刻官军败绩，奉取法皇（后白河）了。（源）义仲等欢喜无限，即奉渡法皇（后白河）于五条东洞院摄政亭了。武士之外不入，公卿侍臣之中矢死伤者十余人。（中略）

寿永二年（1183年）十二月二十日，传闻座主明云，合战之日，于其场被切杀了，八条圆惠法亲王，于华山寺边被讨取了。又权中纳言（藤原）赖实，着白衣折乌帽子等，逃去之间，武士等不知其为卿相，欲斫其颈，虽自称其名，然武士以其衣裳之体，寻常之人，伪称贵种也，犹可打首之由，各令沙汰之间，下人之中有见知者，称贵种之由，仍忽免死。（中略）

寿永二年（1183年）十二月二十三日，传闻内大臣（藤原实定）非解官，借用云云。凡欠官三也，所谓罢阙、转任、辞退也。借官于当人，禅门（藤原基房）之计，可悲也。

寿永二年（1183年）十二月二十七日，传闻借大臣事，天下鼓骚，禅门（藤原基房）颇有耻色，云云。

《皇帝纪抄》寿永二年（1183年）记载：

寿永二年（1183年）十一月十八日，夜半依（源）义仲谋叛之闻，行幸法性寺殿（法皇御同宿）。

寿永二年（1183年）十一月十九日，左马头（源）义仲（号木曾）寄战法皇（后白河）御所，并烧拂了，上下诸人裸形逃散，其中圆惠法亲王、天台座主明云僧正、越前守信行、前近江守高阶重章、主水正清原近业等，被斩首了。其外死者太多，奉取法皇（后白河），奉渡五条殿下御所禁闭。主上（后鸟羽院）御车，奉渡闲院内里，此事院中人人相议，可追讨（源）义仲之由，结构之故云云。

寿永二年（1183年）十一月二十一日，以大纳言（藤原）师家任内大臣，即为摄政（十二岁），当时内大臣（藤原实定）解官欤，但暂被借用云云。入道关白（松殿基房）令移住五条殿给，偏摄行万机。

寿永二年（1183年）十二月十三日，权僧正俊尧，超昌云、全玄，补天台座主，是即（源）义仲引级也，世人号"木曾座主"。

以上就是源义仲在京中的暴行。

此前，源行家奉命追讨平氏。寿永二年（1183年）十一月，源行家在播磨国被平教盛、平重衡所破。《皇帝纪抄》等记载：

（源）行家才存命逃去了。

由此可知当时的败绩。

至于源义仲，出则不敌平氏，入则受制于源赖朝，不出不入则必有一战，然而，战也毫无胜算。他左思右想，却无计可施，只能自暴自弃，肆意乱为。最终，他决定与平氏和解，共同对抗源赖朝。然而，平氏回复："可以来降，拒绝讲和。"于是，源义仲越发进退维谷，暴行也再次升级。朝廷无奈，只得暂时隐忍，并给他优厚待遇，希望能暂时缓和他的暴戾。

次年（寿永三年，即1184年）正月十日，源义仲被任命为征夷大将军，更加有恃无恐。《玉海》等甚至记载："皇威堕地，日月无光。"

至此，朝廷的官职制度，乃至仪则典籍，几乎全废；皇家陵园与平安盛京，半数化为焦土，几乎无法恢复。这也导致之后很长一段时间，天皇只能居住在"坊间大内"。与此同时，左右京也走向衰微，再也无法重现昔日的盛况。

附言：关于源义仲的败亡及源平的兴废，还有一些应该讲述的内容。不过，这些都与《镰仓时代》相关，所以为避免重复，本书就此搁笔。